Robert Sedgewick
R. セジウィック 著

Algorithms IN C
Parts 1-4, THIRD EDITION

野下浩平・星 守・佐藤 創・田口 東 共訳

セジウィック：
アルゴリズムC
第1～4部

基礎
データ構造
整列
探索

近代科学社

◆ 読者の皆さまへ ◆

平素より，小社の出版物をご愛読くださいまして，まことに有り難うございます．
㈱近代科学社は1959年の創立以来，微力ながら出版の立場から科学・工学の発展に寄与すべく尽力してきております．それも，ひとえに皆さまの温かいご支援があってのものと存じ，ここに衷心より御礼申し上げます．
なお，小社では，全出版物に対してHCD（人間中心設計）のコンセプトに基づき，そのユーザビリティを追求しております．本書を通じまして何かお気づきの事柄がございましたら，ぜひ以下の「お問合せ先」までご一報くださいますよう，お願いいたします．

お問合せ先：reader@kindaikagaku.co.jp

なお，本書の制作には，以下が各プロセスに関与いたしました：

- 組版：三美印刷（LaTeX）
- 印刷：三美印刷
- 製本：三美印刷
- 資材管理：三美印刷
- カバー・表紙デザイン：三美印刷
- 広報宣伝・営業：冨髙琢磨，山口幸治，東條風太

- 本書は2004年に近代科学社から『アルゴリズム C・新版』として発行された書籍の復刊です．

Algorithms in C
Third Edition
by
Robert Sedgewick

Authorized translation from the English language edition, entitled ALGORITHMS IN C, PARTS 1-4: FUNDAMENTALS, DATA STRUCTURES, SORTING, SEARCHING, 3rd Edition, by SEDGEWICK, ROBERT, published by Pearson Education, Inc, Copyright © 1998 by Addison-Wesley Publishing Company, Inc.
All rights reserved. No part of this book may be reproduced or transmitted in any form or by any means, electronic or mechanical, including photocopying, recording or by any information storage retrieval system, without permission from Pearson Education, Inc.

JAPANESE language edition published by KINDAI KAGAKU SHA CO LTD, Copyright © 2018.

JAPANESE translation rights arranged with PEARSON EDUCATION, INC. through JAPAN UNI AGENCY, INC., TOKYO JAPAN

- 本書の複製権・翻訳権・譲渡権は株式会社近代科学社が保有します．
- **JCOPY** 〈(社)出版者著作権管理機構 委託出版物〉
  本書の無断複写は著作権法上での例外を除き禁じられています．
  複写される場合は，そのつど事前に(社)出版者著作権管理機構
  （電話 03-3513-6969, FAX 03-3513-6979, e-mail: info@jcopy.or.jp）の
  許諾を得てください．

まえがき

　本書「アルゴリズムC・新版」の目的は，現在使われているアルゴリズムの中で最も重要なものを紹介するとともに，アルゴリズムに関する知識を深めたいと思う人々に，基本的な技法を解説することである．本書は，計算機科学を学ぶための中級コースから上級コースの教科書として用いることができる．ただしその場合，多少プログラミングの経験があり，コンピュータシステムに馴れていることを前提にしているが，計算機科学や計算機応用の個々の専門分野をまだ学んでいない人々を対象としている．さらに本書は，自習用にも役に立つし，システムや応用プログラムを開発している人々の参考書としても使うことができる．というのは，実用的なアルゴリズムを具体的なプログラムで実現しているし，それらの性能に関する情報を詳しく説明しているからである．本書は，アルゴリズムに関する広範囲の見通しを与えているので，アルゴリズム研究のよい入門書にもなっている．

　この第3版では文章をすっかり書き改め，多数の新しい練習問題と図版とプログラムを追加した．さらに，すべての図版とプログラムには詳しい解説をつけた．改訂にあたり，最近の話題を多く取り入れると同時に，古典的アルゴリズムに関する説明も充実させた．本書全般にわたり新たに抽象データ構造を重視したので，プログラムがさらに広汎性をもち，現代的なオブジェクト指向環境に適合するようになっている．旧版を知る読者は，随所に新しい情報を見い出すことであろう．すべての読者は，重要な概念を理解するための教育的素材が豊富に盛り込まれていることに気づくであろう．

　新しい素材が非常に多いので，この第3版は複数の巻に分け，本書はその第1巻である．第1巻では基礎，データ構造，整列，探索を扱い，第2巻以下では本書に記した基本的な抽象概念と方法論の上に築かれる上級アルゴリズムとその応用を扱う．本書第1部の基礎と第2部のデータ構造で扱う素材の大部分は新しいものである．

　本書は，プログラマや計算機科学を学ぶ学生のためばかりではない．コンピュータを使うすべての人々にとって，計算をもっと早くするためや，もっと大きな問題を解決するために役立つであろう．本書のアルゴリズムは最近50年間の研究成果に基づいたもので，様々な応用分野に

おいてコンピュータを効率的に利用する上で欠かすことができない．本書の扱う基本的方法は，物理学におけるN体問題のシミュレーションから分子生物学における遺伝子配列の決定問題にいたるまで，科学研究にとって極めて重要なものである．またそれらは，データベースシステムからインターネットの検索ソフトにいたるまで，現代ソフトウェアシステムの主要な部分を構成している．コンピュータの応用分野が広がれば広がるほど，本書の扱う基本的方法の影響力はますます大きくなる．本書の目指す目標は，分野によらずコンピュータ応用の基礎として基本アルゴリズムを理解し，それらを巧みに利用することに関心をもつ学生や専門家にとって，よきリソースとなることである．

本書の守備範囲

本書は16章からなり，基礎，データ構造，整列，探索の4部に分かれる．できる限り広い範囲の基本アルゴリズムに関して，その基礎的な性質を読者に理解させることを意図している．2項キューからパトリシアまで広範囲にわたる巧妙な方法が記されており，これらは計算機科学の中核をなす基本パラダイムと関係する．第2巻以下ではグラフアルゴリズム，文字列，計算幾何，上級アルゴリズムとその応用を扱う．執筆にあたって，多様な分野から基本アルゴリズムを集めること，コンピュータで問題を解くための最もよい方法を紹介することを心掛けた．

もし読者が計算機科学の講義を1つか2つ聴いていたり，それに相当する程度のプログラミングの経験があれば本書の理解には好都合である．一方の講義で，C，Java，C++などの高級言語によるプログラミングを学び，他方の講義でプログラムシステムに関する基礎概念を学んでいることを期待したい．つまり，最近のプログラミング言語を1つと最近のコンピュータシステムの基礎を知っている読者なら誰でも本書を理解することができる．理解を補うための参考文献を各部の最後に示しておいた．

いろいろな解析結果を導く数学的方法の多くは，本書の中で説明されている（あるいは，「本書の程度を超える」と明記されている）．したがって，本書の大部分は数学について特別な予備知識がなくても読むことができる．もちろん，ある程度数学に馴れていれば間違いなく理解の助けになる．

授業での使用法

本書の素材を授業で取り上げるやりかたは，指導者の持ち味や学生の準備状況に応じて，いろいろと考えられる．本書に記したアルゴリズムは長年幅広く利用されてきたもので，熟練したプログラマや計算機科学

まえがき

を学ぶ学生にとって知識の中心をなすものである．本書は，データ構造を学ぶための本として必要な基本的素材を十分備えているし，アルゴリズムを学ぶための本として必要な上級の素材も豊富に備っている．指導者がプログラミングや実用に力点をおく場合にも，またアルゴリズム解析や理論に重点をおく場合にも，本書を活用することができる．

講義用のスライド原稿一式，サンプルプログラムの課題，学生に課する演習問題，その他授業に役立つものがこの本のホームページに掲載されている．

データ構造とアルゴリズムの初級コースでは，第2部の基本データ構造と第3部，第4部のプログラムの使い方を学ぶとよい．アルゴリズムの設計と解析のコースでは第1部と5章の基本素材を学び，第3部と第4部に述べたアルゴリズムが漸近的に優れた性能をもつことを勉強するとよい．ソフトウェア工学のコースでは数学的素材や上級のアルゴリズムは省略して，本書のプログラムを統合して大規模なプログラムやシステムに発展させる方法を学ぶとよい．アルゴリズムのコースでは本書全体を概括して，様々な考え方を学んでほしい．

本書の旧版はこの数年来，世界中の大学で計算機科学を学ぶ中級コースの教科書として，また他のコースの補充教材として，利用されてきた．プリンストン大学での経験によれば，広範囲に及ぶ本書の素材は，計算機科学を専攻する学生にとってこの分野への導入であるとともに，その後アルゴリズム解析，システムプログラム，理論計算機科学を学ぶ際にさらに発展させることができる．次第に数を増している他の学科の学生にも，すぐに役に立つ技法をたくさん与えることができる．

各章の末尾にある練習問題は，大部分この第3版で新しくしたが，いくつかの種類に分かれる．あるものは，読者の理解を試すものであり，本文中の例に関する簡単な問や，学んだ概念を応用する問題などがある．またあるものは，アルゴリズムをプログラムとして実現して組み合わせたり，異なるアルゴリズムを比較して，その性質を学ぶために計算実験を行なうことを求めている．さらに，本文には書けなかったが重要で詳しい情報がたくさん詰まった宝庫でもある．読者が練習問題をよく読んでそれと取り組めば，多くの収穫をえるであろう．

アルゴリズムの実用

本書は，コンピュータをさらに効率的に利用したい人のための参考書として，また自習書として用いることができる．プログラミングの経験者には本書を通じて具体的な話題が提供される．おおむね各章は独立に読むことができるが，前の章で述べた方法を用いてアルゴリズムが論じられることもある．

本書ではアルゴリズムを実用の場に供することも目指している．読者が自信をもって作業をして，実用の道具として役に立つアルゴリズムを実現し，走らせ，デバッグできるようになるための情報を提供する．解説した方法は完全なプログラムとして実現されているものが多く，これらのプログラムの入力例に関する動作の説明も含んでいる．実際に使用されているコードを使っているので，プログラムは実用のためにすぐ使うことができる．プログラムのリストは本書のホームページに掲載されている．

本書のアルゴリズムそのものを用いて描いた数百の図版は，まさに実際的な応用例の1つである．これらの図版の視覚的効果によって，多くのアルゴリズムを直感的に見直すことができる．

アルゴリズムの性質やそれが役に立つ状況についても詳しく説明している．特に強調していないが，アルゴリズム解析や理論計算機科学との関連についても記したつもりである．適当と思われるところでは，アルゴリズムの優劣を示すために計算実験や数学的解析の結果を取り上げている．また面白いと思われる時には，実用的なアルゴリズムと純理論的な結果との関係も議論している．アルゴリズムとその実現の性能に関する情報は，"**性質**"として要約し，本書を通じて引用する．

プログラミング言語

本書でアルゴリズムの実現のために使用する言語はCである．どんな言語にも長所と短所があるが，本書ではCを採用した．その理由は，広く使われていることと，本書のプログラムを書くのに必要な機能を備えていることである．本書のプログラムは，Cに独特の書き方をほとんどしていないので，ほかの現代的なプログラミング言語に容易に翻訳することができる．適当と思われるところでは標準的なCの書き方をした部分もあるが，本書はCのプログラミングに関する参考書を意図しているわけではない．

この新版で多くのプログラムを新しく取り入れたが，旧版のものを抽象データ型を用いて実現に適するように書き改めたものも多い．本書を通じて，プログラムを比較するための計算実験が多く取り入れられている．

本書の旧版では基本プログラムがPascal，C++，Modula 3で書かれていた．これらは本書のホームページに載っていて利用可能である．新しいプログラムやJavaなど新しい言語によるプログラムは適宜追加する予定である．

本書の目標は，アルゴリズムをなるべく簡潔に直接的に示すことである．本書のプログラムは，可能な限り一貫した書き方をしているので，

互いに似ているプログラムはその形も似ている．本書の多くのアルゴリズムにおける類似性は言語によらない．典型的な例としてクイックソートは，表現する言語が Algol 60, Basic, Fortran, Smalltalk, Ada, Pascal, C, PostScript, Java, その他数多くのプログラミング言語の何であれ，その優れた性能が発揮できる環境のもとでは，クイックソート（高速整列法）である．

エレガントで，小型で，手軽な実現を心掛けるが，効率の観点からも検討し，開発過程の様々な局面でコードの性能には気を配る．このやりかたを示す例として，1章で具体的なアルゴリズムの C によるコンピュータ上の実現が次第に改良されていく開発過程を詳しく取り上げて，本書のスタートを切ることにする．

謝 辞

本書の草稿には多くの人から有用なフィードバックを頂いた．特にプリンストン大学とブラウン大学の数百人の学生が何年にもわたり本書の草稿に耐えてくれた．初版の作成を助けてくれた Trina Avery と Tom Freeman，初版のコンピュータ出版のために独創的な仕事をしてくれた Janet Incerpi，本書の図版の元になるアルゴリズムの視覚化を考えてくれた Marc Brown，C に関するすべての疑問に答えてくれた Dave Hanson には深く感謝する．次にあげる方々を含む多くの読者は，これまでの版について詳しいコメントを寄せてくれたので感謝したい：Guy Almes, Jon Bentley, Marc Brown, Jay Gischer, Allan Heydon, Kennedy Lemke, Udi Manber, Dana Richards, John Reif, M. Rosenfeld, Stephen Seidman, Michael Quinn, William Ward.

この第3版を作成するにあたり，Addison-Wesley 社の Peter Gordon, Debbie Lafferty と仕事をともにする喜びをえた．両氏は通常の改版から大々的な書き換えにまで発展したこの事業を辛抱強く支えてくれた．同社の優秀なスタッフとも協同で仕事ができた．多くの方に異例の負担をかけることになったが，皆さんの忍耐に感謝したい．

本書の執筆に際して新たにえた2人の指導者に特別な感謝を捧げたい．その一人は Steve Summit で，彼は草稿の初版を技術的な箇所にいたるまで入念に調べ，特にプログラムに関して非常に多くの助言をしてくれた．エレガントで，効率的で，効果的な実現を目指す私の目的をよく理解し，その助言は実現の一貫性を計る基準となったばかりでなく，本質的な改良を導くもとになった．もう一人は Lyn Dupre で，彼は草稿に関して詳細で貴重なコメントをたくさんしてくれた．それによって，文法的な誤りが訂正，回避されたばかりでなく，首尾一貫した文体でこの大部の専門書をまとめ上げることができた．Steve と Lyn から

多くのものを学ぶことができたことに感謝する．2人の貢献は本書の成立になくてはならなかった．

本書に書いた多くのことは，スタンフォード大学における指導教授であったDon Knuthの講義や著作から学んだ．本書の執筆には彼から直接の影響を受けていないが，本書の中に彼の存在が感じられると思う．というのは，アルゴリズムの研究に科学的な基礎を築いたのはまさに彼であり，そのお陰でこのような仕事ができるようになったからである．私の友人であり協力者であるPhilippe Flajoletは，アルゴリズム解析が成熟した研究分野として確立するのに大きな働きをした一人であり，本書にはその影響が反映されている．

本書の執筆を行なったブラウン大学とフランスのINRIA研究所，また，訪問中にその一部を執筆したDefence解析研究所とゼロックス研究センターの援助には深く感謝したい．本書の多くの部分はNational Science FoundationとOffice of Naval Researchからの援助を受けた研究に基づいている．最後に，プリンストン大学のBill Bowen, Aaron Lemonick, Neil Rudentine諸氏に感謝したい．彼らの助けのお陰で研究環境を整えることができ，いろいろな仕事の合間にも本書の執筆を進めることができた．

ロバート・セジウィック
Marly-le-Roi, France, 1983年
Princeton, New Jersey, 1990年
Jamestown, Rhode Island, 1997年

Adam，Andrew，Brett，Robbie，
そして特に Linda に捧げる

練習問題に関する注意

　本書の読者の知識と経験は様々だから，練習問題を分類すると誤解を生ずる恐れがある．しかし，練習問題への取組み方には何らかの指針が必要だから，それらに次のような4種類の注釈をつけることにした．

　本文の**理解度を試す問題**には，次の例のように白い三角印をつける．

　　▷ **9.54** 2項木表現を使って，大きさ29の2項キューの図を描け．

これらは大部分，本文の例に関連する問題である．特に難しいものではないが，本書を読んだ時に理解しにくかった事実や概念を勉強するのに役に立つ．

　本文に**興味深い新情報を補うための問題**には，次のように白い丸印をつける．

　　○ **14.19** 分離連鎖法を使って，サイズ $N/100$ の表にランダムな整数を N 個挿入するプログラムを書け．そしてリストの長さの最大値と最小値を求めよ．ただし，$N = 10^3, 10^4, 10^5, 10^6$．

これらは，本文の内容に関連する重要な概念を考えるきっかけを与え，本書を読む過程で生ずるいろいろな疑問を解決するのに役に立つ．

　意欲的な問題には，次のように黒い丸印を1つつける．

　　● **8.45** マージソートにおいて，ちょうど真中でファイルを分ける代わりに，ランダムな位置で分けるように実現したとする．この方法で，要素 N 個を整列するのに実行する比較の平均回数を求めよ．

これらは，読者の経験にもよるが，仕上げるまでにかなりの時間を必要とすることがある．この例のように少し異なる条件のもとで考えてみることが，生産的な研究をもたらすことが多い．

　数は少ないが，**かなりの難問**には，次のように黒い丸印を2つつける．

　　●● **15.28** N 個のランダムなビット列から作られるトライの高さはおよそ $2\lg N$ であることを証明せよ．ヒント：誕生日問題を考えよ（性質14.2参照）．

これらは研究論文で扱われる問題のように見えるが，本書の中でこの

練習問題に関する注意　　　　　　　　　　　　　　　　　　　　　　　　　ix

問題を味わいながら解くための準備がなされている（したがって，解決可能）．

　これらの注釈は，読者のプログラミング能力や数学力に依存しないよう配慮している．プログラミングや数学的解析に熟練した能力が必要とされる問題はすぐに区別できる．読者はアルゴリズムを実現することによって自分の理解を試してほしい．次のような問題は，訓練中のプログラマやプログラミング・コースの学生にちょうどよいが，しばらくプログラミングから遠ざかっていた人にはかなりの苦労をかける．

　　1.22 プログラム1.4を修整して，通常の入力を読む代わりに，0から $N-1$ までの整数の対をランダムに発生させ，$N-1$ 個の合併操作の行なわれるまで繰り返すようにせよ．そのプログラムを $N = 10^3, 10^4, 10^5, 10^6$ として実行し，各 N に対して生成される辺の個数（表1.1の M）を求めよ．

　また，アルゴリズムの性質に関する知識を解析的根拠に基づいて理解するよう努力してほしい．次のような問題は，研究者や離散数学コースの学生にちょうどよいが，しばらく数学から遠ざかっていた人はかなりの苦労をする．

　　1.12 加重高速合併アルゴリズムによって生成される 2^n 個の節点をもつ木において，最悪の場合，節点から根までの平均距離を計算せよ．

　すべてを読んで理解するには多過ぎるほどの練習問題がある．読者が興味をもった話題に関して，単に本文を読んで学んだよりもさらに広汎な理解を促すために，十分な練習問題を備えたつもりである．

目　次

第1部　基　礎

第1章　はじめに ……………………………………… 3
1.1　アルゴリズム　4
1.2　例題──連結性問題　6
1.3　合併-発見アルゴリズム　9
1.4　展　望　19
1.5　話題の概要　21

第2章　アルゴリズム解析の原理 ………………… 25
2.1　実現と実験による解析　26
2.2　アルゴリズムの解析　30
2.3　関数の増加度　33
2.4　O記法　39
2.5　基本漸化式　43
2.6　アルゴリズム解析の例　47
2.7　保証，予測，限界　52
　　　第1部の参考文献　57

第2部　データ構造

第3章　基本データ構造 …………………………… 61
3.1　部　品　62
3.2　配　列　73
3.3　リンクによるリスト　80
3.4　初等的なリスト処理　86
3.5　リストに対する記憶領域の割付け　94
3.6　文字列　97
3.7　複合データ構造　103

第4章　抽象データ型 …………………………………………………… 113
- 4.1 抽象オブジェクトとオブジェクトの集合　117
- 4.2 プッシュダウンスタック抽象データ型　121
- 4.3 スタック抽象データ型クライアントの例　123
- 4.4 スタック抽象データ型の実現　129
- 4.5 新しい抽象データ型の生成　134
- 4.6 FIFO キューと一般化キュー　137
- 4.7 要素の重複と添字要素　145
- 4.8 一級抽象データ型　149
- 4.9 応用に基づく抽象データ型　161
- 4.10 展　望　166

第5章　再帰と木 ……………………………………………………… 169
- 5.1 再帰アルゴリズム　170
- 5.2 分割統治法　177
- 5.3 動的計画法　188
- 5.4 木　195
- 5.5 2分木の数学的な性質　204
- 5.6 木の走査　208
- 5.7 再帰的な2分木アルゴリズム　213
- 5.8 グラフの走査　218
- 5.9 展　望　223

第2部の参考文献　225

第3部　整　列

第6章　初等的な整列法 ……………………………………………… 229
- 6.1 ゲームのルール　230
- 6.2 選択整列法　236
- 6.3 挿入整列法　237
- 6.4 バブル整列法　240
- 6.5 初等的整列法の性能　241
- 6.6 シェルソート　247
- 6.7 ほかの型のデータの整列法　254
- 6.8 添字整列とポインタ整列　259
- 6.9 リンクリストの整列　266
- 6.10 キー添字計数法　269

第7章　クイックソート　273

- 7.1　基本アルゴリズム　274
- 7.2　クイックソートの性能　278
- 7.3　スタックの大きさ　281
- 7.4　小さい部分ファイル　285
- 7.5　3要素の中央値　287
- 7.6　重複したキー　291
- 7.7　文字列とベクトル　294
- 7.8　選　択　296

第8章　併合とマージソート　301

- 8.1　2ウェイ併合　302
- 8.2　抽象的なその場の併合　304
- 8.3　トップダウン型マージソート　306
- 8.4　基本アルゴリズムの改良　309
- 8.5　ボトムアップ型マージソート　312
- 8.6　マージソートの性能　316
- 8.7　リンクリストによるマージソート　318
- 8.8　再帰呼出しの再考　322

第9章　順位キューとヒープソート　325

- 9.1　初等的な実現　328
- 9.2　ヒープのデータ構造　331
- 9.3　ヒープのアルゴリズム　333
- 9.4　ヒープソート　339
- 9.5　順位キューADT　345
- 9.6　添字による順位キュー　350
- 9.7　2項キュー　353

第10章　基数整列　363

- 10.1　ビット，バイト，ワード　365
- 10.2　2進クイックソート　368
- 10.3　MSD基数整列法　372
- 10.4　3分岐基数クイックソート　379
- 10.5　LSD基数整列法　383
- 10.6　基数整列法の性能　386
- 10.7　線形未満の時間の整列法　390

第11章　特殊目的の整列法 …… 395

- 11.1　Batcher 奇偶マージソート　396
- 11.2　整列ネットワーク　401
- 11.3　外部整列　408
- 11.4　整列-併合の実現　414
- 11.5　並列的整列-併合　419

第 3 部の参考文献　424

第 4 部　探　索

第12章　記号表と 2 分探索木 …… 429

- 12.1　記号表抽象データ型　431
- 12.2　キー添字探索　436
- 12.3　逐次探索　440
- 12.4　2 分探索法　446
- 12.5　2 分探索木　451
- 12.6　BST の性能特性　456
- 12.7　間接的 2 分探索木　459
- 12.8　根への挿入　463
- 12.9　他の ADT 関数の BST による実現　466

第13章　平衡木 …… 475

- 13.1　ランダム化 BST　478
- 13.2　スプレイ BST　484
- 13.3　トップダウン 2-3-4 木　489
- 13.4　赤黒木　494
- 13.5　スキップリスト　503
- 13.6　性能特性　510

第14章　ハッシュ法 …… 515

- 14.1　ハッシュ関数　516
- 14.2　分離連鎖法　524
- 14.3　線形探査法　529
- 14.4　2 重ハッシュ法　533
- 14.5　動的ハッシュ法　538
- 14.6　まとめ　542

第 15 章　基数探索　……　547
15.1　離散探索木　548
15.2　トライ　551
15.3　パトリシア　560
15.4　マルチウェイ基数探索法　567
15.5　テキスト-文字列-索引アルゴリズム　583

第 16 章　外部探索　……　589
16.1　ゲームのルール　590
16.2　索引順アクセス法　593
16.3　B木　595
16.4　拡張可能ハッシュ法　608
16.5　まとめ　619
第 4 部の参考文献　622

訳者あとがき　……　625
索　引　……　627

第1部

基 礎

第1章

緒　論

第1章　はじめに

　本書の目的は，様々な分野において役に立つ重要なアルゴリズムを学ぶことである．**アルゴリズム**とは，問題の解法手順のことであって，特にコンピュータで実現するのに向いているものをさす．本書では様々な分野の問題を取り上げてはいるが，その中でも楽しく勉強できて，是非知っておいてもらいたい基本アルゴリズムに重点をおくことにする．どのアルゴリズムについても，そのエッセンスと巧妙さがわかるように詳しく説明する．現在コンピュータで使われている重要なアルゴリズムを数多く学んで，それらを使いこなし，その真価を認識できるようになることが目標である．

　アルゴリズムを理解する早道は，それを実現してテストすること，その変形を試みること，小規模な例で働きをよく吟味すること，そして，現実に近い規模の例で試してみることである．アルゴリズムを記述するために本書では言語Cを使用し，すぐに役に立つプログラムを提供する．これらのプログラムは一貫した形式で記述されており，他のプログラム言語に翻訳することは容易である．

　アルゴリズムの性能についても注意深く考察する．その考察は，アルゴリズムの改良，他のアルゴリズムとの比較，規模を大きくした時の性能の予測・保証に役立つ．アルゴリズムの性能を理解するには計算実験による解析や数学的解析が必要となる．主要なアルゴリズムに関しては，可能ならば直接その解析結果を求め，必要ならば研究文献を引用して，詳細に考察する．

　アルゴリズムを開発する一般的な方法を説明するために，この章ではある例題を解決するアルゴリズムについて詳しく考察する．この問題は非現実的な"頭の体操"ではなく，その解は様々な実用に役立つ基本となる．簡単な解からはじめて，その性能を解明し，アルゴリズムを改良する．このプロセスを繰り返すことによって，効率的で実用的なアルゴリズムに到達する．これは，本書全般に共通する一般的な方法論の適用された典型的な例である．

　この章の最後で，本書の扱うすべての話題を簡単に説明し，主要部分が何であるか，それが他とどのように関係するかについて述べる．

1.1 アルゴリズム

コンピュータのプログラムを書く時は，既に知られている解法をプログラムとして実現することが多い．その解法の多くは特定のコンピュータに依存しないもので，各種のコンピュータ，各種のコンピュータ言語に適合する．したがって，問題の攻略法を知るために研究する対象は，プログラムではなくその解法である．計算機科学における**アルゴリズム**（algorithm）は，プログラムとして実現することのできる問題の解法を意味する．アルゴリズムは，計算機科学のすべての分野ではないにしても，多くの分野で研究対象の中心になっている．

大概のアルゴリズムには，計算中に用いるデータの構成方法が含まれている．構成される対象は**データ構造**（data structure）とよばれ，計算機科学の研究対象としてもう1つの中心的な存在である．アルゴリズムとデータ構造は互いに関連している．本書では，データ構造をアルゴリズムの副産物，あるいは最終産物と考えるので，アルゴリズムの理解にはデータ構造の勉強が必要である．

一般的傾向として，アルゴリズムが単純であればデータ構造が複雑になり，逆に，単純なデータ構造を使うとアルゴリズムが複雑になる．本書では種々のデータ構造の性質についても詳しく学ぶので，書名を「Cによるアルゴリズムとデータ構造」としてもよかったほどである．

問題をコンピュータによって解決しようとする時，複数の方法があるのが普通である．小さい問題では，方法さえ正しければどの方法を選ぶかは重要ではない．しかし，規模の大きい問題（あるいは，小さい問題を非常に多数回繰り返す応用問題）の場合には，時間空間的にできる限り効率的な方法を見い出す必要がある．このことは直ちに理解できるであろう．

アルゴリズムの設計について学ぶ主な理由は，その学習が大きな節約をもたらすことにある．時には，他の方法では決してその仕事を成し遂げることができない場合さえある．何百万という対象を処理する応用において，巧妙に設計されたアルゴリズムによって何百万倍も速いプログラムをえることも決して珍しくはない．その一例を1.2節で紹介するが，本書の随所に同じような例を見ることができる．費用と時間をかけて新型コンピュータを導入しても，せいぜい数十倍，数百倍程度早くなるに過ぎないことが多い．したがって，応用分野によらず，大きな問題を解決する時，アルゴリズムを注意深く設計することが絶大な効果を発揮する．

非常に大きく複雑なプログラムを開発する時，解くべき問題をよく理解し，それを正確に規定し，その全体を完全に把握し，それらを容易に

実現できる小さな部分に分解することが重要であり，そのために精力の大部分を注ぐ必要がある．実際，分解された各部分で必要になるアルゴリズムは容易に実現できることが多い．大抵の場合，その選択が非常に重要となるようなアルゴリズムは多くない．その理由は，システム資源の大部分が，少数の限られたアルゴリズムの実行に費やされることになるからである．本書ではそのような重要なアルゴリズムを中心に取り上げる．多くの応用分野において大きな問題を解決するのに役立つ様々な基本アルゴリズムを学ぶ．

コンピュータシステムにおいてプログラムの共有がごく普通のことになってきている．そのため，本書のアルゴリズムの大部分は"利用"されるであろうが，"実現"する必要のあるものはその一部に過ぎないと思われる．しかし，基本アルゴリズムを簡単なプログラムで実現してみることによって理解が深まり，本格的なプログラムを効率的に利用するためのヒントがえられる．さらに，基本アルゴリズムを改めて実現し直さなければならない状況がよく生じることに注目したい．改めて実現が必要になる主な原因は，コンピュータ環境（ハードウェアとソフトウェア両面での）が大幅に変化したために従来の実現が最適ではなくなることである．というのは，基本アルゴリズムは，解ができるだけ手軽で長期の使用に耐えるように，問題に合わせて実現されるのであって，システムルーチンを利用しないことが多いからである．基本アルゴリズムを実現し直すもう1つの理由は，多くのコンピュータシステムでソフトウェアを共有する仕組みが，標準プログラムを特定の問題向きに調整できるほど強力でない（あるいは，それが手軽でない）ことである．そのため，改めて実現し直した方が容易なのである．

プログラムはしばしば最適化されすぎることがある．アルゴリズムが極度に大きい仕事に組み込まれるとか非常に頻繁に使われる場合は別として，極限まで最適化して効率を上げても，その努力に較べてえられる効果があまり大きくないことがある．このような時は簡単な実現で十分である．つまり，動作が正しいことに自信がもてるし，例えば，最適化版より最悪なとき10倍遅いとしても，実際には数秒しか差がないかも知れない．これとは対照的に，最初からよいアルゴリズムを選んでおけば，数百倍，数千倍，あるいはそれ以上の差が生じ，実行時間において数分，数時間，あるいはそれ以上の差になることがある．本書では，最もよいアルゴリズムの最も簡単な，理にかなった実現を心掛ける．

特定の仕事に対して最もよいアルゴリズムを選択するには，一般にかなり複雑なプロセスが必要であり，しばしば精密な数学的解析を要する．計算機科学においてこのような課題を研究する分野は**アルゴリズム解析**（analysis of algorithm）とよばれる．これから学ぶアルゴリズム

の多くのものは，解析の結果高性能であることが知られているが，中には経験的にうまく働くにすぎないものもある．本書では，重要度の高い仕事に対して有効なアルゴリズムを学ぶことが主な目的であるが，複数の方法の性能比較にも注意を払う．アルゴリズムはそれが消費する資源を把握しないで利用するべきではない．アルゴリズムの性能に関する知識を学ぶことが必要である．

1.2 例題――連結性問題

整数の対の列が与えられるものとする．整数はある型の対象を表わし，整数の対 p-q は"p と q は連結している"と解釈する．この連結関係は推移的であると仮定する．すなわち，p と q が連結し，かつ，q と r が連結していれば，p と r は連結しているものとする（この連結関係は同値関係にほかならない）．目的は，対の集合の中から異質な対を識別するプログラムの作成である．すなわち，このプログラムは対 p-q が入力されると，それまでの入力から p と q が連結していないと判定される場合に限り，対 p-q を出力するものとする（この時，p と q を連結させる）．p と q が既に連結していると判定される場合は何も出力せずに次に進む．このプロセスの例を図 1.1 に示す．

問題は，既に与えられた対の列に対して，新たな対の連結性を判定するのに十分な情報を蓄積するプログラムを考え出すことにある．本書ではこの問題を**連結性問題**（connectivity problem）とよぶ．連結性問題は数多くの重要な応用に登場する．以下に 3 つの応用例を紹介し，この問題の基本的な性質を簡単に説明する．

第一の例では，各整数が巨大なネットワークの中のコンピュータを表わし，整数の対は対応するコンピュータがネットワークで結ばれていることを表わす．このプログラムを使えば，2 つのコンピュータ p, q を結ぶ新たな回線が必要か，それとも既存の回線で結ばれているかを判定できる．実際の応用では，例えば数百万の対象と数十億の対が想定される．このような大規模な問題は効率的なアルゴリズムがなければ解決できない．このことについては後で述べる．

第二の例では，各整数が電子回路の接点を表わし，整数の対が 2 接点を接続する導線を表わす．このプログラムを使えば，無駄な配線をせずにすべての接点を接続させることができる．適当に選んだいくつかの接点の対が接続されていてもすべての接点の接続は保証されない．それを確認するのがこのプログラムの主要な応用の 1 つである．

図 1.2 は，以上 2 つの例を視覚的に示したものである．このようなネットワーク中の任意の 2 点の連結性を素早く調べるにはどうするか．こ

```
3-4      3-4
4-9      4-9
8-0      8-0
2-3      2-3
5-6      5-6
2-9               2-3-4-9
5-9      5-9
7-3      7-3
4-8      4-8
5-6               5-6
0-2               0-8-4-3-2
6-1      6-1
```

図 1.1　連結性問題の例

対象の連結関係を表わす整数の対の列（左）が与えられた時，連結アルゴリズムは新たに加える連結対を出力する（中央）．例えば，対 2-9 は出力されない．なぜならば，それまでの入力から 2-3-4-9 という連結関係が導かれるからである（右）．

例題——連結性問題　　　　　　　　　　　§1.2　　　　　　　　　　　　　　7

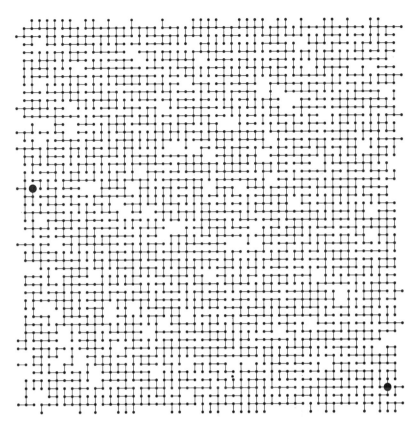

図 1.2　やや大きい連結性問題

　連結性問題の対象を点で，その対を2点を結ぶ線で表わす．この図は都市のビルやコンピュータチップ上の素子の連結状態を模式的に表現している．このように図で表わすと連結状態を視覚的に把握できるが，アルゴリズムは整数の対を相手にしなければならない．ところで，図中の大きな黒い2点は連結しているといえるだろうか？

の図から連結性問題の難しさを理解することができる．

　第三の例は，2つの変数名の等価を宣言できるプログラム環境で生じるものである．問題は，等価宣言の列が与えられて，任意の2つの名前が等価かどうかを判定することである．この応用はその必要性から比較的早い時期に改良がなされた．その過程で問題が抽象化，単純化され，そのアルゴリズムに広汎な応用の道を開くことになった．

　変数名の等価問題の応用では，整数をそれぞれ異なる変数名と対応づけることが必要になる．コンピュータネットワークや電子回路の問題においても同様である．この対応づけを効率的に行なう各種のアルゴリズムについては10章から16章で考察する．この章では N 個の対象を0から $N-1$ までの整数で表わすが，そのことで一般性を失うことはない．

　プログラムは，ある特定の，明確に規定された仕事を行なうことを要求される．解くことが要求される可能性のある類似の問題は数多くある．したがって，アルゴリズム開発における最初の仕事は，問題が正しく規定されているかどうかの確認である．アルゴリズムに対する要求が多いほど，それを行なうのに多くの時間・空間コストが必要になるが，この関係を予め量的に把握することができない．解決が意外に困難であ

ったり，コストがかかりすぎることがわかった時，または幸い当初の仕様以上の情報をもたらすことがわかった時は，問題の仕様を変えることがよくある．

例えば連結性問題の仕様では，プログラムは与えられた対 p-q が既に連結しているかどうかを判定できれば十分であって，連結する道筋を示す必要はない．この要求を加えると問題は難しくなり，全く異なる種類のアルゴリズムになってしまう．それについては，5章で簡単にふれ，第5部（本書の続巻）で詳しく考察する．

前の段落では，当初の仕様より多い情報を要求する変更について述べたが，逆に少ない情報しか要求しない変更もありうる．例えば，"N 個の対象をすべて連結するのに M 個の連結対で十分か"という問題はその一例である．この問題は，効率的なアルゴリズムを開発するには，対象を抽象化して高い視点から眺める必要があることを示唆する．この場合には，グラフ理論の基礎的な命題から明らかなように，N 個の対象が連結される必要十分条件は，このアルゴリズムが $N-1$ 個の対を出力することである（5.4節参照）．言い換えれば，このアルゴリズムは $N-1$ 個より多くの対を出力することはない．$N-1$ 個の対が出力されれば，それより後の対はすべて連結されているからである．したがって，連結性問題を解くプログラムは連結されていない対を出力したが，それをカウンタを1つ増やすことに変更すれば，先ほどの問に答えるプログラムがえられる．カウンタが $N-1$ に達すれば"イエス"，そうでなければ"ノー"と答えればよい．この問は連結性問題に関連する問のほんの一例に過ぎない．一般に，入力される対の集合は**グラフ**(graph)とよばれる．出力される対の集合はすべての対象を連結する最小の部分集合で，そのグラフの**極大木**(spanning tree)とよばれる．第5部で，グラフと極大木の性質および種々の関連アルゴリズムについて考察する．

応用で実行される様々な基本操作の中で本質的に同一なものを見定める視点が重要であり，それによって連結性問題のアルゴリズムを様々な類似の仕事に活用することが可能となる．この問題では，新しい対が入力される毎にそれが連結関係を更新するものかどうかを判定すること，そうであればその情報を次の判定のためのデータに組み込むことの2つが必要である．入力される整数を抽象集合の要素と考え，これら2つの仕事を**抽象操作**(abstract operation)としてカプセル化する．そして，以下のことを行なうアルゴリズムとデータ構造を設計する．

- 与えられた要素を含む集合を**発見**(find)する．
- 与えられた2個の要素をそれぞれ含む2つの集合を**合併**(union)する．

これらの抽象操作によってアルゴリズムを構成しても，連結性問題の各種の変形が解けなくなることはなく，他の問題を解くにも役に立つ．このように抽象化を進めることは，計算機科学一般において，特にアルゴリズムの設計において，重要なプロセスであり，本書においてたびたびこの問題と出会うことになる．本章では，連結性問題を解くプログラムを設計するために，抽象的な考え方をあまり形式張らずに利用する．4章で，この抽象操作のCによるカプセル化を行なう（プログラム4.6～4.8参照）．

連結性問題は発見と合併という抽象操作によって簡単に解くことができる．新しい対p-qが入力されると，要素p, qのそれぞれに対して発見操作（find operation）を行なう．両者の属する集合が一致すれば次の対の処理に移る．異なれば合併操作（union operation）を行ない，対p-qを出力する．各集合はグラフの**連結成分**（connected component）を表わす．すなわち，集合の任意の2個の要素は連結している．こうして，連結性問題を解くアルゴリズムの開発は，集合を表現するデータ構造を定義することと，そのデータ構造に対して効率的に適用される**合併-発見アルゴリズム**（union-find algorithm）を開発することに帰着された．

抽象集合を表現し処理するには多くの方法があり，詳細については4章で述べる．この章では，連結性問題を解く合併と発見の操作を効率的に行なうための表現を見い出すことに焦点を当てる．

練習問題

1.1 入力として対 0-2, 1-4, 2-5, 3-6, 0-4, 6-0, 1-3 が与えられた時，上記のアルゴリズムの出力を示せ．

1.2 図1.1の例に対して，2個の対象を連結する方法をすべて列挙せよ．

1.3 連結性問題を解くために合併と発見の操作を行なった後の集合（連結成分）の個数を数える簡単な方法を記せ．

1.3 合併-発見アルゴリズム

与えられた問題を解く効率的なアルゴリズムを開発するプロセスの第一歩は，"その問題を解く簡単なアルゴリズムを実現してみる"ことである．もしいくつかのやさしい問題を解けばよいのであれば，簡単な実現だけで仕事が終わる．もっと込み入ったアルゴリズムが必要であれば，簡単な実現は小規模の場合の動作確認と性能評価の目安を与える．いつも効率を考慮するが，プログラム開発の最初の関心事はそのプログ

ラムが問題の"正しい"解になっているかどうかである．

　まず最初は，とにかく入力された対をすべて保存し，それらを参照して次に入力される対の連結性を調べる関数を作ればよいと考えるかもしれないが，その考えを変える必要がある．なぜならば第一に，実際の応用では対の個数が多すぎてすべてを記憶できない．第二に，これがポイントだが，たとえすべての対を記憶できたとしても，その記憶内容から2個の対象の連結性を判定する方法がすぐに見つからないからである．このアプローチについては5章で考察する．この章で考える方法はそんな難問を解かなくてよいので単純であり，すべての対を保存しないので効率的である．各対象に対応する整数を記憶する配列を利用して，合併-発見アルゴリズムを実現するのに必要な情報だけを保持する．

　配列 (array) は基本的なデータ構造の1つで，3.2節で詳しく説明する．ここでは最も簡単な形の配列を用いる．例えば1000個の整数を扱う場合にはa[1000]と書いて宣言し，$0 \leq i < 1000$ に対して，配列の第 i 番目の整数を参照する時はa[i]と書く．

　プログラム1.1は連結性問題を解くための**高速発見アルゴリズム** (quick-find algorithm) とよばれる単純なアルゴリズムを実現したものである．このアルゴリズムは整数の配列が基礎になっていて，pとq

```
p q    0 1 2 3 4 5 6 7 8 9

3 4    0 1 2 4 4 5 6 7 8 9
4 9    0 1 2 9 9 5 6 7 8 9
8 0    0 1 2 9 9 5 6 7 0 9
2 3    0 1 9 9 9 5 6 7 0 9
5 6    0 1 9 9 9 6 6 7 0 9
2 9    0 1 9 9 9 6 6 7 0 9
5 9    0 1 9 9 9 9 9 7 0 9
7 3    0 1 9 9 9 9 9 9 0 9
4 8    0 1 0 0 0 0 0 0 0 0
5 6    0 1 0 0 0 0 0 0 0 0
0 2    0 1 0 0 0 0 0 0 0 0
6 1    1 1 1 1 1 1 1 1 1 1
```

図1.3 高速発見法の例（合併は遅い）

　これらの数列は，高速発見アルゴリズム（プログラム1.1）により，左側に記した対が処理された後の配列idの内容を表わす．網掛けの要素は合併操作により変化したものである．対p-qを合併処理する時，id[p]と同じ値をもつ要素の値をすべてid[q]の値で置き換える．

プログラム1.1　連結性問題を解く高速発見法

　このプログラムは，Nより小さい非負の整数の対の列を標準的な入力操作で読み（対p-qは"対象pと対象qを連結する"と解釈する），連結してない対象の対を出力する．対象を要素とする配列idを用いて，pとqが連結している時その時に限りid[p]とid[q]が等しいものとする．簡単のため，Nをコンパイル時に定まる定数とする．その値を入力から受け取り，配列idを動的に割り当てる方法もある（3.2節参照）．

```c
#include <stdio.h>
#define N 10000
main()
  { int i, p, q, t, id[N];
    for (i = 0; i < N; i++) id[i] = i;
    while (scanf("%d %d\n", &p, &q) == 2)
      {
        if (id[p] == id[q]) continue;
        for (t = id[p], i = 0; i < N; i++)
          if (id[i] == t) id[i] = id[q];
        printf(" %d %d\n", p, q);
      }
  }
```

が連結していることを配列の第 p 要素と第 q 要素が等しいことによって表現する．$0 \leq i < N$ に対して，第 i 要素の値は i に初期化される．p と q に対する合併操作は，配列を走査して第 p 要素と同じ値をもつ要素の値をすべて第 q 要素と同じ値に変えることによって実現する．この時，p と q の役割を交換してもよく，その選択は自由である．

図 1.3 は図 1.1 の例に対して合併操作の行なわれた時の，配列の変化を示したものである．発見操作の実現は，番号で参照される配列要素の異同の判定だけでよく，直ちにできるのでこのアルゴリズムを"高速発見"とよんだ．合併操作の方は，各対毎にすべての配列要素を走査する必要がある．

性質 1.1 高速発見アルゴリズムは，M 回の合併操作を行なう対象数 N の連結性問題を解くのに，少なくとも MN 個の命令が実行される．

M 回の合併操作で毎回，for ループに N 回の繰返しがある．各繰返しには少なくとも 1 個の命令（ループの終わりかどうかの判定）が実行される．■

最近のコンピュータは毎秒 1000 万個から 1 億個の命令を実行する．したがって，M や N が小さい時のコストは問題にならない．しかし最近の応用では，対象の個数が数百万，入力される対の個数が数十億ということもありうる．このような大規模の問題では高速発見アルゴリズムは現実的な解決にならない，という結論に達する（練習問題 1.10 参照）．2 章においてこの結論の正確な数量を考察する．

図 1.4 は図 1.3 のグラフ表現である．対象は 2 種類に分かれ，一方は集合の代表者として自分自身をさし，他方はその対象が属する集合の代表者をさす（線で結ぶ）．配列表現からグラフ表現に変えた理由はすぐに明らかとなる．この表現における対象の連結対が必ずしも入力される連結対と同じではないことに注意されたい．それらはこのアルゴリズムが新たな対の連結性を判定するために記憶した情報である．

次のアルゴリズムは上記のものとは対照的な方法で，**高速合併アルゴリズム**（quick-union algorithm）とよばれる．同じデータ構造，すなわち，対象の名前で番号づけされた配列に基づくが，その値の意味は少し異なり，少し複雑な構造が導かれる．各対象は配列要素（ポインタ）の値によって自分が属している集合の中の対象をさすが，その先端は自分自身をさすので閉路は生じない．2 つの対象が同じ集合に入るかどうかを判定するには，先端までポインタのさす先をたどる．2 つの対象が同じ集合に入るための必要十分条件は，同じ対象にたどり着くことであ

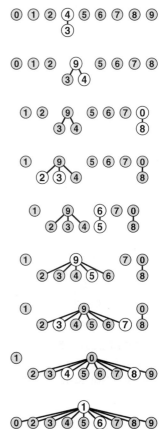

図 1.4　高速発見法の木表現

この図は図 1.3 の例をグラフで表現したものである．図における連結は必ずしも入力の連結ではない．例えば，最下段の構造には 1-7 の連結があるが，これは入力の連結にはなく，7-3-4-9-5-6-1 という連結の連鎖により生成されたものである．

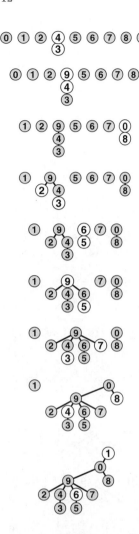

図 1.5　高速合併法の木表現

この図は図 1.3 の例をグラフで表現したものである．対象 i から対象 id[i] に線が引かれている．

る．したがって，合併集合を作るにはその一方の先端が他方の先端をさすように接続（リンク）を変えるだけでよい．この合併操作は直ちにできるのでこのアルゴリズムを"高速合併"とよんだ．

図 1.5 は，図 1.1 の例題に対する高速合併アルゴリズムの操作の様子を，図 1.4 と対比させてグラフ表現したものである．図 1.6 はその時の配列 id の変化に対応する．データ構造をグラフ表現するとアルゴリズムの操作がよくわかる．既に連結している入力対はデータ構造でも互いに連結している．ただし，前に述べたように，一般にデータ構造における連結対は，入力対で示される応用上の連結対と必ずしも同一ではなく，合併と発見を効率的に実現するためにアルゴリズムが生成したものである．このことを十分に理解されたい．

図 1.5 に示された連結成分は**木**（tree）とよばれる．木は基本的な組合せ構造で，本書には繰り返し登場する．木の性質については 5 章で詳しく述べる．合併と発見の操作にとって図 1.5 のような木表現は有用である．木はすぐに構成できて，2 つの対象が同じ木の中にあることと入力列によって連結されることが同値になるからである．木には自分自身をさす対象が 1 つあり，それを木の**根**（root）とよぶ．自分をさすポインタはグラフには示されない．木を遡ることにより各対象を含む木の根が容易にわかり，これより 2 つの対象が連結しているか否かを判定する方法がえられる．任意の対象から出発してそれがさす対象に移り，また次にさす対象に移るという操作を繰り返していくと，常に根に達する．この性質は帰納法によって証明できる．すなわち，初期化において各対象は自分自身をさすから，帰納法の出発点で真である．合併操作の前で真であれば，その後でも真である．

高速発見アルゴリズムによる図 1.4 のグラフも上記の性質をもっている．両者の違いは，高速発見法の木では根以外のすべての**節点**（node）から 1 回のリンクで根に達するが，高速合併法の木では一般に複数回のリンクが必要になることである．

プログラム 1.2 は連結性問題の解を，合併と発見の操作を高速合併アルゴリズムによって実現したものである．高速合併アルゴリズムは，各入力対に対して配列全体を走査する必要がないから，高速発見アルゴリズムよりも早いように見える．では，どれくらい早いか？　この問は高速発見の場合より答えるのが難しい．なぜなら，その実行時間は入力に依存するからである．計算実験や数学的解析（2 章参照）により，プログラム 1.2 はプログラム 1.1 よりかなり効率がよいこと，プログラム 1.2 を使って大規模な実用問題も実行可能であることを確信できる．計算実験についてはこの節の最後に述べる．ここでは高速発見法の主要な欠点（N 個の対象に対する M 個の合併の処理に最低 NM 個の命令が

合併-発見アルゴリズム　　　　　　　　　　§1.3

> **プログラム 1.2　連結性問題の高速合併法**
>
> プログラム 1.1 の while ループの本体を次のコードで入れ換えると，プログラム 1.1 と同じ仕事をする別のプログラムがえられるが，これは発見操作の計算量を増やす代わりに，合併操作の計算量を減らしている．このコードにおける for ループとそれに続く if 文は，p と q が連結する必要十分条件を配列 id 上で表現したものである．代入文 id[i]=j は合併操作を表わす．
>
> ```
> for (i = p; i != id[i]; i = id[i]) ;
> for (j = q; j != id[j]; j = id[j]) ;
> if (i == j) continue;
> id[i] = j;
> printf(" %d %d\n", p, q);
> ```

p	q	0	1	2	3	4	5	6	7	8	9
3	4	0	1	2	4	4	5	6	7	8	9
4	9	0	1	2	4	9	5	6	7	8	9
8	0	0	1	2	4	9	5	6	7	0	9
2	3	0	1	9	4	9	5	6	7	0	9
5	6	0	1	9	4	9	6	6	7	0	9
2	9	0	1	9	4	9	6	6	7	0	9
5	9	0	1	9	4	9	6	9	7	0	9
7	3	0	1	9	4	9	6	9	9	0	9
4	8	0	1	9	4	9	6	9	9	0	0
5	6	0	1	9	4	9	6	9	9	0	0
0	2	0	1	9	4	9	6	9	9	0	0
6	1	1	1	9	4	9	6	9	9	0	0
5	8	1	1	9	4	9	6	9	9	0	0

図 1.6　高速合併法の例（発見は遅い）

これらの数列は左の各対を高速合併アルゴリズム（プログラム 1.2）で処理した時の id の内容を示している．網掛けの要素は合併操作による変化である（各操作毎に 1 要素）．対 p-q を処理する時，ポインタを p から id[i] == i を満たす要素 i をえるまでたどり，q から id[j] == j を満たす要素 j をえるまでたどる．もし，i と j が異なれば id[i] = id[j] とする．対 5-8（最後の行）の処理を行なうと，i の値は 5, 6, 9, 0, 1 と変化し，j の値は 8, 0, 1 と変化する．

必要）が克服されているので，高速合併法はその改良版であると考えられる．

高速合併と高速発見のこの違いは確かに 1 つの改良であるが，高速合併法にはまだ欠点があり，どんな場合でも高速発見法より早いことは保証されない．というのは，発見操作に時間がかかるように入力データを用意することができるからである．

性質 1.2　$M>N$ である時，N 個の対象と M 個の対からなる連結性問題を解くのに，高速合併アルゴリズムは $MN/2$ 個以上の命令の実行を必要とすることがある．

対が 0-1, 0-2, 0-3, 0-4, … の順で入力される場合を考える．この $N-1$ 個の対が入力されると，N 個の対象はすべて同じ集合に属し，高速合併アルゴリズムが生成する木は，対象 0 は 1 をさし，1 が 2 を，2 が 3 をと次々とさした結果，1 本の鎖になる．対 0-k が入力された時，対象 0 に対する発見操作には $k-1$ 回のポインタ追跡が必要である．したがって，ここまでのポインタ追跡の回数を合計すると
$$0 + 1 + \cdots + (N-2) = (N-2)(N-1)/2$$
となる．残りの $M-N+1$ 個の対はすべて対象 0 とどれかの対象の連結を表わすと仮定しよう．それに対する発見操作には毎回少なくとも $N-1$ 回のポインタ追跡が必要であるから，その総数は少なくとも
$$(N-2)(N-1)/2 + (M-N+1)(N-1) = (2M-N)(N-1)/2$$
である．この数と結論の $MN/2$ との差は，$M>N>1$ の条件により
$$(2M-N)(N-1)/2 - MN/2 = (M-N-1)(N-2)/2 - 1 \geq -1$$

であり，後半の $M-N+1$ 個の対において対象 0 の相手の対象に 1 回以上のポインタ追跡が必要と考えてよいから，性質 1.2 をえる．■

幸いこのアルゴリズムは，このような具合の悪いことが決して起こらないように，容易に修整できる．すなわち，合併操作においていつも 2 番目の木の根を最初の木の根に連結する代わりに，各木の節点の個数を保持しておき，その数の少ない方を多い方に連結すればよい．この変更は，節点の個数を記憶する配列とコードを少し追加するだけで可能であり，プログラム 1.3 のようになる．このアルゴリズムを**加重高速合併アルゴリズム**（weighted quick-union algorithm）とよぶ．

図 1.7 は，図 1.1 の例題に対して加重高速合併アルゴリズムにより生成される**森**（木の集まり，union-find 森とよぶ）を示している．このように小規模の例にもかかわらず，加重でない図 1.5 に較べて**道**（path）の長さがかなり短縮されている．図 1.8 は，合併する 2 つの集合の大きさがいつも等しい（しかも 2 のベキ乗）最悪の場合を示す．この時，木は複雑に見えるが，2^n 個の節点をもつ木において根までたどるポインタの最大個数は n であるという単純な性質をもつ．さらに，

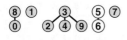
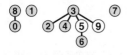
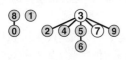
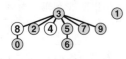
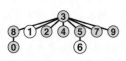

図 1.7 加重高速合併法の木表現

高速合併アルゴリズムを変更して，小さい木の根を大きい木の根に連結させた結果を表わす．発見操作の効率がよくなっている．

プログラム 1.3　加重高速合併法

このプログラムは，高速合併アルゴリズム（プログラム 1.2 参照）を修整したもので，配列 sz を使って id[i]==i となる対象 i に対応する木の節点数を記憶させ，合併操作で小さい木を大きい木に連結する．そのことによって道の長さの増加が少なくなる．

```c
#include <stdio.h>
#define N 10000
main()
  { int i, j, p, q, id[N], sz[N];
    for (i = 0; i < N; i++)
      { id[i] = i; sz[i] = 1; }
    while (scanf("%d %d\n", &p, &q) == 2)
      {
        for (i = p; i != id[i]; i = id[i]) ;
        for (j = q; j != id[j]; j = id[j]) ;
        if (i == j) continue;
        if (sz[i] < sz[j])
            { id[i] = j; sz[j] += sz[i]; }
        else { id[j] = i; sz[i] += sz[j]; }
        printf(" %d %d\n", p, q);
      }
  }
```

合併-発見アルゴリズム　　　　　　　　　　§1.3　　　　　　　　　　15

2^n 個の節点をもつ木を 2 つ合併すると 2^{n+1} 個の節点をもつ木がえられ，根までの最大距離は $n+1$ となる．この事実を一般化すれば，加重アルゴリズムがそうでないものよりかなり効率がよいことの証明になる．

性質 1.3 加重高速合併アルゴリズムは，N 個の対象中の 2 個の連結性を判定するために最大で $2\lg N$ 個のポインタを追跡する（$\lg N = \log_2 N$，2.3 節参照）．

まず，k 個の対象の集合（木）において任意の節点から根までのポインタ数（根における自分をさすポインタを除く）は $\lg k$ 以下であるという性質が，合併操作によって保存されることを証明する．i 個の節点の集合と j 個の節点の集合（$i \leq j$）を合併すると，小さい集合における根までのポインタ数は 1 増加する．ところが，合併後の集合の大きさは $i+j$ であるから，$1+\lg i = \lg(i+i) \leq \lg(i+j)$ である．したがって，性質が保存される．初期化の直後で明らかにこの性質が成立するので，帰納法により常にこの性質が成り立つ．連結性の判定で追跡するポインタ数は，2 つの対象が連結していない時には，$\lg k_1 + \lg k_2 = \lg k_1 k_2 \leq 2\lg(k_1+k_2)/2 \leq 2\lg N - 2$ 以下であり，連結している時には，$2\lg k \leq 2\lg N$ 以下である．■

性質 1.3 の実用的な意味は，加重高速合併アルゴリズムが N 個の対象の上で M 個の入力対を処理するために，多くても $M \lg N$ の定数倍の命令でよいということである（練習問題 1.9 参照）．この結果は，高速発見法では常に（高速合併法では時々）少なくとも $MN/2$ 個の命令が必要であることと際だって対照的である．結論として，加重高速合併法によればかなり大きな問題を現実的な時間で解くことが保証される（練習問題 1.11 参照）．数行のコードを追加するだけで，実際の応用で遭遇する大規模な問題を，単純なアルゴリズムより文字通り数百万倍早く解決するプログラムがえられたのである．

グラフを見るとすぐわかるように，根から遠いところには比較的少ない節点しかない．実際に実験によれば，加重高速合併アルゴリズムの典型的な実現であるプログラム 1.3 は，規模の大きい実用的な問題を **線形** 時間で解いている．すなわち，アルゴリズムの実行時間は対を入力する時間の定数倍以内である．これ以上効率的なアルゴリズムがあるとは考えられないほどである．

上の事実からすぐ，線形性能が **保証** されたアルゴリズムはあるか，という問題が提起される．これは大変な難問で，長い間研究者を悩ませた（2.7 節参照）．加重高速合併アルゴリズムをさらに改良する簡単な方法

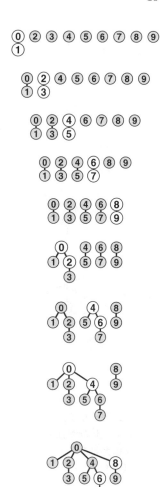

図 1.8 加重高速合併法（最悪の場合）

加重高速合併アルゴリズムにとって最悪の場合は，すべての合併操作が同じ大きさの木を連結する時である．対象の個数が 2^n より少ないならば，任意の節点から根までの距離は n より少ない．

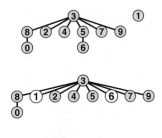

はいろいろ考えられる．理想的にはすべての節点がその木の根をさすことだが，高速発見アルゴリズムのようにポインタの値の変更に多くのコストをかけたくない．実は単に調べた節点だけ根をさすように変更すれば，この理想に近づく．これは一見して劇的な修整であるが，実現するのは簡単である．生成される木の構造に関して何ら"聖域"はないから，アルゴリズムを効率化できる可能性があれば試みるべきである．合併操作を行なうとき根までの道をもう一度たどって，その上の各頂点と対応する配列 id の要素が根をさすように変更すれば容易に実現できる．この方法を**短縮法**（path compression）とよぶ．図1.9に示すように，最終的に木はほとんど完全に平坦になり，高速発見アルゴリズムでえられる理想に近い．この事実を説明する解析は極めて複雑であるが，方法は単純で効果的である．図1.11は大きな例題に対する短縮法の結果を示す．この短縮法を下記の短縮法と区別して**全短縮法**（full path compression）とよぶ（練習問題1.16参照）．

道を短縮する方法は他にもたくさん考えられる．例えば，プログラム1.4は木を遡りながらリンクを1つ先の節点に移すことによって道を短縮している．この方法を**半短縮法**（path compression by halving）とよぶ．その例を図1.10に示す．この方法は全短縮法に較べて実現が少し容易で，しかもほぼ同じ最終結果を与える．合併-発見法のこの変形を**半短縮法付き加重高速合併法**（weighted quick-union with path compression by halving）とよぶ．どの方法が効率的か？ 道の短縮にかける余分なコストは十分引き合うか？ もっと別の方法はないか？ これらの疑問に答えるには，アルゴリズムとその実現をもっと丹念に調べる必要がある．2章のアルゴリズム解析の基本的な考え方を議論するところで，再びこの話題に戻ることにする．

連結性問題を解くアルゴリズムを次々と考えた結果，実用的な意味で最もよいと思われるものに到達できた．実行時間がデータの入力時間の

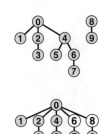

図1.9　全短縮法

合併操作で走査されるすべての対象についてそれが新しい木の根をさすように変えれば，道は短くなる．その例を2つ示す．上の例は図1.7に対応する．対1-6を処理すると1，5，6がすべて3をさすように変化し，木は図1.7より平坦になる．下の例は図1.8に対応する．2リンクより長い道ができることがあるが，道の上の節点が入力されると短縮法がはたらく．対6-8が処理される時4，6，8はすべて0をさすように変化して木は平坦になる．

プログラム1.4　半短縮法

プログラム1.3のforループを以下のコードで置き換えると，根までの道の長さがほぼ半減する．この変更のもとで，発見操作を多数回繰り返すと最終的に木はほぼ完全に平坦になる．

```
for (i = p; i != id[i]; i = id[i])
  id[i] = id[id[i]];
for (j = q; j != id[j]; j = id[j])
  id[j] = id[id[j]];
```

表1.1 合併–発見アルゴリズムの実験的結果

この表は，ランダムに与えられた連結性問題を解くために，各種の合併–発見アルゴリズムが必要とした相対的時間を示す．加重高速合併法の効率のよさが現われている．短縮法の効果はどちらもあまり大きくない．この実験において，N 個の対象がすべて連結するまでランダムに発生された対の個数を M とする．このプロセスでは合併操作よりも発見操作の方がかなり多く実行される．そのため，高速合併法は高速発見法よりかなり遅い．高速発見法も高速合併法も N が大きくなると実行不能となる．加重法の実行時間は，N が 2 倍になるとほぼ 2 倍になることから，N に比例すると考えられる．

N	M	F	U	W	P	H
1000	6206	14	25	6	5	3
2500	20236	82	210	13	15	12
5000	41913	304	1172	46	26	25
10000	83857	1216	4577	91	73	50
25000	309802			219	208	216
50000	708701			469	387	497
100000	1545119			1071	1106	1096

説明：
    F 高速発見法（プログラム 1.1）
    U 高速合併法（プログラム 1.2）
    W 加重高速合併法（プログラム 1.3）
    P 全短縮法付き加重高速合併法（練習問題 1.16）
    H 半短縮法付き加重高速合併法（プログラム 1.4）

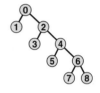

図1.10 半短縮法

道の長さをほぼ半分にするには，この例のように，木を遡りながら 2 つ続くリンクを同時に扱い，下のリンクは上と同じ節点をさすように変えればよい．この操作を施した最終結果は漸近的に全短縮法に等しい．

定数倍以内であることが保証され，しかも容易に実現できるアルゴリズムがいくつかえられた．さらに，それらは各入力対ごとに処理する**オンラインアルゴリズム**（online algorithm）であり，使用する記憶領域が対象の数に比例する程度なので，処理できる入力対の個数に制限はない．表 1.1 に示された実験的結果は，プログラム 1.3（加重高速合併法）やそれに短縮法を伴う方法が，規模の大きい実際的な応用において有効であるという上記の結論を実証している．この中から最善のものを選ぶには，慎重で高度な解析が必要である（2 章参照）．

練習問題

▷ **1.4** 高速発見アルゴリズム（プログラム 1.1）により，入力列 0-2, 1-4, 2-5, 3-6, 0-4, 6-0, 1-3 に対する連結問題を解いた時，合併操作の行なわれた後の配列 id の内容の変化を示せ．また，このプログラムが各入力について配列 id を参照する回数を記せ．

図 1.11 大きい例題における全短縮法の効果

この図は 100 個の対象に関してランダムに発生された対を，全短縮法付き加重高速合併アルゴリズムによって処理した結果を表わす．2 個を除くすべての節点が根から距離 1 または 2 の位置にある．

▷ **1.5** 高速合併アルゴリズム（プログラム 1.2）に関して，練習問題 1.4 を解け．

▷ **1.6** 図 1.7 と図 1.8 に対応する例に対して加重高速合併アルゴリズムを適用した時，合併操作の行なわれた後の配列 id の内容の変化を示せ．

▷ **1.7** 加重高速合併アルゴリズム（プログラム 1.3）に関して，練習問題 1.4 を解け．

▷ **1.8** 半短縮法付き高速合併アルゴリズム（プログラム 1.4）に関して，練習問題 1.4 を解け．

1.9 プログラム 1.3 によって，N 個の対象に関する M 個の連結対を処理するために必要な機械語命令の個数の上限を示せ．ただし，C の代入文に必要な機械語命令の個数はある定数 c より少ないと仮定する．

1.10 10^6 個の対象に対して 10^9 個の入力対が与えられる連結性問題を，高速発見法（プログラム 1.1）によって解くために必要な最少時間（日数）を推定せよ．ただし，コンピュータには毎秒 10^9 個の命令を実行する計算能力があり，while ループの実行には毎回少なくとも 10 命令が必要であるものとする．

1.11 10^6 個の対象に対して 10^9 個の入力対が与えられる連結問題を，加重高速合併法（プログラム 1.3）によって解くために必要な最大時間（日数）を推定せよ．ただし，コンピュータには毎秒 10^9 個の命令を実行する計算能力があり，while ループの実行には毎回多くとも 100 命令が必要であるものとする．

1.12 加重高速合併アルゴリズムによって生成される 2^n 個の節点をもつ木において，最悪の場合，節点から根までの平均距離を計算せよ．

▷ **1.13** 節点が 9 個ではなく 8 個の場合に，図 1.10 のような図を示せ．

○ **1.14** 加重高速合併アルゴリズム（プログラム 1.3）によって，長さ 4 の道を生成する入力対の列を示せ．

● **1.15** 半短縮法付き加重高速合併アルゴリズム（プログラム 1.4）によって，長さ 4 の道を生成する入力対の列を示せ．

1.16 プログラム 1.3 を修整して，全短縮法を実現する方法を示せ．全短縮法とは，各対の合併操作に際してそれに関わるすべての節点のさす先を新しい木の根に変更するものをいう（本文参照）．

▷ **1.17** 全短縮法付き加重高速合併アルゴリズム（練習問題 1.16）に関して，練習問題 1.4 に答えよ．

●● **1.18** 全短縮法付き加重高速合併アルゴリズム（練習問題 1.16）に関して，長さ 4 の道を生成する入力対の列を示せ．

○ **1.19** 高速合併法（プログラム 1.2）を修整して全短縮法（練習問題 1.16）

を実現しても，生成される木に長い道はないとは断言できない．その例を示せ．

- **1.20** id[i] = j と id[j] = i の選択において，木の重さの代わりに木の高さ（節点から根までの最も長い道の長さ）を用いるように，プログラム 1.3 を修整せよ．この修整版とプログラム 1.3 を比較する実験を行なえ．
- ●● **1.21** 練習問題 1.20 のアルゴリズムに関して，性質 1.3 が成り立つことを証明せよ．
- ● **1.22** プログラム 1.4 を修整して，通常の入力を読む代わりに，0 から $N-1$ までの整数の対をランダムに発生させ，$N-1$ 回の合併操作の行なわれるまで繰り返すようにせよ．そのプログラムを $N=10^3$, 10^4, 10^5, 10^6 として実行し，各 N に対して生成される対の個数（表 1.1 の M）を求めよ．
- ● **1.23** 練習問題 1.22 でえられたプログラムを修整して，$100 \leq N \leq 1000$ の範囲の N に対して，N 個の対象がすべて連結されるまでに必要な整数の対の個数をプロットした図を描け．
- ●● **1.24** N 個の対象がすべて連結されるまでランダムに発生される整数の対の個数を近似する式を N の関数として求めよ．

1.4 展 望

　1.3 節で考察したアルゴリズムは，次々と前のものが改良されてきたように見える．しかし，このプロセスは多少人為的で，多くの研究者による長年にわたるアルゴリズムの開発・研究の経過（参考文献を参照）を踏まえた上の記述である．その実現は容易で，問題は明確に規定されているので，種々のアルゴリズムを実験により直接評価することができる．さらに，それらの実験結果の妥当性を確認し，アルゴリズムの相対的性能を量的に表現することができる（2 章参照）．本書に記したすべての問題がこの連結性問題のようにうまく解明されるわけではない．比較困難な複雑なアルゴリズムや，解決の難しい数学的問題に出会うことがある．我々は，利用するアルゴリズムに関してできるだけ客観的，科学的に判断するように努力する．その一方で，応用からえられる現実的なデータや乱数によるテストデータを使ってプログラムを走らせ，その性質を探求する．

　このプロセスは，基本的な問題の種々のアルゴリズムを考察するやりかたの原型である．可能であれば，1.2 節の合併-発見アルゴリズムと同様の開発過程をたどる．すなわち，具体的に列挙すれば次のようになる．
- 問題を完全に規定する表現を決定し，その問題に特徴的な基本抽象操作を特定する．

- すぐに思いつく簡単なアルゴリズムの簡単な実現方法を注意深く開発する．
- 実験による解析や数学的解析に基づいてえられたアイデアの実効性を確かめながら，一歩ずつ改良を重ねる．
- 考察中のデータ構造やアルゴリズムを抽象的に表現して，効率のよい改良版の設計を可能にする．
- できれば最悪の場合の性能を保証し，現実的なデータに対してはよい性能を達成する．

1.2節で経験したような実際の問題で，素晴らしい性能改善の可能性が秘められているので，アルゴリズムの設計は魅力的な研究分野となっている．他の設計活動では数百万倍，数十億倍の差が現われることはまずありえない．

もっと重要なことは，計算能力や応用の規模が拡大するにつれて，速いアルゴリズムとそうでないものの差が拡大することである．新しいコンピュータが10倍早くなり，10倍多くのデータを処理するものとしよう．高速発見法のような2乗のアルゴリズム（2.3節参照）を使っていると，新しいコンピュータで新しい仕事をするのに，従来のコンピュータが従来の仕事をするより，10倍多くの時間がかかる．この事実は直感に反するが，2章で述べるように簡単な等式 $(10N)^2/10 = 10N^2$ を確かめれば容易に納得できる．コンピュータの能力が増して規模の大きい問題を扱うようになるにつれて，効率的なアルゴリズムの重要性がますます増大する．

効率的アルゴリズムの開発は知的満足のえられる活動であり，しかも直接実用的な結果をもたらす．連結性問題が示すように，簡単な問題でも役に立ち，興味深いばかりでなく，複雑で解析の難しいアルゴリズムを数多く生み出すことがある．多くの実際問題において，長い開発の歴史をもつ巧妙なアルゴリズムが存在する．コンピュータによる解決法が科学の問題や営業上の問題に広く応用されるにつれて，効率的なアルゴリズムを既存の問題に適用することや，新しい問題を解くために効率的なアルゴリズムを開発することがますます重要になる．

練習問題

1.25 加重高速合併法を用いて，従来より10倍早い新しいコンピュータによって10倍多い連結対を処理するものとする．新しいコンピュータが新しい仕事をするのに，従来のコンピュータが従来の仕事をするより，どれだけ多くの時間がかかるか．

1.26 3乗のアルゴリズムを利用した場合，練習問題1.25に答えよ．

1.5 話題の概要

　この節では本書の主要部分を簡単に紹介する．つまり，本書の取り上げる話題を列挙し，それらの目指す方向を説明する．これらの話題を通じてできるだけ多くの基本アルゴリズムを取り上げる．いくつかの話題は，計算機科学の中核をなす分野のものであり，その基本アルゴリズムは広く応用されている．一方，他の話題には，計算機科学とその関連分野，すなわち，数値解析やオペレーションズリサーチなどで研究されている専門的なものがある．このような話題については，主として基本的な方法を説明して，それぞれの分野への入門とする．

　本書の第1巻は前半の4部からなり，最も広く利用されているアルゴリズムとデータ構造が記述される．それらは，キー付きの対象の集合に対する抽象の最初の段階のものであり，これによって様々な種類の重要な基本アルゴリズムが取り扱えるようになる．考察するアルゴリズムは，この数十年の研究と開発の成果であり，広がり続けるコンピュータ応用の世界において重要な役割を果たし続けるであろう．

基礎（第1部）

　本書において実現，解析，アルゴリズムの比較などに用いる基本原理や方法を取り上げる．1章ではアルゴリズムの設計と解析に関する研究の必要性を説明し，2章ではアルゴリズムの性能に関する定量的な情報をえるために基本となる方法について説明する．

データ構造（第2部）

　データ構造はアルゴリズムと切り離すことができない．本書で利用するデータ表現の方法を徹底的に解説する．3章では，配列，リスト，文字列などの基本的な具体的データ構造を紹介する．5章では再帰的プログラムとデータ構造，特に木とそれを扱うアルゴリズムを考察する．4章では，スタック，キューなどの基本的な抽象データ型（ADT）と，それを初等データ構造によって実現する方法について説明する．

整列（第3部）

　整列（ソート）はファイルを順序に従って並べ換えることであり，そのアルゴリズムは非常に重要である．シェルソート，クイックソート，マージソート，ヒープソート，基数整列法など，様々な整列アルゴリズムを徹底的に考察する．これらのアルゴリズムの多くは，本書で後に取り上げるアルゴリズムの基礎として利用される．

探索（第4部）

探索（サーチ）は多くのものの集まりから特定のものを見つけることであり，そのアルゴリズムも基礎として重要である．2分探索木，平衡木，ハッシュ法，離散探索木，トライ，巨大ファイル向きの方法など，木やキー変換を用いる探索アルゴリズムを取り上げる．各種の方法の間の関係を調べ，性能の比較や整列法との類似点を考察する．

第2巻以下は第5部から第8部まで後半の4部からなり，さらに進んだ多様な応用アルゴリズムが記述される．これは数多くの重要な応用分野への次の段階の抽象化にあたる．アルゴリズムの設計と分析の技法をもっと深く探求する．紹介する問題は現在研究中であるものが多い．

グラフのアルゴリズム

グラフに関するアルゴリズムは，いろいろな種類の問題に応用される．グラフを探索する一般的な考え方を説明し，それを連結性に関する基本問題に応用する．それには，最短経路，最短木，ネットワーク流，マッチングなどが含まれる．これらのアルゴリズムの統一的な取扱い方を見れば，どのアルゴリズムも同じ手続きを基礎にして作られていることが理解できるし，さらにこの手続きが基本順位キューADTを利用していることがわかる．

文字列処理

文字列処理として長い文字列を操作するアルゴリズムを扱う．パターン照合は文字列の探索から導かれ，構文解析へと発展する．ファイル圧縮の技法についても考察する．それ自身重要な問題を扱いながら，それがさらに進んだ問題への入門となる例が見い出される．

計算幾何アルゴリズム

これは，点と線（およびその他の単純な幾何学的対象）に関する問題を解くアルゴリズムであるが，ごく最近になって実用に使われるようになったものである．本書では，点の集合の凸包を見つけるアルゴリズム，幾何学的対象の重なり部分を見つけるアルゴリズム，最近点問題を解くアルゴリズム，多次元探索用アルゴリズムを取り上げる．これらの方法の多くは，もっと基本的な整列や探索の方法をうまく拡張したものである．

トピックス

この部の目的は，本書で取り扱った話題をもっと高度な分野へと橋

渡しをすることである．分割統治法，動的計画法，乱数の利用，均し計算量などの，アルゴリズムの設計と解析に関する話題からはじめる．続いて，線形計画法，高速フーリエ変換，NP 完全性，その他の話題をやさしく概説し，本書で取り上げた基本問題によって示唆される，興味深い高度な研究分野を紹介する．

　アルゴリズムの研究は面白い．その理由として，新しい分野でありながら長い伝統をもっていることをあげることができる．本書で取り上げるものはほとんどすべてこの 50 年以内に考案され，中にはつい最近発見されたものもあるが，その一方で，あるものは数千年の歴史をもつ．今でも絶え間なく新しい発見があり，完全に解明されたアルゴリズムは数少ない．本書では，巧妙で複雑なアルゴリズムばかりでなく，エレガントで単純なアルゴリズムも取り上げる．様々な応用の可能性を念頭において，前者のアルゴリズムを解明するとともに，後者のアルゴリズムの真価を認識することが大切である．このようにして，役に立つ道具を開発していくとともに，将来の課題に取り組むための，アルゴリズム的思考法を育てよう．

第2章 アルゴリズム解析の原理

アルゴリズム解析は，アルゴリズムをよく理解して実用上の問題に効果的に適用するための鍵となる．利用するすべてのプログラムについて大規模な計算実験や深い数学的解析をすることはできないが，簡単な実験や大雑把な解析などの手軽な手段によってアルゴリズムの性能の概要を知ることができる．そのようにして複数のアルゴリズムを比較した結果は実用上の問題を解決するのに活かすことができる．

複雑なアルゴリズムの性能を数学的に解析してその過程を正確に記述することはとても無理なので，詳しい結果を記した専門の研究文献を引用することが多い．本書は解析方法を網羅したり，その結果を要約することを目的とはしないが，複数の方法を比較する時には確かな科学的方法に従っている．重要なアルゴリズムに関して，比較的少ない基礎技術を注意深く適用してえた情報が豊富に記されている．本書では，基本的な解析結果とその解析方法を中心に解説する．それらを理解すれば基本アルゴリズムの働きがよくわかる．この章では，アルゴリズムの考察に必要な関連知識とツールを提供する．

1章で紹介した例は，アルゴリズム解析に関する基礎概念を説明するための素材となり，後で論点を具体化する時に合併-発見アルゴリズムの性能をしばしば引用する．また，2.6節で2つの新しい例を詳しく考察する．

アルゴリズム解析は，アルゴリズムの設計から実現までのあらゆる局面で必要になる．まず，既に見たように，アルゴリズムの設計・選択が適切ならば，実行時間を数千分の1，数百万分の1に短縮できる．効率のよさそうなアルゴリズムが複数ある時は，その中から適切なものを選ぶことは難しい問題となり，それらの性能をもっと詳しく調べる必要が生じる．最善の（正確な専門的意味で）アルゴリズムを求める努力から，実用的に役に立つアルゴリズムや解決すべき理論的問題が発見されることがある．

アルゴリズム解析の方法をすべて網羅するとそれ自体で1冊の本になる（参考文献参照）が，その基礎的な部分はここで考察しておく必要があるので，次のことを行なう．

- そのプロセスを説明する．

- 必要な数学的ツールを1箇所にまとめて記す．
- 高いレベルの問題を論じるための基礎を与える．
- アルゴリズムを比較して導いた結論の科学的な論拠を理解する．

アルゴリズムとその解析が互いに関連し合うという認識は重要である．本書では難しい数学的な証明には深入りしないが，アルゴリズムの本質や効率的な利用法を理解するために必要な数学は利用する．

2.1 実現と実験による解析

解くべき問題の本質を理解する上で役に立つ抽象操作を積み重ねて，アルゴリズムの設計と開発を行なう．このプロセスは理論的研究において価値をもつが，考察すべき現実世界の問題から遠ざける可能性がある．したがって本書では，考察するアルゴリズムをすべて，実際に使用されるプログラム言語Cによって表現して，"足を地につける"ことにする．この方針は時にアルゴリズムとその**実現**（implementation）の違いを曖昧にするが，仕事のやりやすさと具体的な実現から学ぶことの多さに較べれば，その損失は微々たるものである．

実際的なプログラミング言語によって慎重に構成されたプログラムは，アルゴリズムを表現する手段として効果的である．本書では数多くの重要で効率的なアルゴリズムを，C言語によって簡潔かつ明確に実現して記す．アルゴリズムを自然言語で記述したり，高いレベルの抽象的方法で記述すると，曖昧で不完全になることが多い．実際的なプログラミング言語による実現は，詳しすぎる弊害を避ける効果的な方法である．

本書ではアルゴリズムをCで表現するが，本書はアルゴリズムに関する本であってCによるプログラミングの本ではない．確かに，多くの重要な仕事がCによって実現されている．特にCで仕事をするのが便利で効率がよい場合は，その利点を積極的に利用する．しかし，どの実現を選ぶかは最近のプログラム環境のもとでよく吟味する方がよい．既に1章に示したプログラム，あるいは本書の大部分のプログラムは，容易に他のプログラム言語に翻訳できる．その際，他の言語の方がその仕事に適した構造を備えている場合もある．本書の目的は，考察するアルゴリズムの表現手段としてCを使用することであり，Cに適した実現について論じることではない．

アルゴリズムを大きなシステムの一部として実現するのであれば，システムで最も注意を払う部分が決定された後でもアルゴリズムやその実現を変更できるように，抽象データ型かそれに似た構造を利用するのがよい．ともかく，最初のうちに各アルゴリズムの性能を理解しておくこ

とは必要である．というのも，システムの設計に関する要求がアルゴリズムの性能に深く関わるからである．そのような初期設計は慎重に決定する必要がある．なぜなら，システム全体の性能が結局ある基本アルゴリズムの性能に依存していると後になってわかることが多いからである．

　本書に記したアルゴリズムの実現は，大型プログラム，オペレーティングシステム，アプリケーションシステムなど多種多様な形で，効果的に利用されてきた．本書では，アルゴリズムを記述し，その実現のもとで実験してえられる実行上の性質に焦点をあてることにする．ある応用にとってこの実現が有効であっても，他の応用にとっては手直しが必要なことがある．例えば，現実的なシステムの構築においては，本書に記されたものよりもっと"防衛的な"プログラミングスタイルを採用する方がよい．つまり，各種のエラー条件をチェックして報告するように設計し，変更が容易にでき，他のプログラマが読んですぐにわかるほど明瞭で，システムの他の部分との整合性がよく，別の環境にも移しやすいようにプログラムを実現するのがよい．

　上で述べたことにかかわらず，個々のアルゴリズムを解析する時は，そのアルゴリズムの本質的な性能に注意を集中するために，性能が決定的に重要であるという立場をとる．我々は常に，よりよい性能をもつアルゴリズム，その中でできればより単純なものを知ることに関心があるという前提に立つ．

　アルゴリズムを効果的に利用するには，その方法以外では解決不可能な大規模な問題を解くことが目的である時も，システムの重要な部分を効率的に実現することが目的である時も，そのアルゴリズムの性能をよく理解することが必要である．その理解を深めることがアルゴリズム解析の目標である．

　アルゴリズムの性能を理解するための第一歩は**実験による解析**（empirical analysis）である．同じ問題を解く2つのアルゴリズムを比較するには単に，両者を実行してどちらが余計に時間がかかるかを見ればよい．この考え方は当たり前すぎて，アルゴリズムを比較する際によく忘れられることである．一方のアルゴリズムが他方より10倍速いという事実は，例えば一方が3秒で終わるとすれば他方が30秒かかることから直ちに確かめられるが，数学的な解析ではその差が"定数倍"という表現の中で見逃されてしまう．アルゴリズムをよく考慮して実現し，典型的な入力を与えてその性能を調べれば，その結果から効率に関する目安ばかりでなく，アルゴリズムを比較したり，数学的な解析の結果を確かめるのに必要な情報がえられる（例えば表1.1を参照）．実験による解析に時間がかかり過ぎるようになると，数学的な解析が必要に

なる．実験に1時間，あるいは1日かけるのは，性能の悪さを知る上で生産的な方法ではない．簡単な数学的解析により同じ情報がえられるであろう．

実験による解析の第一の課題は，正しく，かつ，完全な実現をえることである．複雑なアルゴリズムの場合はこの課題がなかなか困難である．したがって，そのために多大の労力を費やす前に，類似のプログラムの解析や実験から目的とするプログラムの効率を推測することが望ましい．

実験による解析の第二の課題は，入力データの特性や，実験に直接影響を与えるその他の要因の特性を決定することである．入力データに関しては，基本的に3つの選択がある．すなわち，実際のデータ，ランダムデータ，および，特異なデータである．実際のデータにより使用プログラムのコストを本当に測定できる．ランダムデータは実際のデータがなくてもアルゴリズムの実験を可能にする．特異なデータはプログラムがどんなデータでも扱えることを保証する．例えば，整列アルゴリズムを実験する時に，小説 Moby Dick（白鯨）の単語のデータ，乱数発生による整数データ，すべて同じ数値からなるデータがそれぞれに該当する．アルゴリズムを比較する際の入力データの選択は，数学的な解析をする時にも問題になる．

実現したプログラムを比較する際に，コンピュータ，コンパイラ，システムが異なる場合，あるいは大きいプログラムに対して入力を不用意に指定した場合，特に間違いを犯しやすい．プログラムを実験的に比較する場合に最も注意するべき点は，一方が他方より精密に実現されていることである．新しいアルゴリズムを提案する人は，自分のアルゴリズムの実現には細心の注意を払うが，比較の対象とする旧来のアルゴリズムの実現にはあまり注意を払わないことが多い．アルゴリズムを比較した実験の結果に十分信頼がおけるためには，それぞれの実現に同程度の注意が払われる必要がある．

本書でよく用いる開発方法として，1章で示したように，あるアルゴリズムから比較的少ない修整によって同じ問題に対する別のアルゴリズムを導くやりかたがある．したがって，アルゴリズムを比較することは実際に意味をもっている．さらに一般には，本質的な抽象操作を特定し，それらを使うことを基本としてアルゴリズムの比較をはじめるとよい．例えば，表1.1に示された実験による比較結果は，同じ基本操作の組合せを利用した類似のプログラムからえられたものであるので，プログラミング言語や環境の違いに対してロバスト（頑強）である．プログラミング環境を特定すれば，これらの数値を実際の実行時間に対応づけることができる．多くの場合，単に2つのプログラムのどちらが速い

か，あるいは，プログラムの修整によりどの程度の時間・空間的な改良がえられるかがわかればよい．

与えられた問題を解くアルゴリズムを選択する作業には細心の注意が必要である．最も多い間違いは，性能を無視してアルゴリズムを選ぶことである．というのは，速いアルゴリズムは大抵，素朴な解法より複雑なので，プログラマは余計な困難を避けて遅いアルゴリズムを選択しがちだからである．しかし，合併-発見アルゴリズムで見たように，時にはわずか数行のコードを追加するだけで大きな節約がえられることがある．ほんの少し複雑な $N \log N$ のアルゴリズムがあるにもかかわらず，簡単な2乗のアルゴリズムが使われると，膨大な数のユーザが多くの時間を浪費することになる．規模の大きい問題を扱う時には，少しでも効率のよいアルゴリズムを求める心掛けを怠ってはならない．これについて後で考察する．

アルゴリズムの選択において次によくある間違いは，逆に性能にこだわりすぎることである．もしプログラムの実行時間が数マイクロ秒ならば，それを10分の1に改良しても取るに足らない．たとえ数分かかるプログラムでも，それを数回しか使用しない場合には，10倍速くするために費やす時間と労力は無駄になる．改良アルゴリズムの実現とデバッグにかかる時間は，少々遅いプログラムの実行時間と較べても，はるかに多いであろう．このような時には，コンピュータにこれまで通りに仕事をさせても悪くない．悪いのは，実際の効果はそれほどでないのにプログラムの改良に多くの時間と労力をかけることである．

まだ書かれていないプログラムは実験できないが，そのプログラムの定性的な解析や提案された改良の潜在的な効率を見積もることができる．改良箇所がすべて実際に成果をもたらすわけではなく，各ステップ毎に節約の程度を知る必要がある．さらに，実現の時にパラメータを含めることがあり，そのパラメータの値を設定するために解析結果を利用することもできる．最も重要なことは，プログラムの基本的性質とプログラム資源の利用特性を理解することにより，構築されていないプログラムの効率を見積もり，設計されていない新しいアルゴリズムと比較する能力を身につけることである．2.2節ではアルゴリズムの性能に関する基本的な理解を進める方法を概説する．

練習問題

2.1 第1章のプログラムを別のプログラミング言語で翻訳し，その実現に関して練習問題1.22に答えよ．

2.2 10億まで数えるのにどれくらいの時間がかかるか（桁あふれは無視せ

よ).次のプログラムが読者のプログラミング環境で,$N=10, 100, 1000$ に対して実行を終了するまでの所要時間を求めよ.読者のコンパイラがプログラムの効率をよくする最適化機能を備えているならば,それがこのプログラムに適用されたかどうかをチェックせよ.

```
int i, j, k, count = 0;
for (i = 0; i < N; i++)
  for (j = 0; j < N; j++)
    for (k = 0; k < N; k++)
      count++;
```

2.2 アルゴリズムの解析

この節では,アルゴリズムの性能を比較するプロセスにおいて,**数学的解析**(mathematical analysis)の果たす役割を概説し,その結果を考えるための基礎を築く.アルゴリズムの解析に必要な数学の基本ツールを説明する.それが理解できれば,基本アルゴリズムの解析結果がわかるようになり,アルゴリズムの性能に関する研究文献を活用できる.

アルゴリズムの数学的解析を行なう目的を以下に記す.
- 同じ仕事をする異なるアルゴリズムを比較する.
- 環境が変わった時の性能を予測する.
- アルゴリズムのパラメータを設定する.

以上の目的は本書の多くの例で明らかになる.これらのあるものは実験による解析で十分かも知れないが,後に述べるように数学的解析によればそれより豊富な情報をえることができる(しかも低コストで!).

アルゴリズムの解析は実にやりがいのある仕事である.本書のアルゴリズムの中にはよく解明され,実際の状況での実行時間をかなり正確に予測する数式が知られているものがある.そのような式は,プログラムをよく調べ,数学的基本量を用いて実行時間を表わし,その数学的解析を行なうことにより導かれる.しかし一方では,本書のアルゴリズムの中にはその性能がわかっていないものもある.その理由は,その解析自身が未解決の課題であったり,プログラムが複雑すぎて詳しく解析できなかったり,(大部分がこの理由であるが)入力の特性を正確に特定できないなどである.

正確な解析を行なうための重要な要件は通常,プログラマの手の及ぶ範囲外にある.まず第一に,Cプログラムは特定のコンピュータの機械語に翻訳されるが,Cの文1つとってもその実行時間を正確に計ることは簡単ではない.特に資源が他のプログラムと共有されている環境では,同じプログラムでもタイミングにより性能が異なることがある.第

二に，多くのプログラムの振舞いは入力データによって著しく変わり，その性能は入力に強く依存する．第三に，関心のあるプログラムにはまだその性能がよくわかっていないものや，明解な数学的解析結果のないものが多い．最後に，そもそも2つのプログラムの優劣が決定できないことも多い．ある入力では一方が他方より効率的であっても，別の状況では逆転することがあるからである．

このような問題点があるが，特定のプログラムの実行時間をかなり正確に予測できることや，状況を特定すれば一方のプログラムが他方より効率的であると判定できることも多い．しかも大抵，比較的少ない数学的手法を用いるだけでそれが可能である．アルゴリズムを解析する人の仕事は，アルゴリズムの性能に関してできるだけ多くの情報を獲得することである．一方，プログラマの仕事は，その情報を利用して当面の応用のために適切なアルゴリズムを選択することである．この節以下の数節では，アルゴリズム解析の研究者が想定する理想化した世界について考察する．最適なアルゴリズムを有効に利用するために，時にはこの世界に足を踏み入れることが必要である．

アルゴリズム解析の第一歩は，アルゴリズムの基礎となる抽象操作を特定し，解析と実現を分離することである．例えば，合併-発見アルゴリズムのある実現が i = a[i] というコードを何回実行するかを調べることと，あるコンピュータでその部分を実行するのに何ナノ秒かかるかを調べることをはっきり区別する必要がある．コンピュータによるプログラムの実行時間を決定するには，これら2つの結果を必要とする．前者はアルゴリズムの特性によって決定され，後者はコンピュータの特性に依存する．このように分離すれば，その実現法や使用するコンピュータから独立した形で，アルゴリズムを比較することが可能となる．

アルゴリズムが多数の抽象操作から構成されている場合でも，一般にその性能はその中の少数の抽象操作に依存して決まり，しかも，最も重要なものは比較的容易に特定されることが多い．それを特定する方法の1つは，プロファイラ（多くのCの処理系で利用可能な機能で，命令の使用頻度がわかる）を利用し，プログラムを試験的に走らせて最も頻繁に実行される部分を調べることである．あるいは，1.3節の合併-発見アルゴリズムのように，その実現が少数の抽象操作だけで構成されている場合もある．どちらの場合にも，アルゴリズム解析は少数の基本操作の実行回数を決定することに帰着する．本書では通常，これらの数量を大まかに推定するにとどめる．重要なプログラムについてもっと徹底した解析が必要な時にそうすればよいからである．性能を正確に推定するためには，実験による研究とともに以下で学ぶ近似的な解析結果を利用することも多い．

さらに，アルゴリズムに与えられる入力データを研究し，そのモデル化を行なう必要がある．よく利用する2つの解析方法がある．その1つは，入力を乱数と考えてプログラムの**平均の場合**（average-case）の性能を調べること，もう1つは，特異な入力を設定してプログラムの**最悪の場合**（worst-case）の性能を調べることである．アルゴリズムによっては乱数の性質を定めることが難しいが，意外に単純なものでも役に立つ情報がえられることもある．平均の場合は数学的なモデルであって，実際にプログラムが利用される時の入力データを代表しているわけではない．一方，最悪の場合は現実には起こりえない特異な設定であるかも知れない．しかし多くの場合，これらの解析結果から有益な情報がえられる．例えば，解析結果を実験による結果と照合して検証することができる（2.1節参照）．それらが一致していれば両方とも信頼性が高まるが，そうでなければ不一致の原因を探求することにより，このアルゴリズムと入力モデルについて学ぶことができる．

以下の3節において，本書で利用する数学的手法を簡潔に概説する．この内容は本書の主題ではない．数学に通じている読者，または，アルゴリズムの性能に関する数学的な詳細を確認する必要のない読者は，2.6節まで進んで構わない．後で必要に応じてこの部分を参照すれば十分である．しかしながら，ここで考えている数学的な準備は一般にそれほど難しいものではなく，アルゴリズム設計の中心課題と密接に関係するので，コンピュータの効率的な利用を考えるすべての人に知っておいてもらいたい．

2.3節では，アルゴリズムの性能を記述するためによく使われる数学関数を取り上げる．2.4節では，O記法と"比例する"という概念を紹介する．この表現を用いれば数学的な解析結果の詳細を省略することができる．2.5節で再帰関係について考察する．これはアルゴリズムの性能を数学の方程式を使って解明するための基本的な分析手法である．以上の概説に続いて2.6節では，これらの基本的手法を特定のアルゴリズムの解析に適用した事例を紹介する．

練習問題

- **2.3** 練習問題2.2で利用したプログラムの実行時間を正確に表わす数式
$$c_0 + c_1 N + c_2 N^2 + c_3 N^3$$
の各係数を求めよ．$N=10, 100, 1000$に対して，この数式で予測される時間と実際の実行時間を比較せよ．
- **2.4** プログラム1.1の実行時間をMとNによって正確に表わす数式を求めよ．

2.3 関数の増加度

ほぼすべてのアルゴリズムはその実行時間を最も決定づける**主パラメータ**（primary parameter）N をもつ．パラメータ N は多項式の次数，整列や探索のファイルのサイズ，テキスト文字列の文字数，あるいはその他，考えている問題の規模を表わす抽象的尺度である．多くの場合，それは処理されるデータ集合の大きさに直接比例する．そのようなパラメータが2個以上ある場合には（例えば，1.3節で扱った合併-発見アルゴリズムにおける M と N など），1個のパラメータを他のパラメータの関数として表現したり，他のパラメータは固定する場合を考えるなどにより，1個のパラメータによる解析に還元するのが普通である．したがって，一般性を失うことなく，考察するパラメータは N だけであるとする．我々の目的は，プログラムの計算資源（多くの場合，実行時間）を，パラメータ N の数式によって表わすことである．その数式としては，できるだけ単純で，かつ，N の大きな値に対して正確な表現となるものを選ぶ．本書のアルゴリズムはほぼすべて，以下に掲げる関数のどれか1つに比例する実行時間をもっている．

1 大部分のプログラムの，大部分の命令はただ1回，または，せいぜい数回実行されるにすぎない．プログラムのすべての命令がこの性質をもつ時，このプログラムの実行時間は**一定**（constant）であるという．

$\log N$ プログラムの実行時間が**対数的**（logarithmic）であると，N の増加とともにプログラムの実行時間は緩やかに増加する．この実行時間は，規模の大きい問題を解くことが小さい問題の反復解法に帰着され，各ステップごとに問題のサイズが定数分の1になる時に現われる（練習問題2.41参照）．本書で関心をもつ程度の大きさの N に対しては，この実行時間はある大きな定数以下であると見なしてよい．対数の底が変わると定数倍に変化するが，大した変化ではない．N が1000の時の $\log N$ は，底が10ならば3，底が2ならば約10である．N が100万であっても $\log N$ はそれぞれ2倍になるだけである．N が2倍になると $\log N$ は定数だけ増え，N が N^2 になるまで $\log N$ は2倍にならない．

N プログラムの実行時間が**線形**（linear）であるのは，一般に，プログラムが入力の各要素を1つずつ一定時間かけて処

理する場合である．N が 100 万の時，実行時間も 100 万であり，N が 2 倍になると実行時間も 2 倍になる．これは N 個の入力を処理する（または，N 個の要素を出力する）必要のあるアルゴリズムにとっては最適の状況である．

$N \log N$ この実行時間は，問題を小さいいくつかの部分問題に分割して各々を独立に解き，それらの解を合わせてもとの問題の解をえる場合に現われる．この式を表わすよい形容詞がないので，この実行時間のアルゴリズムは単に "$N \log N$ である" という．N が 100 万の時，$N \log N$ は 2000 万程度である．N が 2 倍になると実行時間は 2 倍より少し多くなるにすぎない．

N^2 アルゴリズムの実行時間が **2 乗**（quadratic）であると，比較的小さい問題に利用する場合に限り実用性がある．2 乗の実行時間はデータ要素のすべての対を処理するアルゴリズム（通常，2 重のループをもつ）において典型的に現われる．N が 1000 の時，実行時間は 100 万であり，N が 2 倍になると実行時間は 4 倍に増える．

N^3 データ要素の 3 個の組をすべて処理するアルゴリズム（通常，3 重のループをもつ）は **3 乗**（cubic）の実行時間をもつ．これは，かなり小さい問題に利用する場合に限り実用性がある．N が 100 の時，実行時間は 100 万であり，N が 2 倍になると実行時間は 8 倍に増える．

2^N **指数的**（exponential）な実行時間をもつアルゴリズムは，実用に利用できることがほとんどない．このようなアルゴリズムは，"力まかせ" で問題を解こうとする解法としてよく現われる．実行時間は，N が 20 の時 100 万であり，N が 2 倍になると 2 乗の大きさに増える．

プログラムの実行時間は，上で示したような項の定数倍（**主要項**，leading term）とそれより低次の項の和になることが多い．定数係数の大きさや，どの項まで考慮するかは，解析の結果や実現の詳しさに依存する．大雑把にいって，主要項の定数係数は最も内側のループの命令数によって決まる．アルゴリズム設計のどの段階でも，そのような命令数を減らすことが望まれる．大きい N に対しては，主要項が最もよく効

いてくる．小さい N やよく調整したアルゴリズムでは，効く項の個数が多くなり，アルゴリズムの比較が難しくなる．大抵の場合，プログラムの実行時間を単に"線形である"，"$N \log N$ である"，"3乗である"などという言い方をする．このような言い方をしてもよい理由は 2.4 節で詳しく考察する．

結局，プログラムの実行時間を減らすために，最も内側のループの命令数を少なくすることに努力を集中する．各命令は本当に必要か，もっと効率のよい方法はないか，などと徹底的に吟味して採用する．新しいコンパイラは自動的に最適な機械コードを生成してくれるものと信じているプログラマがいる一方で，最も内側のループは機械語かアセンブラ言語で表現するのが最善の策と信じているプログラマもいる．ある操作に必要な機械語命令の個数を調べて，2つのアルゴリズムの一方がなぜ他方より速いかを説明することもある．最適化についての考察はこのくらいにする．

小さい問題の場合，どんな方法を使っても大した違いはない．最新の高速コンピュータは瞬時にその仕事をすませてしまうからである．しかし，問題の規模が増すと，表 2.2 に示すように，処理数が膨大になっていく．遅いアルゴリズムによって実行される命令数は実際に巨大になって，たとえ最速のコンピュータを使ってもこれらの命令は実行不可能になる．図 2.1 は大きな秒数を日，月，年などに換算したものを示す．表 2.1 は実行不能にならずに問題を解決するには，コンピュータを速くするよりアルゴリズムを速くする方が効果的だという事実を示している．

実行時間を表現するのに別の関数も登場する．例えば N^2 個の入力を

秒	
10^2	1.7 分
10^4	2.8 時間
10^5	1.1 日
10^6	1.6 週
10^7	3.8 月
10^8	3.1 年
10^9	31 年
10^{10}	3.1 世紀
10^{11}	問題外

図 2.1 秒の換算

例えば，10^4 と 10^8 の違いはそれらを秒数として常識的な表現に換算するとわかりやすくなる．すなわち，プログラムを 2.8 時間走らせることはありうるが，3.1 年以上ということはまずありえない．

2^{10} は約 10^3 であるからこの表は 2 の累乗にも役に立つ．例えば，2^{32} 秒は約 124 年であることがわかる．

表 2.1 大きい問題を解く時間

多様な応用に関して，大きい問題を解くことのできる唯一の方法は能率的なアルゴリズムを使うことである．この表は，それぞれ，線形，$N \log N$，2乗のアルゴリズムにより，1秒当たりの実行命令数が 100 万，10 億，1 兆の速さのコンピュータを用いて，問題の大きさが 100 万と 10 億の場合に，それを解くための実行時間を表わしている．速いアルゴリズムは遅いコンピュータでも問題を解決できるが，遅いアルゴリズムでは速いコンピュータでも解決できないことがある．

1秒当たりの演算数	問題の大きさ $N=10^6$			問題の大きさ $N=10^9$		
	N	$N \log N$	N^2	N	$N \log N$	N^2
10^6	数秒	数秒	数週間	数時間	数時間	不可能！
10^9	瞬時	瞬時	数時間	数秒	数秒	数十年
10^{12}	瞬時	瞬時	数秒	瞬時	瞬時	数週間

表 2.2　よく使う関数の値

この表はアルゴリズム解析でよく使われる関数の値を比較したものである．2 乗関数は大きな N に対して際だって大きいが，小さい N に対しては小さい関数との差は意外に少ない．例えば，$N^{3/2}$ は N が大きいと $N(\lg N)^2$ より大きいが，N が小さい時は $N(\lg N)^2$ の方が大きく，この逆転は実際に生じることがある．アルゴリズムの実行時間の正確な特徴づけはこれらの関数の線形結合になるであろう．速いアルゴリズムと遅いアルゴリズムとは，例えば $\log N$ と N，または N と N^2 のように，その差が大きいので容易に区別できる．しかし，速いアルゴリズムの中での差異は慎重に見きわめる必要がある．

$\lg N$	$\sqrt{N}$	N	$N \lg N$	$N(\lg N)^2$	$N^{3/2}$	N^2
3	3	10	33	110	32	100
7	10	100	664	4414	1000	10000
10	32	1000	9966	99317	31623	1000000
13	100	10000	132877	1765633	1000000	100000000
17	316	100000	1660964	27588016	31622777	10000000000
20	1000	1000000	19931569	397267426	1000000000	1000000000000

N^3 に比例する時間で処理するアルゴリズムは $N^{3/2}$ アルゴリズムと考えるのが適切である．また，2 段構えで小問題に分解するアルゴリズムは $N(\log N)^2$ に比例する実行時間をもつ．表 2.2 から，この 2 つの関数は N^2 よりも $N \log N$ に近いことがわかる．（関数 $(\log N)^2$ を表わすのに $\log^2 N$ という表現が使われることがあるが，$\log \log N$ と紛らわしいので，本書ではこの表現を使わない．）

対数関数はアルゴリズムの設計，解析において特別な役割をもつので，少し詳しく論じておく．解析結果はしばしば定数倍を除いて示されるので，対数の底を特定せずに単に $\log N$ という表現が使われる．底の変換は定数倍だけの影響しかないからであるが，文脈から底がわかることが多い．数学では**自然対数**（natural logarithm，底は $e = 2.71828\cdots$）が重要で，一般的に記号 $\log_e N \equiv \ln N$ が使われる．計算機科学では **2 進対数**（binary logarithm，底は 2）が重要で，一般的に記号 $\log_2 N \equiv \lg N$ が使われる．

巨大な数に対して対数を反復することがある．例えば，$\lg \lg 2^{256} = \lg 256 = 8$ である．この例が示すように，N が大きくても $\log \log N$ の値は小さく，実用上は通常，定数と考えてよい．

$\lg N$ より大きい最小の整数は 2 進法で N を表わすためのビット数である．同様に，$\log_{10} N$ より大きい最小の整数は 10 進法における N の桁数である．$\lg N$ より大きい最小の整数 lgN を求める簡単な方法を表わす C の文は

関数の増加度

```
for (lgN = 0; N > 0; lgN++, N /= 2) ;
```
である．同じ関数は次のように表わすこともできる．
```
for (lgN = 0, t = 1; t <= N; lgN++, t += t) ;
```
これは，$\lg N$ より大きい最小の整数 t が $2^t \leq N < 2^{t+1}$ であることを直接表わしたものである．

このほかにプログラムの特性を簡潔に記述するために役立つ関数と数学記号がある．表2.3にはこれらの中で特によく知られているものを要約した．以下で，その中の大切な性質を簡単に解説する．

アルゴリズムとその解析では離散的な要素を扱うことが多いので，実数を整数に変換する次の関数がよく利用される．

$\lfloor x \rfloor$ x 以下の最大の整数（床関数）

$\lceil x \rceil$ x 以上の最小の整数（天井関数）

例えば，$\lfloor \pi \rfloor$ と $\lceil e \rceil$ はともに 3 である．$\lceil \lg(N+1) \rceil$ は N の 2 進表現のビット数で，上記のCの文はその計算法であった．この関数の典型的な使用例として，N 個のものを半分に分ける場合の個数がある．N が奇数の時は $N/2$ ではなく，一方は $\lfloor N/2 \rfloor$，他方は $\lceil N/2 \rceil$ である．N が偶数の時もこの表現でよい（$\lfloor N/2 \rfloor = \lceil N/2 \rceil$）．$N$ が奇数の時，個数の差は 1 である（$\lfloor N/2 \rfloor + 1 = \lceil N/2 \rceil$）．整数に対するこの関数は，Cでは直接計算できる（$N \geq 0$ ならば $\lfloor N/2 \rfloor$ は N/2，$\lceil N/2 \rceil$ は N-(N/2) による）．浮動小数点数に対しては math.h のライブラリ関数 floor（床関数）と

表2.3 よく使う関数と定数

この表は，アルゴリズムの性能を記述する時に現われる関数や数学記号をまとめたものである．近似の公式は，必要ならもっと正確に示すことができる（参照文献を見よ）．

関数	名称	典型的な値	近似値
$\lfloor x \rfloor$	床関数	$\lfloor 3.14 \rfloor = 3$	x
$\lceil x \rceil$	天井関数	$\lceil 3.14 \rceil = 4$	x
$\lg N$	2進対数	$\lg 1024 = 10$	$1.44 \ln N$
F_N	フィボナッチ数	$F_{10} = 55$	$\phi^N/\sqrt{5}$
H_N	調和数	$H_{10} \approx 2.9$	$\ln N + \gamma$
$N!$	階乗関数	$10! = 3628800$	$(N/e)^N$
$\lg(N!)$		$\lg(100!) \fallingdotseq 520$	$N \lg N - 1.44 N$

$e = 2.71828 \cdots$
$\gamma = 0.57721 \cdots$
$\phi = (1+\sqrt{5})/2 = 1.61803 \cdots$
$\ln 2 = 0.693147 \cdots$
$\lg e = 1/\ln 2 = 1.44269 \cdots$

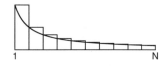

図 2.2 調和数

調和数は曲線 $y=1/x$ の下側の面積によって近似される．定数 γ は H_N と $\ln N = \int_1^N dx/x$ の差の極限値である．

ceil（天井関数）を使うことができる．

自然対数関数の離散版は**調和数**（harmonic number）とよばれ，アルゴリズムの解析によく出てくる．N 番目の調和数 H_N は数式

$$H_N = 1 + \frac{1}{2} + \frac{1}{3} + \cdots + \frac{1}{N}$$

によって定義される．自然対数 $\ln N$ は，曲線 $y=1/x$ の下側で，x が 1 から N までの範囲の面積に相当する．調和数 H_N は，1 から N までの整数で $1/x$ を評価して定義される階段関数 ($y=1/\lfloor x \rfloor$) の定める面積に相当する．この関係は図 2.2 に示されている．

$$H_N \approx \ln N + \gamma + 1/(2N)$$

は優れた近似公式である．この定数 $\gamma = 0.57721\cdots$ は**オイラー定数**（Euler's constant）として知られている．$\lceil \lg N \rceil$ や $\lfloor \lg N \rfloor$ の計算とは対照的に，H_N を計算するには定義の通りの計算より，ライブラリ関数 log を用いるのがよい．

漸化式

$$F_N = F_{N-1} + F_{N-2}, \quad N \geq 2 \text{ の時},$$
$$F_0 = 0, \, F_1 = 1$$

によって定義される数列

0　1　1　2　3　5　8　13　21　34　55　89　144　233　377　…

は，**フィボナッチ数**（Fibonacci number）として知られていて，多くの興味深い性質をもつ．例えば，隣り合う 2 項の比は極限として**黄金比**（golden ratio）$\phi = (1+\sqrt{5})/2 = 1.61803\cdots$ に収束する．少し調べれば F_N は，$\phi^N/\sqrt{5}$ を最も近い整数に丸めたもの（四捨五入したもの）であることがわかる．

時には，よく知られた**階乗**（factorial）関数 $N!$ を扱うこともある．指数関数と同様に，階乗関数は問題を力まかせで解決する時に現われ，急速に増加するのでその解はすぐに実用的でなくなる．これは N 個のもののあらゆる並べ方の数であるから，アルゴリズム解析にはよく現われる．次の**スターリングの公式**（Stirling's formula）が知られている．

$$\lg N! \approx N \lg N - N \lg e + \lg \sqrt{2\pi N}.$$

例えば，スターリングの公式によると，$N!$ を表わす 2 進数のビット数がおよそ $N \lg N$ であることがわかる．

本書に現われる式はほとんど，この節で説明した少数の関数によって表現される．それ以外の関数がアルゴリズム解析に現われることもある．例えば，2 項分布やそのポアソン近似は 14 章，15 章で述べる基本的な探索アルゴリズムの解析に重要な働きをする．この章で触れなかった関数は，それが現われたところで説明する．

練習問題

▷ **2.5** どのような N に対して，$10N \lg N > 2N^2$ が成り立つか．

▷ **2.6** どのような N に対して，$N^{3/2}$ が $N(\lg N)^2/2$ と $2N(\lg N)^2$ の間にあるか．

2.7 どのような N に対して，$2NH_N - N < N \lg N + 10N$ が成り立つか．

○ **2.8** $\log_{10} \log_{10} N > 8$ を満たす N の最小値は何か．

○ **2.9** N を 2 進数で表わすのに必要なビット数が $\lfloor \lg N \rfloor + 1$ であることを示せ．

2.10 表 2.1 に，$N(\lg N)^2$，および，$N^{3/2}$ の列を追加せよ．

2.11 表 2.1 に，1 秒当たりの演算数が 10^7，および，10^8 である行を追加せよ．

2.12 標準数学ライブラリの関数 log を使って，H_N を計算する関数を C で書け．

2.13 $\lceil \lg \lg N \rceil$ を効率よく計算する関数を C で書け．ただし，ライブラリ関数は使用しないこと．

2.14 100 万の階乗を 10 進法で表わすと何桁か．

2.15 $\lg(N!)$ を 2 進法で表わすと何ビットか．

2.16 H_N を 2 進法で表わすと何ビットか．

2.17 $\lfloor \lg F_N \rfloor$ を表わす簡単な式を求めよ．

○ **2.18** $1 \leq i \leq 10$ である各 i に対して，$\lfloor H_N \rfloor = i$ を満たす最小の N を求めよ．

2.19 毎秒 10^9 個の命令を実行するコンピュータにより，少なくとも $f(N)$ 回の命令を必要とする問題を解くことのできる最大の N を求めよ．ただし関数 $f(N)$ として，$N^{3/2}$，$N^{5/4}$，$2NH_N$，$N \lg N \lg \lg N$，および，$N^2 \lg N$ を考えよ．

2.4 O 記法

アルゴリズムの解析では，詳細部分を省略する数学的表現法に **O 記法**（O-notation），または，"大きな O" とよばれるものがあり，次のように定義される．

定義 2.1 関数 $g(N)$ が $O(f(N))$ であるとは，定数 c_0 と N_0 が存在して，$N > N_0$ であるすべての N に対して $g(N) < c_0 f(N)$ が成り立つことである．

O 記法の使用目的を 3 つ示す．
- 数式において小さい項を無視した時に生ずる誤差の限界を示す．

- プログラム全体の解析には影響の少ない部分を無視した時に生ずる誤差の限界を示す．
- 総実行時間の上界によってアルゴリズムを分類する．

第三の使用法は2.7節で考え，ここでは最初の2つを簡単に説明する．

O 記法では定義における定数 c_0 と N_0 は明示されないので，実用上重要な実現方法の詳細は見えなくなる．あるアルゴリズムが $O(f(N))$ の実行時間をもつといっても，N が N_0 より小さい場合の実行時間については何も述べていないし，最悪の場合を避けるための多くの"オーバーヘッド"が c_0 に含まれているかもしれない．N^2 ナノ秒かかるアルゴリズムが $\log N$ 世紀かかるものより速いのかどうか，O 記法に基づく限り判定できない．

数学的解析の結果は正確であるよりも，数学的に厳密な意味で，近似的に表現されることが多い．すなわち，その結果が大きい順に並んだ項の列からなる数式（級数）で表現されることがある．プログラムで最も内側のループに注目するのと同様に，数式における**主要項**（最大の項）に注目する．O 記法により，近似式を操作する際に小さい項を無視して主要項だけに注目を保つことが容易となり，最終的に，解析された計算量を正確に近似する簡潔な表現をえることができる．

O 記法を含む表現を扱う時の基本規則については，練習問題2.20から練習問題2.25で取り上げる．それらの多くは直感的に理解できるが，数学に自信のある読者は練習問題2.21で取り上げる変形の正しさを定義に基づいて証明してみるとよい．本質的には，これらの練習問題は，O 記法を含む代数的な数式があたかも O がないかのように展開できること，そして最大の O 項を除いてほかはすべて削除できることを述べている．例えば，

$$(N + O(1))(N + O(\log N) + O(1))$$

を展開すると，6項からなる式

$$N^2 + O(N) + O(N \log N) + O(\log N) + O(N) + O(1)$$

をえるが，最大の O 項（O-term）を除いて他をすべて削除すると

$$N^2 + O(N \log N)$$

という近似式がえられる．すなわち，N が大きい時は N^2 がこの式のよい近似式である．これらの規則は直感的に明らかであるが，O 記法はそれらを数学的に厳密，かつ正確に表わしている．1個の O 項をもつ式を**漸近表現**（asymptotic expression）とよぶ．

もっと適切な例を紹介しよう．あるアルゴリズムについて，内側のループが平均 $2N H_N$ 回繰り返えされ，その外側の部分が N 回繰り返えされ，初期設定が1回行なわれることが（何らかの数学的解析により）わ

かった．さらに，内側のループ1回の実行に a_0 ナノ秒，外の部分1回の実行に a_1 ナノ秒，初期設定に a_2 ナノ秒かかることが（プログラムを詳細に調べて）わかった．この時，プログラムの平均実行時間（ナノ秒）は

$$2a_0 N H_N + a_1 N + a_2$$

となる．しかし，この実行時間は主要項と O 記法により

$$2a_0 N H_N + O(N)$$

と表わしてもよい．この単純な式の方が重要である．なぜなら，大きな N に対して実行時間を近似的に知るためには，a_1 と a_2 の値は必要がないことを表わしているからである．一般に，実行時間を正確に表わす式には多くの項が含まれていて，その中には解析が難しいものもある．O 記法は，そのような項に煩わされることなく，大きな N に対する近似的な解を与えてくれる．

この例の考察をさらに続けると，この実行時間はもっと単純な関数 $\ln N$ を用いた O 記法によって表現することができる．表2.3にある H_N の近似値は O 記法により，$H_N = \ln N + O(1)$ と表わすことができる．したがって，上のアルゴリズムの実行時間の漸近表現は

$$2a_0 N \ln N + O(N)$$

となり，大きな N に対して $2a_0 N \ln N$ に近づくことが予想される．その係数 a_0 は内側のループに含まれる命令の実行時間によって決定される．

さらに，大きな N に対して，入力の大きさが N から $2N$ になった時の実行時間はおよそ2倍になると予測できるが，この時 a_0 の値は知る必要がない．なぜならば，

$$\frac{2a_0(2N)\ln(2N) + O(2N)}{2a_0 N \ln N + O(N)} = \frac{2\ln(2N) + O(1)}{\ln N + O(1)} = 2 + O\left(\frac{1}{\log N}\right)$$

だからである．このように漸近表現は，実現の詳細にも解析の詳細にも注意を払うことなく，正確な予測を導いてくれる．この予測は主要項の **O 近似**（O-approximation）しかなかったとしたら不可能であったことに注意されたい．

以上に述べた理由により，アルゴリズムの実行時間を比較したり，予測する時には，主要項に注目すればよい．一定コストの操作の実行回数を数えることがしばしば行なわれ，主要項からその結果を見積もることが多いので，通常は主要項に注意を払う．もし必要ならば上のような精密な解析も行なう．

関数 $f(N)$ が関数 $g(N)$ より漸近的に大きい時（すなわち，$N \to \infty$ の時に $g(N)/f(N) \to 0$ となる時），$f(N) + O(g(N))$ であることを（学術用語ではないが）"**約**（about）$f(N)$ である"という．数学的な厳密さ

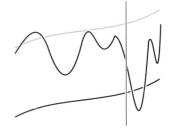

図2.3 O 近似による関数の上界

この図では，振動する曲線は近似される関数 $g(N)$ を表わし，緩やかな太い曲線は近似関数 $f(N)$，薄い曲線は未定の定数 c に対する $cf(N)$ を表わす．垂直線は N_0 を表わし，$N > N_0$ の時，近似 $g(N) = O(f(N))$ が成り立つことを示している．この表現は，ある垂直線より右側で $g(N)$ の値が $f(N)$ の形状をした曲線の下側にあることを意味するにすぎない．関数 $f(N)$ の変化はなめらかでなくてもよい（例えば，不連続でもよい）．

は損なわれるが，アルゴリズムの性能を表わすことに主眼があるので，この方がわかりやすい．この言い方ができる場合，ある程度以上大きい N に対してその量が $f(N)$ にかなり近いと考えてよい．例えば，$N(N-1)/2$ は約 $N^2/2$ であるという．詳しく表現するよりこの表現の方がわかりやすいし，例えば $N=1000$ の時，真の値より 0.1% 程度しか離れていない．約 $f(N)$ の表現は $O(f(N))$ と記すのに較べて正確である．アルゴリズムの性能を記述する時，正確さと簡潔さの両方を心掛ける．

同じ主旨で，アルゴリズムの実行時間が $cf(N)+g(N)$ で，$g(N)$ が漸近的に $f(N)$ より小さい時，実行時間は $f(N)$ に**比例する** (proportional to) という．この条件が成り立つ時，例えば，入力サイズ N の場合の経験からサイズ $2N$ の場合の実行時間を見積もることができる．図 2.5 は，アルゴリズムの解析でよく現われる関数に関してこの種の見積りを行なう時に役に立つ．実験による解析（2.1 節参照）と組み合わせれば，実現に依存する細かい定数を決定する必要がない．逆方向に利用して，N が 2 倍になった時の変化から，プログラムの実行時間を表わす関数を推測することもできる．

図 2.3 と図 2.4 は，"O 記法，比例する，約" の違いについて説明している．O 記法はアルゴリズムの漸近的な振舞いを表現する基本ツールである．"比例する" は経験からの外挿によって性能の範囲を推定する時に用いる．"約" は性能を比較したり，性能そのものを絶対的に推定する時に用いる．

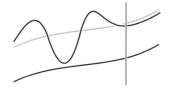

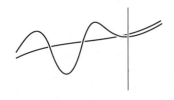

図 2.4 関数の近似

$g(N)$ は $f(N)$ に比例するとは，ある未知の定数だけの違いで $f(N)$ のように増加することを意味する（上図）．$g(N)$ のある値を知れば，大きな N に対する値を見積もることができる．$g(N)$ は約 $f(N)$ であるとは，g の値を正確に見積もるのに f を使ってもよいことを意味する（下図）．

練習問題

▷ **2.20** $O(1)$ と $O(2)$ が等しいことを示せ．

2.21 O 記法を含む数式に関して，以下の変形が正しいことを示せ．
$$f(N) \to O(f(N)),$$
$$cO(f(N)) \to O(f(N)),$$
$$O(cf(N)) \to O(f(N)),$$
$$f(N)-g(N) = O(h(N)) \to f(N) = g(N)+O(h(N)),$$
$$O(f(N))O(g(N)) \to O(f(N)g(N)),$$
$f(N)=O(g(N))$ の時 $O(f(N))+O(g(N)) \to O(g(N))$．

○ **2.22** $(N+1)(H_N+O(1)) = N\ln N+O(N)$ であることを示せ．

2.23 $N\ln N = O(N^{3/2})$ であることを示せ．

● **2.24** 任意の M，任意の $a>1$ に対して，$N^M = O(a^N)$ であることを示せ．

● **2.25** $\dfrac{N}{N+O(1)} = 1+O\left(\dfrac{1}{N}\right)$ であることを示せ．

2.26 $H_k = N$ である時，k を表わす N の関数の近似式を求めよ．

- **2.27** $\lg(k!) = N$ である時，k を表わす N の関数の近似式を求めよ．
- **2.28** 2つのアルゴリズムの実行時間がそれぞれ，$O(N \log N)$，$O(N^3)$ である時，これらの相対的な性能はどのように表現されるか．
- **2.29** 2つのアルゴリズムの実行時間がそれぞれ，常に約 $N \log N$，$O(N^3)$ である時，これらの相対的な性能はどのように表現されるか．
- **2.30** 2つのアルゴリズムの実行時間がそれぞれ，常に約 $N \log N$，常に約 N^3 である時，これらの相対的な性能はどのように表現されるか．
- **2.31** 2つのアルゴリズムの実行時間がそれぞれ，常に $N \log N$ に比例する，常に N^3 に比例するという時，これらの相対的な性能はどのように表現されるか．
- **2.32** 図 2.5 における倍数を導け．すなわち，左側の関数 $f(N)$ に対して，$f(2N)/f(N)$ の漸近式を求めよ．

1	増加しない
$\lg N$	わずかな増加
N	2倍
$N \lg N$	2倍より少し多い
$N^{3/2}$	$2\sqrt{2}$ 倍
N^2	4倍
N^3	8倍
2^N	2乗倍

図 2.5 問題の規模が2倍になる時の実行時間

表に示された簡単な関数に比例する実行時間をもつ問題に関して，問題の規模が2倍になった場合の実行時間を予測する．理論的には N が大きくなければこの通りにならないが，実際にかなり役に立つ．この表は，プログラムの実行時間をある増加関数で表わす簡単な方法を示唆する．大きな N に対して入力を2倍にする実験からえられる実行時間の変化をもとに，この表を逆方向に引けばよい．

2.5 基本漸化式

本書の数多くのアルゴリズムにおいて，大きな問題を再帰的に小さな部分問題に分割し，それらの部分問題の解をまとめて当初の問題を解くという原理が使われる．この話題に関しては5章で，主として実用的な観点から，その実現と応用について詳しく論ずる．また，2.6節では例に即して取り上げる．この節では，この原理に従うアルゴリズムを解析する基本的な方法を記し，これから学ぶ多くのアルゴリズムに現われる基本漸化式を選んでその解を導く．これらの漸化式を理解しておけば，本書のアルゴリズムの性能を洞察することができるであろう．

漸化式 2.1
$$C_N = C_{N-1} + N, \quad N \geq 2 \text{ の時,}$$
$$C_1 = 1.$$

この式は，入力全体を見てその中の1つを消すということを繰り返すプログラムに現われる．

解 C_N は約 $N^2/2$ である．正確な C_N を求めるには，次のように入れ子式に代入を繰り返せばよい．

$$\begin{aligned}
C_N &= C_{N-1} + N \\
&= C_{N-2} + (N-1) + N \\
&= C_{N-3} + (N-2) + (N-1) + N \\
&\vdots \\
&= C_1 + 2 + \cdots + (N-2) + (N-1) + N \\
&= 1 + 2 + \cdots + (N-2) + (N-1) + N \\
&= \frac{N(N+1)}{2}.
\end{aligned}$$

最後の和$1+2+\cdots+(N-2)+(N-1)+N$の計算はやさしい．結果は上で述べた通りであるが，次のように導かれる．この級数と逆の順序に並べた級数はそれぞれN項からなり，対応する項ごとの和はどれも$N+1$であり，その総和は求める答の2倍になる．

この節の漸化式はアルゴリズム解析における再帰分割の原理から直接導いたものであるが，上の例はこれらの漸化式の基本的な扱い方を表わす．例えば，アルゴリズムの実行時間は部分問題のサイズと個数，および分割のための時間によって決定する．サイズNの入力に対するアルゴリズムの実行時間と，もっと少ない入力に対する実行時間との関係は，数学的には**再帰関係**（recurrence relation）とよばれる漸化式によって把握できる．この漸化式が対応するアルゴリズムの性能を正確に表現するので，実行時間を導くためにこの再帰方程式を解く．特定のアルゴリズムに関連した精密な議論はそのアルゴリズムが取り上げる時に行なう．ここでは漸化式だけに注目することにする．

N	$(N)_2$	$\lfloor \lg N \rfloor + 1$
1	1	1
2	10	2
3	11	2
4	100	3
5	101	3
6	110	3
7	111	3
8	1000	4
9	1001	4
10	1010	4
11	1011	4
12	1100	4
14	1101	4
15	1111	4

図2.6　整数関数と2進表現

整数Nの2進表現（中央）が与えられた時，最も右のビットを除くと$\lfloor N/2 \rfloor$をえる．すなわち，Nの2進表現のビット数は$\lfloor N/2 \rfloor$の2進表現のビット数より1大きい．したがって，$N/2$が$\lfloor N/2 \rfloor$を表わす場合，Nの2進表現のビット数$\lfloor \lg N \rfloor+1$は漸化式2.2の解である．

漸化式2.2　　　　　　$C_N = C_{N/2} + 1, \quad N \geq 2$ の時，
$$C_1 = 1.$$

この式は，1ステップで入力を半分にする再帰プログラムで現われる．

解　C_Nは約$\ln N$である．この漸化式はNが偶数でなければ意味をもたないが，$N/2$を整数的除算で定義すれば意味をもつ．さしあたり，$N=2^n$であると仮定する．この時，漸化式はこのままの形で常に意味をもち（$n=\lg N$に注意），入れ子式代入法により前のものより簡単に解くことができる．

$$\begin{aligned}
C_{2^n} &= C_{2^{n-1}} + 1 \\
&= C_{2^{n-2}} + 1 + 1 \\
&= C_{2^{n-3}} + 3 \\
&\vdots \\
&= C_{2^0} + n \\
&= n + 1.
\end{aligned}$$

一般のNに対する正確な解は$N/2$の解釈に依存する．$N/2$が$\lfloor N/2 \rfloor$（整数的除算）を表わす場合には次の簡単な解をえる．すなわち，C_NはNの2進表現のビット数を表わし，$\lfloor \lg N \rfloor+1$となる．この解は，整数$N>0$の2進表現において最も右のビットを除去する操作がNを$\lfloor N/2 \rfloor$に変換する（図2.6参照），という事実から直ちに導かれる．

基本漸化式

漸化式 2.3　　　$C_N = C_{N/2} + N, \quad N \geq 2$ の時,
$$C_1 = 0.$$

この式は，入力すべての項目を調べ，入力を半分にする再帰プログラムで現われる．

解　C_N は約 $2N$ である．この解は $N + N/2 + N/4 + N/8 + \cdots$ の和である（漸化式 2.2 と同様，N が 2 の累乗の時にだけ，この漸化式が厳密に定義され，$C_N = 2N - 2$ となる）．これが無限級数ならば，単なる幾何級数であるからその和は正確に $2N$ である．一般の N について厳密に解こうとすると，また N の 2 進表現が関係する．

漸化式 2.4　　　$C_N = 2C_{N/2} + N, \quad N \geq 2$ の時,
$$C_1 = 0.$$

この式は，入力を 2 つに分割し，それらに対して再帰呼出しを行なう前後かその途中で，入力全体を走査する再帰プログラムで現われる．

解　C_N は約 $N \lg N$ である．この解は本節で扱う解の中で最も多く引用される．というのは，標準的な分割統治アルゴリズムにはいつもこの漸化式が現われるからである．

$$C_{2^n} = 2C_{2^{n-1}} + 2^n$$
$$\frac{C_{2^n}}{2^n} = \frac{C_{2^{n-1}}}{2^{n-1}} + 1$$
$$= \frac{C_{2^{n-2}}}{2^{n-2}} + 1 + 1$$
$$\vdots$$
$$= n.$$

この解は，漸化式 2.2 と同様にして導くことができるが，入れ子式に代入しやすいように，漸化式の両辺を 2^n で割るという工夫をしている．

漸化式 2.5　　　$C_N = 2C_{N/2} + 1, \quad N \geq 2$ の時,
$$C_1 = 1.$$

この式は，入力を 1 ステップで 2 分割し，その後で一定量の作業をする再帰アルゴリズムで現われる（5 章参照）．

解　C_N は約 $2N$ である．この解は，漸化式 2.4 と同様にして導かれる．

以上の漸化式には，初期値や加算される項が少し異なる変形版がいろ

いろある．これらも，同様の解き方で解を求めることができるが，よく似ていても解くのが容易でない漸化式もあるので注意が必要である．そのような漸化式を数学的に厳密に解くための高級な一般的技法がいろいろ知られている（参考文献を見よ）．後の章で，もう少し複雑な漸化式が出てくるが，その時に解くことにする．

練習問題

▷ **2.33** $N/2$ を $\lfloor N/2 \rfloor$ と解釈して，漸化式 2.2 の C_N の値を $1 \leq N \leq 32$ に対して求めよ．

▷ **2.34** $N/2$ を $\lceil N/2 \rceil$ と解釈して，練習問題 2.33 に答えよ．

▷ **2.35** 漸化式 2.3 に関して，練習問題 2.34 に答えよ．

○ **2.36** f_N はある定数に比例すると仮定し，定数 c, t に対して

$$C_N = C_{N/2} + f_N, \quad N \geq t \text{ の時},$$
$$0 \leq C_N < c, \quad N < t \text{ の時}$$

とする．C_N が $\lg N$ に比例することを示せ．

● **2.37** 練習問題 2.36 における漸化式 2.2 の一般化にならって，漸化式 2.3 から漸化式 2.5 までの一般化を記し，それを証明せよ．

2.38 次の解釈に従って，漸化式 2.4 の C_N の値を $1 \leq N \leq 32$ に対して数表の形で求めよ．

(i) $N/2$ を $\lfloor N/2 \rfloor$ と解釈する．

(ii) $N/2$ を $\lceil N/2 \rceil$ と解釈する．

(iii) $2C_{N/2}$ を $C_{\lfloor N/2 \rfloor} + C_{\lceil N/2 \rceil}$ と解釈する．

2.39 $N/2$ を $\lfloor N/2 \rfloor$ と解釈して，漸化式 2.4 を解け．この時，漸化式 2.2 の証明のように，N の 2 進表現に相当するものを用いよ．

2.40 N が 2 のベキ乗である時，次の漸化式を解け．

$$C_N = C_{N/2} + N^2, \quad N \geq 2 \text{ の時},$$
$$C_1 = 0.$$

2.41 N が α のベキ乗である時，次の漸化式を解け．

$$C_N = C_{N/\alpha} + 1, \quad N \geq \alpha \text{ の時},$$
$$C_1 = 0.$$

○ **2.42** N が 2 のベキ乗である時，次の漸化式を解け．

$$C_N = \alpha C_{N/2} + N^2, \quad N \geq 2 \text{ の時},$$
$$C_1 = 1.$$

○ **2.43** N が 2 のベキ乗である時，次の漸化式を解け．

$$C_N = (C_{N/2})^2, \quad N \geq 2 \text{ の時},$$
$$C_1 = 1.$$

● **2.44** N が 2 のベキ乗である時，次の漸化式を解け．

$$C_N = \left(2 + \frac{1}{\lg N}\right)C_{N/2}, \quad N \geq 2 \text{ の時,}$$
$$C_1 = 1.$$

- **2.45** 漸化式 2.2 に似た漸化式の次のような族を考察せよ．$N/2$ の解釈には $\lfloor N/2 \rfloor$ か $\lceil N/2 \rceil$ を考えるものとし，$N > c_0$ の時に漸化式が成り立ち，$N \leq c_0$ の時は $C_N = O(1)$ とする．すべての解が $\lg N + O(1)$ であることを証明せよ．

- ●● **2.46** 練習問題 2.45 にならって，漸化式 2.3 から漸化式 2.5 について一般化とその解を考察せよ．

2.6 アルゴリズム解析の例

前の 3 節で概説された技法を身につけた上で，**逐次探索法**（sequential search）と **2 分探索法**（binary search）の解析を試みてみよう．この 2 つのアルゴリズムは，予め定められた対象の集まりがあり，新たに与えられた一群の対象の各々について，その集まりに含まれているかどうかを決定する探索問題の解決法である．この節の目的は，アルゴリズムを比較するための方法を説明することであって，各々を詳しく記述することはしない．わかりやすくするため，対象はすべて整数とする．一般の場合は 12 章から 16 章に詳しく記されている．ここで考察する簡易版でも，アルゴリズムの設計と解析のいろいろな側面を十分に示すことができるし，このまま多くの応用に役立てることができる．

例えば，あるクレジットカードの会社において N 枚のカードが事故や盗難に遭っていて，それら N 枚の不良カードの番号表がある．そこに，決済中のカードが不良かどうかという番号の照合要求が M 件発生する状況を考えることができる．話を具体的にするために，実際に N は大きい数（例えば，10^3 から 10^6 程度）で，M はさらに大きい数（例えば，10^6 から 10^9 程度）とする．解析の目標は，パラメータの値がこのような範囲にある時，それぞれのアルゴリズムの実行時間を見積もることである．

プログラム 2.1 は探索問題に対する素朴な解の実現である．これは配列（3 章参照）の上ではたらく C 関数の形式をとり，第 4 部で同じ問題を扱うプログラムと比較しやすくしてある．このアルゴリズムを理解するのにプログラムの細部を気にする必要はない．アルゴリズムは，予め与えられた対象を配列に格納しておき，毎回この配列を先頭から順番に見ていき，探索対象と一致するかどうかを調べる，というものである．

このアルゴリズムを解析するにあたり，まずその実行時間は探索対象が表（配列）の中にあるかないかに依存することに注意する．探索が不

プログラム 2.1　逐次探索

この関数は，予め格納された数の集合，$a[l], a[l+1], \cdots, a[r]$ の中に数 v が含まれているかどうかを，先頭から順に数を較べてチェックする．最後まで v と一致する数がなければ -1 を返し，v と $a[i]$ が一致すれば i を返す．

```
int search(int a[], int v, int l, int r)
  { int i;
    for (i = l; i <= r; i++)
      if (v == a[i]) return i;
    return -1;
  }
```

成功であることは N 個の対象をすべて調べないとわからないが，探索が成功するのは 1 番目でも，2 番目でも，その他どこでも起こりうる．

したがって，実行時間はデータに依存する．もし探す数が偶然に表の先頭で見つかればこのアルゴリズムは速い．逆に，表の最後にあればこのアルゴリズムは遅い．2.7 節で性能の**保証**と**予測**の違いを議論するが，この場合，最善の保証は N 個より多くの数を調べることはない，というものである．

一方，予測をするとなればデータに関する仮定が必要となる．この場合，すべての数はランダムに選ばれ，例えば，表の中のすべての数は等しい確率で探索対象と一致すると仮定することが考えられる．この仮定は探索問題について重要な性質を設定することになる．というのは，数をランダムに選ぶとほとんど探索に成功しない場合もあるからである（練習問題 2.48 参照）．ある応用では高い確率で探索が成功するであろうし，その確率が低い応用も考えられる．混乱を避けるために，2 つの場合（成功探索と不成功探索）を分けて，それぞれを別々に解析する．この例は，効果的な解析であるためには，応用に即した適切なモデルの設定が重要であることを示している．解析結果は探索の成功確率に依存することになる．実際，このパラメータに基づいて異なる応用には異なるアルゴリズムを選ぶとすれば，解析結果はそのために必要な情報を与える．

性質 2.1　逐次探索法において，不成功探索では表の中の N 個すべての数を調べ，成功探索では平均的に約 $N/2$ 個の数を調べる．

実際，もし配列の中の数がどれも等確率で探索対象と一致するなら

ば，探索の平均コスト（比較回数）は
$$(1 + 2 + \cdots + N)/N = (N + 1)/2$$
である．■

性質2.1からプログラム2.1の実行時間は N に比例することがわかる．ただし，2数を比較するコストは一定であるという暗黙の条件を前提とする．したがって，この例では対象の個数が2倍になれば探索時間も2倍になると予測できる．

表の中の数を大小順に並べておけば，不成功探索を高速化できる．数の並べ換え（整列）は6章から11章の話題である．そこで取り上げられる多くのアルゴリズムは $N \lg N$ に比例する時間でこの仕事を成し遂げる．この時間は，探索件数 M が大きい時の探索コストに較べれば，取るに足らない．数が小さい順に整列された表を使えば，表の中の数が探索する数より大きくなったところで探索を終了することができる．この変更により，逐次探索法における不成功探索の平均コストは約 $N/2$ に減少し，成功探索と等しくなる．

性質 2.2 整列された表の逐次探索は，最悪の場合 N 個の数を調べるが，平均では約 $N/2$ 個の数を調べる．

不成功探索の場合にも探索モデルを特定する必要がある．この結果は，表にある N 個の数で定まる $N+1$ 個の区間が等しい確率で探索されるという仮定に基づき，
$$(1 + 2 + \cdots + N + N)/(N + 1) = N/2 + 1 - 1/(N + 1)$$
という式によって示される．■

性質2.2から，M 件の探索に対する逐次探索の実行時間は，最悪の場合も平均の場合も MN に比例する，ということになる．探索の件数，または，表にある数の個数の一方を2倍にすると実行時間は2倍になり，両方を2倍にすると実行時間は4倍になると考えられる．この結果は，対象の個数 N が非常に大きくなるとこの方法は使えないことを示している．1対の数を比較するのに c マイクロ秒かかるとすれば，$M = 10^9$，$N = 10^6$ の時，すべての探索が終わるまでに少なくとも $(c/2)10^9$ 秒，図2.1によれば，約 $16c$ 年かかることになり，とても試みる気にならない．

プログラム2.2は，逐次探索よりも効率的な，探索問題に対する古典的な解である．この解は次の考え方に基づいている．表の中で数が小さい順に並んでいれば，表の中央から探しはじめてその半分を探索範囲か

```
1488  1488
1578  1578
1973  1973
3665  3665
4426  4426
4548  4548
5435  5435  5435  5435  5435
5446  5446  5446  5446
6333  6333  6333
6385  6385  6385
6455  6455  6455
6504
6937
6965
7104
7230
8340
8958
9208
9364
9550
9645
9686
```

図 2.7　2分探索

数 5025 が左の表の中にあるかどうかを調べる．最初に 6504 と比較して，探索範囲がそれより上側に限られる．次に 4548（上半分の中央）と比較して，範囲が上半分の下半分に限られる．これを繰り返し，いつも探す数の含まれる可能性のある範囲を半分にする．探す範囲に 1 個しか数がなくなり，それが 5025 と異なることから，数 5025 はこの表の中にないことがわかる．

プログラム 2.2　2分探索

このプログラムはプログラム 2.1 と同じ入出力をもつ関数であるが，かなり効率がよい．

```
int search(int a[], int v, int l, int r)
  {
    while (r >= l)
      { int m = (l+r)/2;
        if (v == a[m]) return m;
        if (v < a[m]) r = m-1; else l = m+1;
      }
    return -1;
  }
```

ら除外できる．幸運にも中央の数が探す数と一致すればそこで探索は成功する．探す数の方が小さい時は表の前半に同じ方法を適用し，探す数の方が大きい時は表の後半に同じ方法を適用する．図 2.7 にこの方法をある数の集合に適用した例を示す．

性質 2.3　2分探索は，$\lfloor \lg N \rfloor + 1$ 個より多くの数を調べることはない．

この性質の証明にはアルゴリズム解析の再帰関係を利用する．探索する表のサイズが N の時，T_N を 2分探索における最悪の場合の比較回数とする．1 回の探索により表の探索範囲がその半分に減少することから，直ちに次の漸化式が導かれる：

$$T_N \leq T_{\lfloor N/2 \rfloor} + 1, \quad N \geq 2 \text{ の時},$$
$$T_1 = 1.$$

サイズ N の表の中央の数を調べた後，次の探索範囲のサイズは $\lfloor N/2 \rfloor$ を超えることはなく，実際のコストはそれ以下である．なぜならば，探索が成功裏に終了する場合もあるし，探索範囲のサイズは $\lfloor N/2 \rfloor - 1$ になることも（N が偶数の時）あるからである．したがって，漸化式 2.2 の解から，$N = 2^n$ の時，$T_N \leq n + 1$ であることが直ちにわかる．一般の結果は帰納法による．■

性質 2.3 から，表の数が 100 万個程度になる大規模な探索まで解決可能と考えられる．この時，1 つの数の探索に 20 回程度の比較が行なわれるが，それは多くのコンピュータにとってその数の入出力時間より少ないくらいであろう．探索問題は重要であるから，12 章から 16 章で述

アルゴリズム解析の例　§2.6

べるように，これと同程度に速い方法がいくつも開発されている．

性質 2.1 や性質 2.2 はデータ上で最も頻繁に実行される操作の回数によって表現されていることに注意されたい．性質 2.1 のところで述べたように，各操作は一定時間で実行されるものと仮定する．実行時間に関して，逐次探索は N に，2 分探索は $\lg N$ にそれぞれ比例すると結論できる．したがって，N が 2 倍になる時，逐次探索では実行時間が 2 倍になるが，2 分探索ではほとんど増加しない．N の増加とともに，この 2 つの方法の差は急激に増大する．

性質 2.1 と性質 2.2 はアルゴリズムを実現し，実験することによって確かめることができる．例えば，表 2.4 は 2 分探索と逐次探索に関して，サイズ N の表に対して M 件の探索を行なう時，種々の M, N に対する実行時間を示している（2 分探索では整列の時間も含む）．実験を行なうプログラムの実現については 6 章と 11 章で詳しく述べる．また，ライブラリや外部関数の利用法，sort 関数など必要な構成要素を集めてプログラムを編成する方法については 3 章で述べる．ここでは，

表 2.4　逐次探索と 2 分探索の実験

以下の数値は，N を探索する表のサイズ，M を探索件数とする時，逐次探索と 2 分探索の所要時間がそれぞれ，$MN, M \lg N$ に比例するという解析結果を裏づける．N が 2 倍になると逐次探索の時間はやはり 2 倍になるが，2 分探索の時間はあまり増加しない．M, N が大きくなると逐次探索はやがて実行不可能になるが，2 分探索は速さを保つ．

	$M = 1000$		$M = 10000$		$M = 100000$	
N	S	B	S	B	S	B
125	1	1	13	2	130	20
250	3	0	25	2	251	22
500	5	0	49	3	492	23
1250	13	0	128	3	1276	25
2500	26	1	267	3		28
5000	53	0	533	3		30
12500	134	1	1337	3		33
25000	268	1		3		35
50000	537	0		4		39
100000	1269	1		5		47

説明：
　　S　逐次探索（プログラム 2.1）
　　B　2 分探索（プログラム 2.2）

実験による解析がアルゴリズムの効率評価に不可欠であることを強調するだけにしておこう．

表2.4は，実行時間を表わす関数の増加状況を知れば，小規模の実験結果から規模の大きい場合の性能が予測できるであろう，という見解を裏づける．数学的解析と実験による解析を合わせると，2分探索が非常に優れたアルゴリズムであることが説得力をもって示される．

この例はアルゴリズムを比較する標準的な方法である．まず，アルゴリズムにおける主要な抽象操作の使用頻度を数学的に解析し，次にその結果から実行時間を表わす関数を導き，実験による解析を確認してそれを拡張する．問題を解くアルゴリズムが次第に改良されるにつれて，そして，その性能を調べる数学的解析が次第に精密になるにつれて，数学的研究は諸文献にゆだね，本書ではアルゴリズムそのものに注意を傾けることにする．目にするすべてのアルゴリズムについて，その数学的解析や実験による解析を十分に行なうわけにはいかないが，性能の本質については正しく見極め，重要な応用において根拠に基づいてアルゴリズムを選択するための基礎を築くことに努める．

練習問題

▷ **2.47** プログラム2.1を使って，$0 \leq \alpha \leq 1$ に対して，αN 回の探索が成功する場合の，平均比較回数を求めよ．

●● **2.48** $M = 10, 100, 1000$；$N = 10^3, 10^4, 10^5, 10^6$ に対して，10桁の乱数 M 個の中の少なくとも1個が，与えられた N 個の数の集合に含まれる確率を求めよ．

2.49 N 個の整数乱数を発生させて配列に格納し，M 個の整数乱数のうち配列要素のどれかと一致するものの個数を逐次探索を用いて数えるプログラムを書け．$N = 10, 100, 1000$；$M = 10, 100, 1000$ に対して，そのプログラムを実行せよ．

● **2.50** 2分探索について，性質2.2と同様な性質を示し，それを証明せよ．

2.7 保証，予測，限界

アルゴリズムの実行時間は，ほとんどすべての場合，入力データに依存する．アルゴリズム解析の目標は，この依存性を排除することにある．入力データの特性を知らないで実行するのが普通であるから，プログラムの性能に関して，できるだけ入力データに依存しない言い方が望ましいわけである．2.6節の例において，この目標に沿った2つの方法，最悪の場合と平均の場合の解析を説明した．

アルゴリズムの**最悪の場合**の解析は，プログラムの実行時間に関して**保証**（guarantee）を与えるので魅力的である．そこでは，ある抽象操作の行なわれる回数が，入力の値にかかわらず，入力の個数で表わされる関数値を超えないことを論ずる．例えば，加重高速合併法に関する性質1.3と同様に，性質2.3は2分探索に関する保証の例である．2分探索の場合のように，保証が低い値であるほど好ましい状況にあるといえる．なぜなら，どんな場合でもプログラムがそれより遅くならないことを意味するからである．最悪の場合に性能がよいプログラムをえることは，アルゴリズム設計の基本的目標の1つである．

しかしながら，最悪の場合の解析にはいくつか難点がある．最悪の入力に対する実行時間と現実的な入力に対する実行時間には，通常，大きな開きがある．例えば，高速合併法の時間は最悪では N に比例するが，普通は $\log N$ 程度にすぎない．次に，アルゴリズムの実行時間がある限界を達成するような入力の存在は，常に示せるとは限らない．大抵，実行時間が単にその限界より少ないことを保証するにすぎない．さらに，問題によっては，最悪の場合の性能がよいアルゴリズムは，そうでないアルゴリズムに較べてかなり複雑なことがある．また，現実的な入力では単純なアルゴリズムよりもかえって遅いこともある．最悪の場合の性能のよさを誇るためには，さらに努力を加える必要が生ずる場合があることを認識しておかなければならない．多くの応用にとって，別の観点，例えば軽便性や信頼性などの方が，最悪の場合の性能保証を改良することより重要である．例えば，1章で見たように，短縮法付き加重高速合併法はおそらく，単なる加重高速合併法より性能保証の点では優れているが，普通の実際データに対して実行時間は同じ程度である．

アルゴリズムの**平均の場合**の解析は，プログラムの実行時間の**予測**（prediction）を可能にするので魅力的である．極めて単純な場合には，アルゴリズムに与えられるデータの特性が完全にわかる．例えば，整列アルゴリズムに N 個のランダムな整数の配列が与えられるとか，幾何アルゴリズムに，0と1の間のランダムな値を各座標とする平面上の N 個の点が与えられる場合などである．このような場合には，各々の命令の実行される平均回数を計算し，命令の実行時間にそれぞれを掛けて加え合わせることにより，プログラムの実行時間が計算できる．

平均の場合の解析にも困難さが伴なう．まず第一に，仮定する入力モデルが現実に発生する入力の特徴を正確に反映しない場合や，自然な入力モデルがえられない場合がある．整列アルゴリズムに対する"ランダムな数のファイル"や，幾何アルゴリズムに対する"ランダムな点の集合"のような入力モデルを利用することに，あえて異を唱える人は少ない．このような単純なモデルに対しては，プログラムの性能を予測する

正確な数学的結果を導くことができる．しかし，英文のテキストを処理するプログラムの入力はどのように特徴づければよいであろうか．整列アルゴリズムに対してさえ，ランダム入力以外によいモデルをえることは興味ある課題である．第二に，解析には数学上の難しい議論が必要とされる．例えば，合併-発見アルゴリズムの平均の場合の解析はかなり難しい．このような場合，結果の導出は本書の程度を超えるが，多くの古典的な例を用いてその性質を説明し，必要に応じて関係のある研究結果を引用する（幸い，最善アルゴリズムの多くはその解析が文献に載っている）．第三に，実行時間の平均値を知ってもそれで十分ではなく，その標準偏差など実行時間の変動に関する情報が必要になるが，それをえることはさらに難しい．特に，アルゴリズムが平均より極端に遅くなるのはどういう場合か，ということが時々問題になる．

多くの場合，上に述べた第一の問題点には，ランダム性を積極的に活用して対処することができる．例えば，整列する前に配列をランダムに並べ直せば，配列要素の並びがランダムであるという仮定は満たされる．このようなアルゴリズムは**ランダムアルゴリズム**（randomized algorithm）とよばれ，平均の場合の解析では確率論的に厳密な意味で，正確に実行時間を予測することができる．さらに，そのようなアルゴリズムの多くは，予測値より遅い確率が無視できるほど小さいことが証明できる．このアルゴリズムの例として，クイックソート（9章参照），ランダム化 BST（13章参照），ハッシュ法（14章参照）などをあげることができる．

計算量（computational complexity）を研究する分野は，アルゴリズムの設計に関係する基本的**限界**（limitation）を理解するのに役立つアルゴリズム解析の一部門である．その目的の概略は，問題を解く**最善**（best）のアルゴリズムによる最悪の場合の実行時間を，定数倍を除いて決定することである．この関数は**問題の計算量**とよばれる．

最悪の場合の解析に O 記法を用いれば，コンピュータに依存する部分にこだわらなくてすむ．アルゴリズムの実行時間が $O(f(N))$ であるという表現は，入力に独立であって，入力と実現の詳細に関係せずにアルゴリズムを分類する時の便利な方法であり，アルゴリズム解析と特定の実現を分離して考えることが可能になる．解析では定数係数を無視する．多くの場合，アルゴリズムについてその実行時間が N に比例するのか，$\log N$ に比例するのか，などを知りたいのであって，そのアルゴリズムがナノコンピュータで実行されるか，スーパーコンピュータで実行されるかは問題としない．最も内側のループが厳選された少ない命令で慎重に構成されているか，多くの命令を含む冗長な作りであるかについても問題にしない．

ある問題を解決するアルゴリズムについて，その最悪の場合の実行時間が $O(f(N))$ であることを証明できる時，この問題の計算量の**上界**（upper bound）は $f(n)$ であるという．言い換えれば，ある問題を解く最善のアルゴリズムの実行時間はその問題を解く任意のアルゴリズムの実行時間より多くはないということである．

アルゴリズムを少しでも改良しようと考えるが，どうやってもこれ以上実行時間を改良できないと思われる局面に到ることがある．一般にどんな問題でも，アルゴリズムの改良を模索しないですむ限界は知りたいところである．そこで，計算量に関する**下界**（lower bound）を問題にする．多くの問題では，それを解く個々のアルゴリズムについて，基本操作を一定の回数以上必要とすることが証明できる．しかし下界を示すことは難しく，コンピュータのモデルを慎重に構成し，どんなアルゴリズムでも解くのが難しい入力を巧妙に構成しなければならない．本書では下界を証明する問題にはほとんどふれることがないが，これはアルゴリズムの設計において指針となる計算論的限界を示しているので，関連するところで取り上げる．

計算量の研究により，あるアルゴリズムの上界が下界と一致することが示された時，知られている最善のアルゴリズムより本質的に速いアルゴリズムを開発する試みは，成功しないと確信できる．この時は，実現の方に精力を集中することができる．例えば，2分探索法は，比較だけを使うどんなアルゴリズムも最悪の場合に2分探索より少ない比較ですむことはあり得ないという意味で，**最適**（optimal）である．

ポインタ操作に基づく合併-発見アルゴリズムに関しても，計算量の上界と下界が一致する．Tarjan は 1975 年，短縮法付き加重高速合併法において，各入力対についてポインタの追跡回数は最悪の場合でも $O(\lg^* V)$ より少なくてすむこと，ポインタ操作に基づくどんなアルゴリズムにも，最悪の場合にある一定回数より多くのポインタ追跡を必要とする入力が存在することを証明した（V はグラフの頂点の数，1.3 節の N と同じ）．言い換えれば，どのような入力に対しても操作 i=a[i] を線形の回数しか使わないでこの問題を解くように，アルゴリズムを改良しようとしても無駄である．$\lg^* V$ の変化は非常に小さいので，実際上は $\lg^* V$ 倍と定数倍の違いは重要ではない．連結性問題に対する単純な線形アルゴリズムを求めることが長年の研究課題であったが，Tarjan による下界の発見は研究者をこの課題から解放した．さらに，この問題に固有の関数として，$\log^*$ のようなかなり複雑な関数の存在が知られるようになった（$\log^* N$ は，結果が 1 より小さくなるまで $\log \log \cdots \log N$ と対数計算を繰り返す回数を表わす）．

本書で扱うアルゴリズムは，数学的に詳しく解析され，その性能がよ

く研究されているが，それはかなり複雑で本書では紹介できないものも多い．これらのアルゴリズムを推奨できるのはまさにこのような研究のお陰である．

すべてのアルゴリズムが精密な解析に値するわけではない．実際，設計プロセスでは，必要以上に詳しい解析は避け，性能の大まかな指標を考慮しながら仕事をするのが望ましい．設計が進むにつれて解析も進め，必要に応じて高度な数学的ツールを利用すればよい．時に，設計プロセスで詳細すぎる計算量解析を行なったため，それが実際の応用からかけ離れた理論上のアルゴリズムに陥ることがある．計算量に関する大雑把な解析がすぐに効率的な実用アルゴリズムを引き出すと考えるのはよくある間違いで，その思い込みは思わぬ失敗をもたらす．一方，計算量は，設計が性能の限界に達したことを知るための，また，上界と下界の差がある時は，それを縮めることが設計目標となるという意味での，強力なツールである．

本書では，アルゴリズムの設計，慎重な実現，数学的解析，理論研究，実験による解析などがすべて，エレガントで効率のよいプログラムを開発するために貢献すると考える．利用できるツールは何でも利用して，プログラムの性質に関する情報を手に入れ，その情報をもとに，プログラムを修整して新しいプログラムを開発する．様々なコンピュータ上で様々なプログラミング環境のもとで走らせることになるアルゴリズムをすべて実験し，解析するわけにはいかないが，効率的であることがわかっているアルゴリズムを慎重に実現したものを利用し，最高の性能が必要とされる時に，それらを改良し，比較することができる．本書を通じて，重要な方法についてその性能がなぜ優れているかがよくわかるように，適切な箇所で詳しく考察する．

練習問題

○ 2.51 ある問題の時間計算量が $N \log N$ で，もう1つの問題の時間計算量が N^3 であるとする．この時，それぞれの問題を解くアルゴリズムの相対的性能に関して，どのようなことがいえるか？

第1部の参考文献

　プログラミングに関する入門書は多数出版されている．本書の取扱い方からみて，CとCプログラムの例については，やはり，KerninghanとRitchieの本が最もよい．

　1章の合併-発見問題に関する種々のアルゴリズムは，van LeeuwenとTarjanの本にうまく比較分類されている．

　Bentleyの本には，ここにあげる多くの本と同じ観点から，面白い問題を解くアルゴリズムの開発法やプログラムの実現の仕方を評価する実例研究が豊富に詳しく説明されている．

　最悪の場合の漸近的性能に基づいてアルゴリズム解析を扱った古典的文献として，Aho, Hopcroft, Ullmanの本がある．Knuthの本は，平均の場合の解析を詳しく扱っており，アルゴリズムの諸性質に関する信頼できる文献である．GonnetとBaeza-Yatesの本，Cormen, Leiserson, Rivestの本は，最近開発されたアルゴリズムを多く含み，この分野の参考文献に詳しい．

　Graham, Knuth, Patashnikの本は，アルゴリズム解析でよく現われる数学を扱っている．これらはKnuthの本でも扱われている．SedgewickとFlajoletの本はこのことを徹底的に解説した入門書である．

A. V. Aho, J. E. Hopcroft, and J. D. Ullman, *The Design and Analysis of Algorithms*, Addison-Wesley, Reading, MA, 1975.

J. L. Bentley, *Programming Pearls*, Addison-Wesley, Reading, MA, 1985; *More Programming Pearls*, Addison-Wesley, Reading, MA, 1988.

R. Baeza-Yates and G. H. Gonnet, *Handbook of Algorithms and Data Structures*, second edition, Addison-Wesley, Reading, MA, 1984.

T. H. Cormen, C. E. Leiserson, and R. L. Rivest, *Introduction to Algorithms*, MIT Press/McGraw-Hill, Cambridge, MA, 1990.

R. L. Graham, D. E. Knuth, and O. Patashnik, *Concrete Mathematics*, Addison-Wesley, Reading, MA, 1988.

B. W. Kernighan and D. M. Ritchie, *The C Programming Language*, second edition, Prentice-Hall, Englewood Cliffs, NJ, 1988.

D. E. Knuth, *The Art of Computer Programming. Volume 1: Fundamental Algorithms*, second edition, Addison-Wesley, Reading, MA, 1973; *Volume 2: Seminumerical Algorithms*, second edition, Addison-Wesley, Reading, MA, 1981; *Volume 3: Sorting and Searching*, second printing, Addison-Wesley, Reading, MA, 1975.

R. Sedgewick and P. Flajolet, *An Introduction to the Analysis of Algorithms*, Addison-Wesley, Reading, MA, 1996.

J. van Leeuwen and R. E. Tarjan, "Worst-case analysis of set-union algorithms," *Journal of the ACM*, 1984.

第 2 部

データ構造

武蔵マーチ

第3章　基本データ構造

　コンピュータプログラムを開発する上で，操作の対象となるデータを構造化することは非常に重要なステップである．多くの応用において，適切なデータ構造を選択することがプログラムを実現する上で唯一の重要な決定である．ここで適切な選択を行なえば，必要なアルゴリズムは単純なものですんでしまう．例えば同じデータを扱うにも，どのようなデータ構造を選ぶかによって，必要な記憶領域が多かったり，少なかったりする．また，同じデータに同じ操作を行なっても，採用するデータ構造によって，導かれるアルゴリズムの効率が大きく左右される．このように，アルゴリズムの選択とデータ構造の選択は密接に結びついている．そこで，この選択を適切に行なって，計算時間と記憶領域を節約することを常に目指すようにしよう．

　データ構造はそれ自身が目的ではない．それに対する操作と，操作を実現するアルゴリズムも一緒に考えなければならない．この考え方は**データ型**（data type）という概念にまとめられる．本章では，主にデータを構造化するための基本的なアプローチを具体的に述べることにしよう．データ構造の構成法，データ操作の基本的な方法を考察し，それぞれの特徴を明らかにするような数多くの例題を説明する．そして記憶領域の管理法といった関連する問題を議論する．4章では，データ型の定義とその実現を分離する，**抽象データ型**（abstract data type）という考え方について考察する．

　以下では，**配列**，**リンクによるリスト**，**文字列**の特徴を論ずる．これらの古典的なデータ構造は応用範囲が非常に広い．5章で述べる木構造を加えると，本書で述べるすべてのアルゴリズムの基礎となっている．これらのデータ構造を扱う様々な基礎的な操作法を考察し，その上で，難しい問題を解く高度なアルゴリズムの開発に利用できるような基本的なツールの集合を導く．

　実行中に大きさの変わるデータ構造，また，リンクを用いたデータ構造の中にデータを蓄えることを学ぶには，システムが記憶領域をどのように管理して，プログラムのデータにそれを割り付けるのかを理解しなければならない．これに関しては，多くの重要な事柄がシステムとマシンに依存しているので，深くは論じない．しかし，記憶領域の管理に対

する基礎的なアプローチとその基本となる仕組みについて論ずる．また，Cのプログラムで用いられる記憶領域の割付けの仕組みに関して，定評のある方式を議論する．

本章の最後で，リンクによるリストの配列，配列の配列といった**複合構造**（compound structure）のいくつかの例を考える．このような下位レベルの構造を基にして，より複雑な抽象構造を作り上げていくという方法論は，本書を通じて何度も現われる主題である．また，本書の後半で現われる高度なアルゴリズムの基礎となるような数多くの例を考える．

本章で考えるデータ構造は，Cや他の多くのプログラミング言語で，自然に利用できる重要な部品である．5章において，もう1つの重要なデータ構造である**木**（tree）を考える．配列，文字列，リンクによるリスト，木は本書で考えるほとんどすべてのアルゴリズムに共通する基礎的な要素である．4章では，ここで展開した具体的な表現を利用して，様々な応用プログラムからの要求に対応できるように，基本的な抽象データ型を構成する．本書の残りの部分では，木，抽象データ型といった，ここで論じた基本的なツールを，様々な方向に発展させる．それらは，より難しい問題を解くアルゴリズムを開発するために，また，広範囲な応用プログラムにおける上位レベルの抽象データ型の基礎として，十分用いることができる．

3.1 部 品

本節では，Cにおいて，情報を蓄え処理するための基礎となる下位レベルのデータ構造を紹介する．コンピュータで処理するデータは，最終的にはビットにまで分解される．しかし，1ビットずつ扱うプログラムを書くことは大変に煩わしい．**データ型**（data type）によって，指定されたビットの集合をどのように扱うかを指定し，**関数**（function）によって，データに対する操作を記述することができる．Cの**構造体**（structure）を用いると異なる種類の情報をひとまとめとして扱うことができる．また，**ポインタ**（pointer）を用いると，情報を間接的に参照することができる．本節では，プログラムを作っていく一般的なアプローチを説明しながら，これらの基本的なCの仕組みを述べる．主要な目標は，本章の残り，4章，5章において，上位レベルのデータ構造を導くための基礎を述べることである．

コンピュータプログラムは，数学や普段使っている言葉から導かれる情報を扱っている．したがって，コンピュータ環境には数や文字といったそのような問題の構成要素を表わす手段が組み込まれていなければな

らない．Cのプログラムでは次のような基本的なデータ型が用いられる．

- 整数（int）
- 浮動小数点数（float）
- 文字（char）

これらの基本型をさすのに，Cの名称 int, float, char を使うことがよくある．一方，本来の用語である**整数**（integer），**浮動小数点数**（floating-point number），**文字**（character）とよぶこともある．文字は，言葉や文章といった上位レベルの抽象においてよく用いられる．ここでは数について述べることにして，文字は 3.6 節で扱う．

数を扱うのに，固定長のビット列を用いる．したがって，int は，表現に用いるビット数によって定まる上限と下限の間の整数値をとる．浮動小数点数は実数の近似であり，表現に用いるビット数によって，真の実数に対する近似精度が定まる．Cにおいて，整数に関しては int か long int か short int，浮動小数点数に関しては float か double，のいずれかを選ぶことによって，えられる精度と必要な記憶領域とのトレードオフを行なうことができる．ほとんどのシステムでは，これらの型はハードウェアの表現方式に対応している．これらの型を表わすのに用いるビット数，すなわち，整数の場合には値の範囲，浮動小数点数の場合には精度，は機械に依存することになる（練習問題 3.1）．もちろん，Cの規約がある保証を与えている．本書では，簡単のために，大きな数が必要となる問題を考えていることを強調したい場合を除いて int と float を用いる．

最新のプログラミングの流儀では，データ型は，機械の能力（容量）ではなく，プログラムの必要性から選択するのが普通であり，特にプログラムの**可搬性**（portability）を保つことが重要視される．したがって，例えば，short int は $-32{,}768$ から $32{,}767$ の間の整数を表わすものと考え，16 桁のビット列とは考えない．さらに，整数の概念は，可算，乗算といった整数に対する演算を含んでいると考える．

定義 3.1 **データ型**（data type）とは，表現できる値の集合とそれらの上でなされる演算の集まりのことである．

演算はデータ型と不可分である．演算を行なう場合には，被演算子と結果が正しい型となることを確かめる必要がある．プログラマがこの責任を果たさないことが，よくあるエラーの原因となる．Cの暗黙の型変換規則による場合と，ユーザがキャスト演算によって積極的に**型変換**を指示する場合がある．次の式で，x と N が整数である時，

```
((float) x) / N
```
には両方の型変換が含まれている．キャスト演算 (float) は x の値を浮動小数点数に変換し，そして，C の暗黙の型変換規則に従って，割り算の 2 つの被演算子を浮動小数点数にそろえるように，N が変換される．

標準的なデータ型に対する多くの演算（例えば四則演算）が C に組み込まれている．また，標準関数ライブラリに定義された関数として利用できる演算がある．さらに，ユーザがプログラムを書いて C の関数として定義するものがある（プログラム 3.1 参照）．すなわち，データ型の概念は，整数，浮動小数点数，文字といった C が提供する型に限られたものではなく，ソフトウェアを効率よく作るために，ユーザが独自のデータ型を定義することができる．C の簡単な関数を定義すると，その関数が実現する演算を引数のデータ型に対して定義されている演算に加えて，実質的に新しいデータ型を作り出したと考えることができる．実際，プログラムが値の集合の一覧表（組込み型または他の型）とそれらに対する演算（関数）を定めるという見方をすると，1 つ 1 つの C プログラムはデータ型である．この観点は，広すぎて有用ではないかもしれないが，焦点をしぼりながらプログラムをデータ型を通じて理解することは価値があることを後で見ることにする．

プログラムを書く時の目標は，できる限り広く多様な状況に応用できるような構成にすることである．こうすると，以前作ったプログラムを，それを作る時に直面していた問題とは全く関連のない新しい問題に対しても再利用できるという状況がえられる．最初に，プログラムが用いる演算を注意深く理解し詳細に記述することによって，これらの演算が実行可能であるどのようなデータ型に対しても，それを容易に拡張することができる．次に，プログラムが何をしているのかを理解し，正確に記述することによって，対応する抽象的演算を，新しい問題を解くための演算として自由に追加することができる．

プログラム 3.2 は typedef 文によって定義された簡単なデータ型と関数を用いて，数に対する簡単な計算を実現している．main 関数は，組込み型ではないデータ型を参照している．プログラムが扱う数の型を特定しないと，潜在的な有用性を広くすることができる．例えば，新しい状況（新しい応用プログラムへの適用，新しいコンパイラやコンピュータの利用）において，利用したい新しい型が提供されると，データ型を変更するだけでプログラムを更新することができる，というようにプログラムの寿命を伸ばすことができる．

この例は，平均と標準偏差の計算に対して，データに独立なプログラムを開発する手順の完全に一般的な解法を示したわけではないし，そう

プログラム 3.1　関数定義

Cにおいて，データに対する新しい演算を定義する方法は関数を定義することである．以下にそれを説明する．

すべての関数は引数のリストをもち，値を返す場合と返さない場合とがある．ここで定義する関数 lg は引数を1つもち，値を返す．それぞれの型は int である．関数 main は引数も返却値ももたない．

関数を宣言するには，名前，返却値の型を宣言する．コードの最初の行は，printf のようなシステム関数の宣言が記述されたシステムファイルを参照する．2行目が関数 lg のプロトタイプ宣言である．この関数が呼び出される前に定義されるならばこの宣言はしなくてもかまわない．プロトタイプ宣言は，他の関数がこの関数を正しい型の引数を用いて呼び出すのに必要な情報を与えている．呼び出す側は，関数を返却値の型の変数であるかのように式の中に書くことができる．

関数をCのコードで定義する．すべてのCプログラムは関数 main の記述を含み，ここでは関数 lg も定義されている．関数定義の中で，引数に名前をつけ（パラメータとよぶことにする），局所的な変数であるかのように，これらの名前を使って計算式を書く．関数が呼び出されると，これらの変数に引数の値が渡されて初期化され，計算が実行される．return 文は関数の実行を終了する命令であり，呼び出した関数へ値を返す．基本的には，返却値を除いて呼び出した側の関数は影響を受けないが，この原則には多くの例外があることを後で述べる．

定義と宣言の分離は，プログラムを構成する上で自由度を与える．例えば，それらが別々のファイルにあってもよい．もちろん，このように簡単なプログラムでは，lg の定義を main の前にもってきて，プロトタイプ宣言を省略することもできる．

```
#include <stdio.h>
int lg(int);
main()
  { int i, N;
    for (i = 1, N = 10; i <= 6; i++, N *= 10)
      printf("%7d %2d %9d\n", N, lg(N), N*lg(N));
  }
int lg(int N)
  { int i;
    for (i = 0; N > 0; i++, N /= 2) ;
    return i;
  }
```

する意図もない．もしそうならば，平均と分散を計算する過程の Number 型変数から float 型への型変換は，Number 型に対する演算として定義すべきであって，組込み型にだけ使えるキャスト演算（float）に頼ることはできない．

もし，四則演算以外の演算を行なおうとするならば，データ型に演算

プログラム 3.2 数の型

このプログラムは，ライブラリ関数 rand によって発生される整数乱数列 $x_1, x_1, \cdots, x_N$ の平均 μ と標準偏差 σ を次の公式に従って計算する．

$$\mu = \frac{1}{N} \sum_{1 \leq i \leq N} x_i, \quad \sigma^2 = \frac{1}{N} \sum_{1 \leq i \leq N} (x_i - \mu)^2 = \frac{1}{N} \sum_{1 \leq i \leq N} x_i^2 - \mu^2$$

分散の定義式をそのまま書くと，平均を計算するのに数列全体を1回参照し，各要素と平均値との差の2乗を合計するためにもう1回数列全体を参照する．しかし，最右辺のように展開すると，1回だけ数列を参照すれば分散を計算することができる（ただし，浮動小数点数の場合には，誤差の観点からこの表現は好ましくない）．

データ型が int であるということに対する参照を局所的にするために，typedef 文を用いる．例えば，typedef 文と関数 randNum を独立したファイルとし，それを include ディレクティブによって参照すればよい．このファイルを取り換えることによって，異なる型の乱数のテストに同じプログラムを利用できる（本文参照）．

データの型が何であれ，プログラムは添字に int を用い，平均と標準偏差を計算するのに float を用いている．したがって，このプログラムは合理的な方法でデータを float 型へ変換可能である場合に限り効率よく動作する．

```
#include <math.h>
#include <stdlib.h>
#include <stdio.h>
typedef int Number;
Number randNum()
  { return rand(); }
main(int argc, char *argv[])
  { int i, N = atoi(argv[1]);
    float m1 = 0.0, m2 = 0.0;
    Number x;
    for (i = 0; i < N; i++)
      {
        x = randNum();
        m1 += ((float) x)/N;
        m2 += ((float) x*x)/N;
      }
    printf("       Average: %f\n", m1);
    printf("Std. deviation: %f\n", sqrt(m2-m1*m1));
  }
```

を追加しなければならない．例えば，数を印刷したければ，printNum 関数といった関数を作らなければならない．printf では組込みの書式変換が利用できることを考えると，このような関数を書くのはかなり厄介である．プログラムにおいて重要な演算を特定し，それに基づいてデ

ータ型を導く時には，一般性をどこまでもたせるかと，実現方法とデータ型を用いることの容易さとの間のバランスを考えなければならない．

プログラム3.2で他の型の数を計算するために，どのように変更すればよいかを詳細に考えてみよう．Cにおいて，データ型の参照を局所化するために利用できる手順は数多くある．このような小さなプログラムに対して最も簡単な方法はプログラムをコピーして，typedef文を

```
typedef float Number;
```

と書き換え，関数randNumを次のように変更することである．

```
return 1.0*rand()/RAND_MAX;
```

この文は0と1の間の浮動小数点数の乱数を返す．しかし，このような小さなプログラムに対しても，このアプローチには不都合なことがある．2つの独立したプログラムのコピーができるので，プログラムの変更を，両方にきちんと反映しなければならない．別のアプローチは，typedefとreadNumを別の**ヘッダーファイル**（header file），例えば名前をNum.hとする，に書き込み，プログラム3.2において，

```
#include "Num.h"
```

を書いてそれらを読み込むことである．そうすれば，計算したいデータ型に対応するtypedefとrandNumをヘッダーファイルとして作成し，あらためてNum.hという名前をつけて，プログラム3.2の関数mainと一緒にコンパイルすれば，プログラムを何ら変更することなく目的を達成することができる．

3番目の選択肢は，プログラムを次のような3個のファイルに分けることであり，ソフトウェア工学の実地面から推奨される．

- **インタフェース**（interface）．データ構造を定義し，データ構造を扱う関数を宣言する．
- **インプリメンテーション**（implementation，実現）．インタフェースで宣言した関数を実現する．
- **クライアント**（client）プログラム．インタフェースで宣言した関数を用いて，上位レベルの抽象において動作するプログラムを作成する．

このような構成を使って，プログラム3.2のメインプログラムを，計算したいデータ型に対応する特定のコードと一緒にコンパイルするだけで，整数，実数，その他のデータ型で計算できるように拡張できる．それでは，このアプローチに基づいて，プログラム3.2をより柔軟性のある実現に変換する詳しい手順を考えよう．

インタフェースはデータ型の定義であると考えられる．これは，クライアントプログラムと，関数を実現するプログラムの間の約束事である．クライアントはインタフェースで定義された関数を通してだけデー

タにアクセスし，実現プログラムは，約束通りに動作する関数を提供する．

プログラム3.2の例では，**インタフェース**は次のような宣言からなる．

```
typedef int Number;
Number randNum();
```

最初の行は処理すべきデータ型を記述している．2行目はその型に対する操作を記述している．このコードは，例えば，Num.hのような名前のファイルに保存される．

Num.hに書かれたインタフェースの**インプリメンテーション**は関数randNumを実現することであり，次のようなコードからなるであろう．

```
#include <stdlib.h>
#include "Num.h"
Number randNum();
    { return rand(); }
```

第1行は関数randが記述されたシステムが提供するインタフェースを参照している．第2行は実現しようとするインタフェースを参照している（ここで実現する関数が宣言した関数と同じ型かどうかをチェックするために呼び出している）．残りの2行は，関数を記述している．このコードは，int.cのような名前のファイルに保存される．関数randの実際のコードは標準のCの実行時ライブラリに保存されている．

プログラム3.2に対応する**クライアントプログラム**は，利用する関数を宣言する指令文をインクルードすることから始まる．それは以下のようである．

```
#include <stdio.h>
#include <math.h>
#include "Num.h"
```

プログラム3.2の関数mainをこの3行に続けて書く．このコードは，avg.cという名前のファイルに保存しておく．

前の段落で述べたavg.cとint.cを一緒にコンパイルすることによって，プログラム3.2と同じ機能のプログラムをえる．しかし，データ型に関連するコードが独立していて他のクライアントプログラムから利用できること，また，ソースコードの変更なしにavg.cを他のデータ型と一緒に利用できること，という2つの理由からずっと柔軟性が高い．

ここで述べたクライアント-インタフェース-インプリメンテーションのシナリオの他にもデータ型を取り扱う方法は数多くある．しかし，そ

れらは，アルゴリズムの設計というよりは，システムプログラミングの説明の中で考えるのが適しており，ここでは立ち入らないことにする．しかし，この基本的な設計規範は，改良されたインプリメンテーションがえられた時に，既存のプログラムを置き換える自然な方法であり，これによって同じ応用問題に対する異なるアルゴリズムを比較することができるので，しばしば用いられる．この話題は4章で論ずる．

　データの集合を取り扱うデータ構造を作りたいことがしばしばある．データ構造は巨大になることがあり，また，非常によく使われる可能性がある．そこで，データに対する重要な操作は何かを特定し，どうすればこれらの操作に対する効率よい実現がえられるのかに注意が向かう．この解をえるには，下位レベルの抽象からはじめて徐々に上位レベルの抽象へと進んでみることである．この過程によって，順により性能のよいプログラムを作成することができる．Cにおいてデータをグループ化する最も単純な方法は**配列**（array）と**構造体**（structure）を使うことである．以下に構造体に関して述べ，3.2節で配列について述べる．

　構造体は，データの集合をひとまとまりの単位として扱えるように，集約した型として定義する時に用いる．そして，構造体データの構成要素（メンバー）それぞれは名前で参照することができる．構造体はCにおけるintやfloatのような組込み型と同じレベルのものではなく，構造体に対して許される演算はコピーと代入だけである（構造体のそれぞれの構成要素に対しては，それぞれの型に対応する演算が可能である）．したがって，構造体を使って，新しいデータ型を定義すること，そのデータ型の変数を宣言すること，変数を関数の引数として渡すこと，ができる．しかし，実行したい演算は関数として定義しなければならない．

　例えば，幾何学的なデータを扱う時に，平面上の点といった抽象概念を扱いたいことがある．その場合には

```
struct point { float x; float y; };
```

と定義すると，point型によって浮動小数点数の対を参照することができる．例えば，

```
struct point a, b;
```

によって，この型の変数を2つ宣言することができる．構造体のメンバーそれぞれは，名前で参照することができる．例えば，

```
a.x = 1.0; a.y = 1.0; b.x = 4.0; b.y = 5.0;
```

とすることによって，aが点(1,1)を表わし，bが点(4,5)を表わしている．

構造体を関数の引数として渡すことができる．例えば，次のコード
```
float distance (struct point a, struct point b)
  { float dx = a.x - b.x, dy = a.y - b.y;
    return sqrt(dx*dx + dy*dy);
  }
```
は平面上の2点間の距離を計算する関数を定義する．この例は，構造体によってデータの集合を扱うことが自然な方法であることを示している．

プログラム3.3は平面上の点に対するデータ型の定義を表わしたインタフェースである．点を定義する構造体と，2点間の距離を計算する演算を定義している．プログラム3.4はこの演算を実現する．もし可能である時は，データ型を定義するのに必ずこのようなインタフェース-インプリメンテーションを用いる．こうすることによって，定義（をインタフェースの中に含める）とインプリメンテーションを明確で直接的なやり方で独立させることができる．データ型をクライアントプログラムで用いるには，インタフェースをインクルードし，インプリメンテーションをクライアントプログラムとともにコンパイルすればよい．また，独立コンパイル機能を利用することもできる．プログラム3.3はデータ型 point を宣言するのに typedef 文を用いているので，クライアント

プログラム3.3　点のデータ型 point インタフェース

このインタフェースは浮動小数点数の対からなるデータ型と2点間の距離を計算する関数を定義する．

```
typedef struct { float x; float y; } point;
float distance(point, point);
```

プログラム3.4　点のデータ型 point のインプリメンテーション

プログラム3.3で定義された2点間の距離を計算する関数を実現する．平方根を計算するのにライブラリ関数を用いている．

```
#include <math.h>
#include "Point.h"
float distance(point a, point b)
  { float dx = a.x - b.x, dy = a.y - b.y;
    return sqrt(dx*dx + dy*dy);
  }
```

プログラムでは，struct point ではなくて，point によって点を定義することができる．したがって，point 型の表現について何も仮定しなくてよい．4 章ではクライアントとインプリメンテーションの間をどのように分離するのかを，もう一歩先まで考えることにする．

四則演算と型変換が定義されていないので，プログラム 3.2 を point 型のデータを処理するのに用いることはできない．C++ や Java のような現代的な言語では，前に定義した上位レベルの抽象演算を，新しく定義した型に対してさえも適用できるようにする基本的な機能を備えている．C においても，十分一般的なインタフェースを使って，同じ機能を実現できる．本書では，汎用性のあるインタフェースを開発するように努力するが，アルゴリズムの理解しやすさと効率のよさの方を優先する．大切な目標は，考察しているアルゴリズムのアイデアが有効であることを明らかにすることである．完全に一般的な解法をえる前に説明を終えることがあるが，実行したい抽象演算と，これらの演算の裏づけとなるデータ構造とアルゴリズムを，注意深く順を追って詳細に定義する．そのことが効率がよくて効果的なプログラムを開発するための最も重要な部分である．4 章でこの問題を詳しく述べる．

上で与えた構造体 point の例は，同じ型の要素を 2 つまとめるという簡単なものであった．構造体は異なるデータ型をまとめることができる．本章の残りでは，そのような構造体を詳しく述べることにしよう．

C は，int, float, char といった基本的な型と，構造体宣言によってそれらを複合した型を作る機能をもっているだけでなく，データを間接的に参照する機能ももっている．**ポインタ**（pointer）は記憶領域上の対象を参照するものであり，記憶領域の番地によって実現される．例えば，整数型の変数をさすポインタである変数 a を int *a と宣言し，a によって参照される整数変数を *a と表わす．どのような型に対しても，それをさすポインタを宣言することができる．単項演算子 & は，被演算子の記憶番地を求め，ポインタの初期値を定義することに利用できる．演算子 * がポインタが参照する記憶番地の内容を取り出すので，*&a は a と同じである．記憶番地より抽象度が高い世界で議論を進めたいので，演算子 & をポインタに値を渡す用途だけに用いることにする．

ポインタを使って対象を間接的に参照することは，それを直接参照するよりも好都合なことがある．まず，大きな対象に対して効率がよい．この利点を示す多くの例を 3.3 節と 3.7 節で述べる．さらに重要な点は，ポインタを使ってデータを構造化し，そのデータを処理する効率のよいアルゴリズムを導くことである．ポインタは多くのデータ構造とアルゴリズムの基礎となっている．

複数の値を返す関数を定義する時ポインタを用いる．次の例は簡単であるが重要である．例えば，標準ライブラリのsqrtとatan2を用いて，デカルト座標を極座標に変換する次のプログラムを考えよう．

```
polar (float x, float y, float *r, float *theta)
  {
    *r = sqrt (x*x + y*y);
    *theta = atan2 (y, x);
  }
```

Cでは，すべての引数は値渡しである．関数内部で引数に新しい値を代入しても，その代入はその関数内部に限られ，呼び出したプログラムの実引数には影響を与えない．上の関数は，浮動小数点数へのポインタであるrとtheta（に対応する実引数）を変更することはできないが，間接的な参照によってポインタがさす変数の値を変更することはできる．例えば，呼び出すプログラムが変数float a, bを宣言し，関数を呼び出して

polar(1.0, 1.0, &a, &b)

を実行するとaの値は1.414214（$\sqrt{2}$）となり，bは0.785398（$\pi/4$）となる．演算子＆はaとbの記憶番地を関数に渡す役割をなし，関数はそれをポインタとして受け取る．このやり取りは，ライブラリ関数scanfで既に見たのと同じである．

ここまで，プログラムで処理する情報の1つ1つをどのように定義するかについて述べてきた．一方，考えている問題で扱うデータの集合が大きくなる場合がしばしばあるので，そのような場合に対応するための基本的な方法について次に考えることにしよう．一般に，**データ構造**（data structure）という言葉は，情報を構造化して，データにアクセスし操作するための都合がよく効率のよい方法を提供する手段をさしている．多くの重要なデータ構造は，配列とリストという，本章で考える2つの初等的なアプローチの一方または両方に基づいている．配列は，対象を固定された順序に並べた構造であり，操作するよりはアクセスするのに適している．**リスト**（list）は，論理的な順序に対象をつなぐ構造であり，アクセスするよりは操作するのに適している．

練習問題

▷ **3.1** 読者のプログラミング環境において，int型, long int型, short int型, float型, double型の各変数について，取り扱える数の上限と下限を見つけよ．

3.2 読者のシステムの乱数発生関数を次の方法によってテストせよ．

rand()%r によって 0 から $r-1$ までの値をとる乱数を N 個発生させて，平均と分散を計算する．$r=10, 100, 1000$ として $N=10^3, 10^4, 10^5, 10^6$ とせよ．

3.3 読者のシステムの 0 と 1 の間の値をとる double 型の乱数発生関数を，次の方法によってテストせよ．関数値を r 倍して小数部分を切り捨て，0 から $r-1$ までの値をとる整数に変換する．N 個発生させて，平均と分散を計算する．$r=10, 100, 1000$ として $N=10^3, 10^4, 10^5, 10^6$, とせよ．

○**3.4** 練習問題 3.2 と 3.3 を $r=2, 4, 16$ について行なえ．

3.5 プログラム 3.2 をランダムビット（0 か 1 の値だけをとる数）に利用できるように必要な関数を実現せよ．

3.6 トランプを表現する構造体を定義せよ．

3.7 プログラム 3.3 と 3.4 のデータ型を用い，次の処理を行なうクライアントプログラムを作成せよ．標準入力から浮動小数点数の対として点を順に読み込み，最初の点に最も近い点を見つける．

●**3.8** 点を表わすデータ型に対して，3 点が許容誤差 10^{-4} の範囲で同一直線上にあるかどうかを判定する関数を追加せよ．点は単位正方形内にあると仮定してよい．

3.9 平面上の点を表わすデータ型を，デカルト座標ではなく，極座標に基づいて定義せよ．

●**3.10** 単位正方形内の三角形を表わすデータ型と三角形の面積を計算する関数を定義せよ．そして，0 と 1 の間の値を取る float 型乱数の対を点の座標とし，3 点を組として三角形を作り，生成された三角形の面積の平均を計算せよ．

3.2 配列

最も基本的なデータ構造は**配列**（array）である．C だけでなくほとんどのプログラミング言語の基本的な構成要素である．既に，1 章で，効率のよいプログラムを開発するための基礎として配列を利用した．本節ではより多くの例を見てみよう．

配列は，同じ型のデータを連続的に並べたもので，添字によってアクセスできる．配列 a の i 番の要素を a[i] と表わす．C において，配列の各要素を初期化しておくこと，添字が非負かつ配列の大きさを超えないことは，プログラマの責任である．これらの責任を無視すると，よくあるプログラミングのミスに直結する．

配列は，ほとんどすべてのコンピュータの記憶システムと直接的な対応がつけられる基本的なデータ構造である．マシン語で記憶番地を指定して記憶領域から 1 ワードの内容を取り出すという操作を考えると，コンピュータの記憶領域全体を配列と見なし，記憶番地を配列の添字に対応させることができる．ほとんどのコンパイラは配列を扱うプログラム

i	2	3	5	a[i]
2	1			1
3	1			1
4	1	0		
5	1			1
6	1	0		
7	1			1
8	1	0		
9	1		0	
10	1	0		
11	1			1
12	1	0	0	
13	1			1
14	1	0		
15	1		0	
16	1	0		
17	1			1
18	1	0	0	
19	1			1
20	1	0		
21	1		0	
22	1	0		
23	1			1
24	1	0	0	
25	1			0
26	1	0		
27	1		0	
28	1	0		
29	1			1
30	1	0	0	0
31	1			1

図 3.1　エラトステネスのふるい

32以下の素数をすべて求める．配列のすべての要素に1を代入して初期化し（第2列）素数でないとわかっている数はまだないことを表わす．a[0] と a[1] は自明なので省く．次に，添字が2の倍数（2は除く）である配列要素を0とする．それらは素数ではない．そして，3,5の倍数についても同様の処理を行なう．最後に，値が1のままの配列要素の添字が素数である．

を，記憶領域に直接アクセスする効率のよいマシン語に翻訳してくれる．したがって，配列要素を参照するのに a[i] と書いたとき，ほんの2,3 の機械命令に翻訳されると考えても大丈夫である．

配列を利用する簡単な例をプログラム 3.5 に示す．これは 10000 以下のすべての素数を書き出すプログラムである．使われている方法は**エラトステネスのふるい**（sieve of Eratosthenes）とよばれ，起源は紀元前3世紀にまでさかのぼる（図 3.1）．この例は，配列の任意の要素へのアクセスが簡単である事実を利用した典型的なプログラムである．プログラムは4個のループを含み，そのうち3個は配列要素を最初から最後まで1つずつ順に参照するが，4番目のループは i 個ずつ跳ばしながら参照する．逐次的な処理が本質的な場合と，他の順序と同程度に好ましいので逐次的な順序が用いられる場合とがある．例えば，プログラム 3.5 の最初のループは

for (a[1] = 0, i = N-1; i > 1; i--) a[i] = 1;

のように，計算に全く影響を与えることなく，逆順にできる．同様に，内側のループの順序も反転することができるし，最後のループを素数を降順に印刷するように書き換えることができる．しかし，主たる計算の

プログラム 3.5　エラトステネスのふるい

プログラムの目標は，i が素数である時 a[i] が1となり，素数でない時0となることである．最初に，素数でない数がどれかはわかっていない状態を示すために，配列のすべての要素を1にする．そして，素数でないとわかった添字をもつ配列要素に0を代入する．数 i より小さい素数の倍数に対応する配列要素をすべて0とした時，a[i] が1である数 i は素数である．

配列の各要素は0か1の値しかとらないので，整数配列の代わりにビット配列を用いると記憶領域を節約できる．また，あるプログラミング環境では，N が大きすぎて記憶領域を割り付けられない時には，配列を大域的に宣言する必要がある（プログラム 3.6）．

```
#define N 10000
main()
  { int i, j, a[N];
    for (i = 2; i < N; i++) a[i] = 1;
    for (i = 2; i < N; i++)
      if (a[i])
        for (j = i; i*j < N; j++) a[i*j] = 0;
    for (i = 2; i < N; i++)
      if (a[i]) printf("%4d ", i);
    printf("\n");
  }
```

最も外側のループの順序を変更することはできない．それは，素数かどうかのテストのために a[i] を見る時には，i よりも小さい整数は既に処理されている，ということに依存しているからである．

　整数論の迷い道に入ってしまうので，プログラム 3.5 の実行時間を詳細に解析することは避ける．しかし，実行時間が次式に比例することは明らかである．
$$N + N/2 + N/3 + N/5 + N/7 + N/11 + \cdots$$
これは，
$$N + N/2 + N/3 + N/4 + \cdots = NH_N \sim N \ln N$$
よりも小さい．

　C の特徴の 1 つは，配列の名前が先頭要素（添字 0 の要素）をさすポインタであることである．さらに，簡単なポインタ演算が許される．p をある型の変数に対するポインタとすると，その型のデータが並んでいると仮定して，*p で最初のデータを参照し，*(p+1) で 2 番目のデータを参照し，*(p+2) で 3 番目のデータを参照する，のように，順に参照できる．言い換えると

　　　*(a+i) と a[i] は C において同じことを表わす．

このことを使うと，配列要素にアクセスするもう 1 つの方法をえることができて，添字による方法よりも便利なことがある．この方法は文字の配列（文字列）に対して最もよく用いられ，3.6 節で再度論じることにする．

　構造体と同様に，配列をさすポインタを使うと，配列をひとまとまりとして効率よく扱うことができる．特に，配列をさすポインタを関数の引数として渡すことができるので，配列全体のコピーを作らなくても配列の要素を参照することができる．この機能は，大きな配列を扱うプログラムを書く時に欠かすことができない．例えば，2.6 節で調べた探索関数はこの性質を利用している．他の例を 3.7 節で見る．

　プログラム 3.5 は配列の大きさが前もってわかっていることを前提としている．プログラムを異なる N について実行するためには，実行の前に定数 N を変更してコンパイルし直さなければならない．これに対して，プログラム 3.6 は異なるアプローチを示している．ユーザが N の値を入力し，N よりも小さい素数を求めている．そこでは 2 つの基本的な C の機能が用いられ，その両方で，配列が関数の引数として渡されている．最初の機能は，コマンドラインの引数が大きさ argc の配列 argv の中に蓄えられてメインプログラムに渡されるものである．配列 argv は配列（文字列）を要素とする複合的な配列であり，詳しくは 3.7 節で述べることにする．ここでは，変数 N はプログラムの実行中にユーザがタイプした値をえることができると信じてほしい．

> **プログラム 3.6　配列に対する動的な記憶領域の割付け**
>
> 　プログラム 3.5 において，計算される素数の最大値を変更するためには，プログラムをコンパイルし直さなければならない．その代わりに，コマンドラインから計算したい素数の上限をえて，実行時に必要な大きさの記憶領域を配列に割り付ける．そのために，stdlib.c にある関数 malloc を利用する．このプログラムをコンパイルして，コマンドラインの引数に 1000000 を与えると，百万より小さい素数をえることができる．もちろん，計算が可能であるように十分計算機が大きくて速いという条件の下で，である．また，上限を 100 とすれば，そんなに大きな記憶領域と計算時間をかけずにデバッグすることができる．実際，不十分な記憶領域でも実行可能なので，この方法をしばしば利用する．
>
> ```
> #include <stdlib.h>
> main(int argc, char *argv[])
>   { long int i, j, N = atoi(argv[1]);
>     int *a = malloc(N*sizeof(int));
>     if (a == NULL)
>       { printf("Insufficient memory.\n"); return; }
>     ...
> ```

　プログラム 3.6 で用いた 2 番目の基本的な機能は，関数 malloc によって，実行時に必要な記憶領域を**割り付ける**（allocate）ことである．malloc は配列に必要な記憶領域を確保して，配列をさすポインタを返す．あるプログラミング環境では，記憶領域を動的に割り付けることは不可能であり，他の環境では，割付けが自動的に行なわれる．動的な割付けは，複数の配列を扱う場合には不可欠なツールである．配列のいくつかは巨大になることがある．この場合には，動的な割付け機能がなければ，ユーザが入力を許される最大の大きさの配列を前もって宣言しておかなければならない．多くの配列を用いるような大きなプログラムでは，それぞれの配列にそのような宣言をすることは不可能である．本書では，普通はプログラム 3.6 のようなコードを用いて柔軟性を確保するが，配列の大きさがあらかじめわかっている時には，プログラム 3.5 のような簡素な書き方の方が適切である．もし配列の大きさが定まっていてしかも大きい場合には，配列を大域的に宣言する必要があるシステムがある．3.5 節において，記憶領域の割付けの背後にあるいくつかの仕組みを論ずる．そして，malloc を用いて配列に対する抽象的な動的増分機能を実現する方法を 14.5 節で説明する．後述するように，そのような機能を実現することはコストがかかるので，一般には，配列はいったん割り当てられた大きさに固定され，変更されないという特徴をもつと考える．

プログラム 3.7 コイン投げのシミュレーション

コインを N 回投げた時，$N/2$ 回くらいおもてが出ると期待する．しかし，0 から N までの場合がありうる．このプログラムは，N 回投げの実験を M セット行なう．N も M もコマンドラインからえる．$0 \leq i \leq N$ に対して，i 回おもてが出たという結果が何回えられたのかを配列 f に記録し，実験の結果をヒストグラムとして印刷する．10 回起きたことを 1 個の * で表わす．

このプログラムで利用されている方法で，計算値を配列の添字に対応させるものは，多くの計算手続きの効率を高める点で，非常に効果がある．

```c
#include <stdlib.h>
int heads()
  { return rand() < RAND_MAX/2; }
main(int argc, char *argv[])
  { int i, j, cnt;
    int N = atoi(argv[1]), M = atoi(argv[2]);
    int *f = malloc((N+1)*sizeof(int));
    for (j = 0; j <= N; j++) f[j] = 0;
    for (i = 0; i < M; i++, f[cnt]++)
      for (cnt = 0, j = 1; j <= N; j++)
        if (heads()) cnt++;
    for (j = 0; j <= N; j++)
      {
        printf("%2d ", j);
        for (i = 0; i < f[j]; i+=10) printf("*");
        printf("\n");
      }
  }
```

配列は，ほとんどのコンピュータにおいて，機械語によって記憶領域のデータを参照する方法と直接対応しているというだけではなくて，応用においても，データを構造化する自然な方法に直接結びつく重要な例が多いので，広く利用されている．例えば，配列は，数学的な概念であるベクトルと直接対応している．

プログラム 3.7 は配列を用いたシミュレーションプログラムの例である．これは，一連のベルヌーイ試行をシミュレートするものであり，確率論ではよく知られている．コインを N 回投げた時，k 回おもてが出る確率は次式で与えられる．

$$\binom{N}{k}\frac{1}{2^N} \approx \frac{e^{-(k-N/2)^2/N}}{\sqrt{\pi N/2}}$$

近似式は**正規近似** (normal approximation) として知られて，分布関

数はよく知られた釣り鐘型の曲線となる．図3.2はコイン投げを32回行なった実験を1000回繰り返した時のプログラム3.7の出力を表わしている．ベルヌーイ分布と正規近似の詳細に関しては，普通の確率のテキストを参照してほしい．13章で再びこれらの確率分布を扱う．ここでのプログラミングに関する興味は，おもてが出現した回数の分布を調べるのに，おもての出た回数を配列の添字に対応させて，それが1000回のうち何回起こったかを配列要素に蓄えることである．このような操作を可能とする配列の自由度は，大変優れた特徴の1つである．

プログラム3.5と3.7は両方とも，えられたデータから配列の添字を計算した．大きさ N の配列の添字に計算値を対応させることは，N の可能性のある場合分けをたった1回の操作ですませることに他ならない．考えている問題で，もしこのことが可能ならば，計算の効率を大いに高めることができる．本書のいたる所にこのような方法で配列を用いるアルゴリズムがある．

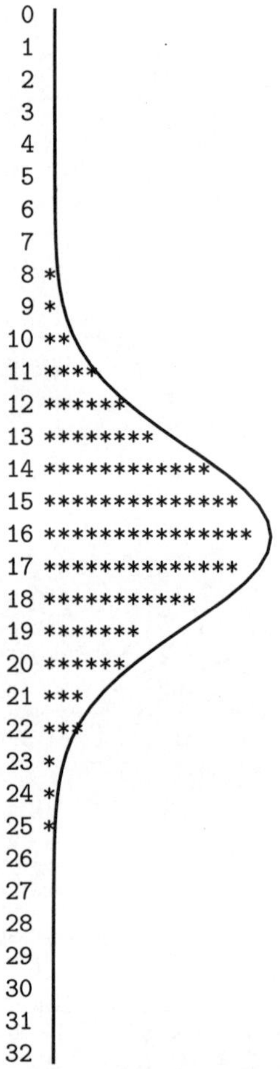

図3.2 コイン投げのシミュレーション

この表は，$N=32$, $M=1000$ として，コイン投げを32回行なった実験を1000回繰り返した時のプログラム3.7の出力を表わしている．おもての回数の分布は，データに沿って描かれている正規分布関数で近似できる．

プログラム3.8 最近接点の計算

このプログラムは構造体の配列を扱う例である．また，後の計算のために，配列にデータを格納する典型例でもある．プログラムは，単位正方形内にランダムに発生した N 個の点に対して，長さ d 以下の直線分で結ぶことができる点対の数を数える．点を表わすデータ型は3.1節に述べたものを用いる．計算時間は $O(N^2)$ であり，N が大きくなると計算時間が長くなってプログラムを使うことができない．プログラム3.20は改良された高速な解法である．

```
#include <math.h>
#include <stdio.h>
#include <stdlib.h>
#include "Point.h"
float randFloat()
  { return 1.0*rand()/RAND_MAX; }
main(int argc, char *argv[])
 { float d = atof(argv[2]);
   int i, j, cnt = 0, N = atoi(argv[1]);
   point *a = malloc(N*(sizeof(*a)));
   for (i = 0; i < N; i++)
     { a[i].x = randFloat(); a[i].y = randFloat(); }
   for (i = 0; i < N; i++)
     for (j = i+1; j < N; j++)
       if (distance(a[i], a[j]) < d) cnt++;
   printf("%d edges shorter than %f\n", cnt, d);
 }
```

整数だけでなく，他の型に対しても配列を使うことができる．Cでは，組込み型，ユーザ定義の型（構造体）に対して配列を宣言することができる．プログラム3.8は，3.1節で述べた平面上の点を表わす構造体の配列を利用する例である．また，このプログラムは，後段で行なわれる計算に対して，組織だった方法で高速にアクセスできるようにデータを保存するという配列の特徴を生かした使い方を示している．また，プログラム3.8は2次アルゴリズムの典型としても興味深い．N個のデータ集合のすべての対をチェックするので，N^2に比例する計算時間がかかる．Nが大きくなると事実上計算が不可能となるので，本書では，このようなアルゴリズムに対しては必ず改良すべき点を探す．この問題に対しては，線形時間で計算を行なうために，複合的なデータ構造を用いる改良案を3.7節で見ることにする．

同様の方法で，どのような複雑なものに対しても，複合的なデータ構造を作ることができる．構造体の配列だけではなく，配列の配列，配列を含む構造体を作ることができる．これらの様々な選択肢は3.7節で詳しく考察する．その前に，次節において，リンクによるリストを使ってデータ集合を構造化する方法を勉強しよう．リストは配列とならぶ主要なデータ構造である．

練習問題

▷ **3.11** 配列 a が int a[99] と宣言されたとする．次の2つの行が実行された後の配列の内容を書け．

```
for (i = 0; i < 99; i++) a[i] = 98-i;
for (i = 0; i < 99; i++) a[i] = a[a[i]];
```

3.12 エラトステネスのふるいを実現したプログラム3.5の配列を，（i）文字配列，（ii）ビット配列を用いるように書き換えよ．これらの変更による記憶領域の量と計算時間について論じよ．

▷ **3.13** エラトステネスのふるいを用いて，N以下の素数を求めよ．ただし，$N=10^3, 10^4, 10^5, 10^6$とする．

○ **3.14** エラトステネスのふるいを用いて，NとN以下の素数の個数の散布図を，1から1000までのNに対して描け．

3.15 プログラム3.5の内部ループにおける安全保障であるif(a[i])というテストを取り去る時の影響を実験的に調べよ．ただし，$N=10^3, 10^4, 10^5, 10^6$とする．

● **3.16** 練習問題3.15の結果を説明するように，プログラム3.5を解析せよ．

▷ **3.17** 入力列に現われた1000以下の整数の内，異なるものの個数を数えるプログラムを書け．

○3.18 同一の数が現われるまでに発生できる1000以下の正の整数乱数の個数を実験的に数えよ．

○3.19 1000以下の正の整数乱数を発生させる．すべての数が少なくとも1回は出現するまでにいくつ乱数を発生させなくてはならないか．その個数を実験的に数えよ．

3.20 プログラム3.7をコインのおもてが出る確率がpであるような状況をシミュレートするように変更せよ．$p=1/6$として，32回のコイン投げの実験を1000回行ない，図3.2と比較できるように出力せよ．

3.21 プログラム3.7をコインのおもてが出る確率がλ/Nであるような状況をシミュレートするように変更せよ．32回のコイン投げの実験を1000回行ない，図3.2と比較せよ．この分布はポアッソン分布である．

○3.22 プログラム3.8を最も近接した点対の座標を書き出すように変更せよ．

●3.23 プログラム3.8をd次元において同様の計算をするように変更せよ．

3.3 リンクによるリスト

集合に対して，その要素を順に1つずつ操作することに関心がある場合には，集合を**リンクによるリスト**（linked list）で表わすことができる．これは，それぞれの要素と自分の次の要素をえるための情報とが組み合わされた基本的なデータ構造である．リンクによるリストが配列よりも優れている点は，要素を並べ換える時に効率がよいことである．このことは，任意の要素に素早くアクセスできることとの引きかえであり，リストでは，要素にたどり着くのに，先頭から1つずつ順番にリンクをたどらなければならない．リンクによるリストを実現するには数多くの方法があるが，そのすべての基本は次の定義である．

定義3.2 リンクによるリストは要素の集合であり，要素それぞれが対応する節点に含まれる．また，節点は節点をさす**リンク**（link）を含む．

節点を定義するのに節点を参照しているので，リンクによるリストは**再帰的**（自己参照，self-referent）な構造をしている．さらに，節点がもつリンクは異なる節点をさすのが普通であるが，自分自身をさすこともあり，**循環**（cyclic）構造となりうる．この2つの事実の意味は，リンクによるリストを実際に表現するときとその応用を考える中で明らかになる．

通常，リンクによるリストは集合の要素を一列に並べたものを実現したと考える．列の先頭にある要素を含む節点から出発する．そして，そ

の節点のリンクをたどって次の節点へ移動する．これには，列の2番目の要素が含まれている．以下同様にして先に進む．原理的にはリストは循環することがありうるので，列は無限に続くように見えるかもしれない．しかし，普通は，末尾の節点のリンクに関して次のような約束をして，有限集合を単純な列に並べたものであるとしてリストを扱う．

- どの節点もささない**空リンク**（null link）とする．
- 要素を含まない**ダミー**（dummy）節点を参照する．
- 先頭の節点をさして**循環リスト**（circular list）とする．

それぞれのケースにおいて，先頭の節点から末尾の節点までリンクをたどることにより，要素を一列に並べることができる．配列も要素を一列に並べることができるが，その順序は配列内の位置で決められ，明示的ではない．一方，そのお陰で，配列は任意の要素に直接アクセスすることができる．これはリストでは不可能である．

最初に，各節点がリンクを1つだけもつ場合を考えよう．ほとんどの応用問題で，先頭と末尾の節点を除いて，各節点は1つのリンクによってさされる**1次元リスト**（**一方向リスト**，**片方向リスト**，singly linked list）を扱う．これは，リンクによるリストが要素の有限な列に対応しているという最も簡単な状況であり，最も興味がある．より複雑な状況は後で述べる．

リンクによるリストは，いくつかのプログラミング環境では基本要素として定義されているが，Cではそうでない．しかし，3.1節で述べた基本的な道具を用いて，リンクをポインタで表わし，節点を構造体で定義すると，リンクによるリストを実現することができる．typedef宣言は次のようにリンクと節点への参照を定義する．

```
typedef struct node *link;
struct node { Item item; link next; };
```

これは定義3.2をCで書いたものに他ならない．リンクは節点をさすポインタであり，節点は要素とリンクからなる．プログラムの別の箇所で，typedefまたは他の手続きを使うことによってItem型の変数を宣言することができる．4章で，もっと柔軟性があり，興味のある演算を効率よく実現するもう少し複雑な表現を示す．しかし，この簡単な表現はリスト処理の基本を考えるのに十分である．本書を通してリンク構造をこのように表現する．

リンクによるリストを効果的に用いるには，記憶領域の割付けが中心的な課題となる．構造体（struct node）を1個だけ定義したが，実は，この構造体が多数，つまり使用したい節点ごとに1個ずつ現われることに注意しなければならない．一般には，プログラムが実行される前にいくつの節点が必要となるのかはわからないし，プログラムの様々な

箇所で，記憶領域の割付けの要求が発生するので，利用する記憶領域を管理するシステムプログラムを用いなければならない．まず，新しい節点を使う場合には，節点を作るために記憶領域を確保しなければならない．次のようなコードを書く．

　　　　link x = malloc(sizeof *x);

stdlib.h ライブラリの sizeof 演算子を用いて必要な記憶領域の大きさを計算し，malloc 関数を用いて記憶領域を確保して x にその記憶番地をさすポインタを返す．（このコードは node を直接参照せずに，*x のように link を通じて参照するという約束にしたがって書かれており，その方法で sizeof と malloc は必要とする情報をえている．）記憶領域割付けに関して 3.5 節で詳しく論ずる．ここでは，新しい節点を作るための C のおまじないのように見なそう．実際，本書を通して，malloc の呼出しはこのように定型化されている．

　さて，節点が作られたら，それに含まれる要素とリンクをどのように参照すればよいのであろうか．これに対する基本的な演算は既に勉強してある．ポインタに間接演算子 * をつけてそれがさす変数をえて，構造体のメンバーの名前をつければよい．リンク x がさす節点に含まれる要素は (*x).item であり，リンクは (*x).link である．これらの演算は非常によく用いられる．C では，x->item と x->link と表わすことができる．また，説明の中で"リンク x がさす節点"を簡単に"節点 x"ということがある．

　リンクと C のポインタとの対応は本質的である．しかし，リストは抽象概念であって，ポインタはその実現であることを心にとどめておくべきである．例えば，この節の最後に示すように，リンクを配列の添字で表わすことも可能である．

　図 3.3 と 3.4 はリンクによるリストに対する，次の 2 つの基本的な演算を示している．

- リンクによるリストから任意の要素を削除して，その長さを 1 だけ減ずる．
- リンクによるリストの任意の位置に要素を挿入して，その長さを 1 だけ増す．

簡単のために，図の中では，リストは環状であり，空となることはないものと仮定している．空リンク，ダミー節点，空リストを用いた取扱いは 3.4 節で述べる．図に示す通りにプログラムを書くと，挿入と削除はそれぞれ C の 2 行で書くことができる．節点 x に続く節点を削除するには，

　　　　t = x->next; x->next = t->next;

と表わす．また，次のように短く書くこともできる．

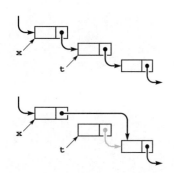

図 3.3　リンクによるリストにおける節点の削除

　リンクによるリストにおいて，与えられた節点 x の次の節点を削除するには，削除する節点をさすポインタを t として，x のリンクが t->next をさすように変更すればよい．t は削除された節点をさしているので，未使用節点をつなぐリストに加えるといったことに利用できる．削除した節点に含まれるリンクはまだ元のリストをさしているが，一般には，その節点のリンクをたどることはない．例外は，関数 free をよんで，占有していた記憶領域が使用できることをシステムに知らせる時である．

```
    x->next = x->next->next;
```
節点 t を節点 x の次に挿入するには，次にように書く．
```
    t->next = x->next; x->next = t;
```
挿入と削除が容易であることがリンクによるリストの存在意義である．配列に対して挿入と削除を行なうと，操作した項目に続くすべての内容を動かさなければならないので，自然ではないし，不都合である．

その一方で，リンクによるリストは k 番目の要素を見つける（添字を指定して要素を見つける）という操作には適していない．この操作が効率のよいことが配列の特徴の 1 つであり，k 番目の要素を見つけるには，a[k-1] と書けばよい．リストでは，リストの先頭にいたるリンクを入れて，k 個のリンクを順にたどらなければならない．一方向リストにおいて不自然な他の操作は，与えられた要素の前の要素を見つけることである．

リンクによるリストで，
```
    x->next = x->next->next
```
として節点を削除すると，その後その要素は参照できない．最初に考えた例のような小さなプログラムならば，このことは特に問題にならない．しかし，一般には，関数 free を用いるのがよいプログラミングの作法である．これは malloc と対をなすものであり，使用をやめた節点に対して実行される．次の文は
```
    t = x>next; x->next = t->next; free(t);
```
は t をリストから取り除くだけでなく，t が占有していた記憶領域が他の目的に利用できることをシステムに知らせる．特に，リストの要素が大きい場合や要素が多い場合には free を使わなければいけない．しかし，3.5 節までそのことに気を使わずに，リンクによるリスト構造の優れた点を利用することを中心に説明を進めよう．

リンクによるリストに対する挿入と削除，その他の基本的な操作を用いた例を以下の章で数多く述べる．操作はほんの数行で書けるので，関数をよばずに直接リスト操作を書いてしまうことが多い．次の例は，**ジョセファス問題**（Josephus problem）を解くプログラムである．エラトステネスのふるいの問題との比較に注意してほしい．

N 人の人がリーダを選ぶのに，環状に並んで，適当な始点から数えて M 番目の人を削除して人数を 1 減らし，そこからまた M 番目の人を削除する，ということを繰り返す．問題は，最後に残る人を見つけることである（数学の心得のあるリーダの候補者は，選挙の開始前にどの位置に座ればリーダになれるかを見い出してしまう）．リーダに選ばれる位置は，N と M の関数であり，ジョセファス関数とよばれる．より一般的には，それぞれの人が削除される順序を知りたい．図 3.5 に示

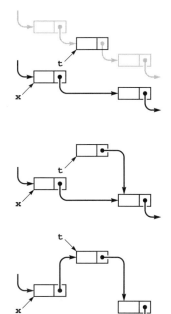

図 3.4　リンクによるリストにおける節点の挿入

与えられた節点 x の次に節点 t を挿入するには（上），t->next を x->next として（中），x->next を t（下）とすればよい．

すように，$N=9, M=5$ であれば，517436 92 の順に削除され，8 がリーダとして選ばれる．プログラム 3.9 は N と M を読み込み，この順序を印刷する．

プログラム 3.9 は循環リストを用いて，選挙の過程を直接シミュレートする．最初に，1 から N までのリストを作る．まず 1 番の人だけからなる循環リストを作り，そこに図 3.4 に示すコードを用いて 2 から N の人を順に後ろにつなげるように挿入する．次に，リストをたどりながら $(M-1)$ 個の節点を過ぎる時，その次の節点を図 3.3 のコードを用いて削除する．これを最後の 1 個になるまで続ける．最後に残った節点は自分自身をさしている．

エラトステネスのふるいとジョセファス問題は，要素が順に並んだ集合を表わすのに，配列を用いた場合とリストを用いた場合との違いを明らかにしてくれる．エラトステネスのふるいでは，配列のどの要素にも

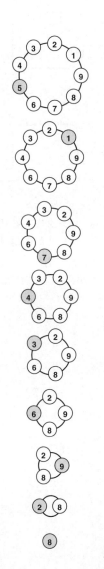

図 3.5 ジョセファス選挙の例

この図はジョセファス方式の選挙の結果を表わしたものである．集団は環で表わされ，環に沿って，5 人ごとに削除され，最後に 1 人残る．

プログラム 3.9 循環リストを用いた例

環状に並んでいる人を表わすのに，循環リストを用いる，環上で，自分の左にいる人をさすようにポインタを用いる．整数 i が i 番目の人を表わすことにする．まず，1 に対して節点 1 個の循環リストを作り，2 から N まで順に後ろに挿入すると，最後に 1 から N までの環ができて，x は N をさしている．そして，1 から数えて $(M-1)$ 個の節点をスキップし，$(M-1)$ 番目の節点がもつリンクを M 番目の節点を飛び越すように変更する．これを節点がただ 1 つになるまで続ける．

```
#include <stdlib.h>
typedef struct node *link;
struct node { int item; link next; };
main(int argc, char *argv[])
  { int i, N = atoi(argv[1]), M = atoi(argv[2]);
    link t = malloc(sizeof *t), x = t;
    t->item = 1; t->next = t;
    for (i = 2; i <= N; i++)
      {
        x = (x->next = malloc(sizeof *x));
        x->item = i; x->next = t;
      }
    while (x != x->next)
      {
        for (i = 1; i < M; i++) x = x->next;
        x->next = x->next->next; N--;
      }
    printf("%d\n", x->item);
  }
```

リンクによるリスト   §3.3   85

高速にアクセスできるということにアルゴリズムの効率がかかっているので，配列の代わりにリストを用いると大幅に計算時間が増加してしまう．ジョセファス問題では，どの要素でも高速に削除できるということにアルゴリズムの効率がかかっているので，配列を用いると，やはり計算時間が増加してしまう．データ構造を選ぶ時，その選択がデータを処理するアルゴリズムの効率にどのような影響を与えるかに注意しなければならない．このようなデータ構造とアルゴリズムの相互作用は，解法を設計する上で最も重要な所であり，本書全体のテーマである．

Cにおけるポインタは，リンクによるリストという抽象概念に直接対応していて効果的な実現である．しかし，抽象概念の本質的な価値は，特定の実現方法に依存しない．例えば，図3.6では，ジョセファス問題に対するリンクによるリストを整数配列を使って表現している．ポインタの代わりに配列の添字を使ってリンクの働きをさせるのである．このように，最も簡単なプログラミング環境でもリンクによるリストは利用できるのである．実際，リンクによるリストは，Cのようにポインタの使える高いレベルの言語が登場する以前においても使われていたし，現在のシステムにおいても，単純な配列に基づいた表現の方が便利な場合がある．

	0	1	2	3	4	5	6	7	8
item	1	2	3	4	5	6	7	8	9
next	1	2	3	4	5	6	7	8	0
5	1	2	3	4	5	6	7	8	9
	1	2	3	5	5	6	7	8	0
1	1	2	3	4	5	6	7	8	9
	1	2	3	5	5	6	7	8	1
7	1	2	3	4	5	6	7	8	9
	1	2	3	5	5	7	7	8	1
4	1	2	3	4	5	6	7	8	9
	1	2	5	5	5	7	7	8	1
3	1	2	3	4	5	6	7	8	9
	1	5	5	5	5	7	7	8	1
6	1	2	3	4	5	6	7	8	9
	1	7	5	5	5	7	7	8	1
9	1	2	3	4	5	6	7	8	9
	1	7	5	5	5	7	7	1	1
2	1	2	3	4	5	6	7	8	9
	1	7	5	5	5	7	7	7	1

図 3.6 リンクによるリストの配列による表現

この数列は，配列の添字を使ってリンクを表現し，ジョセファス問題を解いた結果である（図3.5参照）．リスト上の順序で，添字0の要素に続く要素(の添字)はnext[0]で与えられる．ほかの要素に対しても同様である．最初の2行が初期値であり，人(item) i に添字 i-1 を割り当て，$0 \leq i \leq 8$ に対してnext[i]をi+1とし，next[8]を0として，循環リストをつくる．ジョセファス選挙の進行を表わすのに，要素を動かさずにリンク（配列nextの要素）を更新する．上から2行ずつが1人の削除に対応しており，x = next[x]を4回実行してリストをたどり，5個目の要素を，next[x]を next[next[x]]として削除する．列の左に削除された要素を示す．

練習問題

▷ **3.24** 循環リストの節点数を返す関数を書け．リスト上のある1つの節点をさすポインタを引数とする．

3.25 循環リストに対して，ポインタxとtでそれぞれさされる節点の間にある節点数を数えるコードを書け．

3.26 2つの異なる循環リストに対して，それぞれリスト上のある1つの節点をさすポインタxとtが与えられた時，tに対応するリストを，xに対応するリストの中へ，xの次の位置に挿入せよ．

● **3.27** 循環リストの節点をさすポインタxとtが与えられた時，tに続く節点を，xに続く位置に移動せよ．

3.28 プログラム3.9では，リストを循環させるために，リストを作る各節点の挿入にリンクの値を2回代入する必要があった．この余分な仕事を省くようにプログラムを書き換えよ．

3.29 プログラム3.9の実行時間を，NとMの関数として定数倍の範囲で求めよ．

3.30 プログラム3.9を用いて，$M=2, 3, 5, 10$，$N=10^3, 10^4, 10^5, 10^6$ に対して，ジョセファス関数の値を計算せよ．

3.31 プログラム3.9を用いて，$M=10$ の時のジョセファス関数の値を $N=$

2から1000としてグラフに描け．

○**3.32** 最初に要素iが配列のN-iの場所にあるとする．この時，図3.6のような表を完成せよ．

3.33 プログラム3.9において，リンクによるリストを配列の添字を使って表現するように変更せよ．

3.4 初等的なリスト処理

　リンクによるリストの操作は，配列と構造体を用いる計算とは全く様子が異なる．配列と構造体では要素を記憶領域に格納して，その後で名前や添字で参照する．これは，オフィスにあるファイルの引き出しやアドレス帳から情報を引き出すのとよく似ている．リンクによるリストを使った情報の格納は，アクセスするのに手間がかかるが，それを並べ換えるのは容易である．リンクによるリストの形式に蓄えられたデータを操作することを**リスト処理**（list processing）とよぶ．

　配列を用いる時に心配になるのは境界を超えるアクセスによるプログラムバグである．リンクによるリストの場合によくある似通ったバグは，未定義のポインタによる参照である．その他のよくある間違いは，予期せずに変更してしまったポインタによる参照である．この問題が起こる1つの原因は，きちんと意識せずに，1つの節点を複数のポインタがさす状態を作ってしまうことである．プログラム3.9は，決して空にならない循環リストを用いてこのような問題のいくつかが起こらないようにしている．したがって各リンクは常に定義ずみの節点をさしており，各リンクは対象のリストを正しく参照している．

　正しくて，効率のよいリスト処理を行なう応用プログラムを書くには，開発の経験を積み忍耐強さを備えたプログラミングスキルを習得しなければならない．本節では，リスト処理に慣れるような例と練習問題を考える．リンクによるリスト構造は，いくつかの優れたアルゴリズムの要となるものであるから，本書では他にも数多くの例を述べる．

　3.3節に述べたように，リストの先頭の節点と末尾の節点のポインタを例外処理する数々の方法がある．リンクによるリストとして，最も素朴な構造を考えるという立場を守りながら，本節でそのいくつかを調べよう．

定義3.3 リンクによるリストは，空リンクであるか，節点をさすリンクである．節点は，要素のほかに，リンクによるリストをさすリンクを含んでいる．

この定義は定義 3.2 よりも制限がきつい．しかし，リスト処理コードを書く時に思い浮かべるモデルに近い．この定義を使うことによって他の様々な約束事を排除してしまうこと，また，それぞれの約束事に特定の定義を与えてしまうこと，のどちらも意図していない．むしろ，両方の自由度が確保されていて，どのタイプのリンクによるリストが使われているのかは，文脈から明らかになることを期待して話を進める．

リストに対する最もよく行なわれる操作は，リストの要素を逐次的に走査し，1つ1つの要素に対して何らかの演算を行なう**トラバース**（走査，traverse）である．リストの先頭の節点をさすポインタを x，末尾の節点がもつポインタを空，要素を引数とする関数を visit とすると，リストのトラバースのひな形は次のように書くことができる．

```
for (t = x; t != NULL; t = t->next) visit(t->item);
```

このループ（while を使ってもよい）はリスト処理のいたる所に現われるもので，配列を扱う時の

```
for (i = 0; i < N; i++)
```

に対応している．

プログラム 3.10 は，リスト上の節点の順序を逆にするという簡単なリスト処理の作業を実現したものである．これは，リンクによるリストを引数として受け取り，同じ節点からなる逆順のリンクによるリストを返す．図 3.7 は主ループにおいて各節点になされる変更を示している．このような図を使うと，プログラムの各行をチェックして，プログラムがリンクを意図通りに変更しているかどうかを容易に確かめることができる．プログラマは，リスト処理の操作を実現する際に，このような図を用いてその内容を理解する手助けとするとよい．

プログラム 3.11 は，リストの節点を，その要素が小さい順になるよ

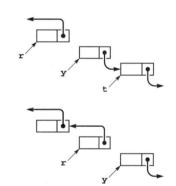

図 3.7　リストの反転

リストの節点の順序を逆順にするために，ポインタ r が既に処理されたリストの部分をさすようにし，ポインタ y がリストのまだ見ていない部分をさすようにする．図は，リストの各節点に対して，ポインタがどのように変更されるかを示している．y に続く節点をさすポインタを t に蓄え，y のリンクが r をさすようにして，次に r を y へ，y を t へとして先へ移動する．

プログラム 3.10　リストの反転

この関数はリストのリンクを逆向きにして，末尾の節点をさすポインタを返す．その節点のリンクは，末尾から1つ前の節点をさし，順に先頭の節点までたどることができる．もとのリストの先頭の節点のリンクは NULL となっている．リンクを逆向きにしながら進むために，3個の連続する節点をさすリンクを保持している．

```
link reverse(link x)
  { link t, y = x, r = NULL;
    while (y != NULL)
      { t = y->next; y->next = r; r = y; y = t; }
    return r;
  }
```

> **プログラム 3.11 リストを用いた挿入整列**
>
> このコードは 0 から 999 までのランダムな整数を N 個を発生し，最初の for ループで，1 つの節点に 1 つの数を蓄えたリストを作る．そして，2 番目の for ループで，リストを順にたどった時，小さい順に数が現われるように並べ換える．ソートを行なうために，ソートされていない入力リストと，ソートされた出力リストの 2 つのリストを用いる．ループの繰返しごとに，入力リストから節点を取り出し，出力リストの適切な位置に挿入する．リストにダミー節点をつけて，リストの先頭の要素をさすポインタをもたせることによって，操作が簡単化されている．もしダミー節点がないと，出力リストの先頭に節点が挿入される場合に，それに対応する追加コードを書かなければならない．
>
> ```
> struct node heada, headb;
> link t, u, x, a = &heada, b;
> for (i = 0, t = a; i < N; i++)
>   {
>     t->next = malloc(sizeof *t);
>     t = t->next; t->next = NULL;
>     t->item = rand() % 1000;
>   }
> b = &headb; b->next = NULL;
> for (t = a->next; t != NULL; t = u)
>   {
>     u = t->next;
>     for (x = b; x->next != NULL; x = x->next)
>       if (x->next->item > t->item) break;
>     t->next = x->next; x->next = t;
>   }
> ```

うに並べ換えるという，リスト処理の作業を実現したものである．N 個の乱数を発生し，発生した順番にリストに挿入し，小さい順に並べ直して印刷する．6 章で見るように，プログラムの実行時間の期待値は N^2 に比例する．したがって，大きな N に対しては，このプログラムはあまり有用ではない．6 章から 10 章で，ソート（整列）に関する数多くの方法を論ずるので，このプログラムのソートに関する内容は 6 章で議論することにする．ここでの目的は，リスト処理の応用例としての実現を示すことである．

プログラム 3.11 のリストは，リストの先頭に**ヘッド**（head）とよばれるダミー節点をもっている．これはよく使われる約束の 1 つである．ヘッドの要素の欄は無視され，ヘッドがもつリンクが先頭の要素をさすポインタであることに意味がある．プログラムは 2 つのリストを用いる．1 つは最初のループでランダムな入力を蓄えるものであり，もう 1

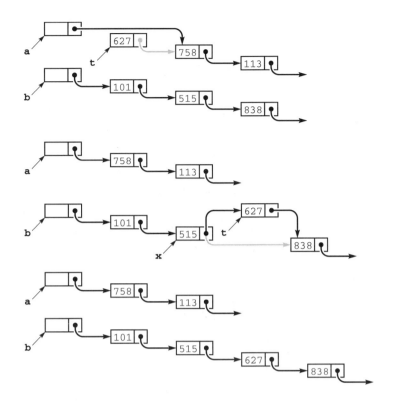

**図3.8 リンクによるリスト
のソート**

この図は，ソートされていないリンクによるリスト（ポインタ変数aがさす）を，ソートされたリンクによるリスト（ポインタ変数bがさす）に変換する1ステップを示している．ソートされていないリストから先頭の節点を取り，それをさすポインタをtに格納する(上)．そして，bからはじめて，x->next->item>t->item (or x->next = NULL)が成り立つ最初の節点xを見つけ，tをxの次に挿入する(中)．これらの操作は，aの長さを1減らし，bの長さを1増やし，bの順序を保つ(下)．これを繰り返して，aが空となると，bにソートされた節点が並んでいる．

つは，2番目のループでソートされた出力を蓄えるものである．図3.8は，入力リストから次の節点を取り出し，出力リストのどの場所に入れるべきかを見つけ，そこに挿入するという，プログラム3.11の主ループで各節点になされる変更を示している．

ダミー節点を用いる理由は，ソートされたリストの先頭に節点を加える操作を考えるとよくわかる．入力リストで最小の要素をもつ節点がそれであり，リストのどの位置にでも現われる可能性がある．ここで3個の選択肢がある．

- 全体の最小の要素を見つけるforループをもう1つ書き，プログラム3.9と同様に，最初に節点1つのリストを作る．
- 節点を挿入する時に，直前の節点が空であるかどうかをテストする．
- この実現方法のように，ダミー節点を付け，そのリンクがリストの先頭を含む節点をさすようにする．

最初の選択は洗練されていないし，余分なコードが必要である．2番目のオプションも洗練されていないし，余分な計算時間がかかる．

ダミー節点を用いると相応のコスト（節点1つ）が必要となる．よくある応用プログラムではダミー節点を省略することができる．例えば，プログラム3.10は入力リスト（もとのリスト）と出力リスト（逆順のリスト）をもつプログラムと見なすことができる．そして，出力リスト

への挿入はすべて先頭に対して行なわれるので，ダミー節点を用いる必要はない．他の応用でリストの**末尾**（tail）を表わすのに，空リンクの代わりにダミー節点を用いると，はるかに簡潔にプログラムを書ける例がある．ダミー節点の採用の適不適を決める確実ですぐ答えが出る規則はない．効率への影響を理解した上であとはスタイルの問題である．よいプログラマは，扱っている問題を最も簡単にしてくれる約束事を選ぶ

表 3.1　リンクによるリストの先頭と末尾に関する約束事

　この表は，基本的なリスト処理に関して一般的に用いられている 5 個の約束事を示したものである．これらは関数をよばずに直接リスト処理の操作を書いてしまうような簡単な応用に用いられる．

循環リスト，決して空にならない

```
          先頭に挿入: head->next = head;
       xの次にtを挿入: t->next = x->next; x->next = t;
         xの次を削除: x->next = x->next->next;
           トラバース: t = head;
                      do { ... t = t->next; } while (t != head);
要素が1つかどうかのテスト: if (head->next == head)
```

先頭を指すポインタを用いる，末尾を空リンクで表す．

```
              初期化: head = NULL;
       xの次にtを挿入: if (x == NULL) { head = t; head->next = NULL; }
                      else { t->next = x->next; x->next = t; }
         xの次を削除: t = x->next; x->next = t->next;
           トラバース: for (t = head; t != NULL; t = t->next)
  リストが空かどうかのテスト: if (head == NULL)
```

先頭にダミー節点を用いる，末尾を空リンクで表す．

```
              初期化: head = malloc(sizeof *head);
                      head->next = NULL;
       xの次にtを挿入: t->next = x->next; x->next = t;
         xの次を削除: t = x->next; x->next = t->next;
           トラバース: for (t = head->next; t != NULL; t = t->next)
  リストが空かどうかのテスト: if (head->next == NULL)
```

先頭と末尾にダミー節点を用いる．

```
              初期化: head = malloc(sizeof *head);
                      z = malloc(sizeof *z);
                      head->next = z; z->next = z;
       xの次にtを挿入: t->next = x->next; x->next = t;
         xの次を削除: x->next = x->next->next;
           トラバース: for (t = head->next; t != z; t = t->next)
  リストが空かどうかのテスト: if (head->next == z)
```

初等的なリスト処理   §3.4

という挑戦を楽しんでいる．

表3.1にリスト処理によく用いられる約束をまとめた．また，練習問題で他の方法を論ずる．表3.1のすべてのケースにおいて，リストを参照するのにポインタheadを用いており，様々な操作に対してコードが与えられている．これらを用いることによって，プログラムが節点を参照するリンクを管理する際に一貫性があることが保証される．節点に対する記憶領域を割り付けること，解放すること，情報を代入することは，すべての場合に共通である．操作を頑健にするためには，エラー条件を調べるコードを追加しなければならない．この表の目的は，様々な約束の同一性と差違を明らかにすることである．

リストの先頭にダミー節点を利用するのが好都合な場合は，配列でもあったように，リストをさすポインタを関数の引数として渡し，その関数の中でリストを変更する場合である．ダミー節点を利用することによって，関数が実際の内容が空であるリストを受け取ったり返したりすることができる．もしダミー節点がなければ，関数が自分を呼び出したプログラムへ，リストが空であることを別に知らせる必要がある．そのような方法の1つは，プログラム3.10で行なったように，リスト処理関数に入力リストをさすポインタを引数として渡し，出力リストをさすポインタを返すことである．この方法を使うと，ダミー節点を使わずにすむ．さらに，この方法は再帰的なリスト処理に適していて，本書でよく用いられる（5.1節参照）．

プログラム3.12は，基本的なリストの操作を行なう一連のブラックボックス関数を宣言している．これは操作に対応するコードを直接書かない立場を表わしている．プログラム3.13は前に述べたジョセファス選挙問題のプログラム（プログラム3.9）を，このインタフェースを用いたクライアントプログラムとして書き直したものである．計算に用いる重要な操作を特定し，それをインタフェースの中で定義することは，プログラムの性能を左右する操作に対して，異なる具体的なインプリメンテーションを考え，その有効性をテストする上で大変都合がよい．プログラム3.12で定義した操作を実現する1つの例を3.5節で与える（プログラム3.14参照）．もちろん，プログラム3.13を全く変更しないで他の選択肢を試すことができる（問題3.52）．このテーマは本書を通じて現われるので，4章でこのようなインプリメンテーションの開発を容易にする機構を考察する．

リンクによるリストのような下位レベルのデータ構造に対するすべての操作を，基本操作に対応する関数をプログラム3.12のようなインタフェースの中に定義することによって，**カプセル化**することを好むプログラマがいる．実際，4章で見るように，Cのクラスメカニズムはこの

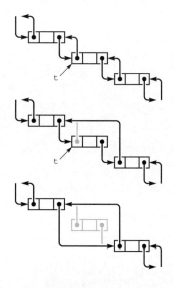

図3.9 両方向リストにおける削除

両方向リストでは,図に示すように,節点をさすポインタがあれば,それを削除するのに十分な情報がえられる. t が与えられると, t->next->prev を t->prev とし (中), 次に, t->prev->next を t->next とする(下).

プログラム 3.12 リスト処理のインタフェース

このコードは list.h というインタフェースファイルに蓄えられる. 節点とリンクの型を宣言し,それらに対する操作を宣言している. また,節点に対して記憶領域を割り付けたり解放したりするユーザ関数を宣言している. 関数 initNodes はインプリメンテーションの都合のためである. typedef 文による Node 型の宣言と関数 Next, Item は, インプリメンテーションの詳細によらなくても, クライアントがリストを利用できるようにするためにある.

```
typedef struct node *link;
struct node { itemType item; link next; };
typedef link Node;
void initNodes(int);
link newNode(int);
void freeNode(link);
void insertNext(link, link);
link deleteNext(link);
link Next(link);
 int Item(link);
```

プログラム 3.13 ジョセファス問題に対するリストの利用

このプログラムはジョセファス問題に対して,プログラム 3.12 で宣言し,プログラム 3.14 で実現するリスト処理関数を用いたクライアントプログラムの例である.

```
#include "list.h"
main(int argc, char *argv[])
  { int i, N = atoi(argv[1]), M = atoi(argv[2]);
    Node t, x;
    initNodes(N);
    for (i = 2, x = newNode(1); i <= N; i++)
      { t = newNode(i); insertNext(x, t); x = t; }
    while (x != Next(x))
      {
        for (i = 1; i < M; i++) x = Next(x);
        freeNode(deleteNext(x));
      }
    printf("%d\n", Item(x));
  }
```

手続きを容易にする. しかし,抽象の層を加えると,少数のレベルの操作しか下にはないという事実を覆い隠してしまうことがある. 本書で

は，上位レベルの抽象化を行なう時，リンク構造を直接扱う操作を書いて，アルゴリズムとデータ構造の本質に関わる詳細な内容を明らかにするようにする．このことに関する多くの例を4章で述べる．

リンクを追加することによって，リンクによるリストを後戻りすることができる．例えば，与えられた要素の前の要素を見つけなさい，という操作を**両方向リスト**（双方向リスト，doubly linked list）を使って容易に実現できる．この型のリストは，1つの節点に2つのリンクをもたせ，1つ（prev）は前の要素をさし，もう1つ（next）は次の要素をさす．ダミー節点を使うか，循環リストとすることによって，両方向リストのすべての節点に対して x, x->next->prev, x->prev->next は同じ内容であることが保証される．図3.9と3.10は，両方向リストに要求されるリンクの基本操作である，削除，後に挿入する，前に挿入する，を表わしている．削除の時に，リスト内の前の節点，（または後の節点）に関する追加情報が不要であることに注意してほしい．それらの情報は一方向リストの時に必要であったが，両方向リストでは削除される節点自身がもっているのである．

実際，両方向リストの最も大きな意義は，節点を削除する際に，それを参照するリンクだけがわかっていればよいことである．典型的な状況は，リンクが関数の引数として渡され，その（リンクがさす）節点は別のリンクをもっていて，他のデータ構造の一部であるという場合である．この能力をえるために，各節点のリンクに必要な記憶領域は倍になり，基本的な操作の演算量も倍になる．したがって，特別な要請がない場合には，両方向リストは使われない．後で，両方向リストを使う必要があるいくつかの特別な状況に対して，詳細な実現を述べることにする（例えば9.5節）．

本書を通じてリンクによるリストを用いる．最初は基本的な抽象データ型の実現であり（4章），次はより複雑なデータ構造の構成要素として用いる．リンクによるリストは，多くのプログラマが最初に出会う，ユーザが直接制御する抽象データ構造である．また，後で見るように，多くの重要な問題で用いられている高次の抽象データ構造を開発するのに，本質的に重要なツールである．

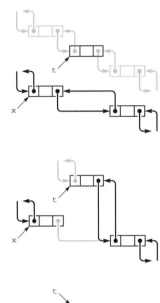

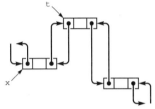

図3.10　両方向リストにおける挿入

両方向リストに節点を挿入するには，4個のポインタを定めなければならない．この図に示すように新しい節点 t を指定された節点 x の後に挿入する場合と，前に挿入する場合がある．指定された節点 x の後に節点 t を挿入するには，t->next を x->next とし，x->next->prev を t (中)とする．そして，x->next を t として t->prev を x とする(下)．

練習問題

▷ **3.34** 与えられたリストの最大の要素をリストの末尾に移動する関数を書け．

3.35 与えられたリストの最小の要素をリストの先頭に移動する関数を書け．

3.36 リンクによるリストで，偶数番目の要素を奇数番目の要素の次におくように並べ直せ．ただし，偶数番の要素集合，奇数番の要素集合のそれぞれ

の中の順序は変えないこと．

3.37 与えられたリンク s がさす節点の次の節点と，リンク t がさす節点の次の節点とを入れ換えよ．

○**3.38** リストをさすリンクを引数として，そのリストのコピー（同じ要素を同じ順番でもっている新しいリスト）をさすリンクを返す関数を書け．

3.39 リンクと，リンクを引数としてもつ関数の両方を引数とする関数を考えよ．そして，与えられたリストから，関数が 0 でない値を返すすべての要素を削除せよ．

3.40 練習問題 3.39 を次のようにして解け．テストをパスした（関数が値 0 を返した）節点のコピーを作り，これらの節点をもとのリストと同じ順序で含むリストをさすリンクを返す．

3.41 プログラム 3.10 をダミー節点ヘッドを用いるように書き直せ．

3.42 プログラム 3.11 をダミー節点ヘッドを用いないように書き直せ．

3.43 プログラム 3.9 をダミー節点ヘッドを用いるように書き直せ．

3.44 両方向リストで 2 つの節点を交換する関数を書け．

○**3.45** 次のリストに対して表 3.1 の各項目を書け．決して空にはならないリストであり，先頭の節点をさすポインタによってリストを指定し，末尾の節点は自分自身をさすポインタをもつ．

3.46 次のリストに対して表 3.1 の各項目を書け．先頭と末尾の 2 つの役割を果たす 1 つのダミー節点をもつ循環リスト．

3.5 リストに対する記憶領域の割付け

　リンクによるリストが配列に較べて優れているのは，使用している最中に容易に長さを変えられることである．特に，最大の長さが前もってわかっていなくてもよいのである．このお陰で，どの時点でもそれぞれの大きさに注意を払うことなしに，複数のデータ構造で同じ記憶領域を分け合って利用することが可能となる．

　この問題の要点は，システム関数 malloc がどのように実現されているかということである．例えば，節点をリストから削除する場合に，ユーザが関与するのはリンクを付けかえてリストから節点を取り外すことであるが，システムは節点が占有していた記憶場所をどうすればよいのであろうか．さらに，malloc が呼び出されて追加の記憶領域が要求された時，システムが空いた場所を再利用して，節点にそれを割り付けるにはどうすればよいのであろうか．この問題の背後にある仕組みは初等的なリスト処理を応用する例となっている．

　システム関数 free は malloc と対をなすものである．割り付けられた記憶領域の使用を終了した時，free を呼び出してシステムに記憶領

域が利用可能となったことを知らせる．**動的な記憶領域割付け**（dynamic memory allocation）は，記憶領域を管理し，クライアントプログラムからの malloc と free の呼出しに応答するプロセスである．

プログラム 3.9 や 3.11 のように，アプリケーションが malloc を直接呼び出す時，すべての呼出しは，同じ大きさの記憶領域の区画を要求する．この典型的な例を見ると，割付け可能な記憶領域を常に監視する方法のひとつとして，リンクによるリストを使うことを思いつく．使用中のどのリストにも含まれないすべての節点をひとつのリストにまとめておき，このリストを**フリーリスト**（**自由リスト**，free list）とよぶことにしよう．新しい節点に対して記憶領域が必要となったら，フリーリストからもってくればよい．また，ユーザのリストから節点を削除したら，それを解放するためにフリーリストに挿入する．

プログラム 3.14 はプログラム 3.12 で定義したインタフェースの実現であり，記憶領域割付け関数を含んでいる．プログラム 3.13 と一緒にコンパイルすると，プログラム 3.9 で直接実現したものと同じ結果を導く．リストへの節点の挿入とリストからの削除という基本的な操作が与えられれば，フリーリストを固定長の節点に対して管理することは自明な作業である．

図 3.11 は，プログラム 3.13 に対して，節点が解放されるごとにフリーリストがどのように伸びていくのかを図示している．簡単のために，配列の添字を用いたリンクによるリスト（ダミー節点なし）の実現によっている．

C の環境において汎用の記憶領域割付け機能を実現することは，我々の簡単な例から想像されるよりはずっと複雑であり，標準ライブラリの malloc の実現は，プログラム 3.14 で示す例よりもずっと難しい．この差のポイントは，malloc が，小さいものから大きいものまで様々な大きさの節点に対する記憶領域の割付けを扱わなければならないことである．いくつかの巧妙なアルゴリズムがこのために開発された．現代的なシステムで行なわれている他のアプローチは，free をよんで節点を解放することをユーザに強いないことであり，**ガーベジコレクション**（garbage-collection）アルゴリズムを用いて，どのリンクからも参照されていない節点を自動的に削除する．その他，いくつかの巧妙な記憶領域管理アルゴリズムがこの方針に沿って開発されている．しかし，その性能は特定のシステムと機械に依存するので，ここでは深くは論じない．

アプリケーションの特定の知識を生かせるプログラムは，汎用プログラムで同じ仕事をするよりも効率がよい．記憶領域割付けもこの例外ではない．様々な大きさの記憶領域に対する要求を受け付けるアルゴリズ

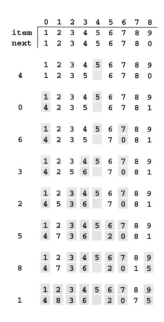

図 3.11 フリーリスト付きのリンクによるリストの配列による表現

図 3.6 の実行結果を，循環リストから削除された節点をフリーリストとして管理するように変更して実行した結果を表わしている．フリーリストの先頭の節点の添え字を行の左に示す．処理が終了した時点で，フリーリストは削除された節点をすべて含むリストとなっている．リンクをたどることによって，添字 1 から出発して，要素を 2, 9, 6, 3, 4, 7, 1, 5 の順にたどることができる．これは，消去された逆順となっている．

> **プログラム 3.14 リスト処理インタフェースの実現**
>
> 　このプログラムは，プログラム 3.12 で宣言された関数を実現するために，固定サイズの節点に対する記憶領域割付けの標準的なアプローチを説明する．まず，プログラムで使われるであろう最大個数の節点をリストにまとめて，フリーリストとする．クライアントプログラムが節点を要求すると，フリーリストから取り出して渡し，クライアントプログラムが節点を解放すると，フリーリストに返す．
>
> 　クライアントプログラムは，関数を通してだけリストの節点にアクセスするとする．クライアントプログラムに返される節点は自分をさすリンクをもっているとする．これらの約束は，定義されていないポインタによる参照を防止する手段を提供する．
>
> ```
> #include <stdlib.h>
> #include "list.h"
> link freelist;
> void initNodes(int N)
>   { int i;
>     freelist = malloc((N+1)*(sizeof *freelist));
>     for (i = 0; i < N+1; i++)
>       freelist[i].next = &freelist[i+1];
>     freelist[N].next = NULL;
>   }
> link newNode(int i)
>   { link x = deleteNext(freelist);
>     x->item = i; x->next = x;
>     return x;
>   }
> void freeNode(link x)
>   { insertNext(freelist, x); }
> void insertNext(link x, link t)
>   { t->next = x->next; x->next = t; }
> link deleteNext(link x)
>   { link t = x->next; x->next = t->next; return t; }
> link Next(link x)
>   { return x->next; }
> int Item(link x)
>   { return x->item; }
> ```

ムは，実際のところ，要求される記憶領域ブロックが同じ大きさであることを知る手だてがないので，その事実を有効に利用することはできない．やや矛盾しているようであるが，汎用のライブラリ関数の使用を避ける別の理由は，プログラムの可搬性をよくすることである．こうすると，ライブラリが変更された，また，異なるシステムに移動したという

場合に，予期せぬ性能の変化から身を守ることができる．多くのプログラマが，プログラム 3.14 に示した，リストを用いる単純な記憶領域割付けを利用する方が，効率がよくて可搬性の高いプログラムを開発するのに有効であることを見い出している．このアプローチは，記憶領域管理システムに同じような要求をする数多くのプログラムにあてはまる．

練習問題

○**3.47** 与えられたリンクによるリストに含まれるすべての節点を，ポインタを引数とする関数 free をよんで解放するプログラムを書け．

3.48 与えられたリンクによるリストに含まれる 5 の倍数の場所にあるすべての節点を解放するプログラムを書け．

○**3.49** 与えられたリンクによるリストに含まれる偶数番目にあるすべての節点を解放するプログラムを書け．

3.50 プログラム 3.12 のインタフェースを，allocNode と freeNode の中でそれぞれ malloc と free を直接よぶことによって実現せよ．

3.51 malloc と free を用いたプログラム 3.14（練習問題 3.50）の記憶領域割付け関数の実行時間を，プログラム 3.13 に対して，$M=2, N=10^3, 10^4, 10^5, 10^6$ として実験的に調べよ．

3.52 プログラム 3.12 におけるインタフェースを，ポインタを使わずに，配列を用いてダミー節点なしとして実現せよ．図 3.11 がそのプログラムの実行結果となるようにせよ．

○**3.53** 空ポインタをもたない節点からなる集合をもっているとしよう（各節点は自分自身か他の節点をさしている）．任意の節点から出発してリンクをたどって進むと，必ず閉路に入ることを証明せよ．

●**3.54** 練習問題 3.53 の仮定の下で，ある節点をさすポインタが与えられ，その節点からリンクをたどっていった時に，通りうる異なる節点の数を数えるプログラムを書け．どの節点も書き換えてはいけない．入力と出力以外の記憶領域は一定量しか使ってはいけない．

●●**3.55** 練習問題 3.54 の条件のもとで，2 つの与えられたリンクが，同じ閉路に入るかどうかを判定するプログラムを書け．

3.6 文字列

文字列（string）は，長さが様々な文字配列のことをいう．これは，先頭から末尾を表わす終了記号までの範囲として定義される．次の 2 つの理由で，文字列は下位のデータ構造として価値がある．まず，多くの応用がテキストデータの処理を含んでいて，文字列をそのまま使ってデータを表わすことができる．次に，多くのコンピュータシステムにおい

てバイト単位で記憶領域に効率よく直接アクセスでき，バイト単位と文字列の各文字が一対一に対応している．すなわち，数多くの状況で，**文字列抽象**（string abstraction）は，応用プログラムの需要と計算機の性能の釣合いをよく取っている．

終端文字で区切られた文字列という抽象概念は，多くの方法で実現できる．例えば，リンクによるリストを使うことができる．この選択には，1文字当たりポインタ1個というコストがかかる．本節で採用した配列を用いた実現は，Cで行なわれているものである．他の例は4章で見ることにしよう．

文字列と文字型配列は両方とも連続した記憶領域を表わしているが，長さの宣言にその差がある．配列の長さは配列が作られた時に決められる．一方，文字列の長さはプログラムの実行中に変化する．この違いは興味深い意味をもっているので，簡単に見ておくことにしよう．

コンパイルの時に固定された文字配列として宣言するか，または，実行中にmallocを呼び出して，文字列に対して記憶領域を予約する必要がある．配列が割り付けられると，先頭からはじめて，終端文字で終わる文字列でそれを埋めることができる．終端文字がないと文字配列にすぎないが，終端文字があるとより高いレベルの抽象として扱うことができて，配列の先頭から終端文字までの部分を意味のある情報と見なすことができる．Cでは，終端文字は値0をとる文字であり，'\0'と書かれる．

例えば，文字列の長さを見つけるには，先頭の文字と終端文字の間の文字数を数えればよい．表3.2は文字列に対してよく行なわれる簡単な操作を示している．それらは，すべて先頭から末尾まで文字列を走査する手順を含んでいる．これらの関数の多くは，<string.h>に宣言されたライブラリ関数として利用可能できる．しかし，多くのプログラマは，簡単なアプリケーションでは，少し手直しして直接行内のコードとして書いてしまう．関数を頑健にするためには，エラー条件をチェックするコードを追加しなければならない．このコードは，簡単さを強調するためだけではなく，その性能の特徴を明らかにするために示してある．

文字列に対する最も重要な操作は，2つの文字列が辞書式順序でどちらが先かを決める比較である．話をわかりやすくするために，規範となる辞書（区切り，大文字と小文字，数などを含む文字列の順序に関する現実のルールは複雑である）があると仮定し，文字列を先頭から最後まで1文字ずつ比較していって，辞書の中で先に現われる順序を**辞書式順序**（lexicographic order）という．文字列が等しいかどうかを調べるのに比較関数をよぶ．簡単のために，比較関数は，第1引数の文字列が辞書式順序で先であれば負の値，等しければ0，後であれば1を返すと

表 3.2 初等的な文字列処理

この表は基本的な文字列処理の操作を，2 つの C 言語の基本要素を用いて実現した例である．ポインタによるアプローチは，より簡潔なコードとなっているが，添字を使った配列によるアプローチは，アルゴリズムを表現するのに自然な方法であり，理解しやすいコードとなっている．ポインタを使った結合操作は，配列と同じであり，接頭辞比較のポインタ版は配列版と同様に行なえるので省略してある．実現のすべては，文字列の長さに比例した時間がかかる．

配列版
  文字列長さ (strlen(a))
```
    for (i = 0; a[i] != 0; i++) ; return i;
```
  コピー (strcpy(a, b))
```
    for (i = 0; (a[i] = b[i]) != 0; i++) ;
```
  比較 (strcmp(a, b))
```
    for (i = 0; a[i] == b[i]; i++)
        if (a[i] == 0) return 0;
    return a[i] - b[i];
```
  接頭辞比較 (strncmp(a, b, strlen(a)))
```
    for (i = 0; a[i] == b[i]; i++)
        if (a[i] == 0) return 0;
    if (a[i] == 0) return 0;
    return a[i] - b[i];
```
  連結 (strcat(a, b))
```
    strcpy(a+strlen(a), b)
```

ポインタ版
  文字列長さ (strlen(a))
```
    b = a; while (*b++) ; return b-a-1;
```
  コピー (strcpy(a, b))
```
    while (*a++ = *b++) ;
```
  比較 (strcmp(a, b))
```
    while (*a++ == *b++)
        if (*(a-1) == 0) return 0;
    return *(a-1) - *(b-1);
```

決めておく．同一性のテストは，2 つの文字列をさすポインタが等しいかどうかを調べることとは全く異なることに注意してほしい．ポインタが等しければもちろんそれらがさす文字列は等しい．しかし，異なるポインタが，文字列として等しい列をさしていることは当然ありうる．情報を文字列として蓄える応用は数多くあり，それらの情報を扱うのに文字列比較を行なうことがよくあるので，比較の操作は極めて重要であ

る．3.7 節と他の多くの箇所でこの例を考える．

プログラム 3.15 は，長いテキストの中で短い文字列パターンが現われる場所を印刷するという，簡単な文字列処理作業を実現したものである．この仕事のために，いくつかの巧妙なアルゴリズムが開発されているが，この簡単なプログラムは，C の文字列を扱う時の便法のいくつかをわかりやすく説明している．

文字列処理は，ライブラリ関数の動作をよく知っていないと痛い目に遭うことを思い知らされる例である．この場合は，ライブラリ関数は，我々が予想するよりもずっと時間がかかる．例えば，文字列の長さを求めるには，文字列の長さに比例する時間がかかることを思い出してほしい．例えば，ライブラリ関数の表面だけを見て，プログラム 3.15 のパターンマッチングの箇所を次のように作ってみよう．

```
for (i = 0; i < strlen(a); i++)
```

プログラム 3.15 文字列検索

このプログラムは長いテキスト文字列の中から，コマンドラインに入力された単語が現われる場所をすべて見い出すものである．テキストを固定長の文字配列 a として宣言し（プログラム 3.6 のように malloc を用いてもよい），getchar() を用いて標準入力から内容を読む．コマンドライン引数からの単語を蓄える記憶領域は，このプログラムが実行される前に割り付けられる．文字列をさすポインタは argv[1] にある．a における比較の先頭場所を i として，p がさす番地からはじまる部分文字列との比較を行ない，1 文字ごとに等しいかどうかを調べて，文字列 p の最後まで無事到着したら，テキストにおける単語の出現場所として位置 i を印刷する．

```
#include <stdio.h>
#define N 10000
main(int argc, char *argv[])
  { int i, j, t;
    char a[N], *p = argv[1];
    for (i = 0; i < N-1; a[i] = t, i++)
      if ((t = getchar()) == EOF) break;
    a[i] = 0;
    for (i = 0; a[i] != 0; i++)
      {
        for (j = 0; p[j] != 0; j++)
          if (a[i+j] != p[j]) break;
        if (p[j] == 0) printf("%d ", i);
      }
    printf("\n");
  }
```

```
        if (strncmp(&a[i], p, strlen(p)) == 0)
            printf("%d ", i);
```
不幸なことに，このプログラムは，繰返しを1回実行するたびに，aの長さを知ろうとするから，ループの本体にどのようなコードがあろうとも，少なくともaの長さの2乗に比例する時間がかかる．したがってこのコードの実行にはかなり時間がかかる．本書の中（100万文字ある）に，ある単語があるかどうを調べるとすると1兆回の命令が必要となる．デバッグ中の小さい例題ではうまく実行できるので，このような問題を前もって知るのは難しい．ところが，実際の運用では速度が遅くなるか，終わらないことさえある．さらに，このような問題は，何が原因となるかをよく知っていないと防げないのである．

この種のエラーは，コードは正しいことが証明できるが，期待しているようには効率よく動かないので**性能バグ**（performance bug）とよばれる．効率のよいアルゴリズムの勉強をはじめる前に，このタイプの性能バグが含まれないことを確かめる必要がある．標準ライブラリは多くの優れた点をもつものの，上記のような簡単な関数を用いる時の危険に十分注意しなければならない．

時々立ち返るべき本質的な問題点の1つは，同じ抽象的な概念を異なる方法で実現した時，その性能が大きく異なる可能性があることである．例えば，文字列の長さを保持していれば，文字列の長さを一定時間で返す関数を作ることができる．しかし，そのために，他の操作は遅くなってしまう．それぞれの応用に対して適切な実現がありうるのである．

ライブラリ関数はすべての応用プログラムに最上の性能を保証するわけではない，ということはほぼ確実なことである．strlenの場合のように，ライブラリ関数の性能がきちんと記述されていても，将来実現されたものが，ユーザのプログラムに有害な影響をもたらすことがありうる．これはアルゴリズムとデータ構造の設計に重要な点であり，いつも心にとどめておくべきことである．4章で，他の例とさらに深い問題について考えることにしよう．

文字列は文字データへのポインタに他ならない．これに気がつくと文字列処理のコンパクトなコードの開発につながることがある．例えば，ある文字列を他の文字列にコピーするには，
```
        while (*a++ = *b++);
```
とした方が，
```
        for (i = 0; a[i] != 0; i++) a[i] = b[i];
```
および，表3.2の3番目のプログラムよりも短く書ける．文字列に対するポインタと添字による参照は同じ結果をえるが，異なる機械では異な

る性能につながることがある．わかりやすく実現するために配列を用い，経済性のためにポインタを用いるが，特定の応用において頻繁に実行されるコードとしてどれがベストであるかは後で詳しく勉強することにする．

　文字列に対する記憶領域割付けは，文字列の長さが変わるので，リンクによるリストの場合よりも難しい．実際，文字列に対して記憶領域を割り付ける完全に汎用性のあるメカニズムは，システムが提供する関数 malloc と free 以上のものは作れない．3.6 節で述べたように，この問題に対して様々なアルゴリズムが開発されているが，それらの性能はシステムと機械に依存している．しかし，記憶領域の割付けは，文字列を扱っている時には，最初に考えるほどには難しい問題ではないことがしばしばある．というのは，扱っているのが文字列をさすポインタであり，文字列そのものではないからである．実際，C プログラムにおいて，通常，すべての文字列がひとまとまりとなって記憶領域の連続する場所に蓄えられているとは仮定しない．むしろ，それぞれの文字列は，文字列と終端文字に必要な領域が確保されていれば十分であり，どこに蓄えられているのかは気にしないのが普通である．文字列を定義したり長くしたりする操作を実行している時には，適切な割付けがなされていることに十分注意しなければならない．例題として，3.7 節では，文字列を読んで操作するプログラムを考察する．

練習問題

▷ **3.56** 文字列を引数として，その文字列に現われる各文字に対して，文字と出現回数を表にして印刷する関数を書け．

▷ **3.57** 与えられた文字列が回文（前から読んでも後ろから読んでも同じ文である）であるかどうかを判定するプログラムを書け．

3.58 文字列に対する記憶領域が独立して割り付けられると仮定せよ．strcpy と strcat に対して，演算結果に対して記憶領域を割り付け，新しい文字列をさすポインタを返す版のプログラムを書け．

3.59 文字列を引数として，標準入力から単語列（空白で区切られた文字列）を読んで，引数の文字列の中に部分文字列として現われた単語を印刷するプログラムを作成せよ．

3.60 2 個以上連続する空白を空白 1 個に置き換えるプログラムを書け．

3.61 プログラム 3.15 のポインタ版を作成せよ．

○ **3.62** できるだけ少ない文字を調べるようにして，与えられた文字列の中の最も長い空白列の長さを数える効率のよいプログラムを書け．

ヒント：空白文字列の長さが長くなるほどプログラムは早くなるはずである．

3.7 複合データ構造

配列，リンクによるリスト，文字列を使って，データを逐次的に関連づけることが簡単にできる．それらは抽象の最初のレベルであり，対象をグループ化して効率よく処理することを可能とする．そして，抽象化の方法を定義してしまえば，それを階層的に用いてより複雑な構造を作り上げることができる．本節では，配列の配列，リストの配列，文字列の配列を考え，そのような構造の例を述べる．

1次元の配列が**ベクトル**に対応するように，2次元の配列は**行列**に対応し，数学的な計算で広く用いられる．例えば，次のコードを用いると，2つの行列aとbの積を計算して，結果を3番目の行列cに残す．

```
    for (i = 0; i < N; i++)
      for (j = 0; j < N; j++)
        for (k = 0, c[i][j] = 0.0; k < N; k++)
          c[i][j] += a[i][k]*b[k][j];
```

多次元配列によって自然に表わすことができる数学的な計算に出会うことがよくある．

数学的な応用だけではなく，行と列をもつ表の形に情報を構造化することはよく行なわれる．例えば，あるコースの学生の成績一覧表を作るには，行を学生に対応させ，列を科目に対応させて，点数を記録する．Cではそのような表は，行の添字と列の添字をもつ2次元の配列で表わすことができる．もし100人の学生と10の科目があれば，配列を宣言するのにgrade[100][10]と宣言し，i番目の学生のj番目の科目の成績をgrade[i][j]で表わす（ただし，i, jは0からはじめる）．ある科目に対する平均点を計算するには，対応する列の内容を合計して行の数で割ればよい．特定の学生の成績を計算するには，対応する行の内容を合計して列の数で割ればよい．2次元配列はこの種の応用に広く用いられている．コンピュータでは，2次元以上の配列を用いることも都合がよく容易である．例えば，先生は年度ごとの学生の成績表を管理するために，3番目の添字を使うであろう．

2次元の配列は，表現上の都合にすぎない．最終的には，数値は本質的に1次元の配列としてコンピュータの記憶領域に格納される．多くのプログラミング環境において，2次元配列は**行優先順序**（row-major order）で1次元配列に蓄えられる．配列a[M][N]において，最初のN個の場所は最初の行（要素a[0][0]からa[0][N-1]まで）で占められ，次のN個の場所は第2行（要素a[1][0]からa[1][N-1]まで）で占められる．行優先順序では，行列の掛け算の最後の行は，次の行と同等である．

> **プログラム 3.16　2 次元配列の割付け**
>
> 　この関数は 2 次元配列に対して，配列の配列として動的に記憶場所を割り付ける．最初にポインタの配列に，次に，各行に対して記憶領域を割り付ける．この関数によって，次の行
> ```
>     int **a = malloc2d(M, N);
> ```
> は $M \times N$ の整数配列に記憶領域を割り付ける．
>
> ```
> int **malloc2d(int r, int c)
>   { int i;
>     int **t = malloc(r * sizeof(int *));
>     for (i = 0; i < r; i++)
>       t[i] = malloc(c * sizeof(int));
>     return t;
>   }
> ```

```
    c[N*i+j] = a[N*i+k]*b[N*k+j]
```
このスキーマを一般化してより高次元の配列を考えることができる．しかし，Cではこれより一般的な方法が用いられ，多次元配列は配列の配列という複合的なデータ構造として定義される．この方法は大きさの異なる配列の配列を使うことができるという柔軟性をもっている．

　プログラム 3.6 で，配列に対する動的な記憶領域の割付けを用いると，コンパイルし直さなくても問題のサイズを変更できることを見た．これと同様の方法を使うことにしよう．コンパイルの時には大きさのわからない多次元配列に対して記憶領域を割り付けるにはどうしたらよいであろうか．すなわち，プログラムで a[i][j] として配列要素を参照したいが，M と N がわからないので int a[M][N] と宣言できないのである．行優先順序では，次の行は

```
    int* a = malloc(M*N*sizeof(int));
```
$M \times N$ の整数配列を割り付ける有効な方法である．しかし，すべての C 環境でこれがうまく働くとは限らない．というのは，すべての実現が行優先とは限らないからである．プログラム 3.16 は配列の配列を定義することによって，2 次元配列に対するこの問題の解を示している．

　プログラム 3.17 は，文字列の配列という同様の複合構造を使用している．一見すると，文字列抽象は文字配列であったので，文字列の配列は配列の配列で表現すればよいように見える．しかし，C で文字列を表わすのは文字配列の先頭をさす**ポインタ**（pointer）であったから，文字列の配列は，ポインタの配列と考えるのが適当である．図 3.12 に示すように，その配列のポインタを並べ換えるだけで，実質的に文字列を並べ換えることができる．プログラム 3.17 は qsort ライブラリ関数を

用いている．そのような関数を実現するための一般論は6章から9章まで，特に7章で論ずる．この例は，文字列を処理するために，文字を1次元の大きな配列に読み込み，それぞれの文字列をさすポインタを記憶し（終端文字を消去する），そして，ポインタを操作するという典型的なシナリオを説明している．

　文字列の配列を扱う例として，引数の文字列を配列 argv を使ってCの main に渡す例を既に見た．システムはユーザがタイプしたコマンドラインをバッファ文字列に蓄え，バッファ内の各文字列をさすポインタ配列を参照するポインタを main に渡す．文字列変換関数を用いてある引数に対応する数を計算し，他の引数は直接文字列として用いる．

　リンクを使って複合データ構造を作ることも同様にできる．図3.13は**多重リスト**（multilist）の例を示している．節点は複数のリンクをもち，別々に管理されているリストに属している．アルゴリズムの設計では，目的の操作を効率よく処理するために，複数のリンクを用いて複雑なデータ構造を作ることがしばしばある．例えば，両方向リストは多重リストで x->l->r と x->r->l が両ともxと等しいという性質をもつものである．1つの節点が2つのリンクをもつもっと重要なデータ構造について5章で論ずる．

　もしも多次元配列が**疎**（sparse）であれば（ほとんどの要素がゼロである），それを表わすのには多次元配列よりも多重リストを使った方がよい．行列の各要素に1つの節点を割り当て，それぞれの次元に対応するリンクをもたせ，その次元の次の要素をさすようにすればよい．こうすると，必要な記憶領域をそれぞれの次元の添字の最大値の積から，非ゼロ要素の個数に比例する記憶領域に削減できる．しかし，多くのアル

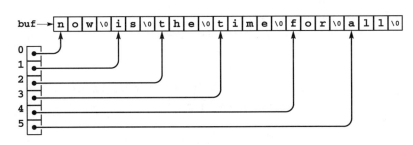

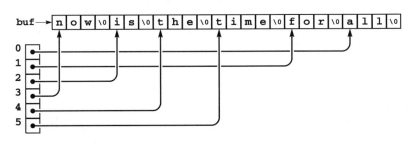

図3.12　文字列のソート

　文字列を扱う時，普通，文字列を蓄えたバッファへのポインタを対象とする（上）．その理由は，長さが様々な文字列を直接扱うよりもポインタを扱う方が容易であるからである．例えば，文字列ソートの結果を表わすには，文字列がアルファベット順（辞書式順序）にアクセスできるようポインタを並べ換えればよい．

> **プログラム 3.17 文字列の配列をソートする**
>
> 　このプログラムは，文字列の集合をソートして順に並べ換えるという重要な文字列処理の関数を説明している．すべての文字列を十分大きなバッファに読み込み，各文字列をさすポインタを配列にもつ，そして，それらのポインタを，最も小さい文字列に対するポインタを配列の先頭，2番目に小さい文字列をさすポインタを配列の2番目のように，順に並べ換える．
>
> 　ライブラリ関数 qsort がソートを行なう．qsort は，配列の先頭をさすポインタ，ソートする対象の数，対象の大きさ，比較関数，という4個の引数をもつ．ソートする対象を直接扱うのではなく，それらをさすポインタを並べ換えることと，void 型を参照するポインタを引数とする比較関数を用いることによって，ソートすべき対象の型から独立している．このコードは，strcmp をよぶ時に，上記のポインタを文字型を参照するポインタにキャストしている．比較のために実際に文字列の最初の文字にアクセスするには3種類のポインタを用いる：配列の添字をえるためのもの（これはポインタである），文字列へのポインタをえるためのもの（添字を用いて），文字をえるためのもの（ポインタを用いて）．
>
> 　整列および探索を行なう関数に対して，型からの独立性をえるために別の方法を4章と6章で説明する．
>
> ```c
> #include <stdio.h>
> #include <stdlib.h>
> #include <string.h>
> #define Nmax 1000
> #define Mmax 10000
> char buf[Mmax]; int M = 0;
> int compare(void *i, void *j)
>   { return strcmp(*(char **)i, *(char **)j); }
> main()
>   { int i, N;
>     char* a[Nmax];
>     for (N = 0; N < Nmax; N++)
>       {
>         a[N] = &buf[M];
>         if (scanf("%s", a[N]) == EOF) break;
>         M += strlen(a[N])+1;
>       }
>     qsort(a, N, sizeof(char*), compare);
>     for (i = 0; i < N; i++) printf("%s\n", a[i]);
>   }
> ```

ゴリズムにおいて，リンクをたどって各要素にアクセスしなくてはならないので時間がかかる．

　複合データ構造の例をもう少し見るために，特に添字とリストの差を

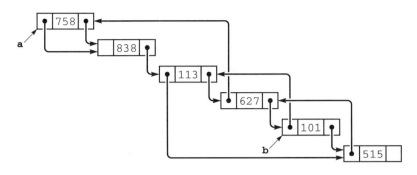

図 3.13　多重リスト

各節点にリンクを2つもたせて，2つの独立したリストを作ることができる．1つのリストは一方のリンクを用い，もう1つのリストは他方のリンクを用いる．ここで，右のリンクがある順序（例えば，節点が生成された順序）にリストを作り，左のリンクが別の順序（例えば，左のリンクを用いて行なわれた挿入ソートの結果）を表わす．右のリンクをaからたどると，生成された順に点を訪問し，左のリンクをbからたどると，ソートされた順に訪問する．

明らかにするために，グラフを表わすデータ構造を見てみよう．**グラフ**（graph）とは，組合せ問題の基本であり，**頂点**（vertex，節点（node）ともよばれる）とよばれる対象の集合と，**枝**（edge，辺ともいう）とよばれる2点間の結びつきからなる．既に1章の連結性問題においてグラフを説明した．

グラフは V 個の頂点と E 本の枝からなるとする．頂点は $0, 1, \cdots, V-1$ と番号がつけられ，枝は頂点の組として定められる．1章と同様に，対 i-j を i と j の関係と定義し，対 j-i と同じ意味をもつとする．そのような対によって定められるグラフは**無向グラフ**（undirected graph）とよばれる．他のタイプのグラフは第5部（本書の続巻）で論ずる．

グラフを表わす直接的な方法の1つは，**隣接行列**（adjacency matrix）とよばれる2次元配列を用いることである．隣接行列によって，頂点 i と j の間に枝があるかどうかは，行 i 列 j の要素が非ゼロかどうかをチェックすることによって直接決定することができる．無向グラフに対して，行 i 列 j の要素と行 j 列 i の要素は同一であり，行列は対称である．図 3.14 は無向グラフに対する隣接行列の例を示している．プログラム 3.18 は，枝の入力列に対して隣接行列を作る．

グラフを表現するもう1つの直接的な方法は，リンクによるリストの配列（**隣接リスト**（adjacency list）とよばれる）を使うことである．各頂点に対して1つのリストを用い，その頂点につながっている頂点を蓄えておく．無向グラフに対して，もし頂点 j に対するリスト節点が i のリストにあれば，頂点 i に対するリスト節点も j のリストにある．図 3.15 は無向グラフに対する隣接リスト表現の例を示している．プログラム 3.19 は枝の入力列に対して隣接リストを作る．

グラフを表わすどちらの方法も，リストまたは配列という簡単なデータ構造の配列である．リストまたは配列のそれぞれが各頂点に対応し，その頂点に接続する枝の集合を表わしている．隣接行列は配列として実現されており，隣接リストはリンクによるリストとして実現されている．

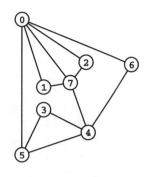

	0	1	2	3	4	5	6	7
0	1	1	1	0	0	1	1	1
1	1	1	0	0	0	0	0	1
2	1	0	1	0	0	0	0	1
3	0	0	1	1	1	0	0	0
4	0	0	0	1	1	1	1	0
5	1	0	0	1	1	1	0	0
6	1	0	0	0	1	0	1	0
7	1	1	1	0	1	0	0	1

図3.14 隣接行列を用いたグラフの表現

プログラム3.18 隣接行列を用いたグラフの表現

このプログラムは，無向グラフを表わす枝集合を読み込み，iからjへ枝がある，またはjからiへ枝がある時，a[i][j]とa[j][i]に1をおいて，そのような枝がなければ0をおいて，そのグラフに対する隣接行列を作る．頂点数Vはコンパイル時に定数であると仮定している．そうでなければ，隣接行列を表現する配列に動的に記憶領域を割り付けなければならない（練習問題3.72）．

```
#include <stdio.h>
#include <stdlib.h>
main()
  { int i, j, adj[V][V];
    for (i = 0; i < V; i++)
      for (j = 0; j < V; j++)
        adj[i][j] = 0;
    for (i = 0; i < V; i++) adj[i][i] = 1;
    while (scanf("%d %d\n", &i, &j) == 2)
      { adj[i][j] = 1; adj[j][i] = 1; }
  }
```

グラフは頂点の集合と頂点の対をつなぐ枝の集合からなる．簡単のために，頂点に0, 1, 2, …と番号をつける．隣接行列は，2次元の配列で，点iと点jに枝がある時，そしてその時に限り行i列jに1をおき，それ以外は0である．配列は対称行列となる．また，都合のために，対角要素に1をおく（すべての頂点は自分自身と結ばれている）．例えば，第6行（7行目）を見ると，頂点6は0, 4, 6と結ばれていることがわかる．

さて，グラフを表現するのに，わかりやすい記憶領域のトレードオフに直面している．隣接行列は V^2 に比例する記憶領域を使い，隣接リストは $V+E$ に比例する記憶領域を使う．もし，枝がほとんどないのであれば（この時グラフは**疎**であるという），隣接リストの方がはるかに少ない記憶領域ですむ．もし，ほとんどの頂点対が枝で結ばれているのならば（このようなグラフは**密**（dense）であるという），隣接行列の方がリンクがない分好ましい．枝が頂点iと頂点jの間にあるかという問に定数時間で答えられるので，隣接行列を用いた方が効率がよいアルゴリズムがあり，また，すべての枝を V^2 ではなくて $V+E$ に比例する時間で処理することが可能なので，隣接リストの方が効率がよいというアルゴリズムがある．このトレードオフの例を5.8節で見る．

隣接行列および隣接リストによるグラフ表現は両方とも他のタイプのグラフを扱うのに拡張することができる（例えば練習問題3.71）．これは第5部で考察する大半のグラフ処理アルゴリズムの基礎となる．

本章のまとめとして，3.2節で考えた簡単な幾何学的問題の効率のよい解法を導くために，複合データ構造を用いる問題を考えることにしよう．数 d が与えられ，単位正方形内の N 個の点の集合の中で，長さ d 以下の直線分で結ぶことができる点の対はいくつあるかを知りたい．プログラム3.20はリンクによるリストの2次元配列を用いて，プログラム3.8の実行時間を，N が十分大きい時に約 $1/d^2$ 倍高速になるように

複合データ構造　§3.7

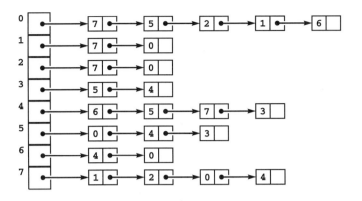

図3.15　隣接リストを用いたグラフの表現

この図は，図3.14のグラフをリストの配列を用いて表現したものである．必要な記憶容量は頂点の数と枝の数の和に比例している．ある与えられた頂点 i につながる点を見つけるには，配列の i 番目の場所を見る．すると，i につながる頂点を格納したリストをさすポインタをえる．

プログラム 3.19　隣接リストを用いたグラフの表現

このプログラムは，グラフを定義する枝集合を読み込み，そのグラフに対する隣接リストを作る．グラフの隣接リストはリストの配列であり，各頂点に1つのリストが対応し，j 番目のリストは j 番目の頂点につながる頂点を表わすリストである．

```c
#include <stdio.h>
#include <stdlib.h>
typedef struct node *link;
struct node
  { int v; link next; };
link NEW(int v, link next)
  { link x = malloc(sizeof *x);
    x->v = v; x->next = next;
    return x;
  }
main()
  { int i, j; link adj[V];
    for (i = 0; i < V; i++) adj[i] = NULL;
    while (scanf("%d %d\n", &i, &j) == 2)
      {
        adj[j] = NEW(i, adj[j]);
        adj[i] = NEW(j, adj[i]);
      }
  }
```

改良したものである．前処理として単位正方形を同じ大きさの小さな正方形に格子状に区切る．そして，各正方形に対して，その中に含まれる点のリストを作る．このリストの2次元配列を用いると，与えられた点に近い点の集合が直ちにえられる．リンクによるリストを用いると，各正方形にいくつ点が落ちるのかを前もって知らなくても，正方形内の点

のリストを作ることができる．

プログラム 3.20 で用いる記憶領域は $N+1/d^2$ に比例し，計算時間は $O(d^2N^2)$ に比例する．これは，小さな d に対しては，プログラム 3.8 の**力まかせ**（brute-force）の方法に対して大きな改善となっている．

プログラム 3.20　リストの 2 次元配列

このプログラムは，プログラム 3.8 の幾何学的な計算問題に対して適切なデータ構造を選ぶことが，アルゴリズムの効率をよくする上で有効であることを示すものである．単位正方形を格子状に区切り，各格子に対応するリンクによるリストの 2 次元配列を用いる．格子は，距離 d 以内の点は必ず同じ格子に含まれるか隣り合う格子に含まれるよう十分細かくする．関数 malloc2d はプログラム 3.16 の関数と同様であるが，オブジェクトが int ではなく link である．

```c
#include <math.h>
#include <stdio.h>
#include <stdlib.h>
#include "Point.h"
typedef struct node *link;
struct node { point p;   link next; };
link **grid; int G; float d; int cnt = 0;
gridinsert(float x, float y)
  { int i, j; link s;
    int X = x*G +1; int Y = y*G+1;
    link t = malloc(sizeof *t);
    t->p.x = x; t->p.y = y;
    for (i = X-1; i <= X+1; i++)
      for (j = Y-1; j <= Y+1; j++)
        for (s = grid[i][j]; s != NULL; s = s->next)
          if (distance(s->p, t->p) < d) cnt++;
    t->next = grid[X][Y]; grid[X][Y] = t;
  }
main(int argc, char *argv[])
  { int i, j, N = atoi(argv[1]);
    d = atof(argv[2]); G = 1/d;
    grid = malloc2d(G+2, G+2);
    for (i = 0; i < G+2; i++)
      for (j = 0; j < G+2; j++)
        grid[i][j] = NULL;
    for (i = 0; i < N; i++)
      gridinsert(randFloat(), randFloat());
    printf("%d edges shorter than %f\n", cnt, d);
  }
```

このデータ構造を多くの幾何学的な問題の解法の基礎として利用することができる．例えば，1章の**合併-発見**（union-find）アルゴリズムと組み合わせると，平面上の N 個のランダムな点の集合が長さ d の線分で結べるかどうかを決定するほとんど線形時間のアルゴリズムをえる．この問題は，配線と回路設計の基本的な問題である．

本節で見てきた例から示唆されるように，基本的な抽象構成要素を何層にも積み上げて，いくらでも複雑な構造を作ることができる．異なる型のデータを構造化してオブジェクトとし，暗黙のまたは明示的なリンクを使って，オブジェクトを逐次的につないで複合オブジェクトとする．これらの例は，5章で見るように，データを構造化する際の完全な一般的方法にはまだ一歩足りない．このステップを先に進む前に，リンクによるリストと配列から作ることができる重要な抽象的データ構造を勉強しなければならない．これはその先のレベルの一般的なデータ構造の開発を助けてくれる基本的なツールである．

練習問題

3.63 プログラム 3.16 を 3 次元配列を用いるように書き換えよ．

3.64 プログラム 3.17 を修正して，入力文字列を独立に扱うようにせよ（入力から各文字列を読み込んだ後で記憶領域を割り付ける）．すべての文字列は 100 文字以下であると仮定してよい．

3.65 2 次元配列を，要素 a[i][j] が，i と j の最大公約数が 1 の時 1，そうでない時 0 となるように作れ．

3.66 プログラム 3.20 をプログラム 1.4 と一緒に用いて，N 個の点の集合が長さ d 以下の線分で結べるかどうかを決定する効率のよいプログラムを書け．

3.67 疎な行列に対して，2 次元配列による表現を，非ゼロ要素に対応する節点からなる多重リストによる表現に書き直すプログラムを書け．

●**3.68** 多重リストで表現された行列の乗算を行なうプログラムを書け．

▷**3.69** 入力された枝（頂点の対）が 0-2, 1-4, 2-5, 3-6, 0-4, 6-0, 1-3 である場合に，プログラム 3.18 で作られる隣接行列を書け．

▷**3.70** 入力された枝（頂点の対）が 0-2, 1-4, 2-5, 3-6, 0-4, 6-0, 1-3 である場合に，プログラム 3.19 で作られる隣接リストを書け．

○**3.71** 頂点間を結ぶ時に向きがある（枝が一方の頂点から他方の頂点へ向かう）グラフを有向グラフという．入力された頂点の対が有向グラフを表わしていると仮定して，練習問題 3.69 と 3.70 を行なえ，ここで，i-j は枝が i から j へ向かうことを意味する．枝の向きを矢印で表わして，グラフを図示せよ．

3.72 プログラム 3.18 を，頂点の数をコマンドラインからえて，隣接行列に

対して動的に記憶領域を割り付けるように改訂せよ．

3.73 プログラム 3.19 を，頂点の数をコマンドラインからえて，隣接リストに対して動的に記憶領域を割り付けるように改訂せよ．

○**3.74** グラフの隣接行列を使い，与えられた頂点 a と b に対して，頂点 c で，a から c へ枝があり，かつ c から b へ枝があるようなものの個数を数えるプログラムを書け．

○**3.75** 練習問題 3.74 を隣接リストを使うようにして解け．

第4章　抽象データ型

　利用するデータならびにデータをプログラムで処理する方法に対する抽象モデルを開発することは，コンピュータで問題を解く過程において非常に重要なステップのひとつである．この原則を表わす例は，下位レベルでは日常的なプログラミングの中に（例えば，3章で述べた配列やリンクによるリストを使った時），上位レベルでは問題解決の中に（1章で述べた連結性問題を解く時に**合併-発見アルゴリズム**（union-find algorithm）により生成された森を使った時）見ることができる．本章では**抽象データ型**（ADT，abstract data type）を考察する．抽象データ型を用いると，上位レベルの抽象を用いてプログラムを作ることができる．そして，プログラムがデータに施す概念上の操作から，特定のデータ構造による表現とアルゴリズムの実現を分離することができる．

　すべてのコンピュータシステムは抽象の階層の上に成り立っていると見ることができる．シリコンまたは他の物質の物理的な性質を用いて2値の0-1の値をとるビットという抽象モデルを採用する．そして，ビット集合の値が動的に変化する規則を用いて機械という抽象モデルを採用する．そして，機械語プログラムを使った機械の制御によってプログラミング言語を実現し，それを抽象モデルとして採用する．そして，C言語プログラムとして実現されるアルゴリズムという抽象概念を採用する．抽象データ型はこのプロセスをさらに先に進め，C言語システムが提供するよりも高いレベルにおいて，コンピュータ処理を表現する抽象機構の開発を可能とし，数多くの応用分野において，問題解決に適した応用に特化した抽象機構の開発を可能とする．さらにこれらを基本的な機構として用いる，より上位レベルの抽象機構を構成することが可能となる．抽象データ型は新しい問題に挑戦する時に利用可能な無限に広がるツールの集合を与えてくれる．

　抽象機構を用いると，それがどう実現されるかというような細かいことに気を使わなくてもすむ．その一方で，プログラムの性能を問題にする時には基本操作のコストに関心をもつ必要がある．コンピュータのハードウェアに組み込まれた基本となる抽象を用いて機械命令の基礎を構成し，それに加えてソフトウェアで実現するものがあり，さらに，既に作成されたシステムソフトウェアが提供するものを利用する．このよう

に，より上位レベルの抽象機構をより基礎的なものから作ることがよく行なわれ，この基本的な原則はすべてのレベルで成り立つ．プログラムの最も重要な操作を選び出すとともにデータの最も重要な特徴を見つけ，その両方を正確に抽象レベルで定義して，それが実行できるような効率のよい実際の機構を開発することが望まれる．本章ではこの原則を多くの例を用いて詳しく考察する．

抽象の新しい層を開発するためには，扱おうとする抽象オブジェクトとそれに対する操作を定義する必要がある．データをあるデータ構造の中に表現し，操作を実現しなくてはいけない．そして，それらのオブジェクトを使うと応用問題を解くのに都合がよいことを確かめたい（これは実地試験の要点である）．この主張は単純なデータ型にもあてはまり，3章で述べたデータ型を支援する方法は，1つの重要な拡張を行なうことによってここで述べた目的のために利用できる．

定義4.1 抽象データ型（ADT）とは，データ型（値の集合とそれらの上の演算の集合）であり，**インタフェース**（interface）を通してだけアクセスされるものである．抽象データ型を用いるプログラムを**クライアント**（client）とよび，データ型を記述するプログラムを**インプリメンテーション**（実現，implementation）とよぶ．

データ型が抽象であるための鍵となる特徴は，「だけ」という言葉によって表わされる．クライアントプログラムは，インタフェースが提供する操作を通じてだけデータの値にアクセスすることができる．データの表現と操作を実現する関数はインプリメンテーションの中だけにあり，それらはインタフェースによってクライアントから完全に切り離されている．クライアントはインタフェースを通じてインプリメンテーションを見ることができない，という意味でインタフェースは不透明であるという．

例えば，3.1節のプログラム3.3における点のデータ型のインタフェースは，点は浮動小数点数の対でありx, yという名前のメンバーからなる構造体であると宣言している．実際，このようなデータ型の使い方は大きなソフトウェアシステムではよく見られる．データがどのように表現されるべきかに関する一連の約束事を導き（そして多数の関連する演算を定義する），これらの約束事を大きなシステムの構成要素であるクライアントプログラムが利用できるようにインタフェースの中に表わす．データ型を明示することによって，システムのすべての部品が中核となるシステム共通のデータ構造の表現に合意していることを保証する．この戦略は非常に有効であるが欠点がある．データの表現を変更す

る必要がある時には，すべてのクライアントプログラムを変更しなくてはならない．プログラム3.3はここでも簡単な例を提示している．データ型を開発するひとつの理由は，クライアントプログラムが点を都合よく扱えるようにするためであり，必要な時にはクライアントがそれぞれの座標にアクセスすることを想定している．しかし，異なる表現（例えば，極座標，3次元，それぞれの座標が異なるデータ型をもつ場合）に移行するためにはすべてのクライアントプログラムを変更しなければならない．

3.4節の簡単なリスト処理のインタフェースを実現したプログラム3.12は，抽象データ型に向かう最初の一歩を示す例である．クライアントプログラム（プログラム3.13）では，データにアクセスするのにインタフェースに定義した操作しか使わないという約束を採用した．そのお陰でクライアントの変更なしにデータ表現の変更を考えることができた（練習問題3.52）．このような約束を採用すると，あたかも抽象型であるようにデータ型を用いることができる．しかし，これには捕らえ難いバグが生ずる可能性がある．なぜならば，データ表現はクライアントがインタフェースを見れば手に入れられるので，意図的でないにしてもユーザがデータ表現に依存していないことを注意深く確かめないといけない．本当の抽象データ型を使うと，クライアントにはデータの表現に関する何の情報も与えないので，それを自由に変更することができるのである．

定義4.1はインタフェースとは何か，データ型や操作がどう記述されるべきか，については何もいっていない．そのような情報を完全に一般的に記述することは，明確に定義された数学的な言葉が必要となり，難しい数学的な問題につながるので，記述が不正確であることはやむを得ないのである．この記述に関する問題は，抽象データ型の例を考えた後で議論することにしよう．

抽象データ型は現代の大規模なソフトウェアシステムを組織化するための有効な手段として登場した．抽象データ型を使うと，（複雑になりうる）アルゴリズムおよび関連するデータ構造と，それらを用いる（大きくて多数になりうる）プログラムとを仲介するインタフェースの大きさと複雑さを相対的に限定することができる．この仕組みは，大きな応用プログラムを全体として理解しやすくしてくれる．さらに，単純なデータ型とは異なり，抽象データ型は，システムの基本的なデータ構造とアルゴリズムを改良したり変更したりすることを容易にするような柔軟性を与えてくれる．最も重要なのは，抽象データ型のインタフェースは，ユーザとデータ構造を実現する人との間の約束事を定義し，お互いに何を期待しているかを正確に伝える手段となることである．

抽象データ型はデータ構造とアルゴリズムを勉強する上で重要な役割を果たすので本章で詳しく調べる．実際，本書で考えるほとんどすべてのアルゴリズムの開発をうながすもとになっているのは，多くの計算の中で中心的な役割を果たす，基本的な抽象データ型の基本操作に対する効率のよいインプリメンテーションを与えることである．抽象データ型を設計することは，応用プログラムの要求を実現する第一歩にすぎない．その先に，関連する操作とそれを支えるデータ構造のインプリメンテーションを開発する必要がある．これらの仕事はこの本の主題である．さらに，1章の例のように，アルゴリズムとデータ構造の性能の特徴を導き，それらを比較するために抽象モデルを用いる．よく行なわれるのは，抽象データ型を用いて問題を解く応用プログラムを開発し，抽象データ型のインプリメンテーションを複数作りそれらの性能を比較することである．本章では多くの例題を用いてこの一般的な手順を詳細に論ずる．

　Cのプログラマはデータ型と抽象データ型の両方を用いる．下位レベルでは，Cが提供する整数の演算だけを用いて整数を扱う時には，整数に対するシステム定義の抽象を用いている．整数の表現と演算は，機械が変われば異なる方法で実現されることがありうる．しかし，整数に対して定義された演算だけを用いたプログラムは新しい機械の上でも正しく動く．この場合には，整数に対する様々な演算がインタフェースを構成し，ユーザプログラムはクライアントであり，システムのハードウェアとソフトウェアがインプリメンテーションを提供する．しばしば，データ型は十分抽象的であり，例えば新しい機械に移行して整数や浮動小数点数に対する表現が異なったとしても，プログラムを変更する必要はない（この理想は期待するほどには達成されないけれども）．

　上位レベルでは，前に見たように，Cプログラマはあるデータ構造に対する演算の集合を記述するのに.hファイルの形でインタフェースを定義し，インプリメンテーションを独立した.cファイルにおく．この仕組みは，ユーザとデータ構造を実現する人の約束を明示しており，Cプログラミング環境に見られる標準ライブラリの基礎となっている．しかし，多くのこのようなライブラリは特定のデータ構造に依存する演算を含んでいるので，データ型を構成しているものの抽象データ型を構成しているわけではない．例えば，Cの文字列ライブラリは抽象データ型ではない．というのは，文字列を扱うプログラムは，文字列がどのように表現されているか（文字の配列である）を知っていて，配列の添字かポインタ演算を使って直接アクセスするからである．そうなると，クライアントプログラムの変更なしに，リンクによるリストを使う文字列表現に移行することはできない．3.4節と3.5節で述べたリンクによるリ

ストに対する記憶領域の割付けのインタフェースとインプリメンテーションは同じ性格をもっている．それと対照的に，抽象データ型を使うと，演算を異なる方法で実現したり，基になるデータ構造として異なるものを用いたりすることができる．繰り返すと，抽象データ型を特徴づける鍵となる特色は，データ型がインタフェースを通してだけアクセスされるということである．

本章を通じて，抽象データ型の多くの例を見る．この概念に対する感覚をつかんだら，この章の最後で，哲学的で実際的な意味についての議論へ戻ろう．

4.1 抽象オブジェクトとオブジェクトの集合

応用で用いるデータ構造は様々なタイプの大量な情報を含んでおり，個々の情報は複数の独立したデータ構造に属している．例えば，人事データのファイルは，名前，住所，従業員に関する様々な情報からなるレコードを含み，それぞれのレコードは，指示された従業員を検索するためにあるデータ構造に属していなければならないし，統計的な質問に答えるための別のデータ構造に属していなければならない．

この多様性と複雑さにもかかわらず，広いクラスの応用問題において，対象とするデータの扱いには一般性があり，少数の特定の必要性があってそれらの属性情報にアクセスする．要求される処理の多くは，基本的な計算手続きから自然に発生するものなので，広い範囲の応用で必要とされる．本書で考える基礎的なアルゴリズムの多くは，それを適用することによって抽象の階層化を行うことができ，それを利用することによってクライアントプログラムが必要な処理を効率よく行なえるようになる．そこで，そのような処理に関連する数多くの抽象データ型（ADT）について詳細に考えよう．それらは，オブジェクトの型とは独立に，抽象オブジェクトの集合に対する演算を定義する．

3章において，単純なデータ型を用いてオブジェクトの型に依存しないコードを書く方法を考えた．そこでは，typedef文を用いてデータ項目の型を指定した．このアプローチによればtypedef文を変えるだけで，同じコードを整数にも浮動小数点数にも使うことができる．ポインタを用いるとオブジェクトの型はいくらでも複雑にできる．しかし，このアプローチではオブジェクトに行なう演算に関して暗黙の仮定をしていることになり，データ表現をクライアントプログラムから隠したことになっていない．抽象データ型を用いるとデータオブジェクトに行なう演算に関してすべての仮定を明示することになる．

4.8節で総称的なデータオブジェクト（総称オブジェクト）に対して

抽象データ型を作るための汎用性のある機構を詳しく考える．それはインタフェースを Item.h という名前のファイルに定義することに基づいていて，Item 型の変数を宣言することができ，それらの変数を代入文，関数引数，関数の返却値に用いることができる．インタフェースの中でアルゴリズムが総称オブジェクトに行なう必要があるすべての演算も明示的に定義する．そこで考える機構は，データ構造に関する情報をクライアントプログラムに何も知らせずに上記の事を可能としており，したがって本当の抽象データ型を与えてくれる．

しかし，多くの応用で扱うような総称オブジェクトのいろいろな型は単純でよく似ていて，しかも可能な限り効率がよいインプリメンテーションをえることが非常に重要である．したがって，本当の抽象データ型ではなくて単純なデータ型を使うことが多い．特に，Item.h ファイルを，インタフェースとしてではなくてオブジェクトそのものを記述するのに用いる．さらに，この記述はデータ型を定義する typedef 文と演算を定義するいくつかのマクロからなっている．例えば，データに行なう（typedef 文で可能となる一般的な演算以外の）唯一の演算が eq（2つの要素が等しいかをテストする）であると，次の2行からなる Item.h ファイルを使いたい．

```
    typedef int Item
    #define eq(A, B)(A == B)
```

#include Item.h 行を書くと，どのクライアントプログラムも，アルゴリズムを実現したコードの中で2つの要素が等しいことをテストするために eq を用いることができる．同様に Item 型を宣言，代入，関数引数，返却値に用いることができる．そして，Item.h を次のように変更すれば同じクライアントプログラムを文字列に用いることができる．

```
    typedef char *Item;
    #define eq(A, B) (strcmp(A, B) == 0)
```

この仕組みは抽象データ型の使用ではない．というのは，Item.h をインクルードしたプログラムに対して，この特定のデータの表現が自由に利用可能であるからである．Item 型に対する他の簡単な操作（例えば Item 型を印刷する，それらを読む，乱数値に設定する）を行なうために関数をよぶかマクロを追加しよう．そして，クライアントプログラムにおいて，あたかも Item 型が抽象データ型として定義されたかのように扱うという約束事を採用する．そうすると，性能をなんら悪くせずに基本となるオブジェクトの型を指定しないでおくことができる．本当の意味での抽象データ型をそのような目的に用いるのは，多くの応用に対しては過剰であるが，多数の例を見た後で，4.8 節においてその可能性を議論する．原理的には，この技法をどのような複雑なデータ型に対し

ても応用することができる．しかし，型が複雑になるほど，本当の抽象データ型を使おうという気分になるものである．

総称オブジェクトに対してデータ型を実現するための方法が確立できたら，次はオブジェクトの集合を考えることができる．本書で考察する多くのデータ構造とアルゴリズムは，抽象オブジェクトの**集合**（collection）を扱う基本的な抽象データ型を実現するのに用いることができる．抽象オブジェクトの集合は次の操作から組み立てられるとする．

- 新しいオブジェクトを集合に**挿入**（insert）する．
- 集合からあるオブジェクトを**削除**（delete）する．

このような抽象データ型を**一般化キュー**（generalized queue）とよぶ．便利のために，データ構造を**初期化**（initialize）する，データ構造に含まれる要素の数を**数える**（count），空でないかどうかテストする，という操作を含めて考えることが普通である．場合によっては，適当な返却値を定義してこれらの操作を挿入と削除の中に埋め込んでしまうこともある．また，データ構造を**廃棄**（destroy）する，データ構造を**コピー**（**複製**，copy）することを考える場合もある．これらの操作は 4.8 節で論ずる．

オブジェクトを挿入する場合にはその意図は明らかである．しかし，集合からオブジェクトを削除する時，どのオブジェクトを選べばよいのであろうか？　削除操作に対してどのオブジェクトを取り去るかを決定する規則の違いと，それぞれの規則に関連する約束事の違いが，オブジェクトの集合に対する抽象データ型を特徴づける．さらに，挿入と削除の他にも数多くの自然な操作がある．本書で考える多くのアルゴリズムとデータ構造は，これらの操作の様々な部分集合，様々な削除規則やその他の約束事に対して，効率よいインプリメンテーションがえられるように設計されている．これらの抽象データ型は概念的には簡素であり，広く使われ，非常に多くの計算機処理の中核となっているので，十分に注意深く考察する価値がある．

これらの基本的なデータ構造のいくつかを取り上げ，それらの特徴と応用例を考えるとともに，それを例題として抽象データ型を開発する時に用いる基本的な機構を説明する．4.2 節でプッシュダウンスタックを考える．プッシュダウンスタックにおける削除規則は，最も新しく挿入したオブジェクトを削除するということである．4.3 節ではスタックの応用を考え，4.4 節では実現方法を考えるとともに，応用とインプリメンテーションを分離するための具体的な方法を示す．スタックに関する議論に続いて，1 章で考えた**連結性問題**に対する**合併-発見アルゴリズム**の話題を使って，新しい抽象データ型を作り出す過程を考えることに戻る．それに続いて，抽象オブジェクトの集合に戻り，**FIFO キュー**と

一般化キュー（抽象レベルでは要素の削除規則においてだけスタックとは異なる），重複する要素を認めない一般化キューを考える．

3章で見たように，配列とリンクによるリストは，指示された要素の挿入と削除を実現する基本的な機構を備えている．実際，リンクによるリストと配列は，一般化キューに対するいくつかのインプリメンテーションの基礎となるデータ構造である．挿入と削除のコストは，利用しているデータ構造と挿入または削除する要素に依存していることを既に学んだ．与えられた抽象データ型に対して，我々の考えるべき問題は，要求される操作を効率よく行なえるデータ構造を選ぶことである．本章では，リンクによるリストと配列が適切な解であるようないくつかの抽象データ型の例を詳細に調べる．より強力な操作が実行できる抽象データ型にはより高度なインプリメンテーションが必要であり，それらは本書で多くのアルゴリズムを考える際の最優先の着眼点である．

抽象オブジェクトの集合を扱うデータ型（一般化キュー）は，計算の基礎となる方法論を直接支えているので，計算機科学の研究における中心的な課題である．非常に多くの計算において，処理すべき多くのオブジェクトをかかえているが，一度にひとつのオブジェクトしか処理できないという状況が生まれる．この時，あるオブジェクトを処理している間，他のオブジェクトを蓄えておかなければならない．この処理には，既に蓄えてあるオブジェクトのいくつかを調べたり，集合に追加したりすることが含まれることがある．しかし，オブジェクトを蓄えることと指定された条件で検索することが計算の基本である．多くの古典的なデータ構造とアルゴリズムがこの枠組みにあてはまる．

練習問題

▷ **4.1** Item と eq の定義を浮動小数点数に適用できるように定義せよ．ここで，2つの浮動小数点数は，その差を（絶対値の）大きい方で割った時の値の絶対値が 10^{-6} よりも小さい時，等しいと見なす．

▷ **4.2** Item と eq を平面上の点（3.1節参照）に適用できるように定義せよ．

4.3 本文で述べた整数と文字列に対する総称オブジェクト型の宣言に対して，マクロ ITEMshow を追加せよ．このマクロは標準出力に要素の値を書き出す．

▷ **4.4** Item と ITEMshow（練習問題4.3参照）を，トランプカードを処理するプログラムの中で用いるように定義せよ．

▷ **4.5** プログラム3.1をファイル Item.h の中の総称オブジェクト型を使うように書き換えよ．オブジェクト型は ITEMshow（練習問題4.3）と ITEMrand をインクルードせよ．そうすれば + と / が定義されたどの型の

数にもプログラムを使うことができる.

4.2 プッシュダウンスタック抽象データ型

オブジェクトの集合に対して挿入と削除を実行可能とするデータ型の中で最も重要なものはプッシュダウンスタックである.

スタックは忙しい教授の未決の書類箱のような動きを見せる.書類が山になって積み上げられ,仕事をするチャンスがある時は上から取り出される.学生のレポートは,1日か2日はスタックの底の方に積まれているかもしれないが,まじめな先生ならば週末にはスタックを空にするであろう.コンピュータプログラムも自然にこのように動いている.ある仕事をしている時に,他の仕事を後回しにしなければいけないことがあり,さらに,最も新しく受け付けた仕事を最初にこなすように仕事を選択する必要がしばしばある.このように,プッシュダウンスタックは多くのアルゴリズムの基礎となるデータ構造として登場する.

定義 4.2 プッシュダウンスタック抽象データ型(pushdown stack ADT,スタック ADT)は 2 つの基本的な操作を含む抽象データ型である.それらの操作は,新しい要素の**挿入**(プッシュ,push)と,最も新しく挿入された要素の**削除**(ポップ,pop)である.

すなわち,プッシュダウンスタック抽象データ型という時,クライアントプログラムが利用できるように明確にされたプッシュとポップの記述,およびプッシュダウンスタックを特徴づける規則を実現した操作の(1 つの)インプリメンテーションのことを意味する.要素は**後入れ先出し**(last-in first-out,LIFO)で削除される.最も単純なケースでは(また最もよく用いられるが)クライアントもインプリメンテーションも単一のスタックを考える(すなわち,データ型の値の集合が単一のスタックである).4.8 節では多重のスタックを扱う抽象データ型をどのように作るかを見る.

図 4.1 はスタックが一連のポップとプッシュによってどのように変化するのかを示している.1 回のプッシュでスタックは 1 大きくなり,1 回のポップで 1 小さくなる.図では,スタック上の要素はスタックにおかれた順に並んでいる.したがって,リストの最も右がスタックの先頭であり,次の操作がポップであれば返される要素である.インプリメンテーションにおいては,要素がこのように並んでいるというイメージをクライアントにもたせてくれるのであれば,どのような方法で要素を管理してもかまわない.

```
L           L
A           L
*       A   L
S           L S
T           L S T
I           L S T I
*       I   L S T
N           L S T N
*       N   L S T
F           L S T F
I           L S T F I
R           L S T F I R
*       R   L S T F I
S           L S T F I S
T           L S T F I S T
*       T   L S T F I S
*       S   L S T F I
O           L S T F I O
U           L S T F I O U
*       U   L S T F I O
T           L S T F I O T
*       T   L S T F I O
O           L S T F I
*       I   L S T F
*       F   L S T
*       T   L S
*       S   L
*       L
```

図 4.1 プッシュダウンスタック(LIFO キュー)の例

このリストは最左列の操作を上から下へ行なった結果を表わしている.その列で文字がプッシュ,アスタリスク(*)がポップである.各行が 1 回の操作に対応し,ポップによって取り除かれる文字,操作の後のスタックの内容が左から右へ挿入された順序に並べられている.

> **プログラム4.1　プッシュダウンスタックADTのインタフェース**
>
> 　このインタフェースはプッシュダウンスタックを定義する基本操作を定義している．ここでは，ファイルSTACK.hの中に4個の宣言があり，これらの関数を用いるクライアントプログラムとそのコードを与えるインプリメンテーションから，インクルードファイルとして参照されると仮定する．そして，クライアントもインプリメンテーションもItemを定義する．その定義は，Item.hファイル（それはtypedef文が書かれているかもしれないし，もっと一般的なインタフェースを定義しているかもしれない）をインクルードすることによって行なわれる．STACKinitの引数はスタック上に予想される要素の数の最大値を与える．
>
> ```
> void STACKinit(int);
>  int STACKempty();
> void STACKpush(Item);
> Item STACKpop();
> ```

　プッシュダウンスタック抽象を用いるプログラムを書くには，最初にインタフェースを定義する必要がある．Cにおける1つの方法は，プログラム4.1に示すように，クライアントプログラムが用いるであろう4つの操作を宣言することである．これらの宣言はファイルSTACK.hに蓄えられ，インクルードファイルとしてクライアントプログラムとインプリメンテーションから参照される．

　さらに，クライアントプログラムとインプリメンテーションの間にそれ以上の結びつきは欲しくない．1章において，計算の基礎となる抽象演算を特定することの価値を見た．こうした抽象演算を用いるプログラムを書くことができるような機構を考えよう．抽象の原則を守るためにデータ構造とインプリメンテーションをクライアントから隠そう．4.3節において，スタック抽象を用いるクライアントプログラムの例を考える．4.4節ではインプリメンテーションを考える．

　抽象データ型において，インタフェースの目的は，クライアントとインプリメンテーションとの間の契約となることである．関数の宣言は，クライアントプログラムからの呼出しとインプリメンテーションの中の定義とが整合するようになされなければならない．しかし，インタフェースは，関数がどう実現されるのかという情報をもたないし，それらがどう振る舞うのかも知らない．クライアントプログラムに対して，「スタックとは何か」をどう説明したらよいのであろうか．スタックのような簡単な構造であればコードを示すことが1つの可能性であるが，一般には有効ではない．最もよく行なわれるのは，説明文書をコードに添付

してプログラマに示すことである．

この状況を厳密に扱うには，きちんと定義された数学記法を使って，関数がどのように振る舞うべきかを完全に記述する必要がある．そのような記述はしばしば**仕様**（specification）とよばれる．仕様を書くことは一般には困難な仕事である．関数を実現するあらゆるプログラムを数学的なメタ言語で記述しなければならないが，一方，関数の振舞いを記述するのに，プログラミング言語で書かれたコードによることが普通である．実際には，関数の振舞いを普通の文章に近い形で記述する．認識論的な問題に引き込まれる前に先に進もう．本書では，ほとんどの抽象データ型に対して，詳細な例，文章による説明，複数のインプリメンテーションを与える．

プッシュダウンスタック抽象データ型の特徴づけが，意味のあるクライアントプログラムを書くのに十分であることを強調するために，4.3節において2つのクライアントプログラムを考え，それからインプリメンテーションを考えることにしよう．

練習問題

▷ 4.6 次の文字列において文字がプッシュを表わしアスタリスク（*）がポップを表わしている．

　　　EAS*Y*QUE***ST***IO*N***

ポップ操作によって返される値の列を書け．

4.7 文字列 EASY の適当な場所にアスタリスクを入れ，ポップの結果えられる文字列が次のようになるようにせよ．

　　　（i）EASY　（ii）YSAE　（iii）ASYE　（iv）AYES

または，そのような文字列がえられない場合にはそのことを証明せよ．スタック操作の約束は練習問題4.6の通りとする．

●● 4.8 2つの文字列が与えられた時，最初の列の適当な場所にアスタリスクを挿入して第2の列をえることが可能かどうかを判定するアルゴリズムを作れ．スタック操作の約束は練習問題4.6の通りとする．

4.3 スタック抽象データ型クライアントの例

これ以降の各章において数多くのスタックの応用例を見る．導入のために算術式の値を計算するのにスタックを用いよう．例えば，次式のように整数の掛け算と足し算からなる式の値を計算することを考えよう．

　　　5 * (((9 + 8) * (4 * 6)) + 7)

この計算には中間結果の保存が含まれる．例えば，最初に9+8を計算

し，次に 4*6 を計算する時に，最初の結果の 17 を覚えておかないといけない．プッシュダウンスタックはこのような計算の中間結果を覚えておくのに最適なメカニズムである．

もっと簡単な問題からはじめよう．そこでは演算子が 2 つの被演算子の間ではなくて，後ろにおかれている．あとで見るようにすべての算術式はこのように書くことができる．この書き方を**後置記法**（postfix）とよび，普通の式の書き方を**中置記法**（infix）とよぶ．前の段落の式を後置記法で書くと，

　　　 5 9 8 + 4 6 * * 7 + *

となる．後置記法における演算子と被演算子の位置を逆にしたものを**前置記法**（prefix）とよぶ．また，この記法は，ポーランドの論理学者 Lukasiewicz が発明したので**ポーランド記法**（Polish notation）とよばれる．

中置記法では，次の 2 つの式を区別するために，括弧が必要である．
　　　 5 * (((9 + 8) * (4 * 6)) + 7)
　　　 ((5 * 9) + 8) * ((4 * 6) + 7)

しかし，後置記法および前置記法では括弧は不要である．これを調べるために，後置記法を中置記法に変換する次のような手続きを考えてみよう．2 つの被演算子とそれに続く演算子の組が現われたら，まとめて中置記法に直して括弧で囲み，1 つの被演算子と見なす．これは，a b * と a b + をそれぞれ(a * b)と(a + b)に置き換えることを意味する．そして，えられた式に対して同じ変換を繰り返し，すべての演算子が処理されるまで続ける．上記の例ではこの変換は次のようになる．

　　　 5 9 8 + 4 6 * * 7 + *
　　　 5 (9 + 8) (4 * 6) * 7 + *
　　　 5 ((9 + 8) * (4 * 6)) 7 + *
　　　 5 (((9 + 8) * (4 * 6)) + 7) *
　　　 (5 * (((9 + 8) * (4 * 6)) + 7))

このようにして，後置記法では，どの演算子に対しても対応する被演算子を特定することができるので，括弧は不要である．

スタックを用いることによって，後置記法の式に対して上記と同様の操作を行なって式の値を計算することができる．例を図 4.2 に示す．式を左から右に移動するように見ていって，被演算子はそれをスタックにプッシュする命令，演算子はスタックから被演算子を 2 つポップして演算し，その結果をプッシュするという命令であるかのように処理を行なう．プログラム 4.2 はこの手続きの C による実現である．

後置記法とプッシュダウンスタックは一連の計算手続きを構成する自然な方法を与えてくれる．後置記法とスタック操作（操作はスタックか

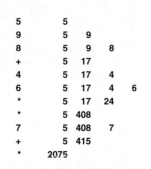

図 4.2 後置記法の式の計算

この数字の列は後置記法の算術式 5 9 8 + 4 6 * * 7 + * の計算に対するスタックの利用を示している．式を左から右に見ていって，もし数字に出会ったらそれをスタックにプッシュし，もし演算子に出会ったら，スタックの上にある 2 つの数に演算を行なってその結果をプッシュする．

プログラム 4.2 後置記法の式の計算

このプッシュダウンスタックのクライアントは整数の掛け算と足し算からなる後置記法で書かれた式を読み，式の値を計算して結果を印刷する．

被演算子に出会ったらそれをスタックにプッシュする．演算子に出会ったらスタックから 2 つの要素をポップして，演算した結果をプッシュする．このコードにおいて式の中に現われる 2 つの操作 STACKpop() の実行順序は C では定まっていないので，被演算子の順序に意味がある引き算と割り算に対してはほんの少し複雑なコードを書かないといけない．

プログラムでは数を区切るのに少なくとも 1 つ空白が続くと仮定している．しかし，入力が正しいかどうかは全くチェックしていない．最後の if 文と while ループは，ASCII 文字の整数列を計算のための整数に変換する C の atoi 関数と同じ仕事をしている．新しい数字に出会うと，えられている結果を 10 倍してその数字を加える．

スタックは整数を蓄える．すなわち，Item は Item.h において int と定義されており，Item.h がスタックのインプリメンテーション（プログラム 4.4 参照）にも含まれていると仮定している．

```
#include <stdio.h>
#include <string.h>
#include "Item.h"
#include "STACK.h"
main(int argc, char *argv[])
  { char *a = argv[1]; int i, N = strlen(a);
    STACKinit(N);
    for (i = 0; i < N; i++)
      {
        if (a[i] == '+')
          STACKpush(STACKpop()+STACKpop());
        if (a[i] == '*')
          STACKpush(STACKpop()*STACKpop());
        if ((a[i] >= '0') && (a[i] <= '9'))
          STACKpush(0);
        while ((a[i] >= '0') && (a[i] <= '9'))
          STACKpush(10*STACKpop() + (a[i++]-'0'));
      }
    printf("%d \n", STACKpop());
  }
```

ら被演算子をポップし，結果をスタックに返す）に基づいた計算方法を採用している電卓と計算言語がある．

そのような言語のひとつの例は **PostScript** 言語であり，この本の印刷にも用いられている．これは完結したプログラミング言語であり，プ

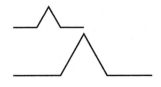

```
/hill {
    dup 0 rlineto
    60 rotate
    dup 0 rlineto
    -120 rotate
    dup 0 rlineto
    60 rotate
    dup 0 rlineto
    pop
} def
0 0 moveto
144 hill
0 72 moveto
72 hill
stroke
```

図4.3 PostScript プログラムの例

上にある図は、その下の PostScript プログラムによって描かれたものである。プログラムは後置記法で書かれており、組込み関数である moveto, rlineto, rotate, stroke, dup, ユーザが定義した関数である hill を用いている（本文参照）。グラフィック命令は作画デバイスへの命令である。moveto は紙面上の指定された点まで移動せよという命令である（座標は1/72インチごとの点で与えられる）。rlineto は現在の場所から相対的に指定された点まで移動し、現在の経路に線分を追加する。rotate は指定された数の角度だけ左に向きを変える。stroke はたどった経路に線を引く。

ログラムは後置記法で書かれ、プログラム4.2 と全く同じ内部スタックを使って解釈される。ここでこの言語のすべての面を述べることはできないが（参考文献の節を参照）、十分に簡単なので、いくつかの実際のプログラムを調べて、後置記法とプッシュダウン抽象の効用のありがたさを体験してみよう。例えば、次の文字列

  5 9 8 add 4 6 mul mul 7 add mul

は PostScript プログラムである。PostScript のプログラムは（add や mul のような）演算子と、（整数のような）被演算子から構成される。プログラム4.2で行なったように、プログラムを左から右に読んで解釈する。もし被演算子に出会ったらスタックにプッシュする。もし演算子に出会ったらスタックから被演算子（もしあれば）をポップして結果（もしあれば）をプッシュする。このプログラムは図4.2 に示すように実行され、スタックに2075 を残す。

 PostScript は、抽象作画デバイスへの命令となるたくさんの基本関数をもっている。またユーザ自身の関数を定義することができる。これらの関数は、他の関数と同様にスタック上の引数を伴って呼び出される。次の PostScript コード

  0 0 moveto 144 hill 0 72 moveto 72 hill stroke

は引数を 0, 0 として moveto をよび、引数を 144 として hill をよび、以下同様、という一連の動作に対応する。いくつかの演算子はスタックを直接参照する。例えば、演算子 dup はスタックの先頭の要素のコピーを作る。したがって、次の PostScript コードは

  144 dup 0 rlineto 60 rotate dup 0 rlineto

引数を 144 と 0 として rlineto をよび、引数を 60 として rotate をよび、引数を 144 と 0 として rlineto をよび、以下同様、という動作に対応している。図4.3 の PostScript プログラムは、関数 hill を定義して用いている。PostScript の関数は、マクロのようである。文字列 /hill{A} def は hill という名前を中括弧のなかの演算の列と同値であるとする。図4.3 の例は関数を定義し簡単な図を描く PostScript プログラムである。

 この話の中での PostScript に対する我々の興味は、広く用いられているプログラミング言語がプッシュダウンスタック抽象に基づいていることである。実際、関数呼出しの機構を自然に実現するので、多くのコンピュータは基本的なスタック操作をハードウェアで実現している。関数へ飛び込む時の状態をスタックに情報をプッシュすることによって保存する。関数から戻った時に、環境を復元するためにスタックから情報をポップする。5章で見るように、プッシュダウンスタックと自分自身をよぶ関数（再帰関数）として書かれたプログラムとの対応は、計算が

どのように行なわれるのかを示す典型的な例である．

我々のプログラムに戻ろう．プッシュダウンスタックを用いて，各演算子に対応する式が完全に括弧でくくられた中置記法の算術式を後置記法に変換することができる．これを図4.4に示す．この計算において，演算子はスタックにプッシュし，被演算子は単に出力に渡す．そして，右括弧が現われると，最後の演算子に対する被演算子が既に出力に渡されたことがわかるので，スタックに蓄えられた演算子もポップして出力する．

プログラム4.3はこの手続きを実現している．後置記法の式に現われる被演算子の順序は前置記法と全く同じであることに注意してほしい．また中置記法の左の括弧が不要であることにはびっくりする．しかし，演算子が異なる数の被演算子をもつ時には，左の括弧が必要である（練習問題4.12）．

算術式の計算は，プッシュダウンスタック抽象を2つの異なる目的に

図4.4　中置記法の後置記法への変換

この列は，スタックを用いて中置記法の式(5*(((9+8)*(4*6))+7))を後置記法の式598+46**7+*に変換する過程を表わしている．式を左から右へ見ていって次のように処理を進める．もし数に出会ったら出力にそのまま渡す，もし左括弧に出会ったら無視する，もし演算子に出会ったらスタックに積む，もし，右括弧に出会ったらスタックの先頭の演算子を出力する．

プログラム4.3　中置記法の変換

このプログラムはプッシュダウンスタッククライアントのもう1つの例である．この例ではスタックは文字を蓄える．ただし，Itemはcharと定義されていると仮定する（すなわちプログラム4.2とは異なるItem.hを用いる）．(A+B)は次のように後置記法AB+に変換される．左括弧を無視して，Aを後置記法に直し，+をスタックに積み，Bを後置記法に直し，右括弧に出会うので，スタックをポップして+を出力する．

```c
#include <stdio.h>
#include <string.h>
#include "Item.h"
#include "STACK.h"
main(int argc, char *argv[])
  { char *a = argv[1]; int i, N = strlen(a);
    STACKinit(N);
    for (i = 0; i < N; i++)
      {
        if (a[i] == ')')
          printf("%c ", STACKpop());
        if ((a[i] == '+') || (a[i] == '*'))
          STACKpush(a[i]);
        if ((a[i] >= '0') && (a[i] <= '9'))
          printf("%c ", a[i]);
      }
    printf("\n");
  }
```

利用する例を示してくれただけでなく，中置記法の算術式を計算する完全なアルゴリズムそれ自身が抽象化の練習問題の1つとなっている．最初に入力を中間表現（後置記法）に変換する．次に抽象スタック機械の動作をシミュレートして式を解釈し計算する．これと同じ手順は，性能がよく可搬性があるので，現代のプログラミング言語の翻訳で多く用いられている．特定のコンピュータにおいてCプログラムをコンパイルする問題は，中間表現を中心として，前後の2つの仕事に分けられる．したがって，本節で我々が行なったと同様に，プログラムを翻訳する問題はプログラムを実行する問題から分離されている．これに関連して，5.7節で異なる中間表現を見ることにする．

　この応用例は抽象データ型（ADT）が限界をもっていることも明らかにしている．例えば，プログラム4.2と4.3の両者が同じプッシュダウンスタック抽象データ型を用いているにもかかわらず，その2つのプログラムをまとめて1つのプログラムとすることに対して，抽象データ型の仕組みは簡単な方法を与えてくれないのである．2つの異なるスタックが必要となるだけでなく，一方のスタックは単独の文字（演算子）を蓄え，一方のスタックは数を蓄える．この問題点をもっとよく理解するために，数が整数ではなくて浮動小数点数であると考えてみよう．一般的な機構を採用して，両方のスタックに対して同じインプリメンテーションを使う方法（4.8節で考えるアプローチの拡張である）は，単純に文字と浮動小数点数の2つの異なるスタックを使う方法（練習問題4.16）よりずっとやっかいなことになりうる．実をいうと，後で見るように，この機構を使いたくなる場合がある．それは，実現の仕方が異なれば，その性能にも差異が生じうるからである．そのような場合に，1つの抽象データ型が両方の目的に適していると前もって決めずに，選択の可能性を残しておきたいであろう．さて，主たる関心事はインプリメンテーションとその性能にあるので，次はプッシュダウンスタックに対してこの点を考えてみよう．

練習問題

▷ **4.9** 次の式を後置記法に変換せよ．
　　(5 * ((9 * 8) + (7 * 4 + 6)))

▷ **4.10** 次の式をプログラム4.2で計算した時のスタックの内容を図4.2と同じように書け．
　　5 9 * 8 7 4 6 + + * 2 1 3 * + * +

▷ **4.11** プログラム4.2と4.3を引き算 − と割り算 / を含むように拡張せよ．

4.12 練習問題4.11の解を単項演算子 − （負の数を表わす）と $ （平方根）

を含むように拡張せよ．そして，プログラム 4.2 の抽象スタック機械を浮動小数点数を扱うように変更せよ．次の例題に対して，1.618034 という計算結果がえられないといけない．

　　　(-(-1) + $((-1) * (-1)-(4 * (-1))))/2

4.13 次の図を描く PostScript プログラムを書け．

● **4.14** プログラム 4.2 が後置記法の算術式を正しく計算することを帰納法を使って証明せよ．

○ **4.15** プッシュダウンスタックを用いて，後置記法の算術式を中置記法の算術式に変換するプログラムを書け．

● **4.16** プログラム 4.2 と 4.3 を，2 つの異なるスタック抽象データ型を使う 1 つのモジュールにまとめよ．2 つのスタックは整数のスタックと演算子のスタックである．

●● **4.17** 次のようなプログラミング言語に対するインタプリタとコンパイラを実現せよ．各プログラムは，算術式が右辺にある一連の代入文があり，それにひとつの算術式が続く．算術式は 1 桁の整数と 1 文字の小文字で表わされる変数を含む．例えば，入力

　　　(x = 1)
　　　(y = (x + 1))
　　　(((x + y) * 3) + (4 * x))

に対して，答えは 13 である．

4.4　スタック抽象データ型の実現

　本節ではスタック抽象データ型（スタック ADT）の 2 つのインプリメンテーションを考える．1 つは配列を用い，1 つはリンクによるリストを用いる．これらのインプリメンテーションは 3 章で述べた基本的なツールを直接応用したものである．予想されるようにそれぞれ用いたツールの違いを反映して性能の特徴だけが異なっている．

　もし配列を使ってスタックを実現するならば，プログラム 4.1 で宣言した関数を実現するのはプログラム 4.4 に示すように自明である．常にスタックの先頭の添字を保持しながら，図 4.1 に示したように要素を配列におけばよい．プッシュを行なうには，スタックの先頭を表わす添字の位置に代入し，添字を 1 だけ増やす．ポップを行なうには，先頭を表わす添字を 1 だけ減らして，添字の位置の要素を返す．初期化の操作は，指定された大きさの配列に記憶領域を割り付けることである．スタックが空かどうかは添字が 0 かどうかをチェックする．このインプリメ

プログラム 4.4 プッシュダウンスタックの配列によるインプリメンテーション

N 個の要素がスタックにある時，このインプリメンテーションは，それらを s[0],…, s[N-1] に蓄える．最も古く挿入されたものから最も新しく挿入されたものへの順である．スタックの先頭（次に挿入される要素が入る場所）は s[N] である．クライアントプログラムは予想されるスタックの最大の要素数を STACKinit の引数として渡し，STACKinit はその大きさの配列に対する記憶領域を確保する．しかし，このコードはスタックが一杯の時にプッシュするというエラー，空のスタックをポップするというエラーをチェックしない．

```
#include <stdlib.h>
#include "Item.h"
#include "STACK.h"
static Item *s;
static int N;
void STACKinit(int maxN)
  { s = malloc(maxN*sizeof(Item)); N = 0; }
int STACKempty()
  { return N == 0; }
void STACKpush(Item item)
  { s[N++] = item; }
Item STACKpop()
  { return s[--N]; }
```

ンテーションをプログラム 4.2 またはプログラム 4.3 のクライアントプログラムと一緒にコンパイルすると，効率がよく効果的なプッシュダウンスタックがえられる．

　前に配列を用いる 1 つの潜在的な欠点を学んだ．それは配列を用いるデータ構造すべてに共通していて，使用する前に配列の最大の大きさを知る必要があることである．そうでないと記憶領域を割り付けられない．このインプリメンテーションでは，初期化を実現する関数の引数としてその情報を渡す．この制約は配列を用いるインプリメンテーションに特有の問題であり，スタック抽象データ型の本質的な要因ではない．プログラムがスタックにおく要素数の上限を推定する簡単な方法はありえない．もし任意に大きな値とすると，この実現方法は記憶領域を有効に使わないことになり，記憶領域が大切な資源である応用では望ましくない．もし小さすぎる値を選ぶと実行時にエラーとなる．抽象データ型を用いることによって，クライアントプログラムを何ら変更することなしに，他のインプリメンテーションを使う異なる選択肢を考えることが可能となる．

スタック抽象データ型の実現 §4.4 131

> **プログラム 4.5 プッシュダウンスタックのリンクによるリストによるインプリメンテーション**
>
> このコードは，スタック抽象データ型を図 4.5 に示すようにリストによって実現するものである．関数 NEW を追加して，節点に記憶領域を割り付け，引数を用いて項目欄を埋め，節点をさすリンクを返す，という機能をもたせる．
>
> ```
> #include <stdlib.h>
> #include "Item.h"
> typedef struct STACKnode *link;
> struct STACKnode { Item item; link next; };
> static link head;
> link NEW(Item item, link next)
>   { link x = malloc(sizeof *x);
>     x->item = item; x->next = next;
>     return x;
>   }
> void STACKinit(int maxN)
>   { head = NULL; }
> int STACKempty()
>   { return head == NULL; }
> STACKpush(Item item)
>   { head = NEW(item, head); }
> Item STACKpop()
>   { Item item = head->item;
>     link t = head->next;
>     free(head); head = t;
>     return item;
>   }
> ```

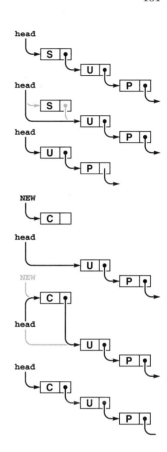

図 4.5 リンクによるリストのプッシュダウンスタック

スタックはポインタ head で表わされ，それは先頭（最も新しく挿入された）要素をさしている．stack (top) をポップするには（上の図），head をそれがさす要素のリンクで置き換えてリストから先頭要素を削除する．新しい要素をスタックにプッシュするには（下の図），新しい要素のリンク欄に head を代入してそれを先頭につけ，head が挿入した要素をさすようにする．

例えば，スタックの伸び縮みを記憶領域に丁寧に反映しようとするならば，プログラム 4.5 のようにリンクによるリストを用いればよい．図 4.5 に示すように，このプログラムでは配列による表現とは逆の順序で要素が並び，最も新しく挿入された要素がリストの先頭に来るようにして，基本的なスタックの操作を実現しやすくしている．ポップするにはリストの先頭要素を削除してそれを返す．プッシュするには新しい節点を作りリストの先頭に付け加える．すべてのリスト操作が先頭で行なわれるので，先頭にダミー節点を用いる必要がない．また，このインプリメンテーションでは STACKinit に引数を渡す必要がない．

プログラム 4.4 と 4.5 は同じ抽象データ型に対する 2 つの異なるインプリメンテーションである．4.3 節で考えたクライアントプログラムに対して何の変更も加えずに，一方のインプリメンテーションで他方を置

き換えることができる．それらは計算時間と記憶領域の使い方という点で性能の特徴が異なっているだけである．例えば，リストによる実現は，プッシュのたびにメモリを割り付け，ポップのたびに解放するので，プッシュとポップの操作により多く時間を使う．これらの操作を莫大な回数行なう応用を考えているのであれば，配列による実現の方がよいだろう．一方，配列による実現は，計算の間中最大の要素数を蓄えるのに必要な領域を占有するのに対して，リストによる実現は，要素の数に比例する領域しか使わないが，要素ごとにリンクという余分な記憶境域を使っている．もし，いつもほとんど一杯となっている巨大なスタックを使うならば配列による実現の方が好ましいし，もし，スタックの大きさが劇的に変化し，スタックに少数の要素しかない時に使わないスペースを他のデータ構造が利用できるならばリストによる実現が好ましい．

このような記憶領域の利用に関する考察は，多くの抽象データ型の実現を考える場合にも成り立ち，本書のいたる所に現われる．どの要素にも素早くアクセスできるが前もって要素の最大数を予想しなくてはいけないという立場（配列）と，使用中の要素数に比例した領域を用いるという柔軟性をえる一方でどの要素にも素早くアクセスできるという能力をあきらめるという立場（リンクによるリスト）のどちらを選ぶべきかという場面に直面することがしばしばある．

基本的な記憶領域の使用の考察の他に，抽象データ型のインプリメンテーションの性能の差に興味があるのは実行時間についてである．この場合には2つのインプリメンテーションにはほとんど差がない．

性質 4.1 配列を用いてもリストを用いても，プッシュダウンスタック抽象データ型に対して**プッシュ**と**ポップ**を一定時間で実行できるようなインプリメンテーションを導くことが可能である．

この事実はプログラム 4.4 と 4.5 を調べれば直ぐに導かれる．■

スタックの要素は配列を用いて実現した場合とリストを用いて実現した場合とでは異なる順序になっているが，そのことはクライアントプログラムでは関心がない．抽象プッシュダウンスタックのイメージが保たれるのであれば，どのデータ構造を使おうが構わない．どちらの場合でも，要求される操作を数個の機械命令で実行することができる効率のよい抽象プッシュダウンスタックのイメージを作ることができる．他の重要な抽象データ型に対してもデータ構造と効率のよい実現を見い出すことが本書を通じての目的である．

スタック抽象データ型の実現　　§4.4

リンクによるリストを用いたインプリメンテーションは，無限に伸びるスタックができるというイメージを与える．しかし，実際にはこのようなスタックは実現不可能である．ある時点で，mallocが記憶領域の要求を満たすことができなくてNULLを返す．また，配列による実現でも，しきい値を決めておき，スタックが半分使われた時にスタックの大きさを倍にして，半分空いた時に半分にするというように劇的に変化させることができる．この実現の詳細は14章の練習問題までおいておく．そこではより進んだ応用問題に対してこの手順を詳しく述べる．

練習問題

▷ **4.18** プログラム4.4を用いて，図4.1に示す操作を実行した後のs[0], …, s[4]の内容を書け．

○ **4.19** プッシュダウンスタックのインタフェースをtest if emptyをcountで置き換えるように変更することを考えよう．countはデータ構造中に現在ある要素の数を返す．プログラム4.4の配列の表現，プログラム4.5のリンクによるリスト表現に対して，countを実現せよ．

4.20 本文で述べた配列に基づくプッシュダウンスタックのインプリメンテーション（プログラム4.4）を，クライアントがスタックが空の時にポップしようとした時，また，スタックが一杯の時にプッシュしようとした時に関数STACKerrorをよぶように変更せよ．

4.21 本文で述べたリンクによるリストに基づくプッシュダウンスタックのインプリメンテーション（プログラム4.5）を，クライアントがスタックが空の時にポップしようとした時，プッシュしようとしてmallocが利用可能な記憶領域がないと答えた時に関数STACKerrorをよぶように変更せよ．

4.22 本文で述べたリンクによるリストに基づくプッシュダウンスタックのインプリメンテーション（プログラム4.5）を，リストを実現するのに配列の添字による方法（図3.4参照）を使うように変更せよ．

4.23 リストの中の要素が，最も古く挿入されたものから最も新しく挿入されたものへと並ぶように修整して，リンクによるリストに基づくプッシュダウンスタックのインプリメンテーションを書け．双方向リストを用いる必要がある．

● **4.24** 2つの異なるプッシュダウンスタックをクライアントに提供するような抽象データ型を開発せよ．配列によるインプリメンテーションを使い，1つのスタックを配列の先頭から，もう1つを末尾から使うようにせよ．もし，クライアントが，一方のスタックが大きくなる時に他方が小さくなるというような使い方をするならば，このインプリメンテーションは他のものと比較して使う記憶領域が少ない．

● **4.25** プログラム4.2と4.3を含み，練習問題4.24の抽象データ型を用いる

ようにして，中値記法による算術式の値を計算する関数を実現せよ．扱う数は整数とする．

4.5　新しい抽象データ型の生成

4.2節から4.4節では最も重要な抽象データ型（ADT）の1つであるプッシュダウンスタックについて，完全なCコードの例を示した．4.2節における**インタフェース**（interface）は基本的な操作を定義している．4.3節で示した**クライアントプログラム**（client program）は，これらの操作がどのように実現されるかとは独立にそれらを用いる．そして4.4節で示したインプリメンテーションは，抽象データ型を実現するのに必要な完全なデータ表現とプログラムコードを示している．

新しい抽象データ型を設計するには，次のようなプロセスを実行するのが普通である．応用問題を解くクライアントプログラムを開発する仕事の最初に，重要と思われる操作を特定する．対象とするデータに対して何ができればよいのであろうか？　そして，インタフェースを定義し，クライアントコードを書いて，その抽象データ型を用いたことがクライアントプログラムの実現を容易にしたかどうかを調べる．次に，抽象データ型における操作を合理的な効率のよいコードとして実現できるかどうかを考察する．もしできなければ，効率が悪い理由を調査し，効率よく実現できる操作となるようにインタフェースを改良する．これらの改良はクライアントプログラムに影響を与えるので，それも変更する．これを何回か繰り返すと，きちんと動くクライアントプログラムとインプリメンテーションがえられるので，そこでインタフェースを固定する．インタフェースはもう変更しないことにする．この時点で，クライアントプログラムの開発とインプリメンテーションの開発とが分離される．同じ抽象データ型を用いて異なるクライアントプログラムを書くことができるし（抽象データ型をテストするプログラムを書くかもしれない），異なるインプリメンテーションを書くことができるし，複数のインプリメンテーションの性能を比較することができる．

これとは異なり，抽象データ型を先に定義することがある．このアプローチに対して次のような質問が出るに違いない．手元にあるデータに対して，クライアントプログラムが行ないたい基本的な操作は何か？効率のよい実現方法がわかっている操作はどれか？　それらの操作を実現したあと，クライアントプログラム上でその有効性をテストする．その結果を見てインタフェースを変更し，さらにテストを行なって，最後にインタフェースを固定する．

1章では，抽象レベルで考えることが，複雑な問題を解く効率のよい

新しい抽象データ型の生成　　§4.5

プログラム 4.6　同値関係抽象データ型インタフェース

　抽象データ型インタフェースの機構は，連結性問題の合併-発見アルゴリズムを3個の抽象操作を使って考えるという我々の方針をその通りにプログラムするのに都合がよい．抽象操作とは，初期化，2つの頂点が連結であるかどうかを見つける発見（find）操作，連結であることを確定しておく合併（union）操作である．

```
void UFinit(int);
 int UFfind(int, int);
void UFunion(int, int);
```

アルゴリズムを見つける助けになることを，詳細な例によって述べた．次に，1章で調べた抽象操作に対して，本章で議論している**カプセル化**（encapsulation）の一般的な手法を適用しよう．

　プログラム4.6は，1章の連結性問題を解くアルゴリズムを，初期化と上位レベルで特徴づけられる2つの操作を使ってインタフェースを定義している．行ないたい操作は，基になるアルゴリズムとデータ構造が何であれ，2つの頂点が連結していることが既知かどうかをチェックすること，2つの頂点が連結であると宣言することである．

　プログラム4.7は，プログラム4.6のインタフェースで定義された抽象データ型を用いて連結性問題を解くクライアントプログラムである．抽象データ型を用いることの1つの利点は，抽象演算を用いて計算が自然な形で書かれているために，プログラムが理解しやすことである．

　プログラム4.8はプログラム4.6で定義された合併-発見アルゴリズ

プログラム 4.7　同値関係抽象データ型クライアント

　プログラム4.6の抽象データ型は連結性問題の合併-発見アルゴリズムを，抽象データ型のインプリメンテーションから分離して，アルゴリズムをより扱いやすくする．

```c
#include <stdio.h>
#include "UF.h"
main(int argc, char *argv[])
  { int p, q, N = atoi(argv[1]);
    UFinit(N);
    while (scanf("%d %d", &p, &q) == 2)
      if (!UFfind(p, q))
        { UFunion(p, q); printf(" %d %d\n", p, q); }
  }
```

プログラム 4.8　同値関係抽象データ型インプリメンテーション

1 章の加重高速合併（weighted quick union）法のインプリメンテーションとプログラム 4.6 のインタフェースを一緒にして，他の応用にも利用しやすいようにコードをまとめてある．局所関数 find が使われている．

```c
#include <stdlib.h>
#include "UF.h"
static int *id, *sz;
void UFinit(int N)
  { int i;
    id = malloc(N*sizeof(int));
    sz = malloc(N*sizeof(int));
    for (i = 0; i < N; i++)
      { id[i] = i; sz[i] = 1; }
  }
static int find(int x)
  { int i = x;
    while (i != id[i]) i = id[i]; return i; }
int UFfind(int p, int q)
  { return (find(p) == find(q)); }
void UFunion(int p, int q)
  { int i = find(p), j = find(q);
    if (i == j) return;
    if (sz[i] < sz[j])
         { id[i] = j; sz[j] += sz[i]; }
    else { id[j] = i; sz[i] += sz[j]; }
  }
```

ムで用いる抽象データ型のインタフェースの実現であり，2 つの配列で表現された木の森を，点の連結性に関する既知の情報を表現するために用いている．この内容は 1.3 節で論じた．1 章で考えたアルゴリズムは，この抽象データ型をこれとは異なる方法で表現しており，クライアントプログラムに全く手を加えずにそれらをテストすることができる．

この抽象データ型を使うプログラムは連結性問題に対しては 1 章のものに較べてほんの少しだけ効率が悪い．なぜならば，いつも合併操作の直前に発見操作が行なわれるというクライアントの性質を利用していないからである．より抽象的な表現を用いる代価としてこの種の余分なコストを支払うことがしばしばある．この場合には，効率の悪化を防ぐ方法がいくつかあり，そのためにインタフェースかインプリメンテーションが複雑になるというコストを支払うことになる（練習問題 4.27 参照）．実際には，道は非常に短いので（特に道のコンプレッションを用

いると）余分なコストは無視できるくらい小さい．

プログラム 4.6 から 4.8 を組み合わせると，プログラム 1.3 と同等の機能になる．プログラムを 3 個に分けることは，次のような理由でより有効なアプローチとなっている．

- 連結性問題を抽象レベルで解く仕事を合併-発見アルゴリズムを実現する仕事から分離して，2 つの問題に独立に取り組むことができる．
- 異なるアルゴリズムとデータ構造を比較する自然な方法がえられる．
- 他のアルゴリズムを作るのに利用できる抽象がえられる．
- インタフェースを通して，ソフトウェアが期待通り動いているかどうかをチェックする方法を定義することができる．
- 新しい表現（新しいデータ構造や新しいアルゴリズム）に改良するのに，クライアントプログラムを全く変更しなくてよい機構が提供される．

これらの利点はコンピュータプログラムを開発する時に直面する多くの仕事に対して広くあてはまる．そのお陰で抽象データ型の基本にある考え方は広く用いられているのである．

練習問題

4.26 道を半分にする短縮法を用いるようにプログラム 4.8 を改訂せよ．

4.27 合併と発見を組み合わせた操作をプログラム 4.6 に加えることによって，本文で述べた効率の悪さを取り除け．プログラム 4.8 にその操作のインプリメンテーションを与え，それに応じてプログラム 4.7 を改訂せよ．

○**4.28** インタフェース（プログラム 4.6）とインプリメンテーション（プログラム 4.8）を改訂し，与えられた頂点に連結していることが既知である頂点の数を返す関数を与えよ．

4.29 基となるデータ構造として，並列した配列の代わりに構造体の配列を用いるようにプログラム 4.8 を改訂せよ．

4.6 FIFO キューと一般化キュー

先入れ先出し（first-in first-out, FIFO）キューはプッシュダウンスタックによく似た基本的な抽象データ型（ADT）であり，削除の時にどの要素を消すかについて反対の規則を使う．すなわち最も新しく挿入された要素ではなくて，キューに最も長くいる要素を削除する．

再び忙しい教授の未決済の箱の例に戻ろう．FIFO キューのように処

> **プログラム 4.9 FIFO キュー ADT インタフェース**
>
> このインタフェースは，構造体の名前を除いて，プログラム 4.1 のプッシュダウンスタックインタフェースと同じである．2 つの抽象データ型は仕様においてだけ異なっており，それはこのコードには反映されない．
>
> ```
> void QUEUEinit(int);
>  int QUEUEempty();
> void QUEUEput(Item);
> Item QUEUEget();
> ```

理されるべきであるというのは一面合理的な考え方である．次に何をすべきかを決めるのに，最初に入ったものが最初に処理されるのが直感的にいって公平な方策であるように思えるからである．しかし，その教授は電話に出ることはできないだろうし，授業にも間に合わないであろう．スタックでは，メモは底に埋もれてしまうかもしれないが，緊急事態はそれが発生した時に即座に処理される．一方，FIFO キューでは，仕事を秩序立ててこなすが，それぞれの仕事は順番を待っていなければならない．

FIFO キューは毎日の生活ではありふれている．映画を見る時や食料品を買う時に並ぶ列は，FIFO 規準に従って処理される．同様に，コンピュータシステムにおいて，最初に来たものを最初に処理するという規則に従う場合に，処理が完了していないタスクを待たせるのに FIFO キューが用いられる．スタックと FIFO キューの差を明らかにする例を見てみよう．食料品店における鮮度が重要な食品の在庫である．もし，店主が新しい品物を棚の前列に並べると，客は前列からもっていくのでスタックの規則に従うことになる．すると棚の後ろの品物はずっと長い間おかれたままになり，いずれ腐ってしまうので，店主にとって問題である．新しい品物を棚の後ろに並べると，品物が棚におかれる期間は，棚に並んだ個数を客が買っていく時間が上限となる．このような原理は数多くのよく似た状況に現われる．

定義 4.3 FIFO キュー抽象データ型（FIFO queue ADT，FIFO キュー ADT）は 2 つの基本的な操作からなる抽象データ型である．それらの操作は，新しい要素を**挿入**（put）すること，最も古く挿入された要素を**削除**（get）することである．

プログラム 4.9 は FIFO キュー抽象データ型に対するインタフェー

FIFO キューと一般化キュー　§4.6

スである．このインタフェースは 4.2 節で考えたスタックインタフェースと名前だけが異なる．コンパイラにとってはこの 2 つのインタフェースは同じものである．この事実は抽象自体が抽象データ型の本質的な部分であることを示唆しており，プログラマが抽象を定義することは普通しない．大規模な応用には多くの抽象データ型が含まれており，それらを正確に定義する問題は非常に重要である．本書では，本文中で定義する本質的な概念を備えた抽象データ型を考える．その定義は形式言語でもないし，特定の実現によるものでもない．一方，抽象データ型の性質を識別するには，それらを使った例を考察し特定の実現を調べる必要がある．

図 4.6 は FIFO キューが一連の削除と挿入の操作によってどのように変化するのかを示している．1 回の削除はキューの大きさを 1 だけ減らし，1 回の挿入はキューの大きさを 1 だけ増やす．図から明らかなように，キューの要素は左から右へとキューに挿入された順序に並べられていて，列の先頭の要素が削除操作によって返される．スタックの時と同様に，このように要素が管理されているというイメージが保たれるならば，どのような方法で要素を構造化しようと自由である．

リンクによるリストを使って FIFO キュー抽象データ型を実現するために，図 4.6 に示すように，リストの要素を最も古く挿入されたものから最も新しく挿入されたものへという順序で並べる．この順序はスタックの時とは逆順であり，キューの操作に対して効率のよい実現を開発することができる．リストをさす 2 つのポインタを用いる．1 つは先頭（最初の要素を取り出すため），もう 1 つは末尾（新しい要素を挿入するため）である．図 4.7 に示した例とプログラム 4.10 の実現を参照してほしい．

FIFO キューを実現するのに配列を使うことができる．しかし，挿入と削除の両方の操作を一定時間で実行できるようにするには注意を払わなければならない．この性能を達成するには，図 4.6 の文字列が動く様子とは異なり，配列の中で要素を動かしてはならない．したがって，リンクによるリストで行なったように，配列の位置をさす 2 つの添字を管理する．1 つはキューの先頭，もう 1 つはキューの末尾を表わす．キューの内容はこの 2 つの添字の間の要素であると考える．要素を削除するには，キューの先頭からそれを取り出し，先頭をさす添字 head を 1 つ増す．要素を挿入するには，キューの末尾に要素を加え，添字 tail を 1 つ増す．挿入と削除の操作の列を実行すると，図 4.8 に示すように，あたかもキューが配列の中を動いていくように見える．配列の最後にきたら，ぐるっとまわって配列の先頭につながるように管理する．この処理の詳細はプログラム 4.11 のコードにある．

```
F            F
I            F
R            FI
S            FIR
T            FIRS
*     F      FIRST
I            IRST
R            IRSTI
S            IRSTIN
T            RSTIN
*     I      RSTIN
N            STIN
*     R      STINF
F            TIN
I            TINFI
*     S      TINFIR
F            INFIR
I            INFIRS
R            NFIRS
S            NFIRST
*     T      FIRST
*     F      IRST
R            IRSTR
S            RST
T            RSTO
O            STO
U            STOU
T            STOUT
*     S      TOUT
*     T      OUT
*     O      UT
*     U      T
*     T
```

図 4.6 FIFO キューの例

この図は，左の列のキュー操作を上から下へ行なった時の結果を示している．ただし，文字が挿入を示し，アスタリスク（*）が削除を示す．各行は，操作，削除で返される文字，最も古いものから最も新しいものへ左から右への順で並べたキューの内容を表わしている．

性質 4.2 配列を用いてもリンクによるリストを用いても，FIFO キュー抽象データ型に対して**削除**と**挿入**の操作が一定時間で実行できるインプリメンテーションを導くことが可能である．

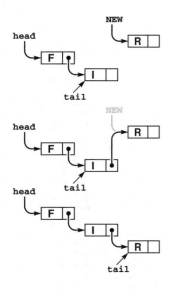

図 4.7 リンクによるリストを用いたキュー

リンクによるリストを用いたキュー表現では，新しい要素を末尾に挿入するので，リストの順序は，最も古いものから最も新しいものへの順になっている．キューは head と tail という 2 つのポインタで表わされていて，それぞれ最初と最後の要素をさしている．要素をキューから削除するには，スタックで行なったのと同様にリストの先頭にある要素を削除する（図 4.5 参照）．新しい要素をキューに挿入するには，tail がさす節点のリンク欄を新しい要素をさすようにセットし（中の図），tail を更新する（下の図）．

プログラム 4.10 FIFO キューのリンクによるリストを用いたインプリメンテーション

FIFO キューとプッシュダウンスタック（プログラム 4.5）の差は，新しい要素が先頭ではなくて末尾に挿入されることである．

したがって，このプログラムはポインタ tail をリストの末尾をさすように管理して，関数 QUEUEput において，tail がさす節点のリンクが新しい節点をさすようにし，次に tail を更新することにとって，挿入を実行する．関数 QUEUEget, QUEUEinit, QUEUEempty は，プログラム 4.5 のリンク表現を用いたプッシュダウンスタックのインプリメンテーションにおける対応する関数と全く同じである．

```
#include <stdlib.h>
#include "Item.h"
#include "QUEUE.h"
typedef struct QUEUEnode *link;
struct QUEUEnode { Item item; link next; };
static link head, tail;
link NEW(Item item, link next)
  { link x = malloc(sizeof *x);
    x->item = item; x->next = next;
    return x;
  }
void QUEUEinit(int maxN)
  { head = NULL; }
int QUEUEempty()
  { return head == NULL; }
QUEUEput(Item item)
  {
    if (head == NULL)
      { head = (tail = NEW(item, head)); return; }
    tail->next = NEW(item, tail->next);
    tail = tail->next;
  }
Item QUEUEget()
  { Item item = head->item;
    link t = head->next;
    free(head); head = t;
    return item;
  }
```

FIFOキューと一般化キュー   §4.6

プログラム 4.11 FIFOキューの配列を用いたインプリメンテーション

キューの内容は head と tail の間の配列の全要素であり，配列の末尾が配列の先頭 0 に続くと見なす．もし head と tail が同じであれば，キューが空であるとする．しかし，挿入がそれらを等しくすることがありうる．その時は一杯であると考える．前と同様に，そのようなエラー条件はチェックしないが，クライアントがキューに格納する最大の要素数よりも 1 だけ大きく配列をとっておくと，このプログラムをそのようなチェックを行なうように強化することができる．

```
#include <stdlib.h>
#include "Item.h"
static Item *q;
static int N, head, tail;
void QUEUEinit(int maxN)
  { q = malloc((maxN+1)*sizeof(Item));
    N = maxN+1; head = N; tail = 0; }
int QUEUEempty()
  { return head % N == tail; }
void QUEUEput(Item item)
  { q[tail++] = item; tail = tail % N; }
Item QUEUEget()
  { head = head % N; return q[head++]; }
```

この事実は，プログラム 4.10 と 4.11 のコードを調べれば直ちに明らかである．■

4.4 節で議論したのと同じ考察が FIFO キューを用いる記憶資源に関してもあてはまる．配列による実現は，計算を通じて予想される最大の要素数に対応できるように十分な大きさを確保しておかなければならない．一方，リンクによるリスト表現では，データ構造の要素の数に比例する記憶領域ですむ．しかし，リンクに対する余分な記憶領域と，操作のたびに記憶領域の確保と開放に伴う余分な計算時間が必要となる．

スタックと再帰プログラムの基本的な関係のお陰で，FIFO キューよりもずっとひんぱんにスタックに出会うが（5章），キューが自然に基本データ構造であるというアルゴリズムもある．既に述べたように，キューとスタックを最も頻繁に用いる応用の 1 つは，計算を延期することである．一時中断した仕事を並べるキューを使う応用の多くは，どのような削除規則を使うかにかかわらず正しく動作するであろうが，全体の実行時間やその他の資源の使用量は使われた削除の規則に依存している．対象としている応用が非常に多くの要素を含むデータ構造に対し

```
F        F
I        F   F
R        I   F I
S        R   I R
T        S   R S
*      F T   S T
T    F I *       F
* F  I R T   F I I
I I  R S I   I R R S
N R  S T N   R S S T
* S  T I *   S T T I
F T  I N F   T I I N
I I  N F I   I N N F
R N  F I R   N F F I
S F  I R S   F I I R
T I  R S *   I R R S
* R  S T T   R S S T
O S  T O O   S T T *
U T  O U U   T O O T
T *  U T T   O U U O
* O  T * S   U T T U
S U  * S T   T * * T
T T  S T     * T T T
* T                O
T                  U
                   T
```

図 4.8 FIFO キューの例，配列を用いたインプリメンテーション

上の図は図 4.6 の抽象表現におけるデータ操作を，配列を用いて実現したキューに対して行なった経過を示している．キューの先頭と末尾をさす添字を保持し，配列の末尾に達したら先頭に戻る約束とする．この例では，添字 tail は 2 回目の T が挿入された時に先頭に戻り，添字 head は 2 回目の S が削除された時に先頭に戻る．

て，数多くの挿入と削除を行なう時には，性能の差は歴然となる．したがって，本書ではそのような抽象データ型に対して多くの注意を払うことにする．もし性能を無視するならば，挿入と削除を含む単一の抽象データ型を定式化することができる．しかし，ここでは性能を無視しないので，規則ごとに本質的に異なる抽象データ型を導く．特定の抽象データ型の有効性を評価するには，2つのコストを考える必要がある．実現のコスト，これは実現するのにどのデータ構造とアルゴリズムを選ぶのかに依存している．そして，選択した特定の削除規則のコスト，これはクライアントの性能に与える影響として測られる．本節を終わるにあたって，本書全般で詳細に検討されるであろう数多くの抽象データ型について述べておこう．

特に，プッシュダウンスタックとFIFOキューはより一般の抽象データ型（**一般化キュー**（generalized queue））の特別な例である．一般化キューの実体例は要素が削除される時の規則の点だけで異なる．スタックでは最も新しく挿入された要素が取り除かれ，FIFOでは最も古く挿入された要素が取り除かれる．その他の可能性はたくさんあり，そのうちのいくつかを考えよう．

単純でしかし強力な選択肢は**ランダムキュー**（random queue）である．規則は，ランダムに選んだ要素を取り除くことであり，クライアントはキューのどの要素も等しい確率で受け取る．配列表現を用いてランダムキューの操作を一定時間で実現することができる（練習問題4.42）．スタックとFIFOキューの場合と同様に，配列表現は最初に記憶領域を確保しなければならない．リンクによるリストの選択は，挿入と削除の両方を効率よく行なうのが難しいので（練習問題4.43），スタックやFIFOキューの場合に比較してあまり魅力的ではない．ランダムキューをランダムアルゴリズムの基礎として用いることができ，最悪の場合が起こるシナリオを高い確率で避けることができる（2.7節参照）．

スタックとFIFOキューを，要素がキューに挿入された時点に注目して記述してきた．その代わりに，これらの抽象概念を要素が順番に並んだリストととらえ，リストの最初と最後それぞれにおいて挿入と削除を行なうという基本的な操作を通じて考える．もし，末尾に挿入して末尾から削除すればスタックをえる（配列による実現そのものである）．もし先頭に挿入して先頭から削除すれば，再びスタックをえる（リンクによるリスト表現そのものである）．もし，末尾に挿入して先頭から削除すれば，FIFOキューをえる（リンクによるリスト表現そのものである）．もし，先頭に挿入して末尾から削除すれば，再びFIFOキューをえる（このオプションはどの実現にも対応していないが，配列による実

現をそのように変更することができる．しかし，リンクによるリスト表現は，リストの末尾の要素を削除した時に末尾をさすポインタのバックアップを残さないといけないので，適してはいない）．この観点に立つと，先頭と末尾の両方において挿入と削除を行なう抽象データ型**双方向キュー**（デク，deque）に達する．この実現は練習問題とする（練習問題 4.37〜4.41 参照）．配列に基づく実現はプログラム 4.11 の素直な拡張であり，もし，双方向キューの削除を一方の端に限らないとすると，リンクによるリストに基づく実現は双方向リストを必要とする．

9 章では，要素がキーをもち，最小のキー値をもつ要素を削除するという規則に従う**優先順位キュー**（priority queue）を考える．優先順位キュー抽象データ型は様々な応用で役に立ち，この抽象データ型の効率のよいインプリメンテーションを見つける問題は長年にわたって計算機科学研究の 1 つの目標である．また，応用問題においてこの抽象データ型を見い出して使用することもこの分野の研究の重要な要素である．新しいアルゴリズムが正しいかどうかを直接試してみるには，大規模で複雑な応用に対して，新しいインプリメンテーションを古いものと置き換えて，同じ結果がえられるかどうかを調べればよい．さらに，新しいアルゴリズムが古いものよりも効率がよいかどうかは，新しいインプリメンテーションが実行時間をどの程度改良できたかに注意すれば直ちにわかる．この問題に対して 9 章で考えるデータ構造とアルゴリズムは興味深く，巧妙であり，効果的である．

12 章から 16 章において**記号表**（symbol table）を考える．これは各要素がキーをもつ一般化キューである．削除規則は与えられたキーと一致するものがあればそれを削除するというものである．この抽象データ型は本書で考える中で最も重要なものであり，十種類以上のインプリメンテーションを調べる．

これらの抽象データ型のそれぞれに対して，クライアントプログラムとインプリメンテーションの性能を注意深く調べることから生まれる数多くの関連する異なる抽象データ型が存在する．4.7 節と 4.8 節において一般化キューの数多くの変種を調べ，本書の後半で，それらはさらに異なる抽象データ型を生みだすことを述べる．

練習問題

▷ **4.30** 図 4.6 に示された操作をプログラム 4.11 を用いて行なった後の q[0]，…，q[4] の内容を書け．図 4.8 のように，maxN は 10 であると仮定せよ．

▷ **4.31** 文字が挿入，アスタリスクが削除を表わすとする．
EAS*Y*QUE***ST***IO*N***

上の列の操作を，初期状態が空である FIFO キューに対して行なった時，削除操作で返される値の列を書け．

4.32 本文で述べた配列に基づく FIFO キューのインプリメンテーション（プログラム 4.11）を，クライアントがキューが空の時に削除しようとした時，また，キューが一杯の時に挿入しようとした時に関数 QUEUEerror をよぶように変更せよ．

4.33 本文で述べたリンクによるリストに基づく FIFO キューのインプリメンテーション（プログラム 4.10）を，クライアントがキューが空の時に削除しようとした時，また，キューに挿入しようとして malloc が記憶領域がないと答えた時に関数 QUEUEerror をよぶように変更せよ．

▷ **4.34** 大文字が先頭への挿入，小文字が末尾への挿入，プラスが先頭からの削除，アスタリスクが末尾からの削除を表わすとする．

EAs＋Y＋QUE＊＊＋st＋＊＋IO＊n＋＋＊

上の列の操作を，初期状態が空の双方向キューに対して行なった時，削除操作によってえられる値の列を書け．

▷ **4.35** 文字列 EasY に対して，（i）EsaY；（ii）YasE；（iii）aYsE；（iv）asYE；のそれぞれをえるようにプラスとアスタリスクを付け加えよ．または，どのようにしても結果がえられない場合にはそのことを証明せよ．双方向キューの操作の約束は練習問題 4.34 の通りとする．

● **4.36** 2つの文字列が与えられた時，最初の列にプラスとアスタリスクを付け加えて，第2の列をえることが可能かどうかを判定するアルゴリズムを作れ．双方向キューの操作は練習問題 4.34 の約束の通りとする．

▷ **4.37** 双方向キュー抽象データ型に対するインタフェースを書け．

4.38 練習問題 4.37 の解である双方向キューインタフェースに対して，配列を用いたインプリメンテーションを導け．

4.39 練習問題 4.37 の解である双方向キューインタフェースに対して，双方向リンクによるリストを用いたインプリメンテーションを導け．

4.40 本文で述べた FIFO キューインタフェース（プログラム 4.9）に対して，循環リストを用いたインプリメンテーションを導け．

4.41 練習問題 4.37 の解である双方向キューをテストするクライアントを書け．コマンドラインの最初の引数として，練習問題 4.34 のように与えられた命令列を読み，指示された操作を行なう．関数 DQdump をインタフェースとインプリメンテーションに付け加え，双方向キューの内容を図 4.6 の書式に従って操作のたびに印刷せよ．

○ **4.42** 配列を用いたインプリメンテーションとインタフェースを書いて，ランダムキュー抽象データ型を作れ．各操作が一定時間で実行できることを確かめよ．

●● **4.43** リンクによるリストを用いたインプリメンテーションとインタフェースを書いて，ランダムキュー抽象データ型を作れ．挿入と削除に対する実現

が可能な限り効率的であるように工夫せよ．それらの最悪の場合のコストを解析せよ．

▷ **4.44** ランダムキュー上に1から99までの数をおき，そこから5個取り出した結果を印刷するとして，くじ引きをするクライアントを書け．

4.45 コマンドラインの最初の引数として整数Nを読み，ランダムキュー上にN個の要素をおき（練習問題4.4），キューから5枚のカードを同時に引いて結果を印刷するとして，Nポーカーの手を印刷するクライアントを書け．

● **4.46** すべての対をランダムキュー上におき，次に加重高速発見アルゴリズム（プログラム1.3）を用いてキューからそれらを取り出すことによって，連結性問題を解くプログラムを書け．

4.7 要素の重複と添字要素

多くの応用では処理する対象は重複することなく唯一である必要がある．この性質を考慮に入れると，スタック，FIFOキュー，その他の一般化キュー抽象データ型がどのように動作すべきかというアイデアを変更する必要が生ずる．本節では，スタック，FIFOキュー，一般化キューの仕様をデータ構造の中に重複する要素を認めないように変更することの影響を考える．

例えば，顧客のメイリングリストを管理する会社が，多くの情報源から集めたリストを使って，挿入操作を行なってもとのリストを増強したいとしよう．しかし，既にリスト上にある客に対しては挿入によって新たな要素を加えることはしたくない．同じ方針は様々な応用に現われる．例えば，複雑な通信ネットワークに対してメッセージを送る経路を定める問題を考えてみよう．ネットワーク内を同時にいくつかの経路を通そうと試みるかもしれない．しかし，ただ1つのメッセージなので，どの節点においてもその内部データ構造にもつのは唯一のコピーだけにしたい．

ひとつの方針は，抽象データ型（ADT）に要素が重複して提示されないことを保証する仕事をクライアントにまかせてしまうことである．そのためにクライアントは多少異なる抽象データ型を用いるかもしれない．しかし，抽象データ型の目的は応用問題に対する明快な解法をクライアントに提供することであるから，重複を見つけて取り除く仕事は抽象データ型が行なうべきことである．

重複要素を許さないという方針は抽象レベルにおける変更である．そのような抽象データ型に対するインタフェース，操作の名前，その他はその方針をもたない抽象データ型と同じであるが，インプリメンテーシ

ョンの振舞いは基本的に異なっている．一般に，抽象データ型の仕様を変更した時は，全く異なる性質をもつ完全に新しい抽象データ型をえる．この状況は抽象データ型の仕様のもつ危険性を示している．クライアントとインプリメンテーションがインタフェースの仕様に整合していることを保証するのは大変に難しい仕事であるが，このような高いレベルの方針を強制することはまったく別種の問題である．それでもなお，我々は重複が生じないとするアルゴリズムに興味がある．というのは，クライアントはその性質を利用して新しい方法で問題を解くことができるからであり，インプリメンテーションはより効率のよい解をえるのにその条件を利用することができるからである．

図4.9は重複要素を許さないスタック抽象データ型が図4.1の例に対してどう動作するかを示したものである．図4.10はFIFOキューに対する同じ変更の影響を示している．

一般的にいうと，クライアントが既にデータ構造に含まれている要素を挿入しようとする時，どう処理するかという方針を決めなければならない．要求がなかったかのごとく続けるべきであろうか．さもなければ，クライアントが古い要素を削除しすぐ新しい要素を挿入したとするべきであろうか．この決定は，スタックやFIFOキューのような抽象データ型において要素を処理する順序に影響を与え（図4.11），しかもその差はクライアントプログラムにとって重大である．例えば，メイリングリストにこのような抽象データ型を利用している会社は（顧客に対するより新しい情報をもっていると予想できるので）新しい要素に置き換える方を好むであろうし，回線交換に利用している場合は（既にメッセージを送る手続きはすませたので）新しい要素を無視することを好むであろう．さらに，この方針はインプリメンテーションに影響を与える．古い要素を削除する方針は，一般に，データ構造の変更を伴うので，新しい要素を無視する方針よりも実現するのが難しい．

重複要素のない一般化キューを実現するために，4.1節で述べた要素が等しいかどうかをテストする抽象操作をもっていると仮定する．そのような操作が与えられたとして，挿入しようとする新しい要素が既にデータ構造にあるかどうかを決定できないといけない．一般的な場合を考えると，記号表を実現する必要があり，12章から15章に述べるインプリメンテーションの文脈で考えなければいけない．

これに対して，簡単明瞭な解がえられる重要で特別なケースがある．プログラム4.12のプッシュダウンスタック抽象データ型を例にして説明しよう．この実現において，要素が0から$M-1$までの整数であると仮定する．そして，要素自身で添字付けされた2番目の配列を用意して，要素がスタックにあるかどうかを決定する．要素iをスタックに挿

図4.9 重複のないプッシュダウンスタック

このリストは，重複要素を許さないスタックに対して図4.1と同じ操作を行なった結果を示している．灰色の四角はプッシュしようとした要素が既にスタックにあるので，スタックが変更されなかったことを示している．スタックにある要素の数の上限は異なる対象要素の数となる．

要素の重複と添字要素 §4.7 147

プログラム 4.12 添字要素を格納し重複を許さないスタック

このプッシュダウンスタックのインプリメンテーションは，すべての要素が 0 から maxN-1 までの整数であることを仮定している．したがって，スタックに格納された要素に対して，配列 t の同じ添字の要素を非零として管理することが可能である．配列 t を用いて，STACKpush がその引数が既にスタックにあるかどうかを素早くテストすることができる．もしテストが成功すれば何もしない．t の要素は 1 ビットしか使わないので，必要ならば，整数の代わりにビットまたは文字を用いることによって記憶領域を節約することができる（練習問題 12.12 参照）．

```c
#include <stdlib.h>
static int *s, *t;
static int N;
void STACKinit(int maxN)
  { int i;
    s = malloc(maxN*sizeof(int));
    t = malloc(maxN*sizeof(int));
    for (i = 0; i < maxN; i++) t[i] = 0;
    N = 0;
  }
int STACKempty()
  { return !N; }
void STACKpush(int item)
  {
    if (t[item] == 1) return;
    s[N++] = item; t[item] = 1;
  }
int STACKpop()
  { N--; t[s[N]] = 0; return s[N]; }
```

```
F           F
I           I
R           I
S           F I R
T   F       I R S
*   I       R S T
I   R       S T I
N   S       R S T I N
*   T       S T I N
*   I       T I N
F   N       I N F
I   *       I N F
R   F       I N F
S   I       N F R
*   R       N F R S
*   S       N F R S
T   *       F R S
*   N       F R S
*   F       R S T
T   R       S T
O   S       S T
U   *       T O
T   T       T O U
*   O       T O U
*   U       T O U
*   T       T O U
*   *       O U
            U
```

図 4.10 重複のない FIFO キュー，新しい要素を無視する方針

このリストは，重複要素を許さない FIFO キューに対して図 4.6 と同じ操作を行なった結果を示している．灰色の四角は挿入しようとした要素が既にキューにあるので，キューが変更されなかったことを示している．

入する時，2 番目の配列の i 番目の要素を 1 にする．要素 i を削除する時，その配列の i 番目の要素を 0 にする．それ以外は，挿入と削除に対して前と同じコードにテストを 1 つ追加して用いる．要素を挿入する前に，それが既にスタックにあるかどうかをテストし，もしそれがあれば挿入を無視する．この解法はスタックの表現に配列を用いるかリンクによるリストを用いるか（または他のもの）によらない．古い要素と置き換える方針を実現するにはもう少し仕事が必要である（練習問題 4.51 参照）．

まとめると，重複を許さず新しい要素を無視する方針のスタックを実現する 1 つの方法は，2 つのデータ構造を管理することである．1 番目はスタックの中の要素を保持し，前と同様に，要素がスタックの中に挿入された順序を保存している．2 番目は配列であり，要素を添字として

図 4.11 重複を許さない FIFO キュー，古い要素を置き換える方針

このリストは，図 4.10 と同じ操作を行なった結果を示している．しかし，もし重複する要素があればそれを取り除き，常に新しい要素をキューの末尾に加える方針を採用しているので実現するのがより難しい．

使うことによって，スタックにどの要素があるかを追跡している．要素をこのような方法で使うことは，記号表の実現の特別なケースであり，12.2節で論ずる．もし，要素が 0 から $M-1$ までの整数であることがわかれば，この技法をどの一般化キュー抽象データ型に対しても応用することができる．

上のような特別な場合はしばしば起こる．最も重要な例は，データ構造の要素が配列の添字である場合である．このような要素を**添字要素** (index item) とよぶ．代表的な例は，既に別の配列に格納されている M 個の対象があり，より複雑なアルゴリズムの一部として一般化キュー構造を通してそれらを操作したい場合である．対象は，キューに添字としておかれていて，それらが取り除かれる時に処理を受け，各要素は正確に一度だけ処理される．キューの要素は配列の添字なので，前の方法を使ってキュー上の重複を防ぐことができて目的が達せられる．

これらの選択（重複を許さないか許すか，新しい要素を受け入れるか無視するか）のいずれも新しい抽象データ型を導くことにつながる．差は小さいように見えるが，クライアントから見た時の抽象データ型の動的な振舞いに明らかな影響を与え，また，様々な操作を実現するアルゴリズムとデータ構造の選択に影響を与える．したがって，これらの抽象データ型はすべて異なるものとして扱うべきである．さらに，考慮すべき別の選択肢がある．インタフェースを変更して，クライアントプログラムに重複する要素を挿入しようとしていることを知らせる，また，古い要素と置き換えるか新しい要素を無視するかをクライアントに選択させることである．

プッシュダウンスタック，FIFO キュー，双方向キュー，優先順位キューといった言葉を厳密に定義せずに用いた時，抽象データ型の族をさしている可能性があり，それぞれのデータ型において，定義された操作が異なったり，定義された操作の意味に関する約束事が異なっていたりして，これらの操作を効率よく実行するためにより高度な内容をもつインプリメンテーションが要求される場合がある．

練習問題

▷ **4.47** 重複を許さず古い要素を置き換える方針のスタック抽象データ型に対して，図 4.9 に対応するリストを書け．

4.48 4.4節で述べた標準的な配列に基づくスタックのインプリメンテーション（プログラム 4.4）を，重複を許さず新しい要素を無視する方針に変更せよ．スタック全体を走査するという強引なアプローチを用いよ．

4.49 4.4節で述べた標準的な配列に基づくスタックのインプリメンテーシ

ョン（プログラム4.4）を，重複を許さず古い要素を置き換える方針に変更せよ．スタック全体を走査し，必要ならば並べ換えるという強引なアプローチを用いよ．

- **4.50** 練習問題4.48と4.49を，4.4節で述べたリンクによるリストに基づくスタックのインプリメンテーション（プログラム4.5）に対して行なえ．

○ **4.51** 重複を許さず古い要素を置き換える方針を用いたプッシュダウンスタックのインプリメンテーションを開発せよ．要素は0から$M-1$の整数とする．プッシュとポップが一定時間で実行できるようにせよ．ヒント：スタックに双方向リスト表現を用い，添字要素配列には0, 1の代わりに節点をさすポインタを保持する．

4.52 練習問題4.48と4.49をFIFOキュー抽象データ型に対して行なえ．

4.53 練習問題4.50をFIFOキュー抽象データ型に対して行なえ．

4.54 練習問題4.51をFIFOキュー抽象データ型に対して行なえ．

4.55 練習問題4.48と4.49をランダムキュー抽象データ型に対して行なえ．

4.56 練習問題4.55の解答である抽象データ型を用いて，重複要素のないランダムキューに対して計算を行なうクライアントプログラムを書け．

4.8 一級抽象データ型

4.2節から4.7節に述べたスタックとFIFOキューの抽象データ型（ADT）に対するインタフェースとインプリメンテーションは，クライアントが特定の一般化スタックまたはキューの単一の実体を用いることができるようにし，インプリメンテーションに用いられる特定のデータ構造をクライアントから隠すという重要な目的を達成した．そのような抽象データ型は広い範囲で役に立ち，本書で考える多くのインプリメンテーションの基礎となりうる．

一方，これらのオブジェクトを抽象データ型の"変数"のようにとらえると，与えられたプログラムに1個のオブジェクトしかないという点で極めて単純である．この状況は，例えば，1個の整数しか扱わないプログラムを考えているようなものである．たぶん，整数の値を大きくしたり，小さくしたり，値を調べたりするであろう．しかし，変数を宣言する，それを引数とする，関数の返却値とする，他の整数を掛ける，といったことはしないに違いない．本節では，組込み型の変数を扱うのと同じ気持ちで取り扱うことができて，しかもクライアントからインプリメンテーションを隠すという目的を達成するように，抽象データ型を構成することを考える．

定義4.4 一級データ型（first-class data type）とは，多くの異なる実

体をもつことが潜在的に可能であり，同じ型である宣言した変数に代入することが可能なデータ型のことである．

　例えば，一級データ型を関数の引数と返却値として使うことができる．

　一級データ型を実現するために用いる方法は，どのデータ型にも適用できる．特に，一般化キューに適用すると，スタックとキューを扱う際に，他のCのデータ型を扱うのと同じようにプログラムを書くことができる．この能力はアルゴリズムの研究には重要である．というのは，そのような抽象データ型を扱う高いレベルの操作を表現する自然な方法を提供してくれるからである．例えば，2つのキューを1つにまとめる操作は，単に2つのキューを合併するということができる．先に進んで，その操作を優先順位キュー抽象データ型（9章），記号表抽象データ型（12章）に対して実現するアルゴリズムを考える．

　いくつかの現代的な言語では，一級抽象データ型（一級ADT）を扱う専用の機構を備えている．しかし，アイデアは特定の機構を超えた豊富な内容をもっている．抽象データ型の実体を，整数や浮動小数点数のような組込みのデータ型と同じように扱えることは，多くの高レベルプログラミング言語の設計における重要な目標である．それはどの応用プログラムにおいても，問題の主役となるオブジェクトを直接扱うように書くことができるからである．このことは，多数のプログラマが大きなシステムを相手にして，正確に定義された抽象操作の集合を用いながら，並行して仕事を進めることを可能とする．そして，それらの抽象操作に対して，応用コードを何ら変更することなく，新しい機械とプログラミング環境を使うというような，様々な異なる方法によって実現することが可能となる．いくつかの言語は**オペレータオーバローディング**（operator overloading）さえ許している．この機能を用いれば，+や*といった基本的な記号によって演算を定義することができる．Cには一級データ型を作ることを支援する専用の機能はないが，目的を達するのに利用できる基本的な演算は提供されており，数多くの実現方法がある．しかし，プログラミング言語設計の分野ではなく，アルゴリズムとデータ構造に焦点を当てておくために，すべての選択肢を考えることはしない．むしろ，本書を通じて用いるただ1つの約束事を説明してそれを採用することにする．

　基本的なアプローチを説明するために，例として，**複素数**（complex-number）抽象に対する一級データ型を考え，次に一級抽象データ型を考えることからはじめよう．目標は，抽象データ型で定義された演算を用いて，プログラム4.13のような複素数上の算術演算を行なうプ

一級抽象データ型　§4.8

プログラム 4.13　複素数のテストプログラム（1のベキ乗根）

このクライアントプログラムは，抽象データ型を用いて複素数の計算を行なうものである．Complex 型の変数を宣言し，それらを関数の引数と返却値に用いることによって，対象とする抽象を直接使って計算することを可能としている．このプログラムは1のベキ乗根のベキ乗を計算することによって抽象データ型のインプリメンテーションをチェックしている．図 4.12 に示すような表を印刷する．

```
#include <stdio.h>
#include <math.h>
#include "COMPLEX.h"
#define PI 3.141592625
main(int argc, char *argv[])
  { int i, j, N = atoi(argv[1]);
    Complex t, x;
    printf("%dth complex roots of unity\n", N);
    for (i = 0; i < N; i++)
      { float r = 2.0*PI*i/N;
        t = COMPLEXinit(cos(r), sin(r));
        printf("%2d %6.3f %6.3f ", i, Re(t), Im(t));
        for (x = t, j = 0; j < N-1; j++)
          x = COMPLEXmult(t, x);
        printf("%6.3f %6.3f\n", Re(x), Im(x));
      }
  }
```

ログラムを書くことである．C はオペレータオーバローディング機能をもっていないので足し算と掛け算を普通の C の関数として実現する．

プログラム 4.13 は複素数の性質をほとんど使っていない．本題から離れるが，これらの性質を簡単に説明しておこう．もっとも，数学的な抽象としての複素数そのものと，コンピュータプログラムの中での複素数の抽象的な表現との関係を深く調べるのは興味深いことであるから，いくらかは本題に関係があるといえる．

虚数単位 $i=\sqrt{-1}$ は想像上の数である．$\sqrt{-1}$ は実数としては意味がないが，それに i という名前をつけ，i を掛けて i^2 が現われた時には -1 と置き換える．複素数は実部と虚部という2つの部分から構成されていて，$a+bi$ のように表わされる．ここで，a と b は実数である．複素数を掛け合わせるには，通常の演算規則を用いて，i^2 が現われたら -1 で置き換える．例えば，

$$(a+bi)(c+di) = ac + bci + adi + bdi^2 = (ac-bd) + (ad+bc)i$$

実部または虚部は複素数演算を行なった時に消えてしまう（0になる）

```
0  1.000  0.000 1.000  0.000
1  0.707  0.707 1.000  0.000
2 -0.000  1.000 1.000  0.000
3 -0.707  0.707 1.000  0.000
4 -1.000 -0.000 1.000  0.000
5 -0.707 -0.707 1.000 -0.000
6  0.000 -1.000 1.000  0.000
7  0.707 -0.707 1.000 -0.000
```

図 4.12　1の複素数根

この表はプログラム 4.13 を a.out 8 で実行した場合の出力を示している．8個の1の複素数根（左の2列）は

$$\pm\frac{\sqrt{2}}{2} \pm \frac{\sqrt{2}}{2}i$$

である．これらの8個の数は8乗すると $1+0i$ となる（右の2列）．

ことがある.例えば,
$$(1-i)(1-i) = 1 - i - i + i^2 = -2i$$
$$(1+i)^4 = 4i^2 = -4$$
$$(1+i)^8 = 16$$
上の式を $16=(\sqrt{2})^8$ で割って基準化すると,
$$\left(\frac{1}{\sqrt{2}} + \frac{i}{\sqrt{2}}\right)^8 = 1$$
をえる.一般に,何乗かすると1になる複素数がたくさんあり,これらは**1のベキ乗根**(complex root of unity)とよばれる.各 N に対してちょうど N 個の複素数 z があり,$z^N=1$ となる.次の数
$$\cos\left(\frac{2\pi k}{N}\right) + i\sin\left(\frac{2\pi k}{N}\right) \quad k=0,1,\cdots,N-1$$
はこの性質をもつことが簡単にわかる(練習問題4.63).例えば,この式で $k=1, N=8$ とすると前に見た1の8乗根のひとつをえる.

プログラム4.13は,複素数抽象データ型(複素数ADT)を使ったクライアントプログラムの例であり,抽象データ型で定義された掛け算を用いて1の N 乗根のベキ乗を N 乗まで計算する.出力を図4.12に示す.それぞれの数を N 乗すると,1または $1+0i$ という同じ計算結果がえられるはずである.

このクライアントプログラムはここまで考えてきたクライアントプログラムとは1つの点で異なっている.これは Complex 型の変数を宣言して値を代入し,それらを関数の引数と返却値として用いている.したがって,インタフェースにおいて Complex 型を宣言する必要がある.

プログラム4.14 複素数に対する一級データ型

複素数に対するこのインタフェースは typedef 文を含み,Complex 型の変数を宣言しそれらの変数を関数の引数と返却値として使用するようなインプリメンテーションを可能としている.しかし,クライアントから表現が隠されていないので,抽象データ型ではない.

```
typedef struct { float Re; float Im; } Complex;
Complex COMPLEXinit(float, float);
  float Re(Complex);
  float Im(Complex);
Complex COMPLEXmult(Complex, Complex);
```

プログラム4.14は計算しようとする複素数に対するインタフェースである.Complex 型を2つの浮動小数点数(複素数の実部と虚部に対応する)からなる構造体として定義し,複素数を扱う4つの関数を宣言

一級抽象データ型 　　　　　　　　　§4.8　　　　　　　　　153

> **プログラム 4.15　複素数データ型のインプリメンテーション**
>
> 複素数データ型に対するここでの関数の実現は簡単明瞭である．しかし，クライアントの便利を考えると，これらをインタフェースで行なわれる Comlex 型の定義から分離しない方がよいであろう．
>
> ```
> #include "COMPLEX.h"
> Complex COMPLEXinit(float Re, float Im)
>   { Complex t; t.Re = Re; t.Im = Im; return t; }
> float Re(Complex z)
>   { return z.Re; }
> float Im(Complex z)
>   { return z.Im; }
> Complex COMPLEXmult(Complex a, Complex b)
>   { Complex t;
>     t.Re = a.Re*b.Re - a.Im*b.Im;
>     t.Im = a.Re*b.Im + a.Im*b.Re;
>     return t;
>   }
> ```

している．初期化，実部と虚部の取り出し，掛け算である．プログラム 4.15 はこれらの関数を素直に実現している．これらの 2 つを一緒にすると複素数抽象データ型の有効なインプリメンテーションが与えられて，プログラム 4.13 のようなクライアントプログラムで利用することができる．

プログラム 4.14 のインタフェースは，複素数のひとつの特定の表現——2 つの整数（実部と虚部）からなる構造——を示している．この表現をインタフェースに書くことによって，クライアントプログラムから使えるようにしている．プログラマはしばしばインタフェースをこのように構成する．本質的には，このことは，新しいデータ型の標準的な表現を公表して，多くのクライアントプログラムから利用できるようにしたことになる．この例では，クライアントプログラムは Compelx 型の変数 t に対して，t.Re と t.Im として直接参照することができる．このようなアクセスを認めることの利点は，データ型と一緒に提供される演算に含まれない，自分自身の演算を直接実現する必要があるクライアントが，標準的な表現と整合していることを確実にすることである．一方，データに対する直接アクセスを許すことの不利な点は，すべてのクライアントを変更しないと表現を変更できないことである．簡単にいうと，表現がインタフェースによって隠されていないのでプログラム 4.14 は抽象データ型ではない．

この単純な例にしても，別の標準的な表現でよく使うもの（極形式，

練習問題4.62参照）が存在するので，表現を変更することが難しいというのは重大である．より複雑なデータ構造を用いる応用に対しては，表現が変更できる手段は必須である．例えば，メイリングリストを管理する会社が，異なる書式のメイリングリストを同じクライアントプログラムで処理する必要があるとしよう．一級抽象データ型を用いると，クライアントプログラムはデータに直接アクセスするのではなく，抽象データ型に定義された操作を通してどちらかというと間接的にアクセスできる．そうすると，顧客名を指定してデータを抜き出すといった操作に対して，リストの異なる書式に対応させて異なるインプリメンテーションをもつことができる．この仕組みの最も重要な意味は，クライアントプログラムを変更しなくてもデータ表現を変更できることである．

抽象オブジェクトへの参照を**ハンドル**（handle）という言葉で表わすことにする．我々の目標はクライアントプログラムに抽象オブジェクトに対するハンドルを与え，組込み型のデータ型と同じように代入文や関数の引数と返却値として使えるようにし，そしてその際にオブジェクトの表現をクライアントプログラムから隠しておくようにすることである．

プログラム4.16は複素数に対してこの目的を達成するインタフェースの例であり，本書を通じて用いる約束事の例となっている．ハンドルはタグ名をもつ構造体をさすポインタとして定義され，この構造体はタグ名以外は何も指定されていない．クライアントプログラムは複素数オブジェクトを参照するためにハンドルを用いることができるが，その他の方法でハンドルを用いるコードはありえない．例えば，クライアントはどのフィールド（抽象レベルにおける構造体の構成要素）の名前も知らないので，ポインタを使って構造体のフィールドにアクセスすることはできない．インタフェースでは，ハンドルを引数として受け取りハンドルを返却値とする関数を定義する．そして，クライアントプログラム

プログラム 4.16　複素数に対する一級 ADT

複素数に対するこのインタフェースはクライアントに複素数オブジェクトに対するハンドルを提供する．しかし，その表現に関する情報は何も与えない．見えるのはタグ名だけが指定された構造体である．

```
typedef struct complex *Complex;
Complex COMPLEXinit(float, float);
  float Re(Complex);
  float Im(Complex);
Complex COMPLEXmult(Complex, Complex);
```

一級抽象データ型　　　　　　　　　　　　　　§4.8　　　　　　　　　155

プログラム 4.17　複素数 ADT の実現

　プログラム 4.15 とは対照的に，この複素数抽象データ型の実現は構造体の定義（クライアントには隠してある）と関数の実現を含んでいる．オブジェクトは構造体をさすポインタであり，ポインタをたどってフィールドを参照する．

```
#include <stdlib.h>
#include "COMPLEX.h"
struct complex { float Re; float Im; };
Complex COMPLEXinit(float Re, float Im)
  { Complex t = malloc(sizeof *t);
    t->Re = Re; t->Im = Im;
    return t;
  }
float Re(Complex z)
  { return z->Re; }
float Im(Complex z)
  { return z->Im; }
Complex COMPLEXmult(Complex a, Complex b)
  {
    return COMPLEXinit(Re(a)*Re(b) - Im(a)*Im(b),
                       Re(a)*Im(b) + Im(a)*Re(b));
  }
```

はそれらの関数を用いることができ，インタフェースを実現するのに用いられるデータ構造に関して何にも知らなくてもよい．

　プログラム 4.17 はプログラム 4.16 のインタフェースの実現であり，以下のものを定義している．ハンドルとデータ型自身を実現するために利用するデータ構造，新しいオブジェクトに記憶領域を割付けフィールドを初期化する関数，フィールドに対するアクセスを提供する関数（ハンドルポインタをたどって引数のオブジェクトの中の指定されたフィールドにアクセスする），抽象データ型操作を実現する関数である．使われているデータ構造に関係するすべての情報は，クライアントがそれを参照する手段がないので確実にインプリメンテーションの中に囲い込まれている．

　プログラムの 4.14 と 4.15 のコードによる複素数に対するデータ型と，プログラム 4.16 と 4.17 のコードによる複素数に対する抽象データ型との差は本質的であり，注意深く学ぶ必要がある内容を含んでいる．それは，本書を通じて，基本的な問題に対する効率のよいアルゴリズムを開発し，それらを比較するのに用いることができるメカニズムである．ソフトウェア工学においてそのようなメカニズムを用いる意味のす

べてについて詳しくは論じないが，アルゴリズムとデータ構造およびその応用を研究する上で非常に役に立つ強力で汎用性のあるメカニズムであることを強調しておこう．

　特に，記憶領域の管理は，抽象データ型の利用におけるソフトウェア工学の非常に重要な問題である．プログラム4.13で，Complex型の2つの変数に対して，x = t とすると，単にポインタの代入が行なわれる．別の方法は，コピーを行う関数を定義して，新しいオブジェクトに記憶領域を割り付け，t に対するオブジェクトがもつ値をそっくり新しいオブジェクトにコピーすることである．このコピーの意味の問題は，どの抽象データ型の設計においても考えるべき重要な問題である．普通は効率を重要視しているのでポインタ代入を用いる（したがって対象とする抽象データ型にコピーを実現することは考えない）．この方針によると，大規模なデータ構造に対して操作を行なう時，余分な隠れたコストの影響を受けにくくなる．Cの文字列型は同じ考察に基づいて設計されている．

　プログラム4.15のCOMPLEXmultの実現は，計算結果をえるのに新しい要素を作り出す．もし，明示的なオブジェクトの生成操作はクライアントが行なうという原則を守るとすると，引数の1つとしてその値を返すという方法がある．このままではCOMPLEXmultは**メモリリーク**（memory leak）という欠点をもっていて，多数の掛け算に用いることはできない．問題は掛け算ごとに新しいオブジェクトに記憶領域を割り付けて，freeをよばないことである．このために，抽象データ型は**廃棄**（destroy）操作をクライアントに提供することがある．しかし，廃棄の機能をもっていても，クライアントが毎回すべての生成されたオブジェクトにそれを使うという保証はない．メモリリークは多くの大きなシステムの悩みの種となるわかりにくく回避するのが難しい欠陥である．このために，いくつかのプログラミング環境は自動的に廃棄手続きを呼び出すメカニズムをもっている．また，プログラムがどのメモリを既に使うのをやめたのかを把握して再利用することに，システムが責任をもち，**自動メモリ割付け**（automatic memory allocation）を行なうようなプログラミング環境もある．これらの解のどれもが完全に満足できるものではない．本書では抽象データ型に廃棄操作を実現することは滅多にない．それはアルゴリズムの本質からいく分か離れた所にあるからである．

　4.1節で議論した総称オブジェクトとオブジェクト集合に対する抽象機構を実行可能とする手段を提供してくれるので，一級抽象データ型は多くのインプリメンテーションで中心的な役割を果す．したがって，クライアントプログラムがどのようなデータ型を必要としようが，適切

一級抽象データ型　§4.8

> **プログラム 4.18　キューに対する一級 ADT インタフェース**
>
> プログラム 4.16 で複素数に対して用いた方法とまったく同様にしてキューに対するハンドルを提供する．ハンドルはタグ名だけが指定された構造体をさすポインタである．
>
> ```
> typedef struct queue *Q;
> void QUEUEdump(Q);
>    Q QUEUEinit(int maxN);
>  int QUEUEempty(Q);
> void QUEUEput(Q, Item);
> Item QUEUEget(Q);
> ```

> **プログラム 4.19　キュークライアントプログラム（キューシミュレーション）**
>
> オブジェクトへのハンドルを利用すると，抽象データ型オブジェクトを使って複合データ構造を構成することが可能となる．このクライアントプログラムではキューの配列を用いている．サービスを待つ顧客が M 個のサービスキューのひとつにランダムに割り当てられる状況をシミュレートしている．
>
> ```
> #include <stdio.h>
> #include <stdlib.h>
> #include "Item.h"
> #include "QUEUE.h"
> #define M 10
> main(int argc, char *argv[])
>   { int i, j, N = atoi(argv[1]);
>     Q queues[M];
>     for (i = 0; i < M; i++)
>       queues[i] = QUEUEinit(N);
>     for (i = 0; i < N; i++)
>       QUEUEput(queues[rand() % M], j);
>     for (i = 0; i < M; i++, printf("\n"))
>       for (j = 0; !QUEUEempty(queues[i]); j++)
>         printf("%3d ", QUEUEget(queues[i]));
>   }
> ```

なインプリメンテーションを用いれば提示されたコードが利用可能となることを確信して，Item を本書における一般化キュー抽象データ型で扱う要素に対する型とする（そして Item.h インタフェースファイルをインクルードする）．

```
 6 13 51 64 71 84 90
 4 23 26 34 38 62 78
 8 28 33 48 54 56 75 81
 2 15 17 37 43 47 50 53 61 80 82
12 25 30 32 36 49 52 63 74 79
 3 14 22 27 31 42 46 59 77
 9 19 20 29 39 45 69 70 73 76 83
 5 11 18 24 35 44 57 58 67
 0  1 21 40 41 55 66 72
 7 10 16 60 65 68
```

図4.13 ランダムキューのシミュレーション

この図はコマンド行の引数として84を与えて，プログラム4.19を実行した時の結果である．10個のキューが，最小6個，最大11個，平均8.4個の要素をもつ．

一級データ型の基本メカニズムの一般的な特徴をさらに説明するために，複素数に対して用いたのと同じ基本的な方法論に従って，FIFOキューに対する一級抽象データ型を考えよう．プログラム4.18はこの抽象データ型に対するインタフェースである．これは，キューハンドル（標準的な指針に従ってタグ名だけ指定された構造体をさすポインタである）を定義し，各関数が引数としてキューハンドルを用いているという点でプログラム4.9と異なっている．ハンドルを用いて，クライアントプログラムは複数のキューを使うことができる．

プログラム4.19はクライアントの例となるテストプログラムである．それは，N個の要素を順に，M個のFIFOキューの1つをランダムに選んで挿入し，その後，要素を1つずつ削除しながらキューの内容を印刷するものである．図4.13はこのプログラムの出力の例である．このプログラムを見ると，一級データ型機構のお陰でキュー抽象データ型を上位レベルのオブジェクトとして扱えることがわかる．そして，このプログラムを顧客サービスのためにキューを管理する様々な方法をテストする場面に容易に拡張できる．

プログラム4.20は，プログラム4.18で定義されたFIFOキュー抽象データ型のインプリメンテーションであり，基になるデータ構造としてリンクによるリストを用いている．これらのインプリメンテーションとプログラム4.10との主要な差は変数headとtailの扱いである．プログラム4.10では，キューを1つだけもっていたので，実現ではこれらの変数を単純に宣言して使った．プログラム4.20ではそれぞれのキューqは自分自身のポインタheadとtailをもち，q->head，q->tailのように参照する．ここでの構造体queueの定義は，このインプリメンテーションにおける"キューとは何か"の問いに答えるものである．この例では，キューとは，キューの先頭と末尾へのリンクからなる構造体をさすポインタである．基になるデータ構造として配列を用いる場合には，キューとは，配列へのポインタと2つの整数からなる構造体をさすポインタである．2つの整数とは配列の大きさと現在キューにある要素の数である（練習問題4.65参照）．一般に，構造体のメンバーは，単一のオブジェクトを扱うインプリメンテーションをそのまま静的（static）変数または大局的（global）変数に置き換えたものである．

注意深く設計された抽象データ型を用いると，クライアントと実現の間が分離されていることを，多くの興味深い方法で利用することができる．例えば，抽象データ型インプリメンテーションの開発やデバッグに，よくドライバプログラムを用いる．同様に，システムを開発している途中で，クライアントの特徴を把握する級階において，穴埋めとして抽象データ型の不完全なインプリメンテーションを用いることがある．

一級抽象データ型 §4.8

プログラム 4.20 キュー一級 ADT のリンクによるリスト実現

オブジェクトへのハンドルを提供するインプリメンテーションに対するコードは，普通，ただ 1 つのオブジェクトを扱うコード（プログラム 4.10）より厄介である．以下のコードは，クライアントが空のキューから要素を削除する場合，malloc が失敗する場合のエラーのチェックはしていない（練習問題 4.33 参照）．

```c
#include <stdlib.h>
#include "Item.h"
#include "QUEUE.h"
typedef struct QUEUEnode *link;
struct QUEUEnode { Item item; link next; };
struct queue { link head; link tail; };
link NEW(Item item, link next)
  { link x = malloc(sizeof *x);
    x->item = item; x->next = next;
    return x;
  }
Q QUEUEinit(int maxN)
  { Q q = malloc(sizeof *q);
    q->head = NULL;
    return q;
  }
int QUEUEempty(Q q)
  { return q->head == NULL; }
void QUEUEput(Q q, Item item)
  {
    if (q->head == NULL)
      { q->tail = NEW(item, q->head);
        q->head = q->tail; return; }
    q->tail->next = NEW(item, q->tail->next);
    q->tail = q->tail->next;
  }
Item QUEUEget(Q q)
  { Item item = q->head->item;
    link t = q->head->next;
    free(q->head); q->head = t;
    return item;
  }
```

しかしこの方法は抽象データ型のインプリメンテーションの内容に依存しているクライアントにとっては巧妙すぎてやや危険である．

4.3 節で見たように，1 つのプログラムの中で，与えられた抽象データ型の複数の実体をもつ可能性があると複雑な状況が起りえる．異なる

型のオブジェクトを格納するスタックやキューを使いたいと思うかもしれない．同じキューの上に異なる型のオブジェクトをおくのはどうだろうか．性能の差を知るために，1つのクライアント上で同じ型のキューに対して異なる実現を使いたいだろうか．インプリメンテーションの効率に関する情報がインタフェースに含まれるべきであろうか．そうだとすると，情報はどのような形とすべきだろうか．そのような疑問はアルゴリズムとデータ構造の基本的な性質を理解し，クライアントがどの程度それらを効果的に利用するのかを理解することの重要性を強調している．これは，ある意味では本書の中心的な課題である．しかし，完全なインプリメンテーションはアルゴリズム設計というよりはソフトウェア工学の課題であり，本書ではそのような一般的な抽象データ型を開発する途中で議論を止める（参考文献の節を見てほしい）．

優れた点があるにもかかわらず，一級抽象データ型を提供するメカニズムは，余分なポインタをたどる（少々の）コスト，やや複雑となる実現コードを伴うので，ハンドルをインタフェースの引数と返却値として使う必要がある抽象データ型に限って機構全体を利用することにする．一方では，一級データ型を用いることは，いくつかの巨大なアプリケーションシステムの大半のコードでは当たり前となっているかもしれない．他方では4.2節から4.7節で述べたスタックやFIFOキュー，一般化キューのように，ただ1つのオブジェクトを使う方法，そして4.1節で述べたオブジェクトの型を指定するtypedef文を利用することは，我々が普通にプログラムを書く時に非常に利用しやすい技法である．本書では，後者の文脈でほとんどのアルゴリズムとデータ構造を紹介し，正当な理由がある時にはそのインプリメンテーションを一級抽象データ型に拡張する．

練習問題

▷ **4.57** テキストで述べた複素数に対する抽象データ型（プログラム4.16と4.17）に関数 COMPLEXadd を加えよ．

4.58 4.5節の同値関係抽象データ型を一級データ型に書き換えよ．

4.59 トランプを扱うプログラムで利用できる一級抽象データ型を作成せよ．

●● **4.60** 練習問題4.59の抽象データ型を使って様々なポーカーの手ができる確率を経験的に決定せよ．

4.61 平面上の点に対する抽象データ型を作成し，3章のプログラム3.16の近接点プログラムを，その抽象データ型を使うクライアントプログラムに書き換えよ．

○ **4.62** 複素数の極形式 ($e^{i\theta}$) に基づく複素数抽象データ型に対するインプリメ

ンテーションを開発せよ．

●**4.63** 等式 $e^{i\theta}=\cos\theta+\sin\theta$ を用いて $e^{2\pi i}=1$ を証明し，N 個の 1 の N 乗根は

$$\cos\left(\frac{2\pi k}{N}\right) + i\sin\left(\frac{2\pi k}{N}\right) \qquad k=0,1,\cdots,N-1$$

であることを証明せよ．

4.64 N を 2 から 8 として，1 の N 乗根を書け．

4.65 テキストで述べた FIFO キュー一級抽象データ型（プログラム 4.18）に対して，基になるデータ構造として配列を用いたインプリメンテーションを書け．

▷ **4.66** プッシュダウンスタック一級抽象データ型に対するインタフェースを書け．

4.67 練習問題 4.66 のプッシュダウンスタック一級抽象データ型に対して，基になるデータ構造として配列を用いたインプリメンテーションを書け．

4.68 練習問題 4.66 のプッシュダウンスタック一級抽象データ型に対して，基になるデータ構造としてリンクによるリストを用いたインプリメンテーションを書け．

○ **4.69** 4.3 節の後置記法の算術式の値を計算するプログラムを，テキストで述べた複素数一級抽象データ型（プログラム 4.16，4.17）を用いて，実部，虚部が整数である複素数からなる後置記法の算術式を計算するように書き直せ．簡単のために，複素数は実部虚部ともすべて空でない係数をもち，空白なしに書かれているものとする．次の式が与えられた時，出力は 8+4i でなければいけない．

```
1+1i 0+1i + 1-2i * 3+4i +
```

4.9 応用に基づく抽象データ型

最後の例として，本書で考えるようなアルゴリズムとデータ構造と，応用分野との関係を明らかにする応用に特化した抽象データ型（ADT）を考える．具体的には**多項式抽象データ型**（polynomial ADT，多項式 ADT）であり，数学の抽象オブジェクトをコンピュータで扱う**数式処理**（symbolic mathematics）の分野に現われる．

我々の目標は次のような式の展開を可能とすることである．

$$\left(1-x+\frac{x^2}{2}-\frac{x^3}{6}\right)(1+x+x^2+x^3) = 1+\frac{x^2}{2}+\frac{x^3}{3}-\frac{2x^4}{3}-\frac{2x^4}{3}+\frac{x^5}{3}-\frac{x^6}{6}$$

また，x の与えられた値に対して多項式の値を計算したい．たとえば，$x=0.5$ とすると上の等式の両辺の値は 1.1328125 である．多項式の掛け算，足し算，値の計算は，非常に多くの数学的な計算の要である．プログラム 4.21 は次のような多項式の展開に対応する数式処理を行なう

プログラム 4.21 多項式クライアント（2項係数）

このクライアントはプログラム 4.22 のインタフェースで定義される多項式抽象データ型を使って多項式に関する代数演算を行なう．整数 N と浮動小数点数 p をコマンドラインからもらって，$(x+1)^N$ を展開し，結果の多項式が正しいどうかを $x=p$ を代入して検算する．

```c
#include <stdio.h>
#include <stdlib.h>
#include "POLY.h"
main(int argc, char *argv[])
  { int N = atoi(argv[1]); float p = atof(argv[2]);
    Poly t, x; int i, j;
    printf("Binomial coefficients\n");
    t = POLYadd(POLYterm(1, 1), POLYterm(1, 0));
    for (i = 0, x = t; i < N; i++)
      { x = POLYmult(t, x); showPOLY(x); }
    printf("%f\n", POLYeval(x, p));
  }
```

プログラム 4.22 多項式に対する一級 ADT インタフェース

いつものように多項式に対するハンドルはタグ名だけが指定された構造体に対するポインタである．

```c
typedef struct poly *Poly;
 void showPOLY(Poly);
 Poly POLYterm(int, int);
 Poly POLYadd(Poly, Poly);
 Poly POLYmult(Poly, Poly);
float POLYeval(Poly, float);
```

簡単な例である．
$$(x+1)^2 = x^2 + 2x + 1,$$
$$(x+1)^3 = x^3 + 3x^2 + 3x + 1,$$
$$(x+1)^4 = x^4 + 4x^3 + 6x^2 + 4x + 1,$$
$$(x+1)^5 = x^5 + 5x^4 + 10x^3 + 10x^2 + 5x + 1,$$
同じ基本的な考え方は，因数分解，積分，微分，特殊関数などに拡張できる．

第一歩は多項式抽象データ型を定義することである．インタフェースをプログラム 4.22 に示す．多項式のようなよく知られた数学的抽象に対しては，仕様はいうまでもなく明らかである（これは 4.8 節で議論し

た複素数に対する抽象データ型と同様である).抽象データ型の実体が数学的抽象と正確に同じように振る舞うようにしたい.

インタフェースで定義された関数を実現するために,多項式を表現するデータ構造を選び,そして,クライアントプログラムが抽象データ型に期待する通りの振舞いがえられるよう,データ構造とアルゴリズムを実現する必要がある.いつものように,データ構造の選択はアルゴリズムの効率に影響を与えていて,いくつかの候補の中から選ぶことができる.これもいつもと同様にリンク表現と配列表現が候補である.プログラム 4.23 は配列表現を用いたインプリメンテーションである.リンクによるリスト表現は練習問題(練習問題 4.70)に残しておく.

2 つの多項式を加えるには,それらの係数を加えればよい.多項式が配列で表わされているならば,プログラム 4.23 に示すように**足し算**(add)は配列を 1 回まわるループに帰着される.2 つの多項式の**掛け算**(multiply)は,分配則に基づく初等的なアルゴリズムによる.一方の多項式に他方の各項を順に掛けて,その結果を x のベキがそろうように並べ,各項の係数を足して最終結果をえる.掛け算

$$\left(1 - x + x^2/2 - x^3/6\right)\left(1 + x + x^2 + x^3\right)$$

の結果は次のようになる.

$$\begin{array}{cccccc}
1 & -x & +\dfrac{x^2}{2} & -\dfrac{x^3}{6} & & \\
 & +x & -x^2 & +\dfrac{x^3}{2} & -\dfrac{x^4}{6} & \\
 & & +x^2 & -x^3 & +\dfrac{x^4}{2} & -\dfrac{x^5}{6} \\
 & & & +x^3 & -x^4 & +\dfrac{x^5}{2} & -\dfrac{x^6}{6} \\
\hline
1 & & +\dfrac{x^2}{2} & +\dfrac{x^3}{3} & -\dfrac{2x^4}{3} & +\dfrac{x^5}{3} & -\dfrac{x^6}{6}
\end{array}$$

この方法によると,2 つの多項式を掛けるのに N^2 に比例する計算時間が必要であるように見える.多項式の掛け算を行なう高速なアルゴリズムを開発することは重要な課題である.この問題を第 8 部(本書の続巻)で詳しく論ずる.そこでは,**分割統治アルゴリズム**を用いてこの計算を $N^{3/2}$ に比例する計算時間で実行できることを述べ,高速フーリエ変換を用いて $N \log_2 N$ に比例する時間で実行できることを述べる.

プログラム 4.23 における式の値の計算は,**ホーナー法**(Horner's algorithm)として知られる古典的な高速アルゴリズムを用いている.素朴な計算方法は,x^i を計算する関数を用いて式の通りに計算する.これによると N^2 に比例する計算時間がかかる.もう少し工夫した方法では,x^i の値を保存した表を使って式の通りに計算する.これによると

> **プログラム 4.23 配列を用いた多項式 ADT のインプリメンテーション**
>
> 多項式に対するこの一級抽象データ型のインプリメンテーションにおいて，多項式は，係数の配列をさすポインタと次数からなる構造体である．簡単のために，このコードでは加算は一方の引数を変更し，掛け算では新しいオブジェクトを作っている．いくつかの応用に対しては，オブジェクトを廃棄する（そして関連するメモリを開放する）抽象データ型操作が必要である．
>
> ```c
> #include <stdlib.h>
> #include "POLY.h"
> struct poly { int N; int *a; };
> Poly POLYterm(int coeff, int exp)
>   { int i; Poly t = malloc(sizeof *t);
>     t->a = malloc((exp+1)*sizeof(int));
>     t->N = exp+1; t->a[exp] = coeff;
>     for (i = 0; i < exp; i++) t->a[i] = 0;
>     return t;
>   }
> Poly POLYadd(Poly p, Poly q)
>   { int i; Poly t;
>     if (p->N < q->N) { t = p; p = q; q = t; }
>     for (i = 0; i < q->N; i++) p->a[i] += q->a[i];
>     return p;
>   }
> Poly POLYmult(Poly p, Poly q)
>   { int i, j;
>     Poly t = POLYterm(0, (p->N-1)+(q->N-1));
>     for (i = 0; i < p->N; i++)
>       for (j = 0; j < q->N; j++)
>         t->a[i+j] += p->a[i]*q->a[j];
>     return t;
>   }
> float POLYeval(Poly p, float x)
>   { int i; double t = 0.0;
>     for (i = p->N-1; i >= 0; i--)
>       t = t*x + p->a[i];
>     return t;
>   }
> ```

N に比例する余分な記憶領域を必要とする．ホーナーのアルゴリズムは，次式のように括弧をつけて計算順序を変更して式の値を計算する最適な線形アルゴリズムである．

$$a_4x^4 + a_3x^3 + a_2x^2 + a_1x + a_0 = (((a_4x + a_3)x + a_2)x + a_1)x + a_0$$

ホーナー法は計算時間を短縮する手品のように提示されることが多い．

しかし実際はこの分野の研究の初期に生まれた洗練された高速なアルゴリズムの出色の例であり，非常に基本的で大切な計算に対して，計算時間を2乗から線形に減少させている．プログラム4.2で行なったASCII文字列を整数に変換した計算はホーナー法を用いたものである．14章と本書の続巻で，記号表と文字列探索の実現に関連した重要な計算の基礎として，再びホーナー法に出会う．

簡単のためと効率をよくするために，POLYaddは引数の1つを書き換える．このインプリメンテーションを応用で用いる時には，そのことを仕様に記述しておかなければいけない（練習問題4.71）．さらに，POLYmultでは結果を保持するのに新しい多項式を作り出すというメモリリークの問題を抱えている．

いつもと同じように，多項式抽象データ型を実現するのに配列表現を用いることは選択肢の1つである．もし，次数が高く，項が少ないのであれば，リンクによるリストの方が適切な表現である．例えば，プログラム4.23を使って次の掛け算を行なおうとは思わないであろう．

$$(1+x^{1000000})(1+x^{2000000}) = 1 + x^{1000000} + x^{2000000} + x^{3000000}$$

莫大な個数の使わない係数のために配列の場所を用意しなければならないからである．練習問題4.70でリンクによるリストの利用についてより詳しく考える．

練習問題

4.70 本文で述べた多項式抽象データ型（プログラム4.22）の実現を，基になるデータ構造としてリンクによるリストを用いて書け．ただし，リストには係数の値が0の項に対応する節点が含まれてはいけない．

▷ **4.71** プログラム4.23におけるPOLYaddの実現をPOLYmultと同じ方針で動作するように変更せよ（どちらの引数も変更しない）．

○ **4.72** 本文で述べた多項式抽象データ型のインタフェース，インプリメンテーション，クライアント（プログラム4.21から4.23）を，メモリリークが起きないように変更せよ．そうするために，それぞれ，オブジェクトが使ったメモリの開放，オブジェクトの値のコピーを行なう新しい操作POLYdestroy, POLYcopyを定義し，POLYaddとPOLYmultをそれらの引数を廃棄し，新しく作ったオブジェクトを返すように変更せよ．

○ **4.73** 本文で述べた多項式抽象データ型を多項式の積分と微分を含むように変更せよ．

○ **4.74** 練習問題4.73の多項式抽象データ型を，ある整数 M に等しいかそれよりも大きなベキをもつすべての項を無視するように変更せよ．M は初期化の時にクライアントによって示される．

●● 4.75 練習問題 4.73 の多項式抽象データ型を多項式の割り算と因数分解を含むように拡張せよ．

● 4.76 任意の桁数の整数の足し算と掛け算を行なうクライアントが書けるような抽象データ型を開発せよ．

● 4.77 4.3 節の後置記法の算術式計算プログラムを，練習問題 4.76 で開発した抽象データ型を用いて，任意の桁数の整数からなる後置記法の数式を評価するように書き直せ．

●● 4.78 練習問題 4.73 の多項式抽象データ型を用いて，関数のテイラー展開近似を利用して積分を計算するクライアントプログラムを書け．ただし計算は数式処理による．

4.79 次のようなクライアントが書ける抽象データ型を開発せよ．浮動小数点数のベクトルに対する算術演算を行なう．

4.80 次のようなクライアントが書ける抽象データ型を開発せよ．足し算，引き算，掛け算，割り算が定義された抽象オブジェクトの行列に対する代数演算を行なう．

4.81 文字列抽象データ型に対するインタフェースを書け．そこには，文字列を生成する，2 つの文字列を比較する，2 つの文字列をつなぐ，一方の文字列を他方へコピーする，文字列の長さを返す，という演算が含まれているとする．

4.82 練習問題 4.81 の文字列抽象データ型インタフェースのインプリメンテーションを，必要に応じて C の文字列ライブラリを用いて書け．

4.83 練習問題 4.81 の文字列抽象データ型インタフェースのインプリメンテーションを，基になるデータ構造としてリンクによるリストを用いて書け．それぞれの演算の最悪の場合の計算時間を解析せよ．

4.84 添字集合抽象データ型に対するインタフェースとインプリメンテーションを書け．そこでは，0 から $M-1$（M は定数であるとする）の範囲の整数の集合を扱い，集合を生成する，2 つの集合の合併を求める，2 つの集合の共通部分を求める，補集合を求める，2 つの集合の差を求める，集合の要素を印刷するという機能が含まれるとする．各集合を表わすのに大きさ $M-1$ の 2 値配列を使え．

4.85 練習問題 4.84 の抽象データ型をテストするクライアントプログラムを書け．

4.10 展　望

アルゴリズムとデータ構造の勉強を進めるにあたって，抽象データ型（ADT）の根本にある基本的な概念を理解しておくべきである．それには次のような 3 つの主要な理由がある．

　　● 抽象データ型はソフトウェア工学において広く用いられている重

要なツールである．我々が勉強するアルゴリズムの多くが，広く応用される基本的な抽象データ型を実現するのに用いられている．

- 抽象データ型を用いると，データ構造の詳細や応用から独立してアルゴリズムを開発することが容易になる（カプセル化とよぶことがある）．したがって，同じコードを多くの異なる目的に使うことができる．
- 抽象データ型はアルゴリズムを開発し，その性能を比較する過程で利用できる便利な機構を提供してくれる．

理念の上では，抽象データ型は，データを扱う方法を正確に記述すべきであるという原則を実体化したものである．本章で詳しく述べたクライアント–インタフェース–インプリメンテーション（実現）のメカニズムは，Cにおいて抽象データ型を構成するのに都合がよく，数多くの望ましい性質をもつCコードを提供してくれる．多くの現代的なプログラミング言語は，同様の特徴をもつプログラムの開発を可能とする機能をそれぞれもっている．しかし，この一般化されたアプローチは個々の言語のものよりも優れていて，もし言語のサポートがえられない時には，クライアント，インタフェース，インプリメンテーションの間を分離できるようなプログラミングの約束事を提示してくれる．

　抽象データ型の動作を定める時の選択の範囲が常に拡大しているので，効率のよい実現をえるための課題も常に増大している．ここで考えてきた数多くの例はこのような課題を解決する方法を説明している．すべての操作を効率よく実現するという目標を達成するよう努力し続けているが，すべての操作の集合に対してそれが可能となる汎用のインプリメンテーションはありそうもない．この事情は抽象データ型を志向するそもそもの原理に反している．というのは，多くの場合，抽象データ型を作る人は，対象とする抽象データ型のどのインプリメンテーションが最も効率がよいかを知るためにクライアントプログラムの特徴を知る必要があるし，また，クライアントプログラムを開発する人は，対象とする応用のためにどれを選ぶべきかを知るために様々なインプリメンテーションの性質を知る必要がある．常に両者のバランスをとらなくてはならない．本書では，基本的な抽象データ型の変種を実現するための数多くのアプローチを考察する．それらはすべてが重要な応用をもっている．

　1つの抽象データ型を用いて別の抽象データ型を作ることができる．そのような例として，Cが提供するポインタと構造体を用いてリンクによるリストを作り，そして，リンクによるリストまたはCの配列抽象を用いてプッシュダウンスタックを作り，プッシュダウンスタックを使

って算術式を計算する機能を実現した．抽象データ型の概念を用いると抽象の階層の上に大きなシステムを構成することが可能となる．抽象の階層は，コンピュータの機械語命令からプログラミング言語によって提供される能力まで，さらに本書の第3部，第4部で議論するアルゴリズムによって提供される整列，探索，その他の高いレベルの能力まで，その上に本書の続巻において議論する様々な応用が要求するさらに高いレベルの抽象に及ぶ．常により強力な抽象機構を開発し続けることは，問題解決にコンピュータを有効に利用するために本質的に重要なことであり，抽象データ型はその中のひとつの大きな成果である．

第5章 再帰と木

　再帰（recursion）の考えかたは数学やコンピュータサイエンスにおける基礎である．素朴な定義は次の通りである．数学において再帰関数とは自分自身を用いて定義される関数であり，それと全く同様に，プログラミング言語において再帰プログラムは自分自身を呼び出すものである．しかし，再帰関数が最後まで自分自身を使って定義されるわけではない．もしそうすれば定義が循環してしまう．同様に，再帰プログラムがいつも自分自身を呼び出しているわけではない．もしそうすれば無限ループに入ってしまう．したがってもうひとつの本質的な要請は，プログラムが自分自身の呼出しを終える（数学における再帰関数が自分以外で定義される）ような**終了条件**（termination condition）があることである．すべての実際的な計算は再帰の枠組みを使って表わすことができる．

　再帰を学ぶことは**木**（tree）とよばれる再帰的に定義された構造を学ぶことと密接に関係している．木は再帰プログラムを理解したり解析したりするのに用いられるし，データ構造としても用いられる．既に1章で（再帰ではないが）木の応用を述べた．再帰プログラムと木の結びつきは本書における非常に多くの題材の根底にある．再帰プログラムを理解するのに木を用いるし，木を作るのに再帰プログラムを用いる．そして，アルゴリズムを解析するのにその両者の基本的な関係（と再帰的な関係）を利用する．再帰を考えると，あらゆる種類の応用に対して洗練された効率のよいデータ構造とアルゴリズムを開発することが容易となる．

　本章の主要な目標は，再帰プログラムとデータ構造を実際的な道具として調べることである．最初に，数学における再帰と簡単な再帰プログラムの関係を議論し，数多くの実際的な再帰プログラムの例を考える．次に，**分割統治法**（divide and conquer）として知られる基本的な再帰の仕組みを調べる．分割統治法はこれ以降の数章において基本的な問題解決の手法として用いられる．次に，再帰プログラムを実現する上で**動的計画法**（dynamic programming）として知られる汎用の問題解決手法を考察する．この方法を用いると広いクラスの問題に対して洗練された効率のよい解法を導くことができる．次に，木を取り上げ，その数学

的な性質と関連するアルゴリズムを詳細に考察する．そこでは，再帰的な木操作プログラムの基礎となる**木走査**（tree traversal）という基本的な方法を述べる．最後に，グラフ操作に深く関連するアルゴリズム，特に，多くのグラフ処理アルゴリズムの基礎となる基本的な再帰プログラムである**深さ優先探索**（depth first search）を考察する．

以下で述べるように，多くの興味深いプログラムが再帰プログラムによって単純に表わされ，アルゴリズムを設計する人は再帰を使って解法を書きたがる．しかし，再帰を使わない別の解法も詳しく調べる．スタックに基づく単純なアルゴリズム（これは再帰と本質的に同値である）を導くだけでなく，いくつかの場合には全く異なる計算手順を通して同じ結果をえる非再帰的な解法を導くことができる．再帰を用いた定式化を調べることによって，もっと効率のよい別の解法を見つけるための構造を見い出すことができる．

再帰と木は，計算機科学の多くの分野だけでなく，計算機科学の外の広い分野にも現われるので，それらをすべて議論するには1冊の本が必要である．実際，本書においても再帰と木はすべての章の基本的な箇所に存在するので，いたるところで述べられているといえる．

5.1 再帰アルゴリズム

再帰アルゴリズム（recursive algorithm）は，与えられた問題を解くために，それと同じ形の規模の小さい1個または複数個の問題を解くことを繰り返して，解をえるアルゴリズムである．再帰アルゴリズムをCで実現するには**再帰関数**（recursive function）を用いる．再帰関数は自分自身を呼び出す関数である．Cの再帰関数は数学関数の再帰を使った定義に対応している．数学関数を直接計算するプログラムを調べることから再帰の勉強をはじめよう．あとで見るように，この基本的な手法を発展させて汎用のプログラミングの方法論を導くことができる．

漸化式（2.5節参照）は再帰を使って，定義域が非負の整数である関数を次のように定義する．与えられた整数に対する関数値を，初期値または（再帰的に）より小さい整数値に対する関数値を使って定義する．最もよく知られた例は次の漸化式で定義される**階乗関数**（factorial function）であろう．

$$0! = 1$$
$$N \geq 1 の時 \quad N! = N \cdot (N-1)!$$

この定義はプログラム5.1のCの再帰関数と直接関係している．

プログラム5.1は単一のループで表わすことができ，次のforループは同じ計算を行なう．

再帰アルゴリズム §5.1

プログラム 5.1 階乗（再帰を使った実現）

この再帰関数は，標準的な再帰定義を用いて関数 $N!$ を計算する．この関数は，N が非負で結果が int で表わせる程度に十分小さい数値に対しては正しい値を返す．

```
int factorial(int N)
  {
    if (N == 0) return 1;
    return N*factorial(N-1);
  }
```

```
for ( t = 1, i = 1; i <= N; i++) t *= i;
```
あとで述べるように，再帰プログラムをそれと同じ計算をする非再帰プログラムに変換することが可能である．逆に，再帰を使って，どのようなループもループのない計算として表わすことが可能である．

再帰を使うのは，複雑な計算を効率を悪くすることなく簡潔に表わせるからである．例えば，再帰を使って階乗関数を実現すると局所変数が不要である．再帰を実現するコストは関数呼出しを実行可能とするプログラミングシステムの機構の所で発生する．ここには組込みのプッシュダウンスタックが用いられる．多くの現代的なプログラミングシステムが再帰を実現をするために注意深く考えられた機構をもっている．このような優れた点があるにもかかわらず，極端に効率の悪い単純な再帰関数を書くことは極めて容易であり，実行不可能なプログラムを書いてしまわないように注意する必要がある．

プログラム 5.1 は，より小さな数を引数として自分自身をよび，最終的に関数値を直接計算する終了条件をもつという再帰関数の基本的な特徴を示している．数学的帰納法を用いてこのプログラムが意図通りに動くことを証明しよう．

- 0! を計算する（前提条件）
- $k<N$ に対して $k!$ を計算するという仮定（帰納法の仮定）のもとで $N!$ を計算する．

このような考え方は，複雑な問題を解くアルゴリズムを開発する近道の 1 つである．

C のようなプログラミング言語では，ほとんどどのような種類のプログラムでも書くことができる．しかし，再帰関数を使う場合には，前の段落で述べた帰納法による証明ができる再帰関数を使うように心掛ける必要がある．本書では，プログラムの正当性を証明することは考えないものの，複雑なプログラムを使って難しい問題を解くことに興味があ

```
puzzle(3)
  puzzle(10)
    puzzle(5)
      puzzle(16)
        puzzle(8)
          puzzle(4)
            puzzle(2)
              puzzle(1)
```

図 5.1 再帰呼出しの列の例

上記の入れ子になった関数呼出しの列は確かに終了する．しかし，プログラム 5.2 の再帰関数が，任意に選んだ引数に対して，無限に深い入れ子になる呼出しを行なわないことは証明できない．再帰呼出しにおいて引数の値がいつも小さい値である関数が好ましい．

プログラム 5.2 問題のある再帰プログラム

この関数は，引数 N が奇数の時，引数を 3N+1 として自分自身を呼び出し，引数 N が偶数の時，引数を N/2 として自分自身を呼び出す．すべての再帰呼び出しにおいて，呼び出された時よりも小さい値を引数とするわけではないので，このプログラムが終了することを証明するのに帰納法を使うことはできない．

```c
int puzzle(int N)
  {
    if (N == 1) return 1;
    if (N % 2 == 0)
        return puzzle(N/2);
    else return puzzle(3*N+1);
  }
```

り，その問題が適切に解かれたという確信は何らかの形で必要である．再帰関数を使うと簡潔な実現がえられるだけでなく，そのような保証もえられるのである．現実には，数学的帰納法の助けを借りるために，再帰関数が次の 2 つの基本的な性質を満たすことを確かめるべきである．

- 初期化に相当する基礎となる問題を直接解かなければいけない．
- それぞれの再帰呼出しにおいて，引数の値は呼び出された時の値より小さい値でないといけない．

この 2 つの項目は証明の仮定としては曖昧であり，それぞれの再帰関数に対して帰納法の証明をしなさいといっているにすぎない．それでもなお，これらの点は，プログラムを書くのに役に立つ指針となる．

プログラム 5.2 は帰納法の議論に必要な条件を説明する面白い例である．再帰関数であるが，より小さい値の引数で再帰呼出しを行なうという規則に従っていない．したがって，数学的帰納法を使って理解するわけにはいかない．実際，N の大きさに上限がなければ，すべての N についてこの計算が終了するかどうかはわからない．int で表わされる小さな N に対しては，このプログラムが終了することを確かめられる（図 5.1 と練習問題 5.4 参照），しかし大きな整数（例えば 64 ビット語）に対して，このプログラムが無限ループに飛び込んでしまうかどうかはわからない．

プログラム 5.3 は，2 つの整数の最大公約数を見つける**ユークリッドの互除法**（Euclid's algorithm）のコンパクトな実現である．この方法は，$x > y$ である 2 つの整数 x と y の最大公約数は，2 つの整数 y と $x \bmod y$（x を y で割った余り）の最大公約数に等しいということに基づいている．x が y の倍数と $x \bmod y$ との和であることを考えると，

再帰アルゴリズム　　§5.1

プログラム 5.3　ユークリッドのアルゴリズム

2000 年以上も前にさかのぼることができる最古のアルゴリズムである．この再帰手続きによって 2 つの整数の最大公約数が求まる．

```
int gcd(int m, int n)
  {
    if (n == 0) return m;
    return gcd(n, m % n);
  }
```

プログラム 5.4　前置記法の算術式を計算する再帰プログラム

前置記法の算術式を評価するために，ASCII の数字を計算できる数値に変換するか（最後の while ループ），2 つの（再帰的に計算された）被演算子の直前におかれた文字が表わす演算を行なう．この関数は再帰を用いているが，式を蓄える配列と処理中の文字をさす添字を大域的な変数とする．それぞれの部分式が計算されるとポインタが進められる．

```
char *a; int i;
int eval()
  { int x = 0;
    while (a[i] == ' ') i++;
    if (a[i] == '+')
      { i++; return eval() + eval(); }
    if (a[i] == '*')
      { i++; return eval() * eval(); }
    while ((a[i] >= '0') && (a[i] <= '9'))
      x = 10*x + (a[i++]-'0');
    return x;
  }
```

ある数 t が x と y の両方を割り切るということと，t が y と $x \bmod y$ の両方を割り切ることとは同値であることがわかる．このプログラムが再帰的に呼び出された例を図 5.2 に示す．ユークリッドのアルゴリズムでは，再帰の深さは引数の算術的な性質に依存している（対数関数的であることが知られている）．

プログラム 5.4 は再帰呼出しが複数ある例である．これは，算術式計算プログラムであり，プログラム 4.2 と本質的に全く同じ計算をする．しかし前のプログラムが後置記法とプッシュダウンスタックを用いていたのに対して，前置記法と再帰を用いている．本章では，再帰プログラムと，プッシュダウンスタックに基づく同値なプログラムに関する多く

```
gcd(314159, 271828)
  gcd(271828, 42331)
    gcd(42331, 17842)
      gcd(17842, 6647)
        gcd(6647, 4458)
          gcd(4458, 2099)
            gcd(2099, 350)
              gcd(350, 349)
                gcd(349, 1)
                  gcd(1, 0)
```

図 5.2　ユークリッドのアルゴリズムの例

上記の入れ子になった関数呼出しの列は，ユークリッドのアルゴリズムが 314159 と 271828 が互いに素であることを見つけた時の動作を示している．

の例を見る．そして，そのようなプログラムの組をいくつか取り上げ，両者の関係を詳しく調べることにする．

図 5.3 は前置記法の算術式に対するプログラム 5.4 の動作を示している．複数の再帰呼出しは複雑な一連の計算を覆い隠している．ほとんどの再帰プログラムと同様にこのプログラムも帰納的に考えると理解しやすい．項が 1 つの式に対して正しいと仮定し，複雑な式でも正しく動作することを確かめる．このプログラムは**再帰降下型パーサ**（recursive descent parser）の簡単な例であり，同じ手順を用いて C プログラムを機械語に翻訳することができる．

プログラム 5.4 が算術式を正しく計算することを帰納法によって証明することは，前述の整数を引数とする関数の場合よりもずっと難しい．また，本書を通してこれよりもずっと複雑な再帰プログラムとデータ構造に出会うことになる．したがって，すべての再帰プログラムの正当性を帰納法を使って証明するという理想的な目標はかかげない．この例では，与えられた演算子に対応する被演算子の取り出し方をプログラムが知っているということが一見不思議に見える．たぶん，最初の式を見たのではどう取り出したらよいのかが直ちにわからないからであろう．しかし，実際には簡単明瞭な計算であり，それぞれの関数の呼出しにおいてたどるパスは，その式の先頭の文字によって一意に決定される．

原理的には，すべての for ループを同値の再帰プログラムで置き換えることができる．多くの場合に，再帰プログラムの方が for ループよりも計算を自然に表わすことができるので，プログラミングシステムが備えている再帰の機構を利用するであろう．しかし，ここにはコストが隠れていることに注意していなければならない．図 5.1 から図 5.3 の例によって明らかなように，再帰プログラムを実行すると，関数呼出しが入れ子になって実行され，再帰呼出しを行なわずに return を実行する時点まで続く．ほとんどのプログラミング環境では，このように入れ子になった関数呼出しは，組込みのプッシュダウンスタックによって実現される．本章を通じてこのような実現の性質を調べる．**再帰の深さ**（depth of the recursion）とは計算全体を通しての関数呼出しの入れ子の深さの最大値のことである．一般にこの深さは入力に依存する．例えば，図 5.2 と図 5.3 の例では，再帰の深さはそれぞれ 9 と 4 である．再帰プログラムを用いる時，プッシュダウンスタックの大きさを，再帰の深さに比例するようにプログラミング環境が管理していることに注意しなければいけない．大規模な問題では，このスタックに必要な記憶領域のせいで再帰的な解法をあきらめることもありうる．

ポインタをもつ節点によって構成されるデータ構造は本来再帰的である．例えば，3 章のリンクによるリストの定義（定義 3.3）は再帰的で

```
eval() * + 7 * * 4 6 + 8 9 5
  eval() + 7 * * 4 6 + 8 9
    eval() 7
    eval() * * 4 6 + 8 9
      eval() * 4 6
        eval() 4
        eval() 6
        return 24 = 4*6
      eval() + 8 9
        eval() 8
        eval() 9
        return 17 = 8 + 9
      return 408 = 24*17
    return 415 = 7+408
  eval() 5
  return 2075 = 415*5
```

図 5.3　前置記法の算術式の計算の例

上記の入れ子になった関数呼出しの列は，前置記法の算術式を計算する再帰アルゴリズムの動作を表わしている．簡単のために，引数となる式が書いてある．しかし，アルゴリズム自身は，引数である文字列全部を見ることはなく，文字列の先頭から必要な文字を取ってくる．

再帰アルゴリズム　　　　　　　　　　　　　　§5.1

ある．したがって，再帰プログラムはそのようなデータ構造を扱う，よく利用される関数の自然な実現方法となる．プログラム5.5は4個の例を含んでいる．再帰を使わずに書くよりはずっと理解しやすいので，本

プログラム5.5　リンクによるリストに対する再帰関数の例

　ここに示す単純なリスト処理を行なう再帰関数は簡単に書くことができる．しかし，再帰の深さがリストの長さに比例するので，大きなリストに対しては実用的であるとはいえない．

　最初の関数countはリストの節点の数を数える．2番目の関数traverseはリストの最初から最後までの節点それぞれに対して関数visitをよぶ．これらの2つの関数は両方ともforまたはwhileループを使って簡単に実現することができる．3番目の関数traverseRはリスト上の節点それぞれに対して逆順にvisitをよぶ．この関数に対しては簡単な繰返しによる表現はない．

　4番目の関数deleteはリストから要素を削除するのに必要な構造の変更を行なう．関数はリストの残り（通常変更されている）をさすポインタを返す．返されるリンクは，x->itemがvでなければxであり，x->itemがvであればx->nextである（このとき再帰が終了する）．

```
int count(link x)
  {
    if (x == NULL) return 0;
    return 1 + count(x->next);
  }
void traverse(link h, void (*visit)(link))
  {
    if (h == NULL) return;
    (*visit)(h);
    traverse(h->next, visit);
  }
void traverseR(link h, void (*visit)(link))
  {
    if (h == NULL) return;
    traverseR(h->next, visit);
    (*visit)(h);
  }
link delete(link x, Item v)
  {
    if (x == NULL) return NULL;
    if (eq(x->item, v))
      { link t = x->next; free(x); return t; }
    x->next = delete(x->next, v);
    return x;
  }
```

書を通じてこのような実現をしばしば用いる．しかしながら，大きなリストに対してプログラム 5.5 のようなプログラムを用いる時には，次のような注意をしないといけない．これらの関数の再帰の深さはリストの長さに比例し，スタックに要求される記憶領域が実行不可能なほど大きくなるかもしれないのである．

いくつかのプログラミング環境は自動的に**末尾再帰**（tail recursion）を見つけて取り除く．末尾再帰とは関数の最後の動作が再帰呼出しであることをいい，この場合には，再帰呼出しを深くする必要がない．この改良は，プログラム 5.5 の関数 count, traversal, delete における末尾再帰をループに変換して効率をよくすることができる．しかし，関数 traversalR には適用できない．

5.2 節と 5.3 節では，非常に重要な計算に関する設計手法を表わす 2 つの再帰アルゴリズムの族を考える．そして，5.4 節から 5.7 節では，非常に多くのアルゴリズムの基礎となる再帰データ構造を考える．

練習問題

▷ **5.1** $\log_2(N!)$ を計算する再帰プログラムを書け．

5.2 プログラム 5.1 を $N! \bmod M$ を計算するように書き換えよ．これによって桁あふれの心配がなくなる．$M = 997$, $N = 10^3, 10^4, 10^5, 10^6$ としてプログラムを実行せよ．利用しているプログラミングシステムがどの程度の深さまで入れ子になった再帰呼出しを扱えるかを調べよ．

▷ **5.3** プログラム 5.2 を整数 1 から 9 について実行した時の引数の列を書け．

● **5.4** $N < 10^6$ に対して，N がいくつの時にプログラム 5.2 の再帰呼出しの回数が最大になるかを調べよ．

▷ **5.5** ユークリッドのアルゴリズムの非再帰版を書け．

▷ **5.6** ユークリッドのアルゴリズムを入力 89 と 55 に対して実行した時の図 5.2 に相当する図を書け．

○ **5.7** 入力値が 2 つの引き続くフィボナッチ数（F_N と F_{N+1}）である時，ユークリッドのアルゴリズムの再帰の深さを求めよ．

▷ **5.8** 前置記法の算術式の計算に関して，入力が ＋ ＊ ＊ 12 12 12 144 である時の図 5.3 に相当する図を書け．

5.9 後置記法の算術式を計算する再帰プログラムを書け．

5.10 中置記法の算術式を計算する再帰プログラムを書け．各演算子に対応する式は必ず括弧でくくられていると仮定してよい．

○ **5.11** 中置記法の算術式を後置記法に変換する再帰プログラムを書け．

○ **5.12** 後置記法の算術式を中置記法に変換する再帰プログラムを書け．

5.13 ジョセファス問題（3.3 節参照）を解く再帰プログラムを書け．

5.14 リンクによるリストの最後の要素を削除する再帰プログラムを書け．

○5.15 リンクによるリストの節点の順序を逆にする再帰プログラムを書け（プログラム 3.7 参照）．ヒント：大域変数を使え．

5.2 分割統治法

本書で考える再帰プログラムの多くは，入力を半分に分け 2 回の再帰呼出しを行なってそれぞれを処理する．この再帰の仕組みはアルゴリズム設計でよく知られた**分割統治法**（divide and conquer）の考え方の最も重要な例であろう．そして分割統治法は，多くの最も重要なアルゴリズムの基礎となっている．

例えば，配列 a[0],…, a[N-1] に蓄えられた N 個の要素の最大値を見つける問題を考えてみよう．この問題は，次のように配列を一通り調べると解がえられる．

```
for (t = a [0], i = 1; i < N; i++)
  if (a[i] > t) t = a[i];
```

これに対して，プログラム 5.6 は分割統治法を用いた解も単純な（しかし全く異なる）アルゴリズムに基づいている．このアルゴリズムを使って分割統治法の考え方を説明しよう．

ほとんどの場合，分割統治法を用いるのは単純な繰返しアルゴリズムよりも高速に解がえられるからである（本節の最後にいくつかの例を示す）．しかし，ここで考えるように，基本的な計算の性質を理解するために詳しく調べることにも意味がある．

図 5.4 は，例題の配列を入力としてプログラム 5.6 を実行した時の再

プログラム 5.6 最大値を求める分割統治法

この関数はファイル a[l],…, a[r] を a[l],…, a[m] と a[m+1],…, a[r] に分割し，2 つの部分それぞれの最大要素を（再帰的に）求め，その 2 つの大きい方をファイル全体の最大値として求める．ここでは，Item が一級データ型であり，比較演算 > が定義されていると仮定する．ファイルの大きさが偶数ならば，2 つの部分の大きさは等しく，ファイルの大きさが奇数ならば，前半の部分が後半の部分よりも 1 だけ大きい．

```
Item max(Item a[], int l, int r)
  { Item u, v; int m = (l+r)/2;
    if (l == r) return a[l];
    u = max(a, l, m);
    v = max(a, m+1, r);
    if (u > v) return u; else return v;
  }
```

```
  0 1 2 3 4 5 6 7 8 9 10
  T I N Y E X A M P L E

    Y max(0, 10)
     Y max(0, 5)
      T max(0, 2)
       T max(0, 1)
        T max(0, 0)
        I max(1, 1)
       N max(2, 2)
      Y max(3, 5)
       Y max(3, 4)
        Y max(3, 3)
        E max(4, 4)
       X max(5, 5)
     P max(6, 10)
      P max(6, 8)
       M max(6, 7)
        A max(6, 6)
        M max(7, 7)
       P max(8, 8)
      L max(9, 10)
       L max(9, 9)
       E max(10, 10)
```

図5.4　最大値を求める再帰を使ったアプローチ

この関数呼出しの列は再帰アルゴリズムによって最大値を求める際の動的な過程を示している．

帰呼出しを表わしている．基になっている構造は複雑に見えるが，心配することはない．プログラムが正しく動作することを帰納法によって証明できるし，プログラムの性能も漸化式を用いて解析することができる．

いつものように，プログラムそのものが，正しく動作することに対する帰納法による証明を与えている．

- 大きさ1の配列に対して直接，しかもただちに最大値を見つける．
- $N > 1$ に対して，配列を N よりも小さい2つの配列に分け，帰納法の仮定によって，それぞれの部分の最大値を求め，それら2つの値の大きな方を配列全体の最大値として返す．

さらに，プログラムの再帰的な構造を用いて，その性能の特徴を理解することができる．

命題5.1 大きさ N の問題を2つの独立な（空でない）部分に分けそれぞれを解く再帰関数は，自分自身を N 回よりも少ない回数だけ再帰的に呼び出す．

2つの部分問題の一方の大きさが k，もう一方の大きさが $N-k$ であるとすると，再帰呼出しの回数は全部で

$$T_1 = 0$$
$$N \geq 1 \text{の時} \quad T_N = T_k + T_{N-k} + 1$$

である．解が $T_N = N-1$ であることは帰納法によって簡単に証明できる．もし部分問題の大きさの和が N よりも小さな値であれば，呼出しの回数は $N-1$ よりも小さな値となることが同じ帰納法の議論から導かれる．より一般的な仮定の下で同様の結論を導くことができる（練習問題5.20）．■

プログラム5.6は全く同じ再帰構造をもつ多くの分割統治アルゴリズムの代表例であるが，2つの大きな固有の特徴をもっている．第一に，プログラム5.6は1回の関数呼出しで一定量の仕事をする．したがって，計算時間は線形である．他の分割統治アルゴリズムには，1回の関数呼出しでもう少したくさん仕事をするものもあり，その場合の全体の計算時間を決定するには，より込み入った解析が必要である．そのようなアルゴリズムの実行時間は部分問題に分割する方法の詳細に依存する．第二に，プログラム5.6は部分の和がちょうど全体になるという分割統治アルゴリズムの代表である．他の分割統治アルゴリズムには，部分問題の和が問題全体よりも小さいものや，部分問題に重なる箇所があって和が全体を超えてしまうものもある．これらもまた，部分問題それ

分割統治法　§5.2

それは全体より小さくなっているので正しい分割統治アルゴリズムであるが，解析はプログラム5.6よりもずっと難しい．これらの異なるタイプのアルゴリズムの解析は，それらに出会った時に詳しく述べる．

例えば，2.6節で学んだ**2分探索法**は，問題を2つに分割し，その一方だけを処理するという分割統治アルゴリズムである．2分探索法の再帰を使った実現は12章で調べる．

図5.5は，図5.4の再帰計算を実現するために，プログラミング環境が管理する内部スタックの内容を表わしたものである．図で示されたモデルは理想化されているが，分割統治法の計算の構造を見通すのに大変役に立つ．プログラムが2回の再帰呼出しを行なうのであれば，実際の内部スタックには，1回目の関数呼出しに対応する項目1組（引数の値，局所変数，戻り番地）が関数の実行中保持され，呼出しが終了してそれが削除されてから，2回目の関数呼出しに対応する同様の項目が関数の実行中保持される．一方，図5.5では，スタックに2個の項目を一度においてしまって，解かなければならない2つの部分問題を陽にスタック上にもっている．この表わし方は計算過程を明らかにしてくれるので，5.6節と5.8節で調べるようなより一般的な計算手法を表わすのに用いる．

図5.6は最大値を見つける分割統治法の構造を表わしている．それは次のような再帰的な構造である．上の図の一番上の節点は入力配列の要素の個数を含み，左の部分配列に対応する構造は左に，右の部分配列に対応する構造は右に描かれている．5.4節と5.5節において，このような形の木の構造を形式的に定義して議論する．入れ子になった関数呼出しを含むプログラム，特に再帰プログラムの構造を理解するのにこの木は役立つ．図5.6の3つの図は同じ木を表わしている．下の図の各節点は対応する関数呼出しの返却値でラベル付けられている．5.7節において，これと似た木を表現するリンク構造を作る手続きを考える．

再帰の話をするには，古典的な**ハノイの塔**（towers of Hanoi）の問題を述べないわけにはいかない．3本の棒が立てられ，それにちょうどあう穴のあいた N 枚の皿がある．皿はすべて大きさが異なっていて，最初は1本の棒に一番大きい皿（皿 N）を底にして上に行くほど小さくなるように最小の皿1まで積み重ねてある．問題はこの積み重ねた皿を右隣の棒に移動させることである．ただし，次の規則に従わなければいけない．

（i）　一度に1枚の皿しか移動してはいけない．

（ii）　自分よりも小さい皿の上においてはいけない．

僧侶達が40枚の黄金の皿と3本のダイアモンドの棒に対して問題を解いてしまった時に，世界が終わるであろうという言い伝えがある．

図5.5　内部スタックの動的な動きの例

この列は図5.4の計算における内部スタックの内容をわかりやすく表わしたものである．最初は配列全体を表わす左の添字と右の添字をスタックにおく．各行は，添字を2個ポップして，それらが異なっていれば，ポップされた部分配列を左の部分配列と右の部分配列とに分け，それぞれの左右を表わす合計4個の添字をプッシュする，という操作を表わしている．実際には，システムは，この表現の通りではなく，戻り番地と局所変数をスタックに蓄えて，なすべき仕事を覚えておく．しかし，このモデルは計算を記述するのに満足できるものである．

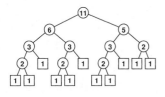
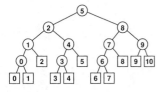
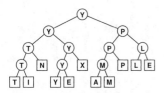

図 5.6 最大値を見つけるアルゴリズムの再帰構造

分割統治法によるアルゴリズムは大きさ 11 の問題を大きさ 6 と大きさ 5 の問題に分割し，大きさ 6 の問題を 2 つの大きさ 3 の問題に分割し，以下同様にして，大きさ 1 の問題に到達するまで進む（上の図）．これらの図の丸は，再帰関数の呼出しに対応し，枝で結ばれたすぐ下のノードに対応する関数を再帰的に呼び出している．四角はもう再帰を行なわない呼出しを表わしている．中の図は，配列の分割のしきいとなる添字を表わしている．下の図は関数の返却値である．

プログラム 5.7 ハノイの塔に対する解法

積み重ねた皿を右隣の棒に移動するのに，一番下の皿を除く山を（再帰的に）左隣へ移動し，一番下の皿を右隣に移動し，最初に移動した皿の山を（再帰的に）一番下の皿の上に移動する．shift(N, d) は皿 N を方向 d へ移動する手続きである．

```
void hanoi(int N, int d)
  {
    if (N == 0) return;
    hanoi(N-1, -d);
    shift(N, d);
    hanoi(N-1, -d);
  }
```

プログラム 5.7 はこの問題に対する再帰を使った解法を与えている．それは，各ステップでどの皿をどちらへ移動すべきかを指示している．＋は右隣の棒に移動することを示し，右端の棒に対しては循環して左端の棒へ移動する．－は左隣の棒に移動することを示している．再帰は次のようなアイデアに基づいている．N 枚の皿を右隣の棒に移動するためには，最初に，上から $N-1$ 枚の皿を左隣の棒に移動し，次に皿 N を右隣の棒に移動し，最後に，先に移動した $N-1$ 枚の皿を左隣の棒（皿 N の上）に移動すればよい．この解法が正しいことを帰納法によって証明できる．図 5.7 は $N=5$ の場合の皿の移動の順序と，$N=3$ の場合の再帰呼出しの列を表わしている．基本となるパターンは明らかであり，それを詳しく見てみよう．

まず，この解法の再帰構造を調べると移動の回数が直ちにわかる．

命題 5.2 ハノイの塔の問題に対する再帰的な分割統治アルゴリズムによってえられる解は 2^N-1 回の移動からなる．

プログラムを見るとすぐわかるように，皿の移動回数 T_N は次の漸化式を満たす．この漸化式は式 (2.5) と同じである．

$$T_1 = 1$$
$$N \geq 2 \text{ の時} \qquad T_N = 2T_{N-1} + 1$$

命題の主張は帰納法に使って簡単に証明できる．まず，

$$T_1 = 2^1 - 1 = 1$$

である．そして，もし

$$k < N \text{ に対して } T_k = 2^k - 1$$

分割統治法 §5.2

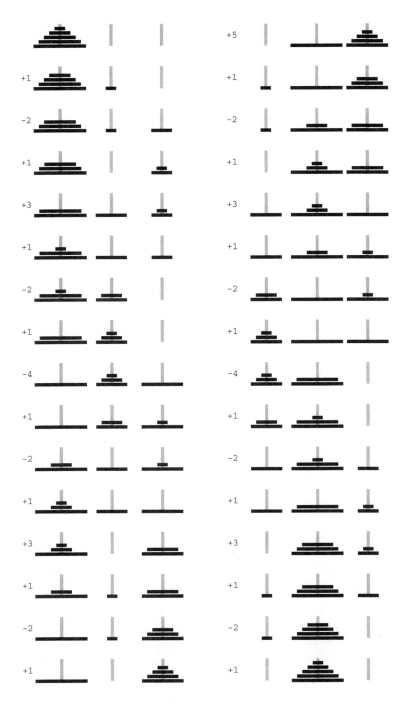

図5.7 ハノイの塔

左図は5枚の皿のハノイの塔の問題の解を表わしたものである．上の4枚の皿を左隣の棒に移動し（図の左の列），次に皿5を右隣の棒に移動し（右の列の一番上），最初に移動した4枚の皿を左隣の棒へ移動する（右の列の最後まで）．

下の関数呼出しの列は3枚の皿に対する計算を行なうものである．計算された移動の列は +1-2+1+3+1-2+1 であり，移動順序を表わす図の解の中に4度現われる（例えば最初の7回の移動）．

```
hanoi(3, +1)
  hanoi(2, -1)
    hanoi(1, +1)
      hanoi(0, -1)
      shift(1, +1)
      hanoi(0, -1)
    shift(2, -1)
    hanoi(1, +1)
      hanoi(0, -1)
      shift(1, +1)
      hanoi(0, -1)
  shift(3, +1)
  hanoi(2, -1)
    hanoi(1, +1)
      hanoi(0, -1)
      shift(1, +1)
      hanoi(0, -1)
    shift(2, -1)
    hanoi(1, +1)
      hanoi(0, -1)
      shift(1, +1)
      hanoi(0, -1)
```

が満たされるならば，
$$T_N = 2(2^{N-1} - 1) + 1 = 2^N - 1$$
である．■

僧侶が全く間違えないとして1秒に1枚の割合で皿を動かすとすると，完了するまでに少なくとも348世紀かかる（図2.1参照）．僧侶は

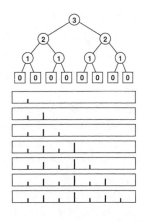

```
rule(0, 8, 3)
  rule(0, 4, 2)
    rule(0, 2, 1)
      rule(0, 1, 0)
      mark(1, 1)
      rule(1, 2, 0)
    mark(2, 2)
    rule(2, 4, 1)
      rule(2, 3, 0)
      mark(3, 1)
      rule(3, 4, 0)
  mark(4, 3)
  rule(4, 8, 2)
    rule(4, 6, 1)
      rule(4, 5, 0)
      mark(5, 1)
      rule(5, 6, 0)
    mark(6, 2)
    rule(6, 8, 1)
      rule(6, 7, 0)
      mark(7, 1)
      rule(7, 8, 0)
```

図 5.8　定規を描く関数の呼出し

この関数呼出しの列は長さ 8 の定規に目盛りを描く計算を表わしていて，長さ 1, 2, 1, 3, 1, 2, 1 の目盛りを描く．

プログラム 5.8　定規を描くための分割統治法

定規に目盛りを描くには，左半分に目盛りを描き，中心に最大の長さの目盛りを描き，右半分に目盛りを描く．このプログラムは，再帰呼出しの間ずっと r-l が 2 のベキ乗であることを仮定して書かれている（練習問題 5.27）．

```
rule(int l, int r, int h)
  { int m = (l+r)/2;
    if (h > 0)
      {
        rule(l, m, h-1);
        mark(m, h);
        rule(m, r, h-1);
      }
  }
```

プログラム 5.7 の恩恵を受けることはできないであろうから，どの皿を次に動かしたらよいかをそんなに早く見つけられないはずなので，世界の終わりは多分これよりも先であろう．さて，この方法を解析して，移動する皿を容易に決定できる，再帰を使わない簡単な方法を導こう．僧侶にはこの秘密に気づいてほしくないが，数多くの関連する重要な実際的なアルゴリズムに適用することができる．

ハノイの塔の解を理解するために，定規の上に目盛りを描く簡単な仕事を考えよう．定規の 1 cm ごとに，1/2 cm の点に目盛りがあり，少し短い目盛りが 1/4 cm 間隔であり，さらに短い目盛りが 1/8 cm 間隔であり，以下同様に続く．我々の仕事は，高さ h の目盛りを点 x に描く mark(x, h) という手続きがあると仮定して，任意に与えられた精度でこれらの目盛りを描くことである．

要求された目盛りの細かさが $1/2^n$ cm だとすると，縮尺を変えて，0 から 2^n の間の両端点を除く整数座標の点に目盛りを描くことにする．こうすると，真中の目盛りの高さは n であり，左半分と右半分それぞれの真中の目盛りの高さは $n-1$ であり，以下同様である．プログラム 5.8 はこうして定規に目盛りを描く素直な分割統治アルゴリズムである．図 5.8 は小さな例題に対するプログラム 5.8 の動作を表わしている．再帰を使ってこの方法の基になるアイデアを述べると以下の通りである．ある区間に目盛りを描くには，区間を 2 等分し，（短い）目盛りを（再帰的に）左半分に描き，長い目盛りを真中に描き，（短い）目盛りを（再帰的に）右半分に描く．繰返しを用いて記述すると，図 5.8 に示すように左から右へ順に目盛りを描く．秘密は目盛りの長さを計算す

分割統治法　§5.2

るところにある．図の再帰呼出しを表わす木を調べると計算が理解しやすい．木を上から下に見ていくと，再帰の呼出しが1深くなると目盛りの長さが1だけ短くなる．木を左から右へ横に見ていくと，目盛りが描かれる順序をえる．これは，任意に与えられた節点に対して，左部分木の関数呼出しに対応する目盛りを描き，次にその節点に関する目盛りを描き，最後に右部分木の関数呼出しに対応する目盛りを描くという構造をもっているからである．

目盛りの長さの列は，ハノイの塔の問題の移動する皿の大きさの列と同じであることにすぐ気がつく．実際，再帰プログラムが同一であることが，それらが等しいことの簡単な証明である．言い換えると，僧侶は定規の目盛りを見てどの皿を動かせばよいかがわかるのである．

さらに，プログラム5.7のハノイの塔の解と，プログラム5.8の定規の目盛り付け問題のプログラムは，プログラム5.6に示した分割統治法に例を少し改訂したものである．これらの3個の問題は，いずれも大きさ2^nの問題を解くのに，大きさ2^{n-1}の2つの問題に分割する．最大値を見つける問題は，入力の大きさに線形な実行時間の解法がえられる．定規の目盛り付け問題とハノイの塔の問題は，出力に線形な実行時間の解法がえられる．もっとも，普通は，ハノイの塔の問題では，問題の大きさを皿の枚数nで計るので解法は指数時間であると考える．

定規の目盛りを描く再帰プログラムを書くのは容易である．しかし，任意のiに対してi番目の目盛りの長さを計算する簡単な方法はないものだろうか．図5.9は，この問題の解を与える，前とは異なる簡単な計算手順を示している．ハノイの塔のプログラムと定規プログラムが印刷するi番目の数は，iの2進数表示の末尾の連続する0の個数に他ならない．この性質は次のようにして証明できる．まず，nビットの数の2進数表示を印刷する手順を次のような分割統治法によって表現する．$(n-1)$ビットの数の表を先頭ビットに0を追加して印刷し，$(n-1)$ビットの数の表を先頭ビットに1を追加して印刷する（練習問題5.25）．この方法と問題の解法とを対応させ，帰納法を使えばよい．

ハノイの塔の問題の解を，nビットの数との対応を考えて記述すると，次のような単純なアルゴリズムがえられる．棒に積み重ねられた皿の山を右に移動するのは，次の2つのステップを組として終了するまで繰り返せばよい．

- もしnが奇数ならば最小の皿を右に移動する（もしnが偶数ならば最小の皿には手をつけない）．
- 最小の皿の移動を除いて，唯一許される移動を行なう．

最小の皿を動かしたあと，（最小の皿を含まない）2本の棒のそれぞれ一番上にある皿はどちらかが小さい．最小の皿を含まない許される移動

図5.9　2進数の数え上げと定規を描く関数

定規の目盛りの高さの計算は，Nビットの偶数を2進数表示し，その末尾に続く0の個数を数えることと同値である．

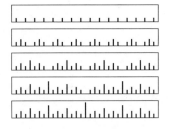

図 5.10 ボトムアップ式の順序で定規に目盛りを描く

再帰を使わずに定規に目盛りを描くには，場所を1つずつとばして長さ1の目盛りを描き，残る場所を1つずつとばして長さ2の目盛りを描き，以下同様に，残る場所を1つずつとばして次の長さの目盛りを描く．

プログラム 5.9　定規に目盛りを描く非再帰プログラム

プログラム5.8の順序とは異なり，長さ1の目盛りをすべて描き，次に長さ2の目盛りをすべて描き，以下同様に続ける．変数 t が目盛りの長さを表わし，変数 j が隣り合う長さ t の目盛りにはさまれた目盛りの数を表わす．外側の for ループで t を増しループ内では $j=2^{t-1}$ の関係が保たれる．内部のループにおいて長さ t のすべての目盛りを描く．

```
rule(int l, int r, int h)
  {
    int i, j, t;
    for (t = 1, j = 1; t <= h; j += j, t++)
      for (i = 0; l+j+i <= r; i += j+j)
        mark(l+j+i, t);
  }
```

は，小さい方の皿を大きい方の上に積むことである．これと同じ理由で最小の皿を含む移動は奇数番目に起こり，その時の定規の目盛りも最短である．おそらく，どの皿を動かしたらよいのかがわかるはずがないから，僧侶はこの秘密を知っていたに違いない．

ハノイの塔の問題の解において，1回おきに最小の皿を移動する（最小の皿の移動にはじまってそれで終了する）ことを帰納法によって証明するのは教育的である．$n=1$ の時，移動は唯一であり最小の皿を移動するので，命題は成立する．$n>1$ の時，$n-1$ に対して命題が成立すると仮定して n においても成り立つことを導く．前半の $n-1$ 枚の皿に関する移動は最小の皿の移動からはじまり，後半の $n-1$ の皿に関する移動は最小の皿の移動で終了する．したがって，n に対する解は，最小の皿の移動にはじまりその移動で終了する．また，n の時に行なわれる最小でない皿の移動は，前半の $n-1$ の解の最後の移動と後半の $n-1$ の解の最初の移動という，2回の最小の皿の移動の間に挟み込まれている．したがって n の場合にも最小の皿の移動は1回おきに行なわれるという性質が成り立つ．

プログラム5.9は2進数表示との対応を考えて定規に目盛りを描く別の方法である（図5.10参照）．このアルゴリズムの版を**ボトムアップ** (bottom-up) による実現とよぶ．この方法は再帰を使っていないが，再帰アルゴリズムからヒントをえて導かれている．分割統治法と自然数の2進数表示との関係を考察すると，ボトムアップによる解法のような改良案の開発を導いたり，解析を深めたりすることがしばしば可能となる．他のそれぞれの分割統治アルゴリズムに対しても，この観点から見直すことによって内容を理解し，多くの場合改良することができる．

分割統治法 §5.2

ボトムアップによる解法は，定規を描く計算の順序を並べ換えている．図 5.11 にそれとは異なる例を示す．そこでは再帰を使った解法の 3 つの関数呼出しの順序を並べ換えている．これは，最初に述べた再帰の記述方法にしたがうと，真中の目盛り，左の半分，右の半分の順に描く方法である．プログラム 5.8 の 2 つの文を入れ換えたにすぎないのに，目盛りを描くパターンは複雑になる．5.6 節で見るように，図 5.8 と図 5.11 の関係は，算術式表現の後置記法と前置記法の関係によく似ている．

もし，作画機器が 1 回の連続的な走行で次々に目盛りの位置に移動して行くことを考えるならば，任意に長い定規を描くことができるので，図 5.8 の順序で目盛りを描く方が，プログラム 5.9 における順序の異なる計算と図 5.11 に示す結果よりも好ましいであろう．同様に，ハノイの塔の問題を解くには，皿を移動する順序通りに解がえられないといけない．一般に，多くの再帰プログラムは特定の順序で解かれる部分問題に依存した解を出力する．一方，例えばプログラム 5.6 のように部分問題を解く順序には無関係な計算もある．そのような計算に対する唯一の制約は，親問題を解く前に部分問題を解かなければいけないということである．計算の順序に自由度があることがわかると，アルゴリズムの設計に成功する秘密を手に入れただけでなく，多くの場合に実際面での直接的な効果がある．例えば，並列プロセッサ上にアルゴリズムを実現することを考えている場合には非常に重要である．

ボトムアップによる解法は，最初に自明な部分問題を解き，それらの解をまとめて少し大きな部分問題を解き，それを続けて最後に問題全体を解く，という方針の一般的なアルゴリズム設計方法に対応している．このアプローチは**結合統治法**（統合統治法，combine and conquer）とよばれる．

定規の目盛りを描く方法からほんの少し前進するだけで，図 5.12 に示すような 2 次元のパターンを描くことができる．この図は再帰を使った単純な記述が複雑に見える計算につながることを示す例である（練習問題 5.30）．

図 5.12 のような再帰を使って定義された幾何学図形は**フラクタル**（fractal）とよばれる．より複雑な基本図形とより複雑な再帰構造を用いると（特に複素数平面上に定義された実数値関数），驚くほど多様で複雑なパターンがえられる．また，図 5.13 に示す図は Koch スターとよばれる再帰を使って定義される図のもう 1 つの例である．オーダ 0 の **Koch スター**（Koch star）は図 4.3 の単純な hill 関数である．オーダ n の Koch スターはオーダ $n-1$ の Koch スターの各線分をオーダ 0 の Koch スターで置き換えたものである．

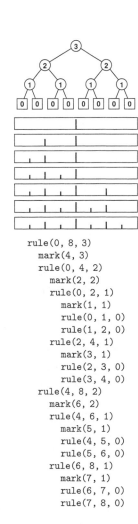

```
rule(0, 8, 3)
  mark(4, 3)
  rule(0, 4, 2)
    mark(2, 2)
    rule(0, 2, 1)
      mark(1, 1)
      rule(0, 1, 0)
      rule(1, 2, 0)
    rule(2, 4, 1)
      mark(3, 1)
      rule(2, 3, 0)
      rule(3, 4, 0)
  rule(4, 8, 2)
    mark(6, 2)
    rule(4, 6, 1)
      mark(5, 1)
      rule(4, 5, 0)
      rule(5, 6, 0)
    rule(6, 8, 1)
      mark(7, 1)
      rule(6, 7, 0)
      rule(7, 8, 0)
```

図 5.11 定規を描く関数の呼出し（先行順の版）

この列は最初に真中に目盛りを描き，それから再帰呼出しを行なって目盛りを描く時の順序を表わしている．

図 5.12 2 次元のフラクタルスター

このフラクタルは図 5.10 の 2 次元版である．下の図の外形を書いた正方形は計算の再帰構造を表わしている．

定規を描く問題とハノイの塔の問題の解と同様に，これらのアルゴリズムの実行時間はステップの数に線形であり，再帰の最大深さの指数関数である（練習問題 5.29 と 5.33）．また，それらは適当な数体系で数を数えることに直接関係がある（練習問題 5.34）．

ハノイの塔の問題，定規の目盛りを描く問題，フラクタルはいずれも興味深い．また，2 進数表示との関係には驚かされる．しかし，これらの話題に対して関心があるのは，主に，問題を半分に分割して一方または両方を独立に解くという，基本的なアルゴリズム設計の方法論を理解する上で，有益な示唆を与えてくれるからである．この技法は本書で考えるなかで最も重要なものであろう．表 5.1 は 2 分探索法とマージソートに関して詳しく述べている．この 2 つは重要でかつ広く用いられている実用的なアルゴリズムであるばかりでなく，分割統治アルゴリズムの設計に関する方法論をよく表わしているものである．

クイックソート（7 章参照）と 2 分探索木の探索法（12 章参照）は分割統治法の枠組みに入るアルゴリズムであり，問題を入力に依存する k を使って $k-1$ と $N-k$ の大きさの部分問題に分けるという特徴をもっている．ランダムな入力に対しては，これらのアルゴリズムは，マージソートや 2 分探索法のように，平均的に問題を半分の大きさに分割する．後でこれらのアルゴリズムを考察する際にこの差が与える影響を解析する．

基本的な方法の変形で他に考慮する価値があるのは次のようなもので

表 5.1 基本的な分割統治アルゴリズム

2 分探索法（2 章と 12 章参照）とマージソート（8 章参照）は，それぞれ探索とソートに関して，最適な速さが保証された基本形の分割統治アルゴリズムである．漸化式がそれぞれのアルゴリズムにおける分割統治法の性質を示している．表の一番右の列に示す解の導出は 2.5 節と 2.6 節を参照してほしい．2 分探索法は問題を半分に分け，比較 1 回を行ない，半分のどちらかに対して再帰呼び出しを行なう．マージソートは問題を半分に分け，双方に再帰的な処理を行なって，それから N 回の比較を行なう．本書を通じて，このような再帰を使った技法を用いる数多くのアルゴリズムを考察する．

	漸化式	近似解
2 分探索法		
比較	$C_N = C_{N/2} + 1$	$\log_2 N$
マージソート		
再帰呼出し	$A_N = 2A_{N/2} + 1$	N
比較	$C_N = 2C_{N/2} + N$	$N \log_2 N$

分割統治法 §5.2

ある．部分問題の大きさが可変である，2つ以上の部分問題に分割する，重複をもつ部分問題に分割する，アルゴリズムの非再帰の箇所で様々な量の処理を行なう．一般に，分割統治法が処理を行なうのは，問題を半分に分ける時，入力に対して独立に解いた2つの内容をまとめる時，一方を解いた後でもう一方の解を求めるために準備をする時，である．すなわち，2回の再帰呼出しの前，後，中間にコードがある．当然，そのような変形を行なうと，2分探索法やマージソートよりもアルゴリズムが複雑になり解析が難しくなる．本書で数多くの例を考察し，第8部（本書の続巻）でより進んだ応用と解析を学ぶ．

練習問題

5.16 配列の最大要素を求める再帰プログラムを，配列の最初の要素と，配列の残りの要素の中の（再帰的に計算された）最大値とを比較するという方針に基づいて書け．

5.17 リンクによるリストの中の最大要素を見つける再帰プログラムを書け．

5.18 配列の最大要素を求める分割統治プログラム（プログラム5.6）を，大きさ N の配列を一方が大きさ $k = 2^{\lceil \log_2 N \rceil - 1}$，もう一方が大きさ $N - k$ の配列に分割するように書き換えよ．こうすると，少なくとも一方の大きさは 2 のベキ乗となる．

5.19 練習問題5.18のプログラムに入力11を与えた時，再帰呼出しに対応する木を描け．

●**5.20** 部分問題の和が問題全体を構成し，それぞれを再帰的に解く，という任意の分割統治法の再帰呼出しの回数は線形であることを帰納法によって証明せよ．

●**5.21** ハノイの塔の問題の再帰的な解（プログラム5.7）が最適であることを証明せよ．すなわち，任意の解が少なくとも $2^N - 1$ の移動を必要とすることを証明せよ．

▷**5.22** $2^n - 1$ 個の目盛りがある定規の i 番目の目盛りの高さを計算する再帰的なプログラムを書け．

●●**5.23** ハノイの塔の問題を解くために図5.9に示す n ビットの数の表を調べて，i 番目の数が i 番目の動きの方向を決定するための性質を見つけよ．図5.7の符号の約束を用いる．

5.24 プログラム5.9を参考にして，ハノイの塔の問題をえられた移動を配列に蓄えることによって解くプログラムを書け．

○**5.25** $n \times 2^n$ の大きさの配列を0と1で埋めて n ビットの2進数表示の数表（図5.9参照）を作成する再帰プログラムを書け．

5.26 定規を描く再帰的プログラム（プログラム5.8）に意図しない引数が与えられた時の結果を描け．例えば，rule (0, 11, 4)，rule (4, 20, 4)，rule

図5.13 Koch フラクタルを描く再帰的な Postscript プログラム

図4.3の Postscript プログラムを書き換えると出力がフラクタルになる（本文参照）．

(7, 30, 5).

5.27 定規を描くプログラム（プログラム 5.8）に関して次のことが成り立つことを証明せよ．もし，最初の2つの引数の差が2のベキ乗であれば，そこで起こる2つの再帰呼出しも同じ性質をもつ．

○**5.28** 整数の2進数表示において末尾に続く0の個数を数える効率のよい関数を書け．

○**5.29** 図 5.12 には正方形はいくつあるであろうか（大きな正方形に隠されているものも数えよ）．

○**5.30** 図 5.12 の下の図を描く Postscript プログラムを出力する再帰的な C プログラムを書け．出力の形式は "関数呼出し x y r box" の列とせよ．x y r box は点 (x, y) に1辺 r の正方形を描く．box を Postscript で実現せよ（4.3 節参照）．

5.31 図 5.12 の下の図を描く再帰を使わない（プログラム 5.9 と同様の）ボトムアッププログラムを書け．練習問題 5.30 で述べた方法を用いよ．

●**5.32** 図 5.12 の下の図を描く Postscript プログラムを書け．

▷**5.33** オーダ n の Koch スターには何本の線分が描かれているか．

●●**5.34** オーダ n の Koch スターを描くことは，α 回転させる，長さ $1/3^n$ の線分を描く，という形の命令の列を実行することに他ならない．対応する数体系を見つけ，カウンタを増加させ角度 α をカウンタの値から計算してスターを描く方法を導け．

●**5.35** 図 5.13 の Koch スタープログラムを書き直して，オーダ 0 の基本図形として単位長さだけ東，北，東，南，東の順に移動する5本の線分からなる図形を用いて，異なるフラクタルを描くようにせよ．

5.36 端点が与えられた線分に対して，整数座標の空間における線分による近似を描く再帰的な分割統治関数を書け．

ヒント：最初に中心点に近接した点を描け．

5.3 動的計画法

　5.2 節で考察した分割統治アルゴリズムの本質的な特徴は，問題を独立な部分問題に分割することである．部分問題が独立でなければ，状況はずっと複雑になり，このタイプの最も単純なアルゴリズムでさえも，再帰を直接使って実現すると想像を絶するくらいの時間がかかる可能性がある．本節では，ある重要なクラスの問題に対して，この落とし穴を避ける系統的な技法を考察する．

　例えば，プログラム 5.10 は**フィボナッチ数**（2.3 節参照）を定義する漸化式を直接計算するものである．このプログラムは使ってはいけない．驚くほど効率が悪いのである．実際，F_N を計算する時の再帰呼出しの数は F_{N+1} である．しかし，F_N はおよそ ϕ^N（$\phi \approx 1.618$ は黄金分

動的計画法 §5.3

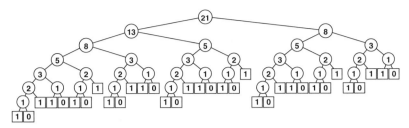

図 5.14 フィボナッチ数を計算する再帰アルゴリズムの構造

左の図は標準的な再帰アルゴリズムによって F_8 を計算するのに必要な再帰呼出しを表わしている．部分問題に重複がある場合には再帰が指数コストをもたらす可能性があることを示している．この場合には，2 番目の再帰呼出しが，最初の再帰呼出しの中で行なわれた計算を無視している．この影響が再帰的に掛け合わされるので大量の再計算が行なわれてしまう．F_6 の計算に対する再帰呼出しを下に示す．これは F_8 の呼出しを表わす木において，根に対する右部分木と，左部分木の左部分木に現われている．

割比）であり，これは恐ろしいことにプログラム 5.10 が素朴な計算に対する**指数時間**（exponential-time）のアルゴリズムであることを示している．図 5.14 は F_8 という小さい例に対する再帰呼出しを示していて，再計算が繰り返されていることが明らかである．

一方，最初の N 個のフィボナッチ数を小さい方から順に計算してそれらを配列に入れることによって，F_N を線形（N に比例する）時間で計算することは容易である．

```
F[0] = 0; F[1] = 1;
for (i = 2; i <= N; i++)
    F[i] = F[i-1] + F[i-2];
```

数値は指数的に増加するが，配列は小さくてすむ．例えば，$F_{45} = 1836311903$ が 32 ビット整数で表わせる最大のフィボナッチ数であり，この時の配列の大きさは 46 で十分ある．

この技法は任意の漸化式を数値的に解く直接的な方法を与えてくれる．フィボナッチ数の場合には，配列も不要であり，直前の 2 つの値を覚えていればよい（練習問題 5.37）．一方，よく出会う漸化式の多くに対しては（例えば練習問題 5.40），計算の終ったすべての数値を配列に蓄えておく必要がある．

プログラム 5.10 フィボナッチ数（再帰的な実現）

このプログラムは簡潔で洗練されているが，F_N を計算するのに指数時間かかるので，実用的ではない．F_{N+1} を計算するのにかかる実行時間は，F_N を計算するのに必要な時間の $\phi \approx 1.6$ 倍である．例えば，$\phi^9 > 60$ であるから，F_N を計算するのに 1 秒かかったとすると，F_{N+9} を計算するの 1 分以上かかることになり，F_{N+18} を計算するのには 1 時間以上かかってしまう．

```
int F(int i)
  {
    if (i < 1) return 0;
    if (i == 1) return 1;
    return F(i-1) + F(i-2);
  }
```

```
8 F(6)
  5 F(5)
    3 F(4)
      2 F(3)
        1 F(2)
          1 F(1)
          0 F(0)
        1 F(1)
      1 F(2)
        1 F(1)
        0 F(0)
    2 F(3)
      1 F(2)
        1 F(1)
        0 F(0)
      1 F(1)
  3 F(4)
    2 F(3)
      1 F(2)
        1 F(1)
        0 F(0)
      1 F(1)
    1 F(2)
      1 F(1)
      0 F(0)
```

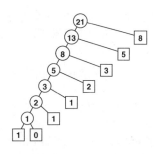

図 5.15 フィボナッチ数を計算するトップダウン動的計画法

この図はトップダウン動的計画法を用いて再帰アルゴリズムを実現し，F_8 を計算するのに必要な再帰呼出しを表わしている．計算した値を保存することによってコストを指数（図 5.14 参照）から線形に減少させている．

プログラム 5.11　フィボナッチ数（動的計画法）

再帰手続きの外側においた配列に計算した値を保存することによって，再計算を防いでいる．このプログラムは F_N を N に比例する時間で計算し，プログラム 5.10 の実行時間 $O(\phi^N)$ とは大きく異なる．

```
int F(int i)
  { int t;
    if (knownF[i] != unknown) return knownF[i];
    if (i == 0) t = 0;
    if (i == 1) t = 1;
    if (i > 1) t = F(i-1) + F(i-2);
    return knownF[i] = t;
  }
```

漸化式は整数値をとる再帰関数である．前の段落の議論から，そのような関数を評価するのに，最初のステップの計算からはじめて順に進み，既に計算した関数値を使って今のステップの関数値を計算するといった具合に，順にすべての関数値を計算することができる．この技法を**ボトムアップ動的計画法**（bottom-up dynamic programming）とよぶ．もし，前に計算したすべての値を保存できるならば，この方法をどの再帰的な計算にも適用できる．この方法は広い範囲の問題に適用できて，成功するアルゴリズム設計の技法である．この単純な技法に注意を払わなければいけない．アルゴリズムの実行時間を指数時間から線形時間へと改良してくれるのである．

トップダウン動的計画法（top-down dynamic programming）はこれよりも単純な形の技法である．自動的に，ボトムアップ動的計画法と同じ（もしくは少ない）コストで再帰関数を実行することができる．再帰プログラムに，最後の仕事として計算した値を保存するようにし，最初の仕事として保存してある値を調べて再計算を避けるようにする，という仕組みを付け加える．プログラム 5.11 はプログラム 5.10 を機械的に変換したもので，トップダウン動的計画法によって実行時間を線形時間に短縮したものである．図 5.15 はこの簡単な自動変換によって再帰呼出しの数が驚くほど減少することを示している．トップダウン動的計画法は**記憶技法**（メモ技法，memoization）とよばれることがある．

より複雑な例題として，**ナップサック問題**（knapsack problem）を考えよう．金庫を奪った泥棒が，その中に大きさと価値が異なる N 種類の品物がたくさんあることを見つけた．しかし，それらの品物を運ぶのに容量 M のナップサックしかもっていない．ナップサック問題は，盗んだ品物の価値の合計を最大にするようにナップサックの中に詰め込

動的計画法 §5.3

む品物を選ぶ問題である．例えば，図5.16に示す品物に対して，容量17のナップサックをもつ泥棒がAを5個（6個は入らない）選ぶと価値が20となり，DとEを1個ずつ選ぶと価値は24となり，他にも多くの組合せが選べる．目的は，与えられた品物の集合とナップサックの容量に対して，すべての可能性の中で最大の価値の組合せを見つける効率のよいアルゴリズムを導くことである．

ナップサック問題の解が重要である多くの応用分野がある．例えば，運送会社はトラックや輸送機に貨物を積む最適な方法を見つけたい．このような応用には少し形を変えた問題が現われる．例えば，利用可能な品物の数に制限がある，2台トラックがある，等が考えられる．このような変形の多くは，前述の基本的な問題に対するアプローチと同様にして考えることが可能である．しかし，非常に難しくなってしまう問題もある．このタイプの問題の中で実行可能な問題と実行不可能な問題との差は微妙である．それを第8部（本書の続巻）で調べる．

ナップサック問題の再帰的な解法のポイントは，ひとつの品物を選んだ時に，ナップサックの容量の残りは（再帰的に）最適に詰めることが可能であると仮定することである．大きさ cap のナップサックが与え

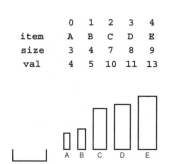

プログラム5.12　ナップサック問題（再帰を用いた実現）

フィボナッチ数の計算に対する再帰を使った解法の所で注意したように，このプログラムも使ってはいけない．これは指数時間の実行時間がかかるので，小さな問題に対しても終了しないからである．しかし，簡潔な解法であり簡単に改良できる（プログラム5.13参照）．このプログラムは品物が大きさと価値をメンバーとする構造体であるとして，次のように定義する．

```c
typedef struct { int size; int val; } Item;
```

そして，Item型のN個の要素からなる配列を用いる．利用可能な品物それぞれに対して，その品物を含む組合せの中で達成される最大の価値を（再帰的に）求め，それらの中の最大値を選ぶ．

```c
int knap(int cap)
  { int i, space, max, t;
    for (i = 0, max = 0; i < N; i++)
      if ((space = cap-items[i].size) >= 0)
        if ((t = knap(space) + items[i].val) > max)
          max = t;
    return max;
  }
```

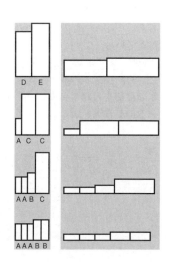

図5.16　ナップサック問題の例

上の図に示すナップサック問題の例は，ナップサックの大きさ，異なる大きさと価値をもつ品物の集合からなる．品物を表わす長方形の縦が大きさ，横が価値に対応している．下の図は，大きさ17のナップサックを詰める4通りの異なる組合せを示していて，そのうち2通りが達成可能な最大値24を与える．

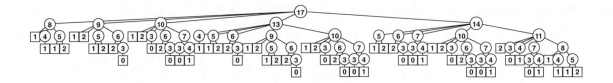

図 5.17 ナップサックアルゴリズムの再帰構造

この木はプログラム 5.12 の単純な再帰ナップサックアルゴリズムの再帰呼出しの構造を表わしている．それぞれの節点につけられた数はナップサックの残りの容量を表わしている．このアルゴリズムはフィボナッチ数の計算の時に述べたように，重複のある部分問題に対して大量の再計算をしないといけないので，指数関数的な実行時間がかかるという基本的な問題点をかかえている．

（ナップサックの残容量が 4, 7, 8, 9 の時，丁度その大きさの品物を入れて余りが 0 になる枝が省略されている．）

られ，利用可能な品物 i のそれぞれに対して，i をナップサックに入れて残りを最適に詰めた時，総価値はいくらであるかを決定しよう．最適な詰め方は，既に求まっている（あるいはこれから求める）cap より小さい容量 cap−item[i].size のナップサックに対する最適解に他ならない．この解法は，ひとたび最適な決定がなされたらそれを変更する必要がないという原則を利用している．小さい容量のナップサックに詰める最適な品物の集合がわかれば，次に何を詰めるにしろ，それらの問題を再び考える必要がないのである．

プログラム 5.12 は直接この考え方に基づく再帰を使った解法である．前と同様に，このプログラムは多くの再計算を行なうので実行時間が指数時間かかり実用的ではない（図 5.17）．しかし，プログラム 5.13 に示すように，この問題はトップダウン動的計画法を自動的に適用することによって解決できる．図 5.18 を見るとすべての再計算が消滅してい

プログラム 5.13　ナップサック問題（動的計画法）

これは，プログラム 5.12 を機械的に書き換えて，実行時間を指数関数から線形時間へと短縮したプログラムである．計算したすべての関数値を保存し，それらが必要な時には，再帰呼出しを行なう代わりに配列から取り出す．（まだ計算していない値を表わす番兵を使っている）．計算が終了した後，ナップサックの中身を再構成できるように要素の添字を保存している．品物 itemKnown[M] はナップサックの中にあり，残りの内容は大きさ M−itemKnown[M].size に対する最適な組み合わせである．したがって，itemKnown[M−item[M].size] はナップサックに含まれる．以下同様にして復元できる．

```
int knap(int M)
  { int i, space, max, maxi, t;
    if (maxKnown[M] != unknown) return maxKnown[M];
    for (i = 0, max = 0; i < N; i++)
      if ((space = M-items[i].size) >= 0)
        if ((t = knap(space) + items[i].val) > max)
          { max = t; maxi = i; }
    maxKnown[M] = max; itemKnown[M] = items[maxi];
    return max;
  }
```

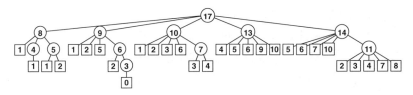

図 5.18 ナップサックアルゴリズムに対するトップダウン動的計画法

フィボナッチ数の計算で行なったように，既に計算した値を保存する技法はナップサックアルゴリズムの実行時間を指数時間から線形時間へと短縮する（図 5.17）．図 5.16の説明とは異なり品物は大きい方から並んでいる．

ることがわかる．

動的計画法を使うと，計算しようとしている呼出しよりも小さな引数に対する関数値が保存可能であるという条件が満たされるならば，どの再帰プログラムに対してもすべての再計算を消去することができる．

性質 5.3 動的計画法を使うと，再帰関数の実行時間は，与えられた引数以下のすべての引数に対する関数評価に必要な時間に等しいかまたはそれ以下に短縮できる．ただし，1 回の再帰のコストを定数と見なす．

演習問題 5.50．■

この性質はナップサック問題の実行時間が NM に比例することを意味している．したがって，ナップサックの大きさがそれほど大きくなければこの問題はやさしく解ける．巨大なナップサックに対しては，実行時間と記憶容量は実用上解をえることが不可能なほど大きくなる可能性がある．

ナップサック問題にボトムアップ動的計画法を適用することもできる．実際，トップダウン方式を用いる時にはいつでもボトムアップ方式を適用することができる．だだし，関数値の計算を適切な順序で行なうように注意して，必要な関数値がいつも計算ずみになっていないといけない．上述の 2 つの関数のように引数が整数 1 個である場合には，引数が増加する順に計算を進めればよい（練習問題 5.53）．より複雑な再帰関数に対しては，適切な順序を決めるのは難しい問題である．

再帰関数を単一の整数引数をもつ関数に制限する必要はない．複数の整数引数をもつ関数が与えられた時，各引数に対して各次元を対応させて，多次元配列に部分問題の解を保存することができる．また，引数が整数であることを離れて，部分問題に分解することが可能であるような抽象的な離散問題としての定式化を用いることがある．このような問題の例を第 5 部から第 8 部（本書の続巻）で考える．

トップダウン動的計画法では計算した値を保存し，ボトムアップ動的計画法では前もって計算する．一般に，ボトムアップよりもトップダウンの方が以下のような理由で好まれる．

- 問題の自然な解法を機械的に変換してえられる．

- 部分問題の計算の順序が解く過程で自然に定まる．
- すべての部分問題に対する解を計算する必要がない．

動的計画法を応用した問題は，部分問題の性格と，部分問題に関して保存すべき情報の量において違いがある．

見過ごしてはいけない大切な点は，動的計画法は，必要となる可能性のある関数値の数が，保存すること（トップダウンの場合に），または前もって計算すること（ボトムアップの場合に）が不可能なほど多くなると，有効でなくなることである．例えば，ナップサック問題において，もし M と品物の大きさが64ビットの数，または浮動小数点数であると，配列の添字を使って値を保存することができなくなる．この特徴は解決できそうな小さな問題ではなくて，本質的に難しい問題である．これに対してよい解はえられていない．第8部（本書の続巻）でよい解がえられない十分な理由があることを見ることにする．

動的計画法は第5部（本書の続巻）から第8部で考える高度な問題に非常によく適したアルゴリズム設計の技術である．第2部から第4部まで議論したほとんどのアルゴリズムは，重複のない分割統治法であり，その性能は指数関数的ではなく，2次関数または線形関数であるという見通しがある．しかし，トップダウン動的計画法はアルゴリズムの設計と実現に携わる誰もがもっているツールの1つであり，再帰アルゴリズムを効率よく実現するための基本的な技法である．

練習問題

▷ **5.37** $F_N \bmod M$ を計算する関数を，中間計算に定まった大きさの記憶領域しか使わないようにして書け．

5.38 64-ビット整数で表現できる F_N の最大の N はいくつか．

○ **5.39** プログラム5.11の再帰呼出しを入れ換えた時，図5.15に対応する木を描け．

5.40 P_N を次の漸化式で定義する．P_N の値を計算するボトムアップ動的計画法を用いた関数を書け．

$$P_0 = 0, \quad P_1 = 0,$$
$$N \geq 2 \text{ の時} \quad P_N = \lfloor N/2 \rfloor + P_{\lfloor N/2 \rfloor} + P_{\lceil N/2 \rceil}$$

N に対する $P_N - N \log_2 N/2$ のグラフを書け．$0 \leq N \leq 1024$ とする．

5.41 トップダウン動的計画法を用いて練習問題5.40を解く関数を書け．

○ **5.42** 練習問題5.41の関数を $N=23$ として呼び出した時，図5.15に対応する木を描け．

5.43 P_N を計算するのに練習問題5.41の関数を呼び出した時，N と再帰呼出しの回数の関係を表わすグラフを描け．$0 \leq N \leq 1024$ とする．（各 N に対

5.44 C_N を次の漸化式で定義する．C_N の値を計算するボトムアップ動的計画法を用いた関数を書け．

$$C_0 = 1$$

$$N \geq 1 \text{ の時} \quad C_N = N + \frac{1}{N} \sum_{1 \leq k \leq N} (C_{k-1} + C_{N-k})$$

5.45 トップダウン動的計画法を用いて練習問題 5.44 を解く関数を書け．

○**5.46** 練習問題 5.45 の関数を $N=23$ として呼び出した時，図 5.15 に対応する木を描け．

5.47 練習問題 5.45 の関数を呼び出して C_N を計算した時，N と再帰呼出しの回数の関係を表わすグラフを描け．$0 \leq N \leq 1024$ とする．（各 N に対して最初からプログラムを動かすようにせよ．）

▷**5.48** 図 5.16 の品物に対して knap(17) が呼び出された時，プログラム 5.13 によって計算される配列 maxKnown と itemKnown の内容を書け．

▷**5.49** 品物が小さい方から並べられていたと仮定した時の図 5.18 に対応する木を描け．

●**5.50** 性質 5.3 を証明せよ．

○**5.51** プログラム 5.12 のボトムアップ動的計画法による版を使ってナップサック問題を解く関数を書け．

●**5.52** トップダウン動的計画法を用いてナップサック問題を解く関数を書け．ナップサックに含まれるそれぞれの品物の個数を，その品物を除いてナップサックに詰める最適な組合せがわかっていると仮定して再帰的に計算する解法を用いよ．

○**5.53** 練習問題 5.52 で述べた再帰的な解法をボトムアップ動的計画法を用いて実現し，ナップサック問題を解く関数を書け．

●**5.54** 動的計画法を用いて練習問題 5.4 を解け．値を保存した関数呼出しの回数を追跡せよ．

5.55 次の漸化式に基づいて二項係数 C_N の値を計算するトップダウン動的計画法を用いた関数を書け．

$$\binom{N}{0} = \binom{N}{N} = 1$$

$$1 \leq k \leq N-1 \text{ の時} \quad \binom{N}{k} = \binom{N-1}{k} + \binom{N-1}{k-1}$$

5.4 木

木はアルゴリズムの設計と解析において中心的な役割を果たす数学的な抽象である．その理由は

- 木を利用してアルゴリズムの動的な性質を記述する

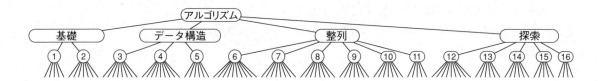

図 5.19　木

この木は本書の部，章，節を表わすものである．それぞれのまとまりに対して節点が対応する．各節点はそれを構成する要素それぞれと下方へ向かう線分で結ばれ，それを含む大きなまとまりと上方へ向かう線分で結ばれている．

- 実際に木を実現するデータ構造をプログラムとして作り利用することである．

このような木の利用を両方とも既に見ている．1つは1章において連結性問題を解くアルゴリズムを木構造に基づいて設計した時，もう1つは 5.2 節と 5.3 節において木構造を用いて再帰アルゴリズムの呼出しの構造を記述した時である．

木の基本的な考え方は身近なものなので，日常生活の中でもしばしば出会うことがある．例えば，祖先や子孫のつながりを表わす家系図は木である．これから述べるように，木に関する用語は家系図から取られていることが非常に多い．また，スポーツのトーナメントも木の例である．この分野は Lewis Carroll や他の人々によって研究された．大きな企業の組織図を表わすのにも木が用いられる．この利用は分割統治法の特徴である階層的な分解を連想させる．最後の例は，英語の文章を句に分けて文法構造を表わすのに木が用いられる例である．このような木はコンピュータ言語の処理と密接な関係があり第 5 部（本書の続巻）で論ずる．図 5.19 はこの本の構成を表わしており木の典型的な例である．

コンピュータの応用分野において最もよく見られる木構造の利用はファイルシステムの構成においてである．ファイルが**ディレクトリ**（directory, **フォルダー**（folder）ともよばれる）に保存され，ディレクトリとファイルの包含関係は再帰的に定義される．この再帰的な定義も自然な再帰的な構造の分解と対応していて，同じように再帰的に定義される木がある．

木には多くの種類があり，抽象としての木と，与えられた応用に用いる実現された木との区別を理解することが重要である．そこで，いくつかの種類の木とそれらのインプリメンテーションを詳しく考察しよう．まず最初に木を抽象的なオブジェクトとして定義し，基本的な用語を紹介することからはじめる．一般性が高い木から順に正確な定義は抜きにして述べよう．

- 木 (tree)
- 根付き木 (rooted tree)
- 順序木 (ordered tree)
- M 分木 (M-ary tree) と 2 分木 (binary tree)

これらの木を普通の言葉で解説した後，数学的な定義を与え，表現方法

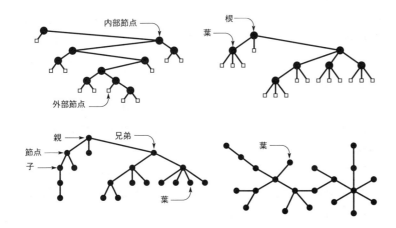

図 5.20 木の種類

これらの図は 2 分木（左上の図），3 分木（右上の図），根付き木（左下の図），自由木（右下図）の例を示している．

と応用を考察する．図 5.20 に以下で解説して，定義を与える基本的な概念の多くを示す．

木（tree）とはある定められた条件を満たす節点と枝の空でない集合である．**節点**（node，**頂点**（vertex）ともよばれる）は単一のオブジェクトであり，必要に応じて名前とその他の関連する情報をもつ．**枝**（edge，辺ともよばれる）は 2 つの頂点の間の結びつきを表わす．木における**道**（path）とは異なる節点の列であり，引き続く節点が枝で結ばれているもののことをいう．木を定義する性質の 1 つは任意の 2 つの節点に対して，それらを結ぶ唯一の道が存在することである．ある節点間に道が複数存在する場合には，木ではなくて**グラフ**（graph）という．木の連結していない集合は**森**（forest）とよばれる．

根付き木（rooted tree）とは特定の 1 つの節点を木の**根**（root）とよんで区別した木である．計算機科学では，単に木というと根付き木を意味することが普通であり，前の段落で述べた一般的な構造をもつ木を**自由木**（free tree）とよぶ．根付き木では，任意の節点は自分自身とその下にある節点からなる**部分木**（subtree）の根である．

根とそれ以外の木の各節点との間には唯一の道がある．この定義は辺の向きを指定していない．応用に応じて，根から他の節点に向かう向きを考える場合と，他の節点から根への向きを考える場合とがある．不自然に思われるかもしれないが，根を一番上において根付き木を描く習慣がある．そして，節点 y が節点 x の下にある（節点 x が節点 y の上にある）とは，x が y から根への道の上にあることをいう（すなわち，紙の上で節点 y が節点 x の下に描かれ，y が根を通らない道で x と結ばれている）．根を除く各節点は自分のすぐ上にただ 1 つの節点をもつ，これを**親**（parent）という．また自分の節点のすぐ下にある節点を**子**（children）という．しばしば家系図との類推で**祖父母**（grandparent）といったり**兄弟**（sibling）といったりすることがある．

子のない節点は**葉**（leaf）または**終端点**（terminal node）とよばれる．終端点に対応して，少なくとも1つの子をもつ節点を**非終端点**（nonterminal node）という．既に本章において，これらの節点を区別することが役立つ例を見た．例えば，図5.14の再帰アルゴリズムの呼出しの構造を表わすのに使った木において，非終端点（丸）は再帰呼出しによる関数の実行を表わし，終端点（四角）は再帰呼出しを行なわない関数の実行を表わしている．

各節点の子の順序が重要である応用と，そうではない応用とがある．**順序木**（ordered tree）とは，根付き木であり各節点において子の順序が定められている木のことである．例えば，木を描く時に子をある順序で並べるといったことを考えると順序木は自然な表現である．後で見るように，計算機における木の表現を考える時，順序のあるなしが重要になる．

各節点が定まった数の子を定まった順序でもつならば，M**分木**（M-ary tree）という．このような木に対しては，子をもたない特別な**外部節点**（external node）を定義すると便利である．例えば，子の数がM個より少ない節点に対して，外部節点をダミーとして加え，子の数をちょうどMとすることができる．最も単純な形のM分木は2分木である．**2分木**（binary tree）は，子をもたない外部節点と子をちょうど2個もつ内部節点の2つのタイプの節点を含む順序木である．**内部節点**（internal node）の子は順序づけられていて，**左の子**（left child）と**右の子**（right child）とよばれる．すべての内部節点は左の子と右の子の両方をもたなければならない．しかし，一方または両方が外部節点であってもよい．M分木の**葉**（leaf）とは内部節点でその子がすべて外部節点である節点である．

以上が基本的な用語である．次に，一般性が低い木から順に，木の数学的な定義，表現，応用を考えよう．

- 2分木とM分木
- 順序木
- 根付き木
- 自由木

2分木は順序木の特別な場合であり，順序木は根付き木の特別な場合であり，根付き木は自由木の特別な場合である．異なる種類の木が様々な応用問題の内容に自然に対応して現われる．実際のデータ構造を用いて木の表現を考える時に，この差に注意することが重要である．最も制限の強い抽象構造からはじめることによって，実際の表現を詳細に考察することにしよう．

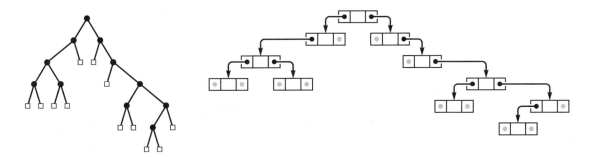

定義5.1 **2分木**とは外部節点であるか，内部節点とそれに接続された一組の2分木である．その一組の2分木をその節点の**左部分木**（left subtree），**右部分木**（right subtree）とよぶ．

図5.21 2分木の表現

2分木の標準的な表現は2つのリンクをもつ節点を用いる．左のリンクは左の部分木をさし，右のリンクは右の部分木をさす．空リンクは外部節点に対応している．

この定義は，2分木が抽象的な数学的概念であることを明らかにしている．コンピュータにおける表現を考える時には，この抽象を実際にひとつの方法で実現したものを扱っていることになる．この状況は，実数を表わすのにfloat型の数を用い，整数を表わすのにint型の数を用いるといったことと全く同じである．根に対応する節点を中心において，左側に左部分木を置いて枝で結び，右側に右部分木を置いて枝で結ぶと，1つの木の表現をえたことになる．2分木を表わすのに非常に多くの様々な方法があり（例えば練習問題5.62），一見すると驚くかもしれないが，よく考えると，それぞれ定義の抽象的な特徴を表わしたものであることがわかる．

2分木を利用して，それを操作するプログラムを実現する時に，最もよく用いる実際の表現は，内部節点に対して2つのリンク（左のリンクと右のリンク）をもたせるものである（図5.21参照）．この構造はリンクによるリストに似ているが，1つでなく2つのリンクをもっている所が異なる．外部節点には空リンクをもたせる．具体的には3.3節の標準的なリンクによるリストに1つリンクを付け加え，次のように宣言する．

```
    typedef struct node *link;
    struct node { Item item; link l, r; };
```

これは定義5.1に対するCコードに他ならない．リンクは節点を参照し，節点は項目と一組のリンクから構成される．したがって，例えば，**左の部分木**（left subtree）に移動するという抽象的な操作をポインタを用いて，x = x->l のように実現する．

この標準的な表現を用いると木の中を根から下へ移動する効率のよい操作を実現することは可能である．しかし，子から親へと上へ移動する操作には向いていない．そのような操作を必要とするアルゴリズムに対

しては，それぞれの節点に親をさす3番目のリンクを追加する．この変更は双方向リストを考えた時と同じ趣旨のものである．場合によっては，リンクによるリストの時と同様に（図3.6参照），配列に節点を格納してポインタの代わりに添字をリンクとして用いることができる．このような実現の例を12.7節で見る．また，特に9章では，ある種の特定のアルゴリズムに対するこれとは異なる2分木の表現を用いる．

このように，どのような応用を考えるかによってすべて異なる方法による実現がありうるので，必要とされる重要な操作をカプセル化した2分木ADT（2分木抽象データ型）を開発し，操作の使用と操作の実現とを分離することはよい案である．しかし，本書では次の理由でこの方針を採用しない．

- 2つのリンクをもつ表現を最もよく利用する．
- 木をさらに高度なADTを実現するのに利用する．そして後者に重点をおきたい．
- アルゴリズムの効率がデータ構造の特定の表現に依存するような場合を考える．しかも，その性質はADTでは失われてしまう．

これらの理由は配列やリンクによるリストに対して，よく用いられる具体的な表現を採用したのと同じ理由である．図5.21に示す2分木の表現は，配列，リンクによるリストに続く基本的なツールである．

リンクによるリストに対しては，節点の挿入と削除という初等的な操作（図3.3と図3.4参照）からはじめた．2分木の標準的な表現では，2番目のリンクがあるのでこのような操作は必ずしも初等的とはいえない．もし2分木から節点を削除しようとすると，その節点がなくなった後，面倒を見ないといけない子が2つ残り，しかも空いた場所（親）は1つしかないという，木構造から生ずる基本的な問題を解決しなければいけない．一方，この難しい状況が現われない自然な操作が3種類ある．新しい節点を最下部に挿入する（空リンクを新しい節点をさすリンクに置き換える），葉を削除する（葉をさすリンクを空リンクに置き換える），新しい根を作り，左のリンクを一方の木，右のリンクを他方の木をさすようにして2つの木を1つにまとめる，である．2分木を扱うのにこれらの操作をもっぱら利用する．

定義5.2 M 分木（M-ary tree）は外部節点であるか，内部節点とそれに接続されたそれぞれが M 分木である順序づけられた M 個の木の列である．

M 分木の節点を，M 個の名前のつけられたリンクの構造体（2分木のように），または M 個のリンクの配列として表わす．例えば，15章

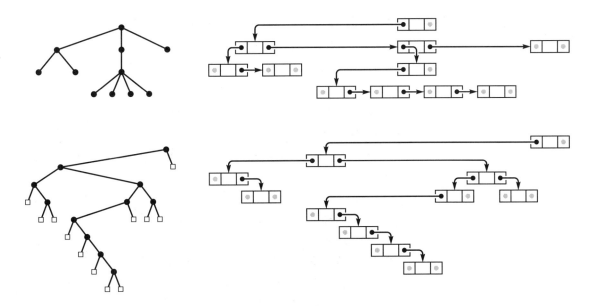

では**3分木**(3-ary, ternary)を考察し，3個の名前のついたリンク（左，中，右）からなる構造体を用いる．リンクのそれぞれは関連するアルゴリズムにおいて特別な意味をもっている．そうでない場合には，M は固定されているのでこれらのリンクを配列を使って格納するのが都合がよい．しかし，そのような表現を用いる時に記憶領域を使い過ぎないように気をつけなければいけない．

定義 5.3 **木** (tree，**順序木** (ordered tree) ともよばれる) は節点とそれに接続された共通部分をもたない（順序のついた）木の列である．そのような木の列は**森** (forest) とよばれる．

順序木と M 分木の差は，順序木の節点が任意の数の子をもってもよいのに対して，M 分木の節点がちょうど M 個の子をもたないといけないことにある．順序木を M 分木と区別するために**一般木** (general tree) という言葉を使うことがある．

順序木のそれぞれの節点は任意の数のリンクをもつことが可能であるので，節点の子をさすリンクは配列よりもリンクによるリストに格納する方が自然である．図 5.22 はそのような表現の例である．この例から，各節点は2つのリンクをもち，一方のリンクが自分の兄弟につながるリストに対するものであり，他方が自分の子のリストに対するものである．

性質 5.4 2分木と順序木との間には1対1の対応関係がある．

図 5.22 木の表現

それぞれの節点の子をリンクによるリストに格納して順序木を表現することは，それを2分木として表現することと同値である．右上の図は，左上の図の木を子のリストを使って表現したものである．子のリストは各節点の右のリンクが次の要素（右隣の兄弟）をさすことによって表現される．また，各節点の左のリンクは自分の子のリストの先頭の節点をさしている．右下の図は右上の図の配置を少し変えたものであり，左の2分木を表わしていることは明らかである．すなわち，2分木を使って順序木を表現することができる．

この対応は図5.22に示されている．任意の順序木を，自分の最も左の子をさすリンクを左のリンク，右隣の兄弟をさすリンクを右のリンクと見なすことで，2分木として表現することができる．∎

定義5.4 **根付き木**（rooted tree または**非順序木**（unordered tree））は節点（**根**（root）とよばれる）とそれに接続された根付き木の集合である．（そのような根付き木の集合は**非順序森**（unordered forest）とよばれる．）

1章の連結性問題において考えた木は非順序木である．非順序木は，子の順序には意味がない順序木として定義してもよい．また，非順序木を節点間の親子関係の集合とする定義を選ぶこともできる．この選択は，ここで考えている再帰構造とはほとんど関係がないように見える．しかし，おそらく抽象的な概念に最も正確な実際の表現である．

非順序木をコンピュータの中で表現するのに順序木を選ぶことができる．このとき多くの異なる順序木が同一の非順序木を表わすことになる．実際，逆の問題である，2つの異なる順序木が同じ非順序木を表わすか，という問題（**木の同型性問題**（tree-isomorphism problem））は解くのが難しい．

木の最も一般的な形式は，根として区別される節点をもたないものである．例えば，1章の連結性問題に現われた極大木は根をもたない．根をもたず子の**順序がない木**（unordered tree），すなわち**自由木**（free tree）を的確に定義するには，グラフの概念からはじめないといけない．

定義5.5 **グラフ**（graph）は節点と枝の集合であり，枝は異なる節点の組を連結する（任意の節点間の枝は高々1本である）．

ある節点を出発して，枝を通ってもう一方の節点に行き，そこからまた枝を通って他方の節点へ行く，として次々と進むことを思い浮かべる．1つの節点から出発して他の節点へ到達する枝の列で，どの節点も一度しか現われないものを**単純な道**（simple path）という．グラフが**連結**（connected）であるとは，任意の節点の組の間に単純な道が存在することをいう．最初と最後の節点を除くと単純である道を**閉路**（cycle）という．

すべての木はグラフである．ではどのようなグラフが木であるのか．グラフを G とし，その節点の数を N とする．次の4つの条件のいずれかが満たされる時，グラフは木である．

- G は $N-1$ 本の枝をもち閉路を含まない．
- G は $N-1$ 本の枝をもち連結である．
- すべての G の節点の組はちょうど 1 本の単純な道で結ばれる．
- G は連結であり，しかし，どの枝を除いても連結でなくなる．

これらの条件のどれもが残りの 3 つの条件と必要十分の関係にあることを証明できる．数学的にいうと，自由木の定義としてこれらのどれを選んでもよい．実際にはこれらをまとめて利用する．

自由木は単純に枝の集合として表現される．もし自由木を，非順序木，順序木，2 分木のいずれかによって表わすならば，一般に，1 つの自由木に対して多くの異なる表現があることに注意する必要がある．

木抽象（tree abstraction）はしばしば現われるので，この章で述べた木の種類の差は重要である．なぜならば，異なる木抽象を知っていることは，与えられた問題に対して効率のよいアルゴリズムと対応するデータ構造を見つけることができる本質的な要因であることが多いからである．特定の抽象を考慮せずに，木の実際の表現を扱うことがしばしばある．しかし，適切な木の表現を考え，それから，様々な実際の表現を考えることによって得をすることが多い．このような過程を表わす数多くの例を本書全体を通じて述べる．

木に関するアルゴリズムとその実現にもどる前に，次節で数多くの基礎的で数学的な木の性質を述べる．これらの性質は木アルゴリズムを設計し解析する時に役に立つ．

練習問題

▷ **5.56** 図 5.20 の自由木を根付き木，2 分木として表わせ．

● **5.57** 図 5.20 の自由木を 2 分木として表わした時，異なる表現はいくつあるか．

▷ **5.58** 図 5.20 の順序木に対する同型な 3 個の順序木を描け．すなわち，合計 4 個の木の間を，子を交換することによって，一方から他方へ変換できなければいけない．

○ **5.59** 木の節点が含む要素の間に演算子 eq（等しい）が定義されているとする．2 分木に対して，与えられた要素と等しい要素をすべて消去する再帰プログラムを書け（プログラム 5.5 参照）．

○ **5.60** 配列の最大要素を見つける分割統治関数（プログラム 5.6）を，与えられた配列を大きさが等しいか 1 だけ違う k 個の部分配列に分割し，それぞれの中で再帰的に最大値を見つけ，それらの中の最大値を返すように書き換えよ．

5.61 11 個の要素をもつ配列に対して，練習問題 5.60 で述べた再帰的な方

法を $k=3$, $k=4$ として実行し，対応する3分木，4分木を描け．

○5.62 2分木は0が1よりも1つだけ多い2進列であり，かつ，任意の位置 k において，k よりも左に現われる0の数が，k よりも左に現われる1の数よりも多くないという性質をもつものと同値である．2分木は0であるか，2分木である2つの列を連結して先頭に1をおいたものである．次の数列に対応する2分木を描け．

1 1 1 0 0 1 0 1 1 0 0 0 1 0 1 1 0 0 0.

○5.63 順序木は左右の釣合いがとれた括弧の列と同値である．順序木は空であるか，括弧で囲まれた順序木の列である．次の括弧の列に対応する順序木を描け．

((( ) ( ) ( )) ( )) (( ) ( ) ( ))).

●●5.64 0から $N-1$ の間の N 個の整数を要素とする2つの配列が，同型である非順序木を表わしているかどうかを決定するプログラムを書け．ただし，1章で述べたように，配列は，0から $N-1$ の間の番号がつけられた節点をもつ木における親と子のリンクを表わすものとする．プログラムは一方の木の節点の番号を付け換えることによって，その木の配列表現が他方の配列表現と等しくできるかどうかを決定しなければならない．

●●5.65 2つの2分木が同型である非順序木を表わしているかどうかを判定するプログラムを書け．

▷5.66 次の枝集合によって定義された木を表現するすべての順序木を描け．

0-1, 1-2, 1-3, 1-4, 4-5.

●5.67 N 節点の連結グラフが任意の枝を取り除いた時に連結でなくなるという性質をもつ時，グラフは $N-1$ 本の枝をもち閉路をもたないことを証明せよ．

5.5 2分木の数学的な性質

木操作のアルゴリズムを考える前に，木に関する数多くの概念について数学的な話を続けよう．本書で最も多く利用するので2分木に焦点をあてる．2分木の基本的な性質を理解することは，これから出会う様々なアルゴリズムの性能を理解するための基礎となるはずである．これは2分木をデータ構造として用いるアルゴリズムに限らず，分割統治法による再帰アルゴリズムや他の同様の応用に関してもいえることである．

性質5.5 N 個の**内部節点**をもつ**2分木**は $N+1$ 個の**外部節点**をもつ．

この性質を数学的帰納法によって証明しよう．内部節点をもたない2分木は1個の外部節点からなるので，$N=0$ の場合に性質は成り立つ．$N>0$ の場合を考える．N 個の内部節点をもつ木は，根が内部節点で

あるから，0 と $N-1$ の間のある k に対して，左の部分木が k 個の内部節点をもち，右の部分木が $N-1-k$ 個の内部節点をもつ．帰納法の仮定から左の部分木は $k+1$ 個の外部節点をもち，右の部分木は $N-k$ 個の外部節点をもつ．したがって，木全体の外部節点は合わせて $N+1$ 個となる．■

性質 5.6 N 個の内部節点をもつ 2 分木は $2N$ 本の枝をもつ．つまり各枝の根に近い方の節点はかならず内部節点である．もう一方の節点をみると，$N-1$ 本の枝は内部節点につながり，$N+1$ の枝は外部節点につながる．

どの根付き木においても，根を除くそれぞれの節点は唯一の親をもっていてその親へつながる枝をもっている．したがって内部節点から親へつながる枝の本数は $N-1$ 本であり，外部節点から親へつながる枝の本数は $N+1$ である．■

多くのアルゴリズムにおいて，その性能の特徴はアルゴリズムに現われる木の節点の数だけではなく，木構造に関する様々な性質に依存している．

定義 5.6 木における節点の**レベル** (level) は，その節点の親のレベルよりも 1 だけ大きい．根のレベルは 0 とする．木の**高さ** (height) は，木に含まれる節点のレベルの最大値である．木の**道長** (path length) は，木に含まれるすべての節点のレベルの和である．2 分木の**内部道長** (internal path length) は，すべての内部節点のレベルの和である．2 分木の**外部道長** (external path length) は，すべての外部節点のレベルの和である．

木の道長を計算する便利な方法は，すべての k について，レベル k の節点の数に k を掛けて和をとることである．

これらの量は木および 2 分木の再帰的な定義から直接導かれる簡単な再帰的な定義をもっている．例えば，木の高さは，根のそれぞれの部分木の高さの最大値よりも 1 だけ大きい，N 個の節点の木の道長は，根のそれぞれの部分木の道長の和に $N-1$ を加えたものである．これらの量は再帰アルゴリズムの解析と直接の関係がある．例えば，再帰を使った計算に対して，計算の再帰構造を表わす木の高さは再帰の深さの最大値であり，計算を実行するのに必要なスタックの大きさである．

性質 5.7 N 個の内部節点をもつ 2 分木の外部道長は内部道長よりも $2N$ だけ長い．

この性質を帰納法によって証明することができる．しかし，以下の証明が教育的である（これは性質 5.6 にも適用できる）．任意の 2 分木が次の手順によって作成できることを見よう．最初に 1 つの外部節点からなる 2 分木を作る．そして以下の操作を N 回繰り返す．木から外部節点を 1 つ取り出して，それを 2 つの外部節点を子としてもつ新しい内部節点と置き換える．もし取り出した外部節点がレベル k であれば，内部道長は k だけ増加し外部道長は $k+2$ だけ増加する（レベル k の外部節点が 1 つ削除され，レベル $k+1$ の外部節点が 2 つ追加されたので）．内部道も外部道も長さ 0 である木からはじめて，N ステップのそれぞれで外部道長が内部道長よりも 2 だけ多く増加することがわかったので主張が証明された．∎

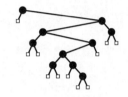

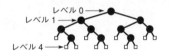

性質 5.8 N 個の内部節点をもつ 2 分木の高さは少なくとも約 $\log_2 N$ であり，高々 $N-1$ である．

最悪（木の高さが最大）の場合は，葉を 1 つしかもたず，根からその葉まで $N-1$ 本の枝をもつ縮退した木である（図 5.23 参照）．最良（木の高さが最小）の場合は，一番下のレベルを除いて，レベル i に内部節点が 2^i 個あるバランスした木である（図 5.23 参照）．このような木に対して，一番下のレベルにおいて左から内部節点がきちんと詰められた木を**完全 2 分木**という．バランスした木の高さを h とおくと，$N+1$ 個の外部節点があることから次式が成り立つ．
$$2^{h-1} < N+1 \leq 2^h$$
上の不等式の対数をとると
$$\log_2(N+1) \leq h < \log_2(N+1)+1$$
であり，h は約 $\log_2 N$ よりも大きい．最良の場合の木の高さは $\log_2(N+1)$ を最も近い整数に切り上げた値と等しい．∎

図 5.23 10 個の内部節点をもつ 3 種類の 2 分木

上の図に示す 2 分木は高さが 7 であり，内部道長が 31，外部道長が 51 である．中央の図に示す完全にバランスした 2 分木は高さが 4 で内部道長が 19，外部道長が 39 である（10 個の内部節点をもつどの 2 分木もこれよりも小さい値をもたない）．下の図に示す縮退した 2 分木は高さが 10 で内部道長が 45，外部道長が 65 である（10 個の内部節点をもつどの 2 分木もこれよりも大きい値はもたない）．

性質 5.9 N 個の内部節点をもつ 2 分木の内部道長は少なくとも約 $N \log_2(N/4)$ であり，高々 $N(N-1)/2$ である．

最悪の場合と最良の場合は性質 5.8 の議論で述べたのと同じ木で達成される．図 5.23 を参照してほしい．最悪の場合の内部道長は $0+1+2+\cdots+(N-1)=N(N-1)/2$ である．帰納法を使わずに性質 5.7 のように "教育的" に証明しようとすると，最良の場合は少し込み入った計算

が必要である．N 個の内部節点をもつバランスした2分木の高さを h とすると，$(N+1)$ 個の外部節点は，レベル $h-1$ に 2^h-1-N 個あり，レベル h に $2(N+1)-2^h$ 個ある．このことから外部道長を求め，性質5.7を使うと内部道長は

$$(h-1)(2^h-1-N)+h(2(N+1)-2^h)-2N=(N+1)(h+1)-2^h-2N$$

となる．上式の右辺を変形すると

$$(N+1)(h+1-\log_2(N+1)+\log_2(N+1))-2^h-2N$$
$$=(N+1)\log_2(N+1)-2N+(N+1)(h+1-\log_2(N+1))-2^h$$

となり，右辺の第3項と第4項を取り出して整理すると

$$(N+1)\left(h+1-\log_2(N+1)-\frac{2^h}{N+1}\right)=(N+1)\left(1+\log_2\frac{2^h}{N+1}-\frac{2^h}{N+1}\right)$$

となる．右辺を N の関数とみて初等的な解析を行なうと，性質5.8で導いた不等式を満たす N に対して非負であるとが証明できる．したがって，内部道長は

$$(N+1)(h+1)-2^h-2N \geq (N+1)\log_2(N+1)-2N > N\log_2 N-2N$$
$$=N\log_2(N/4)$$

を満たす．■

2分木はコンピュータの応用に頻繁に登場し，その性能は2分木が完全にバランスしている時（またそれに近い時）が最良である．例えば，2分探索法やマージソートのような分割統治アルゴリズムを説明する時の2分木は完全にバランスしている（練習問題5.74）．9章と13章では，バランスした木に基づくデータ構造を調べる．

ここで述べた木の基本的な概念を理解していると，現実の問題に対して効率のよいアルゴリズムを開発するのに役立つことが多い．もちろんアルゴリズムによっては，詳細な解析を行なうために，より洗練された数学的な解析が必要となるものがある．しかし，この節で行なったような素直な帰納的な議論からでも役に立つ見通しをつけることが可能である．以下の章で，必要に応じて，さらに深い木の数学的な性質について考える．次は，アルゴリズムの話にもどることにしよう．

練習問題

▷ **5.68** N 個の内部節点をもつ M 分木はいくつの外部節点をもつか．この答えを用いてこの木を表わすのに必要な記憶領域の量を求めよ．各節点と各枝にはそれぞれ1語必要であるとする．

5.69 N 個の内部節点をもつ M 分木に対して，木の高さの上限と下限を求めよ．

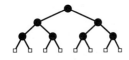

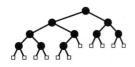

図5.24 7個の内部節点，10個の内部節点をもつ完全2分木

外部節点の数が2のベキ乗である時（上図），完全2分木におけるすべての外部節点はすべて一番下のレベルにある．そうでない時には（下図），外部節点は2つのレベルに現われ，下から2番目のレベルにおいて内部節点に続いて外部節点が左から右へと詰められる．

○ **5.70** N個の内部節点をもつM分木に対して，内部道長の上限と下限を求めよ．

5.71 N個の内部節点をもつ2分木に対して，葉の数の上限と下限を求めよ．

● **5.72** もし2分木の外部節点のレベルが定数しか異ならないのであれば，木の高さは$O(\log N)$であることを証明せよ．

5.73 高さ$n>2$の**フィボナッチ木**（Fibonacci tree）とは，高さ$n-1$のフィボナッチ木を一方の部分木，高さ$n-2$のフィボナッチ木を他方の部分木とする2分木である．高さ0のフィボナッチ木は単一の外部節点であり，高さ1のフィボナッチ木は2つの外部節点をもつ単一の内部節点である（図5.14参照）．高さnのフィボナッチ木の高さと外部道長を，木の節点の数Nの関数で表わせ．

5.74 N個の節点をもつ**分割統治木**（divide-and-conquer tree）とは，根がラベルNをもち，節点数$\lfloor N/2 \rfloor$の分割統治木を一方の部分木，節点数$\lceil N/2 \rceil$の分割統治木を他方の部分木とする2分木である（図5.6が分割統治木の例である）．節点数11，15，16，23の分割統治木を描け．

○ **5.75** 帰納法を使って分割統治木の内部道長は$N\log_2(N/4)$と$N\log_2(N/4)+N$の間にあることを証明せよ．

5.76 N個の節点をもつ**結合統治木**（統合統治木，combine-and-conquer tree）とは，根がNのラベルをもち，節点数$\lfloor N/2 \rfloor$の結合統治木を一方の部分木，節点数$\lceil N/2 \rceil$の結合統治木を他方の部分木とする2分木である（練習問題5.18参照）．節点数11，15，16，23の結合統治木を描け．

5.77 帰納法を使って結合統治木の内部道長は$N\log_2(N/4)$と$N\log_2(N/4)+N$の間にあることを証明せよ．

5.78 **完全2分木**（complete binary tree）とは，一番下のレベルを除くすべてのレベルに節点が詰まっていて，一番下のレベルでは左から順に節点がきちんと詰まっている2分木である．図5.24に例を示す．N個の内部節点をもつ完全木の内部道長は$N\log_2(N/4)$と$N\log_2(N/4)+N$の間にあることを証明せよ．

5.6 木の走査

2分木や木を作り上げるアルゴリズムを考える前に，最も基本的な木操作関数に対するアルゴリズムを考えよう．それは**木の走査**（tree traversal）である．木を参照するポインタが与えられ，木のすべての節点を系統的に処理したい．リンクによるリストでは，単一のリンクをたどって1つの節点から次の節点へ移動した．しかし，木においては，次に進むリンクが複数あるのでどれを選ぶかを決定しなければならない．

木の走査　§5.6

2分木に対する処理を考えることからはじめよう．リンクによるリストに関しては，2つの基本的な選択肢があった（プログラム5.5）．節点を処理してからリンクをたどる（この場合には節点を並んだ順にたどる），または，リンクをたどり節点を処理する（この場合には逆順にたどる）である．2分木に対しては，2本のリンクがあるので節点を訪問するのに次の3通りの基本的な順序がある．

- **先行順**（preorder）走査，節点を訪問し，次に左部分木，その次に右部分木を訪問する．
- **中央順**（inorder）走査，左部分木を訪問し，次に節点，その次に右部分木を訪問する．
- **後行順**（postorder）走査，左部分木を訪問し，次に右部分木，その次に節点を訪問する．

これらの3通りの方法を，プログラム5.14に示すように再帰プログラムによって簡単に実現することができる．このプログラムは，リンクによるリストに対する走査プログラム5.5を，そのまま拡張したものである．これ以外の走査順序を実現するには，プログラム5.14の関数呼出しの順序を適切に交換すればよい．図5.26は例題の木をそれぞれの訪問順で走査した時に訪れる節点の順序を表わしている．図5.25はプログラム5.14を図5.26の木に対して呼び出した時に実行される関数呼出しを示している．

既に，分割統治法による再帰プログラムおよび算術式の計算において，木の異なる走査方法に基づく同様の基本的な再帰手続きを調べた（図5.8，図5.11参照）．例えば，先行順走査は定規の目盛りを先に描き，次に再帰呼出しを行なうことに対応する（図5.11）．中央順走査は

プログラム5.14　再帰を使った木の走査

この再帰関数は木をさすリンクを引数とし，木の各節点を引数として関数visitを呼び出す．この関数は先行順走査を実現している．visitの呼出しを再帰呼出しの間に入れると中央順走査となる．また，visitの呼出しを再帰呼出しの後におくと後行順走査となる．

```
void traverse(link h, void (*visit)(link))
  {
    if (h == NULL) return;
    (*visit)(h);
    traverse(h->l, visit);
    traverse(h->r, visit);
  }
```

```
traverse E
  visit E
  traverse D
    visit D
    traverse B
      visit B
      traverse A
        visit A
        traverse *
        traverse *
      traverse C
        visit C
        traverse *
        traverse *
    traverse *
  traverse H
    visit H
    traverse F
      visit F
      traverse *
      traverse G
        visit G
        traverse *
        traverse *
    traverse *
```

図5.25　先行順走査関数の呼出し

この関数呼出しの列は図5.26の木に対する先行順走査を表わしている．

図 5.26 木の走査における節点の訪問順序

これらの列は，それぞれ先行順走査（左の列），中央順走査（中の列），後行順走査（左の列）の節点の訪問順序を表わしている．

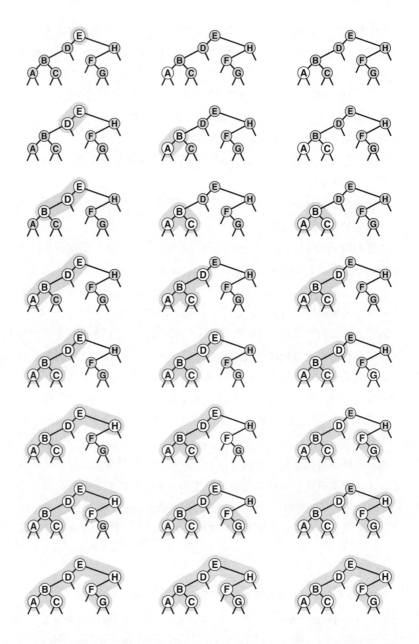

ハノイの塔の問題で，最も大きな皿を，残りのすべての皿を移動する再帰呼出しの中央に移動することに対応する．後行順走査は後置記法の算術式を計算するのに対応している．これらの対応を調べると，木の走査で実際に何が行なわれるのかを直感的に把握できるようになる．例えば，中央順走査においては1回おきに外部節点を訪問し，同じ理由でハノイの塔の問題で1回おきに最小の皿を移動する．

プッシュダウンスタックを用いて再帰を使わない実現を考えることも有益である．簡単のために，節点または木を蓄える抽象的なスタックをもっているとしよう．最初に走査すべき木をスタックに蓄える（プッシ

木の走査

§5.6　211

ュする).そしてループに入り,スタックから先頭の要素をポップしてそれを処理し,スタックが空になるまで続ける.もしポップされた要素が節点であればそれを訪問し,もしポップされた要素が木であれば,考えている訪問順序に基づいて次の一連のプッシュ操作を行なう.

- 先行順では,右の部分木,次に左の部分木,その次にその節点をプッシュする.
- 中央順では,右の部分木,次のその節点,その次に左の部分木をプッシュする.
- 後行順では,その節点,次の右の部分木,その次に左の部分木をプッシュする.

空の木はスタックにプッシュしないことにする.図5.27は,図5.26の木に対して3通りの走査のそれぞれを行なった場合のスタックの中身を表わしている.帰納法によって,この方法が任意の2分木に対して再帰を使った走査と全く同じ走査となることを証明できる.

　前の段落で述べた操作手順は3通りの走査方法を包含する概念的なものである.しかし,実際に用いるインプリメンテーションはもう少し単純である.例えば,先行順走査では,節点をスタックにプッシュする必要がない(ポップした木の根をすぐ訪問するから).したがって,プログラム5.15の非再帰的な実現に示すように一種類の要素(木をさすリンク)だけを蓄える単一のスタックを用いることができる.再帰プログラムを実行可能とするシステムスタックは,木や節点ではなく戻り番地と引数の値を蓄える.しかし,計算(節点への訪問)を進める実際の順序は再帰でもスタックを用いた方法でも同じである.

　上記の3種類と異なる自然な走査手順は,紙に書かれた順,すなわち,上から下へ,左から右へ,訪問することである.この方法は,各レ

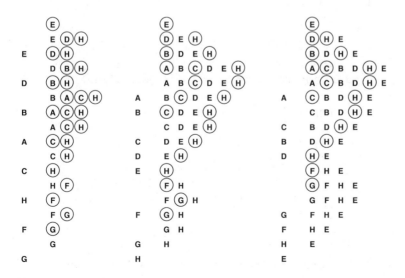

図5.27　木走査アルゴリズムにおけるスタックの内容

　これらの列は,先行順(左の列),中央順(中の列),後行順(右の列)の木の走査に対するスタックの内容を表わしたものである(図5.26参照).図5.5で用いたのと同様に理想化された計算モデルを考えて,節点と2つの部分木を指示された順序にスタックに蓄える.

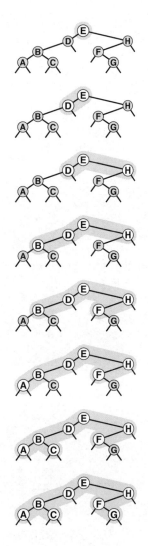

図 5.28 レベル順走査

この列は木の節点を上から下，左から右の順序で訪問した時の結果を表わしている．

ベルの節点がまとまって現われるので**レベル順**（level-order traversal）**走査**とよばれる．図 5.28 は図 5.26 の木の節点がレベル順走査によってどのように訪問されるかを示している．

面白いことに，プログラム 5.15 においてスタックの代わりにキューを用いると，プログラム 5.16 に示すレベル順走査を達成することができる．先行順走査では **LIFO データ構造**を用い，レベル順走査では，**FIFO データ構造**を用いるのである．残されている仕事を管理するために本質的に異なる方法を用いているという点で，これらのプログラムを注意深く学ぶことが役に立つ．レベル順走査は木の再帰構造に結びつく再帰的な実現には対応していない．

プログラム 5.15　先行順走査（再帰を使わない実現）

これはスタックに基づく非再帰関数であり，プログラムの 5.14 の再帰版と同じ機能をもつ．

```
void traverse(link h, void (*visit)(link))
  {
    STACKinit(max); STACKpush(h);
    while (!STACKempty())
      {
        (*visit)(h = STACKpop());
        if (h->r != NULL) STACKpush(h->r);
        if (h->l != NULL) STACKpush(h->l);
      }
  }
```

プログラム 5.16　レベル順走査

先行順走査で用いたデータ構造をスタックからキューに置き換えることによって，走査順序をレベル順に変更することができる．

```
void traverse(link h, void (*visit)(link))
  {
    QUEUEinit(max); QUEUEput(h);
    while (!QUEUEempty())
      {
        (*visit)(h = QUEUEget());
        if (h->l != NULL) QUEUEput(h->l);
        if (h->r != NULL) QUEUEput(h->r);
      }
  }
```

先行順,中央順,レベル順は森に対しても定義することができる.これらの定義を矛盾なく行なうためには,森を仮想的な根をもつ木と見なす.そして,先行順走査の規則は,根を訪問して次に各部分木を訪問する,後行順走査の規則は各部分木を訪問して最後に根を訪問する,レベル順走査は2分木と同様である,とする.これらの方法を直接実現するには,スタックを用いた先行順走査プログラム(プログラム5.14と5.15),2分木に対するキューを用いたレベル順走査プログラム(プログラム5.16)をそのまま拡張すればよい.より一般的な手続きを5.8節で考えるので実現に対する考察は行なわない.

練習問題

▷ **5.79** 次の2分木に対して先行順,中央順,後行順の木の走査を行なえ.

  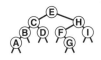

▷ **5.80** 図5.28に示されたレベル順走査(プログラム5.16)におけるキューの内容を書け.

5.81 森の先行順走査は対応する2分木(性質5.4参照)の先行順走査と同一であること,森の後行順走査は同じ2分木の中間順走査と同一であることを示せ.

○ **5.82** 中央順走査を再帰を使わずに実現せよ.

● **5.83** 後行順走査を再帰を使わずに実現せよ.

● **5.84** 2分木の先行順走査と中央順走査を入力として,レベル順走査を出力する関数を書け.

5.7 再帰的な2分木アルゴリズム

5.6節において木走査アルゴリズムを考えることによって,2分木に対する再帰アルゴリズムを考えるための基本的な事柄が明らかになった.それは,これらの木の本質が再帰的な構造にあるためである.多くの仕事に再帰を使う分割統治アルゴリズムを直接適用することができる.それらは走査アルゴリズムを次のように拡張したものである.木に対する操作を,根と(再帰的に)部分木に対する処理と考え,必要な計算を再帰の前,中,後(もしくは3通りすべて)において行なう.

木に対するリンクだけが与えられて,木の構造に関するパラメータの値を求めたいことがある.例えば,プログラム5.17は木の高さと木に含まれる節点の数を計算する再帰関数である.関数は定義5.6からその

> **プログラム 5.17 木パラメータの計算**
>
> このような単純な再帰手続きを用いて木の基本的な構造の性質を学ぶことができる.
>
> ```
> int count(link h)
>   {
>     if (h == NULL) return 0;
>     return count(h->l) + count(h->r) + 1;
>   }
> int height(link h)
>   { int u, v;
>     if (h == NULL) return -1;
>     u = height(h->l); v = height(h->r);
>     if (u > v) return u+1; else return v+1;
>   }
> ```

まま導かれる．これらの関数の値は再帰呼出しの実行順序によらない．もし呼出しの順序を入れ換えたとしても，木のすべての節点を処理して同じ答えを返してくれる．しかし，木のすべてのパラメータが簡単に計算できるわけではなく，例えば，2分木の内部道長を効率よく計算するのはもっと難しい（練習問題 5.88, 5.90）.

木を扱う時にいつでも便利な関数は木を印刷する，もしくは描画する関数である．例えば，プログラム 5.18 は木を図 5.29 の書式で印刷する再帰手続きである．同じ基本的な再帰の方策を，本書の図で用いているようなより凝った図を描くのに利用することができる（練習問題 5.85）.

プログラム 5.18 は中央順走査である．もし再帰呼出しの前に節点を印刷すれば先行順走査となる．その書式も図 5.29 に示してある．この書式は見慣れたものであり，家系図，木構造ファイルシステムのファイル一覧，印刷物の概要を印刷する時などに利用できる．例えば，図 5.19 の木の先行順走査によって本書の概要を表わすことができる．

2分木の構造を作成するプログラムの最初の例は，5.2 節で考えた最大値を求める問題に関するものである．目標はトーナメントを作ることである．**トーナメント**（tournament）は，内部節点がその2つの子の大きい方のコピーであるような2分木である．特に，根にある要素はトーナメントに含まれる最大の要素のコピーである．葉（子がない）にある要素が入力データであり，木の残りは最大の要素を効率よく見つけるためのものである．

プログラム 5.19 は配列に蓄えられた要素からトーナメントを作る再

プログラム 5.18 木の簡易印刷関数

この再帰プログラムは木の高さを保持し，その情報を用いて木の印刷に必要な位置決めを行なう．この印刷を利用して木操作プログラムのデバッグを行なうことができる（図5.29）．節点に含まれる要素は文字であると仮定する．

```
void printnode(char c, int h)
  { int i;
    for (i = 0; i < h; i++) printf("  ");
    printf("%c\n", c);
  }
void show(link x, int h)
  {
    if (x == NULL) { printnode('*', h); return; }
    show(x->r, h+1);
    printnode(x->item, h);
    show(x->l, h+1);
  }
```

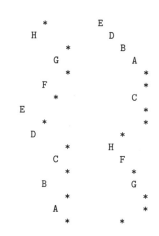

図5.29 木の印刷（中央順と先行順）

左側の出力はプログラム5.18を用いて図5.26の木を印刷したものである．今まで用いてきた普通の木の図式表現を90度回転させたものである．右側の出力は同じプログラムをおいてprint文を最初に移動したものである．これは概要を表わす時によく見る書式である．

帰プログラムである．プログラム5.6を改訂したものであり，分割統治法による再帰戦略を用いている．単一の要素に対してトーナメントを作るには，その項目を含む葉を作って返す．要素数 $N>1$ のトーナメントを作るには，分割統治法に従って全要素を2つに分け，それぞれでトーナメントを作り，新しい節点を作って2つのトーナメントをさすリンクをもたせ，2つのトーナメントの根にある節点の大きい方のコピーをその節点におく．

図5.30はプログラム5.19で作られる木構造の例である．このような再帰的なデータ構造を作ることは，プログラム5.6で行なったようにデータを走査して最大値を見つけることよりも望ましい場合がある．というのは，木構造を作ると他の操作を行なう自由度がえられるからである．トーナメントを作るのに用いた操作そのものが重要な例である：2つのトーナメントが与えられた時，次の操作によって定数時間でそれらを1つにまとめる．新しい節点を作って左のリンクが一方のトーナメントをさし，右のリンクがもう一方のトーナメントをさすようにし，2つの要素の大きい方を（与えられたトーナメントの根として）1つにまとめたトーナメントの最大の要素とする．要素を追加する，要素を取り除く，その他の操作を行なうアルゴリズムを考えることができる．9章において同じ自由度をもつ同様のデータ構造を話題とするので，そのような操作に関してはこれ以上詳しくは考察しない．

実際，4.6節で議論した一般化キューADTを木に基づいて実現する

> **プログラム 5.19　トーナメントの構成**
>
> 　この再帰関数はファイル a[l], …, a[r] を2つの部分, a[l], …, a[m] と a[m+1], …, a[r] に分け，それぞれに対してトーナメントを（再帰的に）作り，新しい節点を作って再帰的に作られた2つのトーナメントをさすリンクを与え，それらのトーナメントの根の要素の大きい方を新しい節点の要素として，ファイル全体に対するトーナメントを作る．
>
> ```c
> typedef struct node *link;
> struct node { Item item; link l, r };
> link NEW(Item item, link l, link r)
>   { link x = malloc(sizeof *x);
>     x->item = item; x->l = l; x->r = r;
>     return x;
>   }
> link max(Item a[], int l, int r)
>   { int m = (l+r)/2; Item u, v;
>     link x = NEW(a[m], NULL, NULL);
>     if (l == r) return x;
>     x->l = max(a, l, m);
>     x->r = max(a, m+1, r);
>     u = x->l->item; v = x->r->item;
>     if (u > v)
>        x->item = u; else x->item = v;
>     return x;
>   }
> ```

ことは本書のいたる所において主要な話題となっている．特に，12章から15章の多くのアルゴリズムは，**2分探索法**に対応する**2分探索木**に基づいている．両者の関係は，再帰的に最大値を求めるアルゴリズム（図5.6）と図5.30に示す具体的なデータ構造との対応と同様である．このような構造を実現して利用する際に解決しなくてはいけないのは，アルゴリズムが，**挿入**（insert），**削除**（delete）そのほかの操作の長い列を実行した後も効率的でありえるかという問題である．

　2分木を作る2番目の例は，5.1節で述べた前置記法の算術式の計算プログラム（プログラム 5.4）の改訂版である．これはただ値を計算するのではなく前置記法を表現する木を作るのである（図5.31）．プログ

図 5.30　最大値を求める木（トーナメント）

　この図は，入力 AMPLE に対してプログラム 5.19 が作る木構造を表わしたものである．データの各要素は葉に含まれる．内部節点は2つの子の大きい方のコピーであり，帰納法によって根に最大要素が現われることがわかる．

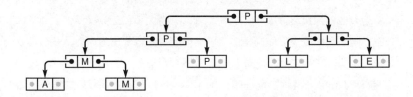

プログラム5.20 解析木の作成

前置記法の算術式を計算した時に用いた方針に従って（プログラム5.4参照），このプログラムは前置記法の式から解析木を作成する．簡単のために，被演算子は1文字で表わされると仮定する．再帰関数の各呼出しで，入力から受け取る新しい文字を蓄える新しい節点を作る．もし文字が被演算子であれば，新しい節点を返す．もし文字が演算子であれば，被演算子となる2つの（再帰的に作られた）木をさすように左と右のポインタを節点に与える．

```
char *a; int i;
typedef struct Tnode *link;
struct Tnode { char token; link l, r; };
link NEW(char token, link l, link r)
  { link x = malloc(sizeof *x);
    x->token = token; x->l = l; x->r = r;
    return x;
  }
link parse()
  { char t = a[i++];
    link x = NEW(t, NULL, NULL);
    if ((t == '+') || (t == '*'))
      { x->l = parse(); x->r = parse(); }
    return x;
  }
```

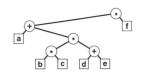

図5.31 深さ優先探索の関数呼出し

この木は，前置記法の算術式 *+a**bc+def を入力として，プログラム5.20が作成したものである．式の自然な表現となっている．各被演算子は葉に蓄えられ（外部節点として描かれている），各演算子はそれを蓄える節点の左部分木と右部分木を被演算子とする．

ラム5.20はプログラム5.4と同じ再帰の方策を用いているが，再帰関数は値ではなく木をさすリンクを返す．式の文字それぞれに対して，新しい節点を作る．演算子に対応する節点は被演算子をさすリンクをもち，葉である節点は式の入力である変数（または定数）を含む．

コンパイラに代表される翻訳プログラムは，木表現が役立つことが多いので，入力プログラムに対してこのような内部木表現を用いることが多い．例えば，被演算子として値をとる変数が与えられた時，木で表現された数式に後行順走査を行なって機械語プログラムを出力し，式の値を計算することができる．また，木を中央順走査によって中置記法で印刷したり，後行順走査によって後置記法で印刷したりすることができる．

本節では，再帰プログラムを使ってリンクによる木構造を作成し処理することが可能であるということを紹介する例を考察した．これらを効率よく行なうには，様々なアルゴリズムの性能，別の表現方法，再帰を使わない代替案，その他の多くの詳細な事柄を考察しなければならない．しかし，7章から11章まで木を主としてアルゴリズムの説明のた

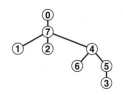

```
visit 0
    visit 7 (0のリストの先頭)
        visit 1 (7のリストの先頭)
            check 7 (1のリスト上)
            check 0 (1のリスト上)
        visit 2 (7のリストの2番目)
            check 7 (2のリスト上)
            check 0 (2のリスト上)
        check 0 (7のリスト上)
        visit 4 (7のリストの4番目)
            visit 6 (4のリストの先頭)
                check 4 (6のリスト上)
                check 0 (6のリスト上)
            visit 5 (4のリストの2番目)
                check 0 (5のリスト上)
                check 4 (5のリスト上)
                visit 3 (5のリストの3番目)
                    check 5 (3のリスト上)
                    check 4 (3のリスト上)
            check 7 (4のリスト上)
            check 3 (4のリスト上)
    check 5 (0のリスト上)
    check 2 (0のリスト上)
    check 1 (0のリスト上)
    check 6 (0のリスト上)
```

図 5.32 深さ優先探索の関数呼出し

この関数呼出しの列は，図 3.15 のグラフの例に対する深さ優先探索の関数呼出しを表わしている．上の図に示す再帰呼出し構造を表わす木は深さ優先探索木とよばれる．

めに用いたあとで，12 章から木操作プログラムの詳しい考察をはじめる．木の具体的な実現を 12 章で述べて，12 章から 15 章までの数多くのアルゴリズムの基礎を与える．

練習問題

○**5.85** プログラム 5.18 を改訂して図 5.23 の形式で木を描く Postscript プログラムを出力するようにせよ．ただし，外部節点を表わす箱はいらない．moveto と lineto を使って線を引き，ユーザ定義の演算

/node {newpath moveto currentpoint 4 0 360 arc fill} def

を使って節点を描け．この定義をしてから node をよぶとスタックの座標に黒い点が描かれる．

▷**5.86** 2 分木の葉の数を数えるプログラムを書け．

▷**5.87** 2 分木に対して，一方の子が外部節点，他方の子が内部節点であるような節点の数を数えるプログラムを書け．

▷**5.88** 定義 5.6 を用いて 2 分木の内部道長を計算する再帰プログラムを書け．

5.89 練習問題 5.88 で作成した 2 分木の内部道長を計算するプログラムについて，実行される関数呼出しの回数を求めよ．その解を帰納法によって証明せよ．

●**5.90** 2 分木の内部道長を，木の節点数に比例する実行時間で計算する再帰プログラムを書け．

○**5.91** トーナメントから，与えられたキーをもつすべての葉を削除する再帰プログラムを書け（練習問題 5.59）．

5.8 グラフの走査

本章最後の再帰プログラムの例として，再帰プログラムの中で最も重要なものの 1 つを考える．それは再帰的な**グラフ走査**（graph traversal），**深さ優先探索**（depth-first search）である．この方法はグラフのすべての節点を系統的に訪問するものであり，5.6 節で考えた木走査を直接拡張したものである．そしてグラフを走査する多くの基本アルゴリズムの基礎となる（第 5 部参照）．これは単純な再帰アルゴリズムである．任意の節点 v からはじめて，次の操作を行なう．

- v を訪問する．
- （再帰的に）v に隣接するまだ訪問していない節点を訪問する．

もしグラフが連結であればすべての節点を訪れることができる．プログラム 5.21 はこの再帰手続きを実現したものである．

例えば，図 3.15 のグラフの例に示された隣接リスト表現を用いると

グラフの走査　§5.8

> **プログラム 5.21　深さ優先探索**
>
> グラフにおいて節点 k に隣接するすべての節点を訪問するために，k を訪問ずみとして，k の隣接リストにあるすべての未訪問の節点を（再帰的に）訪問する．
>
> ```
> void traverse(int k, void (*visit)(int))
>   { link t;
>     (*visit)(k); visited[k] = 1;
>     for (t = adj[k]; t != NULL; t = t->next)
>       if (!visited[t->v]) traverse(t->v, visit);
>   }
> ```

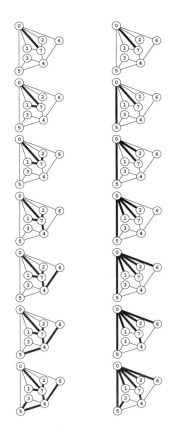

図 5.33　深さ優先探索と幅優先探索

深さ優先探索（左の列）は節点から節点へと移動し，今いる節点からあらゆる可能性を試した後，前の節点に戻って次の可能性を試す．幅優先探索（右の列）は1つの節点におけるすべての可能性を，次の節点に移る前に試してしまう．

しよう．図 5.32 はこのグラフに対する深さ優先探索で行なわれる再帰呼出しを表わし，図 5.33 の左の列はグラフの枝をたどる順序を表わしている．グラフのそれぞれの枝をたどると，2つの場合のどちらかが起こる．枝を進んだ先が既に訪れた節点であれば，その訪問を無視する．もし枝を進んだ先がまだ訪れていない節点であれば，再帰呼出しによってその節点へ進む．このようにしてたどったすべての枝の集合はグラフの**極大森**をなす．

深さ優先探索が一般の木走査（プログラム 5.14 参照）と違うのは，既に訪れた節点を訪れないようにする必要があることである．木においてはそのような節点には決して出会わない．実際，もしグラフが木であれば，根から出発する深さ優先探索は先行順走査と同値である．

性質 5.10　隣接リスト表現を用いて行なう深さ優先探索には，V 個の節点と E 本の枝をもつグラフに対して，$V+E$ の実行時間が必要である．

隣接リスト表現では，グラフの各枝に対してリスト上の1個のリスト節点が対応し，グラフの各節点に対応して1個のリストの先頭をさすポインタが対応する．深さ優先探索はそれらのすべてをそれぞれ高々1回だけさわる．■

枝の入力列から隣接リスト表現を作るのに $V+E$ の実行時間がかかるので（プログラム 3.19），深さ優先探索は1章の連結性問題に対する線形時間の解法である．しかし大規模なグラフに対しては**合併-発見アルゴリズム**の方が好ましい．というのは，グラフ全体を表現するには E に比例する記憶領域が必要であるのに対して，合併-発見アルゴリズ

ムは V に比例する記憶領域ですむからである．

木の走査で行なったように，スタックを用いてグラフ走査を定義することができる．図5.34に例を示す．節点と，節点の隣接リストへの参照という2つの要素を格納できる抽象的なスタックを考える．最初に出発節点をスタックに蓄え，出発節点の隣接リストの先頭を参照するように初期化する．深さ優先探索はスタックの先頭の節点（まだ訪問していなければ）を訪問してループに入る．現在の隣接リストが参照する節点を保存し，隣接リスト上での参照を次の節点に移し（もし隣接リストの末尾にいるならばポップする），そして保存した節点をスタックにプッシュし，その節点の隣接リストの先頭の節点を参照するようにする．

上の方法とは異なり，木走査で行なったように，スタックに節点へのリンクだけを格納することも可能である．最初に出発点をスタックに蓄え，スタックの先頭の節点（また訪問していなければ）を訪問してループに入る．その節点に隣接するすべての節点をプッシュする．図5.34はこれら2つの方法が例題のグラフに対して同値であることを表わしており，これは一般の場合にも成り立つ．

隣接リストの先頭の節点を訪れた時その隣接節点をすべてプッシュするという方針のアルゴリズムは，深さ優先の探索の単純な定式化である．しかし，図5.34から明らかなように，スタックに同じ節点のコピーをいくつも残してしまうという欠点をもっている．このことは，スタ

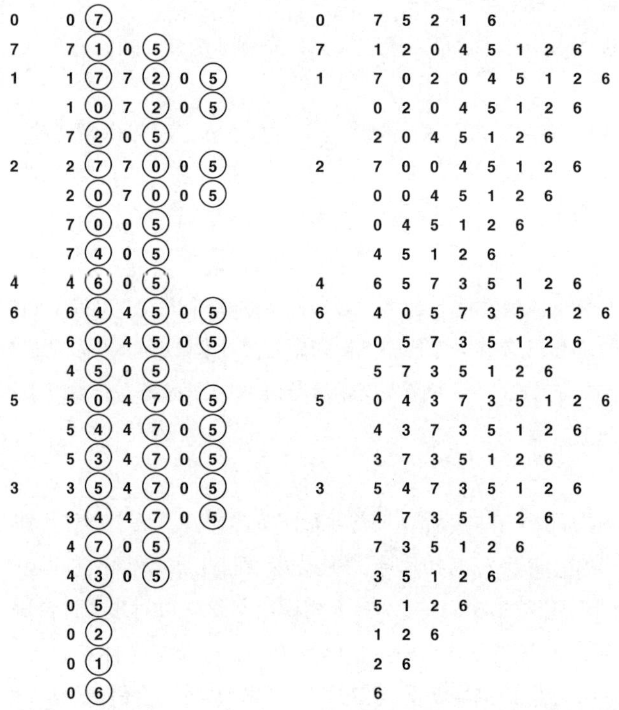

図5.34　深さ優先探索のスタックの動的な動き

節点と，その節点の隣接リストへの参照（丸をつけて表わした）を格納するプッシュダウンスタックを用いて，深さ優先探索を実現することができる（左の図）．まずスタックに節点0を蓄え，そのリストの先頭の節点への参照である節点7を並べて蓄える．各行はスタックをポップしてえた結果，既に訪問した節点がもつ隣接リスト上の次の節点への参照をプッシュした内容，まだ訪問していない節点に対してその節点と隣接リスト上の参照をスタックをプッシュした内容，を示している．こうする代わりに，まだ訪れていない節点に隣接するすべての節点を単純にプッシュする手続きを考えることもできる（右の図）．

ックに蓄えようとする節点が，既に訪問されたかどうかを調べ，訪問ずみの場合にはスタックにプッシュしない，という方針では解決しない．この問題を解決するには，重複を許さないスタックを古い要素を捨てるという方針で実現しないといけない．というのは，スタックの先頭に最も近いコピーが最初に訪問されるものであり，その他のコピーは単にポップされるだけのものであるからである．

図5.34に示された深さ優先探索のスタックの動的な動きは，スタックから取り出される各隣接リスト上の節点に依存しており，その順序はリストに現われたのと同じ順序になっている．この順序を，一度に1節点ずつプッシュする場合に，与えられた隣接リストと同じにするためには，末尾の節点を最初にプッシュし，末尾の1つ前の節点を次にプッシュする，というようにしないといけない．さらに，スタックの大きさを節点の数に制限し，同時に深さ優先探索と同じ順序で節点を訪問するとするならば，重複要素を許さず古い要素を捨てるという方針を採用しないといけない．もし，深さ優先探索と同じ順序に訪問することが重要でないならば，この2つの厄介なことを忘れて，スタックを用いて非再帰的なグラフ走査法をそのまま定式化することができる．最初に出発点をスタックに蓄え，スタックの先頭の節点を訪問してループに入る．隣接リストを順に見ていき，各節点を（まだ訪問していなければ）スタックにプッシュする．スタックは要素の重複を許さず最新のものを無視するという方針を採用する．このアルゴリズムは深さ優先探索と同様にグラ

プログラム 5.22 幅優先探索

節点 k に隣接するすべての節点を訪問するために，k を FIFO キューにおき，キューから次の節点を取り出してループに入る．まだその節点を訪問していなければそれを訪問して，その隣接リストにある未訪問の節点をすべてキューに蓄え，キューが空になるまで続ける．

```
void traverse(int k, void (*visit)(int))
  { link t;
    QUEUEinit(V); QUEUEput(k);
    while (!QUEUEempty())
      if (visited[k = QUEUEget()] == 0)
        {
          (*visit)(k); visited[k] = 1;
          for (t = adj[k]; t != NULL; t = t->next)
            if (visited[t->v] == 0) QUEUEput(t->v);
        }
  }
```

図 5.35 幅優先探索のキューの動的な動き

最初キューに節点0を蓄え，そして0を取り出してそれを訪問し，0の隣接リストにあるすべての節点7 5 2 1 6 をその順序でキューに蓄える．そして7を取り出してそれを訪問し，7の隣接リストにあるすべての点をキューに蓄え，以下同様に進める．もし重複要素を最新のものを無視するという規則によって取り除くと（右の列），同じ結果を不要な要素をキューに蓄えずにえることができる．

```
    0                              0
0   7 5 2 1 6              0   7 5 2 1 6
7   5 2 1 6 1 2 4          7   5 2 1 6 4
5   2 1 6 1 2 4 4 3        5   2 1 6 4 3
2   1 6 1 2 4 4 3          2   1 6 4 3
1   6 1 2 4 4 3            1   6 4 3
6   1 2 4 4 3 4            6   4 3
    2 4 4 3 4               4   3
    4 4 3 4                 3
4   4 3 4
    3 4 3
3   4 3
    3
```

フのすべての節点を訪問するが，再帰ではない．

前の段落のアルゴリズムに対して，任意の一般化キュー ADT を用いることができ，しかもグラフの各節点を訪問できる（したがって極大木を作る）ので注目に値する．例えば，もしスタックの代わりにキューを使うと**幅優先探索**（breadth-first search）をえる．この方法は木のレベル順走査とよく似ている．プログラム 5.22 は（プログラム 4.12 のようなキューの実現を使うと仮定した）この方法の実現である．図 5.35 にアルゴリズムを実行した例を示す．第 5 部（本書の続巻）ではより一般的で工夫された一般化キュー ADT に基づいた数多くのグラフアルゴリズムを調べる．

幅優先探索と深さ優先探索は両方ともグラフのすべての節点を訪問するが，図 5.36 に示すように，そのやりかたは大きく異なる．幅優先探索は，一団の捜索隊が各自の領域を捜索するように展開するのに似ている．深さ優先探索は，単独の捜索員が未知の領域をできるだけ奥深くへと捜索し，行き止まりに出会った時にだけ戻ってくる，というのに対応している，これらは，グラフ探索に限らず，計算機科学における基本的で重要な問題解決の方法である．

練習問題

5.92 枝集合 0-2, 1-4, 2-5, 3-6, 0-4, 6-0, 1-3 から作られるグラフ（練習問題 3.70 参照）に対して，再帰的な深さ優先探索を行なった時の探索の様子を，図 5.33 の左と図 5.34 の右に対応する図を描いて示せ．

5.93 枝集合 0-2, 1-4, 2-5, 3-6, 0-4, 6-0, 1-3 から作られるグラフに対して，スタックを基にした深さ優先探索を行なった時の探索の様子を，図 5.33 の左と図 5.34 の右に対応する図を描いて示せ．

5.94 枝集合 0-2, 1-4, 2-5, 3-6, 0-4, 6-0, 1-3 から作られるグラフに対して，キューを基にした幅優先探索を行なった時の探索の様子を，図

展望　　　§5.9

5.33 の右と図 5.34 の左に対応する図を描いて示せ．

○**5.95** 性質 5.10 で述べた実行時間が E ではなくて $V+E$ である理由を述べよ．

5.96 本文のグラフの例（図 3.15）に対して，（古い要素を削除する規則による）スタックを基にした深さ優先探索を行なった時の探索の様子を，図 5.33 の左と図 5.34 の右に対応する図を描いて示せ．

5.97 本文のグラフの例（図 3.15）に対して，（新しい要素を無視する規則による）スタックを基にした深さ優先探索を行なった時の探索の様子を，図 5.33 の左と図 5.34 の右に対応する図を描いて示せ．

▷**5.98** 隣接リストによって表わされたグラフに対して，スタックを基にした深さ優先探索を実現せよ．

○**5.99** 隣接リストによって表わされたグラフに対して，再帰的な深さ優先探索を実現せよ．

5.9　展　望

　計算の本質に関する初期の理論的な研究において，再帰はその中心にあった．そして，再帰関数（帰納関数）と再帰プログラムは，コンピュータによって解ける問題と解けない問題とを分離しようとする数学的な研究において，中心的な役割を果たしている．

　木や再帰のような奥の深い話題に対して，限られたページ数できちんと述べるのは不可能である．再帰プログラムの最もよい多くの例を本書を通じて取り上げる．それらのうちで分割統治法に関するアルゴリズムと再帰的データ構造を広い分野の問題に適用して，効率よい解法がえられることを述べた．多くの応用では，単に再帰を直接使うインプリメンテーションで十分である．一方，別の応用では代替案として再帰を使わない方法やボトムアップ方式を使う方法を考察する．

　本書では，再帰プログラムとデータ構造の実用的な側面に関心がある．目的は，再帰を利用して洗練された効率のよいインプリメンテーションを導くことである．この目標を達成するために，単純なプログラムでも，関数呼出しの回数が指数関数的に増加する，また，再帰の深さが実行不能なほど深くなるという危険な側面をもっていることに注意しなければいけない．この落とし穴にもかかわらず，再帰プログラムとデータ構造は，プログラムが正しくてかつ効率がよいということを納得させてくれる帰納法による推論が使えるので大変に魅力的である．

　本書を通じて，木をプログラムの動的な性質を理解するためと，動的なデータ構造として利用する．特に 12 章から 15 章まで木構造の取扱いを述べる．本章で述べた性質は，木構造を有効に使おうとする時に必要

図 5.36　グラフ走査木

上の図に示すグラフを，深さ優先探索（中），幅優先探索（下）によって探索した時の，訪問の途中までに用いた枝を示す図である．深さ優先探索は 1 つの節点から次の節点へと移動するので，ほとんどの節点がちょうど他の 2 つの節点と結ばれている．それに対して，幅優先探索はグラフを掃くように移動し，与えられた節点から移動する前にそれに隣接する節点をすべて訪問するので，少数の節点が他の多くの節点と結ばれている．

となる基本的な情報である．

　再帰はアルゴリズムの設計において中心的な役割を果たしているが，万能薬ではない．木走査，グラフ走査アルゴリズムの勉強の時に見たように，スタックを使う（本来再帰的な）アルゴリズムは，処理すべき仕事が複数ある場合には唯一の推奨案というわけではない．多くの問題に対して有効なアルゴリズム設計の技法は，スタックの代わりに一般化キューを用いる実現を考えることである．これによって，次の仕事として最も身近なものを選ぶのではなく，問題に依存した規則に従って選ぶという自由度がえられる．9章の主要な話題はそのような操作を効率よく行なうためのアルゴリズムとデータ構造であり，第5部（本書の続巻）でグラフアルゴリズムを勉強する時にそれらの応用の多くの例に出会う．

第 2 部の参考文献

　データ構造に関する入門書は数多くある．例えば，Standish の本はリンク構造，データ抽象，スタックとキュー，記憶領域の割付け，ソフトウェア工学の概念に関して，本書よりもゆっくりと解説している．Summit の本（とその web 上のソース）は，Kernighan と Ritchie の本がそうであるように C による実現に関する詳細な情報の非常に貴重な源泉である．

　PostScript を設計した人々は自分たちの言語が基礎的なアルゴリズムとデータ構造を勉強する人たちに興味をもたれるとは思わなかったに違いない．しかし，その言語はやさしく学べるし，レファレンスマニュアルは完全であり参照しやすい．

　構造が記述されていない構造体へのポインタを使って ADT を実現するテクニックは Appel が 1980 年代の中頃にプリンストン大学のシステムプログラミングのコースで教えていた．その内容は Hanson の本に非常に詳しく，数多くの例題とともに述べられている．Hanson と Summit の本は大きなシステムに対するバグのない可搬性のよいプログラムを書こうと思うプログラマにとって出色の参考書である．

　Knuth の本は，特に 1 巻と 3 巻は，いまだに初等的なデータ構造の性質に関する権威ある内容をもっている．Baeza-Yates と Gonnet は広範な参考文献に基づくより最近の情報を扱っている．Sedgewick と Flajolet は木の数学的な性質を詳しく述べている．

Adobe Systems Incorporated, *PostScript Language Reference Manual, second edition*, Addison-Wesley, Reading, MA, 1990.

R. Baeza-Yates and G. H. Gonnet, *Handbook of Algorithms and Data Structures*, second edition, Addison-Wesley, Reading, MA, 1984.

D. R. Hanson, *C Interfaces and Implementations: Techniques for Creating Reusable Software*, Addison-Wesley, 1997.

B. W. Kernighan and D. M. Ritchie, *The C Programming Language, second edition*, Prentice-Hall, Englewood Cliffs, NJ, 1988.

D. E. Knuth, *The Art of Computer Programming. Volume 1: Fundamental Algorithms*, second edition, Addison-Wesley, Reading, MA, 1973; *Volume 2: Seminumerical Algorithms*, second edition, Addison-Wesley, Reading, MA, 1981; *Volume 3: Sorting and Searching*, second printing, Addison-Wesley, Reading, MA, 1975.

P. J. Plauger, *The Standard C Library*, Prentice-Hall, Englewood Cliffs, NJ, 1992.

R. Sedgewick and P. Flajolet, *An Introduction to the Analysis of Algorithms*, Addison-Wesley, Reading, MA, 1996.

T. A. Standish, *Data Structures, Algorithms, and Software Principles in C*, Addison-Wesley, 1995.

S. Summit, *C Programming FAQs*, Addison-Wesley, 1996.

第 3 部

整　列

第6章　初等的な整列法

　整列（ソート，sorting）アルゴリズムとして最初に取り上げるのは，初等的な方法であり，小さいファイルや特別の構造をもつファイルに向いている．このような簡単な整列アルゴリズムを詳しく調べる理由はいろいろある．まず，整列アルゴリズムに関する用語や基本的な動作が現われるので，もっと進んだアルゴリズムを勉強するための基礎になる．また，整列アルゴリズムを利用する応用問題によっては，強力な汎用的方法より，ここで説明する簡単な方法を使う方がよいことも多い．さらに，簡単な方法の中には，もっとよい汎用的な方法に拡張できるものがあるし，もっと強力な方法の能率の改善に利用できるものもある．

　本章の目的は，単に初等的な方法を紹介することだけではなく，後の章で出てくる方法を調べるための枠組を説明することである．整列アルゴリズムを応用する重要な状況をながめて，いろいろな種類の入力ファイルを調べ，整列法を比較し，その性質を学ぶやりかたを見ていく．

　まず最初に，整列法をテストするために，簡単な"ドライバプログラム"を調べる．これで今後用いるいろいろな約束事を説明する．また，応用分野ごとにアルゴリズムの有用さを評価する際に，知っておくべき整列法の基本的性質を取り上げる．そして，3つの初等的な方法を実現したプログラムを見る．この3つの方法とは，**選択整列法**（selection sort），**挿入整列法**（insertion sort），**バブル整列法**（bubble sort）である．その後で，これらの性能の特徴を詳しく調べる．次に，**シェルソート**（shellsort）を取り上げる．これは，初等的な方法に分類できないが，実現が容易であり，挿入法と密接に関係する．シェルソートの数学的な性質を見た後で，データ型のインタフェースと実現の話題に進む．これは第3，4章で議論したやりかたであり，実際の場で出会うような諸種のデータファイルを整列する方法に拡張する．そして，データを間接的に参照し，リンクのリストを用いる整列法を考察する．本章の最後に，キーが狭い範囲の値をとる場合に有効になる特殊な方法について議論する．

　整列法を使ういろいろな状況で，わりあい簡単なアルゴリズムを選ぶ方がよい場合がいくつか考えられる．まず，整列アルゴリズムを使うのがただの1回とかほんの数回という場合がある．いったん，データの集

まりに対する整列問題を解決すると，これらのデータを再び扱うことはないという場合である．初等的な方法を使っても，データ処理全体から見て遅くならない場合，例えばデータを読み込み印刷するという場合，整列の方法にもっと速い方法を採用することは意味がない．

整列する項目数がそれほど多くなければ，例えば数百個以下であれば，システムの整列法とのインタフェースに頭を使うとか複雑な方法の虫取り（デバッグ）に時間をかけるより，簡単な方法を実現して使った方がよい．また，例えば数十項目以下というような小さいファイルに対しては，簡単な方法が常に優れている．一般に，小さいファイルに対して，凝ったアルゴリズムはオーバーヘッドが大きくなりがちであり，初等的な方法より遅くなってしまう．ただし，小さいファイルが極端に多くある場合は別である．そのほかに，わりあい簡単に整列できる種類のデータとしては，既にほとんど整列しているファイル（あるいは完全に整列しているファイル），あるいは同じキーが非常に多く含まれているファイルである．そのような構造をもつファイルに対しては，簡単な方法のいくつかのものは特に能率がよい．

一般に，ここで取り上げる初等的な方法は，ランダムに並んだ N 個の項目を整列するのに，約 N^2 のステップがかかる．N が十分小さければ，これで計算時間はまったく問題にならない．小さいファイルとか特別の状況とかでは，初等的な方法は，もっと凝った方法よりはるかに速いことが多い．しかし，本章で説明する初等的な方法は，ランダムに並んだ大きいファイルに不適当である．速いコンピュータを使っても実行時間が非常に大きくなるからである．ただし，シェルソートは例外である（6.6節参照）．これは大きい N に対して N^2 より少ないステップで実行できる整列であり，中程度の大きさのファイルやほかの特殊な応用に使える．

6.1 ゲームのルール

個々の整列アルゴリズムを調べる前に，一般的な用語や基本的な仮定について考えておこう．これから調べる方法は，**キー**（key）を含む**項目**（item）からなる**ファイル**（file）を整列する．これらの概念は，現在のプログラミング環境において自然に抽象されるものである．キーは，項目の一部分であり，それも小さい一部分であることが多いが，この順序に基づいて整列を行なう．整列の目標は，レコード（項目）を並べ換えて，そのキーが（通常は数値の大小順とかアルファベット順というように）順序通りに並ぶようにすることである．キーと項目の性質は，応用に応じて様々であるが，キーとそれに伴う情報を順序通りに並

べるというように抽象することで，整列問題が定義できる．

ファイルがコンピュータの主記憶領域（メインメモリ）に納まる場合，整列のことを特に**内部整列**（internal sorting）という．一方，磁気テープやディスクを使う整列を**外部整列**（external sorting）という．両者の大きい相違点として，内部整列ではどの項目も直接参照できるのに対して，外部整列では，項目を逐次的に参照する，あるいは，項目を大きいブロックの中にあるものとして扱う．11章で外部整列法をいくつか調べるが，本書の整列法のほとんどは内部整列のためのものである．

これから調べる整列法では，配列とリンクリストの両方を考慮する．つまり，配列を整列する問題とリンクリストを整列する問題を調べるが，アルゴリズムを開発する際に，逐次的に配置しているデータにぴったりあっている仕事とリンクリストにあっている仕事がある．古典的な方法のいくつかのものは，抽象度が十分高く，配列でもリンクリストでも，能率よく実現できる．そのほかのものには，一方だけにふさわしいものがある．また，参照の仕方に別の種類の制限がつくものも考慮する．

まず，配列の整列法に焦点をあてる．プログラム6.1を用いて約束を説明する．このプログラムは，標準入力から整数を読み込むか，ランダムに整数を生成するかして，配列にデータを入れ，配列の中の整数を順序通りに並べ換え，最後に，整列の結果を出力する．

第3，4章で見たように，整列法のプログラムを調整して，ほかの種類のデータにも利用するやりかたはいろいろある．このやりかたについては6.7節で詳しく議論する．プログラム6.1は，4.1節で議論したものと同様に，プログラム中に書いた単純なデータ型を用いている．つまり，整列する項目はその値そのものとそれに対する操作だけで扱っている．通常の通り，このやりかたで，同じコードを利用して，ほかの種類の型をもつデータを整列できる．例えば，プログラム6.1の関数mainの中で，ランダムなキーを作り，蓄え，印刷するコードを見ると，整数の代わりに浮動小数点数を扱うものであったとしたら，mainの外で行なう変更は，Itemのtypedefで，intからfloatへ変えるだけですむ．ここでsort自身はまったく変更しない．このように融通さをもたせ，同時に，項目を保持する変数がはっきりわかるようにするために，整列のプログラムでは，整列する項目を単にItemとして，データ型を指定しないことにする．当面，Itemはintかfloatであるとする．6.7節ではデータ型を詳しく実現して，第3，4章で議論したやりかたを用いて，整列プログラムが浮動小数点数，文字列，そのほかの型のキーをもつ項目も扱えるようにする．

プログラム 6.1 ドライバプログラムつきの配列整列の例

このプログラムは，基本的な配列整列を実現するための約束を示す．関数 main はドライバであり，整数の配列を（ランダムな値または標準入力で）初期設定して，配列を整列する関数 sort をよび，整列した結果を出力する．関数 sort は，挿入法の一種である（6.3 節に詳しい説明，例，改良したプログラムを載せる）．この関数では，整列の対象になる項目のデータ型を Item として，compexch を Item に対して定義するものとする．ここで，compexch は 2 つの項目を比較して，必要なら交換して 2 番目の項目が 1 番目の項目より小さくならないようにする．このコードでは，typedef の簡単なマクロを用いて (main で要求されるように) 整数として Item を実現している．ほかのデータ型を使うことは，6.7 節の話題であるが，sort の内部に影響がない．

```
#include <stdio.h>
#include <stdlib.h>
typedef int Item;
#define key(A) (A)
#define less(A, B) (key(A) < key(B))
#define exch(A, B) { Item t = A; A = B; B = t; }
#define compexch(A, B) if (less(B, A)) exch(A, B)
void sort(Item a[], int l, int r)
  { int i, j;
    for (i = l+1; i <= r; i++)
      for (j = i; j > l; j--)
        compexch(a[j-1], a[j]);
  }
main(int argc, char *argv[])
  { int i, N = atoi(argv[1]), sw = atoi(argv[2]);
    int *a = malloc(N*sizeof(int));
    if (sw)
      for (i = 0; i < N; i++)
        a[i] = 1000*(1.0*rand()/RAND_MAX);
    else
      while (scanf("%d", &a[N]) == 1) N++;
    sort(a, 0, N-1);
    for (i = 0; i < N; i++) printf("%3d ", a[i]);
    printf("\n");
  }
```

この章だけでなく第 10 章までの配列の整列プログラムは，sort の代わりに使うことができる．どれも Item 型の項目を整列し，パラメータとして，配列，部分配列の左と右の端の添字の 3 つをとる．また，less を用いて，項目のキーを比較し，exch を用いて項目を交換する．両方あわせた compexch を用いることもある．整列法を区別するため

に，整列ルーチンにそれぞれ異なった名前をつける．整列法のコードを変えずに，名前をつけかえたり，ドライバを変えたり，プログラム 6.1 のようなプログラムの中で，関数へのポインタを使ってアルゴリズムを交換することは容易である．

これらの約束によって，配列の整列アルゴリズムの自然で簡潔な実現法を調べることができる．6.7 節と 6.8 節では，ドライバを取り上げ，もっと一般的な状況でプログラムを使い，いろいろなデータ型を実現することを考慮する．このようなパッケージ化の方法にも考慮を払うが，本書の中心はアルゴリズムである．これからその話題に移る．

プログラム 6.1 の sort 関数の例は，挿入法の一種である．これは 6.3 節で詳しく取り上げる．この方法では**比較・交換**（compare-exchange）の操作しか使っていないので，**非適応型**（nonadaptive）の整列法の例になっている．つまり，操作の列は，データの並び方と独立に実行する．これに対して，**適応型**（adaptive）の整列法は，比較 (less 操作) の結果に依存して，操作の列が異なる．非適応型の整列法は，ハードウェアで実現するのに向いているので重要であるが（11 章参照），大概の汎用の整列法は適応型である．

整列法の性能をはかるパラメータは，まず第一に実行時間である．6.2 節から 6.4 節までで取り上げる選択法，挿入法，バブル法は，どれも N 個の項目を整列するのに N^2 に比例する時間がかかる．これについては 6.5 節で説明する．第 7 章から第 10 章までで取り上げるもっと高度な方法では，$N \log N$ に比例する時間しかかからない．しかし，これらの方法でも，小さい N の場合やある種の状況では本章の方法に較べていつも速いというわけではない．6.6 節では高度な方法（シェルソート）を見るが，これは $N^{3/2}$ かそれ以下に比例する時間で走る．また 6.10 節では特殊な方法（キー索引計数法）を見るが，それはある種の型の項目に対して N に比例する計算時間しかかからない．

上記の解析結果は，アルゴリズムが実行する基本操作（比較と交換）を数えることによって導ける．2.2 節で議論したように，操作のコストも考慮にいれる必要があるし，また一般的には，最も頻繁に実行する操作（アルゴリズムの内側のループ）に着目することが重要である．本書の目標は，能率のよいアルゴリズムに対して，能率がよいと同時に無理のない実現法を調べることにある．この目標に向かって，内側のループに余計なものを追加しないというだけでなく，可能ならば内側のループから命令を取り除くやりかたをさがすことにする．一般的には，応用プログラムでコストを減らす最もよい方法は，もっとよいアルゴリズムに取り換えることであり，その次によい方法は，内側のループを絞り込むことである．整列についてこれらのやりかたを詳しく調べる．

整列アルゴリズムで使う作業領域の大きさは，これから考慮する2番目に重要なパラメータである．基本的に，整列法は次の3種類に分けられる．第一は，**その場で**（inplace）整列するものであり，少しのスタックや表以外に余分な作業場所を必要としない．第二は，リンクによるリストを使うものであり，データをポインタ（あるいは添字）を通して参照し，ポインタ（あるいは添字）のために N 個の余分な場所が必要になる．第三は，整列する配列のコピーを保持するため，十分大きい作業領域が必要なものである．

複数個のキーをもつ項目に対する整列は頻繁に生じる．つまり，別の時点で別のキーで項目を整列することが必要になる．このような場合，整列法が次のような性質をもつかどうかを意識することが重要である．

定義 6.1 整列法が**安定**（stable）であるとは，互いに等しいキーをもつ項目の相対的順序が保存されることをいう．

例えば，授業のクラスで，アルファベット順に並んだ人名を卒業年度の順に整列する場合，安定な整列法によれば，同じ卒業年度の学生同士が整列後もアルファベット順に並ぶ．安定でない整列法では，もとのアルファベット順の並びがあとかたもないように整列される．図6.1にその例を示す．安定性になじみのない人は，このような状況に出会うと，安定でない整列法によってデータがまぜかえされるのにびっくりする．

本章の簡単な方法のいくつかは（すべてではない），安定である．しかし，後の章で取り上げる高度な方法の多く（すべてではない）は安定でない．安定性が必須である場合には，整列に先だって，キーに小さいインデックスを追加するとか，キーに他のやりかたで調整を加えて長くするとかで，強制的に安定にできる．このような余分の仕事は，図6.1の整列で2つのキーを使うことと同様である．それで安定な整列法を使う方がよいであろう．安定性はよいものではあるが，後の章で見る高度な整列法のほとんどは，かなり余分な時間と記憶領域を使わないかぎり，安定性を実現できない．

既に述べたように，整列プログラムは，普通2種類のやりかたで項目を参照する．キーは比較のために参照し，項目全体は移動のために参照する．整列する項目が大きい場合，**間接的な整列**（indirect sort）を用いて，なるべく項目を移動しないようにすることが賢明である．つまり，項目自身を並べ換えるのではなく，ポインタ（または添字）の配列を並べ換える．ここで，最初のポインタは最小の項目をさし，2番目のポインタは次に小さい項目をさし，云々という具合である．キーは，（キーが大きい場合に）項目と一緒におき，あるいは（キーが小さい場

Adams	1
Black	2
Brown	4
Jackson	2
Jones	4
Smith	1
Thompson	4
Washington	2
White	3
Wilson	3
Adams	1
Smith	1
Washington	2
Jackson	2
Black	2
White	3
Wilson	3
Thompson	4
Brown	4
Jones	4
Adams	1
Smith	1
Black	2
Jackson	2
Washington	2
White	3
Wilson	3
Brown	4
Jones	4
Thompson	4

図 6.1 安定な整列の例

この例のレコードはどちらのキーについても整列できる．まず，最初のキーについて整列する（上図）．第2のキーについて安定でない整列をすると，重複したキーのレコードの順序は保存しない（中図）．一方，安定な整列ではその順序が保存する（下図）．

ゲームのルール　　　　　　　　　　　　　　　　　§6.1

合に) ポインタと一緒におく．整列の終了後，必要に応じて，項目を並び換えることができる．しかし，この作業は必要としないことが多い．というのは (間接的に) 整列した項目を参照できるからである．間接整列については 6.8 節で調べる．

練習問題

▷ **6.1** ある子供向きの整列おもちゃは，1 から 5 までの i に対して場所 i の柱にちょうど掛けられるようになっているカードが i 枚ずつある．カードを見るだけでは，どの柱にちょうど掛けられるかどうかわからない，つまりいちいち試してみるものとして，全部のカードを柱に掛ける方法を述べよ．

6.2 一揃いのカード (トランプ) を並べるのに，種類 (スペード，ハート，クラブ，ダイア) の順に，同じ種類の中では番号の順に並べる．友人達にこの仕事を頼んでみよ．人が代わるたびに混ぜること．友人達の方法を記録せよ．

6.3 カードを裏返しにおくとして，一揃いのカードを整列する方法を説明せよ．ここで，許す操作としては，2 枚のカードを見ることと (必要ならば) 交換することだけである．

○ **6.4** 一揃いのカードを整列する方法を説明せよ．ここで，カードは常に積みあげておき，許す操作としては，一番上の 2 枚を見ること，その 2 枚を交換すること，一番上のカードを一番下に移すことである．

6.5 3 回の比較・交換の操作によって 3 つの要素を整列するやりかたをすべて示せ．プログラム 6.1 を見よ．

○ **6.6** 5 回の比較・交換の操作によって 4 つの要素を整列するやりかたを 1 つ示せ．プログラム 6.1 を見よ．

● **6.7** 整列ルーチンが安定であるかどうかをチェックするクライアント (利用者) プログラムを書け．

6.8 関数 sort の実行の後で，配列が整列しているかどうかをチェックしても，整列ルーチンが正しく動くことの保証にはならない．なぜか．

● **6.9** いろいろな大きさのファイルに対して sort を複数回実行して，その都度，実行時間をはかり，平均実行時間を出力するか，グラフに描くかするようなドライバプログラムを書け．

● **6.10** 実際の応用で現われるような厄介とか病的とかのデータを整列するドライバプログラムを書け．例えば，既に整列がすんでいるファイル，逆順に並んでいるファイル，すべてのキーが等しいファイル，異なる値が 2 種類しかないファイル，大きさが 0 とか 1 とかのファイルを考えよ．

6.2 選択整列法

選択整列法は，最も簡単な種類の整列アルゴリズムであり，次のように働く．まず，配列の最小の要素を見つけ，最初の位置にある要素と交換する．次に，2番目に小さい要素を見つけ，2番目の位置にある要素と交換する．以下同様にして，配列全体が整列するまで繰り返す．この方法は，残った要素の中で最も小さいものを選択するので，**選択整列法**（選択法, selection sort）という．ファイルの例に対して働く選択法の動作を図 6.2 に示す．

プログラム 6.2 は，本書の流儀に従って選択法を実現したものである．最も内側のループは，現在の要素とそれまでに見つけた最小の要素との比較だけであり（その他に添字を1増やし配列の上限を超えないことをチェックするコード），これ以上簡単にできそうにない．項目を移動する仕事は，内側のループに入っていない．つまり，交換によって要素を最終位置におくので，交換の回数は $N-1$ である．最後の要素の交換は必要ない．それで，実行時間は，比較の回数に支配される．6.5節では，比較の回数が N^2 に比例することを示し，実行時間を予測する方法，また，ほかの初等的整列法と比較する方法を調べる．

選択法の欠点は，ファイルの中に既に存在する順序が実行時間にほとんど影響しないことである．パス1回でファイルの最小要素を見つける過程で，次のパスで最小要素を見つけるための情報がほとんどえられない．例えば，既に整列されているファイルやキーがすべて等しいファイルに選択法を使ってみると，ランダムに並んだファイルとほぼ同じ時間

図 6.2 選択整列の例

最初のパスでは，最小の要素Aが最も左にあるので，何の変化も起きない．2回目のパスでは，2つ目のAが残りの最小の要素であるので，2番目の位置のSと交換する．3回目のパスでは最初のEが3番目の位置のOと交換し，4回目のパスでは2つ目のEが4番目の位置のRと交換する．以下同様に進む．

プログラム 6.2 選択整列法

各 i は l から r-1 まで動き，a[i] と a[i],…,a[r] までの最小の要素を交換する．添字 i は左から右へ動く間，その左にある要素は配列の最終位置におかれており，将来さわられることはない．それで i が右端に達した時に整列が終了する．

```
void selection(Item a[], int l, int r)
  { int i, j;
    for (i = l; i < r; i++)
      { int min = i;
        for (j = i+1; j <= r; j++)
          if (less(a[j], a[min])) min = j;
        exch(a[i], a[min]);
      }
  }
```

挿入整列法　　　　　　　　　　　　　　　　§6.3　　　　　　　　　　　　　　237

がかかるが，これは驚くべきことであろう．後で見るように，他の方法の中には，入力ファイルの中の順序を上手に利用するものがある．

選択整列法は，簡単で力まかせのやりかたではあるが，ある種の応用ではもっと高度な方法より能率がよい．すなわち，項目が非常に大きく，キーが小さい場合には推奨できる方法である．このような応用では，データの移動がコストの主要部分になり，ほかのどんな方法を使っても，選択整列法に較べて，データの移動回数をそれほど少なくできない．

練習問題

▷ **6.11** 図6.2のやりかたに従って，選択整列法によりファイルＥＡＳＹＱＵＥＳＴＩＯＮを整列せよ．

6.12 選択整列法において，ファイルの中で交換に最も多く関与する要素を見つけ，その交換回数の最大値を求めよ．1つの要素の交換回数の平均値も求めよ．

6.13 選択整列法において，テスト less(a[j], a[min]) によって，min が更新する回数が最大になるようなファイルの例で，要素数が N のものを示せ．

○ **6.14** 選択整列法は安定であるか？

6.3　挿入整列法

この方法は，ブリッジにおいて手元のカードを並べる時によく使う．要素を1つずつ取り上げることにして，それまでに整列した列の中の正しい場所にその要素を挿入する．コンピュータで実現するには，挿入する要素のための場所を空けるのに，それより大きい要素を右に1つずつ移動し，これで空いた場所にその要素を挿入する．プログラム6.1の関数 sort は，この方法を実現したものであり，**挿入整列法**（挿入法，insertion sort）という．

現時点の添字の左にある要素は，選択整列法と同様に整列されているが，最終的な位置におかれているわけではない．あとでもっと小さい要素がくるとそのための場所を空ける必要があるからである．しかし，添字が右端まで到達すれば，配列は完全に整列する．図6.3はサンプルファイルに対する動作を示す．

挿入整列法のプログラム6.1は直接的に書けるが，能率が悪い．これを改良にする3つのやりかたを考えよう．このやりかたは，本書の多くのプログラムに対して繰り返し現われる．コードは，簡潔で明確で能率がよいようにしたいが，これらの目標は互い相反することもあり，適当

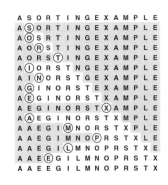

図6.3　挿入整列の例

最初のパスでは，2番目のＳがＡより大きいので，動かす必要がない．2回目のパスで3番目のＯが取り上げられると，Ｓと交換して，ＡＯＳとなり整列する．以下同様である．丸で囲まれず影がついていない要素は，要素1つ分右に移動する．

にバランスをとらねばならないことが多い．まず，自然なプログラムを実現して，プログラムの変換により改良して，その効果と正しさをチェックするということを繰り返す．

整列している項目の中で，そのキーより大きくないキーに出会うと，操作 compexch をやめることができる．それより左の部分配列は整列しているからである．すなわち，条件 less(a[j-1], a[j]) が成り立てば，sort の内側のループから脱出（break）してよい．この調整により，プログラムは適応型のものになり，ランダムに並んだファイルに対してほぼ 2 倍速くなる（性質 6.2 参照）．

この改良によって，内側のループを終了する条件が 2 つになった．このことを明示的に書くために，while ループを使うこともできる．このプログラムのもっと微妙な改良法は，j>1 という検査が普通必要ないという点に着目するものである．つまり，この検査が意味をもつのは，挿入する要素がそれまで調べたものの中で最小のものであり，配列の先頭まで到達する時にかぎる．よく使う方法として，整列するキーを a[1] から a[N] に入れて，a[0] に**番兵キー**（sentinel）をおく．このキーは配列のどのキーよりも大きくないようにする．この番兵によって，より小さいキーに出会ったかどうかというテストで，両方の条件を同時に調べることができる．これで内側のループは小さくなり，プログラムが速くなる．

番兵は使いにくい場合がある．つまり，最小の要素というものが簡単に定義できないとか，よぶ側のルーチンに番兵を入れる場所がないというような場合である．それで，プログラム 6.3 では，これら 2 つの問題に対処する．最初のパスで配列を一通り見て，最小のキーの要素を先頭の位置にもってくる．それから，配列の残りの部分を整列する．先頭の最小要素は番兵の役割をはたす．一般に，明示的にテストを書くコードの方が理解しやすいので，本書のコードでは番兵を使わない．しかし，番兵を使えば，プログラムの簡単さも能率も両方よくなる場合にはそのことを指摘する．

第 3 の改良では，内側のループから余分な命令を取り除く．同じ要素が引続き交換に関与するのは非能率である．2 回以上交換があると，

    t = a[j]; a[j] = a[j-1]; a[j-1] = t;

の後に

    t = a[j-1]; a[j-1] = a[j-2]; a[j-2] = t;

が続く．以下同様である．この命令の列では変数 t の値が変化しないので，それを保存し次の交換に取り出すのは時間の無駄である．プログラム 6.3 では，交換を使わず，大きい要素を右に移動するようにして，時間の無駄を省く．

挿入整列法　　　　　　　　　　　　　　§6.3　　　　　　　　　　　　　239

> **プログラム 6.3　挿入整列法**
>
> このコードはプログラム 6.1 の sort を改良したものである．
> （1）配列の先頭の位置に最小の要素をおき，番兵の役割をあたえる．
> （2）内側のループで交換の代わりに単一の代入を用いる．
> （3）挿入する要素が正しい位置にきた時に内側のループが終了する．
> 各 i に対して，整列した a[l],…, a[i-1] の要素の中で，a[i] より大きい要素を 1 つ分右に移動して，a[i] を正しい位置におくことにより，a[l],…, a[i] を整列する．
>
> ```
> void insertion(Item a[], int l, int r)
>   { int i;
>     for (i = r; i > l; i--) compexch(a[i-1], a[i]);
>     for (i = l+2; i <= r; i++)
>       { int j = i; Item v = a[i];
>         while (less(v, a[j-1]))
>           { a[j] = a[j-1]; j--; }
>         a[j] = v;
>       }
>   }
> ```

プログラム 6.3 は，プログラム 6.1 より能率がよい（6.5 節でほぼ 2 倍速くなることを見る）．本書では，エレガントで能率のよいアルゴリズムというだけでなく，エレガントで能率のよい実現法にも関心をもつ．この場合，もとのアルゴリズムはわずかに異なったものになる．例えば，プログラム 6.1 の関数 sort は非適応型の挿入整列法というべきであろう．アルゴリズムの性質をよく理解することは，応用において有効に使えるプログラムを開発するための最善のガイドになる．

選択整列法と異なり，挿入整列法の実行時間は，入力のキーの並び方に大きく依存する．例えば，ファイルが大きく，キーが既に順序通りに並んでいたら，あるいはほとんど順序通りに並んでいたら，挿入整列法は速く，選択整列法は遅い．6.5 節でもっと詳しい比較をする．

練習問題

▷ **6.15** 図 6.3 のやりかたに従って，挿入整列法によってファイル E A S Y Q U E S T I O N を整列せよ．

6.16 本文にあるように，内側のループを while を使って実現せよ．ここで，while ループは 2 つの条件のどちらか一方によって終了する．

6.17 上の 6.16 において while ループの条件のそれぞれに対して，ループの終了時に常にその条件が成り立たないというファイルで，要素数が N のも

○6.18 挿入整列法は安定であるか？

6.19 プログラム 6.3 の最初の for ループのようなコードで最小要素を見つける選択整列法のプログラムで，非適応型のものを作れ．

6.4 バブル整列法

ごく簡単な方法であるという理由で，多くの人が最初に習う整列法は，**バブル整列法**（バブル法，bubble sort）である．ファイル全体を見るパスを繰り返しながら，隣り合う要素の大小順が狂っていれば，それらを交換する．このことをファイルが整列するまで続ける．バブル整列法の最もよい点は実現しやすいことである．もっとも選択整列法や挿入整列法と較べて本当に実現しやすいかどうかは議論のあることではある．バブル整列法は，ほかの 2 つの方法に較べて遅いが，説明を完結させるために簡単にふれておく．

いま，ファイルの右から左に向かって見ていくとする．最初のパスで，最小要素を取り上げ，その左の要素と次々に交換していく．これで最小要素が配列の左端の位置におかれる．2 回目のパスで，2 番目に小さい要素を取り上げ，同様に正しい位置におかれる．以下同様である．バブル整列法は，N 回のパスで整列でき，選択整列の一種と見なすことができる．ただし，選択整列法に較べて各要素を正しい位置におくまでもっと多くの手間をかける．プログラム 6.4 はバブル整列法を実現したものであり，図 6.4 は実際に働く様子を示す．

プログラム 6.4 は内側のループを注意深く実現すれば，能率を上げることができる．このやりかたは 6.3 節の挿入整列法とほぼ同じものであ

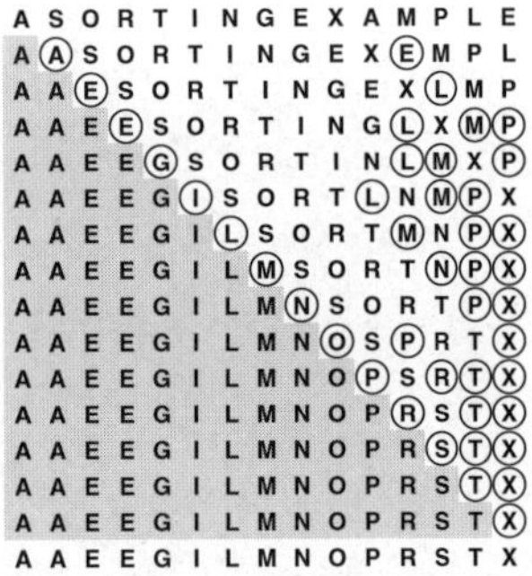

図 6.4　バブル整列の例

この整列法では小さいキーが左の方に濾過されていく．右から左に進行していくが，各キーはより小さいキーに出会うまで交換される．最初のパスで E が L, P, M と交換し，A の右側で止まる．この A はファイルの先頭まで動き，もう 1 つの A のところで止まる．i 番目に小さいキーは i 回目のパスで最終位置にくる．この点は選択整列法と同じであるが，ほかのキーも最終位置に近づいている．

プログラム 6.4　バブル整列法

添字 l から r-1 まで動く各 i に対して，j に対する内側のループは，隣り合う要素を比較交換しながら右から左に見ていき，a[i],…, a[r] の中で最小要素を a[i] に入れる．このような比較で最小要素は移動し，泡（バブル）のように先頭に到着する．選択整列法のように，添字 i はファイルを左から右に動き，その左にある要素は配列の最終位置にある．

```
void bubble(Item a[], int l, int r)
  { int i, j;
    for (i = l; i < r; i++)
      for (j = r; j > i; j--)
        compexch(a[j-1], a[j]);
  }
```

る（練習問題6.25参照）．実際，コードを比較すると，プログラム6.4はプログラム6.1の非適応型の挿入整列法とほとんど同じである．相違点として，挿入整列法は内側のforループが配列の（整列ずみの）左側部分を動くのに対して，バブル整列法は（必ずしも整列していない）右側部分を動く．

プログラム6.4ではcompexch命令だけを使っているので，非適応型のものである．しかし，これを改良すれば，ファイルがほぼ整列している時，もっと早く走るようにできる．それには，それぞれのパスの間に，交換が生じるかどうかをテストすればよい．これでファイルが整列していることがわかると，breakによりループを脱出すればよい．この改良によって，バブル整列法はある種のファイルに対して速くなるが，一般に，挿入整列法を改良して，ループの脱出を加えたものほど速くならない．6.5節で詳しく調べる．

練習問題

▷ **6.20** 図6.4のやりかたに従って，バブル整列法によってファイルＥ Ａ Ｓ Ｙ Ｑ Ｕ Ｅ Ｓ Ｔ Ｉ Ｏ Ｎを整列せよ．

6.21 バブル整列法で交換回数が最大になるようなファイルの例をあげよ．

○ **6.22** バブル整列法は安定であるか？

6.23 バブル整列法が練習問題6.19の選択整列法の非適応型版よりよい点を説明せよ．

● **6.24** ファイルが整列したとき終了するテストを追加したバブル整列法は，要素数がNのランダムなファイルに対して，どれだけパスの回数が少なくなるかを調べる実験をせよ．

6.25 バブル整列法で，内側のループでなるべく命令を少なくしたプログラムを実現せよ．読者の「改良」がプログラムを遅くしていないということを確かめよ．

6.5 初等的整列法の性能

選択整列法，挿入整列法，バブル整列法はすべて最悪の場合も，平均の場合も2乗の時間がかかる．どれも余分な作業用記憶領域を必要としない．それで，図6.5から6.7までに示すように実行時間は定数倍の違いしかない．

一般に，整列アルゴリズムの実行時間は，実行する比較の回数，および（または）移動と交換の回数に比例する．ランダムな入力に対する3つの方法の比較には，比較と交換の回数の定数倍の差や内側のループの

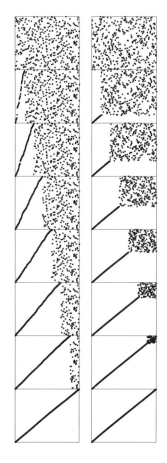

図6.5 挿入整列法と選択整列法の動的な特徴

ランダムな順列に対して挿入整列法（左側）と選択整列法（右側）が整列の過程で働く様子を示す．配列は各iに対してiとa[i]の対をプロットして表現する．整列前は，点が一様にランダムにプロットされているが，整列後には，左下から右上までの対角線上に並ぶ．挿入整列法では配列の右側を見ない．選択整列法ではもとに戻ることはない．

長さの定数倍の差などを調べる必要がある．特別な性質をもつ入力に対して，これらの方法の実行時間は定数倍以上の相違がある．本節では，このような結論を示すための解析的な結果を詳しく調べる．

性質6.1 選択整列法は，約 $N^2/2$ 回の比較と約 N 回の交換を行なう．

この性質は，図6.2の例を調べれば容易に検証できる．この図は，$N \times N$ の表であり，影のない文字が比較に対応する．図の約半分の文字に影がついていない．この文字の個数は対角線より上の要素数である．対角線上の $N-1$ 個の要素（最後を除く）は1回の交換に対応する．もっと詳しくは，コードを調べると，1から $N-1$ までの各々の i に対して，1回の交換と $N-i$ 回の比較が行なわれる．合計すると，交換回数が $N-1$，比較回数が $(N-1)+(N-2)+\cdots+2+1 = N(N-1)/2$ になる．このことは，入力によらず成り立つ．選択整列法で入力に依存する部分は，min が更新される回数だけである．この回数は，最悪の場合に2乗になるが，平均の場合に $O(N \log N)$ であることが証明できる（参考文献参照）．それで，選択整列法の実行時間は入力にあまり依存しないということになる．■

性質6.2 挿入整列法は，平均の場合約 $N^2/4$ 回の比較と約 $N^2/4$ 回の半交換（移動）を行なう．最悪の場合はそれぞれその2倍になる．

プログラム6.3からわかるように比較回数と半交換（移動）回数は同じである．この回数は，図6.3の $N \times N$ の表でアルゴリズムの動作を見れば容易にわかる．ここで，対角線より下の要素の個数が最悪の場合の回数を表わしている．ランダムな入力に対して，各要素は平均して半分ほど左に進むと期待できる．それで，対角線の下の要素数を数え，その半分とすればよい．■

性質6.3 バブル整列法は，最悪の場合も平均の場合も，約 $N^2/2$ 回の比較と約 $N^2/2$ 回の交換を行なう．

バブル整列法の i 回目のパスでは，$N-i$ 回の比較と交換の操作が必要である．それで，選択整列法と同様にしてこの性質が証明できる．ファイルが整列したことを見つけた時点で終了するように修正したアルゴリズムでは，バブル整列法の実行時間は，入力に依存する．例えば，ファイルが既に整列していたとすると，パスは1回だけでよい．ファイルが逆順に並んでいる場合，i 回目のパスは $N-i$ 回の比較と交換が必要

初等的整列法の性能　§6.5　243

である．平均の場合の詳しい性能解析は難しいが，上で述べたように，最悪の場合より特に速くはないことがわかっている（参考文献参照）．■

　部分的に整列しているという概念は，当然のことながら，やや不正確であるが，挿入整列法もバブル整列法も，実際の場でしばしば現われるようなある種のファイルで，ランダムでないものに対してうまく働く．

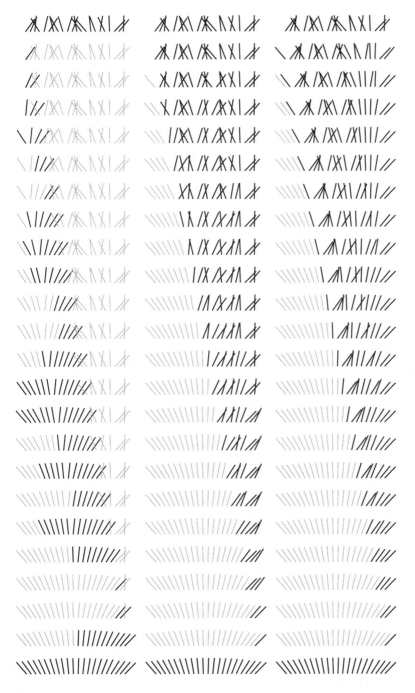

図6.6　初等的整列法における比較と交換

　この図は，挿入整列法，選択整列法，バブル整列法がファイルを整列するやりかたの違いを表わしている．ファイルは，要素の傾きの大きさで整列するものとする．黒い線はそれぞれのパスで参照する項目を表わす．灰色の線は触らない項目を表わす．挿入整列法（左側の列）では，各パスで，挿入する要素が整列した部分の約半分の位置まで進む．選択整列法（中央の列）とバブル整列法（右側の列）では，各パスで，次に最も小さい要素を見つけるために，整列していない部分全体を見る．この2つの方法の相違点は，バブル整列法が隣り合う要素で逆の順序のものに出会うと交換するのに対して，選択整列法が最小要素の交換だけを行なうことにある．このために，整列していない部分は，バブル整列法が進むと相対的にきれいに並ぶようになる．

例えば，既に整列しているファイルに対して，挿入整列法の働く様子を考えてみよう．各要素は，ファイルの中で最終的に正しい位置にいることが直ちに決定される．それで全実行時間は線形的になる．バブル整列法も同じことがいえる．しかし，選択整列法は2乗的である．

定義6.2 ファイルの中で順序が逆になっている要素の対（inversion）の個数を**逆順数**という．

ファイルの中の逆順数を数えるには，それぞれの要素に対して，それより左の要素のうち，その値より大きいものの個数を数え（この個数をその要素の逆順数という），全部の和をとればよい．この逆順数は，挿入整列法において，要素をファイルの中に挿入する際に要素が動く距離に一致する．ファイルがある程度順序がついていれば，ランダムなものより逆順数が少なくなる．部分的に整列したファイルの一種として，各項目がファイルの中で最終位置の近くにあるものを考えよう．例えば，カードゲームで手元のカードを整列するのに，最初，カードの種類で分類して，最終的な位置の近くにおいてから，個々のカードを取り上げるというやりかたがある．本書の後の方で，これとよく似たやりかたで整列する方法をいくつか調べる．これらの方法では，整列の初期の段階で，最終的な行き先にそれほど遠くない場所に要素がくるように，部分的に整列したファイルを作る．挿入整列法とバブル整列法はこのような部分的に整列したファイルに対して能率がよい（選択整列法はそうでない）．

性質6.4 挿入整列法とバブル整列法は，各要素の逆順数が一定数以下であるようなファイルに対して，比較と交換の回数が線形的である．

上でふれたように，挿入整列法の実行時間は，ファイルの逆順数に比例する．バブル整列法（プログラム6.4で整列時点で終了するもの）に対する証明はもう少し微妙である（練習問題6.29）．バブル整列法では，パスごとに，すべての要素の右にある要素でより小さい値のものの個数をちょうど1だけ減らす．それで，いま考慮しているような種類のファイルに対しては，パスの回数は一定数以下である．それで，比較も交換も線形的であることがわかる．■

別の種類のファイルで，部分的に整列しているものとして，整列したファイルに数個の要素を追加したもの，あるいは整列したファイルの数個の要素の値を変更したものがある．この種のファイルは，整列の応用

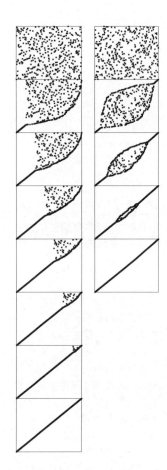

図6.7 2つのバブル整列法の動的な性質

標準的なバブル整列法（左側）では，各パスで，選択整列法のように1つの要素を最終位置におくが，配列のほかの部分もある程度並べる．配列を走査するのに，先頭から末尾へ，末尾から先頭へと交代するように，バブル整列法を変形したものは，**シェーカー整列法**（shaker sort, 図の右側）というが，もっと速く走る（練習問題6.30参照）．

でよく現われる．このようなファイルに対しては，挿入整列法は能率が
よいが，バブル整列法と選択整列法はそうではない．

性質 6.5 挿入整列法は，逆順数が一定数を超えるような要素の個数が
一定数以下であるようなファイルに対して，比較と交換の回数が線形的
である．

挿入整列法の実行時間は，ファイルの中の逆順数によるが，要素の逆
順数がどのように分布しているかによらない．■

性質 6.1 から 6.5 までに基づいて，実行時間に関する結論を導くため
には，比較と交換の相対的なコスト，すなわち項目とキーに依存する部
分を解析する必要がある（表 6.1 参照）．例えば，項目が 1 語のキーで
あれば，(配列を 4 回参照する) 交換は，比較の約 2 倍のコストになる．
このような状況では，選択整列法と挿入整列法はほぼ同じ程度の実行時
間で走り，バブル整列法はそれより遅い．一方，項目がキーに較べて大
きいと，選択整列法が最もよい．

表 6.1 初等的整列アルゴリズムの実験

挿入整列法と選択整列法は，小さいファイルに対してバブル整列法よりほ
ぼ 2 倍速い．実行時間はどれも 2 乗に比例して増加する（ファイルの大きさ
が 2 倍になると実行時間は 4 倍になる）．大きいランダムなファイルに対し
て，この方法は役に立たない．例えば，6.6 節のシェルソートでは，この表
で対応する数値はどれも 2 以下である．キーが文字列であるというように比
較操作のコストが大きい場合，比較回数の少ない挿入整列法は，他の 2 つの
方法よりはるかに速い．ここに示していないが，交換操作のコストが大きい
場合，選択整列法が最もよい．

	32 ビット整数のキー					文字列のキー		
N	S	I*	I	B	B*	S	I	B
1000	5	7	4	11	8	13	8	19
2000	21	29	15	45	34	56	31	78
4000	85	119	62	182	138	228	126	321

説明：
- S　選択整列法（プログラム 6.2）
- I*　挿入整列法（交換するもの，プログラム 6.1）
- I　挿入整列法（プログラム 6.3）
- B　バブル整列法（プログラム 6.4）
- B*　シェーカー整列法（練習問題 6.30）

性質 6.6 選択整列法は，大きいレコードと小さいキーからなるファイルに対して，線形時間で走る．

いま，項目の大きさとキーの大きさの比を M とする．これで，比較のコストを1単位時間として，交換のコストを M 単位時間としてよい．選択整列法は，大きさ NM のファイルに対して，比較に約 $N^2/2$ 時間かかり，交換に約 NM 時間かかる．M が N の定数倍以上大きいとすると，NM の項は N^2 の項より大きく，全実行時間は NM に比例する．ここで，NM はデータの大きさ，つまりデータを移動する量になる．■

例えば，1語のキーと1000語のデータからなる項目を1000個整列して，実際に並べ換える必要がある場合，選択整列法より速くはできない．というのは，実行時間はデータの百万語分を移動するコストに支配されるからである．6.8節ではデータを並べ換える別の方法を調べる．

練習問題

▷ **6.26** 3つの初等的整列法（選択整列法，挿入整列法，バブル整列法）のなかで，すべてのキーが等しいファイルに対して最も速く走るのはどれか？

6.27 3つの初等的整列法のなかで，逆順に並んだファイルに対して最も速く走るのはどれか？

6.28 バブル整列法が挿入整列法より少ない比較回数しか使わないようなファイルで，要素数が10個（AからJまでのキー）のものの例をあげるか，あるいは，そのようなファイルが存在しないことを証明せよ．

● **6.29** バブル整列法において，各パスで，各要素に対してその左側にある要素で大きいものの個数はちょうど1減ることを示せ（既に0のものを除く）．

6.30 左から右へ，右から左へと交互にデータを見るバブル整列法の変形版を実現せよ．速いが複雑なこのアルゴリズムはシェーカー整列法とよばれる（図6.7参照）．

● **6.31** 性質6.5はシェーカー整列法で成立しないことを示せ（上の6.30参照）．

●● **6.32** PostScript（4.3節）で選択整列法を実現して，図6.5から6.7のような図を描け．再帰的なプログラムによる実現を試みよ．PostScriptのマニュアルを読んでループや配列を調べてみよ．

6.6 シェルソート

挿入整列法が遅いのは，隣の要素としか交換しないからである．配列の中で，項目は一度に1つ分の位置しか移動しない．例えば，最小の要素がたまたま配列の右端にあったとすると，その正しい場所を決めるために N ステップかかる．**シェルソート**（shellsort）は，挿入整列法の簡単な拡張版であり，遠くに離れている要素の間で交換を行なって高速化をはかるものである．

そのアイデアとしては，互いに h 要素分だけ離れた要素の集まりからなる部分ファイルを整列することである．このように整列した部分ファイルの集まりは **h-整列**（h-sorted）しているという．つまり，h-整列したファイルは，互いに共通部分のないファイル h 個の集まりであり，個々のファイルは整列しているものである．大きい h に対して h-整列することによって，要素を長距離移動することができ，それによって小さい h に対する h-整列がしやすくなる．いろいろな h の列に対してこの手続きを実行し，その列の最後に $h=1$ にすれば，ファイルが整列する．これがシェルソートの考え方である．

シェルソートの実現法としては，各々の h に対して h 個の部分ファイルにそれぞれ独立に挿入整列法を適用するというものが考えられる．この考えは簡単であるが，部分ファイルが独立しているので，もっと簡単な実現法がある．ファイルを h-整列する時，大きい要素を右に移動することにより，h-部分ファイルの中で要素を挿入すればよい（図6.8）．これには挿入整列法を用いるが，ファイルの中を移動する時に，増分を1の代わりに h にすればよい．プログラム6.5に示すように，シェルソートのプログラムは，増分ごとに挿入整列法を適用するものと同じである．プログラムの働く様子を図6.9に示す．

それでは，増分の列として何を選べばよいか？　一般に，この質問には答えるのが難しい．文献には，多くの増分列の性質が調べられているし，いくつかのものは実際の場でうまく働くことが知られている．しかし理論的に最善の増分列は知られていない．実は，おおむね幾何級数的に減る列を用いる．それで，増分の個数はファイルの大きさの対数的な数になる．例えば，増分が前回の約半分の大きさにすれば，百万個の要素のファイルに約20個の増分を用意すればよく，約4分の1にすれば約10個の増分で十分である．増分の個数をなるべく少なくすることの重要さは理解しやすいが，さらに，増分の大きさの共通の約数とかそのほかの性質とかの数論的な関係を考慮する必要もある．

よい増分列の中で，増分の差異による速度への影響は，おおむね25%以内に限定されるが，この問題は難しく，一見簡単なアルゴリズム

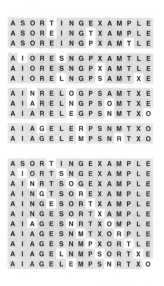

図6.8 重ねた4-整列

この図の一番上では，要素が15個のファイルを4-整列するのに，位置0，4，8，12の部分ファイルを挿入整列し，続いて1，5，9，13，次に2，6，10，14，次に3，7，11の順に部分ファイルを挿入整列する．しかし，これら4つのファイルは独立であるので，同じ結果をえるためには，4つ分進めることで，各要素をそれが属す部分ファイルの中で挿入すればよい．図の上側の4つのそれぞれの部分において，最初の行を取り上げて，次に2行目，3行目という具合に進む．この様子を図の下側半分に示す．

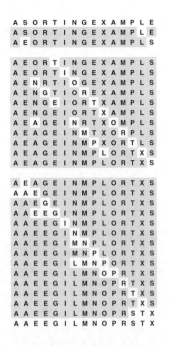

図 6.9 シェルソートの例

13-整列（上），4-整列（中）を実行すると，1-整列（下）では影のない要素で示すように比較に関わる要素が少ない．最後のパスは単に挿入整列であり，最初の2回のパスによりどの要素も遠くまで移動しない．

プログラム 6.5 シェルソート

挿入整列法において，番兵を使わないで，1が現われている場所にhを用いるとファイルのh-整列のプログラムになる．増分を変えるように外側のループを追加すると，簡潔なシェルソートのプログラムになる．ここでは，増分列として 1 4 13 41 121 364 1093 3280 9841 … を用いる．

```
void shellsort(Item a[], int l, int r)
  { int i, j, h;
    for (h = 1; h <= (r-l)/9; h = 3*h+1) ;
    for ( ; h > 0; h /= 3)
      for (i = l+h; i <= r; i++)
        { int j = i; Item v = a[i];
          while (j >= l+h && less(v, a[j-h]))
            { a[j] = a[j-h]; j -= h; }
          a[j] = v;
        }
  }
```

に本質的な複雑さがある例である．

増分列 1 4 13 40 121 364 1093 3280 9841 … は，約3分の1の割合に決めているが，プログラム 6.5 ではこの列を用いている．この列は Knuth (1969) により推奨されたものである（参考文献参照）．これは，1からはじめ，3倍して1加えることで簡単に次の増分を計算できるし，図 6.10 に示すように適度に大きいファイルに対して，相対的に速い整列法がえられる．

ほかの増分列を使えば，もっと能率のよい整列法になるが，かなり大きいファイルでもプログラム 6.5 より 20% 以上速くするのは難しい．そのような列の例をあげると，1 8 23 77 281 1073 4193 16577 … というもので，$4^{i+1}+3\cdot 2^i+1$ によって計算する ($i>0$)．これは，最悪の場合でも速いことが証明されている（性質 6.10）．表 6.2 は，大きいファイルに対して，この列，Knuth の列，その他の列が似たように振る舞うことを示す．もっとよい増分列がある可能性はまだある．増分

図 6.10 ランダムな順列に対するシェルソート

シェルソートの各パスの効果は，全体としてファイルを整列したものに近づけることである．このファイルは最初 40-整列，次に 13-整列，そして 4-整列，最後の 1-整列する．パスごとにファイルは整列した順序に近づいていく．

列を改良するアイデアは練習問題に載せる．

一方，悪い増分列もある．例えば，1 2 4 8 16 32 128 256 512 1024 2048 … は，奇数番号の位置の要素と偶数番号の位置の要素が最後のパスになるまで比較されないので，性能が悪くなりがちである（Shell が 1959 年にアルゴリズムを提案した時に示した増分列である）．ランダムファイルに対しても悪さが目立つが，最悪の場合には決定的に悪くなる．例えば，小さい要素が半分の偶数位置にあって，大きい要素が半分の奇数位置にある場合，2 乗の実行時間になってしまう（練習問題 6.36）．

プログラム 6.5 では，常に同じ列を使うことを保証するために，初期設定の後で，現在の増分を 3 で割って次回の増分を計算する．別のやりかたとして，単に $h = N/3$ からはじめるのもあるし，N に関するほかの関数を用いるのもあるが，このようなやりかたは避けたほうがよい．というのは，ある N に対して，上で述べたような悪い列が現われるかもしれないからである．

シェルソートの能率に対する説明は，これまで完全な解析ができていないので，必然的に不十分にならざるをえない．我々の知識が十分でないので，異なる増分列を比較評価するのが難しいし，ほかの整列法と解析的に比較することも難しい．シェルソートの実行時間の関数的な形は（増分列による形も）知られていない．Knuth は，$N(\log N)^2$ と $N^{1.25}$ という関数の形がデータに結構よくあうことを見つけたが，その後の研究によれば，ある増分列に対しては，もっと複雑な $N^{1+1/\sqrt{\lg N}}$ の形になるという．

最後に，シェルソートの解析でわかっている事実について議論しよう．この趣旨は，一見簡単そうなアルゴリズムでも複雑な性質をもつというだけでなく，またアルゴリズムの解析が単に実用的に重要であるというだけでなく，知的な研究課題でもあるということを例示することである．新たにもっとよい増分列を見つけるアイデアに関心のある読者にとって有益な情報を次に載せる．ほかの読者は 6.7 節までとばしてもよい．

性質 6.7 k-整列したファイルを h-整列すると，ファイルは h-整列かつ k-整列する．

この事実は自明のように見えるが，巧妙な証明がいる（練習問題 6.47）．■

性質 6.8 シェルソートは，h と k が互いに素であれば，h-整列かつ

k-整列したファイルを g-整列するのに $N(h-1)(k-1)/g$ 回より少ない比較しか実行しない．

この事実の根拠となる例を図 6.11 に載せる．h と k が互いに素であれば，任意の要素 x に対してその左側にあって $(h-1)(k-1)$ より遠い要素は，x より大きくない（練習問題 6.43）．g-整列の際に，これらの要素の g 個のうちたかだか 1 個しか調べない．■

性質 6.9 シェルソートは，増分列 1 4 13 40 121 364 1093 3280 9841 … に対して $O(N^{3/2})$ 回以下の比較を実行する．

大きい増分に対して，約 N/h の大きさのファイルが h 個あり，最悪のコストは N^2/h である．小さい増分に対しては，性質 6.8 よりそのコストは Nh である．各増分に対してこの 2 つの上界のよい方を選べば，結論がえられる．指数的に増加する互いに素である列であればこの性質が成立する．■

性質 6.10 シェルソートは増分列 1 8 23 77 281 1073 4193 16577 … に対して $O(N^{4/3})$ 回以下の比較を実行する．

この性質の証明は，性質 6.9 の証明のやりかたと同様である．性質 6.8 に似た性質は，小さい増分列に対してコストが $Nh^{1/2}$ である．この性質の証明は，整数論が必要になり本書の程度を超える（参考文献参照）．■

ここまで議論した増分列は，相続く要素が互いに素であるという理由で能率がよいが，一方，ほかの種類の増分列は，相続く要素が互いに素でないという理由で能率がよい．

性質 6.8 の証明から，特に，2-整列かつ 3-整列したファイルでは，最後の挿入整列で各要素がたかだか 1 つの位置しか移動しないことがわかる．つまり，このようなファイルはバブル整列法の 1 回のパスで整列できる（挿入整列法の余分なループはいらない）．いま，ファイルが 4-整列かつ 6-整列していれば，2-整列する時に，各要素はたかだか 1 つの位置しか移動しない．ファイルが 6-整列かつ 9-整列していれば，3-

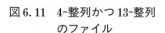

図 6.11 4-整列かつ 13-整列のファイル

一番下の行は，配列が 4-整列かつ 13-整列であるならば，影の四角によって，右側にある項目より小さいか等しい項目を表わす．上側の 4 つの行は，もとのパターンを示す．右端の項目が位置 i にあれば，4-整列すれば $i-4, i-8, i-12, \cdots$ の位置の項目は小さいか等しい．13-整列では，$i-13$ の項目，そして 4-整列により，$i-17, i-21, i-25, \cdots$ の位置の項目は小さいか等しい（上から 2 行目）．また，$i-26$ の項目は，4-整列により，$i-30, i-34, i-38, \cdots$ は小さいか等しい（上から 3 行目），以下同様である．残りの白い四角は，大きいかもしれない．このような項目はたかだか 18 個ある（最も遠い項目は $i-36$ にある）．それで，大きさ N で 13-整列かつ 4-整列したファイルを挿入整列すると，たかだか $18N$ 回の比較が実行される．

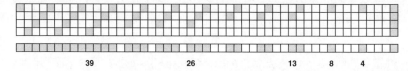

シェルソート　　　　　　　　　　　　　　　§6.6

整列する時に，各要素はたかだか1つの位置しか移動しない．この考え方を進めていくと，1971年Prattが開発した次のアイデアにいたる（参考文献参照）．

性質6.11 シェルソートは，増分列 1 2 3 4 6 9 12 18 27 16 24 36 54 81 … に対して $O(N(\log N)^2)$ 回以下の比較を実行する．

次の増分の三角形を考える．三角形の各数は，右上の2倍，左上の3倍である．

$$
\begin{array}{c}
1 \\
2 \quad 3 \\
4 \quad 6 \quad 9 \\
8 \quad 12 \quad 18 \quad 27 \\
16 \quad 24 \quad 36 \quad 54 \quad 81 \\
32 \quad 48 \quad 72 \quad 108 \quad 162 \quad 243 \\
64 \quad 96 \quad 144 \quad 216 \quad 324 \quad 486 \quad 729
\end{array}
$$

これらの数を下から上に，右から左に並べて増分列として使うと，どの増分列 x に対してもそれまでに増分 $2x$ と $3x$ が現われる．それで，どの部分ファイルも2-整列かつ3-整列している．したがって，整列の過程全体にわたって，要素は位置を1つしか移動しない．三角形にある数で N 以下のものの個数は，もちろん $(\log_2 N)^2$ 以下である．■

Prattの増分列は，増分の個数が多すぎるので，実際の場ではほかのものほど速くない傾向がある．この原理を使って，互いに素な2つの数 h と k から増分列を作ることができる．そのような増分列は，性質6.11に対応する最悪の場合の上界がランダムなファイルに対して過大評価になっているので，実際の場でうまく働く．

シェルソートでよい増分列を設計する課題は，簡単なアルゴリズムが複雑な振舞いを示すということのよい例になっている．本書のアルゴリズムをすべていま見たような詳しさで調べることはできない（紙数が足りないだけでなく，シェルソートのように本書の程度を超える数学的解析や未解決問題に出会うかもしれない）．しかし，本書の多くのアルゴリズムは，過去数十年に多くの研究者が解析的あるいは実験的に研究してきた産物であり，これらの成果を利用することができる．このような研究は，たとえ簡単なアルゴリズムでも，性能を改良する探求が知的に興味があると同時に実際的な見かえりもあるということを示している．

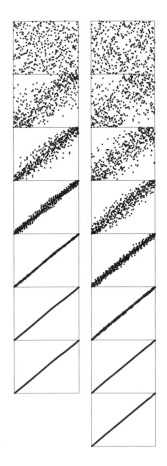

図6.12 シェルソートの動的な性質（2つの増分列）

シェルソートの動作を示すこの図では，左下と右上の隅で繋いでいる輪ゴムが段々きつく締まっていき，対角線に向かって点を寄せていくように見える．ここでは左側で121 40 13 4 1，右側で209 109 41 19 5 1の増分列をそれぞれ用いた．2番目の増分列は，1番目のものよりパスが1回多いが，各パスの能率がよく，より速い．

表 6.2 シェルソート増分列の実験

シェルソートは，増分列を 2 のベキ乗に選んだとしても，ほかの初等的整列法より何倍も速い．適当な増分列を選べば，さらに 5 倍あるいはそれ以上速くなる．この表の中で最もよい 3 つの増分列は，まったく異なる考え方で作られた．シェルソートは，実用的な方法である．大きいファイルに対しても使えるが，選択法，挿入法，バブル法と較べると，特にそうである．

N	O	K	G	S	P	I
12500	16	6	6	5	6	6
25000	37	13	11	12	15	10
50000	102	31	30	27	38	26
100000	303	77	60	63	81	58
200000	817	178	137	139	180	126

説明：

- O 1 2 4 8 16 32 64 128 256 512 1024 2048 …
- K 1 4 13 40 121 364 1093 3280 9841 … （性質 6.9）
- G 1 2 4 10 23 51 113 249 548 1207 2655 5843 … （練習問題 6.40）
- S 1 8 23 77 281 1073 4193 16577 … （性質 6.10）
- P 1 7 8 49 56 64 343 392 448 512 2401 2744 … （練習問題 6.44）
- I 1 5 19 41 109 209 505 929 2161 3905 … （練習問題 6.45）

表 6.2 の実験的な結果は，増分列を求めるいくつかのやりかたが実際に有効であることを示す．相対的に短い増分列 1 8 23 77 281 1073 4193 16577 … はシェルソートのプログラム用の最も簡単なものの 1 つである．

図 6.13 を見ると，シェルソートがランダムなファイルだけでなく，いろいろな種類のファイルにかなりよい性能を示す．実際，与えられた増分列に対して，シェルソートが遅く走るようなファイルを作ることは難しい問題である（練習問題 6.42）．上で述べたように，シェルソートでは，ある種の増分列に対して，最悪の場合に 2 乗に比例する比較回数が必要になる（練習問題 6.36）．しかし，多くの様々な種類の増分列に対して，はるかに小さい上界をもつことがわかっている．

シェルソートは多くの整列の応用で使ってよい方法である．というのは，かなり大きいファイルでも結構速く走るし，コードも短く，簡単にコーディングできる．これから後の章では，もっと能率的な整列法を説明するが，非常に大きい N の場合を除いて，シェルソートより大体 2 倍くらいしか速くないし，はるかに複雑である．まとめると，すぐに結果が必要な整列問題に出会い，システムソートとのインタフェースに関わりたくない時には，まず，シェルソートを使ってみて，しばらくして

シェルソート §6.6

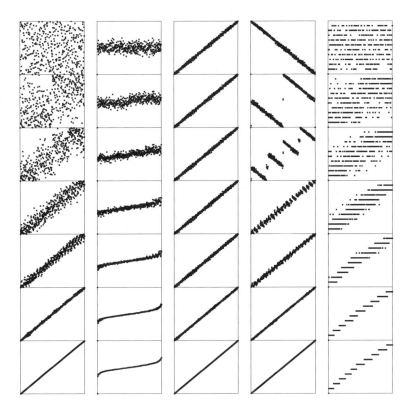

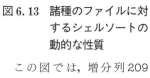

図6.13 諸種のファイルに対するシェルソートの動的な性質

この図では，増分列 209 109 41 19 5 1 を用いた．ここでファイルは，図の一番上の左から右へ，ランダム，正規分布，ほとんど整列ずみ，ほとんど逆順，10個の異なるキーがランダムに並んだものである．各パスの実行時間は，パスがはじまる時にどれだけ順序どおりに並んでいるかに依存する．何回かのパスのあとでは，どのファイルも同じような並び方になっている．それで，実行時間は入力の種類に敏感に反応して変化するというわけでない．

から，もっと凝った方法を使うのに手間をかける価値があるかどうかを判断すればよい．

練習問題

▷ **6.33** シェルソートは安定であるか？

6.34 シェルソートで増分列が 1 8 23 77 281 1073 4193 16577 … であるプログラムを実現せよ．ここで，Knuth の増分列のコードと同様にして，次の増分を直接計算する．

▷ **6.35** キー Ｅ Ａ Ｓ Ｙ Ｑ Ｕ Ｅ Ｓ Ｔ Ｉ Ｏ Ｎ に対して図6.8, 6.9と同様の図を描け．

6.36 シェルソートで増分列 1 2 4 8 16 32 64 128 256 512 1024 2048 … を用いて，整数 $1, 2, \cdots, N$ が奇数位置にあり，$N+1, N+2, \cdots, 2N$ が偶数位置にあるファイルを整列する時の実行時間を調べよ．

6.37 シェルソートの増分列を比較するドライバプログラムを書け．標準入力から1行に1つ増分列を読み込み，N が 100, 1000, 10000 の時，大きさ N のランダムファイル10個を整列する．ここで比較回数を勘定するか，または実際の実行時間を測定する．

● **6.38** 増分列 1 8 23 77 281 1073 4193 16577 … に対して，増分を付け

加えたり取り除いたりして能率が向上するかどうか調べる実験を行なえ．ここで $N = 10000$ とする．

- **6.39** 増分列 1 4 13 40 121 364 1093 3280 9841 … において 13 を x に置き換え，$N=10000$ のランダムファイルに対して実行時間が最小になるような x の値を求める実験を行なえ．

  6.40 増分列 $1, \lfloor \alpha \rfloor, \lfloor \alpha^2 \rfloor, \lfloor \alpha^3 \rfloor, \lfloor \alpha^4 \rfloor, \cdots$ として，$n = 10000$ のランダムファイルに対して実行時間が最小になるような α の値を求める実験を行なえ．

- **6.41** 要素数が 1000 のランダムファイルに対して，比較回数が少なくなるような 3 つの数の増分列を見つけよ．

- ●● **6.42** 要素数が 100 のファイルで，増分列 1 8 23 77 を用いるシェルソートの比較回数がなるべく大きくなるようなファイルを作れ．

- **6.43** $(h-1)(k-1)$ より大きいか等しい任意の数は，h と k が互いに素であれば，h と k の線形結合（係数は非負）で表わせることを証明せよ．ヒント：k の倍数の最初の $h-1$ 個のどれか 2 つに対して h で割って同じ剰余をもつならば，h と k は共通因数をもつことを示せ．

  6.44 要素数が 10000 個のファイルを整列するのに，h と k による Pratt のような増分列を使うとして，ランダムなファイルの実行時間が最小になるような h と k の値を決める実験を行なえ．

  6.45 増分列 1 5 19 41 109 209 505 929 2161 3905 … は列 $9 \cdot 4^i - 9 \cdot 2^i + 1$ と $4^i - 3 \cdot 2^i + 1$ を併せたものである $(i > 0)$．10000 要素を整列して，これらの列をそれぞれ独立に使った結果と両方併せたものを使った結果を比較せよ．

  6.46 増分列 1 3 7 21 48 112 336 861 1968 4592 13776 … を導くのに，互いに素な数，例えば 1 3 7 16 41 101 を選び，基礎列と見なし，Pratt の列のように，三角形を作る．ここで，三角形の i 行目を作るのには，$i-1$ 行目の最初の要素に基礎列の i 番目を掛ける，その後に，$i-1$ 行目の各要素に基礎列の $i+1$ 番目を掛ける．10000 個の要素を整列するのに，この増分列より速くなる基礎列を見つける実験を行なえ．

- **6.47** 性質 6.7 と 6.8 の証明を完成せよ．

- **6.48** 練習問題 6.30 のシェーカー整列法のアルゴリズムに基づくシェルソートのプログラムを作り，標準のアルゴリズムと比較せよ．この増分列は，標準の増分列とまったく異なるものにしなければならないことに注意せよ．

6.7 ほかの型のデータの整列法

アルゴリズムを勉強する際に，普通，単純な配列を用いて，数の配列を大小順に並べたり，文字の配列をアルファベット順に並べたりするものと想定する．しかし一方では，アルゴリズムは，整列する項目の型に大きく依存すること，また，もっと一般的な状況にも対応できるという

ほかの型のデータの整列法　　　　　　　　　　§6.7　　　　　　　　　　255

プログラム 6.6　配列に対する整列ドライバ

　基本的な配列に対するこのドライバは，2つのインタフェースを使う．1つは配列の初期設定と印刷（および整列そのもの）の関数のため，もう1つは一般的項目に対する操作を別に定義するためのものである．最初のもので，配列に対する関数を独立にコンパイルできる．多分ほかのドライバでも使える．第2のもので，同じ整列のコードで，ほかの型のデータを整列することができる．

```
#include <stdlib.h>
#include "Item.h"
#include "Array.h"
main(int argc, char *argv[])
  { int i, N = atoi(argv[1]), sw = atoi(argv[2]);
    Item *a = malloc(N*sizeof(Item));
    if (sw) randinit(a, N); else scaninit(a, &N);
    sort(a, 0, N-1);
    show(a, 0, N-1);
  }
```

ことを意識しておくことも大切である．データ型や抽象データ型を実現するために，プログラムを独立したモジュールに分割することを詳しく調べた（3章と4章）．本節では，そこで議論した概念を適用して，整列プログラムをいろいろなデータ型に使えるようにする方法を考える．

　詳しく調べることは，
- 項目，つまり整列する一般的な対象（総称オブジェクト）
- 項目の配列

に対するプログラムの実現（インプリメンテーション），インタフェース，利用者（クライアント）プログラムである．項目のデータ型によって，基本的な操作が定義された任意のデータ型に対する整列のコードを使うことができる．このやりかたは，単純なデータ型と抽象データ型の両方に有効である．これからいろいろな実現の仕方を考えていく．配列のインタフェースは，（直接的な）実現方法だけを考える．

　プログラム 6.6 は，プログラム 6.1 の主プログラムと同じような一般的機能をもつクライアントプログラムである．ここで，配列と項目を扱うコードは別のモジュールに入れている．特に，モジュールを取り換えても，クライアントプログラムを変更しないで，いろいろな種類のデータ型に対して整列プログラムをテストできるようになる．プログラムを完成するには，配列（array）と項目（item）のデータ型のインタフェースを詳しく定義して，プログラムを実現する必要がある．

　プログラム 6.7 のインタフェースは，配列の上で実行するというよう

プログラム 6.7 配列データ型のインタフェース

このインタフェース Array.h は抽象的な項目の配列に対する高水準の関数を定義する。つまり，乱数の初期設定，標準入力から読み込む値の初期設定，内容の出力，内容の整列である。項目 Item 型は別のインタフェースで定義する（プログラム 6.9 参照）。

```
void randinit(Item [], int);
void scaninit(Item [], int *);
void show(Item [], int, int);
void sort(Item [], int, int);
```

プログラム 6.8 配列データ型の実現

このコードは，プログラム 6.7 で定義した関数を実現したものである。ここでも，別のインタフェースで定義した項目の型と基本的な関数を用いる。

```
#include <stdio.h>
#include <stdlib.h>
#include "Item.h"
#include "Array.h"
void randinit(Item a[], int N)
  { int i;
    for (i = 0; i < N; i++) a[i] = ITEMrand();
  }
void scaninit(Item a[], int *N)
  { int i = 0;
    for (i = 0; i < *N; i++)
      if (ITEMscan(&a[i]) == EOF) break;
    *N = i;
  }
void show(itemType a[], int l, int r)
  { int i;
    for (i = l; i <= r; i++) ITEMshow(a[i]);
    printf("\n");
  }
```

な高水準操作の例である。ランダムか標準入力によるキーの値で，配列を初期設定したい。そして（当然のことながら）これを整列して，その結果を出力したい。これらは例にすぎず，具体的な応用では，ほかのいろいろな操作を定義したくなる。このインタフェースを用いることにより，これを使うクライアントプログラム（プログラム 6.6 の main）を

ほかの型のデータの整列法　　　§6.7　　　257

プログラム 6.9　項目データ型のインタフェースの例

ファイル Item.h はプログラム 6.6 と 6.8 で使う（インクルード）．これで，整列する項目のデータ表現と操作を定義する．本書の整列プログラムで使う key, less, exch, compexch に対してマクロを使う．これらは，3 つの関数 ITEMrand（ランダムなキーを返す），ITEMscan（標準入力からキーを読み込む），ITEMshow（キーを出力する）と同様に個々に実現する関数として定義してもよい．

```
typedef double Item;
#define key(A) (A)
#define less(A, B) (key(A) < key(B))
#define exch(A, B) { Item t = A; A = B; B = t; }
#define compexch(A, B) if (less(B, A)) exch(A, B)
Item ITEMrand(void);
 int ITEMscan(Item *);
void ITEMshow(Item);
```

変更しないで，いろいろな操作の実現を置き換えることができる．いろいろな整列法を実現することは，それぞれ関数 sort を実現することである．ほかの関数の簡単な実現例をプログラム 6.8 に示す．繰り返すが，応用に応じてほかの実現もほしくなるであろう．例えば，非常に大きい配列の整列をテストする場合には，関数 show が配列の一部分だけを出力するように実現したものを使いたくなる．

同様にして，項目とキーの具体的な型を決めて仕事をするためには，インタフェースで，それらの型を定義し，それらの操作を宣言する．そして，インタフェースで定義した操作を実現する．プログラム 6.9 は浮動小数点数のキーに対するインタフェースの例である．このコードでは，キーを比較し項目を交換するために使う操作を定義する．それとともに，ランダムなキーを生成する関数，標準入力からキーを読み込む関数，キーの値を出力する関数を定義する．プログラム 6.10 は，この例に対する関数を実現したものである．いくつかの操作は，インタフェースの中でマクロとして定義するが，普通，このやりかたの方が能率がよい．その他の操作は C のコードで実現しているが，一般に，このやりかたはより融通がきく．

プログラム 6.6 から 6.10 までと，6.2 節から 6.6 節までの整列ルーチンを併せて，浮動小数点数の整列をテストできる．ほかのデータ型について，同様にインタフェースと実現を用意すると，いろいろな種類のデータで整列法を使うことができる．例えば，整列のコードを変更しないで，倍長整数，複素数，ベクトルなどが使える．もっと複雑な項目デ

> **プログラム 6.10 項目データ型の実現の例**
>
> このコードはプログラム 6.9 で宣言した 3 つの関数 ITEMrand, ITEMscan, ITEMshow を実現したものである．このコードでは，データ型を直接 double として扱い，scanf, printf などで浮動小数点数の機能を直接使う．インタフェースのファイル Item.h を使って（インクルード），コンパイル時にインタフェースとその実現をつなぐ．
>
> ```c
> #include <stdio.h>
> #include <stdlib.h>
> #include "Item.h"
> double ITEMrand(void)
>     { return 1.0*rand()/RAND_MAX; }
>   int ITEMscan(double *x)
>     { return scanf("%f", x); }
>   void ITEMshow(double x)
>     { printf("%7.5f ", x); }
> ```

ータ型では，インタフェースと実現は必然的にもっと複雑になる．しかし，このようなプログラムとして実現する仕事は，我々が考えているアルゴリズムの設計という問題から完全に切りはなされている．本章で取り上げる整列法のほとんどのものに対して，同じ機構を使うことができるし，7 章から 9 章までのものも同様にできる．6.10 節では，重要な例外を詳しく調べる．これに関連して，別のやりかたで"パッケージ化"する必要のある整列アルゴリズムの一族を扱うが，これは 10 章の話題である．

本節で議論したやりかたは，プログラム 6.1 を出発点として，現場で使える頑健さをもつプログラムで，実現法を十分抽象したものに到達するまでの橋渡しをするものである．後者のプログラムは，エラーチェック，記憶領域の管理，あるいはもっと一般的な機能を備えたものである．この種のパッケージ化問題は，現在のプログラミングや応用でますます重要になっている．それで当然のことながら，本書では，この問題をこれ以上詳しく取り扱えない．本節のねらいは，ここで調べたような相対的に単純な機構を通して，整列法のプログラムが広く応用できることを示すことにある．

練習問題

6.49 プログラム 6.9, 6.10 と同様にして，倍長整数を整列する整列法が扱えるように，一般的な項目のデータ型に対するインタフェースと実現を作れ．

6.50 複素数 $x+iy$ に対して大きさ $\sqrt{x^2+y^2}$ をキーに用いて,複素数を整列する整列法が扱えるように,一般的な項目のデータ型に対するインタフェースと実現を作れ(平方根を使わない方が能率がよい).

○**6.51** 一般的な項目に対する一級抽象データ型を定義するインタフェースを書き(4.8節参照),項目が浮動小数点数の場合の実現を与えよ.プログラム 6.3,6.6 でテストせよ.

▷**6.52** プログラム 6.8 と 6.7 の配列データ型に関数 check を追加せよ.ここで,check は配列が整列しているかどうかをチェックするものである.

●**6.53** プログラム 6.8 と 6.7 の配列データ型に関数 testinit を追加せよ.ここで,testinit は図 6.13 で示した分布をもつテストデータを作るものである.利用者がどの分布を使うかを整数で指定するようにせよ.

●**6.54** プログラム 6.7 と 6.8 を変更して,抽象データ型を実現せよ.その実現では,3 章のスタックやキューの実現のように,配列を割り付けて管理するようにせよ.

6.55 整数 d 個からなるベクトルを整列する整列法が扱えるように,一般的な項目のデータ型に対するインタフェースと実現を作れ.ここで,ベクトルの順序は,最初の成分の順序,最初の成分が等しい場合は 2 番目の成分の順序,2 番目まで等しい場合は 3 番目の成分の順序,以下同様というように定める.

6.8 添字整列とポインタ整列

プログラム 6.9 と 6.10 のやりかたで,**文字列**(string)データ型の実現法を開発することは特に重要である.文字列は,整列のキーとして広く使われるからである.C 標準ライブラリの文字列比較関数を使って,文字列のためのインタフェースに変えるために,プログラム 6.9 の最初の 3 行を次のように変更する.

```
typedef char *Item;
#define key(A) (A)
#define less(A, B) (strcmp(key(A), key(B)) < 0)
```

実現の方はプログラム 6.10 よりも難しい.というのは,C で文字列を扱う場合,文字列の記憶領域への割付けを意識しなければならないからである.プログラム 6.11 では,データ型の実現にバッファを用いるが,3 章(プログラム 3.17)で調べたものである.他のやりかたとして,個々の文字列を動的に割り付ける方法,あるいはクライアントプログラムの中でバッファをもつ方法がある.このコード(および前の段落のインタフェース)を用いて文字列を整列することができる.ここで,整列法としてはこれまで調べた実現のどれでもよい.文字列は,C で文字の配列へのポインタとして表現するので,このプログラムは,少し後

プログラム 6.11　文字列の項目のためのデータ型の実現

　この実現では，整列プログラムが文字列も扱えるようにする．文字列は，文字の配列へのポインタであるので，整列では文字の配列へのポインタの配列を扱う．ここで，文字列は辞書式に並べるものとする．このモジュールでは文字をバッファの中に静的に割り付ける（おそらく動的に割り付ける方がよかろう）．なお，ITEMrand は省く．

```
#include <stdio.h>
#include <stdlib.h>
#include <string.h>
#include "Item.h"
static char buf[100000];
static int cnt = 0;
int ITEMscan(char **x)
  { int t;
    *x = &buf[cnt];
    t = scanf("%s", *x); cnt += strlen(*x)+1;
    return t;
  }
void ITEMshow(char *x)
  { printf("%s ", x); }
```

で取り上げる**ポインタ整列**（pointer sort）の例になっている．

　プログラムをモジュール化する際に，このような記憶領域の管理法を選択する問題に出会う．オブジェクトの型の具体化に対して，記憶領域の管理を誰が行なうべきであるか？　クライアント（利用者）か，データ型の実現か，それともシステムか？　この問題にはこれにかぎるといった解答はない（この問題が提起されるとプログラム言語の設計者の中には自説を主張するものもいる）．最近のプログラミングシステムには（C ではない），記憶領域を自動的に管理する一般的な機構をもつものもある．この問題は，9 章でもっと高度な抽象データ型を議論する際にもう一度取り上げる．

　項目を直接移動しないで整列する簡単なやりかたは，**添字配列**（index array）を使い，比較だけで項目のキーを参照するものである．整列する項目が配列 data[0], ⋯, data[N-1] に入っているとして，（項目が大きいとかの理由で）それらをあちらこちらに移動したくないとしよう．整列と同じ結果をえるために，項目の添字の配列 a を用いる．最初，各 i = 0, ⋯, N-1 に対して a[i] を i に初期設定する．すなわち，a[0] に最初のデータ項目の添字，a[1] に 2 番目のデータ項目の添字，以下同様ということになる．整列の結果，添字配列 a を並べ換

えて，a[0]に最小の項目の添字，a[1]に2番目に小さい項目の添字，以下同様というようにする．これで，添字を通してキーを参照することにより整列と等しい結果をえる．例えば，このやりかたで整列順にデータを出力できる．

さて，整列ルーチンでは，lessとexchだけでデータを参照するということを利用する．項目型のインタフェースでは，項目のデータ型を

```
typedef int Item;
```

として整数を整列することにする．交換には手を加えず，比較lessは添字を通してデータを参照する．

```
#define less(A, B) (data[A] < data[B])
```

話を単純にするために，データとして項目全体を扱わないで，単にキーだけを扱うことにする．項目の中の特定のキーを参照するようにlessを調整すれば，同様のやりかたで，もっと大きく複雑な項目も扱える．整列ルーチンでは，配列aの添字を並べ換える．この添字がキーを参照するための情報である．この並べ換えの例として，2つの異なるキーで整列するものを図6.14に載せる．

間接的な添字配列のやりかたは，配列が使えるどんなプログラム言語でも使える．別のやりかたとして，特にCに向いているのは，ポインタを使うものである．例えば，次のデータ型を定義する．

```
typedef dataType *Item;
```

配列aを次のように初期設定して

```
for (i = 0; i < N; i++) a[i] = &data[i];
```

次のように間接的に比較をする．

```
#define less(A, B)  (*A < *B)
```

こうして，上で説明したやりかたを使うことができる．この並べ換えを**ポインタ整列**（pointer sort）という．プログラム6.11で扱った文字列データ型のプログラムはポインタ整列の例である．固定した大きさの項目の配列を整列する場合，ポインタ整列は添字整列と本質的に同じものである．ここで，配列の番地が添字に対応する．しかし，ポインタ整列はもっと一般的である．というのは，ポインタはどこでもさすことができるので，整列する項目の大きさが一定でなくてもよいからである．配列aがキーへのポインタの配列であれば，sortの結果は，ポインタを並べ換えたものであり，配列の添字の順に参照すれば，整列した順に項目を取り出すことができる（このことは添字整列でも同様である）．ポインタをたどることによって比較を行ない，ポインタを入れ換えすることによって交換を行なう．

Cの標準ライブラリの整列関数qsortはポインタ整列である（プログラム3.17参照）．この関数は，配列，整列する項目の個数，項目の大

0	10	9	Wilson	63
1	4	2	Johnson	86
2	5	1	Jones	87
3	6	0	Smith	90
4	8	4	Washington	84
5	7	8	Thompson	65
6	2	3	Brown	82
7	3	10	Jackson	61
8	9	6	White	76
9	0	5	Adams	86
10	1	7	Black	71

図6.14　添字整列の例

レコード自体を扱わずに添字を操作することにより，複数個のキーによって同時に整列できる．この例では，データは学生の名前と成績とする．2列目は名前に関する添字配列の結果を示し，3列目は成績に関する添字整列の結果を示す．例えば，Wilsonはアルファベット順で最後であるが，成績順で10番目であり，Adamsはアルファベット順で最初であるが，成績順で6番目である．

Nより小さい非負整数N個を並べ換えたものを数学で**順列**（permutation）という．添字整列は1つの順列を求めることである．数学では普通，順列は1からNまでの整数を並べるが，ここでは順列とCの配列の添字の関係より0から$N-1$までの整数を使う．

きさ，2つの項目を比較する関数の4つの引数をもつ．例えば，Itemがchar*であれば，次のコードは本書のやりかたに従った文字列配列である．

```
int compare(void *i, void *j)
  { return strcmp(*(Item *)i, *(Item *)j); }
void sort(Item a[], int l, int r)
  { qsort(a, r-l+1, sizeof(Item), compare); }
```

このqsortのアルゴリズムはインタフェースで指定されていないが，クイックソート（7章）が広く使われている．7章で実際使われている理由を考える．この章と7章から11章までで，個々の応用ではほかの方法がふさわしくなりうることを理解し，特定の応用で整列時間が重要になる場合には，速度を向上する方法を調べる．

　添字やポインタを使う主な理由は，整列したいデータになるべく関与したくないからである．これによって，読み出ししか許されていないファイルも"整列"できる．さらに，添字やポインタの配列を複数個使って，複数個のキーについて整列できる．このようにデータ自体を変更しないで取り扱えるという融通性は多くの応用で役に立つ．

　第2の理由は，添字を取り扱えば，レコード全体を移動するコストが必要でないことである．大きいレコード（小さいキー）のファイルに対して，このコストの節約は大きい．というのは，比較には，レコードの小さい一部分を参照するだけですみ，レコードの大部分は整列の間まったくさわらないからである．間接的なやりかたによって，任意に大きいレコードを扱う一般的状況でも，1回の交換のコストがほぼ1回の比較のコストと同様になる（もちろん添字やポインタの配列のための記憶領域は必要である）．実際，キーが長い場合には，比較のコストより交換のコストが小さくなりうると考えられる．整数のファイルを整列する方法では，その実行時間を推定する時に，比較と交換のコストが大きく異ならないと仮定することが多い．この仮定から導く結論は，ポインタ整列や添字整列を使えば，非常に広く適用することができる．

　典型的な応用では，ポインタを使って，複数個のキーをもつレコードを参照する．例えば，学生の名前と成績，あるいは人々の名前と年齢からなるレコードである．

```
struct record { char[30] name; int num; }
```

プログラム6.12と6.13では，ポインタ整列のインタフェースとキーの一方を使って整列する実現の例を示す．レコードへのポインタの配列を使い，lessはマクロでなく関数として宣言する．これで，整列の応用に応じて，lessの異なる実現が使える．例えば，プログラム6.13は，次の内容のファイルと一緒にコンパイルすれば，どんな整列法の実現に

添字整列とポインタ整列　　　　　　　　　　§6.8

プログラム 6.12　レコードの項目に対するデータ型のインタフェース

レコードには2つのキーがある．第1フィールドが例えば名前のような文字列キー，第2フィールドが例えば成績のような整数キーである．比較 less はマクロでなく関数で定義する．それで，実現を変更すれば，キーも変更できる．

```
struct record { char name[30]; int num; };
typedef struct record* Item;
#define exch(A, B) { Item t = A; A = B; B = t; }
#define compexch(A, B) if (less(B, A)) exch(A, B);
 int less(Item, Item);
Item ITEMrand();
 int ITEMscan(Item *);
void ITEMshow(Item);
```

プログラム 6.13　レコードの項目に対するデータ型の実現

レコードに対する関数 ITEMscan と ITEMshow の実現は，プログラム 6.11 の文字列データ型の実現と同様である．ここで，レコードは記憶領域に割り付けて管理する．less の実現は別のファイルにおく．これによって，ほかのコードを変更しないで，別の実現と取り換えることができ，整列するキーを変更できる．

```
struct record data[maxN];
int Nrecs = 0;
int ITEMscan(struct record **x)
  {
    *x = &data[Nrecs];
    return scanf("%30s %d\n",
            data[Nrecs].name, &data[Nrecs++].num);
  }
void ITEMshow(struct record *x)
  { printf("%3d %-30s\n", x->num, x->name); }
```

おいても，整数フィールドのポインタ整列が行なえるような項目のデータ型がえられる．

```
#include "Item.h"
int less(Item a, Item b)
  { return a->num < b->num; }
```

また，整列のキーとして，レコードの文字列フィールドを使いたいかもしれない．プログラム 6.13 と次に内容のファイルと一緒にコンパイル

すれば，どんな整列法の実現においても，文字列フィールドのポインタ整列が行なえるような項目のデータ型がえられる．

```
#include <string.h>
#include "Item.h"
int less(Item a, Item b)
  { return strcmp(a->name, b->name) < 0; }
```

多くの応用では，添字の順序の通りに物理的にデータを並べ換える必要がなく，添字の配列を使って順番に参照するだけで十分である．このやりかたが何らかの理由で不十分である場合には，添字整列したファイルを並べ換えるというプログラミングの古典的練習問題を解くことになる．次のコードは自明のものであるが，配列のコピーが必要であり記憶領域が余分に必要である．

```
for (i = 0; i < N; i++) datasorted[i] = data[a[i]];
```

ファイルのコピーのために記憶領域が十分とれない状況ではどうするか？ 単純に data[i] = data[a[i]] とはできない．これでは data[i] の前の値が上書きされてしまう．

図6.15は，ファイルを1回見るだけで，この問題を解決する方法を示す．最初の要素を本来の位置に移動するには，その位置の要素を移動しなければならない，ということが続く．このことを続けて，要素からできる輪（サイクル）をずらしていくと，最後に，最初の位置に移動する要素が見つかる．次に，2番目の要素に着目し，同じように要素の輪に操作をほどこす．以下同様である．既に本来の位置にきている要素に出会うと（a[i] = i），輪の長さが1になり，移動する必要がない．

詳しくは，各 i に対して data[i] の値を保存しておき，添字 k を i に初期設定する．これで位置 i に穴ができ，この穴にくる要素を探す．この要素は data[a[k]] である．つまり代入 data[k] = data[a[k]] によって穴が a[k] に移動する．現時点で a[k] が穴になったので，k を a[k] にする．これを繰り返すと，最後に，最初に保存しておいた data[i] を埋めるべき穴に到達する．要素を移動すると，そのことを表わすために配列 a を更新する．本来の位置にある要素は a[i] と i が等しい．この場合，上記の順送りする過程は不要である．配列を順に見ていき，移動していない要素が見つかる度に新しい輪を扱うことで，どの要素もたかだか1回しか移動しない．プログラム6.14はこの過程を実現したものである．

この過程は，ファイルの**その場**（insitu, in-place）の並べ換えという．繰り返しというが，このアルゴリズムは面白いが，実際の場ではあまり必要でない．たいていの場合，データは間接的に参照できれば十分である．また，個数に較べてレコードが非常に大きい場合，最も能率よ

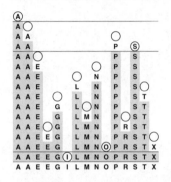

図 6.15 その場の整列

その場で配列を並べ換えるには，左から右へと動き，サイクルの中の要素を移動していく．この図ではサイクルが4つある．最初と最後のサイクルは要素が1つである．第2のサイクルは位置1からはじまる．Sを保存して，位置1に穴を作る．ここに2番目のAが入り，位置10に穴ができる．この穴にPが入り，位置12に穴ができる．この穴は位置1の要素が入るべきであるので，保存しておいたSを入れる．これで，サイクル1, 10, 12が完了して，それぞれが本来の位置にくる．同様にして，サイクル2 8 6 13 4 7 11 3 14 9によって整列が終了する．

添字整列とポインタ整列　　　　　§6.8

> **プログラム 6.14　その場の整列**
>
> 配列 data[0],…,data[N-1] をその場で並べ換える．ここで添字配列 a[0],…,a[N-1] に順番が入っている．a[i] = i である場合には，その要素は既にその場所にあるので，二度と触わる必要がない．それ以外の場合，v に data[i] を保存しておき，添字 i が再び現われるまで，サイクル（輪）a[i], a[a[i]], a[a[a[i]]], … を順にたどる．次の要素で，まだその場所にいない要素を取り上げては，同様のことを繰り返す．このようにして，各レコードをたかだか 1 回だけ移動して，ファイル全体を並べ換える．
>
> ```
> insitu(dataType data[], int a[], int N)
>   { int i, j, k;
>     for (i = 0; i < N; i++)
>       { dataType v = data[i];
>         for (k = i; a[k] != i; k = a[j], a[j] = j)
>           { j = k; data[k] = data[a[k]]; }
>         data[k] = v; a[k] = k;
>       }
>   }
> ```

く並べ換えるために，普通の選択整列法を使うという手もある（性質 6.5 参照）．

間接的な整列では，添字やポインタのために余分の記憶領域が必要であり，間接的な比較のために余分な時間をかける．多くの応用では，これらのコストを少しかけて，代わりにデータをまったく移動しないという融通さをえる．大きいレコードからなるファイルでは，ほぼ常に，間接的な整列法を選ぶものであろう．多くの応用では，データの移動がまったく必要としないことがわかる．本書では，データを直接参照するが，少数の例では，いま述べた理由により，データの移動をさけるためにポインタか添字の配列を使う．

練習問題

6.56 項目がレコードであり，レコードへのポインタでない場合，項目のデータ型の実現を行なえ．このやりかたは，普通，小さいレコードに対してプログラム 6.12, 6.13 よりよい．なお，C では構造体の代入ができることに注意せよ．

○ **6.57** プログラム 6.12, 6.13 が扱う整列問題に対して qsort の使い方を示せ．

▷ **6.58** ＥＡＳＹＱＵＥＳＴＩＯＮ を添字整列した時，その添字配列の

▷ **6.59** ＥＡＳＹＱＵＥＳＴＩＯＮを添字整列したあとで，その場で並べ換えるためのデータの移動状況を示せ．

6.60 プログラム6.14の実行中に，大きさNの順列（配列a）においてa[i]！＝iとなる回数が最大になるものを示せ．

6.61 プログラム6.14でキーを移動し穴を作る時に，出発したキーに必ず帰ってくることを証明せよ．

6.62 ポインタ整列に対して，プログラム6.14のようなプログラムを作れ．ここで，それぞれのポインタはItem型のレコードN個の配列の中をさすものとする．

6.9 リンクリストの整列

3章で見たように，配列とリンクリストは，データに構造をもたせる基本的な2つの方法である．3.4節（プログラム3.11）では，リスト処理の例として，リンクリストの挿入整列法の実現を取り上げた．これまでは，整列法の実現はどれも，整列するデータが配列の中にあると仮定していて，データをリンクリストで表現するシステムでは直接使えなかった．そのような場合でも，アルゴリズムの中には利用できるものもあるが，それは，リンクリストに対して能率よく実行できるように，逐次的にデータが処理できるものにかぎる．

プログラム6.15は，リンクリストのデータ型に対して，プログラム6.7と同様のインタフェースを示す．プログラム6.15によって，ドライバプログラムは次のように1行で書ける．

```
main(int argc, char *argv[])
  { show(sort(init(atoi(argv[1])))); }
```

プログラム6.15 リンクリストのインタフェース

リンクリストに対するインタフェースは，プログラム6.7の配列に対するものと対照されたい．関数initにより，領域を割り付けるリストを作る．関数showはリストのキーを出力する．整列プログラムは，項目の比較にlessを使い，ポインタを操作して項目を並べ換える．ここでは，リストがヘッド節点をもたせるかどうかは指定しない．

```
typedef struct node *link;
struct node { Item item;  link next; };
link NEW(Item, link);
link init(int);
void show(link);
link sort(link);
```

記憶領域の割付けも含み大部分の仕事は，リンクリストと整列の実現（インプリメンテーション）で行なう．前の配列のドライバのように，リストを初期設定し（標準入力またはランダム値），リストの内容を出力し，もちろん，整列するようにしたい．6.7節と同様に，整列する項目のデータ型にItemを用いる．このインタフェースに対するルーチンを実現するコードは，リンクリストに対して標準的なものであり，3章で調べた通りであるので練習問題とする．

　リンクリストは，一般的な扱い方があり，多くの応用で重要であるが，そのことは，このコードを見ても明らかでない．もっと複雑な環境では，リストの節点をさすポインタが（複数個のリストの中に入っていて）システムのほかの部分で管理されていることがありうる．節点が整列部分以外で保持されているポインタによってたどられる可能性があれば，我々のプログラムは，節点へのリンクは変更できるが，決してキーやそのほかの情報を変更してはならない．例えば，交換をしたい時に，配列の整列で行なったように，単に項目を交換するのが簡単そうに思える．しかし，節点への他所からのポインタは，さす先が変更されてしまい，本来の意図とは異なる結果になってしまう．ほかのリンクを通して参照される順序に影響を与えないように，我々が見ているポインタをたどって，整列した順序に節点が現われるようにリンク自体を変更する必要がある．通常この実現の方が難しくなるが，そうする必要がある．

　挿入整列法，選択整列法，バブル整列法はリンクリストで実現できる．どれも面白い課題である．選択整列法は直接的にできる．（初期設定で作った）入力リストと（整列した結果を集める）出力リストを保持し，入力リストをたどって最大要素を見つけ，それを取りはずし，出力リストの先頭に追加する（図6.16参照）．この操作を実現することは簡

図6.16　リンクリストの選択整列法

この図は，リンクリストの選択整列法の1ステップを示す．h->listがさす入力リストを保持し，outがさす出力リストを保持する．入力リストをたどり，最大の項目をもつ節点をtがさし，その直前の節点をmaxがさす．入力リストからtがさす節点をはずし（長さが1減り），それを出力リストの先頭に付け加え（長さが1増える），出力リストを整列順に保持する．これを繰り返し，入力リストが尽きると出力リストに節点が整列して並ぶ．

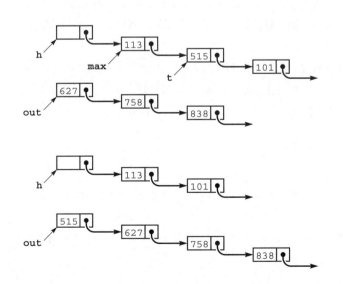

> **プログラム 6.16 リンクリストの選択整列法**
>
> リンクリストの選択整列法は，直接的であるが，配列のものと少し異なる．リストの先頭に挿入する方がやさしいからである．（h->next がさす）入力リストと（out がさす）出力リストを保持する．空でない間，入力リストを走査して，その中の最大の要素を見つけ，入力リストからこの要素を取り除き，それを出力リストの先端に挿入する．この実現では，補助的なルーチン findmax を用いる．これは，リストの中で最大要素をさすリンクをもつ節点へのリンクを返す（練習問題 3.34 参照）．
>
> ```
> link listselection(link h)
>   { link max, t, out = NULL;
>     while (h->next != NULL)
>       {
>         max = findmax(h);
>         t = max->next; max->next = t->next;
>         t->next = out; out = t;
>       }
>     h->next = out;
>     return(h);
>   }
> ```

単な演習課題である．この方法は短いリストの整列に役に立つ．実現はプログラム 6.16 に載せる．他の方法については練習問題とする．

リスト処理の状況によっては，明示的に整列を実現する必要のないことがある．例えば，リストを常に順序通りに並べておくようにして，新しい節点がくる都度，挿入整列法のやりかたでリストに挿入する．このやりかたでは，挿入があまり頻繁に現われないとか，リストが短いとかいう場合に，余分なコストをほとんど必要としない．ほかの状況でも同様である．例えば，新しい節点を挿入する前に，何らかの理由があり（例えば重複をさけるために），リスト全体を走査することが必要であるという状況である．14 章では，順序のついたリンクリストを使ったアルゴリズムを議論する．12 章と 14 章では，データの中の順序を利用して能率を向上するデータ構造をいろいろ調べる．

練習問題

▷ **6.63** プログラム 6.16 においてＡＳＯＲＴＩＮＧＥＸＡＭＰＬＥを整列する場合，入力リストと出力リストを示せ．

6.64 プログラム 6.15 のリンクリストのインタフェースに対する実現を示せ．

キー添字計数法　　　　　　　　　　　　§6.10

6.65 リンクリストの整列法に対する性能ドライバのクライアントプログラムを書け（練習問題6.9参照）．

6.66 リンクリストのバブル整列法を実現せよ．注意点として，リンクリストで隣り合う要素を交換することは思うほど簡単ではない．

▷ **6.67** プログラム3.11の挿入整列法のコードをパッケージ化して，プログラム6.16と同じ機能をもつようにせよ．

6.68 プログラム3.11で使った挿入整列法は，ある種の入力ファイルに対して，リンクリスト版が配列版よりかなり遅くなる．そのようなファイルの例を示し，その問題点を説明せよ．

● **6.69** シェルソートのリンクリスト版を実現し，大きいランダムファイルに対して，配列版より時間や領域を著しく多くは使わないものを示せ．ヒント：バブル整列法を使う．

●● **6.70** 列に対するADTを実現せよ．ここで，次に示すコードのように，リンクリストと配列の両方の実現をデバッグできるようなドライバプログラムが使えるようにせよ．

```
#include "Item.h"
#include "SEQ.h"
main(int argc, char *argv[])
  { int N = atoi(argv[1]), sw = atoi(argv[2]);
    if (sw) SEQrandinit(N); else SEQscaninit(&N);
    SEQsort();
    SEQshow();
  }
```

クライアントプログラムは，（ランダムか標準入力から）N個の項目の列を作り，その列を整列し，その内容を出力する．配列表現とリンクリスト表現をそれぞれ実現せよ．整列には選択整列法を使え．

●● **6.71** 練習問題6.70の実現を拡張して，一級ADTにせよ．

6.10 キー添字計数法

整列アルゴリズムには，キーの特別な性質を利用して，能率を上げるものがいくつかある．例えば，次のような課題を考えよう．0から$N-1$までの互いに異なる整数をキーとする項目N個からなるファイルを整列する．この整列問題は，作業用の配列bを使って次のように解ける．

```
for (i = 0; i < N; i++) b[key(a[i])] = a[i];
```

すなわち，項目の大小比較をする抽象的な操作を使わずに，キーを添字に使って整列する．本節では，このようにキー添字を使って，キーが整数の狭い範囲にある時に能率よく整列する初等的な方法を調べる．

すべてのキーが0であれば，整列は自明であるが，0と1の2つの異なるキーがある場合を考えてみよう．このような整列問題は，ある種の

(たぶん複雑な)テストで項目が合格であるかどうかを区別する場合に生じる．ここで，0は合格，1は不合格である．やりかたとして，0の個数を勘定して，次のパスで入力を見て，作業用配列bに入力aから配布するというものがある．ここで次のように2つのカウンタを使う．まずcnt[0]に0を入れる．ファイルの中でキーが0のものの個数をcnt[1]に入れる．これによって，0より小さいキーがなく，1より小さいキーの個数はcnt[1]であることを示す．配列bには，b[cnt[0]]（つまり最初b[0]）からはじめてキーが0のもの，b[cnt[1]]からはじめてキーが1のものを入れていく．コードは次のようになる．

```
for (i = 0; i < N; i++) b[cnt[a[i]]++] = a[i];
```

これで配列aからbへ移動する．この場合，if文を使って，2つのカウンタを選択するようにも書ける．しかし，キーを添字に使うやりかたは，(2個より多くのカウンタを使い) 2種類より多いキーを扱う方法に直接一般化できる．

詳しくは，上と同じ調子でもう少し実際的な課題を見よう．0から $M-1$ までの範囲の整数をキーとする項目 N 個からなるファイルを整列する．上記の基本的な方法を拡張して，**キー添字計数法**（key-indexed counting）というアルゴリズムを作る．これで，M がそれほど大きくない場合，この課題は能率よく解決する．ちょうど2種類のキーの場合と同様に，アイデアは，各値のキーの個数を勘定して，第2のパスで，個数を利用して項目を移動するというものである．最初，各値のキーの個数を勘定する．次に，各値より小さいか等しいキーの個数を計算するのに部分和を求める．最後に，2つのキーの場合と同様に，この個数をキーの配布に使う．各キーに対して，そのカウンタの値は，同じ値のキーの集まりの最後の添字とする．この添字を使ってbにキーを配布して，カウンタを1増やす．このアルゴリズムが能率的である主な理由は，どのカウンタを使うかを決めるのにif文を続ける必要がないことである．キーを添字に使って正しいカウンタを直ちに見つける．この過程は図6.17に示す．実現はプログラム6.17に載せる．

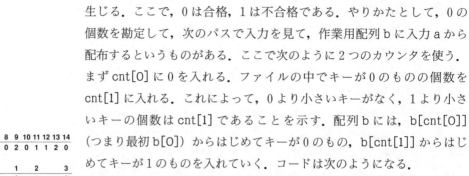
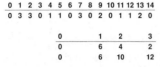

図 6.17 キー添字計数法による整列

最初，ファイルに各値のキーがいくつあるかを決定する．この例では，6個の0，4個の1，2個の2，3個の3がある．次に，各キーより小さいキーの個数の部分和を計算する．キー0より小さいものは0個，1より小さいものは6個，2より小さいものは10個，3より小さいものは12個である（表の中ほど）．次に，この部分和をキーを正しい位置に配布するための添字に用いる．ファイルの先頭の0は位置0におく．そして0に対応するカウンタを1増やして，次の0の正しい位置を求める．次の3は配列の位置12におく（3より小さいキーは12個ある）．そして3に対応するカウンタを1増やす．以下同様である．

性質 6.12 キー添字計数法は，線形時間の整列法である．ただし，条件として，キーの値の範囲はファイルの大きさによらず一定である．

各項目は2度動く．1回目は配布のため，2回目はもとの配列に戻すためである．各キーは2回参照される．1回目は勘定のため，2回目は配布のためである．アルゴリズム中の他の2つのforループはカウンタの設定であり，カウンタの個数がファイルの大きさに較べて著しく大きくならないかぎり，実行時間には大して影響しない．■

キー添字計数法　§6.10

> **プログラム 6.17　キー添字計数法**
>
> 　最初の for ループでカウンタを 0 に初期設定する．2 番目の for ループで第 2 カウンタに 0 の個数，第 3 カウンタに 1 の個数，以下同様とする．3 番目の for ループで，これらの数を加えて，カウンタの番号より小さいか等しいキーの個数を求めてカウンタに設定する．これらの数はキーが属す部分の最後の添字を示す．4 番目の for ループで，これらの添字によって作業用配列 b にキーを移動する．最後の for ループで整列したファイルを a に戻す．このコードが正しく働くには，キーが M より小さい整数でなければならない．もちろん，これを調整してもっと複雑な項目からこのようなキーを抜き出すようにできる（練習問題 6.75）．
>
> ```
>   void distcount(int a[], int l, int r)
>     { int i, j, cnt[M];
>       int b[maxN];
>       for (j = 0; j <  M; j++) cnt[j] = 0;
>       for (i = l; i <= r; i++) cnt[a[i]+1]++;
>       for (j = 1; j <  M; j++) cnt[j] += cnt[j-1];
>       for (i = l; i <= r; i++) b[cnt[a[i]]++] = a[i];
>       for (i = l; i <= r; i++) a[i] = b[i-l];
>     }
> ```

　巨大なファイルを整列する場合，作業用配列 b を使うので，記憶領域の割付けの問題が生じる．プログラム 6.17 を修整して，（作業用配列を使わないで）その場で整列するようにできる．ここで，プログラム 6.14 で使った方法を適用する．この操作は，7 章と 10 章で調べる基本的な方法に密接に関係するので，あとまわしにして，10.3 節の練習問題 10.17，10.18 で取り上げる．10 章で見るように，この記憶領域の節約は，アルゴリズムの安定性を犠牲にすることで実現できる．それで，重複キーが多数あるような応用では，キーの相対的な順序を保存しなければならないことが多いので，このアルゴリズムの有用性は限定される．10 章でそのような応用で特に重要な例を見る．

練習問題

○**6.72** 要素が 3 つの値 (a, b, c) だけとるファイルを整列するキー添字計数法を考えよ．

6.73 挿入整列法によって，上記の 3 つの値だけをとる要素のランダムファイルを整列するとしよう．この実行時間は，線形的か，2 乗的か，それともその間にくるものであるか？

▷**6.74** キー添字計数法でファイル A B R A C A D A B R A を整列する

様子を示せ．

6.75 狭い範囲の整数キーをもつが，非常に大きくなりうるレコードを含む項目を整列するキー添字計数法を実現せよ．

6.76 ポインタ整列によりキー添字計数法を実現せよ．

第7章　クイックソート

　本章では，整列アルゴリズムの中で最もよく使われていると思われる**クイックソート**（quicksort）を調べる．基本的なアルゴリズムは，1960年にC. A. R. Hoareが発明したものであり，それ以来多くの人々が研究してきた．クイックソートは人気が高い．その理由としては，実現するのが難しくなく，いろいろな種類の入力に対して能率よく働き，さらに，他の方法と較べて相対的に計算資源をほとんど使わない．

　クイックソートの特徴は，（スタック領域を少ししか使わないので）その場で整列できること，N個の項目の整列に平均約$N \log N$回の操作しか必要でないこと，内側のループが極端に短く書けることである．一方，欠点としては，安定でなく，最悪の場合約N^2に比例する回数の操作が必要である．また，ある意味で"もろい"．つまり，簡単な間違いでもプログラムに入ると，見つけにくく，ファイルによって遅くなってしまう．

　クイックソートの性能は，非常に詳しく調べられている．これまで完全な数学的解析が行なわれていて，性能に関して精確な結果を述べることができる．その解析結果は，実験的にも詳しく検証されている．アルゴリズムは，十分洗練していて，実際の応用の場で広く使うのに推薦できる段階にきている．それで，クイックソートを実現して，能率のよいプログラムにする方法について，ほかのアルゴリズムより詳しく調べる価値がある．実現の技法には，ほかのアルゴリズムの実現に使えるものもある．クイックソートについては，安心してそのような技法が使える．というのは，それが性能に与える効果は，詳しく理解できているからである．

　読者はクイックソートをさらに改良する方法を研究したくなるかもしれない．さらに速い整列法の研究は，コンピュータ科学の"おとり"のようなものであり，中でもクイックソートは，いじくりまわしたくなるような方法である．実際，ホーアがこのアルゴリズムを初めて公表して以来，改良版がいろいろな文献に現われている．数多くのアイデアが試され解析されているが，実は，よく気をつける必要がある．というのは，もとのアルゴリズムのバランスが非常によいので，プログラムの一部分を改良すると，別の部分に影響を与え，性能を悪くすることがある

からである．本章では，本当にクイックソートを改良する修整法を3つ詳しく調べる．

注意深く調整して実現したクイックソートのプログラムは，大概のコンピュータでほかのどの整列法よりも速く走るといえる．クイックソートは，ライブラリの整列ユーティリティや現場での整列の応用に広く使われている．実際，C標準ライブラリの整列法はqsortとよばれるもので，普通，クイックソートがそのプログラムの基礎になっている．しかし，クイックソートの実行時間は，入力に依存して，整列する項目の個数に線形的から2乗的まで変わりうる．それで，アルゴリズムを高度に調整したものでも，ある種の入力に対して予期しない悪い結果になることに驚くことがある．応用によっては，十分手間をかけて，クイックソートのプログラムに欠陥がないことを確かめられない場合があるが，その場合には，実現の苦労が小さいわりには性能がよいシェルソートを選ぶ方がたぶん安全であろう．しかし，巨大なファイルに対して，クイックソートは，シェルソートより大体5倍から10倍速く走り，実際の応用で生じる種類のファイルではもっと速く走りうる．

7.1 基本アルゴリズム

クイックソートは，"分割統治法"に基づく整列アルゴリズムである．ファイルを2つの部分に**分割**（partition）して，それぞれの部分を独立に整列する．後で見るように，分割する場所は入力ファイルに依存して決まる．この方法の要点は，分割の手続きにある．分割は，配列を並べ換えて，次の3つの条件を満たすようにする．

- あるiに対して要素a[i]が最終位置にある．
- a[l],…,a[i-1]のすべての要素はa[i]より小さいか等しい．
- a[i+1],…,a[r]のすべての要素はa[i]より大きいか等しい．

整列全体は，最初に分割を実行して，図7.1の例のように，部分ファイルに対して再帰的にこの方法を適用する．分割手続きは1回の実行で少なくとも1個の要素を最終的な位置におくので，この再帰的な方法により正しく整列できることは，（帰納法で）容易に証明できる．プログラム7.1はこのアイデアを実現したものである．

分割の実現には，次のやりかたを採用する．最初に，**分割要素**（partitioning element）としてa[r]を選ぶ．これが最終位置におく要素である．次に，配列の左端からはじめて，a[r]より大きい要素が見つかるまで右方へ順次走査していく．そして今度は，配列の右端からはじめて，a[r]より小さい要素が見つかるまで左方へ順次走査していく．この2つの走査が止まった場所にある2つの要素は，両方とも上の条件の

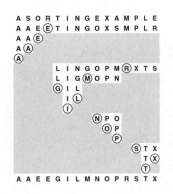

図7.1 クイックソートの例

クイックソートは再帰的に分割を繰り返す．ある要素（分割要素）を最終位置において，ファイルを2つに分割する．それには，分割要素より左にそれより小さい要素，右にそれより大きい要素がくるようにする．そして，配列の左部分と右部分をそれぞれ再帰的に整列する．図の各行は，円で囲んだ要素を使って部分ファイルを分割した結果を示す．一番下の行に全体が整列したファイルを示す．

基本アルゴリズム　　　　　　　　　　　　　§7.1

プログラム 7.1　クイックソート

　配列の要素が1個以下であれば何もしない．そうでない場合，手続き partition（プログラム 7.2）によって配列を並べ換える．ここで，添字 l と r の間（両端を含む）にある i に対して a[i] を最終的な位置におき，他の要素の集まりを再帰的に並べ換えることにより整列する．

```
 int partition(Item a[], int l, int r);
void quicksort(Item a[], int l, int r)
  { int i;
    if (r <= l) return;
    i = partition(a, l, r);
    quicksort(a, l, i-1);
    quicksort(a, i+1, r);
  }
```

順序に反しているので，要素を交換して条件に合うようにする．このような走査を続けていくと，左からのポインタより左には a[r] より大きくない要素だけが並び，右からのポインタより右には a[r] より小さくない要素だけが並ぶことが保証される．次の図にこの様子を示す．

v より小さいか等しい		v より大きいか等しい	v
↑	↑　　↑	↑	
l	i　　j	r	

この図において，v は分割要素を示し，i は左ポインタ，j は右ポインタを示す．この図が示すように，左からの走査は，分割要素より大きいか等しい時にやめ，右からの走査は，分割要素より小さいか等しい時にやめる．このやりかたでは，分割要素に等しい要素の交換が一見無駄であるように思えるが，こうする理由は，本節の後で説明する．2つの走査用ポインタが交差した時，分割プロセスを終了するには，右側の部分ファイルの最も左側の要素（左ポインタがさす要素）と a[r] を交換すればよい．プログラム 7.2 は，このプロセスを実現したものであり，図 7.2 と 7.3 は例を示す．

　クイックソートの内側のループは，ポインタの1だけの増減と，一定の要素との比較だけからなる．この点がクイックソートの速い理由である．これより簡単な内側のループを想像するのは難しい．

　プログラム 7.2 では，分割要素が最小の要素である場合，走査を終了するためにわざわざテストを実行する．このテストを除くために，番兵の使用は意味がありそうである．この内側のループは非常に小さいの

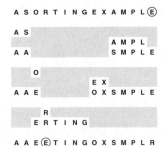

図7.2 クイックソートの分割

クイックソートの分割は，まず分割要素を（任意に）選ぶ．プログラム7.2では右端の要素Eを選ぶ．次に，左から走査してそれより小さい要素をとばして進み，右から走査してそれより大きい要素をとばして進む．この走査が止まった時，要素を交換する．このことを走査のポインタが出会うまで繰り返す．最初，左からの走査はSで止まる．次の右からの走査はAで止まる．そしてSとAを交換する．次に，左からの走査はOで止まり，左からの走査はEで止まり，OとEを交換する．走査を続けると左右のポインタが交差する．つまり，左からの走査はRで止まり，右からの走査は（Rを通りすぎて）Eで止まる．このプロセスを終了するために，分割要素（右端のE）といまのRを交換する．

プログラム7.2 分割

分割要素の値は変数vがもつ．iとjはそれぞれ左と右のポインタである．分割のループは，iを1増やし，jを1減らし，iより左の要素はvより大きくなく，jより右の要素はvより小さくないという不変の性質を保持する．ポインタが出会うと，a[i]とa[r]を交換して，vをa[i]におく．これでvの左にはそれより大きい要素がなく，vの右にはそれより小さい要素がない．分割のループは，無限ループの形をしているが，ポインタが交差した時にbreakする．テストj == lは分割要素がファイルの最小要素である場合の措置である．

```
int partition(Item a[], int l, int r)
  { int i = l-1, j = r; Item v = a[r];
    for (;;)
      {
        while (less(a[++i], v)) ;
        while (less(v, a[--j])) if (j == l) break;
        if (i >= j) break;
        exch(a[i], a[j]);
      }
    exch(a[i], a[r]);
    return i;
  }
```

で，1つでも余分なテストをするとかなりの影響がでる．分割要素が最大の要素である場合には，番兵は不要である．というのは，分割要素自身が配列の右端にあり，走査を止めるからである．本節の後の方や本章の別の場所で議論するほかの実現法では，分割要素に等しいキーで必ずしも走査を止めなくてよい．なお，そのような実現では，配列の右端から外に出ないために，ポインタを止めるテストを追加する必要があるかもしれない．しかし，7.5節で議論するクイックソートの改良版は，都合よく，このようなテストも端におく番兵も必要としない．

この分割手続きは安定ではない．というのは，交換に際してキーがそれに等しいキー（まだふれられていない）を跳びこして移動するからである．配列を使うクイックソートを安定にする簡単な方法は知られていない．

分割手続きは，注意深く実現しなければならない．詳しくは，再帰的プログラムの終了を保証するもっとも直接的なやりかたは，

（i）大きさ1以下のファイルに対して自分を呼び出さない，

（ii）本当に小さいファイルに対してだけ自分を呼び出す．

この方針は明らかのようであるが，入力の性質によってはとんでもない

失敗をすることがある．例えば，クイックソートの実現でよく間違うことは，分割要素がたまたま最大値とか最小値であると再帰呼出しを無限に行なうというように，1つの要素を最終位置におくことを保証していないものである．

ファイルに互いに等しいキーがあると，ポインタの交差には微妙な問題がある．1回目の再帰呼出しの左側の部分ファイルの右端を指定するのに，j<iの時に走査を止めて，i-1の代わりにjを使うと，分割プロセスを少し改良できそうである．この場合，もう一度ループを繰り返すことが改良になっている．というのは，同じ値をさすjとiで走査のループが止まる時は，いつも2つの要素が最終位置にくるからである．すなわち2つの要素とは，両方の走査が止まった要素（分割要素と等しい）と分割要素そのものである．例えば，図7.2の例では，RがEであると仮定すると，このことが生じる．この変更はおそらく価値がある．なぜならば，この場合，もとのプログラムでは分割要素のキーa[r]に等しいキーが残り，quicksort(a,i+1,r)の呼出しが（右端のキーが最小であるので）"縮退"するからである．しかしながら，プログラム7.1と7.2は，分割を別個に取り扱うことで少し理解しやすくなるので，クイックソートの基本アルゴリズムとする．重複するキーが多数存在する場合には，ほかの要因も考慮しなければならない．次にこの点を考えよう．

分割要素に等しいキーに対応するやりかたには，基本的なものが3つある．ポインタを2つともそのキーで止めるもの（プログラム7.2），1つのポインタを止めほかのポインタは通りすぎるもの，両方のポインタが通りすぎるものである．3つのやりかたのうちどれがよいかという問題は数学的に詳しく研究されている．その結果によれば，両方のポインタを止めるのが最もよい．主な理由は，このやりかたによれば，重複するキーが多くあっても分割がバランスよくできることが多いことである．一方，ほかの2つのやりかたでは，ファイルによって分割がバランスよくできない．7.6節では，重複キーを扱うのに，もう少し複雑であるが，はるかに効果的な方法を考える．

つまるところ，この整列法の能率は，ファイルの分割がよくできるかどうかに依存する，つまり分割要素の値に依存する．図7.3では，ランダムなファイルが2つのランダムなファイルに分割する様子を示す．実際に，分割する場所はファイルの任意の場所になりうる．うまく要素を選んで，ほぼ真中あたりで分割したいのであるが，そうするために必要な情報がない．ファイルがランダムに並んでいると，a[r]を選ぶのと，ほかの要素を選ぶのとは同じことであり，平均的に真中あたりで分割できる．7.4節では，アルゴリズムの解析を行ない，この選び方と理想的

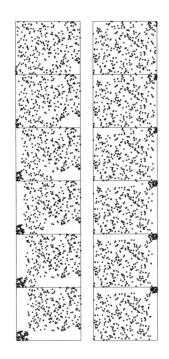

図7.3 クイックソートの動的な性質

分割プロセスによって，ファイルを分割して，2つの部分ファイルを作り，それぞれを独立に整列する．左ポインタの左側には，それより大きい要素はない．それで図の左上に点がない．右ポインタの右側には，それより小さい要素はない．それで右下に点がない．この2つの例に示すように，ランダムな配列を小さいランダムファイル2つに分割して，1つの要素（分割要素）が対角線の上にいく．

な選び方の比較をする．7.5節では，この解析によって，アルゴリズムの能率をさらに向上するように分割要素が選べることを示す．

練習問題

▷ 7.1 本節の例にならって，クイックソートによりＥＡＳＹＱＵＥＳＴＩＯＮを整列する様子を示せ．

7.2 プログラム7.2と本文中に示した小さい改訂を加えたものによって，ファイル１００１１１０００００１０１００が分割される様子を示せ．

7.3 分割の実現にbreak文もgoto文も使わないようにせよ．

● 7.4 リンクリストを使って，安定なクイックソートを作成せよ．

○ 7.5 要素 N 個のファイルに対して，クイックソートを実行する場合，最大の要素が移動する回数の最大値を求めよ．

7.2 クイックソートの性能

クイックソートには長所が多いが，一方で，欠点として，実際に生じうるある種のファイルに対して極端に遅くなることがある．例えば，既に整列しているファイルで，大きさが N のものに対して，すべての分割が縮退して，一度に1個だけしか要素が減らず，プログラムは自分自身を N 回呼び出す．

性質7.1　クイックソートは，最悪の場合，約 $N^2/2$ 回の比較を行なう．

上での議論から，既に整列しているファイルに対して，実行する比較の回数は次のようになる．
$$N+(N-1)+(N-2)+\cdots+2+1=(N+1)N/2$$
逆順に並んでいるファイルに対しても，すべての分割が縮退する．そのほか，それより実際に生じにくいようなファイルで，いろいろな種類のものに対しても同じことが起きる（練習問題7.6参照）．■

この性質によると，実行時間が約 $N^2/2$ に比例するだけでなく，再帰呼出しを扱うための記憶領域に約 N の大きさが必要になる（7.3節）．このことは，大きいファイルの場合受け入れがたいことである．幸いなことに，普通の応用で最悪の場合が生じる可能性を劇的に減らせる簡単な方法がある．

クイックソートの最善の場合は，どの分割もファイルをちょうど半分

の大きさにする場合である．この場合の比較回数に対して，次の分割統治の漸化式が成り立つ．

$$C_N = 2C_{N/2} + N$$

ここで，$2C_{N/2}$ は，2 つの部分ファイルを整列するコストであり，N は，左右のポインタで各要素を調べるコストである．5 章にあったようにこの漸化式の解は次のようになる．

$$C_N \approx N \lg N$$

いつもこのようにうまくいくとはかぎらないが，平均的に見て分割要素がほぼ真中あたりにくることは事実である．分割する位置に対する確率を正確に計算すると，漸化式がもっと複雑になり解くのが難しくなるが，最終結果は似たようなものになる．

性質 7.2 クイックソートは，平均約 $2N \ln N$ 回の比較を行なう．

ランダムに並んだ N 要素のファイルに対して，クイックソートの比較回数は，次の漸化式で表わせる．

$$C_N = N + 1 + \frac{1}{N} \sum_{1 \leq k \leq N} (C_{k-1} + C_{N-k}), \quad N \geq 2$$

ここで，$C_1 = C_0 = 0$ である．この漸化式において，$N+1$ の項は分割要素とほかの要素を比較する回数である（ポインタが交差するので 2 回余計にかかる）．最後の項は，分割要素が確率 $1/N$ で添字 k の要素になり，それで大きさが $k-1$ と $N-k$ のランダムなファイルが 2 つできることから導ける．

この漸化式はやや複雑な形をしているが，実は次の 3 段階をへて簡単に解ける．まず，$C_0 + C_1 + \cdots + C_{N-1}$ が $C_{N-1} + C_{N-2} + \cdots + C_0$ に等しいので，次のように変形できる．

$$C_N = N + 1 + \frac{2}{N} \sum_{1 \leq k \leq N} C_{k-1}$$

次に，この式の両辺に N を掛け，さらに，$N-1$ に対する式を両辺から引くと，次の式になる．

$$NC_N - (N-1)C_{N-1} = N(N+1) - (N-1)N + 2C_{N-1}$$

この式を簡単にすると，次の式になる．

$$NC_N = (N+1)C_{N-1} + 2N$$

さらに，この両辺を $N(N+1)$ で割ると，次の式になる．

$$\frac{C_N}{N+1} = \frac{C_{N-1}}{N} + \frac{2}{N+1}$$
$$= \frac{C_{N-2}}{N-1} + \frac{2}{N} + \frac{2}{N+1}$$

図7.4 種々の型のファイルに対するクイックソートの動的な性質

クイックソートで任意の要素を分割要素に選ぶと，ファイルが異なれば分割の仕方も異なる．この図は左から右へそれぞれ，ランダム，正規分布，ほとんど整列したもの，ほとんど逆順のもの，10個の異なる値のランダムなものに対する途中までの様子を示す．小さい部分ファイルに対して分割を途中で打ち切っている．分割要素にならない要素は，対角線のまわりに集まってくる．その後で挿入整列法を使えば，容易に整列が完成する．ほとんど整列しているファイルは，分割が極端に多く起きる．

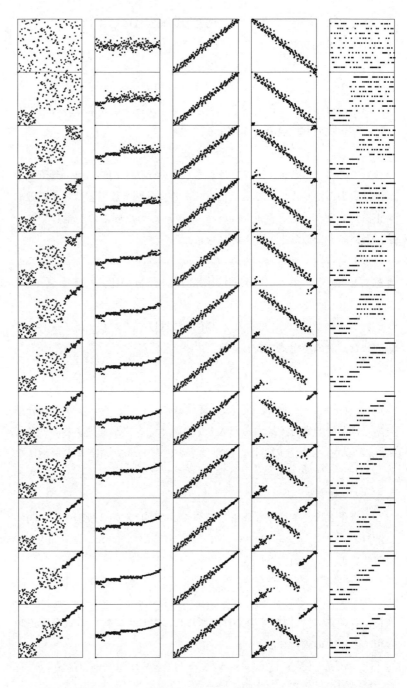

$$= \vdots$$
$$= \frac{C_2}{3} + \sum_{3 \leq k \leq N} \frac{2}{k+1}$$

この右辺は，次のような和にほぼ等しくなるので，積分で近似できる (2.3節)．

$$\frac{C_N}{N+1} \approx 2 \sum_{1 \leq k < N} \frac{1}{k} \approx 2 \int_1^N \frac{1}{x} dx = 2 \ln N$$

これが望みの結果である．ここで，$2N \ln N = 1.39N \lg N$ であるので，平均比較回数は，最善の場合の約39%増しですむ．■

この解析の仮定として，整列するファイルは，互いに異なるキーがランダムに並んでいるものとする．しかし，プログラム7.1と7.2は，必ずしもキーが異ならない場合や，必ずしもランダムでない場合，図7.4に示すように，場合によって遅くなる．この整列法を繰り返し使う時，あるいは，巨大なファイルを整列する時（あるいは，性質が未知のファイルを整列するような汎用ライブラリの整列法に採用する時），7.5節と7.6節で議論するようないくつかの改良を加える必要がある．この改良によって，実際の場で悪い状況が起きる場合を著しく減らせるし，平均的にも実行時間を20%減らせる．

練習問題

7.6 クイックソートにおいて，最悪の場合のファイル（全部既に整列しているもの）と同じ比較回数を実行するファイルで，10個の要素のものを6種類作れ．

7.7 プログラムを書いて，C_N を正確に計算せよ．そして，その値と近似式 $2N \ln N$ の値を比較せよ．ここで，$N = 1000, 10000, 100000$ とせよ．

○**7.8** クイックソート（プログラム7.1）は，互いに等しい要素 N 個のファイルに対して，何回くらい比較を実行するか．

7.9 要素 N 個のファイルで，ちょうど2つの異なるキーをもつものに対して，何回くらい比較を実行するか．ここで，k 個の同じ値と $N-k$ 個の別の値があるものとする．

●**7.10** クイックソートに対して，最善の場合のファイルを生成するプログラムを書け．ここで，互いに異なる要素 N 個のファイルで，どの分割も大きさがたかだか1しか差のない部分ファイルを作るものとする．

7.3 スタックの大きさ

3章で説明したように，クイックソートに対して明示的にスタックを用いることができる．ここで，スタックには，整列する部分ファイルに対する仕事の情報を入れる．処理したい部分ファイルが必要になった時，スタックをポップする．プログラム7.1の再帰的な実現では，システムの管理するスタックが同じ情報を保持する．

ランダムファイルに対して，スタックの大きさは，$\log N$ に比例する（参考文献参照）．しかし，図7.5で示すように縮退する場合には，スタ

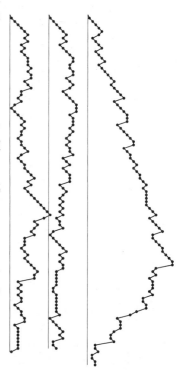

図7.5 クイックソートのスタックの大きさ

クイックソートの再帰的なスタックは，ランダムファイルで大きくなることはない．しかし，縮退したファイルでは，過度にスタック領域が大きくなる．この図は，2つのランダムファイルでのスタックの大きさ（左と中），および，部分的に整列したファイルでのスタックの大きさ（右）を示す．

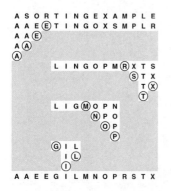

図7.6 クイックソートの例（小さい部分ファイルを先に整列する）

部分ファイルを処理する順番は，クイックソートのアルゴリズムの正しさや実行時間に影響しない．しかし，再帰的な構造を扱うスタックの大きさに影響しうる．ここでは，2つの部分ファイルのうち，小さい方を常に先に分割する．

ックが N に比例して大きくなりうる．実は，この最悪の場合が起きるのは，既に整列がすんでいるファイルである．スタックの大きさがもとのファイルの大きさに比例して大きくなりうることは，微妙な話ではあるが，クイックソートの再帰的プログラムの本質的な欠点である．すなわち，大きいファイルに対して縮退が起きると，記憶領域の不足により，プログラムが異常停止するかもしれない．このようなことは，ライブラリの整列ルーチンとしてぐあいが悪い（実際には記憶領域が足りなくなる前に時間がかかりすぎることになろう）．このような振舞いがまったく生じないような保証は難しいが，7.5節で見るように，縮退の生じることがまずありえないように安全策を施すのは難しくない．

プログラム7.3は，非再帰的な実現であり，この問題の解決法として，2つの部分ファイルの大きさをチェックして，大きい方をスタックに先に押し込む．図7.6はその例である．図7.1とこの例を比較すると，このやりかたは，部分ファイル自体を変えないが，処理する順番だけが変わる．それで時間のコストに影響なく，領域のコストが節約される．

部分ファイルの大きい方をスタックに押し込むというやりかたによって，スタックに入る情報（現在の部分ファイル）とその下に押し込まれている情報（以前の部分ファイル）を較べてみると，現在の部分ファイルの大きさは，以前の部分ファイルの大きさの半分を超えない．それで，スタックはたかだか $\log N$ 個の情報をもつだけでよい．分割がちょうどファイルの真中で止まる時に，スタックの大きさが最大になる．ランダムファイルに対して，実際のスタックの大きさは，はるかに小さくてすむ．縮退したファイルに対してはおおむね小さくてすむ．

性質7.3 クイックソートによって N 個の要素を整列する時，2つの部分ファイルの小さい方を先に整列すれば，スタックに $\log N$ 個より多くの項目が入ることはない．

スタックの最悪の場合の大きさは T_N より小さいとして，T_N は次の漸化式を満たす．

$$T_N = T_{\lfloor N/2 \rfloor} + 1$$

ここで $T_1 = T_0 = 0$ である．この漸化式は5章で扱った型である（練習問題7.13参照）．■

大きい方をあとまわしにするという技法は，再帰的なプログラムで必ずしも働くとはかぎらない．それは，**末尾再帰**（end-recursion, tail-recursion）に依存する．つまり，手続きの実行の最後に別の手続きを

呼び出す時，プログラミング環境によっては，呼び出す前に（後ではなく），局所変数をスタックから消去する．このような末尾再帰の処理が行なわれないと，クイックソートのスタックが小さくなることを保証できない．例えば，既に整列している大きさ N のファイルに対してクイックソートを呼び出すと，大きさ $N-1$ のファイルに対して再帰的に呼び出し，それが大きさ $N-2$ の再帰呼出しとなり，以下同様と続き，結局，スタックの深さは N に比例する．このような観察をすれば，スタックが過度に大きくならない非再帰的な実現法が思いつくであろう．別の観点では，ある種のCコンパイラは，自動的に末尾再帰の消去処理を行ない，さらに多くのマシーンは関数呼出しを直接実行するハードウェアを備えている．このような環境では，プログラム7.3の非再帰的なプログラムは，実はプログラム7.1の再帰的なプログラムより遅いということがありうる．

図7.7では，非再帰的方法がファイルによらず再帰的な方法と同じ部分ファイルを（別の順番で）扱うということを示す．これは木構造を示し，その根に分割要素をおく．左と右の部分ファイルはそれぞれ左と右の部分木に対応する．クイックソートの再帰的プログラムは，この木の

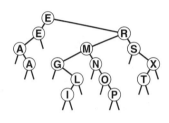

図7.7 クイックソートの分割の木

分割要素と2つの部分ファイルの中で使う分割要素を枝で結び，図7.1と7.6の分割の図をまとめると，この図のように，分割のプロセスを静的に表現できる．この2分木において，各部分ファイルは，分割要素で表わし，各節点の部分木は，分割後の部分ファイルを表わす．大きさが1の部分ファイルの場合は分割要素そのものである．見やすさのために，空の部分ファイルを描いていない．なお，再帰版プログラムでは，分割要素がファイルの中の最大要素か最小要素である場合，$r<l$ の再帰呼出しが起きる．この木は，部分ファイルを分割する順番によらない．クイックソートの再帰版は，この木を先行順にたどり，非再帰版は，小さい方の部分ファイルを先に訪れることに対応する．

プログラム7.3 クイックソートの非再帰版

非再帰的なこの実現（5章参照）は，スタックを陽に用いて，再帰呼出しの代わりに，パラメータをスタックに押し込む．手続きの呼出しと終了をループに置き換え，スタックからパラメータを取り出し，スタックが空でない間は処理を続ける．スタックには，2つの部分ファイルのうち大きい方を先に押し込み，要素 N 個のファイルの整列にスタックの最大の大きさが $\lg N$ であることを保証する．

```
#define push2(A, B)  push(B); push(A);
void quicksort(Item a[], int l, int r)
  { int i;
    stackinit(); push2(l, r);
    while (!stackempty())
      {
        l = pop(); r = pop();
        if (r <= l) continue;
        i = partition(a, l, r);
        if (i-l > r-i)
          { push2(l, i-1); push2(i+1, r); }
        else
          { push2(i+1, r); push2(l, i-1); }
      }
  }
```

節点を先行順（プリオーダ）で訪れるのに対して，非再帰的プログラムは，小さい方の部分木が先という順序で節点を訪れる．

プログラム 7.3 のように，スタックを陽に用いると，再帰的プログラムにともなうオーバーヘッドをさけることができる．しかし，最近のプログラミング環境では，このような簡単なプログラムに対してそれほどオーバーヘッドが生じることはない．プログラム 7.3 はさらに改良できる．例えば，このプログラムでは，スタックに両方の部分ファイルを押し込み，その直後に一方を取り出す．それで，変数 l と r を直接設定するように変更してもよい．また，テスト r <= l を行なうのは，スタックから部分ファイルを取り出してからであるが，これが成り立つような部分ファイルは最初から押し込まないようにできる（練習問題 7.14）．この改良は，一見小さそうに見える．しかし，クイックソートの再帰的な性質を見ると，実は，部分ファイルの大部分は大きさが 0 か 1 である．次の節では，このアイデアを進め，小さい部分ファイルをなるべく能率よく扱うことにより，クイックソートに重要な改良を加える．

練習問題

▷ **7.11** プログラム 7.3 を用いて，E A S Y Q U E S T I O N のファイルを整列する時，操作 *push* と *pop* の後のスタックの内容を示せ．図 5.5 と同じように描け．

▷ **7.12** 右側の部分ファイルを先に押し込み，次に左側を押し込む場合について（再帰版と同じ），練習問題 7.11 と同じことを行なえ．

7.13 帰納法により性質 7.3 を完全に証明せよ．

7.14 プログラム 7.3 を改良して，r <= l である部分ファイルをスタックに押し込まないようにせよ．

▷ **7.15** $N = 2^n$ の場合，プログラム 7.3 で使うスタックの最大の大きさを求めよ．

7.16 $N = 2^n - 1$ および $N = 2^n + 1$ の場合，プログラム 7.3 で使うスタックの最大の大きさを求めよ．

○ **7.17** クイックソートの非再帰的実現で，スタックの代わりにキューを使うのはどうか．読者の答えの考え方を説明せよ．

7.18 読者のプログラミング環境で末尾再帰の除去を行なっているかどうかを判定し，それを報告せよ．

● **7.19** 要素 N 個のランダムファイルに対して，基本的な再帰版クイックソートが使うスタックの平均の大きさを調べる実験を行なえ．ここで，$N = 10^3, 10^4, 10^5, 10^6$ とせよ．

●● **7.20** 要素 N 個のランダムファイルをクイックソートで整列する時，大きさ

が 0, 1, 2 それぞれの部分ファイルの平均個数を調べよ．

7.4 小さい部分ファイル

クイックソートをはっきりよくする方法がある．多くの小さい部分ファイルに対して再帰的によぶことに注目すると，小さい部分ファイルが現われると，なるべくそれ専用の方法を使う方がよいことがわかる．これを実現する簡単な方法として，再帰ルーチンの入口のテストを変更し，

```
if (r-l <= M) insertion(a, l, r);
```

として挿入整列法をよぶようにする．ここで，M はパラメータであり，具体的な値はプログラムを実現する時に選ぶ．M として大体 5 から 25 くらいの範囲内の値を選べば，実行時間はほぼ同じになる．この範囲内の M であれば，単に $M=1$ を選ぶより 10% くらい実行時間が少なくなる（図 7.8 参照）．

部分ファイルをもう少し簡単に扱う方法は，最初のテストを単に

```
if (r-l <= M) return;
```

に変更するというものであり，部分ファイルに出会うたびに挿入整列法をよぶ上記のものより，こちらの方がほんの少し能率がよい．この方法では，分割を行なっている間は小さい部分ファイルを取り扱わない．非再帰版では，M より小さいファイルをスタックにのせないことである．あるいは，スタックの中の M より小さいファイルはすべて無視することにしてもよい．分割がすべて終了した時，ファイル全体がほとんど整列している．6.5 節で述べたが，このようなファイルには挿入整列法がぴったりである．つまり，挿入整列法は，このようなファイル全体を扱うのも，独立に小さいファイルを扱うのも同じである．この方法を使う時に注意すべき点がある．それは，挿入整列法を使うと，たとえクイックソートに虫があり整列の仕事をしない場合でも，ファイルが正しく整列してしまうことである．つまり，コストがかかりすぎるということでしか，虫のあることがわからない．

図 7.9 には，大きいファイルに対する様子を示す．小さいファイルに対する打ち切りの値を相対的に大きくしても，クイックソートの部分は速く走る．分割のステップで相対的に少ない要素しか関与しないからである．仕事を仕上げる挿入整列法は，ほとんど整列したファイルを扱うので，やはり速く走る．

この技法は，再帰的なアルゴリズムを使う時に常に有効に働く．まさにこの性質によって，"すべて"の再帰的アルゴリズムは，実行時間の多くの部分が小さい問題を解くのに使われるということが納得できる．

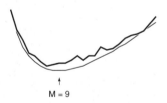

図 7.8 小さいファイルに対する切り換え

小さいファイルに対する切り換えのために打ち切る値を最もよく選ぶと，平均実行時間が約 10% 改良する．ちょうどこの値を選ばなくても大差はない．大体 5 から 20 くらいまでの範囲の値であれば，大抵の実現でうまく働く．図の上側の太線は実験的に求めたものであり，下側の細線は解析的に導いたものである．

図7.9 クイックソートにおける比較

クイックソートの部分ファイルは独立に処理する．この図は，200個の要素のファイルを整列するのに，ファイルの打ち切りの値を15以下にした時の分割の様子を示す．列を縦に見ていき，黒い要素の数を勘定することで，全比較回数の大体の様子がわかる．この場合，配列のそれぞれの位置は，整列の間に6個か7個の部分ファイルにしか関係しない．

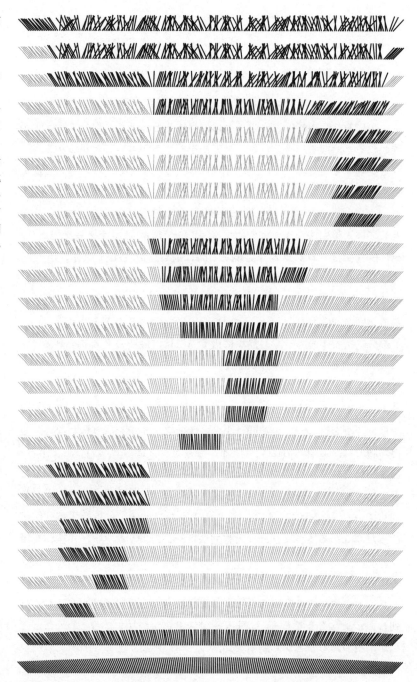

一般に，小さい問題にはオーバーヘッドの小さい直接的なアルゴリズムが使える．それで，一般に，このように組み合わせたアルゴリズムによって全体の実行時間を改良できる．

練習問題

7.21 クイックソートの中から挿入整列法を直接よぶ場合，番兵キーが必要であるか？

7.22 要素 N 個のランダムファイルを整列する時，プログラム 7.1 において，大きさがそれぞれ 10, 100, 1000 より小さいファイルに対して，分割するために実行する比較回数の割合（%）を調べ，それを出力せよ．ここで，$N = 10^3, 10^4, 10^5, 10^6$ とせよ．

○**7.23** 要素が M 個より少ない部分ファイルに挿入整列法を使う再帰的クイックソートを実現し，読者のプログラミング環境で実験して，プログラム 7.4 が最も速く走るように M の値を決定せよ．ここで，$N = 10^3, 10^4, 10^5, 10^6$ とせよ．

7.24 練習問題 7.23 で非再帰版のプログラムを用いよ．

7.25 練習問題 7.23 で，整列するレコードが 1 つのキーと別の情報へのポインタ b 個をもつ場合を考えよ．（ポインタ整列は使わないことにする）

●**7.26** プログラムを書き，大きさ N のファイルで，打ち切りの値が M の時，挿入整列法に残される部分ファイルの大きさを示すヒストグラムを作れ．ここで，$M = 10, 100, 1000$，$N = 10^3, 10^4, 10^5, 10^6$ とせよ．

7.27 大きさ N のランダムファイルで，打ち切りの値が M の時，クイックソートが使うスタックの平均の大きさを決定する実験を行なえ．ここで，$M = 10, 100, 1000$，$N = 10^3, 10^4, 10^5, 10^6$ とせよ．

7.5 3要素の中央値

もう 1 つの改良は，ファイルの真中あたりで分割がよく起きるように，もっとよい分割要素を選ぶことである．これには数種類の方法が考えられる．最悪の場合を避ける最も安全なやり方は，ランダムに分割要素を選ぶことである．こうすれば最悪の場合が起きる確率は，ほぼ無視できるようになる．これはいわゆる **確率アルゴリズム**（probabilistic algorithm）のごく簡単な一例である．確率アルゴリズムは，乱数を使い高い確率で能率をよくするものであり，入力の分布に依存しない．本書の後の方では，アルゴリズム設計の有用な道具として乱数を使う例をいくつも調べる．特に入力に偏りが予想される時に有効である．クイックソートについては，実用に使う際に，この目的のためだけに，乱数生成ルーチンを組み込むのはやりすぎであろう．乱数を使わなくても単純な選び方で十分である．

よく知られているものであるが，もっとよい分割要素の選び方は，ファイルから 3 つの要素をサンプルに選び，その中央値を分割要素に選ぶ

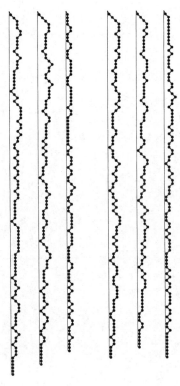

図7.10 クイックソートの改良版のスタックの大きさ

小さい方のファイルを先に整列することによりスタックの大きさが最悪の場合でも対数的になることが保証できる．この図は，図7.5と同じファイルに対するスタックの大きさを示す．左側は，整列の間に，小さい方のファイルを先に扱うもの，右側は，3要素の中央値の方法を追加したものである．これらの図では実行時間を読み取れない．実行時間は，スタックの中の個数というよりも，スタックの中に入っている部分ファイルの大きさに依存する．例えば，（部分的に整列した）3番目のファイルは，スタック領域を少ししか必要としないが，実行時間が多い．というのは，この場合，普通部分ファイルが大きいからである．

ことである．3つの要素として，配列の左端，真中，右端の要素を選べば，このやりかたに番兵技法を組み込むことができる．まず，3回交換する方法（6章）により，3つの要素を整列して，中央値になった要素とa[r-1]を交換する．そして，分割はa[1+1],…,a[r-2]に対して行なう．この改良は**3要素の中央値**（median-of-three）による分割という．

この3要素の中央値の方法により，クイックソートは次の3つの特徴をもつ．第一に，最悪の場合が実際上はるかに起こりにくくなる．これでN^2時間かかるようにするには，3要素の中の2つがファイル中の最大値に近いか，あるいは最小値に近いということが大部分の分割過程で起きるようにする必要がある．第二に，この方法によって，分割のために番兵をおかなくてよい．なぜならば，この番兵の役割は，分割の前に選んだ3要素が果たす．第三に，平均実行時間が全体でさらに約5％減る．

この3要素の中央値の方法に，小さい部分ファイルの打ち切りを組み合わせると，素朴な再帰版に較べて，20％から25％実行時間が改良できる．プログラム7.4はこれらの改良をすべて組み込んだものである．

プログラムをさらに改良することも考えられよう．再帰呼出しの除去，サブルーチン呼出しのインライン化，番兵技法の使用などである．しかし，最近のマシーンでは，手続きの呼出しは普通能率がよいし，また，これらの改良案は内側のループの中のものではない．もっと重要な点は，小さいファイルに打ち切りを使うので，余分なオーバーヘッドが少なくなることである．明示的なスタックによる非再帰版プログラムを使う主たる理由は，スタックの大きさを確実に制限できることである（図7.10）．

その他にアルゴリズムの性能の改良案が考えられる．例えば，5つとかそれ以上の要素の中央値を使うことができる．しかしながら，ランダムなファイルに対して，ほんのわずかしか速度が向上しない．実行時間をかなり節約するには，内側のループ（あるいはプログラム全体）をアセンブリ語か機械語でコーディングするのがよい．このような観察は，整列を現場で使う専門家によって様々な状況で確かめられている（参考文献参照）．

ランダムなファイルに対しては，プログラム7.4の最初の交換がなくてもよい．これを含めたのは，既に整列しているファイルの分割を最適にするというだけでなく，実際の場で生じうる最悪の状況に対処するためである（練習問題7.33参照）．図7.11は，いろいろな種類のファイルに対して，分割に中央値を選ぶことの効果を示す．

3要素の中央値の方法は，未知のファイルからサンプルを選び，その

3 要素の中央値　　　　　　　　　　　　§ 7.5

> **プログラム 7.4　クイックソートの改良版**
>
> 　分割要素として先頭と真中と末尾の中央値を選び，小さい部分ファイルに対する打ち切りを採用すれば，クイックソートの性能はかなり向上する．この実現では，配列の先頭，真中，末尾の中央値で分割する．ファイルの大きさが 11 以下になると分割しないで無視する．最後に 6 章の挿入整列法を使って整列を完成する．
>
> ```
> #define M 10
> void quicksort(Item a[], int l, int r)
>   { int i;
>     if (r-l <= M) return;
>     exch(a[(l+r)/2], a[r-1]);
>     compexch(a[l], a[r-1]);
>       compexch(a[l], a[r]);
>         compexch(a[r-1], a[r]);
>     i = partition(a, l+1, r-1);
>     quicksort(a, l, i-1);
>     quicksort(a, i+1, r);
>   }
> void sort(Item a[], int l, int r)
>   {
>     quicksort(a, l, r);
>     insertion(a, l, r);
>   }
> ```

性質を利用して，ファイル全体の性質を推定するという一般的なアイデアの具体例である．クイックソートでは，バランスよく分割する中央値がほしい．アルゴリズムの性質から，特によい推定値でなくてもよい（よい推定値をえるコストが大きいと，ほしくないかもしれない）．ここでは，特に悪い推定値を避けたいだけである．単に 1 個のランダムなサンプルを使えば，確率アルゴリズムになり，入力が何であってもほぼ確実に速く走る．ファイルから 5 つのサンプルをランダムに選んで，その中央値を使えば，もっとよい分割がえられるが，その改良した分は，サンプルを選ぶコストで帳消しになる．

　クイックソートは，いろいろな状況でよく走るので，広く使われている．特別な場合には，ほかの整列法の方がよいかもしれない．しかし，ほかの整列法よりも多くの種類の整列問題によく対応できるし，普通，ほかのものよりかなり速い．表 7.1 に，このことを検証する実験結果を示す．

図 7.11　各種のファイルに対する 3 要素の中央値の動的な性質

3 要素の中央値の修整によって（特にファイルの真中を使うので），より確実にうまく分割ができる．図 7.4 のような縮退が生じる種類のものもうまく扱える．これと同じ目的のために，分割要素をランダムに選ぶという方法もある．（訳注：図の 3 列目は誤っている．3 列目の 1 番上の図を除けば，2 番目以下の図は，ほとんど整列したファイルの振舞いを表わすと考えてよい．）

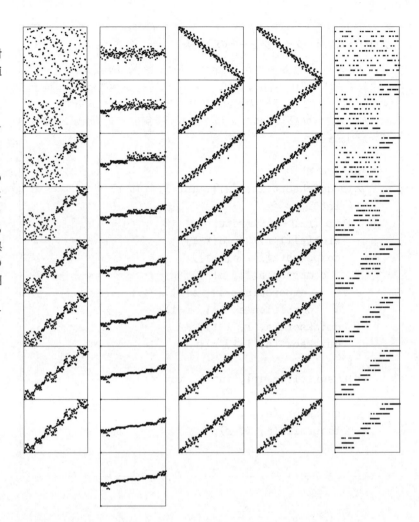

表 7.1　基本的なクイックソートの実験

プログラム 7.1 は，シェルソート（プログラム 6.6）に較べて，大きいランダムファイルに対して 2 倍以上速い．小さい部分ファイルの打ち切りと 3 要素の中央値（プログラム 7.4）によって，それぞれ約 10% 速くなる．

		基本的なクイックソート			3 要素の中央値		
N	シェルソート	$M=0$	$M=10$	$M=20$	$M=0$	$M=10$	$M=20$
12500	6	2	2	2	3	2	3
25000	10	5	5	5	5	4	6
50000	26	11	10	10	12	9	14
100000	58	24	22	22	25	20	28
200000	126	53	48	50	52	44	54
400000	278	116	105	110	114	97	118
800000	616	255	231	241	252	213	258

練習問題

7.28 3要素の中央値のプログラムは，注意深く実現しており，サンプルの要素が分割プロセスに関与しないようになっている．こうした理由は，それらが番兵に使えることである．もう1つ理由をあげよ．

7.29 ファイルから5要素をサンプルに選び，その中央値を分割に用いるクイックソートを実現せよ．サンプルの要素を分割に関与しないようにせよ（練習問題7.28参照）．ランダムな大きいファイルに対して，読者のプログラムと3要素の中央値のプログラムの性能を比較せよ．

7.30 ランダムでない大きいファイルに対して，練習問題7.29のプログラムを実行せよ．例えば，既に整列しているファイル，逆順のファイル，すべてのキーが等しいファイルを使え．これらのファイルとランダムファイルはどのように性能が異なるか？

●●**7.31** 大きさが $2^k - 1$ であるサンプルに基づいたクイックソートを実現せよ．最初，サンプルを整列し，その中央値を求め，それを分割に使うことにするとともに，中央値以外のサンプルの半分ずつをそれぞれの部分ファイルに移動する．ここで，それぞれは部分ファイルの中で使うが，再び整列する必要のないようにする．このアルゴリズムは，k の値が大体 $\lg N - \lg \lg N$ のとき比較回数が約 $N \lg N$ になるもので，**サンプルソート**（samplesort）という．

●●**7.32** サンプルソート（練習問題7.31）において，サンプルの大きさの最善の値を定める実験を行なえ．ここで，$N = 10^3, 10^4, 10^5, 10^6$ とせよ．クイックソートやサンプルソートをサンプルの整列に用いることは問題がないか？

●**7.33** プログラム7.4において，最初の交換を省略すると，逆順に並んだファイルに対して2乗の時間がかかることを示せ．

7.6 重複したキー

応用では，同じキーが非常に多数あるファイルに頻繁に出会う．例えば，大きい人事ファイルを整列するのに，生まれた年をキーにする場合や，男性と女性に分類する場合である．

整列するファイルに多数の重複したキーがある時に，クイックソートのプログラムは許しがたいほど遅くなることはないが，大幅に改良できる．例えば，互いに等しいキーだけ（値が1種類）のファイルはこれ以上なにもする必要はないが，このプログラムでは，どんなにファイルが大きくても，部分ファイルに分割し続ける（練習問題7.8）．入力ファイルに重複したキーが多数ある状況では，クイックソートの再帰的な性質から，単一のキーだけからなる部分ファイルにたびたび出会うことが確実である．それで，かなり改良ができる可能性がある．

直接的なアイデアとして，ファイルを3つに分割して，分割要素と較べ，部分ファイルをそれぞれ小さい，等しい，大きいキーだけからなるようにする．

vより小さい	vに等しい	vより大きい

↑　　　　　↑　　　　↑　　　　　↑
l　　　　　j　　　　i　　　　　r

このような分割は，これまで使ってきたものより複雑であり，この仕事のためにいろいろな方法が提案されている．これは，オランダ国旗問題としてDijkstraが広く紹介した古典的なプログラミング問題である．3種類のキーは国旗の3色に対応する（参考文献参照）．クイックソートでは，ファイルを1回走査するだけで，この仕事をすませるという制限をつける．ファイルを2回走査するアルゴリズムを使うと，重複したキーがない場合でも，クイックソートは2倍遅くなってしまう．

3分岐の分割に対して，1993年BentleyとMcIlroyが考案した巧妙な方法は，標準的な分割のやりかたを調整したものである．左の部分ファイル内で出会った要素で分割要素に等しいものは，左の端におき，同様に，右の部分ファイル内で出会った要素で分割要素に等しいものは，右の端におく．分割の途中では次の図のようになる．

等しい	小さい		大きい	等しい	v

↑　　　↑　　　↑　↑　　　↑　　　　↑
l　　　p　　　i　j　　　q　　　　r

ポインタが交差して，分割要素と等しいキーの項目が納まる場所が決まると，これらの項目全部を交換して移動する．この方法は，3分岐の分割を1回の走査で行なうという要請を満たしていない．しかし，重複したキーに対する余分なオーバーヘッドは，重複したキーの数に比例するだけですむ．この事実から次の2つのことが導かれる．第一に，重複したキーがない時に，余分なオーバーヘッドがないので都合がよい．第二に，キーの種類が一定個数しかない時に，線形的な時間ですむ．それぞれの分割では，整列の対象から分割要素に等しい要素を取り除くので，全体を通じて，それぞれのキーはたかだか一定回数しかふれられることはない．

図7.12は，例のファイルで，3分岐分割のアルゴリズムが働く様子を示す．プログラム7.5はこの方法に基づいてクイックソートを実現したものである．このプログラムでは，交換のループの中で，if文を2つだけ追加し，分割要素をそれに相応しい位置におき分割を終了する部

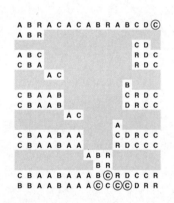

図7.12　3分岐の分割

この図は，分割要素に等しいキーをおく様子を示す．図7.2のように，左から右へ走査して，分割要素より小さくない要素を見つけ，右から左へ走査して，分割要素より大きくない要素を見つけ，そして，2つの要素を交換する．交換の後，左の要素が分割要素に等しい時，配列の左端の方の要素と交換する．右側も同様にする．ポインタが交差した時，分割要素を前と同じようにおき（下から2行目），そして，それに等しいキーを交換して，それの左右の横におく（一番下の行）．

重複したキー　　　　　　　　§7.6

分に for 文を 2 つ追加する．3 分割する他の方法に較べて簡単なコードですむようである．もっと重要なことは，重複したキーを能率よく扱うということだけでなく，重複したキーがない場合，余分なオーバーヘッドが最小限ですむことである．

プログラム 7.5　3 分岐の分割によるクイックソート

このプログラムは，配列を 3 つの部分に分割することを使う．分割要素より小さい要素（a[l], …, a[j]），分割要素に等しい要素（a[j+1], …, a[i-1]），分割要素より大きい要素（a[i], …, a[r]）に分ける．そして，小さい要素のファイルと大きい要素のファイルに対する 2 つの再帰呼出しにより，整列を完成する．

この目的のために，左側にある分割要素に等しいキーは l と p の間に，右側にある分割要素に等しいキーは q と r の間に保持する．分割のループの中で，走査のポインタが止まった時，i と j の項目を交換して，それらが分割要素に等しいかどうかをチェックする．左側のものが等しい場合，交換により配列の左方にある部分に移動する．同様に，右側のものが等しい場合，交換により配列の右方にある部分に移動する．

ポインタが交差した時，分割要素に等しい要素が配列の両端の方にあるので，交換により中央の方に移動する．これで，分割要素に等しい要素は最終位置にきたので，再帰呼出しのための部分ファイルから除外することができる．

```
#define eq(A, B) (!less(A, B) && !less(B, A))
void quicksort(Item a[], int l, int r)
  { int i, j, k, p, q; Item v;
    if (r <= l) return;
    v = a[r]; i = l-1; j = r; p = l-1; q = r;
    for (;;)
      {
        while (less(a[++i], v)) ;
        while (less(v, a[--j])) if (j == l) break;
        if (i >= j) break;
        exch(a[i], a[j]);
        if (eq(a[i], v)) { p++; exch(a[p], a[i]); }
        if (eq(v, a[j])) { q--; exch(a[q], a[j]); }
      }
    exch(a[i], a[r]); j = i-1; i = i+1;
    for (k = l   ; k < p; k++, j--) exch(a[k], a[j]);
    for (k = r-1; k > q; k--, i++) exch(a[k], a[i]);
    quicksort(a, l, j);
    quicksort(a, i, r);
  }
```

練習問題

▷ **7.34** ランダムに並んだファイルが（i）2つの異なるキーをもつ場合，（ii）3つの異なるキーをもつ場合，のそれぞれについて，プログラム7.5を実行すると何が起きるかを説明せよ．

7.35 プログラム7.1を修整して，部分ファイルのすべてのキーが等しいならばreturnするようにせよ．ランダムなファイルで，異なったキーがt種類の時，そのプログラムとプログラム7.1の性能を比較せよ．ここで，$t=2, 5, 10$にせよ．

7.36 プログラム7.2において，分割要素と等しいキーに出会っても，走査を止めずに走査を続けるものとする．この場合，プログラム7.1が2乗の実行時間になりうることを示せ．

● **7.37** 異なるキーの個数が$O(1)$である時，練習問題7.36のプログラムが常に2乗の実行時間になることを証明せよ．

7.38 ファイルにある異なるキーの個数を求めるプログラムを書け．このプログラムを使って，整数N個のランダムファイルで，キーの値の範囲が0から$M-1$の時に，互いに異なるキーの個数を勘定せよ．ここで，$M=10, 100, 1000$, $N=10^3, 10^4, 10^5, 10^6$とせよ．

7.7 文字列とベクトル

整列するキーが文字列である時，本章のクイックソートのプログラムに，プログラム6.11のような抽象文字列型の実現を使うことができる．この方法は，正しく（今までの大きいファイルに対する方法より）能率のよい実現が可能ではあるが，表面に見えないコストがともなう．それでこの問題を取り上げる．

問題は関数strcmpの中にある．この関数は，2つの文字列を左から右へ照合しながら，1文字ずつ比較する．これで，2つの文字列の一致する部分の文字数に比例する時間がかかる．クイックソートの分割の後の方で，キーが互いに似ていると，この照合は相対的に長い時間がかかる．クイックソートの再帰的な性質を再び考えると，アルゴリズムのコストのほぼ全部は後の方で生じることがわかる．それで，この関数を調べることに意味がある．

例えば，大きさ5の部分ファイルで，その文字列がdiscreet, discredit, discrete, discrepancy, discretionであるとしよう．これらのキーを整列するのに少なくとも7文字を比較する．最初の6文字が等しいという情報を利用できるとすると，最初から7文字目からはじめることができたであろう．

文字列とベクトル　　　　　　　　　　　　　§7.7

7.6節の3分岐の分割手続きによれば，この考察を使ったエレガントな方法がえられる．整列するキーが位置0からd-1まで等しいと仮定して，各々の分割において，位置dにある1文字だけ調べる．これで，3分岐の分割を行なうが，d番目の文字が分割要素のd番目より小さいキーを左側に，d番目の文字が分割要素のd番目に等しいキーを中央に，d番目の文字が分割要素のd番目より大きいキーを右側にそれぞれおく．これで普通にやっていくが，異なる点は，中央の部分ファイルを整列する時に，d+1番目の文字からはじめる．

この方法によって，文字列の整列を正しく行なうことは容易に理解できるし，また能率も非常によい（表7.2参照）．これは，再帰的な考え方（プログラミング）の強力さが納得できる例である．

この整列法を実現するためには，キーの文字を参照できるもっと一般的な抽象型が必要である．Cの文字列の扱い方によれば，この整列法の実現は直接的にできる．しかし，実現の詳細は10章で説明する．そこで，整列のいろいろな技法を取り上げるが，整列するキーが小さい部分

表7.2　クイックソートの変形版の実験

この表は，小説 Moby Dick の最初の N 個の単語を整列する課題に対して，クイックソートの変形版の相対的なコストを示す．小さい部分ファイルを直接整列する挿入整列法を使うこと，またはそれを無視して後で挿入整列法を使うことは，どちらも同様に効果がある．しかし，整数キーに較べて，コストの節約は少ない（表7.1参照）．その理由は文字列の比較のコストが大きいことである．分割の際に重複するキーで止めないと，キーがすべて等しいファイルを整列する時間は2乗になる．この非能率さは，ここで顕著に現われる．というのは，データ中に出現頻度の多い単語が多数あるからである．同じ理由により3分岐分割は効果的であり，システムの整列法より30%から35%速い．

N	V	I	M	Q	X	T
12500	8	7	6	10	7	6
25000	16	14	13	20	17	12
50000	37	31	31	45	41	29
100000	91	78	76	103	113	68

説明：
- V　クイックソート（プログラム7.1）
- I　小さい部分ファイルに対する挿入整列
- M　小さい部分ファイルを無視して後で挿入整列
- Q　システム qsort
- X　重複するキーをとばして走査（キーがすべて等しいと2乗時間）
- T　3分岐分割（プログラム7.5）

に分解できることがしばしば現われるという事実を利用する．

このやりかたを一般化して，多次元の整列に適用できる．ここで，キーはベクトルである．項目は，キーの最初の成分で順序をつけ，最初の成分が等しければ第2の成分で順序をつけ，以下同様とする．各成分が重複するキーをもたなければ，この問題は最初の成分の整列と同じになる．しかし，普通の応用では，各成分はほんの少し異なるキーをもつことが多いので，3分岐分割（中央の部分ファイルは次の成分を扱う）が適切である．このことは，Hoareの原論文で議論しており，重要な応用例である．

練習問題

7.39 文字列に対して，選択整列法，挿入整列法，バブル整列法，シェルソートが改良できる可能性を考えよ．

○**7.40** 長さtの文字列N個がすべて等しいようなファイルを整列する時，標準的なクイックソートのアルゴリズム（プログラム7.1でプログラム6.1の文字列型を用いるもの）が調べる文字の個数を求めよ．本節で示した方法についても同じことを考えよ．

7.8 選　択

整列に関連する重要な問題として，必ずしも完全に整列する必要がなく，数の集合の中の中央値を求めることがある．この問題は，統計計算や様々なデータ処理によく現われる．方法としては，全体を整列して真中の要素を選ぶというものでもよいが，実はもっと速くできる．これには，クイックソートの分割を利用する．

中央値を見つける操作は，数の集合の中でk番目に小さい要素を求める**選択**（selection）といわれる操作の特別のものである．

選択問題では，k番目の要素より$k-1$個の要素が小さく，$N-k$個の要素が大きいということを決定しないかぎり，k番目の要素を見つけられないので，大概の選択アルゴリズムは，あまり余分な計算をしないで，k個の小さい要素すべてを見つけることができる．

選択は，実験などのデータ処理に多く現われる．中央値やそのほかの統計量を使って，ファイルを小さいグループに分けることは普通に現われる．また，大きいファイルの一部分だけを残しておき，後のデータ処理に使うということも多い．このような場合には，例えば，ファイルから上位の10%を選択する方がファイル全体を整列するよりも適切であろう．もう1つの重要な例として，多くの分割統治アルゴリズムで，最

選　択 §7.8

初のステップで中央値に関する分割を行なうというものをあげておく．

本書ではこれまでに，選択に応用できるアルゴリズムを調べた．k が極端に小さい時には，選択整列法がうまく働く．その時間は Nk に比例する．この方法は，まず最小値を選び，次に残りの項目の中で最小値，つまり全体の2番目を選び，以下同様というように進む．もう少し大きい k に対して，$N \log k$ に比例する時間ですむように調整できる方法を9章で取り上げる．

どんな k に対しても線形の平均時間で走る面白い方法がある．それはクイックソートの分割手続きを直接利用するものである．クイックソートの分割方法を思い出してほしいが，配列 a[l],…,a[r] を並べ換えて，ある整数 i を返すとともに，a[l],…,a[i-1] が a[i] より小さいか等しく，a[i+1],…,a[r] が a[i] より大きいか等しいようにする．ファイルの k 番目に小さい要素がほしいとすると，k が i に等しければ，それで問題が解けたことになる．それ以外の場合として，k < i であれば，左側の部分ファイルの中で探せばよいし，k > i であれば，右側の部分ファイルの中で探せばよい．この考え方より，プログラム7.6に示す再帰版の選択プログラムを直ちに書ける．k 番目は 0 から勘定することに注意されたい．この手続きが小さいファイルに対して実際に動く様子を図7.13に示す．

プログラム7.7は非再帰版であり，プログラム7.6の再帰版から直接作れる．関数 select は，常に自分自身を1回だけ呼び出して終了するので，単にパラメータを設定して先頭にとぶだけでよい．すなわち，スタックを使わないで，再帰呼出しを除去する．さらに，k を配列の添字

```
ASORTINGEXAMPLE
AAE E TINGOXSMPLR
    LINGOPM R XTS
    LIG M OPN
AAEELIG M OPNRXTS
```

図7.13　中央値の選択

整列で使った例に対して，分割に基づく選択は，中央値を見つけるのに再帰呼出しを3回しか使わない．最初の呼出しでは，大きさ15のファイルの8番目に小さい要素を探すが，この分割で4番目に小さい（E）がえられる．2回目の呼出しでは，大きさ11のファイルの4番目に小さい要素を探すが，この分割では8番目に小さい要素（R）がえられる．3回目の呼出しでは，大きさ7のファイルの4番目に小さい要素を探すが，これで見つかる（M）．このファイルは，並べ換えられ，中央値が正しい位置におかれ，それより小さい値が左側に，大きい値が右側にそれぞれおかれる（等しい値は両側にありうる）．しかし，完全には整列していない．

プログラム7.6　選択

この手続きは，(k-1)番目に小さい要素（a[k]におく）に関して，配列を分割する．配列を並べ換えて，a[k] より小さいか等しい要素を a[l],…,a[k-1] におき，a[k] より大きいか等しい要素を a[k+1],…,a[r] におく．例えば，中央値に関して配列を分割するには，select(a, 0, N-1, N/2) をよぶ．これで中央値が a[N/2] にくる．

```
select(Item a[], int l, int r, int k)
  { int i;
    if (r <= l) return;
    i = partition(a, l, r);
    if (i > k) select(a, l, i-1, k);
    if (i < k) select(a, i+1, r, k);
  }
```

> **プログラム7.7 選択の非再帰版**
>
> 非再帰的は実現では，単に分割を行なうだけである．探している部分の左側で分割が終わると，左ポインタを変更し，探している部分の右側で分割が終わると，右ポインタを変更する．
>
> ```
> select(Item a[], int l, int r, int k)
>   {
>     while (r > l)
>       { int i = partition(a, l, r);
>         if (i >= k) r = i-1;
>         if (i <= k) l = i+1;
>       }
>   }
> ```

として扱い，k に関与する計算も省く．

性質7.4 クイックソートに基づく選択法は平均的に線形時間で走る．

クイックソートの議論と同様に，非常に大きいファイルに対して，(ごく大雑把にいうと) 各々の分割で配列が半分になることがわかるので，全過程を通じて平均比較回数が約 $N + N/2 + N/4 + N/8 + \cdots = 2N$ になる．クイックソートの場合と同様に，この大雑把な議論は本当のところとあまり違わない．この解析は，クイックソートの場合に似ているがはるかに厄介である．その解析結果によれば，平均比較回数は約
$$2N + 2k \ln(N/k) + 2(N-k) \ln(N/(N-k)),$$
となり，どの k についても N に関して線形である．$k = N/2$ の場合，この式を計算すると，中央値を見つける比較回数は約 $(2 + 2 \ln 2)N$ になる．■

大きいファイルに対して，この方法で中央値を見つける様子を図7.14 に載せる．部分ファイルが1つしかないので，1回の呼出しで一定の割合で小さくなる．それで手続きは $O(\log N)$ ステップで終了する．サンプルを使ってプログラムの速度を向上できるが，それには注意が必要である (練習問題 7.45)．

最悪の場合もクイックソートとほぼ同様である．この方法で，既に整列しているファイルの最小値を見つけようとすると，2乗時間かかる．クイックソートに基づくこの選択手続きを修整して，実行時間を必ず線形にできることが知られているが，そのような修整は，理論的に重要で

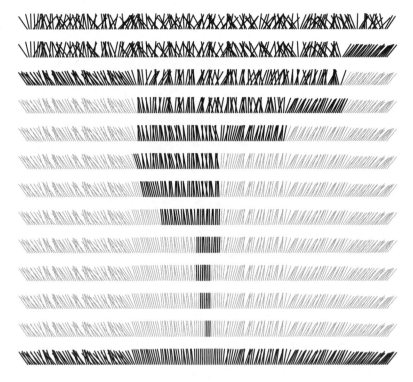

図7.14 分割による中央値の選択

選択の過程は，目標の要素を含む部分ファイルを分割していくことである．分割が行なわれる位置によって，左ポインタを右に動かすか，右ポインタを左に動かす．

あるが，極度に複雑であり，まったく実用的でない．

練習問題

7.41 関数 select を使って，N 個の要素の中で最小のものを見つけるのに，平均の場合，大体何回の比較が実行されるか．

7.42 関数 select を使って，N 個の要素の中で aN 番目に小さいのものを見つけるのに，平均の場合，大体何回の比較が実行されるか．ここで，$a = 0.1, 0.2, \cdots, 0.9$ とせよ．

7.43 関数 select を使って，N 個の要素の中で中央値を見つけるのに，最悪の場合，何回の比較が実行されるか．

7.44 ファイルを並べ換えて，中央値に等しい要素すべてを本来の位置におくようにする能率のよいプログラムを書け．ここで，中央値より小さい要素はその左側に，大きい要素はその右側にくるようにする．

●●**7.45** 選択法を改良するために，サンプルを選ぶというアイデアを研究せよ．ヒント：中央値を使うのはいつもよいとはかぎらない．

●**7.46** 大きいランダムファイルで，互いに異なるキーが t 個あるものに対して，3分岐分割に基づく選択アルゴリズムを実現せよ．ここで，$t = 2, 5, 10$ とせよ．

第8章　併合とマージソート

　7章で調べたクイックソートの一族は，ファイルの中で k 番目に小さい要素を見つける選択操作に基づいている．選択は，ファイルを2つに分割して，小さい方の k 個の要素と大きい方の $N-k$ 個の要素に分けることにほぼ等しい．本章では，ある意味で選択と相補的な**併合**（マージ，merging）を調べる．併合は，2つの整列したファイルを併せて，1つの大きい整列したファイルを作ることである．後で見るように，併合を用いれば，直接的な分割統治（5.2節）に基づく整列アルゴリズムが作れ，さらに，それをボトムアップ的にしたものも作れる．

　選択が1つのファイルを2つの独立したファイルに分けるのに対して，併合が2つの独立したファイルを1つのファイルにまとめるという意味で，選択と併合は相補的である．この2つの操作の関係は，整列アルゴリズムの設計に分割統治パラダイムを適用してみると一層はっきりする．すなわち，ファイルは2つの部分を整列すれば全体が整列することと，2つの部分をそれぞれ整列してから全体を整列することが対比できる．本書では既に，最初の考え方から何がいえるかを説明した．それはクイックソートであり，基本的な考え方は，選択を行ないその後に2つの整列操作が続くものであるといえる．

　本章では，**マージソート**（併合整列法，mergesort）を調べるが，基本的な考え方は，クイックソートに相補的であり，2つの再帰呼出しの後で併合操作を行なうものである．マージソートの最もよい点は，N 個の要素のファイルに対して，最悪の場合でも $N \log N$ に比例する時間で整列できることである．9章では，もう1つのアルゴリズムで，$N \log N$ に比例する時間で整列することが保証できるものを調べる．これは**ヒープソート**（heapsort）とよばれる．マージソートの大きい欠点は，普通に実現すると N に比例する作業領域が必要になることである．この欠点を打ち消すことはできるが，そのためにはコストがかかり非常に複雑であるので，一般的に，実際の場でその作業を行なう価値はない．特に，この意味で軽いヒープソートは，その代わりに使える．マージソートは，ヒープソートよりコーディングが難しい．内側のループの長さはクイックソートとヒープソートの中間である．それで，速度が本当に重要であり，最悪の場合の性能を悪くできず，さらに必要な作業

領域が確保できれば，マージソートの使用は検討に値する．

マージソートが $N \log N$ の実行時間を保証しているが，そのことが別の欠点をともなう．例えば，6章では，ファイルの中に既に多くの順序がある場合，互いに異なるキーが少数である場合，ある種の特別な場合などで，線形時間で走る方法を見た．これと対照的に，マージソートの実行時間は，入力キーの個数によって大勢が決まり，ファイルの中の順序にほとんど依存しない．

マージソートは安定な整列法である．この性質は，安定性が重要である応用で有利である．これと競合的な整列法のクイックソートやヒープソートは安定でない．このような方法を安定にする各種の技法は，追加的な作業領域を必要とすることが多い．それで，安定性が特に重要な場合，マージソートが使う作業領域の負担は相対的に少なくなる．

マージソートのもう1つの特徴として，この整列法は，データを順次的に（要素を1つずつ順に）アクセスするようにプログラムが書けるので，状況によっては重要になる．例えば，マージソートはリンクリストの整列に推奨できる．この場合，順次的なアクセスしか使えないからである．後の11章で調べるが，同様の理由で，併合は，特殊目的の高性能マシーンで整列を行なうための基礎になる．そのような環境では，順次的アクセスが最も速いことが多いからである．

8.1 2ウェイ併合

入力ファイルが2つあり，それぞれが整列しているとして，それらを1つにまとめて，整列したファイルを出力する．その方法として，2つの入力ファイルの先頭にあるそれぞれの最小の要素のうち，小さい方の要素を出力ファイルに移動する，ということを繰り返す．この繰り返しは入力ファイルが尽きるまで行なう．本節と次節では，このような抽象的な基本操作の実現法をいくつか取り上げる．実行時間は，出力の要素の個数に線形的である．ただし，ファイルの中で次の最小要素を一定時間で取り出せるものとする．このことは，ファイルが整列しており，配列やリンクリストのように，一定時間でアクセスができるデータ構造である場合に可能である．ここで説明した操作は，**2ウェイ併合**（two-way merge）という．11章では，2つより多くのファイルを扱う**マルチウェイ併合**（multiway merge）を調べる．マルチウェイ併合の最も重要な応用例は外部整列であり，その章で詳しく議論する．

最初に，入力として，整数を要素とする2つの整列した配列 a[0],…,a[N-1] と b[0],…,b[M-1] が与えられて，それを併合して第3の配列 c[0],…,c[N+M-1] を作ることを考える．容易に実現で

プログラム 8.1　併合

　配列 a と b をまとめて配列 c に整列して出力するために，for ループを使い，繰返しごとに 1 つの要素を c におく．a が尽きると b から要素をとり，b が尽きると a から要素をとり，両方に要素が残っていると，a と b それぞれの残りの中の最小要素を c におく．このプログラムでは，配列が整列しているという仮定のほかに，配列 c は a, b と共通部分がない（記憶領域を共有していない）とする．

```
mergeAB(Item c[], Item a[], int N, Item b[], int M )
  { int i, j, k;
    for (i = 0, j = 0, k = 0; k < N+M; k++)
      {
        if (i == N) { c[k] = b[j++]; continue; }
        if (j == M) { c[k] = a[i++]; continue; }
        c[k] = (less(a[i], b[j])) ? a[i++] : b[j++];
      }
  }
```

きるわかりやすい方法は，a と b から小さい方の要素を選んでは c に移していくというものである．この方法は単純であるが，これから調べるように重要な特徴がある．

　まず，配列は互いに共通部分がないと仮定する．特に，配列 a と b が巨大であれば，第 3 の巨大な配列 c が必要である．併合するファイルの大きさに比例する作業領域を使わないで，次の例のように，その場で併合する方法が望ましい．整列したファイル a[1],…, a[m] と a[m+1],…, a[r] をまとめて，単一のファイル a[1],…, a[r] の中に移動して併合する．ここで読者は時間をとって，どうすればよいか考えてみる価値がある．この課題は，簡単な形で解決すべきものであろう．しかし，実は，これまで知られている解決法は，プログラム 8.1 に較べて，複雑である．実際，その場で併合を行なうのに，その場で整列するより優れているアルゴリズムを設計することは容易でない．この問題点は 8.2 節でまた取り上げる．

　併合にはそれ特有の応用分野がある．例えば，普通のデータ処理の環境では，整列した大きいファイルを保持して，定期的に新しい項目を追加するということが必要になる．1 つのやりかたとして，新しい項目を別に集めておき，（はるかに大きい）主ファイルに追加して，ファイル全体を整列するというものがある．この状況では併合がぴったり使える．つまり，非常に能率のよいやりかたとして，新しい項目を別に集めて整列し，このファイルと主ファイルを併合することである．そのほ

か，併合には多くの応用があり，勉強する価値がある．本章の関心事は，主として併合に基づく整列法である．

練習問題

8.1 大きさ N の整列したファイルに，大きさ M の整列したファイルをまとめるものとする．ここで M は N よりはるかに小さいとする．本文で説明した併合に基づく方法を使うと，整列しなおすのに較べてどの程度速くなるか？ M の関数として表わせ．ここで，$N=10^3, 10^6, 10^9$ とせよ．

　大きさ N のファイルを約 $c_1 N \lg N$ 秒で整列するプログラムが使え，大きさ N と大きさ M の 2 つのファイルの併合に $c_2(N+M)$ 秒かかる併合プログラムが使えると仮定せよ．ここで，$c_1 \approx c_2$ とする．

8.2 練習問題 8.1 で仮定した 2 つの方法と，ファイル全体の整列に挿入整列法を使うやりかたを比較せよ．小さいファイルがランダムであるとして，それぞれの要素の挿入は大きいファイルの真中まで進むとせよ．さらに，挿入の全体の実行時間は，約 $c_3 MN/2$ であるとせよ．ここで c_3 は他の定数とほぼ等しいものとする．

8.3 プログラム 8.1 を使って，その場で併合すると何が起きるかを説明せよ．ここで，キーの集まりＡＥＱＳＵＹＥＩＮＯＳＴに対して

　　mergeAB(a, a, N/2, a+N/2, N-N/2)

をよぶものとする．

○8.4 練習問題 8.3 の中で呼び出すプログラム 8.1 が正しい順序に出力することの必要十分条件は，2 つの部分配列が整列していることであるか？ これが成り立つことを証明するか，成り立たない場合には反例を示せ．

8.2 抽象的なその場の併合

　併合の実現には余分の作業領域が必要そうであるが，それでも，その場併合の抽象を考えることは，本章の整列法の実現に役立つ．この点を明確に示すため，次の併合の実現法では，インタフェース merge(a, l, m, r) を用いて，併合ルーチンが a[l], ⋯, a[m] と a[m+1], ⋯, a[r] を併合して a[l], ⋯, a[r] に結果を残すことにする．この併合は，すべての要素を補助的配列にコピーして，プログラム 8.1 の基本的な方法を使って実現できる．しかし，その代わりに，このやりかたの改良版を考えよう．補助的配列のための記憶領域は必要なコストのようであるが，8.4 節では，配列のコピーする時間をさける改良も考慮する．

　基本的な併合の 2 番目の重要な性質として，内側のループに，2 つの入力が末尾に到達したことを判定するテストが 2 つある．もちろん，大

抵の場合，このテストは成り立たないので，このような状況では，テストの除去のために番兵を使いたくなる．すなわち，ほかのどのキーより大きいキーをもつ要素を配列aとbの末尾に追加すれば，このテストは取り除ける．その理由として，配列a(b)が尽きると，番兵によって，配列cに出力する次の要素は，併合が完了するまで，配列b(a)からとるようになる．

6章と7章で見たように，番兵の使用はいつも簡単であるとはかぎらない．というのは，最大のキーの値を知ることがやさしくなかったり，都合のよい記憶場所が使えなかったりするからである．併合では，図8.1に示すような簡単なやりかたがある．この方法は次のアイデアに基づく．その場併合の抽象を実現するのに，"その場"をあきらめ配列のコピーを使うことにして，ポインタを右から左に動かし，（余分なコストをかけずに）単に，2番目の配列を逆順にコピーする．この並べ方により，最大の要素がどちらの配列にあったとしても，他の配列のための番兵になる．プログラム8.2は，このアイデアに基づき，抽象的その場併合を実現したものである．このプログラムは，本章の後の方で取り上げる整列アルゴリズムの基礎になる．プログラムでは，依然，併合の出力の大きさに比例する補助配列を使っているが，配列の末尾のテストを省いているので，直接的に実現したものよりはるかに能率がよい．

キーの列の値が増加して，その後減少するような列は，**バイトニック**

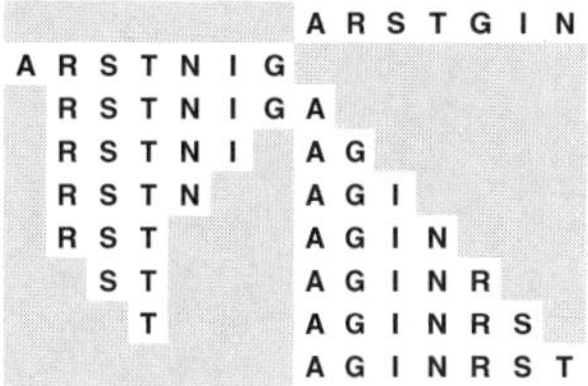

図8.1 番兵のない併合

上昇順の2つのファイルを併合するのに，補助的な配列にコピーして，第2のファイルを第1のファイルの後に逆順におく．これで次の単純な規則に従ってよい．左右どちらでも，小さい方の項目を出力に移動する．最大のキーがどちらのファイルにあっても，他のファイルの番兵になる．図はファイルＡＲＳＴとＧＩＮを併合する様子を示す．

プログラム8.2 抽象的なその場併合

この併合プログラムは，2番目の配列を逆順にauxにコピーして，1番目の配列と背中あわせにすることにより，番兵を使わないものである．最初のforループによって，最初の配列を移動して，ポインタiを1に設定して併合の準備をする．2番目のforループによって，2番目の配列を移動して，ポインタjをrに設定する．3番目のforループの併合の中で，最大の要素が番兵の役割をはたす．ここで，最大の要素はどちらの配列からきてもよい．このプログラムの内側のループは短い（auxに移動，比較，aへの移動，iかjの増加，kの増加とテスト）．

```
Item aux[maxN];
merge(Item a[], int l, int m, int r)
  { int i, j, k;
    for (i = m+1; i > l; i--) aux[i-1] = a[i-1];
    for (j = m; j < r; j++) aux[r+m-j] = a[j+1];
    for (k = l; k <= r; k++)
      if (less(aux[j], aux[i]))
        a[k] = aux[j--]; else a[k] = aux[i++];
  }
```

(双単調，bitonic) 列という．バイトニック列を整列することは併合に等しい．併合問題をバイトニック整列問題と解釈することはときどき便利なことがある．番兵でテストを省くこの方法は，その簡単な一例である．

プログラム8.1の重要な性質として，併合は安定である．これは，重複するキーの相対的な順序を保存する．この性質をチェックすることは容易である．抽象的その場併合を実現する際に，安定性が保持することを確かめることは，多くの場合意味がある．というのは，8.3節で見るように，安定な併合は，直ちに安定な整列法につながる．安定性の保持はかならずしも容易でない．例えば，プログラム8.2は安定でない（練習問題8.6）．この点を考えると，本当にその場で併合する方法を開発するという課題の難しさがわかる．

練習問題

▷ 8.5 図8.1の例のように，プログラム8.2によってＡＥＱＳＵＹＥＩＮＯＳＴを併合する様子を示せ．

○ 8.6 プログラム8.2は安定でない理由を説明せよ．調整して安定なものにせよ．

8.7 プログラム8.2によってＥＡＳＹＱＵＥＳＴＩＯＮを併合した時の結果を示せ．

○ 8.8 プログラム8.2が正しい出力を与えることは，2つの入力の部分配列が整列していることの必要十分条件であるか？ 成り立つことを証明するか，成り立たない場合には反例を示せ．

8.3 トップダウン型マージソート

併合の手続きが使えるようになると，これを基礎にして再帰的な整列手続きを作ることは難しくない．ファイルを整列するには，半分のもの2つをそれぞれ再帰的に整列して，それから併合すればよい．これを実現したのがプログラム8.3であり，その実行例を図8.2に示す．5章でふれたように，このアルゴリズムは，能率的なアルゴリズムの設計に**分割統治**（divide-and-conquer）パラダイムを使った典型的な例である．

トップダウン型マージソートは，トップダウン型の経営のスタイルに似ている．マネージャーは，組織で大きい仕事をする時，仕事を部分に分けてそれぞれ自分の部下にさせる．各マネージャーは，単に仕事を半分に分け，部下がやった仕事をまとめて，それを上役に送る．これは，マージソートのようなプロセスである．部下のない人が仕事（マージソ

図8.2 トップダウン型マージソートの例

各行は，トップダウン型マージソートの実行中において，mergeを呼び出した結果である．まず，ＡとＳを併合して，ＡＳをえる．ＯとＲを併合して，ＯＲをえる．そしてＯＲとＡＳを併合して，ＡＯＲＳをえる．そのあとで，ＩＴとＧＮを併合して，ＧＩＮＴをえる．この結果とＡＯＲＳを併合して，ＡＧＩＮＯＲＳＴをえる．以下同様である．この方法では，小さい整列ファイルから大きい整列ファイルへ再帰的に作っていく．

トップダウン型マージソート　　　§8.3

> **プログラム 8.3　トップダウン型マージソート**
>
> この基本的なマージソートの実現は，分割統治の原型というべき再帰的プログラムである．配列 a[l], …, a[r] を整列するのに，2 つの部分 a[l], …, a[m] と a[m+1], …, a[r] に分けて，それぞれを（再帰的に）整列し，それで作られる 2 つの部分ファイルを併合して，最終的な整列結果をえる．関数 merge は，入力のコピーを保持するために十分大きい補助的配列を使うかもしれない．しかし，本文で説明したように，抽象的なその場併合の操作と見なすと都合がよい．
>
> ```
> void mergesort(Item a[], int l, int r)
>   { int m = (r+l)/2;
>     if (r <= l) return;
>     mergesort(a, l, m);
>     mergesort(a, m+1, r);
>     merge(a, l, m, r);
>   }
> ```

ートの場合大きさ 1 のファイルの併合）をするまで，上役は大した仕事をしない．しかし，経営の場合は，下からあがってきた解をまとめるところで多くの仕事をする．

マージソートは，安定性を維持して実現できる上，直接的で最適な（つまり $N \log N$ に比例する実行時間の）整列法であるという意味で重要である．この結果は比較的に簡単に証明できる．

5 章（また 7 章のクイックソート）で調べたように，木構造を使って，再帰的プログラムの呼出しの構造を見やすく表示できる．これは，アルゴリズムの変形版を理解したり，アルゴリズム解析を行なう助けにもなる．任意の N に対して**分割統治木**（devide-and-conquer tree）を定義する．これは，プログラム 8.3 の実行中に，処理される部分ファイルの大きさを示す木である．N が 1 の時，この木は，ラベル 1 をもつ節点 1 つからなる．それ以外の時，ファイルの大きさ N の節点を根として，大きさ $\lfloor N/2 \rfloor$ に対する木を左部分木，大きさ $\lceil N/2 \rceil$ に対する木を右部分木とする．木のそれぞれの節点は，mergesort の呼出しに対応し，そのラベルは，再帰呼出しの問題の大きさに対応する．N が 2 のベキ乗であれば，この構成により，完全にバランスした木になり，すべての節点に 2 のベキ乗のラベルがつく．外部節点には 1 のラベルがつく．N が 2 のベキ乗でない時，複雑な木になる．両方の例を図 8.3 に載せる．5.2 節で，マージソートと同じ再帰構造をもつアルゴリズムを取り上げた時，このような木が現われた．

分割統治木の構造は，マージソートの解析に直接使える．例えば，こ

図 8.3 分割統治木

図は，トップダウン型マージソートが作り出す部分問題の大きさを示す．クイックソートに対応する木と異なり，これらのパターンは，ファイルの中のキーの値でなく，最初のファイルの大きさだけに依存して決まる．上の図は，要素 32 個のファイルが整列する様子を示す．要素 16 個のファイル 2 つを（再帰的に）整列して，それらを併合する．要素 16 個のファイルの整列は，要素 8 個のファイル 2 つを（再帰的に）整列して，それらを併合する．以下同様である．ファイルが 2 のベキ乗でない時，パターンは下の図に示すように複雑である．

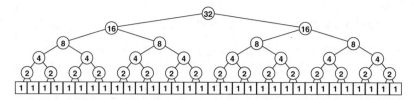

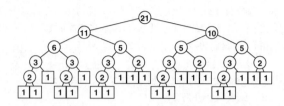

のアルゴリズムで実行する比較の全回数は節点すべてのラベルの総和に一致する．

性質 8.1 マージソートは，要素 N 個の任意のファイルを約 $N \lg N$ 回の比較で整列する．

8.1 節と 8.2 節のプログラムでは，$(N/2)$-$(N/2)$ 併合が N 回の比較で実行できる（番兵の使い方で 1 回か 2 回の差がでる）．整列全体の比較回数は，次のように標準的な分割統治の漸化式で書ける．

$$M_N = M_{\lfloor N/2 \rfloor} + M_{\lceil N/2 \rceil} + N$$

ここで，$M_1 = 0$ である．

この漸化式は，節点のラベルの和，あるいは，N 節点の分割統治木の外部道長を表わす（練習問題 5.74）．N が 2 のベキ乗である時，この性質を証明することは容易である（式 2.4 参照）．一般の N については帰納法を使う．練習問題 8.12 と 8.13 で証明する．∎

性質 8.2 マージソートは N に比例する作業領域を使う．

この性質は 8.2 節の議論より明らかである．作業領域をへらすための方法も考えられるが，アルゴリズムがはるかに複雑になる（例えば練習問題 8.21）．8.7 節で見るように，整列するファイルがリンクリストで表わされている場合，マージソートは有効である．この場合も，リンクのために作業領域を使うので，この性質は成り立つ．配列に対して，8.2 節でふれたし，8.4 節でも取り上げるが，併合をその場で実行できる．しかし，そのやりかたは実際の場で役に立ちそうにない．∎

性質 8.3 併合が安定であれば，それを使うマージソートも安定であ

る．

　この事実は帰納法で容易に検証できる．プログラム 8.1 のような併合の実現では，重複したキーの相対的順序が併合で乱れないことは容易に示せる．しかし，もっと複雑なアルゴリズムになれば，それだけ安定性が乱れる可能性は高くなる（練習問題 8.6）．■

性質 8.4 マージソートの性能は，入力の最初の並び方に左右されない．

　上で示したプログラムでは，入力によって，併合時に処理する要素の順序だけしか指定しない．それぞれのパスにおいて，補助配列への移動が起きるので，記憶領域と時間は部分ファイルの大きさに比例する．if 文の 2 つの分岐によって，コンパイルしたコードでほんの少しの差が出るかもしれないが，実行時間は，ほんの少ししか入力に依存しない．入力に対する比較の回数やその他の操作は，それらの並び方によらない．このことは，アルゴリズムが非適応型であることと異なるので，注意されたい．実際，比較の列は入力の並び方に依存する．■

練習問題

▷ 8.9 プログラム 8.3 において，ＥＡＳＹＱＵＥＳＴＩＯＮを整列する場合の併合の様子を示せ．

8.10 $N=16, 24, 31, 32, 33, 39$ の場合の分割統治木を描け．

● 8.11 2 ウェイ併合の代わりに，3 ウェイ併合を使って，配列の再帰的マージソートを実現せよ．

○ 8.12 分割統治木において，ラベルが 1 の節点は一番下の 2 つのレベルの中にあることを証明せよ．

○ 8.13 分割統治木において，各レベルにある節点のラベルは，総和が N になることを示せ．ただし，一番下のレベルを除く．

○ 8.14 練習問題 8.12 と 8.13 を使って，マージソートが実行する比較の回数は，$N \lg N$ と $N \lg N + N$ の間にあることを証明せよ．

● 8.15 マージソートの比較回数と N より小さい $\lceil \log_2 N \rceil$ ビットの数の総ビット数との間に成り立つ関係式を求めよ．

8.4 基本アルゴリズムの改良

　クイックソートで見たように，大概のアルゴリズムは小さい場合を別

扱いすることで改良できる．ここでも，再帰的アルゴリズムは，小さい場合を扱うことがよく生じるので，小さい場合の改良がアルゴリズム全体の改良につながる．クイックソートで行なったように，小さい部分ファイルに挿入整列法を使うと，典型的なマージソートのプログラムは，実行時間が 10% から 15% 改良する．

　第 2 の改良は，マージソートで結構考慮の価値があるもので，補助配列のコピーに使う時間を省くというものである．そうするには，再帰呼出しを書き換えて，各レベルにおいて入力配列と補助配列の役割を交代する．具体的なやりかたとして，2 つのルーチンを用意して，一方が入力を aux，出力を a に，他方が入力を a，出力を aux にする．こうして 2 つのルーチンを互いに呼び合えばよい．別のやりかたは，プログラム 8.4 に示すが，配列のコピーを最初に作り，プログラム 8.1 を使って，再帰呼出しのパラメータを交代することで，配列のコピーをしないものである．併合した出力を補助配列に入れることと入力配列に入れることを交互に行なう．このプログラムは巧妙である．

　この技法によって，内側のループで入力が尽きたことをテストするという犠牲を払うが，配列のコピーは削除できる．なお，プログラム 8.2 でこのテストを省略する技法として，コピーの間に配列をバイトニックなものにしたことを思い出されたい．ここでの犠牲は，同じアイデアを再帰的に実現すれば回復できる．つまり，併合とマージソートの両方の

プログラム 8.4　コピーなしのマージソート

　この再帰的プログラムは，b を整列して，結果を a に残す．それで，再帰呼出しの方は結果を b に残すように書き，プログラム 8.1 を使って，b から併合して a に入れる．こうして，データは併合を行なう間に移動する．

```
Item aux[maxN];
void mergesortABr(Item a[], Item b[], int l, int r)
  { int m = (l+r)/2;
    if (r-l <= 10) { insertion(a, l, r); return; }
    mergesortABr(b, a, l, m);
    mergesortABr(b, a, m+1, r);
    mergeAB(a+l, b+l, m-l+1, b+m+1, r-m);
  }
void mergesortAB(Item a[], int l, int r)
  { int i;
    for (i = l; i <= r; i++) aux[i] = a[i];
    mergesortABr(a, aux, l, r);
  }
```

ルーチンを実現して，それぞれ，配列を上昇順と下降順におく．この考え方によって，バイトニックのやりかたが使え，内側のループに番兵が必要でないようにできる．

これで基本ルーチンのコピーを4つ使うことになり，再帰呼出しの交代に頭を悩ませるので，この"超最適化"は，専門家（または学生！）にしか推薦できない．しかし，マージソートの速度は相当向上する．8.6節で議論する実験結果を見ると，これらの改良をすべて組み合わせると，マージソートは40%くらい速くなる．しかし，クイックソートと較べると，依然25%くらい遅い．この速度の割合は，具体的なプログラムとかマシーンとかに依存するが，様々な状況で似たような結果になると思われる．

併合のほかの実現法で，最初のファイルが尽きたことを陽にテストするものは，入力によって実行時間が変わるかもしれないが，過度に変わるということはない．ランダムファイルでは，最初の部分ファイルが尽きた時，ほかの部分ファイルも小さく，また，補助配列に移動するコストは，やはり部分ファイルの大きさに比例する．ファイルに多くの順序が存在する場合，部分ファイルが既に整列していれば，mergeをよばないようにして，性能を向上することも考えられる．しかし，この考えは多くの種類のファイルに対してあまり効果がない．

練習問題

8.16 抽象的なその場併合を実現して，作業用の配列として，併合する2つの配列の小さい方の大きさのものを使うようにせよ（読者の方法はマージソートの作業領域を半分にすべきである）．

8.17 大きいランダムファイルに対してマージソートを実行して，最初の部分ファイルが尽きる時，他方の部分ファイルの平均的な大きさがどうなるかを実験的に求めよ．ここで，併合する2つの部分ファイルの大きさの和Nの関数として表わせ．

8.18 プログラム8.3を調整して，a[m]<a[m+1]である時に併合をよぶことをスキップする．このやりかたで，ファイルが既に整列している時，比較回数がどれだけ節約できるか．

8.19 大きいランダムファイルに対して，練習問題8.18の調整アルゴリズムを実行せよ．併合がスキップされる平均回数を実験的に求めよ．ここで，もとのファイルの大きさNの関数とせよ．

8.20 小さいhのh-整列のファイルをマージソートで整列するとしよう．入力の性質を利用するためにmergeルーチンをどのように変更できるか．このルーチンに基づいて，シェルソートとマージソートを組み合わせた整列法の

実験を行なえ．

8.21 大きさ N の配列に 2 つの上昇列のファイルがある．$N=M^2$ として，ファイルの大きさはそれぞれ M の倍数とする．大きさ M の作業領域が使えるとして，2 つのファイルを併合するプログラムを考えよ．ヒント：配列は大きさ M のブロック M 個からなるとする．まず，各ブロックの末尾の要素をキーとして，選択整列法により M 個のブロックを整列する．次に，1 番目の上昇列（ブロックの列）とその直後のブロックに対して，前者が尽きるまで併合する．後者の残りを先頭にもつ上昇列とその直後のブロックに対して，同様の併合を行なう．以下，同様の操作を繰り返す．

8.22 練習問題 8.21 のプログラムは N に関して線形時間で走ることを示せ．なお，このプログラムのアイデアに基づいて，一定の大きさの作業領域しか使わないその場併合が実現できる．

8.23 コピーをしないバイトニックのマージソートを実現せよ．

8.5 ボトムアップ型マージソート

5 章で議論したように，どの再帰的プログラムにも，それに対応する非再帰的プログラムがある．どちらも同じ計算をするが，異なる順番で行なうこともある．分割統治によるアルゴリズム設計の原型として，マージソートの非再帰版は詳しく調べる価値がある．

再帰的プログラムで実行する併合の順番を考えよう．図 8.2 の例で，大きさ 15 のファイルは，次に示す順番で併合することにより整列する．

```
1-1  1-1  2-2  1-1  1-1  2-2  4-4
1-1  1-1  2-2  1-1  2-1  4-3  8-7．
```

この併合の順番は，アルゴリズムの再帰的構造で決定する．しかし，部分ファイルは独立に処理されるので，別の順番に併合してもよい．図 8.4 は，同じ例に対して別の順番で併合することを示す．ここで併合の順番は次の通りである．

```
1-1  1-1  1-1  1-1  1-1  1-1  1-1
2-2  2-2  2-2  2-1  4-4  4-3  8-7．
```

どちらの場合も，1-1 併合を 7 回，2-2 併合を 3 回，2-1 併合を 1 回，4-4 併合を 1 回，4-3 併合を 1 回，8-7 併合を 1 回行なうが，異なる順番に併合を実行する．ボトムアップ型のやりかたでは，配列を左から右へ見て，残っているファイルの中で一番小さいファイルを併合していく．

再帰的アルゴリズムが実行する併合の順番は，図 8.3 のような分割統治木によって決定する．そして，この木を後行順にたどる．3 章で見たように，非再帰的アルゴリズムは，スタックを陽に使って，同じ併合の

図 8.4 ボトムアップ型マージソートの例

各行は，ボトムアップ型マージソートにおいて merge の呼出しの結果を示す．まず 1-1 併合を行なう．これで，A と S が併合して AS になる．次に，O と R が併合して OR になる．以下同様である．ファイルの大きさは奇数であるので，最後の E は併合に関わらない．次のパスでは，2-2 併合を行なう．AS と OR を併合して AORS になる．以下同様であるが，最後は 2-1 併合になる．そして，4-4 併合，4-3 併合が続き，最後に 8-7 併合を行なう．

列を実行する．しかし，後行順にたどらなくてもよい．すなわち，どのように木をたどっても，それぞれの節点に訪れる前に，その部分木の節点に訪れていれば，正しいアルゴリズムになる．唯一の条件として，併合する配列は，それ以前に整列しておかなければならない．マージソートに対して，まずすべての 1-1 併合をすませ，次に，すべての 2-2 併合をすませ，次に，すべての 4-4 併合をすませ，以下同様に進むのが具合がよい．この列は，再帰的な木を一番下から上に上がっていく**レベル順**(level-order) の走査に対応する．

5章では，いくつかの例を取り上げて，ボトムアップ型を考える時に，結合統治のやりかたに考え直してみるのがよいと述べた．これは，小さい部分問題の解を取り上げ，それを結合して，もっと大きい問題の解を求めるというものであった．詳しくは，プログラム 8.5 に示す結合統治の非再帰的マージソートは次のようにして作られる．まず，ファイルのすべての要素は，大きさ 1 の整列した部分リストであると見なす．次に，この部分リストを走査していき，1-1 併合を実行する．これで，大きさ 2 の整列した部分リストができる．次に，部分リストを走査して，2-2 併合の実行により，大きさ 4 の整列した部分リストを作る．次に，4-4 併合によって大きさ 8 の部分リストを作る．以下同様である．これで，最後にリスト全体，つまり入力のファイル全体が整列する．

ファイルの大きさが 2 のベキ乗であれば，ボトムアップ型マージソートが実行する併合の集合は，再帰的なマージソートが実行するものと一致するが，併合の順番は異なる．ボトムアップ型マージソートは，分割統治木の下から上へのレベル順の走査に対応する．これに対して，再帰的アルゴリズムをトップダウン型マージソートとよんだが，これは，木

プログラム 8.5 ボトムアップ型マージソート

ボトムアップ型マージソートは，ファイル全体にわたって，m-m 併合を行なうパスを繰り返す．パスの都度，m を 2 倍する．最後のファイルの大きさが m になるのは，ファイル全体の大きさが m の倍数になる時にかぎる．それで，各パスの最後の併合は，m-x 併合になる．ここで，x は m より小さいか等しい．

```
#define min(A, B) (A < B) ? A : B
void mergesortBU(Item a[], int l, int r)
  { int i, m;
    for (m = 1; m <= r-l; m = m+m)
      for (i = l; i <= r-m; i += m+m)
        merge(a, i, i+m-1, min(i+m+m-1, r));
  }
```

図8.5　ボトムアップ型マージソートのファイルの大きさ

ボトムアップ型マージソートの併合パターンは，ファイルの大きさが2のべキ乗でない場合，トップダウン型マージソート（図8.3）とまったく異なる．ボトムアップ型マージソートでは，最後のファイルは別にして，すべてのファイルの大きさが2のべキ乗である．この差異は，アルゴリズムの基本構造を理解するのに重要であるが，性能への影響がほとんどない．

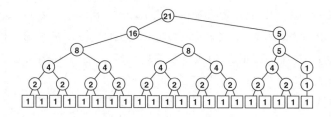

の上から下への後行順の走査に対応する．

ファイルの大きさが2のべキ乗でないならば，図8.5に示すように，ボトムアップ型アルゴリズムは，併合の集合も異なる．ボトムアップ型アルゴリズムは，結合統治の木に対応し（練習問題5.76），トップダウン型アルゴリズムに対応する分割統治の木と異なる．再帰的方法が作る併合の列と，非再帰的方法が作る併合の列が一致するように調整できるが，そうしなければならない特段の理由はない．というのは，コストの差は，全体のコストに較べてごく小さい．

性質8.1から8.4は，ボトムアップ型マージソートでも成り立つ．その他に次のような性質も成り立つ．

性質 8.5　ボトムアップ型マージソートの各パスにおける併合は，ファイルの大きさが常に2のべキ乗である．ただし，最後のファイルの大きさは必ずしもそうではない．

この事実は帰納法で容易に証明できる．∎

性質 8.6　要素N個の対するボトムアップ型マージソートが実行するパスの回数は，Nの2進数表現（先頭の0は無視する）のビット数にほぼ一致する（正確には$\lceil \log_2 N \rceil$）．

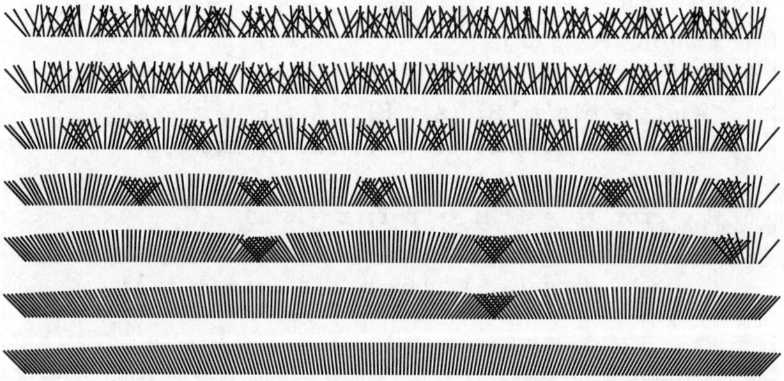

図8.6　ボトムアップ型マージソート

要素200個のファイルは，ボトムアップ型マージソートにより整列する場合，8回のパスしか必要ない．各パスでは，整列する部分ファイルの個数を半分にして，部分ファイルの大きさを2倍にする（最後の部分ファイルはそうならないこともある）．なお図の1行目は2回目のパスが終了している．

ボトムアップ型マージソートにおける各パスでは，整列した部分ファ

イルの大きさが2倍になる．それで，k 回目のパスの後で，部分リストの大きさは 2^k になる．N 要素のファイルの整列で実行するパスの回数は，$2^k \geq N$ になる最小の k に一致する．これより，k はちょうど $\lceil \lg N \rceil$ になる．この結果は，帰納法により証明できるし，結合統治木の形を調べても証明できる．■

図 8.6 には，大きいファイルに対するボトムアップ型マージソートの動作を示す．百万個の要素のファイルは，20 回のデータのパスで，十億個のファイルは，30 回のパスで整列できる．

まとめると，ボトムアップ型とトップダウン型の 2 つのマージソートは，整列した部分ファイル 2 つを併合して，整列したファイルを作るという操作に基づいた直接的な整列アルゴリズムである．2 つのアルゴリズムは，密接に関係し，実際ファイルが 2 のベキ乗の大きさの時，併合の集合が一致する．もちろん，一般には一致しない．図 8.7 は，大きいファイルに対する 2 つアルゴリズムの動作の差を示す．どちらのアルゴリズムも，作業領域が決定的に重要でなく，さらに最悪の場合の実行時間を限定できることが望ましい場合には，実際の応用に使うことができる．どちらのアルゴリズムも，分割統治と結合統治によるアルゴリズム設計の一般的パラダイムの原型と見なせる点が面白い．

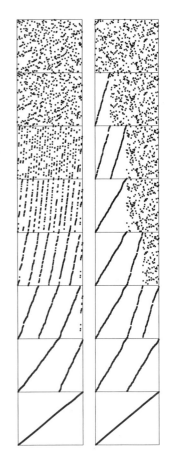

図 8.7　ボトムアップ型とトップダウン型のマージソート

ボトムアップ型マージソート（左側）は，ファイルのパスの列を実行して，最後に 1 つ残るまでファイルを併合する．末尾のいくつかの要素を除いて，ファイルのどの要素も各パスに関与する．これと対照的に，トップダウン型マージでは，（再帰的に）後の半分のファイルを整列する前に前の半分を整列する．それで進行のパターンはまったく異なる．

練習問題

8.24 ボトムアップ型マージソート（プログラム 8.5）によって E A S Y Q U E S T I O N を整列する時，併合の様子を示せ．

8.25 ボトムアップ型マージソートで，最初に，要素 M 個のブロックを挿入整列法で整列するものを実現せよ．要素が N であるランダムファイルを整列するのに，読者のプログラムが最も速く走るように，M の値を実験的に定めよ．ここで，$N = 10^3, 10^4, 10^5, 10^6$ とする．

8.26 プログラム 8.5 が実行する併合を示す木を描け．ここで，$N = 16, 24, 31, 32, 33, 39$ とせよ．

8.27 ボトムアップ型マージソートと同じ併合を実行する再帰的マージソートを書け．

8.28 トップダウン型マージソートと同じ併合を実行するボトムアップ型マージソートを書け．この練習問題は 8.27 よりかなり難しい．

8.29 ファイルの大きさが 2 のベキ乗であるとする．トップダウン型マージソートから再帰呼出しを除去して，併合の列が同じである非再帰的マージソートのプログラムを作れ．

8.30 トップダウン型マージソートが実行するパスの回数について，N の 2

進数表現のビット数との関係を示せ（性質 8.6 参照）．

8.6 マージソートの性能

表 8.1 は，これまで調べたいろいろな改良の効果を示す．これらの調査でわかることとして，よくあることではあるが，アルゴリズムの内側のループに焦点をあわせて改良することで，実行時間が半分かそれ以下にできる．

8.2 節で議論した改良のほかに，2 つの配列の最小の要素を単純変数やマシーンのレジスタに保持して，配列へのアクセスを減らすことにより改良できる．それで，マージソートの内側のループは，1 回の比較（条件分岐つき），ポインタの増加（i か j のどちらかと k），ループの終了のための分岐のテストからなる．内側のループの命令の数は，クイックソートより少し多いが，これらの命令の実行回数は $N \lg N$ であ

表 8.1 マージソートの実験

様々な N に対して浮動小数点数のランダムファイルの相対的整列時間を見ると次の諸点がわかる．標準のクイックソートは，標準のマージソートより大体 2 倍速い．小さいファイルの打切り（カットオフ）により，ボトムアップ型もトップダウン型もマージソートが 15% ほど速くなる．これらのファイルに対して，トップダウン型はボトムアップ型より 10% ほど速い．ランダムに並んだファイルに対して，ファイルのコピーを除いても，マージソートは，単なるクイックソートより 50% から 60% 遅い（表 7.1 参照）．

		トップダウン			ボトムアップ	
N	Q	T	T*	O	B	B*
12500	2	5	4	4	5	4
25000	5	12	8	8	11	9
50000	11	23	20	17	26	23
100000	24	53	43	37	59	53
200000	52	111	92	78	127	110
400000	109	237	198	168	267	232
800000	241	524	426	358	568	496

説明：
- Q　クイックソート，標準（プログラム 7.1）
- T　トップダウン型マージソート，標準（プログラム 8.1）
- T*　トップダウン型マージソート，打切り
- O　トップダウン型マージソート，配列コピーなし，打切り
- B　ボトムアップ型マージソート，標準（プログラム 8.5）
- B*　ボトムアップ型マージソート，打切り

マージソートの性能　　　　　　　　　　§8.6　　　　　　　　　　317

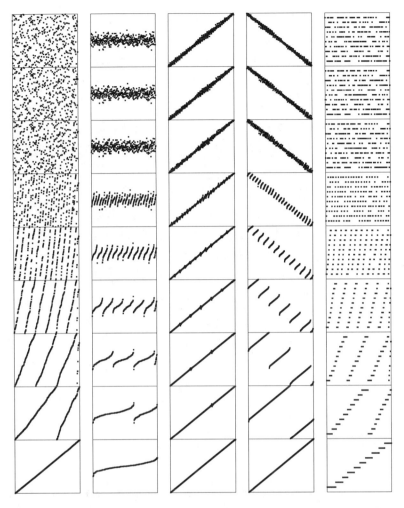

図8.8　いろいろな型のファイルに対するボトムアップ型マージソート

　マージソートの実行時間はほとんど入力によらない．ボトムアップ型マージソートによるパスの回数は，ファイルの大きさだけで決まり，入力の値によらない．この図は，ランダム，正規分布，ほとんど整列ずみ，ほとんど逆順，10種類のキーで並び方がランダムであるファイルに対する動作を示す．この動作の特徴は，クイックソートやそのほかの整列法と著しく対照的である．

る．クイックソートではこれより39%多くなる（3要素の中央値の修整版で29%）．特定の環境で，アルゴリズムをもっと精確に比較するには，注意深い実現と詳しい解析が必要である．それでも，マージソートの内側のループは，クイックソートのそれと較べてやや長いことがわかる．

　例によって，この種の改良への注意書きとして，多くのプログラマには魅力的に見えても，実際にえられる改良は大したものでなかったり，もっと重要な問題点を考えてから行なうべきであるということを付け加えておく．この場合，マージソートがクイックソートより明らかに優れているのは，安定であること，（入力によらず）速く走ることであり，明らかに劣っているのは，入力配列の大きさに比例する作業領域を使うことである．これらの点を考えて，マージソートを使う方がよい（そして速度が重要である）ということであれば，ここで示した改良は考慮に値する．さらに，コンパイラが生成するコード，マシーンのアーキテク

チャの特性などを詳しく調べることも意味がありうる．

一方，普通の注意書きとして，プログラマは，性能だけに考慮を払うべきではない．これで，まったく不必要なコストをかけることはさけるべきである．すべてのプログラマ（著者も含む）は，プログラムの単純な性質に気がつかず，それがどんな高度な機構より重要であったということに戸惑った経験をもっている．プログラムを注意深く調べると，実行時間を 2 倍改良できる部分が見つかることは，珍しいことではない．頻繁にテストすることは，最終段階になってから，このようなびっくりすることが起きないために，最も効果がある．

5 章では，上で述べてきたことをある程度詳しく説明した．早期の段階での最適化への誘惑は非常に強いので，この程度の詳しさで性能向上技法を調べる時には，上記の注意点を強く意識することは大切なことである．マージソートについては，性質 8.1 から 8.4 までの性能に関する基本的な性質が成り立ち，さらに，これまで調べた実現プログラムに対しても成り立つので，最適化に対する心構えが十分できている．マージソートは，実行時間が $N \log N$ に比例し，入力の種類によらず（図8.8），余分の作業領域を使い，安定な整列法として実現できる．一般に，これらの性質を保持しつつ，実行時間を改良することは難しい．

練習問題

8.31 配列のコピーをしないボトムアップ型マージソートを実現せよ．

8.32 クイックソート，マージソート，挿入整列法の 3 つを組み合わせたハイブリッドな整列法を開発せよ．この方法は，最も能率のよいクイックソートと（小さいファイルも含めて）同じ程度に速く，最悪の場合でも 2 乗時間より速いことが保証できるものである．

8.7 リンクリストによるマージソート

マージソートの実用的なプログラムは，余分な作業領域が必要そうであるので，リンクのリストを使う実現法も考慮に値する．言い換えれば，補助配列のために作業領域を使う代わりに，リンクのために作業領域を使う．もともと最初から，リンクのリストを整列する問題を考えてもよかった（6.9 節参照）．実際，マージソートは，リンクリストと非常に相性がよい．プログラム 8.6 に，併合を実現したものを載せる．実際に併合を行なうコードの部分は，前の配列による併合のコード（プログラム 8.2）と同程度に簡単である．

併合の関数ができると，リストのトップダウン型再帰的マージソート

リンクリストによるマージソート　　　　§8.7

は容易に作れる．プログラム8.7は，再帰呼出しにより整列する関数を実現したものであり，その関数は，入力として順序のないリストをさすポインタを受け取り，関数の値として，同じ要素の集合が整列している

プログラム8.6　リンクリストの併合

このプログラムでは，aがさすリストとbがさすリストを併合するが，作業用のポインタcを用いる．mergeの中のキーの比較に等号がついているので，リストaの後にリストbが続くならば，この併合は安定である．簡単のため，すべてのリストはNULLで終わる約束をする．リストの終わりを示すほかの約束でもうまくいく（表3.1参照）．もっと重要なこととして，ヘッド節点が増えないように，リストの先頭にヘッド節点を使わない．

```c
link merge(link a, link b)
  { struct node head; link c = &head;
    while ((a != NULL) && (b != NULL))
      if (less(a->item, b->item))
        { c->next = a; c = a; a = a->next; }
      else
        { c->next = b; c = b; b = b->next; }
    c->next = (a == NULL) ? b : a;
    return head.next;
  }
```

プログラム8.7　トップダウン型のリストマージソート

このプログラムは，cがさすリストを2分して，それぞれをaとbがさし，この2つのリストを再帰的に整列して，最後に，mergeして整列結果をえる．入力リストは，必ずNULLで終わるようにする（それでリストbもNULLで終わる）．c->nextをNULLに設定する命令によって，リストaの末尾にNULLをおく．

```c
link merge(link a, link b);
link mergesort(link c)
  { link a, b;
    if (c == NULL || c->next == NULL) return c;
    a = c; b = c->next;
    while ((b != NULL) && (b->next != NULL))
      { c = c->next; b = b->next->next; }
    b = c->next; c->next = NULL;
    return merge(mergesort(a), mergesort(b));
  }
```

リストをさすポインタを返す．このプログラムは，リストの節点を並べ換えることにより整列する．一時的な節点やリストを別に割り付ける必要はない．再帰的プログラムには，パラメータとしてリストの長さを送ってもよいが，プログラム 8.7 ではリストの中央を見つけるための技法を使っている．このプログラムは，高度なアルゴリズムによっているが，再帰呼出しで書いているので，容易に理解できる．

リンクリストのマージソートには，ボトムアップ型結合統治のやりかたが使える．リンクを追跡することをきちんと実現するのは，みかけより難しい．8.3 節でボトムアップ型の配列による方法を取り上げたが，ボトムアップ型のリストのマージソートを考える際に，再帰的プログラムや配列によるものが扱う併合の集合にこだわる理由は特にない．

この場合，説明するのはやさしいが，実現するのは難しいという面白いアルゴリズムがある．項目の集合を**循環リスト**（circular list）で表わして，整列した部分ファイルの対を併合することを繰り返す．この方法は，考え方がやさしいが，（リンクのリストがからむ大概の低水準のプログラムと同様に）実現するのが厄介である（練習問題 8.36）．別のやりかたとして，プログラム 8.8 に示すように，併合するリストをすべてキュー ADT に保持するものがある．この方法も考え方はやさしいが，（ADT がからむ大概の高水準のプログラムと同様に）実現するのがやはり厄介である．

プログラム 8.8 ボトムアップ型のリストマージソート

このプログラムは，ボトムアップ型マージソートを実現するために，キューの ADT を使う（簡単のためプログラム 4.18 で名前の中の QUEUE を Q に置き換えた）．長さ 1 のリストでキューを初期設定する．キューから 2 つのリストを取りはずして，それらを併合し，そしてキューに結果を戻す．このことをリストがただ 1 つになるまで繰り返す．このことは，すべての要素を走査するパスの列に対応し，ボトムアップ型マージソートのように，各パスで，整列したリストの長さを 2 倍にする．

```
link mergesort(link t)
  { link u;
    for (Qinit(); t != NULL; t = u)
      { u = t->next; t->next = NULL; Qput(t); }
    t = Qget();
    while (!Qempty())
      { Qput(t); t = merge(Qget(), Qget()); }
    return t;
  }
```

上記の循環リストを使う方法の重要な特徴は，ファイルの中に最初からある順序が生きることである．実際，リストを走査するパスの回数は，$\lceil \lg N \rceil$でなく，$\lceil \lg S \rceil$である．ここで，Sはもとの並びにある部分ファイルで，整列しているものの個数である．この方法は，**自然マージソート**（natural mergesort）といわれる．ランダムファイルでは，1回か2回パスの節約がありうる程度であるので，特に有利ではない．実際に，この方法では，ファイルの中の順序をチェックする余分のコストがかかるので，トップダウン型のものに較べて遅くなりうる．しかし，ファイルが整列した部分の集まりになっていることはよくあるので，この方法は，そのような状況で有効である．

練習問題

- 8.33 トップダウン型のリストマージソートを実現せよ．ここで，再帰呼出しのパラメータとしてリストの長さを渡し，リストの分割に使うようにせよ．
- 8.34 トップダウン型のリストマージソートを実現せよ．ここで，リストのヘッド節点にその長さを入れ，これをリストの分割に使うようにせよ．
- 8.35 プログラム8.7に小さい部分ファイルの打切りを追加せよ．速度が向上するように，打切りの値を選択せよ．
- 8.36 本文中にあるように，循環リストを使ったボトムアップ型のマージソートを実現せよ．
- 8.37 練習問題8.36のボトムアップ型マージソートに小さい部分ファイルの打切りを追加せよ．速度が向上するように，打切りの値を選択せよ．
- 8.38 プログラム8.8に小さい部分ファイルの打切りを追加せよ．速度が向上するように，打切りの値を選択せよ．
- 8.39 プログラム8.8が実行する併合の様子を示すような結合統治の木を描け．ここで，$N=16, 24, 31, 32, 33, 39$とせよ．
- 8.40 循環リストのマージソート（練習問題8.38）が実行する併合の様子を示すような結合統治の木を描け．ここで，$N=16, 24, 31, 32, 33, 39$とせよ．
- 8.41 ランダムな32ビット整数N個の配列の中で，整列した部分ファイルの個数に関する仮説をたて，実験的に調べよ．
- 8.42 ランダムな64ビットのキーに対して自然マージソートが実行するパスの回数を実験的に求めよ．ここで，$N=10^3, 10^4, 10^5, 10^6$とせよ．ヒント：この練習問題では，プログラムを実現する必要がないし，64ビットのキーを生成する必要もない．
- 8.43 プログラム8.8を変形して，自然マージソートにせよ．最初，入力にある整列した部分ファイルからなるようなキューを作れ．
- 8.44 配列に基づく自然マージソートを実現せよ．

8.8 再帰呼出しの再考

本章のプログラムは，前章のクイックソートと同様に，分割統治法の典型的な実現例である．後の章でも，同様の構造のアルゴリズムがいくつか出てくる．それで，このような実現法の基本的な性質について，もっと詳しく見ておくことは意味がある．

クイックソートは，実は"統治して分割する"アルゴリズムであるという方がふさわしいであろう．つまり，再帰的なプログラムでは，再帰的な呼出しの前に大部分の仕事を行なう．これに対して，再帰的マージソートは，"分割して統治する"という意味で分割統治法の精神に近い．つまり，マージソートでは，最初にファイルを2つの部分に分割して，その後でそれぞれのファイルを統治している．それで，実際にマージソートが初めて処理をするファイルは小さい．最後の段階で，最大のファイルを処理する．クイックソートは，最大のファイルを最初に処理し，小さいファイルの処理で終わる．この2つのアルゴリズムは，本章の初めにふれたような経営のアナロジーで解釈してみると面白い．クイックソートは，仕事の分割の仕方を正しく決定するために，それぞれのマネージャーが努力するのに対応している．それで，部分の仕事が終わった時に，全体の仕事も終わる．それに対して，マージソートでは，マネージャーが適当に仕事を2つの部分に分割して，部分の仕事が終わると，その結果をまとめるのに仕事をする必要がある．

この相違点は，2つの方法の非再帰版ではっきり現われる．クイックソートは，スタックが必要になる．というのは，データに依存しながら分割する大きい部分問題を憶えておく必要があるからである．マージソートは，簡単な非再帰的プログラムですむ．なぜなら，ファイルの分割の仕方がデータに依存しないので，部分問題を解く順番を並べ換えて，プログラムを相対的に簡単にできるからである．

クイックソートは，トップダウン型のアルゴリズムとして考えるのがより自然であるともいえる．というのは，再帰呼出しの木の上の方で仕事をして，整列を終了させるために下の方におりてくる．非再帰版のクイックソートで，再帰呼出しの木をレベル順にたどり，上から下へとおりてくるというものが想像できる．それで整列法として，配列の中で何回もパスを繰り返し，ファイルを小さいファイルに分割するというものが考えられる．配列に対してこの方法は実際的でない．というのは，部分ファイルを追跡するための裏方の仕事のコストが大きくなるからである．しかし，リンクリストに対しては，ボトムアップ型のマージソートに類似したものである．

マージソートとクイックソートの相違点として安定性を指摘した．マ

ージソートに対しては，部分ファイルが安定に整列されれば，併合が安定に行なうことを確かめるだけでよいし，このことは容易に実現できる．アルゴリズムの再帰的な構造によって，安定であることは，帰納法で直ちに証明できる．配列に基づくクイックソートのプログラムでは，安定に分割する簡単な方法がない．それで，再帰呼出しを考慮する以前に，安定性が成り立つ可能性がない．しかし，リンクリストによりクイックソートを直接的に実現すれば，安定なプログラムになる（練習問題7.4）．

　5章で見たように，再帰呼出しが1つあるアルゴリズムは，ループに変換できる．しかし，マージソートやクイックソートのように再帰呼出しが2つあるものは，分割統治のアルゴリズムと木構造の世界に通じるものである．その世界では，最適なアルゴリズムが数多く見つけられている．マージソートとクイックソートは，深く研究する価値がある．というのは，整列アルゴリズムが実用的に重要であるというだけではなく，再帰呼出しの性質の洞察は，他の再帰的アルゴリズムを開発し理解するのにとても役に立つからである．

練習問題

- **8.45** マージソートにおいて，ちょうど真中でファイルを分ける代わりに，ランダムな位置で分けるように実現したとする．この方法で，要素 N 個を整列するのに実行する比較の平均回数を求めよ．
- **8.46** 文字列を整列する場合のマージソートの性能を調べよ．大きいファイルを整列する時，文字の比較の平均回数を求めよ．
- **8.47** リンクリストに対するクイックソート（練習問題7.4）とトップダウン型のリストマージソート（プログラム8.7）を比較する実験を行なえ．

第9章 順位キューとヒープソート

多くの応用では，レコードの処理がキーの順序通りに行なわれるが，必ずしも完全に整列している必要もなく，すべてのレコードが同時に必要になることもない．また，レコードをいくつかもってきて，その中の最大要素を処理し，次にもっと多くのレコードを集めて，その中で，現時点での最大要素を処理したいというような仕事も多い．このような状況には，新しい要素を挿入し，最大値を削除する操作のできるデータ構造が適切である．そのようなデータ構造は，**順位キュー**（優先順位キュー，priority queue）という．順位キューは，キュー（最も古い要素の削除）やスタック（最新の要素の削除）に似ているが，ここでは能率的な実現法に関心をもつ．順位キューは，4.6節で議論した一般的なキューADTの重要な例である．実際，順位キューはスタックやキューを一般化したものと考えられる．というのは，このようなデータ構造は，順位キューに適当な優先順位を与えることにより実現できるからである．

定義 9.1 順位キューは，新しい項目の挿入，最大キーをもつ項目の削除という2つの基本操作を実行するデータ構造である．

順位キューの応用分野としては，シミュレーションのシステム，ここでキーは処理の順番を決めるイベントの時間，また，コンピュータシステムのジョブスケジューリング，ここでキーはユーザがサービスをうける優先順位，また，数値計算，ここでキーは最大のものから順に処理する計算誤差などがある．

順位キューは，整列アルゴリズムを作るのに利用できる．すべてのレコードを挿入し，次々にレコードの最大のものを削除すれば，逆順に整列できる．本書の後の方で，もっと高度なアルゴリズムを構築する部品として順位キューを使う．第5部では，ファイル圧縮のアルゴリズムに本章のルーチンを使う．第7部では，順位キューがグラフの探索アルゴリズムの間の関係を理解するのに役立つ抽象になっていることを見る．これらの例は，アルゴリズム設計の基本道具として順位キューがはたす重要な役割のほんの一部にすぎない．

実は，順位キューは上記の定義よりもう少し複雑である．というの

は，順位キューを使う状況によっては，他のいくつかの操作を実行する必要があるからである．実際，順位キューのプログラムが役に立つ大きい理由として，レコードの集合に対してクライアント（利用者）のプログラムがいろいろな操作を実行できるという融通性のよさがある．そこで，レコードに数値のキー（優先順位）を含むデータ構造で，次にあげる操作が実行できるものを考えよう．

- *construct*：N 個の要素からなる順位キューを作る．
- *insert*：新しい要素を挿入する．
- *delete_the_maximum*：最大値をもつ要素を削除する．
- *change_the_priority*：要素の優先順位を変更する．
- *delete*：任意に要素を指定してそれを削除する．
- *join*：2つの順位キューをまとめて1つの順位キューにする（合併）．

レコードに重複するキーがある時，「最大値をもつ要素」とは，そのうちのどれか1つをさすものとする．多くのデータ構造と同様に，その他に，*initialize*（初期設定），*test_if_empty*（空かどうかのテスト）のような標準的な操作を追加する必要がある．また *destroy*（消去，廃棄）とか *copy*（複製）とかの操作も必要になるかもしれない．

これらの操作には重複するものがあるが，よく似た操作でも別に定義した方が便利なこともある．例えば，クライアントによっては，*find_the_maximum*（最大値の発見）を頻繁に使うかもしれない．これは，最大値を削除しないで，単にそれを見つけるものである．あるいは，*replace_the_maximum*（最大値の置換）を用意して，最大値を別の要素に置き換える操作を使うかもしれない．このような操作は，2つの基本操作を使って実現できる．例えば，*find_the_maximum* は，*delete_the_maximum* を実行し，その後で *insert* を実行すればよい．*replace_the_maximum* は，*insert* の後で *delete_the_maximum* を実行するか，または，*delete_the_maximum* の後で *insert* を実行すればよい．しかし，このような操作は，本当に必要であり，きちんと定義できるものであれば，直接実現した方が能率のよいコードが作れる．きちんとした定義は，見かけほど直接的にできないことがある．例えば，いま *replace_the_maximum* を説明したが，上記の2つの実現の意味は異なる．というのは，（最大の要素で置き換える場合）前者は，順位キューの項目を一時的に1個増やすだけであるが，後者はキューに新しい項目を追加する．同様に，操作 *change_priority* は，*delete* の後で *insert* するように実現できるし，また，*construct* は *insert* を繰り返すような実現が可能である．

応用によっては，最大値を扱うより，最小値を扱う方が便利なことがある．本章では，順位キューは最大値を扱うようにする．特に必要にな

順位キューとヒープソート　第9章

> **プログラム 9.1　基本的な順位キュー ADT**
>
> このインタフェースは，順位キューの最も簡単な操作を定義する．すなわち，初期設定，空かどうかのテスト，新項目の追加，最大項目の削除である．配列かリストを使って，これらの関数を素朴に実現すると，最悪の場合線形時間かかる．本章では，これらの操作がキューの項目数の対数に比例する時間で走るような実現法を調べる．PQinit のパラメータは，キューに入りうる項目の最大個数を指定する．
>
> ```
> void PQinit(int);
>  int PQempty();
> void PQinsert(Item);
> Item PQdelmax();
> ```

った時には，最小値を扱うものとして操作 *delete_the_minimum* を考えればよい．

順位キューは，抽象データ型の原型というべきものである（4章参照）．順位キューは，データに対してきちんと定義された操作を表わし，本章のいろいろな実現法から応用プログラムを切り離せる抽象になっている．プログラム 9.1 に載せるインタフェースは，順位キューの最も基本的な操作を定義する．9.5 節でもっと完全なインタフェースを取り上げる．厳密にいうと，ここに列挙したような操作の集合が異なると，異なる抽象データ構造になるが，順位キューは，本質的に *delete_the_maximum* と *insert* によって定義できるので，特にこの 2 つに焦点を合わせて話を進める．

順位キューを実現する方法はいろいろあるが，それぞれの操作が異なる性能をもつ．応用が異なれば，操作の集合に対してそれぞれ異なった性能が要求される．実際，この性能の差が抽象データ型で生じうる唯一の相違点である．応用ではコストとの兼ね合いが問題になる．本章では，このようなコストとの兼ね合いをいろいろ調べ，操作 *delete_the_maximum* を対数時間で，*insert* を一定時間で実行できるという理想の近くまで到達する．

まず 9.1 節では，この論点を例で説明するために，順位キューを実現する初等的データ構造をいくつか取り上げる．次に，9.2 節から 9.4 節では，ヒープという古典的データ構造を調べる．これによって *join* 以外の操作はすべて能率よく実現できる．9.4 節では，この実現から自然に導かれる重要な整列法を見る．この後で，9.5 節と 9.6 節では，完全な順位キュー ADT を開発する際の問題点についてもっと詳しく調べる．最後に，9.7 節では，**2項キュー**（binomial queue）というもっと

高度なデータ構造を調べる．これによって，最悪の場合でも対数時間で，*join* も含みすべての操作を実行できる．

これらのデータ構造を調べていく時には，リンクによる実現と配列による逐次的実現におけるコストの兼ね合い（3章参照），さらに，応用プログラム向きのパッケージを作成するという課題に注意を払っていくことにする．実際，本書の後の方に出てくる高度なアルゴリズムの中には，順位キューを使うクライアントプログラムがある．

練習問題

▷ 9.1 PRIO*R**I*T*Y***QUE***U*E において英字は *insert*，星印は *delete_the_maximum* の各操作を表わす．操作 *delete_the_maximum* が返す値の列を示せ．

▷ 9.2 練習問題 9.1 の約束のほかに，+印は操作 *join*，括弧はそれで括った部分の操作が作った順位キューを表わす．列

$$(((PRIO*)+(R*IT*Y*))***)+(QUE***U*E)$$

の実行後の順位キューの内容を示せ．

○ 9.3 順位キュー ADT を用いてスタック ADT を実現する方法を説明せよ．

○ 9.4 順位キュー ADT を用いてキュー ADT を実現する方法を説明せよ．

9.1 初等的な実現

3章で議論した基本的データ構造は，順位キューの実現に使える．プログラム 9.2 に，要素の間に順序がない配列を使った実現を示す．操作 *delete_the_maximum* は，配列を走査して最大値を見つけ，最大値と最後の値を交換して，キューの大きさを1減らすことにより実現する．図9.1 は操作の列に対する配列の内容を示す．この基本操作の実現は，4章で見たスタックとキューの実現に対応するものであり（プログラム 4.4, 4.11），小さい順位キューに対して能率的である．大きい相違点は性能にある．スタックとキューは，どの操作も一定時間でできたが，順位キューは，*insert* か *delete_the_maximum* の一方だけを一定時間で実行するように実現できるが，両方を速く実行するように実現するのは難しい課題である．本章はこの課題を取り上げる．

配列かリストにより実現した列は，順序のある列と順序のない列のどちらも使える．順序通りに項目を並べることと並べないことの相違点として，並べておけば，*delete_the_maximum* と *find_the_maximum* が一定時間で実行できるが，*insert* が並び全体を走査する必要がありそうであるのに対して，並べなければ，*insert* が一定時間で実行できるが，

初等的な実現 §9.1

プログラム 9.2 配列による順位キューの実現

このプログラムは，4章のスタックとキューの配列による実現と対照できるが（プログラム 4.4），項目を順序通りに並べないでおくものである．スタックのように，項目は配列の末尾に追加して，末尾から削除する．

```
#include <stdlib.h>
#include "Item.h"
static Item *pq;
static int N;
void PQinit(int maxN)
  { pq = malloc(maxN*sizeof(Item)); N = 0; }
 int PQempty()
  { return N == 0; }
void PQinsert(Item v)
  { pq[N++] = v; }
Item PQdelmax()
  { int j, max = 0;
    for (j = 1; j < N; j++)
      if (less(pq[max], pq[j])) max = j;
    exch(pq[max], pq[N-1]);
    return pq[--N];
  }
```

```
B         B
E         B E
*     E   B
S         B S
T         B S T
I         B S T I
*     T   B S I
N         B S I N
*     S   B N I
F         B N I F
I         B N I F I
R         B N I F I R
*     R   B N I F I
S         B N I F I S
T         B N I F I S T
*     T   B N I F I S
*     S   B N I F I
O         B N I F I O
U         B N I F I O U
*     U   B N I F I O
T         B N I F I O T
*     T   B N I F I O
*     O   B N I F I
*     N   B I I F
*     I   B F I
*     I   B F
*     F   B
*         B
```

図 9.1 順位キューの例（順序通りに並べない配列の実現）

この図は，左端の列に示す操作の列を実行した時の結果を示す．ここで，英字は *insert*，星印は *delete_the_maxmum* を表わす．各行は，操作，*delete_the_maximum* が削除する英字，操作の後の配列の内容を示す．

delete_the_maximum と *find_the_maximum* が並び全体を走査する必要がありそうである．順序通りに並べない列は，**遅延**（lazy）対応法の原型であるといえる．ここで，（最大値を見つけることが）必要になるまで仕事を遅らせる．順序通りに並べる列は，**即時**（eager）対応法の原型である．ここでは，最大値を見つける操作を能率よく実行するために，（挿入時に整列した列を保持する）仕事を先にしておくものである．どちらの場合も，配列とリストの両方で実現できる．ここでの兼ね合いとして，（両方向）リストを使えば，*delete* が一定時間でできるが（並べない場合 *join* も），そのかわり，リンクのために余分な領域を使う．

いろいろな実現法に対して，大きさ N の順位キューの操作に要する（最悪の場合の）コストを表 9.1 にまとめる．

実現を完成させるには，インタフェースによく注意を払う必要がある．特に，クライアントプログラムにおいて，操作 *delete* と *change_priority* で節点を参照する仕方，および，操作 *join* に対するデータ型として順位キュー自体を参照する仕方などである．この問題点は，9.5 節と 9.7 節で議論する．そこでは，完全な実現を 2 つ示す．一方は両方向リストで並べないもの，他方は 2 項キューを使うものである．順位キュ

表 9.1 順位キュー操作のコスト（最悪の場合）

この表は各種の方法の最悪の場合の性能を示す．順位キュー ADT の実現法により性能は異なる．ここで，大きい N に対して定数倍の範囲内のコストを示す．最初の 4 行の初等的な方法では，操作のいくつかが一定時間であるが，その他の操作が線形的である．もっと高度な方法では，ほぼ全部の操作が対数的か一定のコストになる．

	insert	delete maximum	delete	find maximum	change priority	join
順序に並んだ配列	N	1	N	1	N	N
順序に並んだリスト	N	1	1	1	N	N
順序のない配列	1	N	1	N	1	N
順序のないリスト	1	N	1	N	1	1
ヒープ	$\lg N$	$\lg N$	$\lg N$	1	$\lg N$	N
2 項キュー	$\lg N$	$\lg N$	$\lg N$	$\lg N$	$\lg N$	$\lg N$
理論的な最善	1	$\lg N$	$\lg N$	1	1	1

ーを使うクライアントプログラムの実行時間は，キーに依存するだけでなく，各種の操作を実行する順番にも依存する．単純な実現法も検討することは賢明である．なぜなら，実際の場では，もっと複雑な方法より性能がよいことがあるからである．例えば，順序通りに並べない実現は，*insert* を非常によく実行するが，*delete_the_maximum* をほんの少ししか実行しない場合に適切である．それに対して，並べた実現は，*find_the_maximum* を頻繁に実行する場合とか，順位キューのどの項目より大きい項目を挿入することが多い場合とかに適切であろう．

練習問題

▷ **9.5** 次のアイデアを批判せよ．*find_the_maximum* を一定時間で実行するために，それまで挿入した値の最大値の履歴を保持しておき，*find_the_maximum* でその最大値を返すようにする．

▷ **9.6** 図 9.1 に描く操作の列を実行した後，配列に残っている内容を示せ．

9.7 基礎のデータ構造として，順序通りに並んだ配列を用いて，基本的順位キューのインタフェースに対する実現を与えよ．

9.8 基礎のデータ構造として，順序のないリンクリストを用いて，基本的順位キューのインタフェースに対する実現を与えよ．ヒント：プログラム 4.5 と 4.10 を参照せよ．

9.9 基礎のデータ構造として，順序通りに並んだリンクリストを用いて，基本的順位キューのインタフェースに対する実現を与えよ．ヒント：プログラ

ム 3.11 を参照せよ．

○ **9.10** 操作 *delete_the_maximum* と *find_the_maximum* を実行した時にかぎり，リストを順序通り並べるような遅延実現法を考えよ．別のリストに前回の整列結果を保持しておき，挿入の列に対しては，必要な時に整列して併合せよ．順序通りに並んだリストと並んでいないリストに基づく初等的な実現に較べて，有利な点について議論せよ．

● **9.11** 操作 PQinsert を使って順位キューを一杯にし，操作 PQdelmax を使ってキーの半分を削除し，さらに操作 PQinsert を使って再び一杯にし，操作 PQdelmax を使ってすべてのキーを削除する．この計算の性能を測るクライアントドライバプログラムを書け．ここで，小さいものから大きいものまでいろいろな長さの列で，キーがランダムなものに対して複数回繰り返すようにせよ．この計算の実行時間を計測して，平均実行時間を印刷するか，図にプロットせよ．

● **9.12** 操作 PQinsert を使って順位キューを一杯にし，1秒の間に，操作 PQdelmax と PQinsert を実行する．このような計算の性能を測るクライアントドライバプログラムを書け．ここで，小さいものから大きいものまでいろいろな長さの列で，キーがランダムなものに対して複数回繰り返すようにせよ．この計算で実行できた PQdelmax の平均回数を印刷するか，図にプロットせよ．

9.13 練習問題 9.12 のクライアントプログラムを使って，プログラム 9.2 の順序のない配列の実現と練習問題 9.8 の順序のないリストの実現を比較せよ．

9.14 練習問題 9.12 のクライアントプログラムを使って，練習問題 9.7 と 9.9 の順序のついた配列の実現とリストの実現を比較せよ．

● **9.15** プログラム 9.1 の順位キューのインタフェースを使うクライアントドライバプログラムを書け．ここで，実際の応用で現われそうな難しいもの，あるいは病的なものを取り上げよ．簡単な例としては，既に整列している，逆順に並んでいる，キーがすべて等しい，異なったキーが2つしかないというものがある．

9.16 （24題分の練習問題）4つの初等的な実現に対して，表 9.1 に示した最悪の場合の性能を検証せよ．ここで，操作 *insert* と *delete_the_maximum* に対するプログラム 9.2 と練習問題 9.7, 9.8, 9.9 の実現を使い，他の操作に対しては実現法を大雑把に説明せよ．操作 *delete, change_priority, join* については，変更する項目に直接アクセスできるものと仮定する．

9.2 ヒープのデータ構造

本章の主題は，ヒープという簡単なデータ構造であり，順位キューの基本操作を能率よく実行できるものである．ヒープでは，各キーに対して，それに応じて決まる場所にある他の2つのキーより常に大きいよう

に配置する．このことから，これらの2つのキーはそれぞれ，他の2つのキーより大きく，以下同様である．このように並べることは，キーの集合を2分木として描き，キーから下方に枝をひいて他の2つのキーを指定する．どのキーについてもその下に描く2つのキーよりも大きくする．

定義 9.2 各節点がその子（もしあれば）のどれよりもキーが大きいか等しいということが成り立つ時，木は**ヒープ順**に並んでいる（heap-ordered）という．つまり，ヒープ順に並ぶ木の各節点のキーは，その節点の親の節点のキーより小さいか等しい．

性質 9.1 ヒープ順に並ぶ木において，どの節点も根の節点より大きいキーをもつことはない．

ヒープ順の条件は，どんな木に対しても設定できるが，**完全2分木**（complete binary tree）を使うのが特に都合がよい．3章を思い出してほしいが，この木を描くには，根節点をまずおき，次に，上から下へ，かつ左から右へ，それぞれの節点に対して，そのレベルの1つ下に，子として2つの節点をおき，ということを続け，節点 N 個をすべておく．この完全2分木は，根の位置を添字1にして，単に配列の中に節点を順番においていけば，表現できる．図9.2に描くように，根1の子は添字2，3におき，2と3の子はそれぞれ4，5と6，7におき，以下同様に続ける．

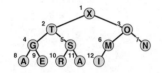

1 2 3 4 5 6 7 8 9 10 11 12
X T O G S M N A E R A I

図9.2 ヒープ順の完全2分木の配列表現

配列の位置 $\lfloor i/2 \rfloor$ にある要素は，位置 i にある要素の親とする（$2 \leq i \leq N$）．別のいい方では，i 番目の要素は位置 $2i$ と $(2i+1)$ の要素の親である．この約束によって要素の集合がうまく配列に表現できる．この対応は，完全2分木の節点の番号がレベル順になっていることに等しい．一番下のレベルの節点はなるべく左におく．任意の節点において，そのキーがその子のどちらのキーより大きいか等しい時，この木はヒープ順に並んでいるという．それで，ヒープは，ヒープ順に並んだ完全2分木の配列表現である．ヒープでは，i 番目の要素は $2i$ と $(2i+1)$ 番目の要素の両方よりも大きいか等しい．

定義 9.3 ヒープ（heap）とは，配列で表現された節点の集合であり，そのキーが完全2分木の中にヒープ順に並んでいるものである．

ヒープ順の木を表現するには，リンクリストを用いることもできるが，完全2分木は，配列で簡潔に表現でき，リンクを陽に使わないで，各節点の親と子を知ることができる．位置 i の節点の親は位置 $\lfloor i/2 \rfloor$ にあり，位置 i の節点の2つの子は位置 $2i$ と $2i+1$ にある．この配置によれば，リンクで表現したものより，木の走査がやさしい．というのは，リンクによる表現では，節点から上または下へ移動するために，各節点に3つのポインタ（1つが親へ，2つが2つの子へ）が必要になりそうである．配列で表現した完全2分木は，制約の強い構造をもつが，順位キューのアルゴリズムを能率よく実現するのに十分融通がきく．

さて，9.3節で見るように，ヒープを使って，（join を除く）すべての順位キューの操作が実現でき，最悪の場合，対数時間で実行できる．

その実現では，すべての操作がヒープの中の道に沿って実行される（親から子に下の方へ移動するか，子から親に根の方に移動するが，途中で移動の向きを変えない）．3章で見たように，完全2分木の節点の個数を N とすると，任意の道の上にある節点の個数はたかだか約 $\lg N$ である．一番下に節点が約 $N/2$ 個，一番下の節点を子にもつ節点が約 $N/4$ 個，その上の節点が約 $N/8$ 個，以下同様である．どの世代も下の世代の約半分の節点数をもつので，世代の個数は約 $\lg N$ である．

リンクを陽に用いて木構造を表現して，順位キューの操作を能率よく実現することもできる．このような例として，3リンクのヒープ順の完全2分木（9.5節），トーナメント（プログラム5.19），2項キュー（9.7節）をあげておく．単純なスタックやキューと同様に，リンクの表現を考える大きい理由は，配列表現と異なり，実行前にキューの最大の大きさを知らなくてよいことである．さらに，ある種の状況では，能率のよいアルゴリズムの開発のために，リンク構造の融通さを活用することもできる．リンクの木構造の扱いに経験が少ない読者は，本章や9.5節の練習問題でリンクの木構造に取り組む前に，12章を読んで，もっと重要な記号表ADTに対する基本的な技法を勉強することをすすめる．リンク構造について詳しく勉強することは，2回目に読むまで延ばしてもよい．というのは，本章の主題は，ヒープ（リンクを使わないヒープ順の完全木の配列表現）であるからである．

練習問題

▷ **9.17** 下降順に整列した配列はヒープであるか？

○ **9.18** ヒープの最大要素は必ず位置1にくる．2番目に大きい要素は，必ず位置2または3にくる．大きさ15のヒープにおいて，k 番目に大きい要素が現われる位置と現われない位置をすべて求めよ．ここで $k = 2, 3, 4$ とせよ．各要素の値はそれぞれ異なるものとする．

● **9.19** 練習問題9.18で，一般の k に対してヒープの大きさ N の関数として表わせ．

● **9.20** 練習問題9.18と9.19で，k 番目に小さい要素の場合を答えよ．

9.3 ヒープのアルゴリズム

ヒープによる順位キューのアルゴリズムは，最初に，ヒープ条件を壊すかもしれない簡単な修整を加え，次に，ヒープをたどりながらヒープ条件を満たすように修復する．この過程は，**ヒープ化**（heapify）または**ヒープの修復**（fix）という．この過程には2つの場合がある．ある

節点の順位が増える時（またはヒープの底に新しい節点を付け加えた時），ヒープ条件を修復するために，ヒープの上に向かって進む．ある節点の順位が減る時（例えば，根の節点の代わりに新しい節点をおく時），ヒープ条件を修復するために，ヒープの下に向かって進む．まず，この2つの基本操作を実現する方法を調べ，次に，これを使って順位キューの各種の操作を実現する方法を見る．

節点のキーがその親のキーより大きくなることによりヒープの条件が破れると，節点を親と交換して，修復する．この交換のあとに，その節点は，2つの子より大きくなる（1つ節点はもとの親，もう1つの節点は，もとの親より小さいので，一層小さい）．しかし，その節点は，新しい親よりなお大きいかもしれない．もし大きければ，同様にして上に進んでいき，その節点より大きいキーに出会うか，根に到達すれば終了する．この過程を図9.3に例示する．コーディングは直接的にできる．位置kにある節点の親は，位置k/2にあることに注意せよ．プログラム9.3は，ヒープの節点の順位が増えたことによりヒープ条件が破れた時，ヒープを昇っていくことで修復する関数を実現したものである．

節点のキーがその2つの子のどちらかより小さくなることによりヒープ条件が破れると，2つの子の大きい方と交換して修復する．この交換により，交換した子のもとの位置で，ヒープ条件が破れるかもしれない．破れたら，同様にして修復し，ヒープを降りていく．そして，両方の子が小さいか，底に到達すれば終了する．この過程を図9.4に例示する．やはりこのコーディングも直接的にできる．位置kにある節点の子は位置2kと2k+1にあることに注意せよ．プログラム9.4は，ヒープの節点の順位が減ったことによりヒープ条件が破れた時，ヒープを降りていくことで修復する関数を実現したものである．この関数では，底に着いたかどうかをテストするために，ヒープの大きさNが必要に

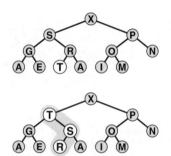

図9.3 ボトムアップのヒープ化

上側の木は，底の節点T以外はヒープ順に並んでいる．Tをその親と交換すると，Tがその新しい親より大きくなるかもしれないが，それ以外は，木がヒープ順になる．根に着くか，根に至る道の上でTより大きい節点に出会うまで，Tとその親を交換することを続ける．これで，木全体がヒープ順に並ぶ．この手続きを操作 *insert* の実現に使う．それには，新しい要素をヒープに追加してからヒープ条件を満たすようにする．ここで，新しい要素は，底のレベルの右端に追加するか，または新しいレベルを作り左端に追加する．

プログラム9.3 ボトムアップのヒープ化

節点の順位が大きくなる場合，ヒープ条件を修復するために，位置kの節点とその親（位置k/2）を（必要ならば）交換しながら，ヒープを上に進む．このことは，a[k/2]<a[k] が成り立つかぎり続ける．また根に着くと終了する．

```
fixUp(Item a[], int k)
  {
    while (k > 1 && less(a[k/2], a[k]))
      { exch(a[k], a[k/2]); k = k/2; }
  }
```

プログラム9.4 トップダウンのヒープ化

節点の順位が下がる場合，ヒープ条件を修復するために，位置 k の節点と 2 つの子の節点の大きい方と比較して，後者が大きいと 2 つの節点を交換しながら，ヒープを降りていく．位置 k の節点がどちらの子よりも小さくないか，底に着くかすると終了する．N が偶数かつ k = N/2 であれば，位置 k の節点に子が 1 つしかない．この場合も正しく扱う必要がある．

このプログラムの内側のループは 2 か所で脱出する．ヒープの底に着いた時と，ヒープの内部でヒープ条件を満たした時である．これは break が必要な典型的な例である．

```
fixDown(Item a[], int k, int N)
  { int j;
    while (2*k <= N)
      { j = 2*k;
        if (j < N && less(a[j], a[j+1])) j++;
        if (!less(a[k], a[j])) break;
        exch(a[k], a[j]); k = j;
      }
  }
```

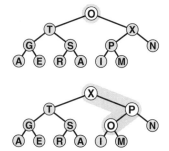

図9.4 トップダウンのヒープ化

上側の木は，根の節点以外，ヒープ順に並んでいる．O をその子の大きい方 (X) と交換すると，O を根とする部分木以外で木はヒープ順になる．底に着くか，O が子の両方より大きくなるまで，O とその子の大きい方を交換することを続ける．これで，木全体がヒープ順に並ぶ．この手続きを操作 delete_the_maximum の実現に使う．それには，根の節点の代わりに，底のレベルにある一番右の節点をおき，ヒープ条件を修復する．

なる．

これら 2 つの操作は，(ボトムアップの方法のために) 親にアクセスでき，(トップダウンの方法のために) 子にアクセスできるならば，木構造の表現の仕方に依存しない．ボトムアップの方法では，節点のキーとその親のキーを交換することで，根に着くか大きい (か等しい) 親に出会うまで，木を上に移動する．トップダウンの方法では，節点のキーとその子のうちの最大のキーを交換することで，底に着くかどの子も大きいキーをもたなくなるまで，木を下に移動する．このように一般化すると，これらの操作は，完全 2 分木だけでなく，どんな木構造にも適用できる．高度な順位キューのアルゴリズムでは，通常もっと一般的な木構造を用いるが，いつも最大キーが一番上で参照できるような同様の基本操作を用意する．

いま，ヒープが会社の階層構造を表わすものと想像してみよう．節点のそれぞれの子は部下，親は直接の上司を表わす．上記の操作には面白い解釈ができる．ボトムアップの方法は，新しい有望なマネージャーが注目されて，(低い評価の上役と交換しながら)，この人がもっと高い評価をもつ上役に出会うまで，命令系統を上にあがっていくことに対応する．トップダウンの方法は，会社の社長が別の評価の低い人に代わった状況に似ている．この新人に較べて，社長の直接の部下のうち最も強い

人の方が強い場合，2人の役目は交換する．命令系統で，この新人を格下げし，ほかの人を格上げしていき，その新人の能力に相応しい位置まで降りていく．このアナロジーより，ヒープを昇ることを**昇進**（promotion）ということがある．

この2つの基本操作によって，プログラム9.5に示すように基本的な順位キューADTを能率よく実現できる．ヒープ順に表現した順位キューを使うと，操作 *insert* は，新しい要素を末尾に追加して，ヒープ条件を修復するために，その要素をヒープの中で上方に移動することになる．一方，操作 *delete_the_maximum* は，一番上の最大値を取り除き，ヒープの末尾の要素を一番上におき，ヒープ条件を修復するために，その要素をヒープの中で下方に移動することになる．

性質 9.2 順位キューの抽象データ型に対する操作 *insert* と *delete_the_maximum* は，ヒープ順の木を用いて実現できる．ここで，項目 N 個の順位キューに対して，*insert* はたかだか $\lg N$ の比較回数で実行でき，また *delete_the_maximum* はたかだか $2\lg N$ の比較回数で実行で

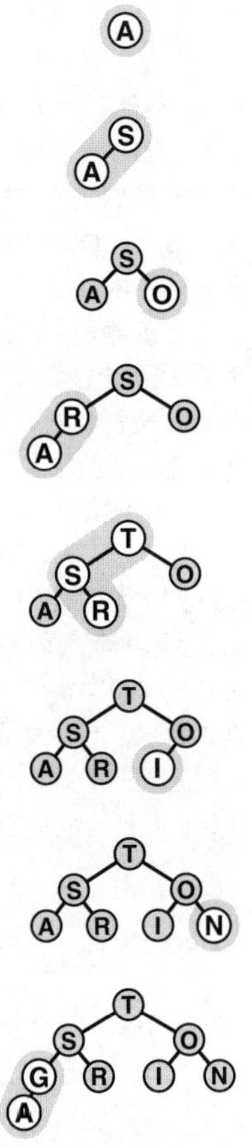

図9.5 トップダウンのヒープの作成

この図は，最初空のヒープにASORTINGを挿入する様子を示す．新しい項目は，1つずつ末尾に追加する．各挿入の操作では，挿入する場所と根の間の道の上にある節点しかふれない．それでコストは，最悪の場合ヒープの大きさの対数に比例する．

プログラム9.5 ヒープに基づく順位キュー

PQinsertの実現には，ヒープの末尾に新しい要素を追加して，ヒープ条件を修復するためにfixUpを使う．PQdelmaxの実現には，ヒープの大きさを1減らすので，pq[1]から値を取り出しておき，pq[N]をpq[1]に移動し，ヒープ条件を修復するためにfixDownを使う．PQinitとPQemptyは自明である．配列の最初の位置pq[0]は使わない．しかし，実現によっては，それを番兵に使うこともできる．

```
#include <stdlib.h>
#include "Item.h"
static Item *pq;
static int N;
void PQinit(int maxN)
  { pq = malloc((maxN+1)*sizeof(Item)); N = 0; }
int PQempty()
  { return N == 0; }
void PQinsert(Item v)
  { pq[++N] = v; fixUp(pq, N); }
Item PQdelmax()
  {
    exch(pq[1], pq[N]);
    fixDown(pq, 1, N-1);
    return pq[N--];
  }
```

ヒープのアルゴリズム　　　　　　　　　　　§9.3

きる．

両方の操作は，ヒープの根と底の間の道に沿って進む．大きさ N の
ヒープはどの道も $\lg N$ より多くの要素を含まない（性質5.8，練習問
題5.78）．*delete_the_maximum* では，節点1つ当たり2回比較する．
詳しくは，子のうち大きいキーをもつものを見つけるのに比較1回，大
きい方の子を昇進させるかどうかを決めるのに比較1回を行なう．■

図9.5と9.6には，最初，空のヒープからはじめて，それに1つずつ
項目を挿入する例を示す．配列表現では，この過程は，配列の中を順番
に移動して，配列をヒープ順に並べることに対応する．ここで，新しい
項目に移るたびにヒープの大きさが1増え，ヒープ順を修復するために
fixUpを使う．この過程は，最悪の場合 $N \log N$ に比例する時間がか
かる．というのは，新しい項目それぞれがそれまでの項目より大きい場
合，ヒープの根まで移動するからである．一方，平均の場合，線形的な
時間ですむ．ランダムな新しい項目は，移動するレベルが少しですむ．
9.4節で，最悪の場合でも線形時間でヒープを作る（つまり配列をヒー
プ順に並べる）方法を示す．

プログラム9.3と9.4の基本操作fixUpとfixDownによって，操
作 *change_priority* と *delete* を直接実現できる．ヒープの中のどこか
で，項目の順位を変更するには，順位が大きくなる場合fixUpを使っ
てヒープを昇り，順位が小さくなる場合fixDownを使ってヒープを降
りる．特定のデータ項目を参照する操作を完全に実現するには，デー
タ構造の中で各項目の場所が直接参照できることが要請される．このよう
な実現については，9.5節から9.7節で詳しく取り上げる．

性質 9.3　順位キューの抽象データ型に対する操作 *change_priority*,
delete, *replace_the_maximum* は，ヒープ順の木を使って実現できる．
項目 N 個の順位キューに対して，これらの操作はたかだか $2 \lg N$ の比
較回数で実行できる．

これらの操作は，項目を直接参照する必要があるので，実現すること
は，9.6節までのばす（プログラム9.12，9.13）．すべての操作は，最
悪の場合でも，ヒープの中で，根から底へ，あるいは底から根への道を
1回移動するだけで実行できる．■

この性質の中に，操作 *join* が入っていないことに注意されたい．2
つの順位キューを能率よく結合するには，はるかに高度なデータ構造が

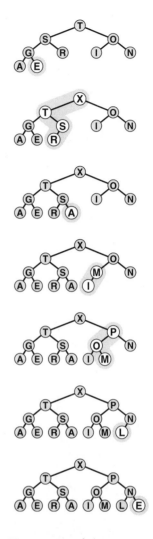

図9.6　トップダウンのヒープの作成（続き）

この図は，図9.5のヒープ
からはじめて，EXAMPL
Eを挿入する様子を示す．大
きさ N のヒープを作成する
全コストは，

$\lg 1 + \lg 2 + \cdots + \lg N$,

すなわち $N \lg N$ より小さい．

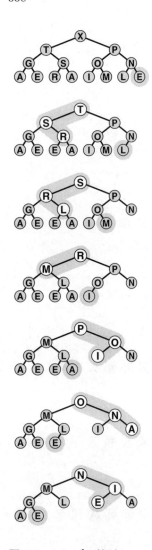

図 9.7 ヒープの整列

ヒープの中の最大要素の代わりに，一番下のレベルの右端の要素をおく．これで，根から底の方へ道を降りていき，ヒープ順を修復する．

プログラム 9.6 順位キューによる整列

順位キュー ADT を使って，部分配列 a[l], ···, a[r] を整列する．まず PQinsert を使って，すべての要素を順位キューにおき，次に PQdelmax を使って，下降順に要素を削除していく．この整列アルゴリズムは，$N \lg N$ に比例する時間で走るが，（順位キューのために）整列する要素の個数に比例する作業領域を使う．

```
void PQsort(Item a[], int l, int r)
  { int k;
    PQinit();
    for (k = l; k <= r; k++) PQinsert(a[k]);
    for (k = r; k >= l; k--) a[k] = PQdelmax();
  }
```

必要のようである．そのようなデータ構造の1つを9.7節で取り上げる．この点以外では，ここで説明したヒープに基づく単純な方法は，いろいろな応用に広く適用できる．これは，作業領域もごく少ないので，頻繁で大きい *join* 操作がないかぎり，能率よく走ることが保証できる．

既にふれたことであるが，順位キューを使えば，プログラム9.6のような整列アルゴリズムを作ることができる．順位キューにすべてのキーを挿入して，*delete_the_maximum* により，下降順にすべてのキーを削除すればよい．順序のないリストで表現した順位キューを使うことは，選択整列に対応する．順序通りに並んだリストを使うことは，挿入整列に対応する．ヒープに基づく順位キューを用いる時，図9.5と9.6は，第1段階（作成）を示す．図9.7と9.8は第2段階を示す．これを下降整列とよぶことにする．実用のためには，この方法はあまりエレガントでない．というのは，順位キューの中で整列する項目のコピーを作るのは無駄であるし，さらに，挿入を N 回続けることは，N 個の要素のヒープの作成にあまり能率のよい方法でない．次の節では，この2つの問題点を考慮して，古典的なヒープソートを実現する．

練習問題

▷ **9.21** 最初空のヒープからはじめて E A S Y Q U E S T I O N を挿入する時の結果を示せ．

▷ **9.22** 練習問題9.1の約束のもとで，最初空のヒープからはじめて
P R I O * R * * I * T * Y * * * Q U E * * * U * E
を実行した時のヒープの列を示せ．

ヒープソート   §9.4   339

9.23 ヒープ化の操作には exch 命令を使っているので，項目のロードとストアを2回使う．挿入整列法にならって，この問題点をさける能率のよい実現法を示せ．

9.24 番兵を用いて，fixDown の中でテスト j<N を省かないのはなぜか．

○ **9.25** プログラム 9.5 のヒープに基づく順位キューの実現に，操作 *replace_the_maximum* を追加せよ．キューのすべての値より大きい値が追加される場合も考慮せよ．注：pq[0] を使うとエレガントな解答になる．

9.26 ヒープの操作 *delete_the_maximum* を1回実行する間に移動するキーの最小個数を求めよ．大きさ 15 のヒープで，この最小個数を与えるものを示せ．

9.27 ヒープの操作 *delete_the_maximum* を3回実行する間に移動するキーの最小個数を求めよ．大きさ 15 のヒープで，この最小個数を与えるものを示せ．

9.4 ヒープソート

プログラム 9.6 の基本的アイデアを応用すれば，余分な作業領域を使わずに，整列する配列の中にヒープを作ることにより整列できる．すなわち，整列の仕事を中心に考えて，順位キューの表現を隠すことはやめ，順位キュー ADT のインタフェースにとらわれずに，直接 fixUp と fixDown を使うことにする．

プログラム 9.6 の中にプログラム 9.5 を使うことは，配列の中を左から右へ進むことになる．ここで，fixUp を使い，走査するポインタの左側の要素がヒープ順の完全2分木をなすようにする．次に，下降整列の過程で，ヒープが縮むにつれてできる空き場所に最大要素をおいていく．つまり，下降整列する過程は，選択整列法のようではあるが，整列していない部分の中の最大値を能率よく見つける．

図 9.5 と 9.6 のように挿入の繰返しによって，ヒープを作り上げることはしないで，図 9.9 のように，底の方から小さい部分ヒープを作りながら，後向きにヒープを作っていく方が能率的である．すなわち，配列のどの位置も，小さい部分ヒープの根であると見なして，fixDown が大きいヒープと同様に小さい部分ヒープにも働くことを利用する．節点の2つの子がヒープの根であれば，その節点に fixDown をよぶことにより，その節点を根とするヒープができる．それぞれの節点で fixDwon をよんで，後向きにヒープを作ることにより，(帰納的に)ヒープの性質を成り立つようにできる．大きさ 1 の部分ヒープはそのままでヒープになるので，この過程は，配列の中ほどからはじめて，先頭の方に戻っていけばよい．

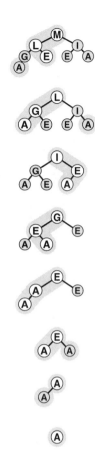

図 9.8 ヒープの整列（続き）

この図の列は，図 9.7 のヒープから残りのキーを除去する様子を示す．すべての要素が底まで戻ったとしても，整列段階の全コストは，
$\lg N + \cdots + \lg 2 + \lg 1$
になり，$N \lg N$ より小さい．

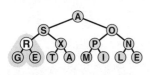
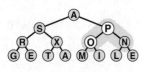
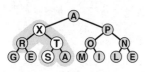
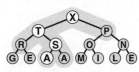

図9.9 ボトムアップのヒープの作成

右から左に，底から根の方へ進みながら，現在の節点から下の部分木がヒープ順であることを保証する．大部分の節点が底の近辺にあるので，全コストは最悪の場合，線形的である．

プログラム9.7 ヒープソート

直接 fixDown を使う古典的なヒープソートのアルゴリズムを示す．for ループでヒープを作成する．while ループで，配列の最後の要素と最大の要素を交換して，ヒープが空になるまでヒープを作り直す．a[l-1] をさすポインタ pq によって，部分配列を扱い，それを添字1ではじまる配列と見なす（図9.2）．なお，この書き方はプログラミング環境によっては許されないことがある．

```
void heapsort(Item a[], int l, int r)
  { int k, N = r-l+1; Item* pq = a+l-1;
    for (k = N/2; k >= 1; k--)
      fixDown(pq, k, N);
    while (N > 1)
      { exch(pq[1], pq[N]);
        fixDown(pq, 1, --N); }
  }
```

完全に実現したものをプログラム9.7に載せる．これが古典的な**ヒープソート**（heapsort）のアルゴリズムである．このプログラムの2つのループは，異なった仕事（ヒープの作成，下降整列のためのヒープの破壊）をしているように見えるが，同じ基本手続きを使っている．ここで，基本手続きは，完全2分木の配列表現を使って，ヒープ順の木を修復するものである．図9.10には，図9.7から9.9までの例に対する配列の内容の様子を示す．

性質9.4 ボトムアップによるヒープの作成は線形時間ですむ．

この性質は，実行中に取り上げるほとんどのヒープが小さいということから出てくる．例えば，127要素のヒープを作る時，取り上げるヒープは，（大きさ1のヒープ64個）大きさ3のもの32個，7のもの16個，15のもの8個，31のもの4個，63のもの2個，127のもの1個である．それで，最悪の場合でも昇進（比較回数は2倍）は $64*0 + 32*1 + 16*2 + 8*3 + 4*4 + 2*5 + 1*6 = 120$ 回しか起きない．一般に，$N = 2^n - 1$ であれば，昇進回数の上界を示す式は次の通りである．

$$\sum_{1 \le k < n} k 2^{n-k-1} = 2^n - n - 1 < N.$$

$N+1$ が2のベキ乗の形でない時も同様に証明できる．■

この性質は，ヒープソートにとってそれほど重要でない．というのは，下降整列のために，全実行時間が依然 $N \log N$ に比例するからで

ヒープソート　§9.4

ある．しかし，操作 *construct* が線形時間で走ることを使って，線形時間のアルゴリズムを作るというような順位キューのほかの応用では重要になる．図9.6の中でふれたが，ヒープを作るのに *insert* を N 回繰り返すやり方では，最悪の場合 $N \log N$ 時間かかることに注意せよ．なお，ランダムファイルに対しては，平均的に線形時間であることが知られている．

性質 9.5 ヒープソートは，N 個の要素の整列に $2N \lg N$ 回以下の比較しか実行しない．

性質9.2から少し悪い上界 $3N \lg N$ が直ちにえられる．この上界を導くには，性質9.4を考慮すればよい．■

性質9.5とその場の整列であることは，ヒープソートが実用上の意味をもつ大きい理由である．どんな要素 N 個の入力に対しても $N \log N$ に比例する時間で整列することが保証できる．（クイックソートと異なり）ヒープソートが非常に遅くなるような"最悪の入力"というものはない．さらに，ヒープソートは，（マージソートと異なり）余分な作業領域を必要としない．最悪の場合の性能を保証することには，代償を払っている．例えば，アルゴリズムの内側のループ（比較1回当たりのコスト）は，クイックソートより基本操作を多く実行する．ランダムファイルに対して，クイックソートより多くの比較を実行する．それで，ヒープソートは，典型的な入力とかランダムな入力に対して，普通クイックソートより遅い．

ヒープは，N 個の要素の中で k 番目に大きい要素を見つける**選択** (selection) 問題を解くのにも使える．ヒープソートのアルゴリズムで，ヒープの根から k 個要素を削除したところで止めればよい．

性質 9.6 ヒープに基づく選択によって，N 個の要素の中で k 番目に大きいものは，k が小さい時や N に近い時，N に比例する時間で見つけることができる．それ以外の時は，$N \log N$ に比例する時間がかかる．

まず最初の方法は，$2N$ 回以下の比較を使ってヒープを作り（性質9.4），$2k \lg N$ 回以下の比較を使って k 個の最大値を削除する（性質9.2）．これにより全部で $2N + 2k \log N$ 回の比較ですむ．2番目の方法は，まず，順序を逆にして小さいものから考えたヒープで，大きさ k のものを作り，次に，操作 *replace_the_minimum*（*insert* の後に

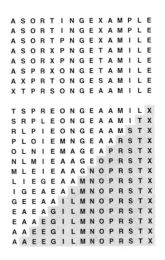

図9.10 ヒープソートの例

ヒープソートは能率のよい選択に基づくアルゴリズムである．最初，底からその場でヒープを作り上げる．上側の9行は図9.9に対応する．次に，ヒープの最大要素の削除を繰り返す．下側の行の中で，影のない部分は図9.7と9.8に対応する．影のついた部分は，大きくなっていく整列ファイルを示す．

delete_the_minimum)を$(N-k)$回実行する(練習問題9.35).これにより全部で$2k+2(N-k)\lg k$回の比較ですむ.この方法はkに比例する記憶領域ですむので,kが小さくNが大きい時(あるいは前もってわからない時),N要素からk番目に大きいものを選択するのに,よさそうな方法である.ランダムなキーなど典型的な状況で,kがNより相対的に小さい時,2番目の方法で,ヒープ操作の$\lg k$の上界は実は$O(1)$であることが多い(練習問題9.36).■

ヒープソートをさらに改良するやりかたがいろいろ研究されている.Floydのアイデアは,下降整列の間,ヒープの中に再び挿入する要素が底まで降りることが多いという点に注目する.これで,要素が底に着いたかどうかのチェックをしないようにする.それには,底に着くまで,単に2つの子の大きい方を昇進させ,そのあとで,その要素の正しい位置を見つけるために,底からヒープを昇っていく.このアイデアによって,漸近的に見て,比較回数が約半分になる.こうして,整列アルゴリズムに必要である絶対的な最小比較回数

$$\lg N! \approx N \lg N - N/\ln 2$$

に近くなる(第8部参照).この方法は,余分の仕事が必要であるので,実際の場で有効であるのは,比較のコストが相対的に大きい時にかぎる.例えば,文字列や長いキーの型のレコードを整列する時である.

もう1つのアイデアとして,完全3分木を用いて配列でヒープ順を表現するというものがある.ここで,位置kの節点は位置$3k-1$,$3k$,$3k+1$の節点より大きいか等しく,位置$(k+1)/3$の節点より小さいか等しい.木の高さが減る代わりに,各節点で3つの子の最大値を求めるので,その分コストが増える.この兼ね合いは,具体的なプログラムの実現法に依存する(練習問題9.30).節点1つ当たりの子の数をさらに増やすのは,性能向上の効果がありそうにない.

図9.11は,ランダムなファイルに対するヒープソートの動作を示す.最初,この動作は,整列以外のことをやっているように見える.というのは,ヒープができていくのにつれて,大きい要素がファイルの先頭に移動するからである.しかし,予想通り,この方法は,選択整列の前後を逆にしたもののようになる.図9.12では,いろいろな種類のファイルに対して,それぞれの性格を反映したヒープができるが,整列が進むにつれて,ランダムなヒープに似てくるように見える.

当然のことながら,特定の応用に対して,ヒープソート,クイックソート,マージソートのうち,どれを選ぶかという課題がある.ヒープソートとマージソートの選択は,つきつめると,整列が安定でないもの(練習問題9.28)と余分な作業領域を使うものとの選択になる.ヒープ

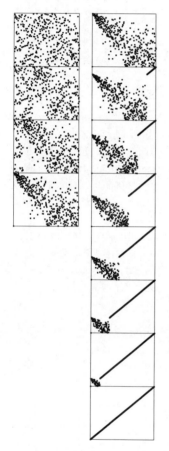

図9.11 ヒープソートの動的な性質

作成過程(左側)は,先頭近くに大きい要素をおき,整列の反対のことをやっているようである.次の下降整列過程(右側)は,選択整列法のように働き,ヒープを先頭部分に保持しつつ,ファイルの後方部分に整列した配列を作っていく.

ヒープソート §9.4

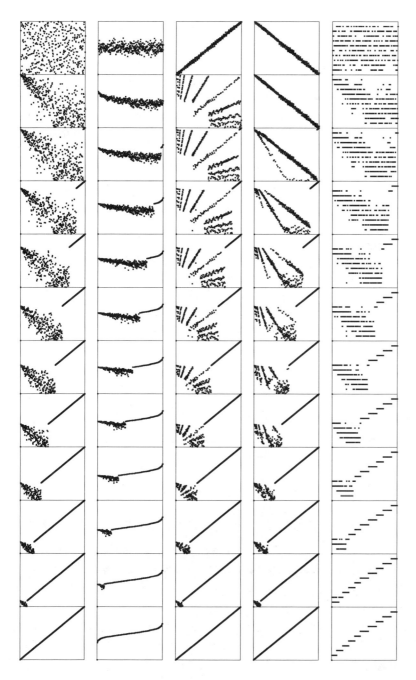

図 9.12 いろいろな型のファイルに対するヒープソートの動作

ヒープソートの実行時間は，それほど入力に依存しない．入力の値が何であろうが，最大値は常に $\lg N$ ステップ以下で見つかる．この図の一番上の行の左から右へ，ランダム，正規分布，ほとんど整列ずみ，ほとんど逆順，10個の異なるキーのランダムなファイルを示す．2番目の行は，ボトムアップのアルゴリズムで作ったヒープを示す．それ以下の行は，各ファイルの下降整列の様子を示す．最初，ヒープは，入力ファイルの型がある程度反映しているように見えるが，整列過程が進行すると，ヒープがランダムなもののように見える．

ソートとクイックソートの選択は，平均の場合の速度と最悪の場合の速度の選択になる．クイックソートとマージソートについて，内側のループを改良することは詳しく扱ったが，ヒープソートについては練習問題に残す．表9.2の実験結果が示すように，ヒープソートをクイックソートより速くすることは，できそうにない．しかし，読者が自分のマシーンの上で高速の整列法がほしいのであれば，この練習問題にはいろいろ学ぶ点があるはずである．いつものように，マシーンの特性やプログラ

表 9.2 ヒープソートの実験

表の左側には，いろいろな整列法で，ランダムな整数のファイルを整列した時の相対的な時間を示す．これを見れば，内側のループの話から予想できるように，ヒープソートがクイックソートより遅いが，マージソートと同程度であるということが確認できる．表の右側は，小説 Moby Dick の最初の N 語に対する時間を示すが，比較のコストが大きい時，Floyd の方法によってヒープソートがかなり改良できることがわかる．

	32 ビット整数キー					文字列キー		
N	Q	M	PQ	H	F	Q	H	F
12500	2	5	4	3	4	8	11	8
25000	7	11	9	8	8	16	25	20
50000	13	24	22	18	19	36	60	49
100000	27	52	47	42	46	88	143	116
200000	58	111	106	100	107			
400000	122	238	245	232	246			
800000	261	520	643	542	566			

説明：
- Q　クイックソート，標準の実現（プログラム 7.1）
- M　マージソート，標準の実現（プログラム 8.1）
- PQ　順位キューに基づくヒープソート（プログラム 9.5）
- H　ヒープソート，標準の実現（プログラム 9.6）
- F　ヒープソートの Floyd 版

ミング環境の様々な側面が重要な役割をはたす．例えば，クイックソートとマージソートは，局所的な性質をもっているので，ある種のマシーンでは有利に働く．比較演算のコストが非常に大きい場合は，ヒープソートの Floyd 版を選ぶのがよい．このような状況で，この方法は時間と記憶領域の両方の意味でほぼ最適なものである．

練習問題

9.28 ヒープソートは安定でないことを示せ．

●9.29 ヒープソートの時間のうち，作成段階の占める割合を実験的に求めよ．ここで，$N = 10^3, 10^4, 10^5, 10^6$ とする．

●9.30 本文で説明したように，完全3分木に基づくヒープソートの変形版のプログラムを作れ．比較回数に関して，そのプログラムと標準版を実験的に較べよ．ここで，$N = 10^3, 10^4, 10^5, 10^6$ とする．

●9.31 上の練習問題の続きとして，Floyd の方法が完全3分木に有効である

○9.32 比較のコストだけを考慮することにして，t 個の要素の最大値を見つけるのに，t 回比較が必要とする．ヒープソートに t 分木を使う時，比較回数の $N \log N$ の係数を最小にするような t の値を見つけよ．まず，プログラム 9.7 を直接一般化したもの，次に，Floyd の方法により内側のループで比較を1回節約するものを調べよ．

○9.33 ヒープソートが最も多くの比較を実行するようなキーの並び方を求めよ．ここで，$N = 32$ とする．

●●9.34 ヒープソートが最も少ない比較を実行するようなキーの並び方を求めよ．ここで，$N = 32$ とする．

9.35 ヒープによって大きさ k の順位キューを作り，次に，$N - k$ 回 *replace_the_minimum* (*insert* の後に *delete_the_minimum*) を実行することにより，N 要素の中の k 番目に大きい要素が見つかることを証明せよ．

9.36 性質 9.6 で説明したヒープソートに基づく選択法の 2 つを実現せよ．練習問題 9.25 の方法を使え．比較回数を実験的に求めて，クイックソートに基づく方法 (7 章) と較べよ．ここで，$N = 10^6$, $k = 10, 100, 1000, 10^4, 10^5, 10^6$ とする．

●9.37 レベル順でなく先行順によって，ヒープ順に並んだ木を表現するという考えに基づいて，ヒープソートの変形版を実現せよ．ランダムに並んだキーに対して，このプログラムと標準のプログラムが実行する比較の回数を実験的に較べよ．ここで，$N = 10^3, 10^4, 10^5, 10^6$ とする．

9.5 順位キュー ADT

順位キューを使うほとんどの応用では，*delete_the_maximum* で単に最大値をかえすというより，順位キュールーチンを調整して，どのレコードが最大値をもっているかということがわかるようにしたい．ほかの操作についても同様である．つまり，優先順位を与えた順位キューを使うのは，適当な順に別の情報を知りたいことが多い．このような調整は，6 章で説明した間接整列やポインタ整列に似たものである．特に，これは，操作 *change_priority* や *delete* などに対して必要である．本節では，この考え方を詳しく調べる．というのは，本書の後の方では，このやりかたで順位キューを使うからである．さらに，この問題は，ADT のインタフェースを設計し，それを実現する時に，典型的な形で現われるからである．

順位キューから項目を削除したい時，どの項目であるかをどのように指定するか．2 つの順位キューを合併 (*join*) する時，データ型としてどのように順位キューを取り扱うか．このような質問は 4 章の話題であ

プログラム 9.8 一級順位キュー ADT

順位キュー ADT に対するこのインタフェースは，項目のハンドル（クライアントプログラムが項目を削除したり優先順位を変更できる）と順位キューのハンドル（クライアントプログラムが複数個の順位キューを保持しキューを合併できる）を与える．型 PQlink と PQ は，実現プログラムの中で指定する構造体をさすポインタを表わす（4.8節参照）．

```
typedef struct pq* PQ;
typedef struct PQnode* PQlink;
    PQ PQinit();
    int PQempty(PQ);
PQlink PQinsert(PQ, Item);
  Item PQdelmax(PQ);
  void PQchange(PQ, PQlink, Item);
  void PQdelete(PQ, PQlink);
  void PQjoin(PQ, PQ);
```

った．プログラム 9.8 は，4.8節で議論した道筋に従った順位キューの一般的なインタフェースである．これによって，クライアントがキーとそれに付随する情報を使うという状況に対応できる．本章の冒頭で説明したように，優先順位が最も高いキーの情報にアクセスする時，その情報をもつオブジェクトに対して，様々なデータ処理を行なうかもしれない．順位キューに対するすべての操作は，ハンドル（そのオブジェクトへのポインタ）を通して実行する．操作 *insert* は，クライアントプログラムによって順位キューに追加されたオブジェクトのハンドルを返す．オブジェクトのハンドルは，順位キューのハンドルと別のものである．このやりかたでは，クライアントプログラムは，ハンドルの履歴を憶えておく必要がある．この履歴を使って，後で，操作 *delete* や *change_priority* で変更するオブジェクトを指定したり，あるいは，すべての操作で影響をうける順位キューを指定したりするかもしれない．

このやりかたでは，クライアントプログラムにも実現（インプリメンテーション）にも制約がつく．クライアントプログラムは，このインタフェース以外で，ハンドルを通して情報にアクセスする方法がない．クライアントプログラムは，ハンドルを正しく使う責任がある．例えば，クライアントプログラムが既に削除した項目を取り扱うというように，ルールからはずれた使い方をした場合，それをチェックできるようなうまい実現法はない．つまり，クライアントプログラムは，後で使えるハンドルをもっているので，実現の方では，自分だけが情報を自由に扱うというわけにいかない．この問題点は，プログラムの実現を詳しく調べ

順位キュー ADT　　　　　　　　　　　　　　　　§9.5　　　　　　　　347

ると，もっとはっきりする．いつものように，実現の詳しさの程度がどうであろうとも，プログラム 9.8 のような抽象的インタフェースは，応用側の要求と実現側の要求の間でバランスをとるのに役立つ出発点になる．

プログラム 9.9　順序のない両方向リストによる順位キュー

　これは，プログラム 9.8 のインタフェースのルーチン init, empty, insert, delmax を実現したもので，ヘッド（先頭）とテール（末尾）の節点をもつ順序のないリストに対する初等的な操作のみを使う．構造体 PQnode は両方向リストの節点（キーと 2 つのリンクを含む）であり，構造体 pq はヘッドとテールのリンク 2 つである．

```c
#include <stdlib.h>
#include "Item.h"
#include "PQfull.h"
struct PQnode { Item key; PQlink prev, next; };
struct pq { PQlink head, tail; };
PQ PQinit()
  { PQ pq = malloc(sizeof *pq);
    PQlink h = malloc(sizeof *h),
           t = malloc(sizeof *t);
    h->prev = t; h->next = t;
    t->prev = h; t->next = h;
    pq->head = h; pq->tail = t;
    return pq;
  }
int PQempty(PQ pq)
  { return pq->head->next->next == pq->head; }
PQlink PQinsert(PQ pq, Item v)
  { PQlink t = malloc(sizeof *t);
    t->key = v;
    t->next = pq->head->next; t->next->prev = t;
    t->prev = pq->head; pq->head->next = t;
    return t;
  }
Item PQdelmax(PQ pq)
  { Item max; struct PQnode *t, *x = pq->head->next;
    for (t = x; t->next != pq->head; t = t->next)
      if (t->key > x->key) x = t;
    max = x->key;
    x->next->prev = x->prev;
    x->prev->next = x->next;
    free(x); return max;
  }
```

プログラム 9.10　順序のない両方向リストによる順位キュー（続き）

リストの初等的な操作だけを使って，操作 *change*，*delete*，*join* がすべて一定時間でできる（両方向リストの詳細は3章参照）．両方向リストを保持するオーバーヘッドがあっても，これで十分ひきあう．

```
void PQchange(PQ pq, PQlink x, Item v)
  { x->key = v; }
void PQdelete(PQ pq, PQlink x)
  {
     x->next->prev = x->prev;
     x->prev->next = x->next;
     free(x);
  }
void PQjoin(PQ a, PQ b)
  {
     a->tail->prev->next = b->head->next;
     b->head->next->prev = a->tail->prev;
     a->head->prev = b->tail;
     b->tail->next = a->head;
     free(a->tail); free(b->head);
  }
```

　プログラム9.9は，基本的な順位キューの操作を直接的に実現したものである．ここで，順序のない両方向リストによって表現する．このコードは，インタフェースがもつ本来の性質を示している．つまり，ほかの初等的な表現を用いても，同様にして，直接的に実現できることがわかる．

　9.1節で議論したように，プログラム9.9と9.10の実現は，順位キューが小さく，操作 *delete_the_maximum* や *find_the_maximum* が多くは実行されないような応用に適切である．そうでない応用では，ヒープに基づく実現の方がよい．リンクを陽に使い，ヒープ順に並んだ木に対するfixUpとfixDownを実現して，ハンドルを矛盾なく保持するということは，面白い課題であるが，練習問題にする．というのは，9.6節と9.7節でほかのやりかたを2つ取り上げるからである．

　プログラム9.8のように一級ADTには多くの利点がある．しかし，クライアントプログラムと実現に対して別の種類の制約をもつような他のやりかたを考えてもよい．9.6節では，クライアントプログラムがレコードとキーを保持するのに責任をもち，順位キューのルーチンがそれらを間接的に参照するような例を取り上げる．

　このインタフェースにほんの少し変更を加えることが適切な場合もあ

る．例えば，キーとその関連情報をさすポインタだけでなく，キューの中の最高の優先順位をもつキーの値を返す関数がほしいかもしれない．あるいは，4.8節で取り上げた記憶管理とコピーに関する問題点が登場するかもしれない．ここでは，*destroy*（廃棄）と本当の *copy*（複製）の操作を考えないし，また，*join* もいくつか可能性があるが，そのうち1つだけを選んだ（練習問題9.39, 9.40参照）．

プログラム9.8のインタフェースの中に，上記のような手続きを追加することはやさしい．しかし，すべての操作が対数的な性能をもつように実現することは，はるかに面白い課題である．順位キューがあまり大きくならない応用や，操作 *insert* と *delete_the_maximum* の列が特殊な性質をもつ応用では，融通性の大きいインタフェースが望ましい．しかし，順位キューが大きくなりうる応用とか，十倍とか百倍の性能の差が重要になる応用では，高能率な性能を保証する操作の集合に限定して使うことが重要であるかもしれない．様々な種類の操作の列に対する順位キューの設計には，非常に多くの研究がある．9.7節の2項キューは重要な例である．

練習問題

9.38 ランダムな数 10^6 個の中で100番目に小さいものを見つけるのに，順位キューの実現の中でどれを選ぶか．その理由を説明せよ．

●**9.39** プログラム9.9と9.10の順位キューADTに操作 *copy* と *destroy* を追加せよ．

●**9.40** プログラム9.9と9.10の操作 *join* に対するインタフェースと実現を変更せよ．ここで，*join* はPQ（パラメータの合併の結果）を返し，パラメータを破壊する効果をもつものとする．

9.41 順序のある両方向リストを使って，プログラム9.9と9.10と同様の実現を行なえ．クライアントはデータ構造の中へのハンドルが使えるので，読者のプログラムでは，節点の中の（キーでなく）リンクだけを変更することに注意せよ．

9.42 節点とリンクを陽に用いるヒープ順の完全木を使って，*insert* と *delete_the_maximum* を実現せよ（プログラム9.1の順位キューのインタフェース）．クライアントはデータ構造の中へのハンドルが使えないので，この事実に注意すると，節点自体を交換するより，節点内の情報を交換するほうがやさしい．

●**9.43** リンクを陽に用いるヒープ順の木を使って，*insert*, *delete_the_maximum*, *change_priority*, *delete* を実現せよ（プログラム9.8の順位キューのインタフェース）．クライアントはデータ構造の中へのハンドルが使えるので，

練習問題9.42より難しい．その理由は，節点が3つのリンクをもつことだけでなく，（キーでなく）リンクだけが変更できることである．

9.44 練習問題9.43のプログラムに操作 *join* を追加して（直接的なやりかたで）実現せよ．

9.45 トーナメント（5.7節）を用いて，*construct* と *delete_the_maximum* が実行できる順位キューのインタフェースと実現を作れ．プログラム5.19は *construct* の基礎に使える．

- **9.46** 練習問題9.45の読者の解を一級 ADT に変換せよ．
- **9.47** 練習問題9.45の読者の解に *insert* を追加せよ．

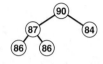

k	qp[k]	pq[k]	data[k]	
0			Wilson	63
1	5	3	Johnson	86
2	2	2	Jones	87
3	1	4	Smith	90
4	3	9	Washington	84
5		1	Thompson	65
6			Brown	82
7			Jackson	61
8			White	76
9	4		Adams	86
10			Black	71

図 9.13 添字ヒープのデータ構造

レコード自身でなく，添字を扱うことにより，配列の中にヒープを作り，レコードの部分集合を表現できる．この図は，配列 pq の中に大きさ5のヒープを表わし，上から5位までの成績をもつ学生への添字を示す．例えば，data[pq[1]].name には，最高の成績の学生の名前 Smith がある．逆配列 qp によって，順位キューのルーチンが配列の添字をハンドルとして扱う．例えば，Smith の成績を 85 に変更したいとすると，data[3].grade のデータを変更して，change(3) をよぶ．順位キューのプログラムは，pq[qp(3)]（つまり qp[3] = 1 より pq[1]）でレコードに，また，data[pq[1]].name（つまり pq[1] = 3 より data[3].name）で新しいキーにアクセスする．

9.6 添字による順位キュー

順位キューの中のレコードが配列に入っている場合を考えよう．この場合，順位キューのルーチンは，配列の添字を通して，項目を参照するのがよさそうである．さらに，すべての順位キューの操作を実現するのに，配列の添字をハンドルに使うようにできる．この方針で作ったインタフェースをプログラム9.11に示す．図9.13には，6章の添字整列の例に適用した様子を示す．レコードをコピーしたり特別の調整をしないで，レコードの集合を順位キューで表現できる．

配列の添字を使うことは自然なやりかたであるが，プログラム9.8と対照的な実現になる．つまり，クライアントプログラムは，情報を自由に移動できない．というのは，この順位キューは，クライアントが保持

プログラム 9.11 添字の順位キュー ADT のインタフェース

このインタフェースでは，項目のデータ構造を組み立てる代わりに，クライアントの配列の中に，添字を使う順位キューを作るものである．操作 *insert, delete_the_maximum, change_priority, delete* はすべて，配列の添字のハンドルを使う．クライアントは，2つのレコードを比較する *less* ルーチンを用意する．例えば，クライアントプログラムでは，less(i, j) の定義に，data[i].grade と data[j].grade の比較を使うという具合である．

```
  int less(int, int);
 void PQinit();
  int PQempty();
 void PQinsert(int);
  int PQdelmax();
 void PQchange(int);
 void PQdelete(int);
```

するデータの添字を直接取り扱うからである．実現の側から見ると，クライアントが添字を渡してくれないと，順位キューの実現では添字を使うことができない．

実現を進めるために，6.8節の添字整列で行なったのとまったく同じやりかたをする．less を定義しなおして，クライアントの配列を参照して比較する．ここで，さらに複雑なことが起きる．というのは，順位キューのルーチンがオブジェクトの履歴を追いかける必要があるからである．これによって，クライアントプログラムがハンドル（添字）でオブジェクトを参照した時に，その場所を知ることができる．この目的のために，順位キューのキーの位置を追いかけられるように，もう1つ，添字の配列を使う．配列の取扱いを局所化するために，データの移動は，操作 exch の中だけで定義する．

このやりかたを完全に実現したものがプログラム 9.12 である（図 9.14 参照）．これは，プログラム 9.5 とほんの少ししか異なっていないが，実際の場で非常に役に立つので，勉強する価値がある．このプログラムが作るデータ構造は，**添字ヒープ**（index heap）という．このプログラムは，第5部から第7部までのアルゴリズムの部品になる．いつものことであるが，エラーのチェックはしていない．また，添字が常に正しい範囲内にあると仮定する．さらに，一杯のキューに挿入しようとしたり，空のキューから削除しようとしたり，ということがないと仮定する．そのようなチェックを追加することは容易である．

配列の表現を使う順位キューは，どんなものでも同じやりかたができる（練習問題 9.50 と 9.51 参照）．このような間接的表現を使うと不利になることは，主として，余分に記憶領域を使うことである．順位キューの最大の大きさがデータの配列よりはるかに小さくても，添字配列の大きさはデータの配列の大きさになる．別のやりかたとして，例えば，配列の先頭部分に順位キューを作成するのに，クライアントプログラムがレコードを作り，その中にキーと一緒に配列の添字を入れるというものがある．こうしてプログラム 9.9, 9.10, 練習問題 9.43 のようにリンクを割り付ける表現を使えば，順位キューが使う記憶領域はいつでも，キューの最大要素数に比例するようにできる．このようなやりかたは，記憶領域を本当に節約する必要があり，順位キューがデータの配列のごく一部にしか関与しないという場合であれば，プログラム 9.12 より望ましいかもしれない．

順位キューを実現するのに，9.5節のやりかたと本節のやりかたを対照すると，抽象データ型の設計の相違点が明確になる．プログラム 9.8 のような前者の例では，キーのために記憶領域を割り付けたり解放したり，キーの値を変更するといったことは，順位キューの実現プログラム

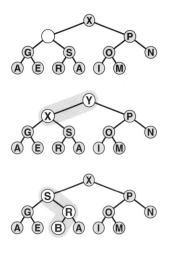

図 9.14　ヒープにおける節点の順位の変更

上の図は，1つの節点を除いて，ヒープ順に並ぶヒープを示す．節点がその親より大きければ，図 9.3 に示したように上に動く．中の図がこの状況を示し，Yが上に動く（一般に根に着くと止まる）．節点がその子の大きい方より小さければ，図 9.3 に示したように下に動く．下の図がこの状況を示し，Bが下に動く（一般に底に着くと止まる）．この手続きは操作 *change_priority* に利用でき，節点のキーを変更した時ヒープ条件を修復する．あるいは，この手続きは操作 *delete* に利用でき，節点のキーの代わりに，一番下のレベルの右端の節点のキーで置き換えて，ヒープ条件を修復する．

プログラム 9.12 添字ヒープに基づく順位キュー

プログラム 9.11 のインタフェースを使って，クライアントの配列の中で，添字の配列 pq を保持する順位キューのルーチンを作る．例えば，less がプログラム 9.11 の説明中のように定義されていれば，fixUp が less(pq[j],pq[k]) を使う時，望みのとおり，data.grade[pq[j]] と data.grade[pq[k]] を比較する．pq[k]は，k番目の配列要素のヒープの位置を保持する．この機構により添字ハンドルが使え，操作 *change_priority* と *delete* をインタフェースの中に含めることができる（練習問題 9.49）．このコードでは，ヒープの中ですべての添字 k に対して，不変な関係 pq[qp[k]] = qp[pq[k]] = k が成り立つ（図9.13）．

```
#include "PQindex.h"
typedef int Item;
static int N, pq[maxPQ+1], qp[maxPQ+1];
void exch(int i, int j)
  { int t;
    t = qp[i]; qp[i] = qp[j]; qp[j] = t;
    pq[qp[i]] = i; pq[qp[j]] = j;
  }
void PQinit() { N = 0; }
 int PQempty() { return !N; }
void PQinsert(int k)
  { qp[k] = ++N; pq[N] = k; fixUp(pq, N); }
 int PQdelmax()
  {
    exch(pq[1], pq[N]);
    fixDown(pq, 1, --N);
    return pq[N+1];
  }
void PQchange(int k)
  { fixUp(pq, qp[k]); fixDown(pq, qp[k], N); }
```

側の責任である．ADT は，クライアントに項目のハンドルを提供して，クライアントは，ハンドルをパラメータにして，順位キューのルーチンをよび，項目を参照する．プログラム 9.12 のような後者の例では，クライアントがキーとレコードの責任をもち，順位キューのルーチンは，クライアントが渡すハンドル（プログラム 9.12 では配列の添字）を通してのみ情報にアクセスする．いずれのやりかたでも，クライアント側と実現側の双方の協力が要求される．

本書では，プログラミング言語が提供する機構によって推奨されるもの以上に，双方が協力することに関心をもつ．特に，クライアントが実行する各種操作の列を実現するプログラムにおいて，性能上の特性に注

目する．このようなプログラムとして，最悪の場合の性能の限界を保証できるものを求めるというやりかたもあるが，多くの応用問題では，相対的に簡単な実現を使っても，容易に性能の要求を満たすことができる．

練習問題

9.48 配列にキーＥＡＳＹＱＵＥＳＴＩＯＮが入っているとする．最初空のヒープからはじめて，プログラム9.12によって，これらのキーを挿入した時，配列pqとqpの内容を示せ．

○**9.49** プログラム9.12に操作 *delete* を追加せよ．

9.50 順序のある配列による順位キューの表現を使って，添字の順位キューADTを実現せよ（プログラム9.11参照）．

9.51 順序のない配列による順位キューの表現を使って，添字の順位キューADTを実現せよ（プログラム9.11参照）．

○**9.52** 要素 N 個の配列 a に対して，配列 pq で表現した要素 $2N$ 個の完全2分木で，次の性質をもつものを考える．

（ⅰ）0からN-1までのiに対して，pq[N+i] = i であり，

（ⅱ）1からN-1までのiに対して，a[pq[2*i]]>a[pq[2*i+1]]であればpq[i] = pq[2*i]，それ以外であればpq[i] = pq[2*i+1]である．このような構造は，添字ヒープとトーナメント（プログラム5.19）を併せたようなものであるので，**添字ヒープトーナメント**（index heap tournament）という．キーＥＡＳＹＱＵＥＳＴＩＯＮに対する添字ヒープトーナメントを示せ．

○**9.53** 添字ヒープトーナメント（練習問題9.52）を使って，添字の順位キューADTを実現せよ（プログラム9.11参照）．

9.7 2項キュー

前節までのプログラムでは，操作 *join*, *delete_the_maximum*, *insert* が最悪の場合に能率よく実行できない．順序のないリストでは，*join* と *insert* は速いが，*delete_the_maximum* は遅い．順序のあるリストでは，*delete_the_maximum* は速いが，*join* と *insert* は遅い．ヒープでは，*insert* と *delete_the_maximum* は速いが，*join* は遅い．その他も同様である（表9.1参照）．応用によって，操作 *join* が頻繁に実行するとか大きいファイルで実行するということが重要であれば，もっと高度なデータ構造を考える必要がある．

ここで「能率がよい」ということは，最悪の場合，操作が対数的な時

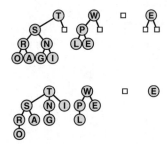

図9.15 大きさ13の2項キュー

大きさ N の2項キューは，左ヒープ順のベキ乗ヒープの並びである．それぞれのベキ乗ヒープは，N の2進数表現の各ビットに対応する．それで，大きさ13は2進数で1101であり，その2項キューは8-ヒープ，4-ヒープ，1-ヒープの3つからなる．図では，同じ2項キューに対して，左ヒープ順ベキ乗ヒープの表現（上側）とヒープ順2項木の表現（下側）を示す．

間で実行できることである．この意味では，配列による表現は除外される．というのは，2つの大きい配列を合併 join するのに，少なくとも一方の要素を全部移動する必要があるからである．プログラム9.9の順序のない両方向リストでは，join は一定時間でできるが，delete_the_maximum のためにリスト全体を走査する必要がある．順序のある両方向リスト（練習問題9.41）では，一定時間で delete_the_maximum を実行できるが，join のためにリストを合併すると線形的な時間がかかる．

順位キューのすべての操作を能率よく実行するデータ構造は，多数開発されてきた．ほとんどのものは，リンクでヒープ順の木を表現することが基礎になっている．木を降りるために，2つのリンクが必要である．2分木の場合，両方の子へのリンクをもつか，あるいは，最初の子へのリンクと次の弟へのリンクをもつかである．さらにもう1つ，木を昇るために，親へのリンクが必要である．リンクと節点を陽に表わす（ヒープ順の）木構造やその他の表現において，ヒープ順を保存する操作は，一般に直接的に実現できる．難しい点として，insert, delete, join のような動的な操作に対して，木構造に修整を施す必要がある．木構造を修整し，それと同時に，木のバランスをとるために，いろいろなデータ構造がいろいろな方針に基づいて作られている．一般的にいうと，そのようなアルゴリズムは，完全2分木よりも融通のきく木を使うとともに，対数時間の限界を保証するために，十分バランスをとるものである．

リンクを3つ維持するためのオーバーヘッドは負担になる．プログラムが常に3つのポインタを正しく維持することを確かめるのは，かなり難しい（練習問題9.42参照）．さらに，実際的な応用では，多くの場合，本当にすべての操作の能率的な実現が必要であることを確かめることも難しい．そこで，そのような実現にとりかかる前に，ちょっと休みをとるのがよいのかもしれない．しかし一方では，能率的な実現が必要でないことを確かめることも難しい．また，順位キューのすべての操作が速いことを保証するために，時間をかけても引き合うということを確かめるも難しい．このように，いろいろなことが思いつくかもしれないが，次のステップとして，あるデータ構造に話題を移す．そのデータ構造を使って，join, insert, delete_the_maximum が能率よく実行できるプログラムは，非常に面白く，それ自身勉強する価値がある．

木のリンク表現を使っても，ヒープの条件を満たし，ヒープ順の2分木が完全であるという条件は依然強すぎるので，操作 join を能率よく実現できない．ヒープ順の2つの木に対して，これらを1つの木にどうすれば合併できるか？ 例えば，片方の木に節点が1023個あり，もう

2項キュー　　　　　　　　　　　　　§9.7　　　　　　　　　　　　　355

一方に255個あるとして，10とか20個の節点しかさわらないで，節点が1278個の木に合併できるか？　木がヒープ順で完全であるとすると，合併は一般に不可能のように見える．しかし，能率のよい*join*を作るために，ヒープ順とバランスの条件を緩くして，融通性を大きくするというデータ構造がいろいろ考案されている．これから，この課題に対する巧妙な解答を説明する．これは，**2項キュー**（binomial queue）とよばれているものであり，1978年 Vuillemin が開発したものである．

まず，緩めたヒープ順の条件を満たすある種の型の木に対して，操作*join*が容易に実現できることを見る．

定義9.4　キーをもつ節点からなる2分木は，それぞれの節点に対して，そのキーが左の部分木（もしあれば）のすべてのキーより大きいか等しい時に，**左ヒープ順**（left heap ordered）であるという．

定義9.5　**ベキ乗ヒープ**（2のベキ乗のヒープ，power-of-2 heap）とは，左ヒープ順の2分木であり，その根において右の部分木がなく，左の部分木が完全左ヒープ順であるものである．ベキ乗ヒープに対して，左の子と右の弟の対応（5.4節）でできる木を**2項木**（binomial tree）という．

2項木とベキ乗ヒープは同等のものであるが，説明には両方の表現を使う．というのは，2項木の方が少し見やすいが，ベキ乗ヒープの方が実現が簡単である．今後，次に示す事実を使うが，上の定義から直接導かれる結果である．

- ベキ乗ヒープの節点の個数は，2のベキ乗である．
- どの節点も根のキーより大きいキーをもつことはない．
- 2項木はヒープ順である．

2項キューのアルゴリズムが使う基本操作として，同じ個数の節点をもつ2つのベキ乗ヒープの*join*操作がある．図9.16に示すように，この操作の結果，節点数が2倍のヒープが作られる．大きい方のキーをもつ根は，操作の結果，根になる．もう一方のもとの根は，新しい根の左の子になり，その左の子はもとの左の子がなる．（その右の子には新しい根のもとの左の子がなる）．木のリンク表現によれば，この*join*操作は一定時間で実行できる．つまり，木の一番上付近のリンクを調整するだけですむ．これを実現したものをプログラム9.13に示す．この基本操作は，遅い操作のない順位キューを実現するという Vuillemin の一般的解決法の中心部分をなす．

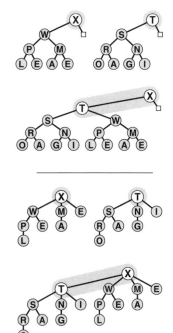

図9.16　同じ大きさの2つのベキ乗ヒープの合併

2つのベキ乗ヒープを合併する．それには，2つの根の大きい方を根におき，その左の部分木は，もう一方のもとの根の右部分木にする（上側）．2つが2^n個の節点をもてば，結果の木は2^{n+1}個の節点をもつ．同じ操作に対する2項キュー表現を下側の図に示す．

> **プログラム 9.13 同じ大きさの 2 つのベキ乗ヒープの合併**
>
> 同じ大きさの 2 つのベキ乗ヒープを 1 つのベキ乗ヒープに合併するには，少数のリンクを変更するだけでよい．この手続きは，高能率の 2 項キューアルゴリズムの基礎である．
>
> ```
> PQlink pair(PQlink p, PQlink q)
>   {
>     if (less(p->key, q->key))
>         { p->r = q->l; q->l = p; return q; }
>     else { q->r = p->l; p->l = q; return p; }
>   }
> ```

定義 9.6 2 項キューは，ベキ乗ヒープの集合であり，どの 2 つも大きさが異なる．2 項キューの構造は，整数の 2 進数表現に対応する節点数によって決定する．

定義 9.5 と 9.6 に沿って，キーと 2 つのリンクをもつ節点へのリンクとして，ベキ乗ヒープ（および項目へのハンドル）を表現する（図 5.30 のトーナメントの明示的な木表現と同様である）．2 項キューは，次のようにベキ乗ヒープの配列として表現する．

```
struct PQnode { Item key; PQlink l, r; };
struct pq { PQlink *bq; };
```

この配列は大きくなく，それぞれの木も高くない．この表現は十分融通がきき，順位キューの操作を $\lg N$ ステップで実現できる．これからそのことを見ていこう．

要素 N 個の 2 項キューは，N の 2 進数表現の 1 のビットに対応するベキ乗ヒープをもつ．例えば，図 9.15 に示すように，13 個の節点の 2 項キューは，8-ヒープ，4-ヒープ，1-ヒープからなる．大きさ N の 2 項キューには，たかだか $\lg N$ 個のベキ乗ヒープがあり，その高さはどれもたかだか $\lg N$ である．

まず，操作 *insert* を取り上げる．新しい項目を 2 項キューに挿入することは，2 進数を 1 増やすことに対応する．2 進数を 1 増やすには，最初の 0 に出会うまで右から左へ見ていき，2 進数の $1+1=10_2$ による桁上がりを使って，1 を 0 に変更する．最初の 0 は 1 に変更して終了する．これと同様にして，2 項キューに新しい項目を追加するには，右から左に動き，桁上がりに相当するヒープを合併していき，最後に，最初に出会う空の場所に桁上がりしたヒープをおく．

詳しくは，新しい項目を 2 項キューに挿入するには，まず，新しい項

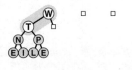

図 9.17　2 項キューへの新しい要素の挿入

節点 7 個の 2 項キューに追加するのは，2 進数の加算 $111_2 + 1 = 1000_2$ と同様である．ここで，桁上がりを考慮する．結果の 2 項キューは一番下の図に示す．8-ヒープのほか，空の 4-，2-，1-ヒープがある．

目を1-ヒープにする．次に，N が偶数ならば（右端ビットが0であれば），2項キューの右端の空の場所に，この1-ヒープをおく．N が奇数ならば（右端ビットが1であれば），新しい項目の1-ヒープと右端の1-ヒープを合併して，桁上がりの2-ヒープを作る．2項キューの2に対応する場所が空であれば，この桁上がりヒープをおく．そうでなければ，この桁上がり2-ヒープと2項キューの2-ヒープを合併して，4-ヒープを作る．以下同様に，2項キューに空の場所が見つかるまで，この過程を続ける．図9.17に例を示す．プログラム9.14はこれの実現である．

他の2項キューの操作も，2進数の演算として解釈するのがわかりやすい．後で見るように，join の実現は2進数の加算に対応する．

いましばらくの間，（能率のよい）join 関数が使えるものと仮定する．ここで，join は，第2パラメータの中の順位キューをさすポインタを取り上げ，第1パラメータの順位キューをさすポインタに合併して，結果を第1パラメータに残すようにする．この関数が使えるとすると，操作 insert は，一方のパラメータを大きさ1の2項キューにして，関数 join をよぶというように実現してもよかった（練習問題9.63）．

同様にして，操作 delete_the_maximum は，操作 join を1回よぶこ

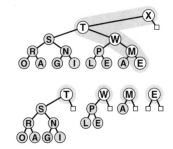

図9.18　ベキ乗ヒープの最大値の削除

ベキ乗ヒープの根を削除すると，ベキ乗ヒープの森ができる．どれも左ヒープ順であり，その根は，もとの木の根の左の子から右にたどる道の上にある．この操作を使って，2項キューから最大の要素を削除することができる．まず，最大の要素をもつベキ乗ヒープの根を削除する．そして，操作 join を使って，これらのベキ乗ヒープの集まりから作る2項キューをもとの2項キューに合併する．

プログラム9.14　2項キューへの挿入

2項キューに節点を挿入するには，まず，その節点を1-ヒープにする．これを桁上がり1-ヒープとよぶことにして，$i = 0$ からはじめて，次を繰り返す．2項キューに 2^i-ヒープがなければ，桁上がり 2^i-ヒープをキューにおいて終了する．2項キューに 2^i-ヒープがあれば，それと桁上がり 2^i-ヒープを合併して，2^{i+1}-ヒープを作り，新しい桁上がりヒープとする．i を1増やす．2項キューの中で最初の空の場所を見つけるまで，これを繰り返す．いつものように，z で空のリンクを表現する約束をする．これは，定義により NULL にできるし，あるいは番兵節点にできる．

```
PQlink PQinsert(PQ pq, Item v)
  { int i; PQlink c, t = malloc(sizeof *t);
    c = t; c->l = z; c->r = z; c->key = v;
    for (i = 0; i < maxBQsize; i++)
      {
        if (c == z) break;
        if (pq->bq[i] == z)
          { pq->bq[i] = c; break; }
        c = pair(c, pq->bq[i]); pq->bq[i] = z;
      }
    return t;
  }
```

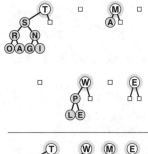

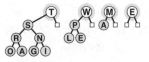

図 9.19 2 つの 2 項キューの合併（桁上がりなし）

2 つの 2 項キューを合併する時，同じ大きさのベキ乗ヒープを含まなければ，操作 join は単に合併すればよい．これは，1+1 がなく桁上がりが生じない 2 進数の加算に対応する．10 個の節点の 2 項キューは，5 個の節点の 2 項キューと合併して，15 個の節点の 2 項キューになる．これは $1010_2 + 0101_2 = 1111_2$ に対応する．

とによって実現できる．2 項キューの中で最大の項目を見つけるには，このキューのベキ乗ヒープを走査する．これらのヒープは，左ヒープ順であるので，それぞれの最大要素は根にある．それで，2 項キューの中の最大要素は，根の中の最大のものである．2 項キューには，$\lg N$ より多くのヒープがないので，最大要素を見つける時間は $\lg N$ 以下である．

操作 delete_the_maximum を実行するには，次のことに注意しよう．左ヒープ順の 2^k-ヒープの根を削除すると，k 個の左ヒープ順のベキ乗ヒープができる．つまり，2^{k-1}-ヒープ，2^{k-2}-ヒープ，…，1-ヒープができる．これは，図 9.18 の例で示すように，大きさ 2^{k-1} の 2 項キューに再構成できる．それで，操作 join を使って，この 2 項キューをもとの 2 項キューの残りに合併すれば，操作 delete_the_maximum は完了する．プログラム 9.15 にこれを実現したものに示す．

それでは，2 つの 2 項キューを合併 join するのはどうすればよいか．図 9.19 に示すように，同じ大きさのベキ乗ヒープを含まないのであれば，この操作はごく簡単であることに注意しよう．つまり，2 つの 2 項キューを単に合併して，1 つの 2 項キューを作ればよい．大きさ 10 の

プログラム 9.15　2 項キューの最大値の削除

最初に根節点を走査して最大値を見つけ，この最大値をもつベキ乗ヒープを 2 項キューから取りはずす．次に，このベキ乗ヒープの根を削除して，一時的に，このベキ乗ヒープの残りの部分から 2 項キューを作る．最後に，操作 join を用いて，この 2 項キューをもとの 2 項キューに合併して戻す．

```
Item PQdelmax(PQ pq)
  { int i, max; PQlink x; Item v;
    PQlink temp[maxBQsize];
    for (i = 0, max = -1; i < maxBQsize; i++)
      if (pq->bq[i] != z)
        if ((max == -1) || less(v, pq->bq[i]->key))
          { max = i; v = pq->bq[max]->key; }
    x = pq->bq[max]->l;
    for (i = max; i < maxBQsize; i++) temp[i] = z;
    for (i = max ; i > 0; i--)
      { temp[i-1] = x; x = x->r; temp[i-1]->r = z; }
    free(pq->bq[max]); pq->bq[max] = z;
    BQjoin(pq->bq, temp);
    return v;
  }
```

(8-ヒープと2-ヒープからなる) キューと大きさ5の (4-ヒープと1-ヒープからなる) キューは,単純に合併して,大きさ15の (8-ヒープ, 4-ヒープ, 2-ヒープ, 1-ヒープからなる) キューにすればよい.一般の場合には,桁上がりを考慮して,2つの2進数の加算に対応させればよい.図9.20に例を示す.

例えば,大きさ7の (4-ヒープ,2-ヒープ,1-ヒープからなる) キューに大きさ3の (2-ヒープ,1-ヒープからなる) キューを加えると,大きさ10の (8-ヒープ,2-ヒープからなる) キューができる.ここで,1-ヒープを合併して,桁上がり2-ヒープができる.これを合併して,桁上がり4-ヒープができる.これを合併して,8-ヒープができる.このやりかたは,ちょうど2進数の加算 $011_2 + 111_2 = 1010_2$ と同じである.図9.19の例は,図9.20の例より簡単である.前者は $1010_2 + 0101_2 = 1111_2$ に対応して,桁上がりがない.

2進数の加算に対応させることより,操作 join を自然に実現することができる (プログラム9.16).各ビットに対して,3ビットが関与する (桁上がりと2つのビット) ので,8つの場合を考える.このコード

図9.20 2つの2項キューの合併

要素3個の2項キューを7個のものに加えて10個のものにすることは,2進数の加算 $011_2 + 111_2 = 1010_2$ を行なうことに対応する.NをEに加えると,空の1-ヒープと桁上がりの2-ヒープができる.次に,3つの2-ヒープを加えると,2-ヒープが1つと桁上がりの4-ヒープ (TNEIを含む) ができる.この4-ヒープともう1つの4-ヒープを加えると,一番下の図の2項キューになる.この過程でふれる節点はほんの少しである.

プログラム9.16 2つの2項キューの合併 join

このコードは,2進数の加算の真似をする.最初,桁上がりビットを0にして,右から左へ進む.生じうる8つの場合 (値と桁上がりの8通り) をそれぞれ直接的に処理する.例えば,case 3 では,両方のビットが1,桁上がりが0の場合であり,結果が0,桁上がりが1になる.

```c
#define test(C, B, A) 4*(C) + 2*(B) + 1*(A)
void BQjoin(PQlink *a, PQlink *b)
  { int i; PQlink c = z;
    for (i = 0; i < maxBQsize; i++)
      switch(test(c != z, b[i] != z, a[i] != z))
        {
          case 2: a[i] = b[i]; break;
          case 3: c = pair(a[i], b[i]);
                  a[i] = z; break;
          case 4: a[i] = c; c = z; break;
          case 5: c = pair(c, a[i]);
                  a[i] = z; break;
          case 6:
          case 7: c = pair(c, b[i]); break;
        }
  }
void PQjoin(PQ a, PQ b)
  { BQjoin(a->bq, b->bq); }
```

は，単なるビットでなく個々のヒープを扱うので，2進数の加算より複雑ではあるが，各場合の扱い方は直接的である．例えば，3つのビットがすべて1ならば，結果の中に1つヒープを残し，他の2つのヒープを合併して，これを桁上がりとして，次の位置に進む．

実に，この操作には，抽象データ型のすべてが現われている．プログラム9.16は，純粋な2進数の加算手続きであると見なしたくなり，2項キューのプログラムは，単に，複雑なビット加算手続きのプログラム9.13を使ったクライアントプログラムにすぎない，といってしまいたくなる誘惑に負けそうである．

性質 9.7 順位キューADTのすべての操作は，2項キューで実現でき，N個の項目のキューに対して，どの操作も$O(\lg N)$ステップで実行できる．

この性能は，データ構造を設計する時の目標であった．このことは，プログラムが2項キューの木の根の集まりに対して，1回か2回だけループを実行することから，直接導くことができる．簡単のために，このプログラムのループは，すべての木にわたって繰り返すようになっている．それで，実行時間は，2項キューの最大の大きさの対数に比例する．キューの中に項目が多くない場合，対数的なステップ数という上界を満たすためには，キューの大きさを憶える情報をキューに入れておくか，または，ループを止める場所を示す番兵ポインタを使うかすればよい（練習問題9.61，9.62）．このような変形は，多くの状況で努力にみあう効果がえられない．というのは，ループの繰返し回数の最大値に対して，キューの大きさは指数的に大きくなるからである．例えば，キューの最大の大きさを2^{16}として，普通の時の大きさが数千くらいであると仮定すると，本節のプログラムでは，ループの繰返しが15回であるのに対して，上記のもっと凝った方法でも11回とか12回繰り返し，その上，大きさや番兵の保持に余分なコストがかかる．もちろん，最大の大きさをむやみに大きくとると，本節のもとのプログラムは，小さいキューに対して遅くなりうる．■

性質 9.8 最初空のキューからはじめて，N回挿入して2項キューを作成する時，最悪の場合$O(N)$回の比較を実行する．

半数の挿入に（キューの大きさが偶数で1-ヒープがなく），比較の必要がない．残りの挿入の半数には（2-ヒープがない），比較は1回しか必要がない．4-ヒープがない時は，比較は2回しか必要がない．よっ

て，比較の全回数は，
$$0 \cdot N/2 + 1 \cdot N/4 + 2 \cdot N/8 + \cdots < N$$
以下である．性質 9.7 の証明中の説明と同様に，最悪の上界を満たすためには，練習問題 9.61 と 9.62 で取り上げる変形を施さなければならない．■

4.8 節で議論したことであるが，プログラム 9.16 の *join* の実現では，記憶領域の割付けを考慮していない．それで，記憶領域が消費されて，状況によっては使えなくなるかもしれない．この欠陥を修正するためには，*join* を実現する関数において，記憶領域の割付けに適切な処置をしておくことが必要である（練習問題 9.65）．

2 項キューは，高速の性能を保証するが，ある種の操作が一定時間でできるというように，理論的性能のもっとよいデータ構造が設計されてきた．このような課題は，データ構造設計の分野で活発に研究され，面白い結果が発表されてきた．一方では，このような美しい構造の多くのものが実際に役に立つということは疑わしい．複雑なデータ構造を使おうとする前に，性能のボトルネックの存在を調べ，それを減らすためには，順位キューのどれかの操作の実行時間を減らすより他に道がないということを確かめる必要がある．実際の応用では，まず，デバッグや小さいキューのために簡単なデータ構造を考えるべきであるし，速い *join* が必要でなければ，高速化のためにはヒープを使うべきである．最後に，すべての操作に対数的な性能を保証するためには 2 項キューを使うべきである．すべてのことを考慮すると，やはり，2 項キューに基づく順位キューのパッケージは，ソフトウェアのライブラリに追加すべき貴重なものである．

練習問題

▷ **9.54** 2 項木表現を使って，大きさ 29 の 2 項キューの図を描け．

● **9.55** 大きさ N の 2 項キューの 2 項木表現を描くプログラムを書け．ここで，節点と辺を扱い，キーを描かなくてよい．

9.56 最初空の 2 項キューからはじめて，ＥＡＳＹＱＵＥＳＴＩＯＮを挿入した時にできる 2 項キューを示せ．

9.57 最初空の 2 項キューからはじめて，ＥＡＳＹを挿入した時にできる 2 項キューを示せ．同様にして，ＱＵＥＳＴＩＯＮについて 2 項キューを示せ．それぞれの 2 項キューに *delete_the_maximum* を実行した時にできる 2 項キューを示せ．最後に，それらの 2 項キューに *join* を実行した時にできる 2 項キューを示せ．

- 9.58 問題9.1にならって，最初空の2項キューからはじめて，
  PRIO*R**I*T*Y***QUE***U*E
  を実行した時にできる2項キューを示せ．

- 9.59 練習問題9.1にならって，最初空の2項キューからはじめて，
  (((PRIO*)+(R*IT*Y*))***)+(QUE***U*E)
  を実行した時にできる2項キューを示せ．

- 9.60 木に2^n個の節点がある時，レベルiに$\binom{n}{i}$個の節点があることを証明せよ$(0 \leq i \leq n)$．このことが2項キューの名前の由来である．

- ○9.61 性質9.7が成り立つように，2項キューを実現せよ．ここで，2項キューのデータ型を変更して，キューの大きさをもつようにして，ループの制御にこの大きさを使う．

- ○9.62 性質9.7が成り立つように，2項キューを実現せよ．ここで，ループが止まる場所を示す番兵ポインタを使う．

- ●9.63 2項キューで *join* を使って，*insert* を実現せよ．

- ●●9.64 2項キューに対する *change_priority* と *delete* を実現せよ．注：節点に3つ目のリンクを追加し，木を昇れるようにする．

- ●9.65 順位キューADTインタフェース（プログラム9.8）と2項キューの実現（プログラム9.13，9.16）を調整して，本文で説明したように，記憶領域を無駄に消費しないようにせよ（練習問題4.72）．

- ●9.66 プログラム9.6の整列法の基礎として，2項キューとヒープを実験的に比較せよ．ここで，$N=1000, 10^4, 10^5, 10^6$のランダムに並んだキーを用いよ．注：練習問題9.61と9.62を参照せよ．

- ●9.67 ヒープソートのように，その場で整列する整列法で，2項キューに基づくものを開発せよ．ヒント：練習問題9.37．

第10章　基数整列

　応用分野によっては，レコードの順序を定めるキーが非常に複雑になりうる．例えば，電話帳や図書館のカタログなどで使う順序を考えられたい．このような複雑さと整列法の本来の性質を区別するために，6章から9章までは，整列法と応用の間の抽象インタフェースとして，キーの比較とレコードの交換の基本操作だけを用いた．そこでは，基本操作の中でキーを取り扱う部分の細部を見せなかった．この章では，整列のキーに対する別の形の抽象を取り上げる．整列の仕事によっては，各ステップごとにキー全体を扱うことが常に必要というわけでない．例えば，電話帳の個人の番号をひく時，名前の先頭の数文字をチェックするだけで，該当するページを見つけるということが多い．整列法においても，同様の能率向上ができるように，キーの比較という抽象から，キーを分解して一定の大きさ（バイト）の列と見なすという抽象に話を移す．2進数はビットの列であり，文字列は文字の列であり，10進数は数字の列であるというように，すべてではないが，多くのほかのキーも同様の見方ができる．一時に数の一部分を扱うことに基づく整列法は，**基数整列法**（ラディックスソート，radix sort）という．この種の整列法では，単にキー全体を比較するのではなく，キーの一部分を参照し比較する．

　基数整列のアルゴリズムは，キーが**基数**（底，radix）R で表現された数であると見なし，その数の個々の桁を扱う．基数 R としてはいろいろな値が使われる．例えば，郵便局で10進数5桁の番号のついた郵便物を区分けする機械では，郵便物を10個の山に分類する．それぞれの山は，番号が0で始まるもの，1で始まるもの，2で始まるもの，以下同様という具合である．それぞれの山は，必要に応じて，次の桁を使って同様に分類するか，あるいは，郵便物が少数であればもっと簡単な方法で分類する．いま，それぞれの山の郵便物が整列したとして，山の0番から9番まで順に取り出せば，郵便物全部が整列したことになる．この手続きは，$R=10$ の基数整列法の簡単な例である．郵便番号，電話番号，社会保険番号など5桁とか10桁の10進数を使う多くの実際的応用において，この方法が使える．この方法は10.3節で詳しく調べる．

　基数 R は応用に応じて適切な値を使う．本章では，基数整列法でよ

く使うような整数や文字の列であるキーを専ら取り扱う．整数については，コンピュータの中で2進数で表現されるので，$R=2$ または2のベキ乗を使う．というのは，このように選べば，キーを独立した部分に分解できるからである．文字列については，バイトの大きさを基数に割り当てるので，$R=128$ とか $R=256$ を使う．このような直接的な応用だけでなく，コンピュータで2進数の内部表現を使うものであれば，ほとんど"あらゆる"ものに適用することができる．他の型のキーを使う整列問題の多くのものに対して，2進数のキーを扱う基数整列法が使えるようにできる．

基数整列法は，「キーからi番目の桁を抜き出す」という抽象的操作に基づく．Cでは，具合のよいことに，このような操作を直接的かつ能率よく実現できる低水準の演算子が使える．この事実の意味は大きい．例えばPascalをはじめ多くの言語は，機械に独立なプログラムを書くことを推奨するので，特定の機械の数の表現法に依存するプログラムが書きにくくなっている．そのような言語によると，ビット操作の様々な技法は，実は，ほとんどのコンピュータでうまく使えるにもかかわらず，プログラムとして実現するのが難しい．ある時期，基数整列法は，この「進歩的な哲学」の犠牲になっていた．しかし，Cの設計者は，多くの場合に，ビットの直接的な操作が役立つことを認識していた．そのおかげで，本書では，Cの低水準の機能を活用して，基数整列法を実現することができる．

このことは，ハードウェア自体が都合よくできていることも必要であるが，実際そうなっていないこともある．ある種のマシーン（古いのも新しいのも）では，能率よく小さいデータを扱えるが，別のマシーン（古いのも新しいのも）では，そのような操作が非常に遅くなってしまう．基数整列法は，桁を取り出す操作によって簡潔に表現できるが，一方で，基数整列法に最高の性能を発揮させるには，ハードウェアとソフトウェア環境の勉強が必要になる．

基数整列には基本的に2つのやりかたがある．第一の種類のアルゴリズムは，キーの桁を左から右へと調べるものである．つまり，先頭の桁を最初に調べる．一般に，この方法は，**MSD** (most significant digit) 基数整列法という．MSD基数整列法は，整列の仕事をするのに必要最小限の情報しか調べないという意味で面白い（図10.1参照）．MSD基数整列法は，クイックソートの一般化と考えることができる．というのは，キーの先頭の方の桁によりファイルを分割し，次に，部分ファイルにこの方法を再帰的に適用するというように働くからである．実際，基数が2の場合，MSD基数整列法は，クイックソートと同じように実現できる．第二の種類のアルゴリズムは，キーの桁を右から左へ

```
.396465048  .015583409  .0
.353336658  .159072306  .1590
.318693642  .159369371  .1593
.015583409  .269971047  .2
.159369371  .318693642  .31
.691004885  .353336658  .35
.899854354  .396465048  .39
.159072306  .538069659  .5
.604144269  .604144269  .60
.269971047  .691004885  .69
.538069659  .899854354  .8
```

図10.1　MSD基数整列法

図（左側）の11個の数は0から1の間にあり，それぞれ9桁であり，全部で99桁あるが，そのうち22個の桁（右側）を調べるだけで整列できる（中央）．

と調べるものである．つまり，末尾の桁を最初に調べる．一般に，この方法は，**LSD**（least significant digit）基数整列法という．LSD 基数整列法は，いささか直感に反する．というのは，一見結果に影響しそうにない桁に手間をかけるからである．しかし，この問題点は改善できるし，歴史の長いこの方法は，多くの整列の応用の場で使うに値するものである．

10.1 ビット，バイト，ワード

基数整列法の理解には，次の諸点を意識しておくことが必須である．（1）コンピュータは，ワードというひとまとまりのビットの列を処理する．ワードは，もう少し小さいまとまりでバイトというものの列からなることが多い．（2）普通，整列のキーもバイトの列からなる．（3）バイトの列の短いものは，配列の添字，またはマシーンのアドレス（番地）としても使う．これより，本章では次の抽象を用いて議論を進める．

定義 10.1 **バイト**（byte）は，固定した長さのビット列である．**文字列**（string）は，可変の長さのバイト列である．**ワード**（語，word）は，固定した長さのバイト列である．

基数整列では，場合に応じて，キーがワードか文字列である．本章で取り上げる基数整列法の中には，固定した長さ（ワード）のキーを対象にするものがある．また，別のものは，キーが可変長であるもの（文字列）に使うように設計されている．

典型的なマシーンでは，バイトが 8 ビットであり，ワードが 32 ビットか 64 ビットである（具体的な値はヘッダファイル<limits.h>にある）．しかし，いろいろなバイトやワードも考慮しておくと具合がよい．普通，マシーンに応じて決まる大きさの（小さい）整数倍とか整数分の 1 である．本書では，マシーンや応用に依存して決まる定数（ワードのビット数とバイトのビット数）を定義する．

```
#define bitsword 32
#define bitsbyte 8
#define bytesword 4
#define R (1 << bitsbyte)
```

この定義の中に，基数整列法で使う定数 R（バイトの中の値の総数）を含めた．一般に，この定義を用いる時には，bitsword が bitsbyte の倍数であり，また，マシーンのワードのビット数が bitsword より

小さくない（普通は等しい），さらに，個々のバイトに番地がついていると仮定する．コンピュータが異なれば，ビットやバイトを参照するやりかたが異なる．ここでの議論のためには，ワードの中のビットに左から右に番号がふられていて，0 から bitsword-1 までとする．またワードの中のバイトに左から右に番号がふられていて，0 から bytesword-1 までとする．どちらの場合も，番号は最高位から最下位への順にふる．

ほとんどのマシーンには，ビットごとのアンド命令 *and* とシフト命令 *shift* がある．これを使って，ワードからバイトを取り出す．C では，2進数のワードの B 番目のバイトを取り出すことが次のように直接表現できる．

```
#define digit(A, B)
(((A) >> (bitsword-((B)+1)*bitsbyte)) & (R-1))
```

例えば，このマクロでは，32 ビットの数からバイト 2（3 番目のバイト）を抜き出すのに，32−3∗8＝8 ビット右にシフトして，次のマスクによって必要なバイト（右端の 8 ビット）以外を切り落とす．

00000000000000000000000011111111

多くのマシーンで使える別の操作として，基数をバイトの大きさにそろえることにより，1 回のアクセスで目的のバイトを速く取り出せる．このような操作は，C の文字列で直接表現できる．

```
#define digit(A, B) A[B]
```

このようなやりかたは，数に対してもできる場合がある．もっとも，マシーンの数の表現が異なるとコードが可搬でない．いずれにせよ，この種のバイトにアクセスする命令は，前の段落で説明したように，シフトとマスク命令と同様のやりかたで実現できることを知っておかれたい．

少しレベルの異なる抽象として，キーは数，バイトは桁として扱うことができる．数（として表現されたキー）に対して，基数整列法で必要な基本操作は，その数の中の桁を取り出すことである．2 のベキ乗の基数を選んだとすると，桁は，ビットの列であり，上で説明したマクロを使って直接アクセスできる．実際，2 のベキ乗の基数を選ぶ大きい理由は，ビット列にアクセスする命令が高くつかないことである．計算環境によっては他の基数も使える．例えば，a を正整数として，a の基数 R 表現の b 番目の桁（右から）は，

$$\lfloor a/R^b \rfloor \bmod R$$

である．高性能数値計算のために作られたマシーンであれば，この計算は $R=2$ の場合と同じくらい速くなるであろう．

さらに別の見方として，図 10.1 のように，小数点が左端にあるとして，キーが 0 から 1 までの数とするというものがある．この場合，a の（左から）b 番目の桁は

ビット，バイト，ワード　　§10.1

$$\lfloor aR^b \rfloor \bmod R$$

となる．この操作が高速にできるマシーンを使う場合には，このような基数による基数整列法を使うことができる．このモデルは，文字列のようにキーが可変長の場合にも適用できる．

本章では今後，キーが基数 R の数（R は指定しない）と見なし，キーの桁にアクセスするのに，抽象的な digit 命令を使う．ここで，個々のマシーンの上で，確かに digit 命令が高速に実現できるものとする．

定義 10.2 キーは基数 R の数である．ここで，桁は（0 から始めて）左から番号がふられているとする．

上で考慮した例から考えて，多くの応用に対して，この抽象がほとんどのマシーンの上で能率よく実現できるということは安心して仮定できる．もちろん，特定のプログラムが自分のハードウェアとソフトウェア環境の中で能率的に実行できるということには，注意を払う必要がある．

キーが短くなく，それらのビットを取り出す意味があると仮定する．キーが短ければ，6 章のキー添字計数法が使える．この方法は 0 から $R-1$ までの整数のキー N 個を線形時間で整列することを思い出してほしい．ここで，カウンタに大きさ R の表，さらに，レコードの並べ換えに大きさ N の表が必要である．それで，大きさ 2^w の表が使えれば，w ビットのキーは線形時間で容易に整列できる．実際，キー添字計数整列法は，基本的な MSD と LSD の基数整列法の中核部分をなす．そのような基数整列法を使うのは，キーが長く（例えば $w=64$），大きさ 2^w の表がとれないという場合である．

練習問題

▷ **10.1** 32 ビットの数を基数 256 の数と見なした時の桁数を求めよ．各桁を取り出す方法を説明せよ．同じことを基数 2^{16} について行なえ．

▷ **10.2** $N=10^3, 10^6, 10^9$ に対して，0 と N の間の任意の数を 4 バイトのワードとして表わすのに必要なバイトの大きさの最小値を求めよ．

○ **10.3** 抽象 digit を用いて関数 less を実現せよ．（例えば，この実現を使えば，同じデータに対して，6 章から 9 章までのアルゴリズムと本章の基数整列法の比較実験ができる．）

○ **10.4** 読者のマシーンで，ビットシフト命令と算術命令を使って，桁を取り出すコストの比較実験を行なえ．2 つの方法のそれぞれについて，1 秒間に取り出せる桁の総数を求めよ．注：読者のコンパイラは算術命令をビットシフ

- **10.5** ランダムな10進数（$R=10$）で，0と1の間に一様に分布しているものN個に対して，図10.1と同じ意味で，整列に必要な桁の比較回数を求めるプログラムを書け．ここで$N=10^3, 10^4, 10^5, 10^6$とせよ．
- **10.6** 練習問題10.5で，ランダムな32ビットの数で$R=2$の場合を考えよ．
- **10.7** 練習問題10.5で，ランダムな数が正規分布している場合を考えよ．

10.2 2進クイックソート

ファイルのレコードを並べ換えて，0で始まるすべてのキーが1で始まるすべてのキーの前におけるものとする．すると，クイックソート（7章）の変形版として再帰的な整列法が使える．すなわち，まずファイルを分割して，それぞれの部分ファイルを独立に再帰的に整列する．ファイルを並び換えるには，左から走査して1で始まるキーを見つけ，右から走査して0で始まるキーを見つけ，その2つを交換し，同様にこのことを両方のポインタが交差するまで続ける．この方法は，（本書の旧版など）文献で**基数交換法**（radix exchange）とよばれている．ここでは，Hoareが考案したクイックソートのアルゴリズムの簡単な変形版であることを強調して，**2進クイックソート**（binary quicksort）とよぶ．もっとも，この方法は，クイックソート以前に考案されていた（参考文献参照）．

プログラム10.1は，この方法を実現したものである．この分割は，分割要素にファイルのキーを使う代わりに，数2^bを使うという点を除けば，プログラム7.2の分割と本質的に同じである．2^bがファイルにない場合もありうるので，分割で要素の1つが最終位置にくることは保証されない．このアルゴリズムは，1ビット少ないキーに対して再帰的によぶという点でも，普通のクイックソートと異なる．この差異は，性能に大きい意味をもつ．例えば，N個の要素のファイルに対する分割に縮退が起きれば，大きさNの部分ファイル（キーは1ビット少ない）に再帰呼出しが起きる．そのような再帰呼出しの回数は，キーのビット数以下になる．これに対して，標準のクイックソートでは，ファイルの中にないキーを使い続けると，再帰呼出しは無限ループに入ってしまう．

標準のクイックソートがそうであったように，内側のループを実現するやりかたはいろいろある．プログラム10.1で，ポインタが交差したことのテストは，両方の内側のループに含まれている．このやりかたでは，$i=j$の場合に余分な交換が1回おきる．プログラム7.2のようにすれば，この交換をしないですませることもできる．もっとも，この場

2進クイックソート　　　　　　　　　　　§10.2

> **プログラム 10.1　2進クイックソート**
>
> このプログラムは，キーの先頭ビットでファイルを分割して，部分ファイルを再帰的に整列する．変数 w によって，0（左端）から始めて，注目するビットの位置を表わす．分割は j と i が等しいと終了する．a[i] の右側の要素すべての w 番目の位置は 1 であり，a[i] の左側の要素すべての w 番目の位置は 0 であり，a[i] 自身は w 番目の位置のビットが 1 である．ただし，ファイルのすべての要素において位置 w のビットが 0 である場合は例外である．分割の後にもう 1 回テストして，この例外を取り扱う．
>
> ```
> quicksortB(int a[], int l, int r, int w)
>   { int i = l, j = r;
>     if (r <= l || w > bitsword) return;
>     while (j != i)
>       {
>         while (digit(a[i], w) == 0 && (i < j)) i++;
>         while (digit(a[j], w) == 1 && (j > i)) j--;
>         exch(a[i], a[j]);
>       }
>     if (digit(a[r], w) == 0) j++;
>     quicksortB(a, l, j-1, w+1);
>     quicksortB(a, j, r, w+1);
>   }
> void sort(Item a[], int l, int r)
>   {
>     quicksortB(a, l, r, 0);
>   }
> ```

合は自分自身との交換であるので，害はない．別のやりかたとしては，番兵キーを使うものがある．

図 10.2 は，クイックソートの図 7.1 と比較するために，小さいファイルに対するプログラムの動作を示す．この図では，移動したデータを示すが，移動の理由を示していない．これはキーの 2 進数表現によって決まる．同じ例に対して，もっと詳しく示したものが図 10.3 である．この例では，英字が単純な 5 ビットの符号で表現されているとする．ここで，アルファベットの i 番目の英字は i の 2 進数で表現する．この符号化は，もっと多くのビット (7, 8, 16) を使って多くの文字（大文字，小文字，特殊文字など）を表わす実際の文字符号を簡略化したものである．

ランダムなビットからなるワードのキーに対して，プログラム 10.1 の出発点は，ワードの左端のビット，つまりビット 0 である．一般に，

図 10.2　2進クイックソートの例

先頭のビットで分割すると，1 つのキーが最終位置にくることを保証できない．0 ではじまるキーすべてが 1 ではじまるキーすべての前にくることは保証できる．この図を図 7.1 と比較できるが，この図には，キーの 2 進数表現が示されていないので，分割操作は，まったく不透明である．図 10.3 には分割の位置を詳しく示す．

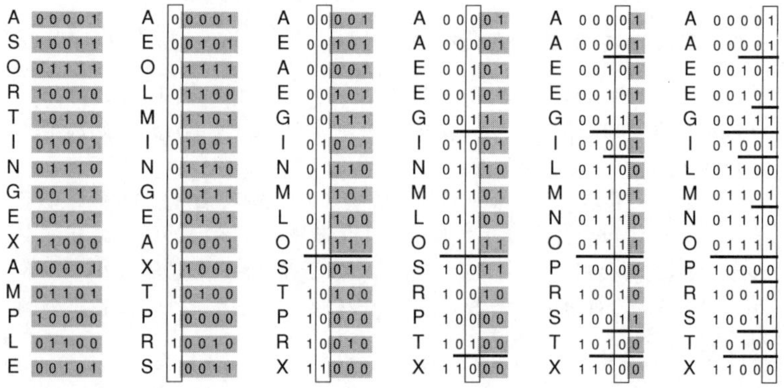

図 10.3 2 進クイックソートの例

この図は，図 10.2 でキーを 2 進数表現したものである．ここで，互いに独立した部分ファイルの整列は並列的に行なったように描き，縦横を入れ換えることで表を圧縮して示す．最初の段階では，0 ではじまるキーすべての部分ファイルと 1 ではじまるキーすべての部分ファイルに分割する．次に，前者のファイルを分割して，00 ではじまる部分ファイルと 01 ではじまる部分ファイルを作る．これと独立に，ずっと後になってから，後者の部分ファイルを分割して，10 ではじまる部分ファイルと 11 ではじまる部分ファイルを作る．この過程を繰り返し，ビットが尽きるか（この例では重複したキー），または，部分ファイルの大きさが 1 になると終了する．

A	00001
S	10011
O	01111
R	10010
T	10100
I	01001
N	01110
G	00111
E	00101
X	11000
A	00001
M	01101
P	10000
L	01100
E	00101

（図の各列は上記の 2 進数を順次ソートしていく過程を示す）

出発点は，応用，ワードのビット数，整数や負数の表現に依存して決める．図 10.2 と 10.3 の 1 英字 5 ビットのキーの場合，32 ビットマシンでは，出発点がビット 27 になろう．

この例を見れば，実際の場における 2 進クイックソートの問題点が浮かび上がる．つまり，縮退する分割（注目するビットがすべて同じ値をもつような分割）が頻繁に生じることである．この例のように，（先頭に多くの 0 が続くような）小さい数を整列することは珍しくない．この問題は，文字からできているキーでも生じる．例えば，各文字が標準の 8 ビットで符号化されていて，文字を並べた 32 ビットのキーを考えてみる．すると，分割の縮退が各文字の先頭でよく生じそうである．というのは，例えば，大概の文字符号では，すべての小文字が同じビットではじまる．この問題点は，符号化したデータを整列する際に考慮すべき典型的なものであり，他の基数整列法でも生じる．

左側にあるビットによって，すべてのキーを区別できると，それ以上，右側のビットを調べる必要がない．この性質は，状況によって大きい利点になるが，欠点にもなりうる．キーが本当にランダムであれば，1 つのキー当たり，$\lg N$ ビットくらい調べるだけでよい．

これは，キーのビット数よりはるかに小さくなる．この性質は，10.6 節で議論する．練習問題 10.5 と図 10.1 も見られたい．例えば，ランダムなキーをもつレコード 1000 個のファイルに対して，（たとえ 64 ビットのキーであっても）各キーの 10 ビットか 11 ビットくらいしか調べない．一方，互いに等しいキーはすべてのビットを調べる．基数整列法は，短くないキーが多数重複して現われるようなファイルに対して，うまく働かない．2 進クイックソートと標準のクイックソートは，本当にランダムなビットからなるキーであれば，どちらも速い．両者の相違点は，ビットの取り出しと比較の操作のコストの差で決まる．しかし，標準のクイックソートは，ランダムでないキーにもうまく適応する．重複したキーが多数あるファイルには，3 分岐クイックソートが理想的であ

る．

　分割の構造は，クイックソートと同様に，図10.4のような2分木で記述するのが便利である．節点は整列する部分ファイルに対応して，その2つの部分木は分割後の2つの部分ファイルに対応する．標準のクイックソートでは，分割によって少なくとも1つのキーが最終位置にくる．それで，そのキーを節点の中に描ける．2進クイックソートでは，部分ファイルの大きさが1になった時，および，キーのビットが尽きた時にかぎって，キーが最終位置におかれる．それで，キーは木の底（一番下）におかれる．このような構造を**2進トライ**（2分トライ，binary trie）という．トライの性質は，15章で詳しく取り扱う．例えば，重要な性質として，トライの構造は，キーの値によって完全に定まり，それらの相対的順序に依存しない．

　2進クイックソートの分割は，キーがとりうる値の2進数表現と整列する項目の個数に依存する．例えば，ファイルが171＝10101011（2進）より小さい整数のランダムな順列であれば，最初のビットの分割は，だいたい128で分割することに等しい．それで，部分ファイルの大きさは等しくない（一方の大きさが128で他方の大きさが43）．図10.5のキーはランダムな8ビットの値であるので，この効果は現われない．しかし，実際の場でこの効果が現われるとびっくりするので，憶えておくとよい．

　プログラム10.1の基本的な再帰的実現を改良して，再帰呼出しを除去し，小さい部分ファイルを別扱いするようにできる．これは，7章でクイックソートで行なったことと同じである．

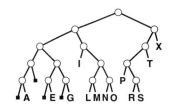

図10.4　2進クイックソートの2進トライ

このトライは，図10.2と10.3に対応して，2進クイックソートの分割の構造を示す．どの項目も必ずしも最終位置にこないので，キーは木の外部節点に対応する．この構造は次の性質をもつ．根から1つのキーへの道をたどるには，左には0の枝，右には1の枝を選ぶ．この道は，整列の間に，キーを他のキーから区別するビット列を表わす．小さい四角は，空の部分ファイルを表わす．ここで，先頭部分のビットが同じである場合，キーがすべて一方の枝の方に行く．この例では，このことが木の一番下の近くだけで生じているが，一般に，木のもっと上の方でも生じる．例えば，キーの中にIかXが入っていなかったとしたら，その節点は空の節点になっていた．重複するキー（AとE）は，分割されない．それらのビットをすべて調べたあとで，同じ部分ファイルにおかれる．

練習問題

▷ **10.8**　図10.2の描き方に従って，EASYQUESTIONに対して2進クイックソートによる分割の過程を示すトライを描け．

10.9　2進数3ビットの数001, 011, 101, 110, 000, 001, 010, 111, 110, 010に対して，2進クイックソートが実行する交換の回数と，標準のクイックソートが実行する交換の回数を比較せよ．

○ **10.10**　2進クイックソートで，2つの部分ファイルの小さい方を先に整列することが，標準のクイックソートほど重要でない理由を述べよ．

○ **10.11**　キーが171より小さい非負整数のランダムな順列を2進クイックソートで整列する時，2番目のレベルの分割で生じることを説明せよ．ここで，2番目のレベルの分割とは，左の部分ファイルと右の部分ファイルの両方とも分割することである．

10.12　前処理として，すべてのキーが等しいようなビットの位置を求め，それから，（それらのビットの位置を無視するように調整した）2進クイックソ

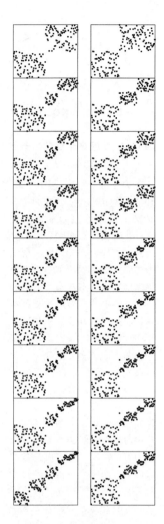

図 10.5 大きいファイルに対する 2 進クイックソートの動的な性質

2 進クイックソートの分割は，標準のクイックソートほどキーの順序に敏感に反応しない．この図から，ランダムな 8 ビットのファイルで，互いに異なるもの 2 つに対して，分割がほとんど同じ振舞いを示すということがわかる．

ートをよぶというプログラムを書け．そのプログラムと標準のプログラムの実行時間を比較せよ．ここで，$N=10^3, 10^4, 10^5, 10^6$ として，次のような形式の 32 ビットのワードを入力とする．右側の 16 ビットはランダムに決める．左側の 16 ビットは，右側にある 1 の個数 i に対して，位置 i に 1，それ以外の位置にすべて 0 をおく．

10.13 部分ファイルのすべてのキーが等しい場合をチェックするように 2 進クイックソートを調整せよ．このプログラムと標準のプログラムの実行時間を比較せよ．ここで，$N=10^3, 10^4, 10^5, 10^6$ として，練習問題 10.12 で説明した入力を用いる．

10.3 MSD 基数整列法

2 進クイックソートにおいて 1 ビットを分割に使うことは，キーを基数 2 の数（2 進数）として扱い，最高位のビットから調べていくということである．これを一般化して，上位のバイトから調べることによって，基数 R の数を整列しよう．今度は，単に 2 つの異なる部分に配列を分割するのではなく，R 個の部分に配列を分割する必要がある．このように分割したものは，昔から**ビン**（bin）あるいは**バケツ**（bucket）といわれている．このアルゴリズムでは，次図に示すように，R 個のビンを使い，各ビンに桁の値を対応させる．

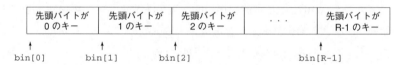

キーを走査して，そのキーに対応するビンに配布し，1 バイ少ないキーに関して，各ビンを再帰的に整列する．

図 10.6 の例は，MSD 基数整列法で，整数のランダムな順列を整列したものである．2 進クイックソートと異なり，このアルゴリズムは，基数が十分大きければ，最初の分割で，ファイルをほとんど整列することができる．

10.2 節でふれたように，基数整列の最も魅力的な特徴は，直感的で，直接的なやりかたで，キーが文字列である整列問題に適用できることである．このことは，直接文字列を処理できる C などのプログラミング環境において特にそうである．この場合，MSD 基数整列法は，バイトの大きさに対応する基数を用いる．桁を取り出すことは，バイトを取り出すことである．次の桁に移動するには，文字列のポインタを 1 増やす．いましばらくは，固定長の文字列キーを考えるが，少し後で，同じ機構によって可変長の文字列キーも扱えることを見る．

図10.7は，3文字のワードに対するMSD整列の例である．簡単のため，この図では基数が26であるとする．実際の応用では，文字列の符号化に応じてもっと大きい基数を使う．最初，ワードの並びを分割して，先頭がaの文字列があり，その後に，先頭がbの文字列があり，以下同様となる．次に，aで始まるワードの並びを再帰的に整列し，bで始まるワードの並びを再帰的に整列し，という具合である．この例から明らかであるが，ほとんどの仕事は，先頭の文字に関する分割の部分で行なわれる．つまり，最初の分割で生じる部分ファイルは小さい．

7章と10.2節のクイックソート，8章のマージソートで見たように，ほとんどの再帰プログラムは，小さい場合を単純なアルゴリズムで扱うようにして，性能を改良できる．小さい部分ファイル（少数の要素の入っているビン）に別の方法を使うことは，小さいファイルが非常に多いので，基数整列に必須である．さらに，Rの値を調節することで，アルゴリズムをチューンアップできる．というのは，明らかに，ここに兼ね合いが生じている．Rが大きすぎると，ビンを初期設定したりチェックしたりするコストが大きくなり，小さすぎると，多くの部分に分割するという利点が生かせない．この問題点は，本節の終わりと10.6節でまた取り上げる．

MSD基数整列法の実現には，7章のクイックソートの実現の際に勉強した分割法を一般化する必要がある．そこでは，ポインタを使って，配列の両端から出発して中程で出会う方法を考えたが，2つか3つの部分に分割するのにはうまく働く．しかし，いまの実現には，直接的に一般化できない．幸いなことに，6章のキー添字計数法は，狭い範囲内のキーのファイルを整列するものであり，ここでの要求にぴったりである．まず，カウンタの表と作業用の配列を用意する．最初のパスで，配列を走査して，先頭の桁の値が現われる回数をカウント（勘定）する．このカウントによって，それぞれの分割部分の落ち着き先がわかる．次のパスで，配列を走査して，このカウントを利用して，作業配列の対応する場所に項目を移動する．

プログラム10.2は，このやりかたを実現したものである．この再帰的な構造は，クイックソートを一般化したものである．それで，7.3節で取り上げた問題点と同じものを考慮する必要がある．再帰呼出しが過度に深くならないように，大きい部分ファイルを後回しすべきであろうか．たぶん，そうではない．というのは，再帰呼出しの深さは，たかだか，キーの長さで決まるものである．小さい部分ファイルは，挿入整列法のような簡単な方法を使って整列すべきであろうか．もちろん，そうである．というのは，その個数は非常に多いからである．

プログラム10.2では，分割を実行するために，整列する配列と同じ

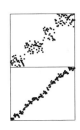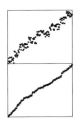

図10.6 MSD基数整列法の動的な性質

MSD基数整列法は，最初の段階だけで，整列の仕事がほとんど終了する．この図の例は，ランダムな8ビットの整数を用いている．MSD整列法の最初の段階では，先頭の2ビットで4つの部分ファイルに分割する（左側）．次の段階では，それぞれの部分ファイルを4つに分割する．先頭の3ビットを用いるMSD整列法では，8つの部分ファイルに分割する（右側）．次の段階では，それぞれの部分ファイルを8つに分割するが，それで，部分ファイルに少数の要素が残るだけになっている．

now	ace	ace	ace
for	ago	ago	ago
tip	and	and	and
ilk	bet	bet	bet
dim	cab	cab	cab
tag	caw	caw	caw
jot	cue	cue	cue
sob	dim	dim	dim
nob	dug	dug	dug
sky	egg	egg	egg
hut	for	few	fee
ace	fee	fee	few
bet	few	for	for
men	gig	gig	gig
egg	hut	hut	hut
few	ilk	ilk	ilk
jay	jam	jay	jam
owl	jay	jam	jay
joy	jot	jot	jot
rap	joy	joy	joy
gig	men	men	men
wee	now	now	nob
was	nob	nob	now
cab	owl	owl	owl
wad	rap	rap	rap
caw	sob	sky	sky
cue	sky	sob	sob
fee	tip	tag	tag
tap	tag	tap	tap
ago	tap	tar	tar
tar	tar	tip	tip
jam	wee	wad	wad
dug	was	was	was
and	wad	wee	wee

図 10.7 MSD 基数整列法の例

最初の英字に従って26個のビンにワードを配布する．次に，同じ方法で，2番目の文字ではじめるものを使って，すべてのビンを整列する．

プログラム 10.2 MSD 基数整列法

これはプログラム6.17（キー添字計数整列法）を利用したものである．ここで，キーの参照をキーの桁の参照に変更し，最後にループを追加して，同じ桁ではじまるキーの部分ファイルに対して再帰呼出しをする．（Cの文字列のように）桁0で終わるような可変長のキーに対しては，最初のif文と最初の再帰呼出しを削除する．この実現では，入力のコピーを保持できるほどの十分大きい作業用配列（aux）を使う．

```
#define bin(A) l+count[A]
void radixMSD(Item a[], int l, int r, int w)
  { int i, j, count[R+1];
    if (w > bytesword) return;
    if (r-l <= M) { insertion(a, l, r); return; }
    for (j = 0; j < R; j++) count[j] = 0;
    for (i = l; i <= r; i++)
      count[digit(a[i], w) + 1]++;
    for (j = 1; j < R; j++)
      count[j] += count[j-1];
    for (i = l; i <= r; i++)
      aux[count[digit(a[i], w)]++] = a[i];
    for (i = l; i <= r; i++) a[i] = aux[i-l];
    radixMSD(a, l, bin(0)-1, w+1);
    for (j = 0; j < R-1; j++)
      radixMSD(a, bin(j), bin(j+1)-1, w+1);
  }
```

大きさの作業用配列を使う．その代替案として，その場のキー添字計数法を使うこともできる（練習問題10.17，10.18）．記憶領域には，特に注意を払う必要がある．というのは，再帰呼出しが局所的な領域を過度に使うかもしれない．プログラム10.2では，キーを移動するための一時的なバッファ（aux）は大域的である．一方，カウントと分割の位置を保持する配列（count）は局所的である．

長いキーやレコードを対象とする基数整列法の実際的応用では，多くの場合，作業用配列の記憶領域は大きい問題でない．なぜなら，そのようなデータにはポインタ整列を使えばよいからである．それで，作業用配列は，ポインタの並べ換え用のものであり，この大きさは，キーやレコード自体の領域の大きさに較べれば小さい．もっとも，依然，まったく小さい問題というわけではない．記憶領域が十分あり，速度が最重要であれば（基数整列法を使う場合に多い状況である），10.4節のマージソートで行なったように，再帰的にパラメータを交互に使うことにより，配列のコピーに必要な時間を省くことができる．

MSD 基数整列法 §10.3

ランダムなキーに対して，最初のパスの後では，ビンの中のキーの個数（部分ファイルの大きさ）が平均 N/R になる．実際の場では，キーはランダムでないかもしれない．例えば，キーが英単語の文字列である場合，x ではじまるキーはほんの少ししかなく，xx ではじまるキーはないことがわかっている．それで，多くのビンは空であり，空でないビンの中に非常に多くのキーが入るかもしれない（図 10.8）．この効果があるにもかかわらず，一般に，多分岐の分割は，大きいファイルを分割して，多くの小さいファイルを作ることに有効である．

MSD 基数整列法を実現する自然なやりかたとして，リンクリストを使うものも考えられる．ビンのそれぞれにリンクリストを 1 つ作る．項目を走査する最初のパスで，先頭の桁の値に応じて，各項目を対応するリンクリストへ挿入する．次に，部分リストをそれぞれ整列して，最後に，すべての部分リストを順につないで，全体の整列ファイルを作る．これは，プログラミングの面白い演習問題になる（練習問題 10.36）．リストを順につなぐために，すべてのリストの先頭と末尾を憶える必要がある．もちろん，多くのリストは空でありうる．

基数整列法でよい性能を出すには，途中で出会う空のビンを減らすことが必要である．これには，基数の大きさ，および，小さい部分ファイルの打切り（カットオフ）の大きさに適切な値を選ぶ．具体例として，2^{24} 個（約 1600 万）の 64 ビット整数を整列するとしよう．ファイルの大きさに較べて，カウントの表を小さくするために，キーの 16 ビットに対応する基数 $R=2^{16}$ を選んでみる．最初の分割では，ファイルの平均の大きさは 2^8 になるが，このような小さいファイルに対しては基数 2^{16} は大きすぎる．もっと悪いことに，このような部分ファイルの個数は非常に大きくなる．この場合は 2^{16} 個である．これらの部分ファイルのそれぞれについて，2^{16} 個のカウンタを 0 に設定して，（2^8 個を除く）残りすべてに対して，少なくとも 2^{32} 回の算術計算をして，0 でないことのチェックを行なうが，このチェックは無駄である．プログラム 10.2 は，ほとんどのビンが空ではないという仮定に基づいて実現したものであり，空のビンそれぞれに対して，少なくない回数の算術計算を実行する．すべての空のファイルに対して再帰呼出しを実行する．それで，この例では実行時間が非常に大きくなりうる．2 番目のレベルでのもっと適切な基数は，2^8 か 2^4 であろう．まとめると，MSD 基数整列法では，小さいファイルに対して，大きい基数を使わないように注意すべきである．この点については，10.6 節で，いろいろな方法の性能を調べる際にもっと詳しく取り上げる．

いま，$R=256$ にして，ビン 0 に対する再帰呼出しを削除すると，プログラム 10.2 は，C の文字列を整列する有効な方法である．すべての

図 10.8 MSD 基数整列法の例（空のビンも図示）

小さいファイルに対しても，第 2 段階で空のビンの個数が過度に多くなる．

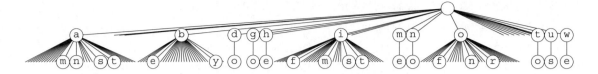

図 10.9 MSD 基数整列法の再帰構造

図 10.8 の 2 文字の例に対して，この木は，プログラム 10.2 の MSD 基数整列法の再帰呼出しの構造を示す．ファイルの大きさが 1 か 0 であれば，再帰呼出しが起きない．そうでない場合は 26 回の呼出しがある．それぞれの呼出しは，バイトの値に対応する．

文字列の長さが一定の値より小さいことがわかっている場合には，変数 bytesword をその長さに設定できる，あるいは，bytesword のテストを削除して，標準的な可変長文字列の整列を実行できる．通常，文字列の整列には，10.1 節で述べたように，抽象操作 digit は配列の参照 1 回で実現できると考えてよい．また，R と bytesword（およびそのテスト）を調整すると，プログラム 10.2 の簡単な変形版として，標準でないアルファベットの文字列を扱うようにできるし，あるいは，長さの制限とか他の約束などによる標準的でない形式の文字列を扱えるようにできる．

繰り返していうが，文字列の整列を見れば，空のビンを適切に扱うことの重要さがわかる．図 10.8 は，図 10.7 と同様の例に対する分割の過程を示す．ここでは，2 文字のワードを扱い，空のビンを図の中に示す．この例では，基数 26 を用いて，2 文字のワードの並びを基数整列する．それで，各段階で 26 個のビンがある．最初の段階で空のビンはそれほど多くない．しかし，第 2 段階ではほとんどのビンが空である．

MSD 基数整列法の関数は，キーの先頭の桁に関してファイルを分割する．そして，各桁に対する部分ファイルに対して，再帰的に自分自身を呼び出す．図 10.9 には，図 10.8 の例に対する MSD 基数整列法の再帰構造を示す．この呼出し構造は，**マルチウェイトライ**（multiway trie）に対応する．これは，図 10.4 の 2 進クイックソートのトライを直接的に一般化したものである．それぞれの節点は，部分ファイルに対する MSD 基数整列法の再帰呼出しに対応する．例えば，根の部分木の節点でラベル o のついたものは，3 つのキー of, on, or からなる部分ファイルの整列に対応している．

このような図を見ると，文字列の MSD 基数整列法では，空のビンが非常に多くあることがはっきりする．10.4 節では，この問題に対処する方法を 1 つ調べる．15 章では，文字列処理の応用にトライ構造を明示的に使う．一般に，トライ構造では，図 10.10 に示すように，空のビンに対応する節点を描かず，枝のラベルをその下の節点に書くようにした簡潔な表現を用いる．図 10.10 は，図 10.7 の 3 文字キーの例に対する再帰構造（空のビンは無視）を示す．例えば，ラベル j のついた節点（部分木の根）は，4 つのキーが入ったビン jam, jay, jot, joy の整列に対応する．15 章では，このようなトライの性質を詳しく調べる．

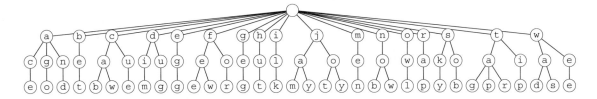

図 10.10 MSD 基数整列法の再帰構造（空ファイルの無視）

MSD 基数整列法の再帰呼出しを示すこの表現は，図 10.9 のものより簡潔である．この木の節点には，キーの $i-1$ 番目の桁のラベルがつく．ここで，i は根からのその節点への距離である．木の根から一番下の節点までの道は，キーに対応する．この道の節点のラベルを並べるとキーになる．この木は図 10.7 の 3 文字の例に対応する．

長い文字列のキーに対する実用的な MSD 基数整列法において，その能率を最高に上げるという課題は，データの中のランダム性のない部分を取り扱う方法の開発である．典型的な状況としては，キーの中に長い同一部分をもつものがあったり，多くのキーがごく狭い範囲内に入ってしまうということがある．例えば，学生のデータに関する情報処理では，キーは，学年（4 バイトであるが異なる値の個数は 4），出身地（10 バイトであるが異なる値の個数は 50），性別（1 バイトであるが値は 2 個），名前（ランダム文字列のようであるが，短くはないし，非ランダムな文字の分布をもち，固定長のフィールドの中で末尾に空白が続く）からなる．このようないろいろな制約によって，MSD 基数整列法の実行中，非常に多くの空のビンができてしまう．

この問題に対処する実際的な方法の 1 つは，文字列に関する特別の知識を考慮にいれて，バイトにアクセスする抽象操作をもっと凝って実現することである．もう 1 つの方法で実現が容易なものは，**連続ビン技法**（bin span heuristics）というものである．これは，カウントの間に，空でないビンが続く範囲の初めと終わりを憶えておき，その範囲内のビンだけを使うというものである．ここで，0 とか空白のような特別のキーを例外扱いすることも考えられる．このやりかたは，前の段落で説明したような状況に向いている．例えば，基数 256 の文字データとすると，キーのある部分が数字である場合，空でないビンは 10 個しかないし，キーの別の部分が大文字である場合，空でないビンは 26 個しかない．

連続ビン技法を拡張するような代替案はいろいろある（参考文献参照）．例えば，作業用のデータ構造の中に空でないビンを憶えておいて，これらに対してだけ，カウンタを使って再帰呼出しを行なうことが考えられる．しかし，このやりかたは（連続ビン技法自身も），たぶん，やりすぎになる．というのは，普通，コストの節約は取るに足らない程度であるからである．ただし，基数が大きい場合やファイルが小さい場合は例外である．このような場合には，もっと小さい基数を使うとか，別の方法を使うべきである．特別に工夫した方法を使えば，基数を調整したり，小さいファイルで別の方法に切り換えたりするのと同程度のコスト節約はできるかもしれないが，同程度の簡単さではできそうにない．10.4 節では，優雅なやりかたで空ビン問題を取り扱うクイックソート

の変形版を紹介する．

練習問題

▷ **10.14** 図10.9に対応する簡潔なトライ構造を示せ．ここで，図10.10のように，空ビンを省略し節点にキーをおく．

▷ **10.15** 図10.10で完全なトライ構造を描くと，節点の個数はいくつになるか．

▷ **10.16** MSD基数整列法で，キーの集合 now is the time for all good people to come to the aid of their party を分割する様子を示せ．

● **10.17** その場の4分岐の分割を行なうプログラムを書け．ここで，キー添字計数法のように，各キーの出現頻度をカウントして，次に，プログラム6.14のような方法でキーを移動するものとする．

●● **10.18** 練習問題10.17で説明した方法を使って，一般の R 分岐分割問題を解くプログラムを書け．

10.19 ランダムに80バイトのキーを生成するプログラムを書け．このキー生成プログラムを使って，ランダムなキーを N 個作り，それをMSD基数整列法で整列せよ．ここで，$N=10^3, 10^4, 10^5, 10^6$ とせよ．読者のプログラムに手を加えて，整列の際に調べるキーの総数を出力せよ．

○ **10.20** 練習問題10.19のプログラムで，それぞれの N に対してキーの中でアクセスする最も右のバイトの位置を求めよ．そして，プログラムに手を加えてこの値を憶えておき，読者の求めた理論値と比較せよ．

10.21 ランダムな80バイトの列をかき混ぜて，キーを作り出すプログラムを書け．これで，ランダムなキーを N 個作り，それをMSD基数整列法で整列せよ．ここで，$N=10^3, 10^4, 10^5, 10^6$ とせよ．その結果と練習問題10.19のランダムな場合の結果を比較せよ．

10.22 練習問題10.21のプログラムで，それぞれの N に対してキーの中でアクセスする最も右のバイトの位置を求めよ．そして，プログラムに手を加えてこの値を憶えておき，読者の求めた理論値と比較せよ．

10.23 フィールド4つからなる30バイトの文字列のキーで，ランダムなものを生成するプログラムを書け．ここで，フィールドは，1番目が4バイトで，10個の文字列のうちの1つ，2番目が10バイトで，50個の文字列のうちの1つ，3番目が1バイトで，2個の数のうちの1つ，4番目が15バイトで，長さが4から15の文字列（左に詰める）がランダムなもの1つである．このプログラムを使って，ランダムなキーを N 個作り，それをMSD基数整列法で整列せよ．ここで，$N=10^3, 10^4, 10^5, 10^6$ とせよ．読者のプログラムに手を加えて，整列の際に調べるキーの総数を出力せよ．その結果と練習問題10.19のランダムな場合の結果を比較せよ．

10.24 プログラム10.2を変形して，連続ビン技法を実現せよ．練習問題

10.23のデータでプログラムをテストせよ．

10.4 3分岐基数クイックソート

クイックソートを調整して，MSD基数整列法に適用する方法として，キーの先頭のバイトに関して3分岐する分割を使うものがある．真中のファイル，つまり分割要素のバイトに等しいものに対して，次の分割には次のバイトを使う．この方法は，一言の説明とプログラム7.5（3分岐分割）で十分であるといえるくらい実現が簡単であり，様々な状況にうまく対応する．プログラム10.3は，**3分岐基数クイックソート**（three-way radix quicksort）を実現したものである．

要点として，3分岐基数クイックソートは，（クイックソートにより）キーの先頭の文字でファイルを整列し，キーの残りについて，この方法を再帰的に適用するものである．この方法は，文字列の整列に対して，標準のクイックソートやMSD基数整列法より優れている．実は，この方法は，これら2つのアルゴリズムを融合したものと考えることもできる．

3分岐基数クイックソートは，標準のMSD基数整列法と比較すると，ファイルを3つの部分にしか分割しないので，整列の初期段階での速い多分岐の分割という特徴がない．しかし，整列の後の段階では，MSD基数整列法が非常に多くの空のビンを扱う必要が生じうるが，3分岐基数整列法は，重複したキー，狭い範囲におちるキー，小さいファイル，その他の状況とか，MSD基数整列法が遅くなる要因をうまく取り扱うことができる．特に重要な点として，この分割は，キーのいろいろな場所にいろいろな種類の非ランダム性がある場合にも対応できる．さらに，作業用の配列も必要がない．これらの優れた点があるので，部分ファイルの数が多い場合，多分岐分割と同様の効果をえるために，3分岐分割を繰り返し，余分な交換を実行する必要のあることが相殺される．

図10.11は，図10.7の3文字の整列問題に対する実行例を示す．図10.13は再帰構造を示す．それぞれの節点は，3回の再帰呼出しに対応する．左の子が先頭バイトの小さいキー，中の子が先頭バイトの等しいキー，右の子が先頭バイトの大きいキーである．

整列するキーが10.2節の抽象に合致する場合，標準のクイックソート（および6章から9章までの他の整列法）は，MSD基数整列の方法とみなすことができる．なぜなら，比較の関数は，まずキーの最高位部分にアクセスしなければならないからである（練習問題10.2）．例えば，キーが文字列の場合，比較の関数は，先頭のバイトが等しければ2

プログラム 10.3 3分岐基数クイックソート

この MSD 基数整列法は，3分岐分割によるクイックソート（プログラム 7.5）と実質的に同じである．変更した点は次の通りである．(i) キーの参照がキーのバイトの参照になる．(ii) 再帰ルーチンのパラメータに現在のバイトを追加する．(iii) 真中の部分ファイルの再帰呼出しは次のバイトに移る．文字列の末尾を超えて進まないように，次のバイトに移る再帰呼出しの前に，分割要素が 0 であるかどうかをチェックする．分割要素が 0 であれば，左の部分ファイルは空であり，真中の部分ファイルは，互いに等しいキーの集まりであり，右の部分ファイルは，処理の続行が必要なもっと長い文字列に対応する．

```
#define ch(A) digit(A, D)
void quicksortX(Item a[], int l, int r, int D)
  {
    int i, j, k, p, q; int v;
    if (r-l <= M) { insertion(a, l, r); return; }
    v = ch(a[r]); i = l-1; j = r; p = l-1; q = r;
    while (i < j)
      {
        while (ch(a[++i]) < v) ;
        while (v < ch(a[--j])) if (j == l) break;
        if (i > j) break;
        exch(a[i], a[j]);
        if (ch(a[i])==v) { p++; exch(a[p], a[i]); }
        if (v==ch(a[j])) { q--; exch(a[j], a[q]); }
      }
    if (p == q)
      { if (v != '\0') quicksortX(a, l, r, D+1);
        return; }
    if (ch(a[i]) < v) i++;
    for (k = l; k <= p; k++, j--) exch(a[k], a[j]);
    for (k = r; k >= q; k--, i++) exch(a[k], a[i]);
    quicksortX(a, l, j, D);
    if ((i == r) && (ch(a[i]) == v)) i++;
    if (v != '\0') quicksortX(a, j+1, i-1, D+1);
    quicksortX(a, i, r, D);
  }
```

図 10.11 3分岐基数クイックソート

ファイルは，a から i までの文字ではじまる単語，j ではじまる単語，k から z までの文字ではじまる単語というように 3 つの部分に分割する．次に再帰的に整列する．

```
now gig ace ago ago
for for bet bet ace
tip dug dug and and
ilk ilk cab ace bet

dim dim dim cab
tag ago ago caw
jot and and cue

sob fee egg egg
nob cue cue dug
sky caw caw dim

hut hut fee
ace ace for
bet bet few

men cab ilk
egg egg gig
few few hut

jay jay jam
owl jot jay

joy joy joy
rap jam jot

gig owl owl men

wee wee now owl
was was nob nob
cab men men now

wad wad rap

caw sky sky sky sky
cue nob was tip sob
fee sob sob sob tip tar
tap tap tap tap tap tap
ago tag tag tag tag tag

tar tar tar tar tar tip

dug tip tip was
and now wee wee
jam rap wad wad
```

番目のバイトへ進むという具合に，先頭部分の異なるバイトにだけアクセスするからである．それで，標準のアルゴリズムは，MSD 基数整列法で求めているのと同じ性能向上が実現できる（7.7 節参照）．本質的に異なる点として，標準のアルゴリズムは，先頭部分が等しくても特別扱いができないということである．実際，プログラム 10.3 の解釈の 1

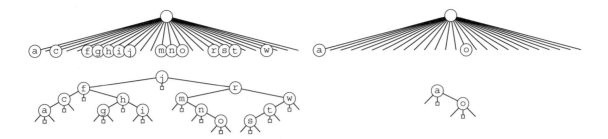

図10.12 3分岐基数クイックソートのトライの例

つとして，標準のクイックソートにおいて，多分岐の分割のあとで，先頭部分についてえた知識を利用する方法であると見なすことができる．整列の間に，ほとんどの比較がすんだ小さいファイルでは，キーの先頭部分の多くが等しいものであろう．標準のクイックソートは，1回の比較でキーのすべてのバイトを見なければならないが，本節の3分岐の方法はそれを避ける．

キーが長く，（簡単のため）固定長として，先頭から見てほとんどの部分のバイトが互いに等しいという場合を考えよう．この状況では，標準のクイックソートの実行時間は，ワードの長さ全体（バイト数）$\times 2N \ln N$ に比例するが，基数整列版の実行時間は，ワードの長さ（先頭から続くすべての等しいバイト数）$\times N + 2N \ln N$（残りの短いキーの整列）に比例することになろう．つまり，標準のクイックソートに較べて，比較のコストに関するかぎり $\ln N$ 倍くらい速い．整列の実際的な応用で，この人工的な例に似た性質をもつキーは珍しくない（練習問題10.25）．

3分岐基数クイックソートの別の面白い性質として，それは基数の大きさに直接依存しない．ほかの基数整列法では，基数の値の添字をもつ作業用配列を使うので，この配列の大きさがファイルの大きさより過度に大きくならないようにする必要がある．いまの方法では，このような配列は必要でない．この方法は，基数を極端に大きくすると（ワードより大きく），標準のクイックソートに帰着し，一方，基数を2にすると，2進クイックソートに帰着する．基数をこの間の値に選ぶと，キーの中にある等しい部分を能率よく扱う方法になる．

実際の多くの応用には，優れた性能をもつ整列法で，2つの方法を組み合わせたものが作れる．多分岐分割の利点を生かすために，大きいファイルに対して標準のMSD基数整列法を使い，多数の空ビンの悪い効果をさけるために，小さいファイルに対して小さい基数の3分岐基数クイックソートを使う．

3分岐基数クイックソートは，整列するキーがベクトルである場合にも適用できる．すなわち，キーが独立した成分から成り立つ（各成分は抽象的なキー）場合には，キーの最初の成分で整列して，最初の成分が

3分岐基数クイックソートは，MSD基数整列法の空ビン問題に対処するものである．ここで，1バイトを除くのに3分岐分割を行ない，その他のバイトに対して再帰的に整列する．この作業は，トライのM分岐の節点（図10.9のMSD基数整列法の再帰呼出し）の代わりに，空でないビンに対して3分岐する内部節点で置き換えることに対応する．一杯の節点に対しては（図の左側），この変更により，時間がかかるし，領域もあまり節約できない．空が多い節点に対しては（図の右側），時間が最小限になり，領域の節約が著しい．

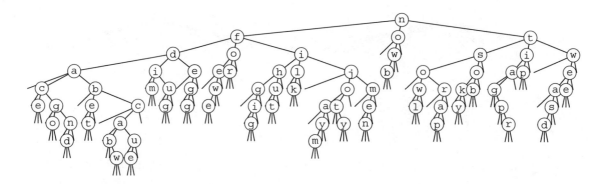

図 10.13 3分岐基数クイックソートの再帰構造

このトライ構造は図 10.10 のトライで 26 分岐の節点を置き換え，図 10.12 に示すように，3 分探索木にしたものである．木の根から一番下の節点への道の途中で，枝（リンク）が出る節点の文字の列がキーに対応する．図 10.10 には描いていないが，1035 個の空のリンクがある．この図では，155 個の空のリンクを描いている．空リンクは空のビンに対応する．この差を見れば，3 分岐基数クイックソートによって，MSD 基数整列法で現われる空ビンの個数を劇的に減らせることがわかる．

同じであれば 2 番目の成分で整列して，以下同様にして，ベクトルを整列したいとする．ベクトル整列法として，R を十分大きくとって一般化した基数整列法を考えることができる．この応用にプログラム 10.3 を適用する場合，この方法を**多重キークイックソート**（multikey quicksort）という．

練習問題

10.25 キーが d バイトからなるとする（$d > 4$）．ここで，最後の 4 バイトはランダムな値で，他のすべてのバイトは 0 とする．大きさ N のファイルに対して，3 分岐基数クイックソート（プログラム 10.3）によって，大きさ N のファイルを整列する際に調べるバイト数を見積れ．標準のクイックソート（プログラム 7.1）について，同様の見積りを求めよ．そして，実行時間の比を計算せよ．

10.26 ランダムな 64 ビットのキーに対して，3 分岐基数クイックソートが最も速く走るようなバイトの大きさを求めよ．ここで，ファイルの大きさは $N = 10^3, 10^4, 10^5, 10^6$ とする．

● **10.27** リンクのリストによる 3 分岐基数クイックソートを実現せよ．

10.28 ベクトルが浮動小数点数 t 個である時，練習問題 4.1 で説明した浮動小数点数の等しさのテストを使って，多重キークイックソートを実現せよ．

10.29 練習問題 10.19 のキー生成プログラムを用いて，3 分岐基数クイックソートを実行せよ．ここで，$N = 10^3, 10^4, 10^5, 10^6$ とする．そして，MSD 基数整列法と性能を比較せよ．

10.30 練習問題 10.21 のキー生成プログラムを用いて，3 分岐基数クイックソートを実行せよ．ここで，$N = 10^3, 10^4, 10^5, 10^6$ とする．そして，MSD 基数整列法と性能を比較せよ．

10.31 練習問題 10.23 のキー生成プログラムを用いて，3 分岐基数クイックソートを実行せよ．ここで，$N = 10^3, 10^4, 10^5, 10^6$ とする．そして，MSD 基数整列法と性能を比較せよ．

10.5 LSD 基数整列法

基数整列の別の方法として，バイトを右から左へ調べていくものがある．図 10.14 は，例の 3 文字の単語を整列するのに，ファイルの走査を 3 回ですませることを示す．まず，最後尾の文字について（キー添字計数法により）整列し，次に，中央の文字について整列し，最後に，先頭の文字について整列する．

一見しただけでは，この方法で整列できることを納得するのは簡単でない．実際，ここで使う整列法が安定（定義 6.1 参照）でないかぎり，うまく動かない．安定性が重要であることを理解すると，LSD 基数整列法の正しさの証明は，直ちに明らかになる．後に続く i 個のバイトの部分に関して，キーを順序通りに（安定に）並べると，どの 2 つのキーも（これまで調べた部分に関して）正しい順に並んでいることがわかる．なぜならば，2 つのキーの後に続く i 個のバイトの先頭のバイトが異なっていれば，このバイトに関する現時点の整列によって，2 つのキーは正しい順序に並び，また一方，先頭のバイトが同じであれば，安定であるので，（それまでの整列によって）2 つのキーは正しい順に並んでいるからである．別の言い方をすると，2 つのキーの $w-i$ バイトがまだ調べていず，両方が等しいとすると，キーの異なる部分は，既に調べられたところにあり，キーが正しい順に並んでいれば，その後は順序が変わらない．一方，まだ調べていない $w-i$ バイトが異なるとすると，これまで調べた i バイトと無関係に，後の方のパスで調べるもっと上位のバイトによって順序が決まる．

安定性が要求されるので，右から左への整列法の 2 進版に，例えば，2 進クイックソートで使った分割は利用できない．一方，キー添字計数整列法は安定であるので，これを使えば，能率のよい古典的方法が直ちにえられる．プログラム 10.4 はこの方法を実現したものである．分配のために作業用配列は必要そうである．分配をその場で行なうための練習問題 10.17，10.18 の技法は，作業用配列を省くが，安定性が犠牲になる．

LSD 基数整列法は，昔，カードの整列機械で使われた方法である．その機械は，カードの桁にパンチした穴のパターンに従って，10 個のビンにカードを分配する．パンチされたカードの山を整列するのに，オペレータは，まず，この機械で一番右端の桁で分配して，それを集めて，今度は，右から 2 番目の桁で分配する，ということを先頭の桁まで繰り返す．物理的にカードを集めて積むことは安定に行なう．キー添字計数整列法は，このやりかたを真似している．LSD 基数整列の方法は，商用として，1950 年代や 60 年代に重要であったが，慎重なプログラマ

```
now  sob  cab  ace
for  nob  wad  ago
tip  cab  tag  and
ilk  wad  jam  bet
dim  and  rap  cab
tag  ace  tap  caw
jot  wee  tar  cue
sob  cue  was  dim
nob  fee  caw  dug
sky  tag  raw  egg
hut  egg  jay  fee
ace  gig  ace  few
bet  dug  wee  for
men  ilk  fee  gig
egg  owl  men  hut
few  dim  bet  ilk
jay  jam  few  jam
owl  men  egg  jay
joy  ago  ago  jot
rap  tip  gig  joy
gig  rap  dim  men
wee  tap  tip  nob
was  for  sky  now
cab  tar  ilk  owl
wad  was  and  rap
tap  jot  sob  raw
caw  hut  nob  sky
cue  bet  for  sob
fee  you  jot  tag
raw  now  you  tap
ago  few  now  tar
tar  caw  joy  tip
jam  raw  cue  wad
dug  sky  dug  was
you  jay  hut  wee
and  joy  owl  you
```

図 10.14 LSD 基数整列法の例

LSD 基数整列法によって，3 文字の単語の集まりを 3 パス（図の左から右へ）で整列する．

プログラム 10.4 LSD 基数整列法

このプログラムは，右から左に動いて，ワードの中のバイトに関してキー添字計数法を実現したものである．キー添字計数法は必ず安定であるように実現する．Rが2の時（bytesword と bitsword が同じ），このプログラムは，右から左へのビットごとの基数整列法であり，直接基数整列法（straight radix sort）という．

```
void radixLSD(Item a[], int l, int r)
  {
    int i, j, w, count[R+1];
    for (w = bytesword-1; w >= 0; w--)
      {
        for (j = 0; j < R; j++) count[j] = 0;
        for (i = l; i <= r; i++)
          count[digit(a[i], w) + 1]++;
        for (j = 1; j < R; j++)
          count[j] += count[j-1];
        for (i = l; i <= r; i++)
          aux[count[digit(a[i], w)]++] = a[i];
        for (i = l; i <= r; i++) a[i] = aux[i-l];
      }
  }
```

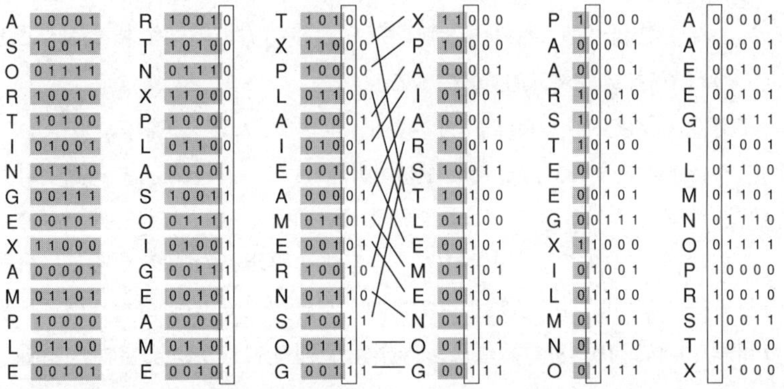

図 10.15 LSD（2進）基数整列法の例（キーのビットの表示）

この図は，いつもの例のファイルに対して，右から左へビットごとの基数整列法の動作を示す．i 番目のビットが 0 のキー，その後に i 番目のビットが 1 のキーを（安定に）おくことにより，図の $i-1$ 番目の列から i 番目の列を計算する．図の $i-1$ 番目の列が，後に続く $i-1$ 個のビットに関して，順序通り並んでいれば，この操作の後で，図の i 番目の列が，後に続く i 個のビットに関して順序通りに並ぶ．第3段階には，キーが移動する様子を線で結んで示す．

もよく利用した．プログラムのカードの最後の数桁に一連番号をパンチしておくと，誤ってカードの山を落としてしまった時，機械的に正しい順番に復元できる．

図 10.15 は，図 10.3 との比較のために同じ例を使って，2進 LSD 基数整列法の動作の様子を示す．この5ビットのキーに対して，キーの右から左に動き，5回のパスで整列する．1ビットのキーの整列は，ファイルを分割してキー 0 すべてがキー 1 すべての前におくことである．本章の初めに取り上げた分割（プログラム 10.1）は，この仕事に使えそ

うであるが，上で述べたように，安定でないので使えない．基数2の整列法は，高性能マシンや特殊目的ハードウェアに向いていることが多いので，詳しく調べるに値する（練習問題10.38）．ソフトウェアでは，カウントのための配列の大きさが許せる範囲内で，パスの回数を減らすために，なるべく多くのビットを使う（図10.16参照）．

LSD 基数整列のやりかたを文字列整列に適用するのは，普通難しい．というのは，キーが可変長であるからである．MSD 整列法は，キーの先頭部分で区別するのがやさしいが，LSD 整列法は，固定長のキーに基づいており，キーの先頭部分が最後の方のパスで初めて関係する．（長い）固定長のキーに対しても，LSD 基数整列法は，キーの右側部分で不必要な仕事をするように見える．というのは，これまで見てきたように，普通，キーの左側の部分が整列にきくからである．基数整列法の性質を詳しく調べた後で，この問題に対する1つの方法を調べよう．

練習問題

10.32 練習問題10.19のキー生成プログラムを使って，$N=10^3, 10^4, 10^5, 10^6$ について LSD 基数整列法を実行せよ．MSD 基数整列法と性能を比較せよ．

10.33 練習問題10.21と23のキー生成プログラムを使って，$N=10^3, 10^4, 10^5, 10^6$ について LSD 基数整列法を実行せよ．MSD 基数整列法と性能を比較せよ．

10.34 図10.15の例に対して，2進クイックソートの分割手続きを使い，LSD 基数整列法による実行結果（整列しない）を示せ．

▷ **10.35** キーの並び now is the time for all good people to come to the aid of their party に対して，先頭2文字による LSD 基数整列法の実行結果を示せ．

● **10.36** リンクのリストによる LSD 基数整列法のプログラムを実現せよ．

● **10.37** 次の3項目を満たす能率のよい方法を見つけよ．（i）0ではじまるキーすべてが1ではじまるキーすべてより前にくるようにファイルを並べ換える．（ii）キーの個数の平方根（かそれ以下）に比例する作業領域を使う．（iii）安定である．

● **10.38** 次の抽象的操作だけを使って，32ビットのワードの配列を整列するプログラムを実現せよ．その操作は，ビットの位置 i と配列の要素 a[k] へのポインタが与えられると，a[k], a[k+1],⋯, a[k+63] を安定に並べ換えて，位置 i に 0 のあるワードすべてが位置 i に 1 のあるワードすべての前にくるようにする．

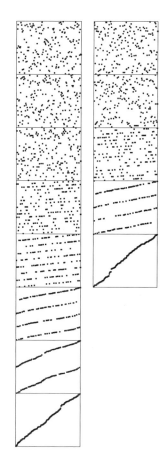

図 10.16 LSD 基数整列法の動的な性質

この図は，ランダムな8ビットのキーに対する LSD 基数整列法の各段階の様子を示す．基数2（左側）と基数4（右側）を示すが，左側の2つの図が右側の1つの図に対応している．例えば，2ビット残っていると（左側の下から3番目，右側の下から2番目），ファイルには，00, 01, 10, 11 ではじまるキーが整列しているような4つのファイルが混在する．

10.6 基数整列法の性能

LSD 基数整列法は，w バイトのキーをもつレコード N 個の整列が Nw に比例する時間でできる．というのは，このアルゴリズムは，N 個のキーの走査を w 回繰り返すからである．この解析結果は，図 10.17 に示すように入力に依存しない．

長いキーと短いバイトに対して，この実行時間は $N \lg N$ とほぼ同じ程度である．例えば，10 億個の 32 ビットキーを 2 進 LSD 基数整列法で整列すると，w と $\lg N$ は両方とも約 32 である．短いキーと長いバ

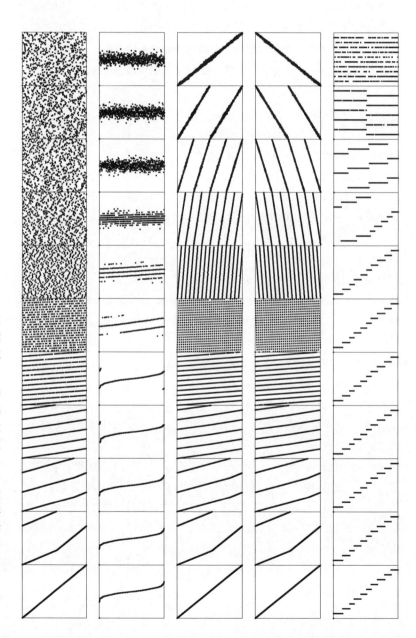

図 10.17 諸種のファイルに対する LSD 基数整列法の動的な性質

これらの図は，大きさ 700 のファイルに対する LSD 基数整列法の各段階を示す．左側から右側へ，ランダム，正規分布，ほとんど整列，ほとんど逆順，10 個の異なるキーのランダムなものである．実行時間は，入力の初期の順序に依存しない．キーの集合が同じ 3 つのファイル（図の 1，3，4 番目で，3 つとも 1 から 700 までの整数の順列）は，整列の終わりの段階が似ている．

イトに対しては，この実行時間は N に比例する．例えば，64 ビットのキーに 16 ビットの基数を用いると，w は 4 になり，小さい定数と見なしてよい．

基数整列法と比較に基づく整列法の性能を比較するには，単にキーの個数だけでなく，キーの中のバイトまで考慮する必要がある．

性質 10.1 基数整列法では，最悪の場合，すべてのキーのすべてのバイトを調べる．

言い換えると，基数整列法は，時間がたかだか入力の桁数に比例するという意味で線形的である．この観察結果は，プログラムを直接調べればわかる．どの桁も 2 度以上調べられることはない．これまで取り上げたどのプログラムも，すべてのキーが等しい時に最悪の場合が生じる． ∎

既に見たように，ランダムなキーやそのほかの多くの状況では，MSD 基数整列法の実行時間は，データのビット数に関して"線形未満"である．というのは，キー全体を必ずしも調べないからである．次の古典的な結果は，任意に長いキーに対して成り立つ．

性質 10.2 2 進クイックソートは，ランダムなビットのキーを整列する時，平均で約 $N \lg N$ ビットを調べる．

ファイルの大きさが 2 のベキ乗であり，ビットがランダムであれば，先頭のビットのうち，半分が 0 で残り半分が 1 であると期待できる．それで，7 章のクイックソートと同様に，性能は漸化式 $C_N = 2C_{N/2} + N$ で表わせる．前と同様に，この説明は正確とはいえない．というのは，分割が真中で終わるというのは，単に平均的に見た場合にすぎないからである（キーのビット数が有限であることにも注意）．しかし，標準のクイックソートと較べると，2 進クイックソートでは，分割が真中あたりで終わる確率が大きいので，完全な分割が起きる場合と同じように，実行時間の主要項が出てくると考えてよい．この性質を証明する詳細な解析は，アルゴリズム解析の古典的な結果の 1 つであり，1973 年以前に Knuth が初めて示した（参考文献参照）． ∎

この結果は MSD 基数整列法に適用できる．しかし，一般に関心事は，調べるキーの文字数だけでなく，全体の実行時間であるので，注意が必要である．なぜならば，MSD 基数整列法の実行時間の一部が基数

R の大きさに比例し，キーに依存しないからである．

性質10.3 大きさ N のファイルに対して，基数 R の MSD 基数整列法は，少なくとも $2N+2R$ ステップを実行する．

MSD 基数整列法では，キー添字計数法のパスを少なくとも 1 回行ない，キー添字計数法は，レコードのパスを少なくとも 2 回（勘定に 1 回，分配に 1 回）行なう．これで少なくとも $2N$ ステップになる．また，カウンタのパスを 2 回（初期設定に 1 回，部分ファイルの末尾の決定に 1 回）行なう．これで少なくとも $2R$ ステップになる．■

この性質は，ほとんど明らかであるが，MSD 基数整列法を理解する上で本質的なものである．特に，この性質より，N が小さいからといって，実行時間が小さいという結論にならないということがわかる．なぜなら，R が N より大きくなりうるからである．言い換えれば，小さいファイルには別の方法を使うべきである．この観察は，10.3 節の終わりに議論した空ビン問題の答えになっている．例えば，R が 256 で N が 2 であれば，MSD 整列法は，単に要素を比較する単純な方法より 128 倍遅くなる．MSD 基数整列法の再帰構造によって，非常に多くの小さいファイルに対して呼出しが起きる．それで，空ビン問題を考慮しないと，この例で 128 倍遅くなるようなことが生じる．また，例えば R が 256 で，N が 64 というような中間的な状況では，このコストは，壊滅的といえないが，やはり無視できない．挿入整列法を使うのは賢明でない．というのは，平均実行時間が $N^2/4$ であるというのは大きすぎる．空のビンを無視するのも賢明でない．というのは，その数が相当多いからである．この問題に対処する最も簡単な方法は，ファイルの大きさより小さい基数を使うことである．

性質10.4 基数がファイルの大きさより常に小さければ，MSD 基数整列法のステップ数は，（ランダムなバイトのキーに対して）平均 $N \log_R N$ の小さい定数倍以内である．最悪の場合のステップ数は，キーの中のバイトの総数の小さい定数倍になる．

前の段落の議論から，直接，最悪の場合の結果が出る．性質 10.2 で引用した解析から，平均の場合の結果が出る．大きい R に対して，$\log_R N$ は小さいので，実用目的には，実行時間が N に比例するとしてよい．例えば，$R = 2^{16}$ にとると，任意の $N < 2^{48}$ に対して $\log_R N$ は 2 以下である．これは，実際に現われるファイルの大きさを十分超え

る．■

性質10.2からえた帰結と同様に，性質10.4から，MSD基数整列法のステップ数は，ランダムなキーで短くないものに対して，ビットの総数に関して線形未満の関数になるという実用上重要な帰結がえられる．例えば，ランダムな64ビットのキー百万個の整列には，キーの先頭の20から30のビット，つまり，データ全体の半分以下を調べるだけですむ．

性質10.5 3分岐基数クイックソートは，（任意に長い）キー N 個を整列するのに，平均 $2N \ln N$ 回バイトの比較を実行する．

この結果を理解するのに教訓的なやりかたが2種類ある．第一に，この方法は，先頭バイトで分割して，部分ファイルに対して（再帰的に）呼び出すクイックソートと同じものであると考えると，単位操作の総実行回数が標準のクイックソートと同じになるが，これは驚くほどのことでない．しかし，ここでの比較は，キー全体の比較ではなく，1バイトの比較である．第二に，図10.2に描いた見方でこの方法を考えると，性質10.4の $N \log_R N$ の実行時間に $2 \ln R$ 倍すべきであると思われる．というのは，R バイトの整列に対して，トライで R ステップであるのに対して，クイックソートは $2R \ln R$ ステップかかるからである．詳しい証明は省略する（参考文献参照）．■

性質10.6 LSD基数整列法は，w ビットのキーをもつレコード N 個を $w/\lg R$ 回のパスで整列する．ここで，カウンタ用（およびファイルの並べ換え用）に R 個の作業領域がいる．

この性質の証明は，プログラムより明らかである．特に，$R = 2^{w/4}$ にとると，4回のパスの整列法がえられる．■

練習問題

10.39 入力ファイルは，1から1000までの数（32ビットのワード）をそれぞれ1000個コピーしたものとする．この知識を使って，基数整列法を速くする方法を示せ．

10.40 入力ファイルは，互いに異なる1000個の32ビットの数をそれぞれ1000個コピーしたものとする．この知識を使って，基数整列法を速くする方法を示せ．

10.41 固定長のバイト文字列を整列するのに，3分岐基数クイックソートによって，最悪の場合に調べるバイトの総数を示せ．

10.42 長い文字列に対して3分岐基数クイックソートによって調べるバイト数を実験的に求め，標準のクイックソートのバイト数と比較せよ．ここで $N = 10^3, 10^4, 10^5, 10^6$ とせよ．

○**10.43** キー N 個が A, AA, AAA, AAAA, AAAAA, AAAAAA, … であるファイルに対して，MSD基数整列法と3分岐基数整列法が調べるバイト数を求めよ．

10.7 線形未満の時間の整列法

前節の解析結果からえる主要な結論として，基数整列の実行時間は，キーの情報の量に関して**線形未満**（サブリニア，sublinear）になりうる．本節では，この事実のもつ実際的な意味を考える．

10.5節のLSD基数整列法のプログラムは，ファイルのパス（走査）を bytesword 回実行する．R 個のカウンタの領域がとれるかぎり，R を大きくとることによって，N も大きくでき，能率のよい整列法になる．性質10.6の証明の中でふれたが，$\lg R$（バイト当たりのビット数）がワードの大きさの4分の1程度になるように上手に選べば，この基数整列法は，キー添字計数法のパスを4回程度しか実行しない．各キーの各バイトは調べられるが，キー1個当たり4バイトしかない．この例は，多くのコンピュータのアーキテクチャに直接関係する．典型例として32ビットのワードでは，1ワードに8ビットのバイトが4つある．ワードから，（ビットでなく）バイトを取り出すのは，多くのコンピュータで非常に能率がよい．キー添字計数法の1回のパスは，線形時間で実行できるので，それを4回実行するが，全体の整列も線形時間で実行できる．もちろん，これは整列で望みうる最高の性能である．

実は，キー添字計数法のパスは，わずか2回ですますことができる．キーの先頭の $w/2$ ビットを使えば，ファイルがほとんど整列できるという事実を利用する．クイックソートで行なったように，後でファイル全体に挿入整列法を使って，最後の整列作業を能率よくできる．この方法は，プログラム10.4に自明の変更を加えるだけで作れる．キーの先頭半分を使って，右から左への整列を行なうために，単に，bytesword-1 の代わりに，bytesword/2-1 で for ループをはじめればよい．次に，この結果できるファイルで，ほとんど整列したものに対して，普通の挿入整列法を実行する．図10.3と10.18を見れば，先頭部分のビットでファイルを整列すると，キーがよく並ぶことが納得できる．図10.3の4列目で，挿入整列法でファイルを整列すると仮定する

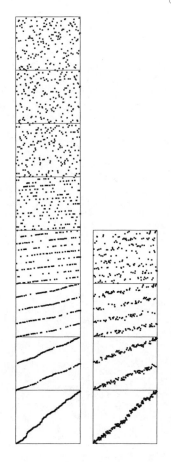

図10.18 MSDビットによるLSD基数整列法の動的性質

キーがランダムビットである時，キーの先頭部分のビットでファイルを整列すると，全体がほぼ整列する．この図は，ランダムな6ビットキーのファイルに対する6パスのLSD基数整列法（左側）と3パスの基数整列法（右側，この後挿入整列が続く）を比較したものである．後者のやりかたがほぼ2倍速い．

と，わずか6回しか交換が起きない．図10.18は，先頭の半分のビットに関して大きいファイルを整列すれば，挿入整列法で能率よく整列できることを示す．

ある大きさのファイルに対して，キー添字計数法で，1回だけパスを実行し，その場の並べ換えを行なうことに，作業用配列のために使ったかもしれない記憶領域を使うのは意味があるかもしれない．例えば，ランダムな32ビットのキーを百万個整列するのに，先頭の20ビットに関してキー添字計数整列法を使い，その後で挿入整列法を使うとする．これを実行するのに，百万個のカウンタしか必要でない．この記憶領域は，作業用配列に使ったかもしれないものよりはるかに少ない．この方法は，$R=2^{20}$とした標準のMSD基数整列法と同等である．もちろん，このような整列法では，小さいファイルに対して小さい基数を使うことが重要である（性質10.4の後の議論を見よ）．

基数整列のLSDの考え方は広く使われている．その理由は，極端に

表10.1 基数整列法の実験（整数キー）

ランダムな32ビット整数N個のファイルに対する基数整列法の（相対的）時間を示す．ここで，どの方法も，整列するファイルの大きさが16より小さくなると打ち切り，挿入整列法を使う．この表より，（注意して使えば）基数整列法が最も速い整列法の仲間であることがわかる．小さいファイルに対して大きい基数を使うとMSD基数整列法の能率が悪くなる．しかし，ファイルの大きさより小さい基数を使えば，この問題点は解消する．整数キーに対して最も速いものは，先頭の半分のビットを使うLSD基数整列法である．これは内側のループを注意深く調整すれば，さらに速くなる（練習問題10.45）．

		4ビットのバイト		8ビットのバイト			16ビットのバイト		
N	Q	M	L	M	L	L*	M	L	M*
12500	2	7	11	28	4	2	52	5	8
25000	5	14	21	29	8	4	54	8	15
50000	10	49	43	35	18	9	58	15	39
100000	21	77	92	47	39	18	67	30	77
200000	49	133	185	72	81	39	296	56	98
400000	102	278	377	581	169	88	119398	110	297
800000	223	919	732	6064	328	203	1532492	219	2309

説明：
- Q　クイックソート，標準（プログラム7.1）
- M　MSD基数整列法，標準（プログラム10.2）
- L　LSD基数整列法（プログラム10.4）
- M*　MSD基数整列法，ファイルの大きさで基数を調整
- L*　MSDビットに関するLSD基数整列法

簡単な制御構造をもち，基本操作が機械語での実現に適していることである．これは，特殊目的の高性能ハードウェアにも直接適用できる．そのような環境では，完全な LSD 基数整列法を使うのが最も速いかもしれない．ポインタを使うならば，LSD 基数整列法では N 個のリンク（および R 個のカウンタ）のための領域が必要であるが，これだけ投資すれば，3 パスか 4 パスでランダムファイルを整列する方法ができる．

普通のプログラミング環境では，基数整列法の基礎になっているキー添字計数法のプログラムは，その内側のループがクイックソートやマージソートに較べるとはるかに多くの命令からなっている．この性質の意味するところとして，ここで説明した線形未満の整列法が（例えば）クイックソートに較べて，多くの状況で期待するほどは速くはないかもしれない．

クイックソートのように汎用のアルゴリズムは，基数整列法よりも広く使われている．というのは，より広い範囲の応用に使えるからである．主たる理由は，基数整列の基礎になるキーの抽象が 6 章から 9 章で使ったもの（比較の関数）より一般性が低いことである．例えば，普通，整列ユーティリティのためのインタフェースを作るやりかたは，ク

表 10.2 基数整列法の実験（文字列キー）

小説 Moby Dick の最初の N 個の単語に対する諸種の整列法の（相対的）時間を示す．ここで，ヒープソートを除いて，どの方法も，整列するファイルの大きさが 16 より小さくなると打ち切り，挿入整列法を使う．この表より，MSD を優先する方法が文字列データに有効であることがわかる．小さいファイルに対する打切りは，他の方法に較べて，3 分岐基数クイックソートに有効でない．また，この打切りは，挿入整列法を調整して，キーの先頭部分をなるべく見ないようにしないと有効でない（練習問題 10.46）．

N	Q	T	M	F	R	X	X*
12500	7	6	9	9	8	6	5
25000	14	12	18	19	15	11	10
50000	34	26	39	49	34	25	24
100000	83	61	87	114	71	57	54

説明：
- Q　クイックソート，標準（プログラム 7.1）
- T　3 分岐クイックソート（プログラム 7.5）
- M　マージソート（プログラム 8.2）
- F　ヒープソート，Floyd の改良版（9.4 節参照）
- R　MSD 基数整列法（プログラム 10.2）
- X　3 分岐基数クイックソート（プログラム 10.3）
- X*　3 分岐基数クイックソート（打切りつき）

ライアント（利用者）が比較の関数を用意することである．Cのライブラリで，qsortのインタフェースはこれである．このやりかたによって，クライアントは，複雑なキーに特有の知識を使って，比較を高速に実行するという状況が取り扱えるし，さらに，キー自体に関与しないような順序の関係だけを使って整列ができる．21章でそのようなアルゴリズムを取り上げる．

どの方法も使える場合，クイックソートといろいろな基数整列法（クイックソートの変形版も）のうち，どれを選ぶかは，キー，レコード，ファイルの大きさなどの応用の性格によるし，さらに，個々のビットやバイトの参照や使用の能率に関係するプログラミング環境やマシーン環境による．表10.1と10.2に実験結果を載せる．ここで，諸種の応用に対して議論した線形や線形未満の性能を見ると，応用が適切であれば，基数整列法を選ぶのがよいという結論が導ける．

練習問題

▷ **10.44** キーの先頭部分でLSD基数整列法を使い，その後挿入整列法を使うことの主な欠点をあげよ．

● **10.45** キーが32ビットのLSD基数整列法で，内側のループの命令がなるべく少ないプログラムを実現せよ．

10.46 3分岐基数クイックソートのプログラムを実現せよ．ここで，小さいファイルに対する挿入整列法は，キーの先頭部分で等しいことがわかっている部分を使わないようにする．

10.47 ランダムな32ビットのキー百万個に対して，先頭の2バイトについてLSD基数整列法を使い，その後挿入整列法を使う時，全実行時間が最小になるようなバイトの大きさを決めよ．

10.48 練習問題10.47で，64ビットのキー10億個とせよ．

10.49 練習問題10.48で，3パスのLSD基数整列法を使え．

第 11 章　特殊目的の整列法

　整列の方法は，多くの応用システムの重要な構成要素である．高速に整列するために，あるいは，巨大なファイルを整列するために特別の方策を講じることは珍しいことではない．高性能の追加機能をもつコンピュータシステム，整列専用に設計した特殊目的ハードウェア，新しいアーキテクチャをもつコンピュータシステムなどを使うことがある．そのような場合には，データを操作するコストに関するこれまでの仮定が成り立たないかもしれない．本章では，様々な種類のマシーンの上で，能率よく走るように設計した整列法の例を取り上げる．実例を通して，高性能ハードウェアに伴う制約を考慮するとともに，実際に，高性能の整列法を実現するために役立つ方法を調べる．

　新しいコンピュータアーキテクチャはどんなものでも，基本的に，高能率な整列法の使えることが要求される．実際，歴史的に見て，整列は，新しいアーキテクチャを評価するテスト課題に使われてきた．というのは，整列は，非常に重要であるし，十分理解されているからである．新しいアルゴリズムを開発するには，まず，実際のマシーンの基本的性質を反映した抽象マシーンを定義し，次に，この抽象マシーンの上でアルゴリズムを設計し，解析して，そして，実現し，テストして，アルゴリズムとモデルを改良する．6 章から 10 章まで見てきた汎用マシーン用の方法など，過去の経験も考慮するが，このやりかたによれば，抽象マシーンの制約で決まる本当のコストに焦点があてられるし，マシーンの種類に応じて適切なアルゴリズムがあることを明確にできる．

　一方の端にある話題として，低水準のモデルを取り上げる．ここで許される操作は，**比較交換**（compare-exchange）だけである．他方の端にある話題として，高水準のモデルを取り上げる．ここでは，低速の外部記憶装置との間で，または，互いに独立した並列プロセッサの間で，データの大きいかたまり（ブロック）を読み書きする．まず，Batcher の**奇偶マージソート**（odd-even mergesort）とよぶマージソートの一種を調べる．これは，比較交換の操作だけを用いる分割統治の併合アルゴリズムに基づく．データの移動は，**完全シャッフル**（perfect shuffle）と完全逆シャッフルによる．このアルゴリズムは，それ自身面白いし，整列以外に多くの応用がある．次に，**整列ネットワーク**（sorting network）として Batcher の方法を調べる．整列ネットワークは，低水準の整列用ハードウェアの簡単なモデルであり，**比較器**（comparator）という比較交換操作を行なうモジュールを結合したものである．

　もう1つの重要な抽象整列問題は，**外部整列**（external sorting）である．これは，ファイルが大きすぎて主記憶領域におさまらない場合の整列である．個々のレコードにアクセスするコストは禁止的に大きいので，大きいブロックの中のレコードとして，外部記憶装置の間で転送する抽象モデルを使う．外部整列のアルゴリズムを2つ取り上げ，このモデルの上で比較対照する．

　最後に，**並列整列**（parallel sorting）を取り上げる．この場合，整列するファイルが並列プロセッサに配布されている．ここでは，簡単な並列マシーンモデルを定義して，Batcher の方法に基づいて有効な解法が作れることを説明する．同一の基本アルゴリズムが高水準の問題と低水準の問題の両方の解法に使えることは，実例によって抽象の力が納得できる．

　本章のいろいろな抽象マシーンは，単純であるが，研究に値する．というのは，特定の応用で効いてくる制約が反映しているからである．低水準整列ハードウェアは，簡単な構成要素からできている．外部整列のハードウェアは，大きいデータファイルにブロック単位でアクセスするものであり，順次アクセスの方がランダムアクセスより能率的である．並列整列では，プロセッサの間での通信に制約がある．細部まで特定の実マシーンに完全に対応するマシーンモデルは取り扱うことができないが，ここで定義する抽象を使えば，性能の本質的な制約に関する情報を理論的に定式化できるだけでなく，直接役に立つ実用的で面白いアルゴリズムを設計できる．

11.1　Batcher 奇偶マージソート

　まず，比較交換操作と完全シャッフル操作（および完全逆シャッフル操作）だけを使った整列法を考える．1968年に Batcher が考案した方法は，**Batcher 奇偶マージソート**（Batcher's odd-even mergesort）という．シャッフルと比較交換と再帰呼出しを使ったアルゴリズムは，実現が容易である．しかし，難しいのは，アルゴリズムの正しさを理解することであり，さらに，低水準の動作としてシャッフルと再帰呼出しが働く様子を解読することである．

　6章で比較交換（compare-exchange）の操作を取り上げたが，そこでは，この抽象操作を使えば，初等的な整列法が簡潔に記述できるということを説明した．ここでは，比較交換操作だけでデータを扱う方法に

関心をもつ．普通の比較は使えない．つまり，この比較交換操作は結果を返さない．それで，プログラムは，データの値に応じて次の行動を決めることができない．

定義 11.1 非適応型の整列アルゴリズムは，実行する操作の列が入力の個数だけに依存する（キーの値に依存しない）ものである．

本節では，交換や完全シャッフルのようにデータを一斉に並べ換える操作を許すが，11.2 節で見るように，これは必須というわけではない．非適応型の方法は，整列の**直線プログラム**（straight-line program）に対応する．これは，比較交換の操作の単なる列として表現できる．例えば，

    compexch(a[0], a[1])
    compexch(a[1], a[2])
    compexch(a[0], a[1])

は 3 要素を整列する直線プログラムである．アルゴリズムの表現の便利さと簡潔さのために，ループやシャッフルや他の高水準の操作を用いるが，アルゴリズムの開発の目標は，各 N に対して，N 個のキーが整列する compexch の列を定義することである．一般性を失うことなく，キーは 1 から N までの値をとると仮定する．直線プログラムの正しさを知るためには，1 から N のすべての順列が整列できることを証明する必要がある（例えば練習問題 11.5）．

6 章から 9 章までで見たアルゴリズムは，ほとんどが非適応型でない．それらは less やキーを調べることなどを使っており，キーの値に応じて異なった行動をとる．例外は，バブルソート（6.4 節）であり，比較交換だけを使う．シェルソートの Pratt 版（6.6 節）も非適応型の方法である．

プログラム 11.1 は，これから使う抽象操作の完全シャッフルと完全逆シャッフルを実現したものである．図 11.1 に例を示す．配列を完全シャッフルで並べ換えることは，カードの山を熟練者がシャッフルすることに対応する．つまり，カードの山をちょうど半分に分けて，それぞれから交互にカードを取り出して，シャッフルした山を作る．最初の半分の方からカードを取り始める．カードの枚数が奇数ならば，余分なカードは，最初の半分の方におく．完全逆シャッフルは，逆の操作である．前半分と後半分に交互にカードをおくことにより，逆シャッフルしたカードの山を作る．

Batcher の整列法は，8.3 節のトップダウン型マージソートに対応する．相違点としては，8 章のものが適応型プログラムであるが，これ

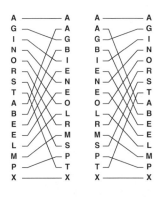

図 11.1 完全シャッフルと完全逆シャッフル

完全シャッフル（左側）を実行するには，まず，ファイルの第 1 要素，次に，後半分の第 1 要素，次に，前半分の第 2 要素，次に，後半分の第 2 要素，以下同様に取り上げる．これらの要素に 0 から順に番号をふる．これで，もと前半分にあった要素は偶数の番号の場所に行き，後半分にあった要素は奇数の番号の場所に行く．完全逆シャッフル（右側）を実行するには，偶数番号の要素を前半分に，奇数番号の要素を後半分におく．

プログラム 11.1 完全シャッフルと完全逆シャッフル

関数 shuffle は，部分配列 a[l],…, a[r] を半分に分けて，要素をそれぞれ交互におくことで，部分配列を並べ換える．ここで，前半分の要素は偶数番目の位置に，後半分の要素は奇数番目の位置に行く．関数 unshuffle は，この逆である．偶数番目の位置の要素は前半分に，奇数番目の位置の要素は後半分に行く．この 2 つの関数は，偶数個の要素の部分配列にのみ使う．

```
shuffle(itemType a[], int l, int r)
  { int i, j, m = (l+r)/2;
    for (i = l, j = 0; i <= r; i+=2, j++)
      { aux[i] = a[l+j]; aux[i+1] = a[m+1+j]; }
    for (i = l; i <= r; i++) a[i] = aux[i];
  }
unshuffle(itemType a[], int l, int r)
  { int i, j, m = (l+r)/2;
    for (i = l, j = 0; i <= r; i+=2, j++)
      { aux[l+j] = a[i]; aux[m+1+j] = a[i+1]; }
    for (i = l; i <= r; i++) a[i] = aux[i];
  }
```

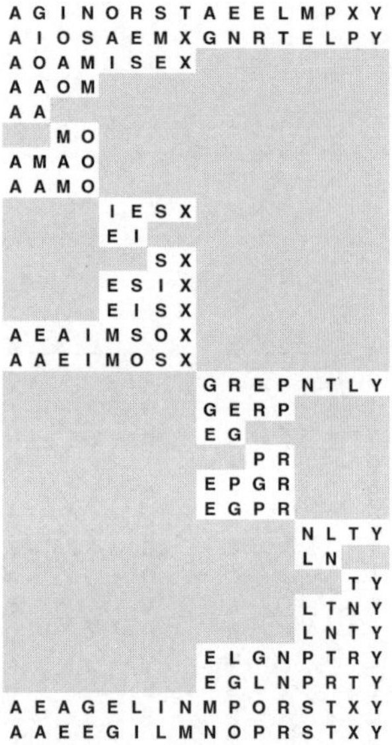

図 11.2 トップダウン型の Batcher の奇偶併合の例

A G I N O R S T と A E E L M P X Y を併合するために，まず逆シャッフル操作によって，独立に併合する問題で半分の大きさのものを 2 つ作る（2 行目）．これで A I O S と A E M X を併合する（左側）．同様に，G N R T と E L P Y を併合する（右側）．この 2 つの部分問題を再帰的に解いてから，その解をシャッフルして，最後に比較交換 E と A, G と E, L と I, N と M, P と O, R と S, T と X を行なうと併合が終了する．

は，Batcher 奇偶併合を使う非適応型のトップダウン型再帰マージソートである．プログラム 8.3 ではまったくデータを参照しないので，併合が非適応型であると，整列法全体も非適応型になる．

この節と 11.2 節を通じて，特に断らないかぎり，整列する項目の個数は 2 のベキ乗であると仮定する．これで，N が奇数の時のただし書などがなくても，$N/2$ と書ける．もちろん，この仮定は実際的でない．ここでのプログラムは，他の大きさのファイルも同様に扱えるが，この仮定によって説明が著しく簡単になる．この問題点は 11.2 節の終わりに取り上げる．

Batcher 併合は，再帰的分割統治法である．1-1 併合を行なう場合，1 回の比較交換操作を使えばよい．これ以外の場合で，N-N 併合を行なうには，逆シャッフルして，$N/2$-$N/2$ 併合問題を作り再帰的に整列した 2 つのファイルを求める．この 2 つのファイルをシャッフルして，ほとんど整列したファイルを作る．最後に残った仕事として，1 回のパスで，互いに独立な比較交換の操作を $N/2-1$ 回実行する．ここで，比較交換するのは，1 から $N/2-1$ までの i に対して，$2i$ と $2i+1$ の要素である．例を図 11.2 に示す．この説明から直ちにプログラム 11.2 が書ける．

なぜ，この方法ですべての入力順列に対して併合した結果がえられる

プログラム 11.2　Batcher 奇偶併合（再帰版）

この再帰的プログラムは，その場の抽象的併合を実現したものである．ここでは，プログラム 11.1 の shuffle と unshuffle の操作を使う．もっともこの操作は必須というわけではない．プログラム 11.3 では，ボトムアップ型の非再帰版を示すが，シャッフルは取り除いている．ここでの着眼点は，ファイルの大きさが 2 のベキ乗の場合，このプログラムが Batcher アルゴリズムの簡潔に記述になっていることである．

```
mergeTD(itemType a[], int l, int r)
  { int i, m = (l+r)/2;
    if (r == l+1) compexch(a[l], a[r]);
    if (r < l+2) return;
    unshuffle(a, l, r);
    mergeTD(a, l, m);
    mergeTD(a, m+1, r);
    shuffle(a, l, r);
    for (i = l+1; i < r; i+=2)
      compexch(a[i], a[i+1]);
  }
```

のか．この質問に対する答えは，決して明らかではない．次の古典的な証明は，間接的なものであり，非適応型整列プログラムの一般的性質に基づく．

性質 11.1（0-1 原理） 非適応型プログラムは，すべてが 0 または 1 である入力に対して正しい整列結果を出力すれば，任意のキーに対しても正しい整列結果を出力する．

練習問題 11.7 を見よ．■

性質 11.2 Batcher 奇偶併合法（プログラム 11.2）は，正しく併合する．

0-1 原理を使えば，入力すべてが 0 か 1 である場合に正しく併合することをチェックすればよい．最初のファイルに 0 が i 個，2 番目のファイルに 0 が j 個あるとする．ここで，i と j が奇数と偶数である 4 つの場合をそれぞれチェックする．両方が偶数である場合，部分併合問題 2 つのそれぞれに対して，一方のファイルから 0 が $i/2$ 個，他方のファイルから 0 が $j/2$ 個くるので，結果のファイルに 0 が $(i+j)/2$ 個ある．それで，シャッフルすれば，整列した 0 と 1 のファイルができる．i が偶

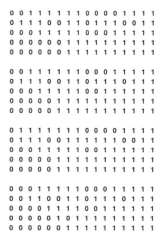

図 11.3　0-1 併合の 4 つの場合

この図の 4 つの例は，5 行ずつからなる．行はそれぞれ，0-1 併合問題，逆シャッフルでできる 2 つの併合問題，再帰的に併合を実行した結果，シャッフルの結果，最後の偶数位置と奇数位置の比較の結果と示す．最終段階では，入力ファイルの両方に奇数個の 0 がある時にかぎり交換が 1 回実行される．

数で j が奇数である場合，または，i が奇数で j が偶数である場合，シャッフルの後で，同様に整列した 0 と 1 のファイルができる．i と j が奇数の場合，0 が $(i+j)/2+1$ 個のファイルと 0 が $(i+j)/2-1$ 個のファイルをシャッフルする．それで，シャッフルの後で，$(i+j-1)$ 個の 0，1，0，$(N-i-j-1)$ 個の 1 が続くファイルになるが，最後の比較交換で整列が完成する．■

データを本当にシャッフルする必要はない．実際，添字を扱うように，compexch と shuffle のプログラムを変更して，間接的にデータを参照すれば，プログラム 11.2 と 8.3 を使って，任意の N に対して整列の直線プログラムを出力することができる（練習問題 11.12）．あるいは，プログラムがもとの入力に対する比較交換命令の列を作り出すようにできる（練習問題 11.13）．これらの技法は，交換やシャッフルなどの操作によってデータを並べ換える非適応型の整列法のどれにも適用できる．Batcher 併合法は，アルゴリズムの構造が非常に単純であるので，11.2 節で見るように，ボトムアップ型プログラムが直接実現できる．

練習問題

▷ 11.1 ＥＡＳＹＱＵＥＳＴＩＯＮに対してシャッフルと逆シャッフルを実行した結果を示せ．

11.2 プログラム 11.1 を一般化して，h 分岐のシャッフルと逆シャッフルを実現せよ．ファイルの大きさが h の倍数でない場合にも働くようにせよ．

● 11.3 作業用の配列を使わないで，シャッフルと逆シャッフルを実現せよ．

● 11.4 異なる N 個のキーを整列する直線プログラムは，キーが必ずしも互いに異ならなくても整列することを示せ．

▷ 11.5 本文中の直線プログラムが整数 1，2，3 の 6 つの順列それぞれを整列する様子を示せ．

○ 11.6 要素 4 個を整列する直線プログラムを示せ．

● 11.7 性質 11.1 を証明せよ．ヒント：任意にキーが与えられる入力の中で，プログラムが整列できないものがあると仮定すると，そのプログラムが整列できないような 0 と 1 だけからなる入力がある．

▷ 11.8 図 11.2 の例のようなやりかたで，プログラム 11.2 がＡＥＱＳＵＹ ＥＩＮＯＳＴを併合する様子を示せ．

▷ 11.9 練習問題 11.8 で，ＡＥＳＹＥＩＮＯＱＳＴＵとするとどうなるか．

○ 11.10 練習問題 11.8 で，１００１１１０００００１０１００とするとどうなるか．

11.11 Batcherのマージソートを実現して，標準のトップダウン型マージソート（プログラム8.3, 8.2）と実行時間を実験的に比較せよ．ここで$N=10^3, 10^4, 10^5, 10^6$とする．

11.12 プログラム11.2と8.3で間接的に操作するように，compexch, shuffle, unshuffleを実現せよ（6.8節参照）．

∘ **11.13** 入力Nに対して，プログラム11.2と8.3が要素N個の整列の直線プログラムを出力するように，compexch, shuffle, unshuffleを実現せよ．ここで，添字を憶えるために大域的な作業用配列が使えるとする．

11.14 併合のために，2番目のファイルが逆順に整列したものを与えると，8.2節で定義したバイトニック（双単調，bitonic）列ができる．プログラム11.2の最後のループを変更して，l+1の代わりに，1からはじめるようにすると，バイトニック列を整列するプログラムになる．この方法を使って，図11.2の例のように，ＡＥＳＱＵＹＴＳＯＮＩＥを併合する様子を示せ．

● **11.15** 練習問題11.14で説明したようにプログラム11.2を変更すると，任意のバイトニック列を整列できることを示せ．

11.2 整列ネットワーク

非適応型の整列アルゴリズムを調べるための最も簡単なモデルは，比較交換の操作だけでデータにアクセスする抽象マシーンである．このようなマシーンを**整列ネットワーク**（sorting network）という．整列ネットワークは，**比較器**（比較交換器，comparator）を構成要素として，それらを線で結合したものである．これで，一般的な整列を行なうのに十分な能力が実現できる．

図11.4は，4つのキーのための簡単な整列ネットワークを示す．通常，N個の項目に対する整列ネットワークは，N本の水平の線をひき，2本の線をつなぐ比較器を配置したものである．整列するキーが左から右へネットワークを通っていく様子を想像されたい．ここで，2つのキーが比較器で出会うと，（必要なら）交換して，小さい方が上に行く．

この方式に従って実際の整列マシーンを作るには，前もって細部について詳しく検討する必要がある．例えば，入力を符号化する方法は規定されていない．1つの方法として，図11.4にある線の1本は，データ1ビットを送る線が集まったものであると考える．ここで，キーのビット列は，線の上を同時に流れていくとする．別の方法として，比較器は一時に1ビット読むとして，1本の線で上位の桁から順に読むというものもある．同期についても規定されていない．これは，どの比較器も2つの入力が揃わないかぎり働かないようにする機構である．整列ネットワークはよい抽象である．というのは，これによって，実現の詳細を高水

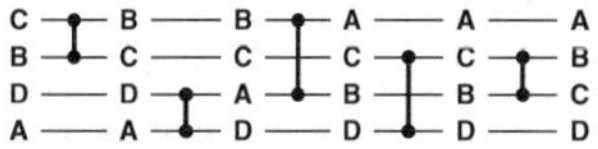

図11.4 整列ネットワーク

キーはネットワークの線の上を左から右へ動く．キーが比較器で出会うと，必要なら交換をして，小さい方のキーが上側の線に行くようにする．この例では，一番上の2つの線でＢとＣが交換する．次に，一番下でＡとＤが交換して，次に，ＡとＢが交換して，以下同様である．こうして，右端では上から下へ整列した順にキーが並ぶ．この図で，4番目の比較器以外はすべて交換を行なう．このネットワークは，4つのキーの任意の順列を整列する．

準の設計から切り離せるからである．高水準の設計では，例えば，比較器の個数を最少にする問題を扱う．さらに，整列ネットワークの抽象は，直接回路で実装すること以外に，11.5節で見るように応用にも役に立つ．

整列ネットワークの応用でもう1つ重要なものは，並列計算のモデルである．2つの比較器が同じ線を使わないならば，それらは並列的に働くと仮定できる．例えば，図11.4のネットワークでは，3回の並列ステップで4つの要素を整列できる．第1ステップとして，0-1比較器と2-3比較器は同時に働いてよい．第2ステップとして，0-2比較器と1-3比較器は同時に働いてよい．第3ステップとして，2-3比較器が働くと整列が完了する．どんなネットワークでも，比較器をグループ分けして，同時に働くグループからなる並列段階（1回の並列ステップが実行するグループ）の列にすることは難しくない（練習問題11.17）．能率のよい並列計算を実現するために，なるべく並列段階の少ないネットワークを設計することが課題になる．

プログラム11.2は，Nに対する併合ネットワークに直接対応する．しかし，直接的にボトムアップ型の構成を考察することも有意義である．この例を図11.5に示す．大きさNの併合ネットワークを構成するのに，大きさ$N/2$に対するネットワークのコピーを2つ作る．片方は，偶数番号をもつ線，他方は奇数番号をもつ線からなる．最後に，線1と2,3と4,以下同様というように比較器をおくと，ネットワークが完成する．この奇偶の重ね合わせは，プログラム11.2の完全シャッフルの役目を果たす．このネットワークが正しく併合することの証明は，0-1原理による性質11.1と11.2の証明と同じである．図11.6は併合の様子を示す．

プログラム11.3は，シャッフルなしでBatcher併合を実現したものであり，図11.5のネットワークに対応する．このプログラムは，簡潔

図11.5 Batcher奇偶併合ネットワーク

このネットワーク表現を見れば，基本的な再帰構造は明らかである．上の図は線が4本，中の図は線が8本，下の図は線が16本のものである．各図の左側の表現は直接的に構成したものであり，大きさ$N/2$のネットワークの2つのコピーを使い（一方が偶数番号の線，他方が奇数番号の線），その後に，線1と2,3と4,5と6というように比較交換する比較器の段階がある．右側は，同じネットワークであるが，左側の表現で同じ長さの比較器をグループにまとめたものである．グループ分けができる理由は，偶数番号の線と干渉しないで，奇数番号の線の比較器を移動できることである．

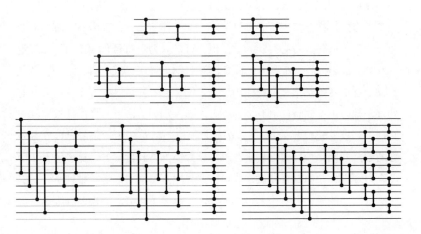

プログラム 11.3 Batcher 奇偶併合（非再帰版）

この Batcher 奇偶併合のプログラム（ファイルの大きさは 2 のベキ乗）は，簡潔であるが，不思議なものである．再帰版（プログラム 11.2，図 11.5）との対応を調べれば，併合を行なう考え方が理解できる．この併合は，独立で一様な比較交換操作からなるパスを $\lg N$ 回行なう．

```
mergeBU(itemType a[], int l, int r)
  { int i, j, k, N = r-l+1;
    for (k = N/2; k > 0; k /= 2)
      for (j = k % (N/2); j+k < N; j += (k+k))
        for (i = 0; i < k; i++)
          compexch(a[l+j+i], a[l+j+i+k]);
  }
```

図 11.6 ボトムアップ型の Batcher 併合の例

シャッフルをすべて取り除くと，図の例では，Batcher 併合が比較交換を 25 回実行する．これは 4 つの段階に分かれていて，各段階では，一定の幅で離れた要素同士の比較交換操作を互いに独立に実行する．

でエレガントなその場併合を行なう関数である．これは，ネットワークの単なる別の表現であると見るのがたぶん最もわかりやすい．もっとも，これが正しく併合することを直接証明することもまた面白い．そのような証明を本節の終わりに取り上げる．

図 11.7 は，Batcher の奇偶整列ネットワークを示す．これは，普通の再帰的マージソートの構成に基づき，図 11.5 の併合ネットワークから作ったものである．この構成は 2 重に再帰的である．1 回は併合ネットワークのため，もう 1 回は整列ネットワークのためである．これは，最適ではないが，能率がよい．最適なネットワークについてはすぐ後で議論する．

性質 11.3 Batcher 奇偶整列ネットワークは，約 $N(\lg N)^2/4$ 個の比較器からなり，$(\lg N)^2/2$ 回の並列ステップで整列する．

この併合ネットワークは，約 $\lg N$ 回の並列ステップを実行する．それで，整列ネットワークは，$1+2+\cdots+\lg N$ 並列ステップ，つまり約 $(\lg N)^2/2$ 回の並列ステップを実行する．比較器の個数については練習問題とする（練習問題 11.23）．■

プログラム 8.3 の再帰マージソートの中に，プログラム 11.3 の併合関数を使うと，簡潔なその場の整列法ができる．これは，非適応型であり，$O(N(\lg N)^2)$ 回の比較交換の操作を実行する．あるいは，プログラム 11.4 に示すように，マージソートから再帰呼出しを除去し，整列全体をボトムアップ型に実現できる．このプログラムは，図 11.7 のネ

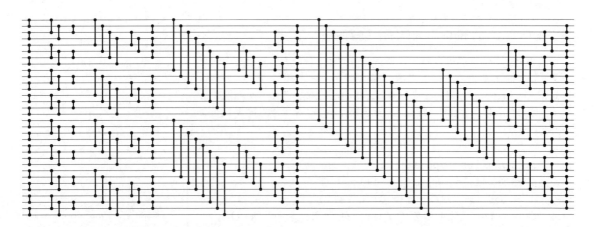

図 11.7 Batcher 奇偶整列ネットワーク

32本の線の整列ネットワークは，16本の線のネットワークのコピー2つ，8本の線のネットワークのコピー4つ，4本の線のネットワークのコピーが8つ，以下同様にできている．この図を右から左へ見れば，トップダウン型の構造が見えてくる．32本の線の整列ネットワークは，16-16併合ネットワークがあり，次に16本の線の整列ネットワークのコピーが2つくる（一方は上半分，他方は下半分）．16本の線のネットワークは，8-8併合ネットワークがあり，次に，8本の線の整列ネットワークのコピーが2つあり，以下同様である．この図を左から右へ見れば，ボトムアップ型の構造が見えてくる．最初の比較器の列で大きさ2つの整列した部分ファイルを作る．次に，2-2併合ネットワークで大きさ4の整列した部分ファイルを作る．次に，4-4併合ネットワークで大きさ8の整列した部分ファイルを作る．以下同様である．

プログラム 11.4　Batcher 奇偶整列法（非再帰版）

Batcher 奇偶整列法のプログラムは，図11.7のネットワーク表現に直接対応している．変数pにより番号がついた段階に分かれる．p=Nの時の最後の段階は，Batcher 奇偶併合である．p=N/2の時の最後から2番目の段階は，奇偶併合であり，最初の段階とN/2の線をまたぐ比較器を除いたものである．p=N/4の時の最後から3番目の段階は，奇偶併合であり，最初の2つの段階とN/4の倍数の線をまたぐ比較器を除いたものである．以下同様である．

```
void batchersort(itemType a[], int l, int r)
  { int i, j, k, p, N = r-l+1;
    for (p = 1; p < N; p += p)
      for (k = p; k > 0; k /= 2)
        for (j = k%p; j+k < N; j += (k+k))
          for (i = 0; i < k; i++)
            if (j+i+k < N)
              if ((j+i)/(p+p) == (j+i+k)/(p+p))
                compexch(a[l+j+i], a[l+j+i+k]);
  }
```

ットワークを表現したものであると見なすのが最も理解しやすい．これは，プログラム11.3にループ1つとテスト1つを追加したものである．ここの併合と整列は，再帰構造がよく似ている．長さ 2^k の整列したファイルを2つ併合して，長さ 2^{k+1} の整列したファイルの列を作るためのボトムアップ型のパスは，併合ネットワークで実行する．ここで，比較器はそれぞれの部分ファイルの中だけで使う．おそらく，このプログラムは，これまで見てきたものの中で，最も簡潔であり，しかし自明でない整列法として表彰ものであると思う．また，高性能アーキテクチャの特徴を生かして，小さいファイルに対する高速整列法を開発する時に

(あるいは整列ネットワークを作成する時に)，これが選択肢になろう．もしも，再帰的な実現とネットワークの構成に関して本節で説明したような枠組がなければ，プログラムの動作と根拠を理解することは，恐ろしく難しいであろう．

分割統治法ではいつもそうであるが，N が 2 のベキ乗でない場合，基本的に 2 つの選択肢がある．半分に分割するトップダウン型と，N より小さい最大の 2 のベキ乗のところで分割するボトムアップ型である．整列ネットワークでは，ボトムアップ型の方がいくらか簡単である．というのは，N より大きいか等しい最小の 2 のベキ乗に対する完全なネットワークを作り，その先頭の N 本の線を使い，これらの線に両端にある比較器を使うものと同じであるからである．この構成の正しさの証明は簡単である．いま，ネットワークの使わない線にどのキーより大きい番兵をおくものとする．すると，この線の上の比較器では決して交換が起きない．それで，それを取り除いても何の影響もない．実は，大きいネットワークの中の連続した線 N 本の集まりであれば，どれでも使うことができる．先頭で小さい番兵をもつ線を取り除き，末尾で大きい番兵をもつ線を取り除くことができる．これらのネットワークにはすべて，約 $N(\lg N)^2/4$ 個の比較器がある．

整列ネットワークの理論には面白い歴史がある(参考文献参照)．比較器がなるべく少ないネットワークを見つける課題は，1960 年以前に Bose が提案したもので，Bose-Nelson 問題といわれる．Batcher のネットワークは，この問題に対する最初の優れた解答であり，かなり長い間，最適なものであると予想されていた．Batcher 併合ネットワークは最適であるので，どんな整列ネットワークでも，はるかに少ない比較器をもつものであれば，再帰的マージソートと異なる構成法を見つけなければならない．最適の整列ネットワークはなかなか見つからなかったが，1983 年 Ajtai, Komlos, Szemeredi は比較器が $O(N \log N)$ 個のネットワークの存在を証明した．しかしながら，AKS ネットワークは，構成が数学的であるが，まったく実用的でない．それで依然として，Batcher のネットワークは，実用に最もよい種類のものである．

本節の整列ネットワーク研究のしめくくりに，完全シャッフルと Batcher ネットワークの関係からでてくる面白い話題として，さらに別のアルゴリズムを取り上げる．Batcher 奇偶併合の線をシャッフルすると，すべての比較器が隣り合う線を結ぶようなネットワークが作られる．図 11.8 は，プログラム 11.2 に対応して，シャッフルにより実現したネットワークの例を示す．この結合パターンは，**バタフライネットワーク (butterfly network)** ということがある．この図には，同じ直線プログラムを表現したネットワークで，さらに一様なパターンをもつも

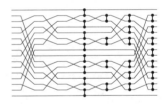

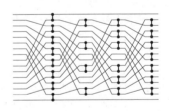

図 11.8 Batcher 奇偶併合のシャッフル

整列ネットワークとしてプログラム 11.2 を直接実現したものであり，再帰的なシャッフルと逆シャッフルを多数使う(上側)．これと同等な実現(下側)では，完全シャッフルしか使わない．

```
A E G G I M N R A B E E L M P X
A E G G I M N R   A B E E I M N R
A B E E L M P X   A E G G L M P X
      A B E E     A B E E
      I M N R     A E G G
      A E G G     I M N R
      L M P X     L M P X
        A B         A B
        E E         A E
        A E         E E
        G G         G G
        I M         I M
        N R         L M
        L M         N R
        P X         P X
         A           A
         B           A
         A           B
         E           B
         E           E
         A           E
         E           E
         E           E
         G           G
         G           G
         I           I
         L           L
         M           M
         M           M
         N           N
         P           P
         R           R
         X           X
```

図 11.9 分割とインターリーブによる併合

最初，整列した2つのファイルを1行に書き，次の操作を繰り返すことで，それらを併合する．各行を半分に分割して，半分ずつのものをインターリーブする（左側）．異なる行からきた項目の対で垂直方向に隣り合っているものを比較交換する（右側）．最初，1行16列あるが，2行8列になり，4行4列になり，8行2列になり，最後に，16行1列になり，整列が完成する．

図 11.10 完全シャッフルマシーン

この図に描いた結合をもつマシーンは，Batcher のアルゴリズム（またその他多くのもの）を能率よく実行する．並列コンピュータの中にはこのように結合したものがある．

のを示す．こちらは完全シャッフルだけを使う．

図 11.9 は，この方法のもう1つの解釈を表わす表であり，基礎になる構造を例で示す．まず，1つのファイルをもう1つの下に描く．これで，垂直方向に隣り合う要素を比較して，大きい方が小さい方の下にくるように，必要に応じて交換する．次に，各行を半分に分割し，これら半分ずつのものを綴じあわせる（インターリーブ）．そして，2行目と3行目にあるものを比較交換する（4行目と5行目以下同様）．ほかの行の間の比較交換は，前の整列により必要でない．この分割とインターリーブの操作によって，行と列の両方が整列する．一般に，この性質は，同じ操作によって保存する．つまり，各ステップでは，行の数が2倍になり，列の数が半分になるが，やはり両方とも整列することが保存する．最後に，N 行1列になり，これで全体の整列が完成する．図 11.9 の表と図 11.8 の下の図の関係は，次の通りである．表を列優先で書くと，つまり，最初の列の要素のあとに，2番目の列の要素をくる，云々という具合に書くと，1つのステップから次のステップへ移る際に必要な並べ換えは，ちょうど完全シャッフルになる．

さて，図 11.10 に示すような完全シャッフルの結合をした抽象並列マシーンがあると，図 11.8 の下のようなネットワークが直接実現できる．各ステップでは，このマシーンは，隣り合うプロセッサの対のいくつかをアルゴリズムで指定し，そこで比較交換の操作を実行し，データを完全シャッフルする．このマシーンのプログラミングとは，各ステップで比較交換するプロセッサ対を指定することである．

図 11.11 は，Batcher 奇偶併合のボトムアップ版と完全シャッフル版の動的な性質を示す．

シャッフルは，分割統治アルゴリズムにおいて，データの移動を記述するための重要な抽象であり，整列以外にもいろいろな問題で現われる．例えば，2^n 行 2^n 列の正方行列を行優先に並べて，n 回シャッフルすると，行列が転置する，つまり，行列が列優先に並ぶ．もっと重要な応用として，高速フーリエ変換や多項式の計算がある（8部）．これら

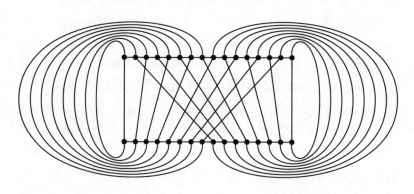

の問題は，図11.10に示したような循環する完全シャッフルマシーンを使って解くことができる．ただし，プロセッサはもっと強力なものを使う．シャッフルと逆シャッフルが行なえる汎用プロセッサを使うことも想像できる（実際にこの型のマシーンが作られた）．このような並列マシーンの議論は11.5節でもう一度取り上げる．

練習問題

11.16 要素がそれぞれ4，5，6個の整列ネットワークを作れ（練習問題11.6参照）．ここで，比較器をなるべく少なくせよ．

○**11.17** 直線プログラムが与えられらとして，並列ステップの回数を計算するプログラムを作れ．ヒント：次のようなラベルづけを考える．入力線に段階0のラベルをつける．各比較器に対して，一方の入力のラベルが i で，他方の入力のラベルが i より大きくなければ，両方の出力線に段階 $i+1$ のラベルをつける．

11.18 ランダムなキーに対して，プログラム11.4とプログラム8.3の実行時間を比較せよ．ここで，$N=10^3, 10^4, 10^5, 10^6$ とする．

▷**11.19** Batcherネットワークで，10-11併合を行なうものを描け．

●●**11.20** 図11.8から読みとれるような再帰的逆シャッフルとシャッフルの関係を証明せよ．

○**11.21** 本文中の議論から，図11.7に隠れている21要素の整列ネットワークは11個ある．そのうち，なるべく比較器の少ないものを1つ見つけよ．

○**11.22** Batcher奇偶整列ネットワークの比較器の個数を求めよ．ここで，$2 \leq N \leq 32$ とする．N が2のベキ乗でない時，次に大きい2のベキ乗のネットワークの最初の N 本の線でネットワークを作る．

○**11.23** $N=2^n$ に対して，Batcher奇偶整列ネットワークで使う比較器の個数を正確に表わす式を導け．注：図11.7を使って解答をチェックせよ．N が2，4，8，16，32に対応するところにはそれぞれ1，3，9，25，65個の比較器がある．

○**11.24** トップダウンの再帰呼出しで，21個の要素を整列するネットワークを作れ．ここで，大きさ N のネットワークは，大きさ $\lfloor N/2 \rfloor$ と $\lceil N/2 \rceil$ のネットワークの後に併合ネットワークをおくものである．ネットワークの最後の部分に練習問題11.19の解答を使う．

11.25 漸化式を使って，練習問題11.24で説明した構成をもつネットワークの比較器の個数を計算せよ．ここで，$2 \leq N \leq 32$ とする．練習問題11.22の結果と比較せよ．

●**11.26** 線が16本の整列ネットワークで，Batcherネットワークより比較器が少ないものを求めよ．

11.27 バイトニック列に対して，図11.8に対応する併合ネットワークを描

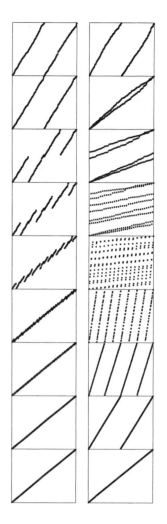

図11.11 奇偶併合の動的性質

奇偶併合のボトムアップ版（左側）は，整列した部分ファイルの大きい半分と小さい半分を比較交換するような段階の列になる．完全シャッフル版（右側）では，まったく別の様子を示す．

け．練習問題 11.14 で説明したやりかたを使え．

11.28 シェルソートで Pratt の増分列（6.6 節）を用いたものに対する整列ネットワークを描け．ここで，$N=32$ とする．

11.29 練習問題 11.28 のネットワークと Batcher ネットワークの比較器の個数を表にせよ．ここで，$N=16, 32, 64, 128, 256$ とする．

11.30 要素 N 個が 3-整列かつ 4-整列しているファイルを整列するようなネットワークを設計せよ．

● **11.31** 練習問題 11.30 のネットワークを使って，3 と 4 の倍数に基づく Pratt の方式のようなものを設計せよ．$N=32$ に対するネットワークを描け．また，このネットワークに対して練習問題 11.29 に答えよ．

● **11.32** $N=16$ に対して，Batcher 奇偶整列ネットワークの変形版を描け．ここで，隣り合う線を結ぶ独立した比較器の段階の間で，完全シャッフルを行なうものとする（最終の 4 段階は図 11.8 の下側の併合ネットワークのようになる）．

○ **11.33** 図 11.10 のマシーンに対して，次の約束に従う併合プログラムを書け．命令は 15 ビットである．ここで，第 i ビット $(1 \leq i \leq 15)$ が 1 であれば，プロセッサ i とプロセッサ $i-1$ が比較交換を行なう．プログラムとは，このような命令の列である．ここで，マシーンは，2 つの命令の間で完全シャッフルを実行する．

○ **11.34** 練習問題 11.33 の約束のもとで，図 11.10 のマシーンに対して整列プログラムを書け．

11.3 外部整列

種類の異なる抽象的整列問題に移ろう．これは，整列するファイルが大きすぎ，コンピュータの主記憶領域におさまらない場合の問題である．このような状況では，**外部整列**（external sorting）という言葉を使う．外部整列を行なう装置にはいろいろな種類があり，整列法を実現するための基本演算に様々な制約がつく．それでも，次の 2 つの基本演算を使う整列法を考えることが重要である．すなわち，外部記憶装置から主記憶に読み込む（読む，read）演算と主記憶から外部記憶装置へ書き出す（書く，write）演算である．この 2 つの演算のコストは，基本的な計算のための演算よりはるかに大きいので，後者の演算を完全に無視する．例えば，この抽象モデルでは，主記憶内での整列のコストを無視してしまう．巨大な主記憶や下手な整列法に対しては，この仮定が正しくないかもしれない．しかし，一般的には，現実の状況に対する本当のコストを見積る際に，必要に応じて，そのような要因を考慮にいれることができる．

外部記憶装置の種類やコストが多様であるので，外部整列法の開発はその時点の技術に大きく左右される．これらの整列法は，複雑になりがちであり，多くのパラメータが性能に影響する．外部整列の研究では，技術の変遷に伴って，巧妙な方法がよくないとされたり，使われなくなったりする可能性がある．この理由により，本節では，詳細な実現法よりも，主に一般的な方法を取り上げる．

外部装置の読み書きのコストが大きいことに加えて，通常，装置に応じて，アクセスに対してきびしい制約がつく．例えば，ほとんどの場合，外部装置と主記憶の間の読み書きの操作は，連続したデータの大きいブロックを対象にすれば，能率よく実行できる．また，巨大容量の外部装置では，普通，ブロックのアクセスを**順次的**（sequential）に行なう時に最高の性能がでるように設計されている．例えば，磁気テープ装置では，テープを先頭から走査しないと，テープの末尾のデータにアクセスできない．実際，テープのデータへのアクセスは，最近アクセスしたデータの近くにあるものに限定される．最近の技術による外部装置にもこの性質をもつものがある．本節では専ら，大きいデータのブロックを読み書きする方法を取り上げるが，この話の前提として，マシーンや装置の上で，上記のアクセス方法が能率よく実現できるものとする．

複数個の異なるファイルを読み書きする場合，それぞれが異なる外部記憶装置に入っていると仮定する．昔の装置で，ファイルが外部に装着する磁気テープに入っている場合，この仮定が絶対必要である．ディスク装置の場合には，単一の外部装置を使うようにアルゴリズムを実現できるが，一般に，複数個の外部装置を使う方がはるかに能率がよい．

巨大なファイルの高能率整列法を開発しようと考えている人は，最初の練習問題として，大きいファイルをコピーする速いプログラムを作ってみるとよい．次に，大きいファイルを逆順に並べ換えるプログラムを作るのがよい．これらの課題を解く際に生じる問題点は，外部整列の実現の際に生じるものと同じである（整列では課題のどちらかは扱う必要がある）．抽象モデルを考える目的は，実現上の問題をアルゴリズム設計の問題と切り離すことである．

本節の整列アルゴリズムは，ファイル全体を何回か走査（パス）することより構成される．外部整列法のコストは，そのようなパスの回数ではかる．典型的には，10とかそれ以下というように少ないパスの回数になる．つまり，パスを1回でも減らせば，非常に性能が向上するということを意味する．本節の基本的な仮定は，外部整列法の実行時間が入力と出力に支配されるということである．それで，外部整列法の実行時間は，パスの回数と全ファイルの入出力時間の積で見積もることができる．

```
A SORTING AND MERGING EXAMPLE WITH FORTY FIVE RECORDS・$

A O S・D M N・A E X・F H T・E R V・$
I R T・E G R・L M P・O R T・C E O・$
A G N・G I N・E I W・F I Y・D R S・$

A A G I N O R S T・F F H I O R T T Y・$
D E G G I M N N R・C D E E O R R S V・$
A E E I L M P W X・$

A A A D E E G G G I I I L M M N N N O P R R S T W X・$
C D E E F F H I O O R R R S T T V Y・$
・$

A A A C D D E E E E E F F G G G H I I I I L M M N N N O O O P R R R R R S S T T T V W X Y・$
```

図11.12 均衡3ウェイ併合
の例

初期配布では，入力装置からＡＳＯを読み，整列して，最初の出力装置にＡＯＳを書く．次に，入力からＲＴＩを読み，整列して，2番目の出力装置にＩＲＴを書く．このように出力装置を順番に使い，各出力装置に5個ずつ，全部で15個のラン（整列した部分列）を作る．最初の併合パスでは，ＡＯＲ，ＩＲＴ，ＡＧＮを併合してＡＡＧＩＮＯＲＳＴを作り，最初の出力装置に書く．入力装置の2番目にある3つのランを併合して，ＤＥＧＧＩＭＮＮＲを作り，2番目の出力装置に書く．以下同様である．あと2回併合のパスを実行して，整列を終了する．

まとめると，外部整列のための抽象モデルは，整列するファイルが主記憶領域におさまらないほど巨大であること，および，2つの資源，つまり時間（データ全体のパスの回数）と外部装置の台数を考慮する．ここで次の仮定をおく．

- 外部装置のレコード N 個を整列する，
- 主記憶領域にレコード M 個を保持する，
- 整列用に外部装置を $2P$ 台使う．

入力が入っている外部装置にラベル0をつけ，それ以外の外部装置にラベル$1, 2, \cdots, 2P-1$をつける．整列の目標は，レコードを整列して再び装置0におくことである．後で見るように，Pと全実行時間の兼ね合い（トレードオフ）が問題である．この兼ね合いを量的に評価して，互いに競合する方法を比較する．

この理想化したモデルが現実的でない場合があるという理由はいろいろある．それでも，ほかの優れた抽象モデルがそうであるように，課題の本質的な特徴をとらえており，アルゴリズムのアイデアを探究するための精密な枠組を与える．そのアイデアは実際の場で直接役立つものが多い．

大概の外部整列法は，次のような一般的な考え方に基づく．まず，整列するファイルを1回パスする．主記憶領域の大きさ程度のブロックに分け，これらのブロックを整列する．次に，ファイルのパスを複数回繰り返し，整列したブロックを併合していき，ファイル全体を整列する．この考え方は，**整列-併合**（sort-merge）という．これは，1950年代コンピュータが商用目的に広く普及しはじめて以来，有効な方法として使われてきた．

整列-併合の最も単純な方法は，**均衡マルチウェイ併合**（balanced multiway merging）である．図11.2に例を示す．この方法は，**初期配布**（initial distribution）のパスのあと，**多分岐の併合**（マルチウェイ併合，multiway mergeing）のパスを複数回繰り返す．

初期配布のパスでは，入力を外部装置 $P, P+1, \cdots, 2P-1$ に配布する．これで，それぞれ整列したレコード M 個のブロックの集まりができる．なお，最後のブロックは，例外であり，N が M の倍数でない時，M より小さくなりうる．配布の方法は簡単である．入力からレコードを M 個読み込み，整列して，ブロックとして装置 P に書き出す．次に，また入力からレコードを M 個読み込み，整列して，ブロックとして装置 $P+1$ に書き出す．以下同様である．装置 $2P-1$ に到達しても，まだ入力が残っていれば（つまり $N>PM$），装置 P に 2 つ目のブロックをおき，次に，装置 $P+1$ に 2 つ目のブロックにおき，以下同様である．入力が尽きるまで，このことを繰り返す．配布が終了した時，全装置にある整列したブロックの個数は N/M（小数点以下切り上げ）になる．N が M の倍数であれば，すべてのブロックは大きさが M になる（そうでなければ，最後のブロック以外が M になる）．小さい N に対して，ブロックの個数が P より小さくなりうるので，この場合は 1 台以上の装置が空になる．

マルチウェイ併合の 1 回目のパスでは，P から $2P-1$ までの装置を入力と見て，0 から $P-1$ までの装置を出力と見る．入力装置の大きさ M の整列ブロックを併合して，P ウェイ併合により大きさ PM の整列したブロックを作り，併合結果を出力装置に書き出していく．この際，各装置でなるべく均衡するように配布する．詳しくは，まず，それぞれの入力装置の最初のブロックを併合して，結果を装置 0 におく．次に，それぞれの入力装置の 2 番目のブロックを併合して，結果を装置 1 におく．以下同様である．装置 $P-1$ に到達したあとは，装置 0 に 2 番目のブロックをおき，次は，装置 1 に 2 番目のブロックをおき，以下同様である．この配布が終わった時，全装置にある整列したブロックの個数は N/PM（小数点以下切り上げ）である．N が PM の倍数であれば，すべてのブロックの大きさが PM であるが，そうでなければ，最後のブロックは小さい．N が PM より大きくなければ，装置 0 に整列したブロックが 1 つ残り，整列は終了する．

2 回目のマルチウェイ併合のパスとして，この過程を繰り返す．ここで，0 から $P-1$ までの装置を入力として，P から $2P-1$ までの装置を出力とする．入力装置の大きさ PM の整列したブロックを P ウェイ併合して，出力装置に大きさ P^2M の整列したブロックを書き出す．ここでも，上記と同様の配布を行なう．N が P^2M より大きくなければ，この第 2 パスで整列が終了する．結果は装置 P にある．

このように装置 $0, 1, \cdots, P-1$ と装置 $P, P+1, \cdots, 2P-1$ の間を交互にファイルを移動しながら，P ウェイ併合によって，ブロックを P 倍ずつ大きくしていく．最後に，装置 0 か P に唯一の整列したブロック

```
  0    1    2    3    4    5
15*1
                 5*1  5*1  5*1
2*3  2*3  1*3
                 1*9  1*6
1*15
```

図 11.13　均衡 3 ウェイ併合のランの配布

初期配布では，ファイルの大きさ 15×主記憶の大きさ 1 対して，装置 3，4，5 それぞれに大きさ 1 のランが 5 つできる．これで装置 0，1，2 はそれぞれ空になる．併合段階の 1 回目には，装置 0，1 に大きさ 3 のランが 2 つでき，装置 2 に大きさ 3 のランが 1 つできる．これで装置 3，4，5 は空になる．次に，装置 0，1，2 のランを併合して，再び装置 3，4，5 に配布する．以下同様である．ランが唯 1 つになるまでこれを繰り返す．最後に結果が装置 0 に残る．15 レコードに 4 回のパスを実行するので，処理するレコードの総数は 60 になる．

が作られる．各パスの最後の併合は，完全な P ウェイ併合にならないかもしれない．図 11.13 には，個数と**ラン**（整列した部分列，run）の相対的長さを使って，この過程を示す．

さて，P ウェイ併合を実現するのに，大きさ P の順位キューを使うことができる．つまり，併合する P 個のブロックそれぞれから読み込んだ要素の中で，最小の要素を見つけ出力して，出力した要素があったブロックから次の要素を読み込むようにしたい．この動作を実現するために，装置の番号を順位キューの中に保持して，関数 less は，番号が指定する装置からくる次のレコードのキーを使う（ブロックが終わりに到達すると，レコードのどのキーより大きい番兵が使える）．これで併合は，最小レコードをもつ装置から次にレコードを読み込むとともに，最小レコードを出力して，順位キューの中で，読み込んだレコードで置き換えるという単純なループになる．このループは，順位キューの中で番兵レコードが最小になるまで続ければよい．ヒープのプログラムを使えば，順位キューに使う時間を $\log P$ に比例するようにできる．しかし，通常 P はごく小さいので，このコストは，外部装置へ書き出すコストに較べて無視できる．本節の抽象モデルでは，順位キューのコストを無視し，外部装置の順次アクセスが能率よくできると仮定している．それで，実行時間の測定は，データ全体のパスの回数を勘定することになる．実用の場では，初等的な順位キューを使い，最高の性能で外部装置が確実に動作するように注意を払うものであろう．

性質 11.4　外部装置が $2P$ 台あり，主記憶領域がレコードを M 個保持するのに十分大きければ，均衡 P ウェイ併合に基づく整列-併合法は，約 $1+\lceil \log_P(N/M) \rceil$ 回のパスを実行する．

初期配布でパスが 1 回必要である．$N = MP^k$ の場合，1 回目の併合の後で，ブロックの大きさは MP になる．2 回目の併合の後で，大きさが MP^2，3 回目の併合の後で，大きさが MP^3，以下同様である．整列は $k = \log_P(N/M)$ 回のパスで完了する．
$$MP^{k-1} < N < MP^k$$
の場合，不完全か空のブロックができ，ブロックの大きさの半端なものができるが，やはり $k = \lceil \log_P(N/M) \rceil$ 回のパスで完了する．∎

例えば，6 台の装置を使って，10 億個のレコードを整列したいとする．ここで，100 万個のレコードが入る主記憶があるとする．3 ウェイ整列-併合法によって整列すると，データ全体のパスを 8 回行なう．1 回は初期配布，$\lceil \log_3 1000 \rceil = 7$ 回は併合である．初期配布のパスで，100

万個のレコードのランができる．1回目の併合のパスで300万個のレコードのランになり，2回目で900万個のレコードのランになり，3回目で2700万個のレコードのランになり，以下同様である．このファイルの整列時間は，このファイルのコピー時間の9倍程度であると見積もれる．

　実用的な整列-併合法で最も重要な決定は，併合の次数というべき P の値の選択である．ここの抽象モデルでは，順次アクセスに限定している．それで，P の値は，利用可能な外部装置の台数の半分に選ぶべきである．この抽象モデルは，多くの外部記憶装置に対して現実的なものである．しかし，非順次アクセスができる装置も多数あるが，順次アクセスよりコストが大きい．整列のためにほんの少ししか装置が使えない場合には，非順次アクセスを利用することはさけられないであろう．そのような場合でもマルチウェイ併合は使える．しかしこの場合，P を増やせば，パスが減るが，一方で（遅い）非順次アクセスの量が増えるというトレードオフを考慮する必要がある．

練習問題

▷ **11.35** 均衡3ウェイ併合法によってＥＡＳＹＱＵＥＳＴＩＯＮＷＩＴＨＰＬＥＮＴＹＯＦＫＥＹＳを整列する様子を図11.2のように描け．

▷ **11.36** マルチウェイ併合法において，外部装置の台数が2倍になったとすると，パスの回数はどうなるか．

▷ **11.37** マルチウェイ併合法において，主記憶の大きさが10倍になったとすると，パスの回数はどうなるか．

● **11.38** 非同期的に動作する外部装置からデータのブロックを順次転送するような入力と出力に対するインタフェースを作れ（または読者のシステムにあるものを詳しく調べよ）．そのインタフェースを使って，P ウェイ併合のプログラムを実現せよ．ここで，P はなるべく大きくとるが，P 個の併合入力ファイルと出力ファイルは別の装置にとるものとする．そのプログラムの実行時間と，出力にファイルをすべて1つずつコピーする時間を比較せよ．

● **11.39** 練習問題11.38のインタフェースを使って，読者のシステムで可能なかぎり大きいファイルを逆順に並べるプログラムを書け．

● **11.40** 外部装置の上でファイルの完全シャッフルはどのように行なうか．

● **11.41** 次のようなマルチウェイ併合のコストモデルを作れ．このモデルでは，1つの装置の中で，あるファイルから別のファイルに切り換えるアルゴリズムを考えることができる．ここで，切り換えのコストは，一定であるが，順次的な読み出しよりはるかに大きいものとする．

●● **11.42** クイックソートやMSD基数整列法に従って，分割に基づく外部整列法を開発せよ．それを解析し，マルチウェイ併合と比較せよ．ここで，本節

の整列-併合の記述のような高水準の抽象を使ってよいが,装置の台数と主記憶の大きさに関して実行時間が予測できるようにせよ.

11.43 外部装置にある内容をソートするのに,(主記憶以外に)他に外部装置が使えないとすると,どうするか.

11.44 外部装置にある内容をソートするのに,(主記憶以外に)他に外部装置が1台だけ使えるとすると,どうするか.

11.4 整列-併合の実現

11.3節で概略を説明した一般的な整列-併合の方法は,実用に役立つ.本節では,コストを減らす改良策を2つ取り上げる.最初の技法は,**置換え選択**(replacement selection)というもので,速度に関して,主記憶の大きさを2倍にするのと同じ効果がある.第2の技法は,**ポリフェーズ法**(多段階併合法,polyphase merging)というもので,外部装置の台数を増やすのと同じ効果がある.

11.3節では,Pウェイ併合における順位キューの使用を考えたが,Pが小さいので,アルゴリズムの高速化に重要でないことも説明した.しかし,初期配布の段階では,高速の順位キューをうまく利用でき,主記憶に納まるランより長いランを作り出すことができる.アイデアは,(順序のない)入力をパスする際に,大きい順位キューの中を通し,順位キューの最小の要素を常に書き出し,その代わりに,入力から読み込んだ次の要素に置き換えるというものである.ただし,次の条件を満たすものとする.新しい要素が最近出力した要素より小さい場合には,(現在作成中の整列ブロックの要素になれないので)その要素に印をつけ,次のブロックに入るものと扱い,現在のブロックのどの要素より大きいものと見なす.印のついた要素が順位キューの先頭にくると,新しいブロックを始める.図11.4に動作を例示する.

性質11.5 ランダムなキーに対して,置換え選択が作るラン(整列したブロック)の長さは,ヒープの大きさの約2倍である.

ヒープソートを使って最初のランを作るとする.主記憶はレコードで一杯になっているが,レコードを1つずつ書き出していき,ヒープが空になるまで続ける.次に,再び主記憶をレコードで一杯にして,同じようにヒープが空になるまで書き出す.これを繰り返す.平均的に見ると,この過程では,ヒープが主記憶の半分しか使っていない.これに対して置換え選択では,同じデータ構造を使って,常に主記憶を一杯にしているので,2倍うまくいっても驚くにあたらない.この性質の証明に

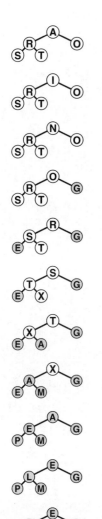

図11.14 置換え選択

この例は,大きさ5のヒープを使って,A S O R T I N G E X A M P L Eから2つのランA I N O R S T X(長さ8)とA E E G L M P(長さ7)を作る様子を示す.

は，かなり高度な解析が必要である（参考文献参照）．実験的には簡単に検証できる（練習問題11.47）．■

　ランダムなファイルに対して，置換え選択の実際的効果は，併合のパスをたぶん1回節約できるということである．ほぼ主記憶の大きさのランではじめ，1回の併合により2倍の長さのランを作る代わりに，置換え選択によって，最初から主記憶の大きさの約2倍のランではじめることができる．$P=2$に対して，実際にこの方法で併合のパスを1回節約する．大きいPに対しては，この効果が相対的に重要でなくなる．しかし，実際の場では，ランダムなファイルを扱うことはめったにない．キーに何らかの順序があれば，置換え選択により非常に長いランができる可能性がある．例えば，任意のキーに対して，ファイルの中でその前にあるキーで，自分より大きいものがM個より少なければ，置換え選択の段階だけで，ファイルを完全に整列する．併合の段階がいらない！これが置換え選択を使う最大の実際的理由である．

　均衡マルチウェイ併合法の最大の弱点は，併合時に装置（テープ装置）のほぼ半分しか使わないことである．入力にP台，出力にどれか1台である．別のやりかたとして，併合に常に$2P-1$台，出力に装置0の1台を使い，併合のパスの終了時に，データを配布し直すというものがある．しかし，このやりかたは，もっと能率がよいというわけでない．というのは，これではパスの回数が実質的に2倍になるからである．均衡マルチウェイ併合法は，装置の台数が多すぎるか，それともコピーが多すぎるかのどちらかになると思われる．巧妙なアルゴリズムがいくつか考案されており，それらは，別のやりかたで整列ブロックの併合を行ない，すべての外部装置を働かせるものである．そのような方法の中で最も簡単なものは，**ポリフェーズ法**である．

　ポリフェーズ法の基本的な考え方は，置換え選択で作るブロックをテープ装置に配布するのに，ある意味で不平等にしておき（1本は空にする），その後で"空になるまで併合する"という方針に従う．併合するテープは長さが不均一であるので，そのうちにどれか1本のテープが空になる．その時，このテープを出力として，引き続き併合を繰り返す．すなわち，出力テープといま空になった入力テープの役割を交代して，ブロックが唯1つ残るまで併合を続ける．図11.15に例を示す．

　"空になるまで併合する"やりかたは，図11.16に示すように，テープが何本でもよい．併合は，多くのフェーズ（段階）に分かれる．そこでは，すべてのデータをさわるわけではないが，余分なコピーをしない．図11.16に，最初に配布するランの個数の計算法を示す．各装置のランの個数は，後向きにたどっていけば計算できる．

```
ASORTINGANDMERGINGEXAMPLEWITHFORTYFIVERECORDS•$

AOS•DMN•AEX•FHT•$
IRT•EGR•LMP•ORT•ERV•DRS•$
AGN•GIN•EIW•FIY•CEO•••$

AAGINORST•DEGGIMNNR•AEEILMPWX•FFHIORTTY•$
ERV•DRS•$
CEO•••$

AACEEGINOORRSTV•DDEGGIMNNRRS•$
AEEILMPWX•FFHIORTTY•$
•$

DDEGGIMNNRRS•$
FFHIORTTY•$
AAACEEEEGIILMNOOPRRSTVWX•$

AAACDDEEEEEFFGGGHIIIILMMNNNOOOPRRRRRSSTTTVWXY•$
```

図11.15 ポリフェーズ法の例

初期配布の段階で，ある方法で前もって定まる個数のランを各テープに配布する．ここでは，ランの個数は，図11.12と異なり，均衡していない．これで，3ウェイ併合の段階を繰り返して，整列を完了する．均衡併合より段階の回数は多いが，各段階ですべてのデータをさわるわけでない．

図11.16の例では，次のように考えればよい．併合の終了時点で，装置0に1個のランがあるようにしたい．それで，最後の併合の寸前には，装置0が空であり，装置1，2，3に1個のランがあるようにする．次に，この配布状況を作り出す最後から2回目の併合の寸前におけるランの配布状況を導く．装置1，2，3のうち1台は空でなければならない（これが最後から2回目の併合の出力装置になる）．装置3を（任意に）選ぶ．つまり，最後から2回目の併合は，装置0，1，2から1個のランを読み出して併合し，装置3に結果をおく．最後から2回目の併合の後では，装置0には0個のラン，装置1，2には1個のランがあるので，その併合の前には，装置0には1個のラン，装置1，2には2個のランがあったはずである．同様に考えていくと，ランの配布状況の表を計算できる．すなわち，行の中で最大の数を取り上げ，それを0にして，その数を他のそれぞれの数に加える．これで，その前の行ができる．このやりかたは，上の行に対して最も多くの併合を行なって現在の行を求めることに対応する．この技法は，（3本以上の）任意の本数のテープに対して適用できる．ここで現われる数は，**一般フィボナッチ数**（generalized Fibonacci number）というものであり，面白い性質が数多くある．ランの個数が一般フィボナッチ数に一致しないならば，ダミーのランが存在していると見なして，初期ランの個数を表の値に一致させるものとする．ポリフェーズ法の実現における主要な課題は，初期ランの配布方法である（練習問題11.54）．

ランの配布状況に対して，前向きにたどるやりかたで，併合が作るランの長さを追いかけると，ランの相対的な長さを計算できる．例えば，図11.16の例では，最初の併合で装置1に大きさ3のランを4個作る．これで，装置0に大きさ1のラン3個，装置3に大きさ1のラン2個が残る．以下同様である．均衡マルチウェイ併合法で見たように，掛け

て，総和をとり，初期ラン数で割れば，全データを走査するコストの倍数として，総コストが求められる．簡単のために，コストにダミーのランも含めることにすると，総コストの上界が求められる．

性質 11.6 外部装置3台と M レコードの主記憶があれば，置換え選択と2ウェイのポリフェーズ法に基づく整列-併合法は，平均約 $1 + \lceil \log_\phi(N/2M) \rceil / \phi$ 回の実質的パスを行なう．

ポリフェーズ併合の一般的解析は，1960年代と70年代に，Knuthなどの研究者が行なったが，複雑で多岐にわたり，本書の範囲を超える．$P=3$ に対してフィボナッチ数を使うので，定数 $\phi (=1.61803)$ が現われる．もっと大きい P に対しては他の定数が出てくる．上の式で $1/\phi$ は，各段階でデータの一部しか見ないことによる．実質的パスの回数とは，実際に読んだデータの量を全データの量で割った値である．一般的解析の結果にはびっくりするようなものもある．例えば，ダミーのランを配布する最善の方法では，一見必要と思える以上のダミーのランが追加され，余分のパスを行なう．それは，併合の全段階を見ると，ランによっては他のランより使われる回数がはるかに多いからである（参考文献参照）．■

例えば，3台の装置と100万レコードが十分入る主記憶を使って，10億レコードを整列したいとすると，2ウェイのポリフェーズ併合により $\lceil \log_\phi 500 \rceil / \phi = 8$ 回のパスで実行できる．配布のパスを加えると，2倍多い装置を使う均衡併合法より，少しコストが大きい（パス1回分）．つまり，ポリフェーズ法は，同じ仕事を半分の量のハードウェアで実行すると解釈できる．装置の台数が与えられた場合，図11.17に示すように，ポリフェーズ法は均衡併合法より常に能率がよい．

11.3節の初めに議論したように，外部装置に順次アクセスする抽象マシーンに焦点をあわせることによって，アルゴリズムの問題と実用上の問題を切り離すことができた．実用目的のプログラムを実現する際には，この基本的な仮定を調べ，それが成り立つかどうかに注意を払う必要がある．例えば，本節の議論は，プロセッサと外部装置の間で高能率にデータの転送を行なう入出力関数のプログラムやシステムソフトウェアに依存する．一般に，最近のシステムでは，このようなソフトウェアはよく調整され実現されている．

このような観点の極端な話として，最近のコンピュータは，仮想記憶（バーチャルメモリ）の機能をもつものが多い．これは，外部記憶のアクセスに対して，本章で使ってきたものよりもっと一般的な抽象モデル

0	1	2	3
	17*1		
7*1		4*1	6*1
3*1	4*3		2*1
1*1	2*3	2*5	
	1*3	1*5	1*9
1*17			

図 11.16 ポリフェーズ法の3ウェイ併合のためのランの配布

ポリフェーズ法の3ウェイ併合において，ファイル17個×主記憶の大きさに対する初期配布で，装置1にラン7個，装置2にラン4個，装置3にラン6個をおく．次に，1回目の併合段階で，装置2が空になるまで併合すると，装置0に大きさ1のラン3個，装置3に大きさ1のラン2個，装置1に大きさ3のラン4個できる．ファイル15個×主記憶の大きさに対しては，最初装置0にダミーのランを2個おく（図11.15参照）．全併合の間に処理されるブロックの個数は59であり，均衡併合の例（図11.13）より1個少ないだけであるが，装置は2台少ない（練習問題11.50参照）．

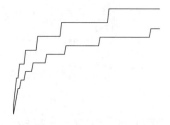

図11.17　均衡併合法とポリフェーズ法の比較

4本のテープによる均衡併合法のパスの回数（上側）は，常に，3本のテープによるポリフェーズ法の実質的パスの回数（下側）よりも大きい．図のグラフは，性質11.4と11.6を使って描いたものであり，N/M が1から100まで動く．ダミーのランがあるので，ポリフェーズ法の本当の性能は，この階段的な関数よりはるかに複雑である．

になる．仮想記憶では，桁違いに多くのレコードにアセスできるが，外部記憶と主記憶（内部記憶）の間のデータの転送は，システム側が面倒をみる．我々が行なうデータへのアクセスは，見かけ上，内部記憶へ直接アクセスできるので，便利である．しかし，この見かけ上のものは完全といえない．プログラムによるアクセスが最近使った記憶アドレスの近くで行なわれるかぎり，外部記憶と内部記憶の間の転送が頻繁に起きないので，仮想記憶の性能はよい（例えば，データに順次アクセスするプログラムはそうである）．しかしながら，プログラムによるアクセスがばらばらの場所で行なわれると，仮想記憶がバタバタして（外部記憶へのアクセスだけに時間を費やして），ひどい結果になってしまう．

巨大なファイルの整列に仮想記憶が使えるということは忘れないでほしい．整列-併合法を直接実現できるし，あるいはもっと簡便に，クイックソートやマージソートのような内部整列法を利用することができる．このような内部整列法は，仮想記憶の環境において本気で考慮する価値がある．ヒープソートや基数整列のような方法は，記憶領域全体にわたってばらばらにアクセスするので，不向きである（バタバタする）．

一方，仮想記憶の利用には，過大なオーバヘッドが生じうる．その代わりに，（これまで調べたような）明示的な方法を利用することは，高性能外部装置を最大限に働かせるための最善のやりかたであろう．これまで調べた方法の特徴をまとめると，コンピュータシステムの独立した部分のなるべく多くのものを最高の能率で働くように設計したものであるといえる．この独立した部分をプロセッサと見なせば，並列計算になり，これが11.5節の話題である．

練習問題

▷ **11.45** ＥＡＳＹＱＵＥＳＴＩＯＮに対して，大きさ4の順位キューによる置換え選択が作るランを求めよ．

○ **11.46** ファイルに対して置換え選択によりファイルを作る．そのファイルに対して置換え選択を行なうとどうなるか．

● **11.47** 大きさ N のランダムなファイルに対して，大きさ1000の順位キューによる置換え選択が作るランの平均長を実験的に求めよ．ここで，$N=10^3, 10^4, 10^5, 10^6$ とする．

11.48 大きさ M の順位キューによる置換え選択によって，レコード N 個のファイルからランを作る時，最悪の場合のランの個数を求めよ．ここで $M < N$ とする．

▷ **11.49** ポリフェーズ法によって，ＥＡＳＹＱＵＥＳＴＩＯＮＷＩＴＨＰＬＥＮＴＹＯＦＫＥＹＳを整列する時，図11.15の例の描き方で

その様子を示せ．

○ **11.50** ポリフェーズ法の図11.15の例では，2個のダミーのランを追加して，7個のランのテープにした．ダミーのランを配布する別のやりかたを検討して，併合のコストが最小になるものを求めよ．

11.51 図11.13に対応する表を作り，均衡3ウェイ併合法により5回のパスで併合できるランの個数の最大値を求めよ．装置は6台使うとする．

11.52 図11.16に対応する表を作り，ポリフェーズ法により実質的パス5回で併合できるランの個数の最大値を求めよ．装置は6台使うとする．

○ **11.53** マルチウェイ併合法のパスの回数とポリフェーズ法の実質的パスの回数を計算するプログラムを書け．ここで，装置の台数と初期ブロックの個数を与えるとする．$P = 3, 4, 5, 10, 100$ および $N = 10^3, 10^4, 10^5, 10^6$ について，それぞれのコストを表にして出力せよ．

●● **11.54** P ウェイのポリフェーズ法に対して，各装置に初期ランを割り当てるプログラムを書け．ランの個数が一般フィボナッチ数に一致する時には，アルゴリズムが定める通りにランを装置に割り当てるようにする．ここでの課題は，ランを配布する便利な方法を見つけることである．

● **11.55** 練習問題11.38で定義したインタフェースを使って，置換え選択のプログラムを実現せよ．

●● **11.56** 練習問題11.38と11.55のプログラムを使って，整列-併合のプログラムを実現せよ．ポリフェーズ法を使って，読者のシステムで許される最大のファイルを整列せよ．もし可能であれば，装置の台数を増やし，計算時間への効果を調べよ．

11.57 仮想記憶の環境で巨大なファイルに対してクイックソートのプログラムを走らせる時，小さいファイルはどのように取り扱うべきであるか．

● **11.58** 読者のコンピュータが仮想記憶を備えているならば，巨大なファイルに対して，クイックソート，LSD基数整列法，MSD基数整列法，ヒープソートを実験的に比較せよ．

● **11.59** k ウェイ併合による再帰的マルチウェイマージソートのプログラムで，仮想記憶の環境で巨大なファイルの整列に向いているものを実現せよ（練習問題8.11参照）．

● **11.60** 読者のコンピュータが仮想記憶を備えているならば，練習問題11.59のプログラムの実行時間が最小になるように k の値を実験的に定めよ．可能なかぎり大きいファイルを使え．

11.5 並列的整列-併合

複数台のプロセッサを使い，協力して整列問題を解くにはどうすればよいか．プロセッサ群は，外部記憶装置を制御するか，それともそれぞれが完全なコンピュータシステムであるか，という問題は，高性能コン

ピュータシステムのアルゴリズム設計においてまず考慮するものである．近年，並列計算は広汎に研究されてきた．いろいろな種類の並列コンピュータが開発され，いろいろな並列計算のモデルが提案されてきた．整列問題は，両方の有効性をテストするための例題になっている．

11.2 節では，整列ネットワークを取り上げて，低水準の並列性について議論した．そこでは，比較交換の操作を複数個並列に実行するものであった．本節では，高水準の並列性を考える．ここでは，単純な比較器でなく，同じデータにアクセスする多数の独立した汎用プロセッサを使う．やはり，実際上の多くの問題点は無視するが，それによって，アルゴリズム的課題を調べることができる．

並列処理に使う抽象モデルでは，整列するファイルが P 個の独立したプロセッサに分散しているという基本的な仮定をおく．さらに次の仮定をおく．

- レコード N 個を整列する
- N/P 個のレコードをもつプロセッサを P 台使う．

プロセッサにラベル $0, 1, \cdots, P-1$ をつける．入力のファイルは，プロセッサの局所記憶（ローカルメモリ）におく．つまり，各プロセッサはレコードを N/P 個もつ．整列の目標は，レコードを並べ換えて，プロセッサ 0 に最も小さい N/P 個のレコードをおき，プロセッサ 1 に次に小さい N/P 個のレコードをおき，以下同様にして，全体を整列する．後で見るように，P と全実行時間との間の兼ね合いが重要である．この兼ね合いを量的に表わすことにより，互いに競合する方法を比較できる．

このモデルは，並列計算に対する多くのものの 1 つであるが，本書の外部整列のモデル（11.3 節）と同じように，実際的な応用には問題がある．実際，並列計算において最も重要な問題の 1 つであるプロセッサ間通信の制約を考慮していない．

本節では，そのような通信は，局所記憶にアクセスするよりはるかに大きいコストがかかるので，大きいブロックの順次アクセスが能率的にできるものとする．プロセッサは他のプロセッサの記憶領域を外部記憶装置と見なすとも解釈できる．再び，この高水準モデルは簡単化のしすぎであるという理由で，実際的な観点から不満足であると思われる．また，完全に規定されていないという理由で，理論的な観点からも不満足であると思われる．それにもかかわらず，このモデルは，有用なアルゴリズムを開発する枠組になっている．

実際，（本節の仮定に基づく）並列整列の課題は，抽象の強力さを示す例である．というのは，比較交換の抽象を調整し，データの大きいブロックを取り扱えるようにすると，11.2 節で議論した整列ネットワー

クが使えるからである．

定義 11.2　**併合比較器** (merging comparator) は，入力として大きさ M の整列ファイルを2つ受け取り，出力として整列ファイルを2つ作る．ここで，出力の一方は，入力の $2M$ 個の小さい方の M 個，出力の他方は，入力の $2M$ 個の大きい方の M 個である．

この操作（併合比較器）の実現は容易である．2つの入力ファイルを併合して，前半分と後半分をそれぞれ出力すればよい．

性質 11.7　大きさ N のファイルは，ファイルを大きさ M のブロック N/M 個に分け，各ブロックを整列し，そして，併合比較器から作った整列ネットワークを使うことにより整列できる．

この事実を 0-1 原理から証明するには，少し考える必要がある（練習問題 11.61）．しかし，図 11.18 のような例を追いかければ，正しさが納得できる．■

性質 11.7 の整列の方法を**ブロック整列法** (block sorting) という．特定の並列マシンでこの方法を使う場合には，考慮すべき設計パラメータがいくつかある．本節の関心事として，この方法は，性能に関する次の特徴をもつ．

性質 11.8　プロセッサ P 台によるブロック整列法において，併合比較器による Batcher 整列法を使うと，約 $(\lg P)^2/2$ 回の並列ステップで N 個のレコードを整列できる．

ここで，並列ステップとは，互いに共通部分のない併合比較器の集合のことである．この性質は，性質 11.3 と 11.7 から直接導かれる（プロセッサ1台が N/P 個のレコードを扱うとする）．■

プロセッサ2台で併合比較器を実現するには，それぞれのブロックのコピーを互いに他に転送し，両方で併合して，一方が小さい方の半分，他方が大きい方の半分を保持すればよい．ブロックの転送は，個々のプ

図 11.18　**ブロック整列の例**

この図は，図 11.4 のネットワークによりデータのブロックを整列する方法を示す．比較器は，2つの入力線の小さい半分を上側に，大きい半分を下側に出す．3回の並列ステップで十分である．

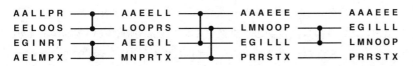

ロセッサの処理より遅いので，整列の全実行時間は，1回のブロック転送のコスト×$(\lg P)^2/2$ であると見積ることができる．この見積りの計算には，多くの仮定を使っている．例えば，他の罰則なしで，複数のブロック転送が並列に実行できることである．このことは，実際の並列コンピュータでなかなか実現できることでない．それでも，この見積りは，実用的な実現を行なう際に，我々が望みうることを理解するための出発点になる．

ブロック転送のコストが個々のプロセッサの処理速度と同程度であれば（これも実際のマシーンでは理想である），最初の整列の時間も考慮にいれる必要がある．各プロセッサは，最初 N/P 個のブロックを整列するのに約 $(N/P)\lg(N/P)$ 回の比較を行なう．(N/P)-(N/P) 併合は，$(\lg P)^2/2$ 回の段階がある．比較のコストを α，併合のレコード当たりのコストを β とすると，全体の実行時間は約

$$\alpha(N/P)\lg(N/P) + \beta(N/P)(\lg P)^2/2$$

になる．非常に大きい N と小さい P に対しては，このコストは，比較に基づく並列整列法に望みうる最高の性能である．なぜならば，この場合コストは $\alpha(N\lg N)/P$ になり，最適であるからである．整列には，比較が $N\lg N$ 回必要であり，同時にできる比較はたかだか P 回である．大きい P に対しては，例えば，64台のプロセッサで10億個の要素を整列すると，コストのうち，最初の項は約 $24\alpha(N/P)$ になり，2番目の項は約$18\beta(N/P)$ になる．

台数 P が大きい時，すべてのプロセッサ間で通信を行なうと，いくつかのプロセッサでボトルネックが生じる可能性がある．そのような場合，図11.8の完全シャッフルを使うことにより，ボトルネックを制御できる．並列マシーンの中に，高能率シャッフルのための低水準ネットワークを組み込んでいるものがあるのは，まさにこの理由である．

この例を見ると，ある種の状況では，巨大な整列問題に対して多数のプロセッサを能率よく働かせうることがわかる．もちろん，最善の方法を見つけるには，この種の並列マシーンで他のアルゴリズムを多数考え，マシーンのモデルの変形も考慮する必要がある．さらに，まったく異なる並列計算の方法を考える必要があるかもしれない．それでも，プロセッサの台数が増加すると，通信コストが増加するということは，並列計算の根本にある．それで，Batcherネットワークは，このコストを制御する有効な方法である．このことは，低水準では11.2節で，高水準では本節で見たとおりである．

本章の整列法は，6章から10章までで議論した方法とおもむきが異なる．というのは，普通のプログラミングでは考慮しない制約があるからである．6章から10章までは，同一の基本的問題に対して，データ

の性質に対する簡単な仮定をもとに，多くの異なる方法が比較できた．
これとは対照的に，本章では，いろいろな種類の問題を設定したが，それぞれにほんの少しの解答しか議論できなかった．これらの例からわかることであるが，現実世界の制約が変わると，アルゴリズム的解答にも新しい可能性が生じるし，また，こうしたプロセスで重要なのは，問題の定式化に役立つ抽象を作り出すことである．整列は，多くの実用的応用で必須のものであり，能率のよい整列法の設計は，新しいアーキテクチャやプログラミング環境における最初の課題であることが多い．新しい発展は過去の経験をもとに進むという意味では，6章から10章と本章の技法集を心得ておくことが重要である．根本的に異なる種類のものが発明されうるという意味では，新しいマシーンに高速整列法を開発する場合，本章で議論したような抽象思考が必要になろう．

練習問題

○11.61 性質11.1の0-1原理を使って，性質11.7を証明せよ．

●11.62 Batcher奇偶併合によるブロック整列法の逐次版プログラムを実現せよ．(ⅰ)標準のマージソート（プログラム8.3, 8.2）を使って，ブロックを整列する．(ⅱ)標準の抽象その場併合（プログラム8.2）を使って，併合比較器を実現する．(ⅲ)ボトムアップ型Batcher奇偶併合法（プログラム11.3）を使って，ブロック整列を実現する．

11.63 大きいNに対して，NとMの関数として，練習問題11.62のプログラムの実行時間を見積れ．

●11.64 練習問題11.62と11.63で，2か所のプログラム8.2の代わりにボトムアップ型Batcher奇偶併合法を使え．

11.65 $N=10^3, 10^6, 10^9, 10^{12}$に対して，$\lg(N/P)=(\lg P)^2/2$が成り立つ$P$の値を求めよ．

11.66 並列Batcherブロック整列法におけるデータ項目の比較回数に対して，$c_1 N \lg N + c_2 N$の形の近似式を求めよ．ここで，$P=1, 4, 16, 64, 256$とする．

11.67 プロセッサ100台を使って，ディスク1000台に配布されているレコード10^{15}個を整列するのに必要な並列ステップ数を求めよ．

第3部の参考文献

　本章の基本的な参考文献は，Knuth のシリーズの第3巻（整列と探索）である．この本には，本書で調べた方法のほとんどすべてに関してもっと詳しい情報が書かれている．特に，諸種のアルゴリズムの性能に関する結果には，完全な数学的解析の裏付けが与えられている．

　整列に関する文献の数は膨大である．Knuth と Rivest による 1973 年の文献リストには，数百の項目があげられており，本書で取り上げた多くの古典的方法の発展史がわかる．最近の仕事もふくみ広汎な文献リストつきの参考書は，Baeza-Yates と Gonnet の本である．シェルソートに関する最新の知識は，Sedgewick による 1996 年の論文にある．

　クイックソートに関する最高の文献は，Hoare による 1962 年の原論文である．これには，7章で議論した選択への応用も含め，重要な変形版がすべて示されている．詳しい数学的解析を行ない，さらに，アルゴリズムが広く知られて以後，数多く提案された修整版や整形案の実用的意味を調べたのが Sedgewick による 1978 年の論文である．Bentley と McIlroy の論文は，この話題に関する最近のものである．7章の3分岐分割法と 10 章の3分岐基数整列法は，この論文と Bentley と Sedgewick による 1997 年の論文に基づいている．もっとも古い分割型のアルゴリズム（2進クイックソート，基数交換整列法）は，Hildebrandt と Isbitz による 1959 年の論文にある．

　Vuillemin による2項順位キューは，Brown により実現され解析されたが，順位キューのすべての操作をエレガントに能率よく実行できる．Fredman, Sedgewick, Sleator, Tarjan によるペアヒープ（pairing heap）は実用向きの改良版である．

　McIlroy, Bostic, McIlroy による 1993 年の論文には，基数整列法の実現に関する最新の技術が載っている．

R. Baeza-Yates and G. H. Gonnet, *Handbook of Algorithms and Data Structures*, second edition, Addison-Wesley, Reading, MA, 1991.

J. L. Bentley and M. D. McIlroy, "Engineering a sort function," *Software—Practice and Experience* **23**, 1 (January, 1993).

J. L. Bentley and R. Sedgewick, "Sorting and searching strings," Eighth Symposium on Discrete Algorithms, New Orleans, January, 1997.

M. R. Brown, "Implementation and analysis of binomial queue algorithms," *SIAM Journal of Computing* **7**, 3 (August, 1978).

第3部の参考文献

M. L. Fredman, R. Sedgewick, D. D. Sleator, and R. E. Tarjan, "The pairing heap: a new form of self-adjusting heap," *Algorithmica* **1**, 1 (1986).

P. Hildebrandt and H. Isbitz, "Radix exchange — an internal sorting method for digital computers," *Journal of the ACM*, **6**, 2 (1959).

C. A. R. Hoare, "Quicksort," *Computer Journal*, **5**, 1 (1962).

D. E. Knuth, *The Art of Computer Programming. Volume 3: Sorting and Searching*, second edition, Addison-Wesley, Reading, MA, 1997.

P. M. McIlroy, K. Bostic, and M. D. McIlroy, "Engineering radix sort," *Computing Systems* **6**, 1 (1993).

R. L. Rivest and D. E. Knuth, "Bibliography 26: Computing Sorting," *Computing Reviews*, **13** 6 (June, 1972).

R. Sedgewick, "Implementing quicksort programs," *Communications of the ACM* **21**, 10 (October 1978).

R. Sedgewick, "Analysis of shellsort and related algorithms," Fourth European Symposium on Algorithms, Barcelona, September, 1996.

J. Vuillemin, "A data structure for manipulating priority queues," *Communications of the ACM* **21**, 4 (April 1978).

第4部

探　索

第12章　記号表と2分探索木

　前もって格納されている多くの情報の中から望みの情報を引き出す操作は，**探索**（searching）というが，これは，非常に多くの計算処理で用いられる基本操作の1つである．6章から11章の整列アルゴリズム，特に9章の優先順位キューと同じように，対象とするデータは，いくつかの**レコード**（record）あるいは**項目**（item）から構成され，各項目は探索のために使われる**キー**（key）をもっている．探索の目的は，与えられた**探索キー**（search key）と一致するキーをもつすべての項目を見つけ出し，（単にキーだけでなく）処理に必要な項目内の情報を引き出すことである．

　探索の応用範囲は広く，多くの様々な操作を含む．例えば，銀行は，すべての顧客の収支勘定を維持し，いろいろな種類のトランザクションを処理するために，顧客の収支勘定を探す必要がある．もう一つの例は，航空機の座席予約である．それは，すべてのフライトに関する予約を保持し，それを探して空席を見つけたりあるいはキャンセルしたり，あるいは予約を変更したりする．第三の例は，ネットワークインタフェースソフトウェア上のサーチエンジンである．ネットワーク上にある文書で，与えられたキーワードを含むすべての文書を探す．これらの応用において要求される条件には，似ているものもあるし（銀行と航空会社では，正確さと信頼性が要求される），違っているものもある（銀行のデータは，他のものに較べて寿命が長い）．すべてにおいて必要なものは，よい探索アルゴリズムである．

定義 12.1　記号表は，キーをもつ項目からなるデータ構造であり，2つの基本操作：新しい項目を挿入する，与えられたキーをもつ項目を返す，を提供する．

　記号表（symbol table）は，単語の定義をアルファベット順に並べる伝統的な昔からのやりかたとの類似性から，しばしば**辞書**（dictionary）とよばれる．英語の辞書の場合，"キー"は単語であり，"項目"は単語に付随した記入事項で，定義，発音その他の情報を含む．

　探索アルゴリズムは辞書中の情報を探すために使用される．通常，項

目がアルファベット順に並んでいることを利用している．電話帳，百科辞典や参考書も本質的には同じように作られる．これから述べるいくつかの探索法（例えば，2.6節や12.4節の2分探索）も項目が順番に並んでいるということを使っている．

計算機を使った記号表の利点は，それらが辞書や電話帳よりも遥かに動的なことである．取り上げる方法のほとんどは，効率のよい探索アルゴリズムを可能にするだけでなく，新しい項目を追加したりあるいは項目を削除したり変更したり，2つの記号表を1つにしたりという操作の効率よい実現を支援するデータ構造を構成する．本章では，9章で述べた順位優先キューに対する操作に関連する問題も再び議論する．探索のための動的なデータ構造を開発することは，計算機科学においても最も古くかつ研究されている問題の1つであり，本章と13章から16章における中心課題である．あとでわかるように，記号表を実現する問題に対して，多くの巧妙なアルゴリズムが開発されてきた（そして今もされている）．

今述べた基本的な応用以上に，記号表は計算機科学者やプログラマによって徹底的に研究されてきた．それというのも，計算機システム上のソフトウェアを作る上で不可欠な道具だからである．記号表はプログラムに現われる名前を見出しとする辞書のことである．"キー"はプログラムで使用されている名前であり，"項目"は名前がつけられた対象を記述する情報を含む．プログラマがマシンコード中の数値番地を使うことからアセンブリ言語での記号名を使うことへ移った初期の時代から，記号名が世界的な計算機ネットワーク上で意味をもつ新しい世紀の近代的な応用に至るまで，速い探索アルゴリズムは計算において本質的な役割を果たしてきたし，これからも果たしていく．

記号表は，下位レベルの抽象で，時にはハードウェアレベルでよく現われる．**連想記憶**（associative memory）という語が時々使われる．我々はソフトウェアで実現することに焦点を当てるが，ハードウェアで実現するほうが適当なものもある．

6章で学んだ整列と同じように，まず，いくつかの初等的な方法からはじめる．それらの方法は，小さな表や特別な状況に対して特に有効であり，またより高度な方法において利用される基本的技法を明らかにする．本章の残りの大半では，速い探索アルゴリズムを実現する基本的で広く使われているデータ構造である**2分探索木**（binary search tree, BST）に焦点を当てる．

2.6節では，効率のよいアルゴリズムを開発する上で数学的解析が有効であることを示すよい例として，2つの探索アルゴリズムを考察した．この章だけでわかるようにするために，2.6節で述べた事柄のいく

つかを本章で再び述べる．ただし，いくつかの証明は2.6節に任せる．本章の後半では，5.4節と5.5節で述べた2分木の基本的性質についても述べる．

12.1 記号表抽象データ型

順位キューの場合と同じように，探索のアルゴリズムを，特定の実現法から切り離して，一般的操作を実現しているパッケージの一部と見なすのがよい．そうすれば，他の実現法と入れ替えることも簡単にできる．ここでは次の操作を考える．

- *insert*：新しい項目を"挿入"する．
- *search*：与えられたキーをもつ項目（項目群）を"探索"する．
- *delete*：指定された項目を"削除"する．
- *select*：k 番目の項目を"選択"する．
- *sort*：記号表を"整列"する．
- *join*：2つの記号表を"合併"して1つの大きな記号表を作る．

多くのデータ構造と同じように，**初期設定**（*initialize*），**空であるかの検査**（*test_if_empty*），**消去**（*destroy*），**コピー**（*copy*）などの操作を加える必要もあるだろう．さらに，基本的なインタフェースに実用的な修正を加えたくなるかもしれない．たとえば，**探索・挿入**（*search_and_insert*）はしばしば使いたくなる．というのは，大概の探索法では，データ構造中にキーがないことが判明した時には，与えられたキーをもつ新しい項目を挿入するために必要な情報がえられているからである．

"探索アルゴリズム"という語を"記号表ADTの実現"を意味するのにも使うが，後者は，記号表の基礎となるデータ構造を定義し構成し，探索操作に加えて他のADT操作を実現することを意味するという方がより適切である．記号表は，多くの応用にとって非常に重要なので，多くのプログラミング環境で上位レベルの抽象として用意されている（Cの標準ライブラリには，12.4節の2分探索アルゴリズムの実現である bsearch がある）．通常，汎用プログラムが，さまざまな応用で要求される性能を満たすことは難しい．**記号表抽象**（symbol table abstraction）を実現するために開発された巧妙な方法の多くを学ぶことは，既にパッケージ化されているものを使うべきか，特定の応用に合わせたものを開発するべきかを決定することの助けになるであろう．

整列の場合と同様に，処理される項目の型を特定しないで考える．6.8節で詳しく述べた時と同様に，Itemとデータに対する基本的抽象操作を定義するインタフェースを使う実現法を考える．比較に基づく方

法とキーあるいはキーの部分を添字として使う基数に基づく方法を考える．探索における項目とキーのそれぞれの役割を強調するために，6章から11章で使用した Item という概念を型 Key のキーを含むように拡張する．アルゴリズムを記述する時によく使う簡単な場合（項目がキーだけからなっている）では，Key と Item は同一で，この変更は何の影響もない．しかし，型 Key を追加することによって，項目を参照しているのかキーを参照しているのかを明確にすることができる．

キーを格納したり，項目からキーを抽出したりするのにマクロ key を使う．また，2つのキーが等しいかをテストするために基本操作 eq を使う．本章と13章では，探索を進めるために行なうキーの比較に操作 less を使う．14章と15章の探索アルゴリズムは，キーの部分を抽出することに基礎をおいている．抽出には10章で使った基本的操作 radix を使う．記号表中に探索キーをもつ項目が無い時は，定数 NULLitem を返す．浮動小数点数，文字列，あるいは 6.8 節と 6.9 節で探索に使われたより複雑な項目を使用する時は，Key, key, NULLitem, eq, less に対する適当な定義を実現するだけでよい．

プログラム 12.1 は，記号表の基本的操作（*join* を除く）を定義するインタフェースである．このインタフェースをクライアント間および本章以降の数章のすべての探索プログラムで使う．各関数が記号表ハンドルを引き数として扱えるようにプログラム 12.1 を定義したり，プログラム 9.8 と同様に，クライアントが複数の記号表（同じ型のオブジェクトを含む）を使える一級記号表 ADT を実現する（4.8 節参照）こともできる．しかし，そのようにすることは，1つの表しか使わないプログラムを必要以上に複雑にする（練習問題 12.4 参照）．プログラム 9.8 と

プログラム 12.1　記号表抽象データ型

このインタフェースは，簡単な記号表に対する操作を定義する．初期設定，項目の計数，項目の追加，与えられたキーをもつ項目の探索，与えられたキーをもつ項目の削除，*k* 番目の項目の選択，キーの順に項目を訪れること（各項目に対して引数として渡される手続きを呼び出しながら）．

```
void STinit(int);
 int STcount();
void STinsert(Item);
Item STsearch(Key);
void STdelete(Item);
Item STselect(int);
void STsort(void (*visit)(Item));
```

同様のやりかたで，プログラム 12.1 のインタフェースを調整して，項目へのハンドルを取り扱うように定義することもできる（練習問題 12.5 参照）．しかし，項目をキーで取り扱うのでよいような典型的な場合には，プログラムを必要以上に複雑にする．我々は唯一つの記号表を管理すると仮定すると，パッケージ化に対する配慮にわずらわされることなくアルゴリズムに集中できる．この問題に関しては必要な時にふれることにする．特に，*delete* のアルゴリズムを議論する時には，ハンドルを提供するプログラムが削除の前に *search* の必要がないようにすること，プログラムによってはより速いアルゴリズムが使えることを承知している必要がある．同様に，*join* 操作は一級記号表 ADT の実現に対してのみ定義される．したがって *join* に対するアルゴリズムを考える時には一級 ADT が必要になる（12.9 節参照）．

キーの間にどんな暗黙の順序も仮定しないで，eq だけをキー比較に使うアルゴリズムもあるが，記号表のインプリメンテーションの多くはデータの構造化と探索を進めるのに less によって暗黙に仮定されるキーの間の順序関係を使っている．また *select* と *sort* 操作は陽にキーの順序を使う．*sort* 関数はすべての項目を再配置することなしに順番に処理する関数としてパッケージ化される．このようにすると，例えば，動的な記号表の柔軟性や効率を維持したままで項目を整列した順に出力することが容易になる．less を使わないアルゴリズムは，キーが互いに比較できるということを必要としない．また必ずしも *select* と *sort* をサポートしない．

同じキーをもつ項目がありうる時は特別な注意が必要である．同じキーを許さない応用では，キーをハンドルとして使うことができる．職員ファイルでキーとして社会保障番号を使うのはその一例である．同じキーをもつ項目がいくつもあるような応用もある．例えば文書データベースにおけるキーワード検索では該当するものがいくつも出てくる．

同じキーをもつ項目の取り扱い方にはいろいろあるが，その応用に応じて，そのうちの 1 つが選ばれる．

第一のやりかたは，データ構造中に，同じキーをもつ項目を複数個挿入することを禁止するものである．その場合，主データ構造中の各"項目"は相異なるキーをもつものだけにして，各キーに対してそのキーと同じキーをもつ項目の集まりをさすリンクを保持する．すなわち，主データ構造中では，キーとリンクをもつ項目を使用し，同じキーをもつ項目をもたない．このやりかたは，応用分野によっては大変便利なやりかたである．というのは，与えられた探索キーをもつ"すべての"項目を 1 回の *search* でえたり，1 回の *delete* で除去できるからである．実現するという観点からは，このやりかたは，同じキーをもつ項目の扱いをク

ライアントに任せるのと同じである．

　第二のやりかたは，同じキーをもつ項目をデータ構造の中にそのままおいておき，1回の *search* では与えられたキーをもつ項目のうちの"どれか1つ"を返す，というものである．一度には1つの項目が処理され，同じキーをもつ項目が処理される順番は重要ではないというような応用に向いた方法である．この方法は，与えられたキーをもつすべての項目を検索するための仕組みを含むように，あるいは与えられたキーをもつ項目それぞれに対して特定の関数を呼び出すようにインタフェースを拡張しなければならないこともあるので，アルゴリズム設計の観点からは厄介である．

　第三のやりかたは，項目にキーとは別に一意的な識別子をもたせ，与えられたキーと識別子をもつ項目を *search* することである．

　このようなやりかたではなく，もっと複雑な仕組みが必要なこともある．

　これらの議論は，同じキーが存在する記号表での操作すべてに当てはまる．与えられたキーをもつすべての項目を削除するのか？　そのキーをもつどれかのキーを削除するのか？　あるいは特定の項目（それは項目へのハンドルを与えるプログラムを必要とする）を削除するのか？

　記号表の実現について述べる時は，同じキーをもつ項目の適当な扱い方についてはインフォーマルに述べ，どのような仕組みを用いるかを正確に明記することはしない．

　プログラム 12.2 は，これらの約束を示すクライアントプログラムの一例である．それはキーの系列（ランダムに生成されるか標準入力から読み込まれる）の中の異なる値を探すために記号表を使い，それらを整列順に出力する．

　通常，記号表の操作の実現が異なれば，異なる性能特性をもち，性能は操作の混ざり方にも依存するということを知っている必要がある．ある応用では比較的挿入が少なく（おそらく表を作成するため），そして大量の探索操作が続く．また他の応用では，比較的小さな表で大量の項目の挿入と削除が行なわれ，その間に探索操作が混ざる．すべての実現がすべての操作をサポートするわけではない．あるものは，他の関数を犠牲にしてある関数を効率よく実現する．その場合，手間の掛かる関数はたまにしか実行されないということが暗黙に仮定されている．

　記号表のインタフェースの基本的操作のそれぞれは重要な応用をもっている．操作の様々な組合せの効率よい使用をサポートするために多くの基礎的な構成が提案されてきた．本章と後続のいくつかの章では，基本的関数 *initialize, insert, search* の実現に焦点を当て，*delete, select, sort, join* については必要な時にふれることにする．基本的な操作の

記号表抽象データ型 §12.1 435

> **プログラム 12.2 記号表クライアントの例**
>
> このプログラムは，ランダムに生成された系列あるいは標準入力から読み込まれた系列中の相異なるキーを記号表を使って探す．各キーに対してそのキーが以前に現われたかどうかを STsearch を使って調べる．以前に現われていなければそのキーをもつ項目を記号表に挿入する．キーと項目の型，それらに対する抽象操作は Item.h に規定されている．
>
> ```
> #include <stdio.h>
> #include <stdlib.h>
> #include "Item.h"
> #include "ST.h"
> void main(int argc, char *argv[])
>   { int N, maxN = atoi(argv[1]), sw = atoi(argv[2]);
>     Key v; Item item;
>     STinit(maxN);
>     for (N = 0; N < maxN; N++)
>       {
>         if (sw) v = ITEMrand();
>           else if (ITEMscan(&v) == EOF) break;
>         if (STsearch(v) != NULLitem) continue;
>         key(item) = v;
>         STinsert(item);
>       }
>     STsort(ITEMshow); printf("\n");
>     printf("%d keys ", N);
>     printf("%d distinct keys\n", STcount());
>   }
> ```

様々な組合せの性能特性が異なっていることや，キーの値や項目のサイズに対する制約，あるいは他の条件などから様々なアルゴリズムが考えられている．

この章では，実行時間が，ランダムなデータに対しては，平均として辞書中の項目数の対数に比例する *search*, *insert*, *delete*, *select* の実現について調べる．それと線形時間の *sort* についても検討する．13 章では，このレベルの性能を保証する方法を調べる．ある環境下で一定時間の性能をもつ実現の1つを12.2節で考え，いくつかを 14 章と 15 章で調べる．

記号表上の他の操作も研究されてきている．例えば次のようなものがある．直前の探索が終わった点から探索をはじめる**フィンガー探索** (finger search)，指定された区間内にあるすべての節点を数えたり，訪問する**範囲探索** (range search)，キーの間に"距離"が定義されて

いる時，与えられたキーに最も近いキーをもつ項目を探す**最近接探索**(near-neighbor search)．そのような操作は続刊予定の「幾何的アルゴリズム」の中で考察する．

練習問題

▷ 12.1 記号表 ADT プログラム 12.1 を使って，スタック ADT とキュー ADT を実現せよ．

▷ 12.2 インタフェースプログラム 12.1 で定義された記号表 ADT を使って，最大値の削除と最小値の削除を実現する優先順位キュー ADT を作れ．

12.3 インタフェースプログラム 12.1 で定義された記号表 ADT を使って，6 章から 7 章のものと互換性のある配列整列を実現せよ．

12.4 複数のクライアントプログラムがいくつもの記号表を扱ったり，表を結合したりできるように，一級 ADT のインタフェースを定義せよ（4.8 節と 9.5 節参照）．

12.5 クライアントプログラムがハンドルを通して特定の項目を削除したりキーを変更したりできる記号表 ADT のインタフェースを定義せよ．

12.6 2 つの欄，すなわち 16 ビットの整数キーとそれに付随する情報を含む文字列，をもつ項目と項目型のインタフェースを与えよ．

12.7 我々のドライバプログラム（プログラム 12.2）は，1000 より小さいランダムな正の整数 N 個の中から相異なるものを平均何個見つけるか？　ここで，$N=10, 10^2, 10^3, 10^4, 10^5$ とする．実験的にあるいは解析的に，あるいはその両方で答えよ．

12.2 キー添字探索

キーの値が相異なる小さな数であるとする．この場合，最も簡単な探索アルゴリズムはプログラム 12.3 のようにキーで添字付けられた配列に項目を格納するものである．コードは直接的なものである．すべての配列要素を NULLitem で初期化し，キーの値が k である項目を st[k] に挿入する．そしてキーの値が k である項目を探る時は st[k] を見る．キーが k である項目を削除する時は st[k] に NULLitem をおく．プログラム 12.3 の select, sort, count は NULLitem をスキップしながら配列を線形走査する．ここでは同じキーをもつ項目の取扱いと表中にないキーに対する delete をチェックすることはクライアントに任せている．

このプログラムは，本章と 13 章から 15 章で考察する記号表の実現すべてに対する出発点となっている．include 文を使うことによって，ど

キー添字探索　　　　　　　　　　　　§12.2

> **プログラム 12.3　キー添字付き配列に基づく記号表**
>
> 　このコードでは，キーの値は maxKey（Item.h で定義される）より小さい正の整数であると仮定する．適応範囲を狭める主な要因は，maxKey が大きい時に必要となる記憶容量と maxKey に較べて N が小さい時の STinit のための手間である．
> 　このコードを独立したモジュールとしてコンパイルする場合には，<stdlib.h>，"Item.h"，"ST.h" に対する include 指令が必要である．このプログラムと記号表を実現する他のコードでもこれらの指令を省く．
>
> ```
>   static Item *st;
>   static int M = maxKey;
>   void STinit(int maxN)
>     { int i;
>       st = malloc((M+1)*sizeof(Item));
>       for (i = 0; i <= M; i++) st[i] = NULLitem;
>     }
>   int STcount()
>     { int i, N = 0;
>       for (i = 0; i < M; i++)
>         if (st[i] != NULLitem) N++;
>       return N;
>     }
>   void STinsert(Item item)
>     { st[key(item)] = item; }
>   Item STsearch(Key v)
>     { return st[v]; }
>   void STdelete(Item item)
>     { st[key(item)] = NULLitem; }
>   Item STselect(int k)
>     { int i;
>       for (i = 0; i < M; i++)
>         if (st[i] != NULLitem)
>           if (k-- == 0) return st[i];
>     }
>   void STsort(void (*visit)(Item))
>     { int i;
>       for (i = 0; i < M; i++)
>         if (st[i] != NULLitem) visit(st[i]);
>     }
> ```

のクライアントからも独立にコンパイルされ，異なるデータ型をもつ数多くの異なるクライアントに対するプログラムとして使用される．コンパイラは，インタフェース，インプリメンテーション，クライアントが同じ約束に従っているかをチェックする．

このキー添字探索法（key-indexed search）のための添字付け操作は，6.10節で調べたキー添字計数ソートの基本操作と同じである．キー添字探索は，適用可能ならば，最適な方法である．search, insert をこれより効率よく実現するのは難しいであろう．

項目がキーだけの場合はビット表を使うことができる．この場合，記号表は**存在表**（existence table）とよばれる．というのは，k 番目のビットは k が表中にあることを示すからである．例えば，電話交換機の4桁の数が既に割り当てられているかどうかを，32ビットの計算機上で313語の表を使ってすばやく決定するのにこの方法を使うことができる（練習問題 12.12 参照）．

性質 12.1 キーの値が M より小さい正の整数で，項目が相異なるキーをもつならば，キーによって添字付けられた配列によって記号表を実現できる．insert, search は一定時間で実行できる．initialize, select, sort は M に比例した時間で実行できる．ただし，どの操作も項目が N 個の表の上で実行される．

このことはコードを調べればすぐにわかる．キーに対する条件から $N \leq M$ であることに注意．■

プログラム 12.3 は同じキーを扱わない．キーの値は 0 と maxKey-1 の間にある．リンクによるリストか 12.1 節で述べたほかのやりかたのどれかを使って，同じキーをもつ項目を格納することができる．キーを添字として使う前にそれらを変換することもできるが（練習問題 12.11 参照），そのようなやりかたを詳しく調べるのはハッシュ法を考察する14章にする．ハッシュ法は，このやりかたを使って一般のキーに対する記号表を実現する．まず，潜在的には広い範囲の値をとるキーを小さな範囲の値に変換し，さらに，同じ値のキーに対する適当な処理をする．ここでは，新たに挿入される項目のキーと同じキーをもつ古い項目は"黙殺"するか，エラーとして扱うことにする（プログラム 12.3 のように）（練習問題 12.8 参照）．

プログラム 12.3 の count の実現は関数 STcount がよばれた時だけ働くという**遅延**（lazy）対応のやりかたである．もう1つの**即時**（eager）対応のやりかたは，空でない場所の個数を局所変数でもち，NULLitem である場所に挿入が行なわれたらその変数の値を増やし，NULLitem でない場所で削除が実行されたら変数の値を減らす（練習問題 12.9 参照）．count 操作がたまにしか（あるいは全く）使われなくて，キーの取りうる値が小さい時は遅延対応のほうがよい．count 操作

がよく使われる時やキーの取りうる値が巨大な時は，即時対応のやりかたのほうがよい．汎用のライブラリルーチンの場合は，即時対応のやりかたのほうがよい．というのは，insert と delete に対して，一定の小さなコストをかければ，最悪計算量が最適になるからである．insert, delete 操作が膨大で count 操作が少ない応用での内側のループに対しては，遅延対応のほうがよい．というのはそのほうが頻繁に実行する操作の最も速い実現を与えるからである．これまでに見てきたように，操作の混ざり具合が変化する場合をサポートしなければならない ADT を設計する際には，この種のジレンマはよく生じる．

基礎になるデータ構造としてキー添字付き配列を使った一級記号表 ADT を完全に実現するために，配列を動的に割り当て，その番地をハンドルとして使うこともできる．そのようなインタフェースを開発する時に決めなければならない設計上の決定事項がほかにもいろいろある．例えば，キーの範囲はすべてのオブジェクトに対して同じでなければならないか？　あるいはオブジェクトごとに異なるのか？　後者を選んだ時はクライアントにキーの範囲を与える関数が必要となる．

キー添字付き配列は多くの応用において有用であるが，キーが小さな範囲内に収まらない時は当てはまらない．実際，本章と次のいくつかの章は，キーの値の範囲が大きすぎ，各キーに対して 1 つの場所を用意するキー添字表が実現不可能である場合に対する解決策に関するものとみることもできる．

練習問題

12.8 動的に割り当てられるキー添字配列を使って，一級記号表 ADT インタフェースを実現せよ（練習問題 14.3 参照）．

12.9 プログラム 12.3 を修整して，即時対応の STcount を実現せよ（空でない項目の個数を保持して）．

12.10 練習問題 12.8 を修整して，即時対応の STcount を実現せよ（練習問題 12.9 参照）．

12.11 キーを M より小さい非負の整数に変換する関数で，異なる 2 つのキーが同じ整数に写像されないような関数 h(Key) を使うように，プログラム 12.1 と 12.3 を修整せよ．キーの範囲が小さい時（必ずしも 0 からはじまるわけではない）や簡単な場合にはこの改良は有用である．

12.12 項目が M より小さい正の整数（付随する情報はない）の場合に対して，プログラム 12.1 と 12.3 を修整せよ．その時サイズが約 M/bitsword 語の動的割付け配列を使用せよ．ただし bitsword はあなたの計算機システムでの 1 語当たりのビット数である．

12.13 練習問題 12.12 のあなたのプログラムを使って，N より小さい N 個の非負整数のランダム列中の相異なる整数の個数の平均と標準偏差を実験的に求めよ．N はあなたの計算機上でプログラムに使えるメモリ（ビット数）に近い N とせよ（プログラム 12.2 参照）．

12.3 逐次探索

　添字として使うにはあまりにも大きな範囲から選ばれたキーの値に対して，記号表を実現する1つの簡単なやりかたは項目を配列の中に順番に連続しておくことである．新しい項目を挿入する時は，挿入整列法で行なったようにそれより大きな要素を1つずつ移動させてその要素を表に入れる．探索を実行する時には配列を順番に調べる．配列は整列されているので，探索キーより大きなキーに出会った時，探索は不成功に終わる．さらに配列は整列しているので $select$ と $sort$ を実現するのは簡単である．プログラム 12.4 はこのやりかたに基づいた記号表の実現である．

　番兵項目を使うことによって，プログラム 12.4 の $search$ プログラムの内側のループを少し改善できる．番兵を使うと，探索するキーの値をもつ項目が表中にない場合に，配列の最後を通りすぎたかどうかをテストする必要がなくなる．具体的には，配列の最後尾の次の場所を番兵とし，探索開始まえに，そのキー欄に探索キーをおく．そのようにすると，探索は，探索するキーをもつ項目で必ず終了するので，その項目が番兵かどうかを調べれば，キーが表中にあるかどうかがわかる．

　あるいは，項目が配列中で整列されていることを要求しない実現法を開発することもできる．新しい項目を挿入する時は，それを配列の最後尾におく．探索を実行する時は配列を順番に走査する．このやりかたの特徴は，$insert$ は速いが $select$, $sort$ にはかなり余分な作業が必要となる（それぞれは 7 章から 10 章の方法のどれかを使う）．指定されたキーを削除する時は，それを探し，次に最後尾の項目をその場所に移してサイズを1減らす．指定されたキーをもつすべての項目の削除はこの操作を繰り返す．配列中の項目の添字を与えるハンドルが使える時，探索は不要であり，$delete$ は一定時間で行われる．

　記号表を実現するもう1つの直接的な方法は，リンクによるリストを用いる方法である．ここでも，$sort$ をサポートしやすくするためにリストを整列してもよいし，$insert$ を速くするために整列しないでおいてもよい．プログラム 12.5 は後者による実現である．いつものように，リンクによるリストを使うことの利点は，表の最大サイズを前もって予測しないでよいことである．不利な点は，リンクのために余分な記憶領

逐次探索　　　　　　　　　　　　§12.3　　　　　　　　　　　　441

プログラム 12.4　配列に基づく記号表（整列している）

　プログラム 12.3 と同様に，このプログラムは項目の配列を使うが，空の項目はない．新しい項目を挿入する時は，挿入整列と同様に，それより大きな項目を 1 つずつ右に移動して配列を整列しておく．
　STsearch は，指定されたキーをもつ項目を探して配列を走査する．配列は整列されているので，探索キーより大きなキーに出会ったとき表中にないことがわかる．STselect と STsort は簡単である．STdelete の実現は練習問題とする（練習問題 12.14）．

```
static Item *st;
static int N;
void STinit(int maxN)
  { st = malloc((maxN)*sizeof(Item)); N = 0; }
int STcount()
  { return N; }
void STinsert(Item item)
  { int j = N++; Key v = key(item);
    while (j>0 && less(v, key(st[j-1])))
      {   st[j] = st[j-1]; j--; }
    st[j] = item;
  }
Item STsearch(Key v)
  { int j;
    for (j = 0; j < N; j++)
      {
        if (eq(v, key(st[j]))) return st[j];
        if (less(v, key(st[j]))) break;
      }
    return NULLitem;
  }
Item STselect(int k)
  { return st[k]; }
void STsort(void (*visit)(Item))
  { int i;
    for (i = 0; i < N; i++) visit(st[i]);
  }
```

域を必要とすることと，*select* を効率よく実現できないことである．
　整列していない配列と整列したリストによるやりかたについては練習問題とする（練習問題 12.18 と 12.19 を参照）．これらの 4 つの実現法（配列かリストか，整列しているかしていないか）はアプリケーションによって使い分けられる．その時は，必要な手間と記憶量だけが異なる（と期待する）．本章と次のいくつかの章では記号表を実現する様々なや

> **プログラム 12.5　リンクリストによる記号表（整列していない）**
>
> *initialize, count, search, insert* のプログラムは，一方向リストを使っている．各節点はキーとリンクとをもつ項目を含む．STinsert 関数は，新しい項目をリストの先頭におき，一定時間である．STsearch 関数は再帰的関数 searchR を使ってリストを走査する．リストは整列していないので，*sort* と *select* 操作はサポートされない．
>
> ```
> typedef struct STnode* link;
> struct STnode { Item item; link next; };
> static link head, z;
> static int N;
> static link NEW(Item item, link next)
>   { link x = malloc(sizeof *x);
>     x->item = item; x->next = next;
>     return x;
>   }
> void STinit(int max)
>   { N = 0; head = (z = NEW(NULLitem, NULL)); }
> int STcount() { return N; }
> Item searchR(link t, Key v)
>   {
>     if (t == z) return NULLitem;
>     if (eq(key(t->item), v)) return t->item;
>     return searchR(t->next, v);
>   }
> Item STsearch(Key v)
>   { return searchR(head, v); }
> void STinsert(Item item)
>   { head = NEW(item, head); N++; }
> ```

りかたを調べる．

　項目を整列しておくことは，探索を速くするためにキーを使ってデータを何らかのやりかたで構造化するというアイデアの一例である．その構造は，他のいくつかの操作を速くするかもしれないが，構造を維持するためのコストとのバランスを取らなければならない．そのことが他の操作を遅くするかもしれない．そのような例は多くある．例えば，ソートが頻繁に必要な応用では我々は整列した（配列またはリスト）を選ぶであろう．というのは，そうするとソートが簡単になりソートをまるまる実現しなくてよいからである．*select* 操作が頻繁に実行されることがわかっている応用では，整列した配列を選ぶであろう．というのは *select* が一定時間でできるからである．それに対して，リンクリストでは *select* が線形時間となってしまう，たとえ整列したリストでも．

逐次探索　　§12.3

ランダムなキーに対する逐次探索の性能をより詳しく解析するために，新しいキーを挿入するコストと，探索が成功する場合と不成功の場合のコストをそれぞれ考えることからはじめる．しばしば，前者は**成功探索**（search hit），後者は**不成功探索**（search miss）とよばれる．我々は成功探索と不成功探索のコストの平均の場合と最悪の場合について関心がある．厳密にいうと，整列した配列による実現（プログラム12.4）では調べる項目ごとに2回の比較をする（eq と less）．解析上はその組を1つの比較と見なす．というのは，通常それらを効率よく組み合わせて低レベルでの最適化を行なうからである．

性質12.2 項目が N 個ある記号表上での逐次探索は，成功探索では平均約 $N/2$ 回の比較を行なう．

性質2.1参照．その議論は，配列にもリンクによるリストにも当てはまる．また整列している場合にもしていない場合にも当てはまる．■

性質12.3 N 個の項目が整列されていない記号表上での逐次探索は，不成功探索では（常に）N 回の比較を行ない，挿入では定数回の操作を行なう．

これらの事実は，配列でもリンクによるリストでも成り立つ．またコードから直ちに導かれる（練習問題12.18とプログラム12.5参照）．■

性質12.4 N 個の項目が整列されている記号表上での逐次探索は，挿入，成功探索，不成功探索に対して，平均約 $N/2$ 回の比較を行なう．

性質2.2参照．これらの事実は，配列でもリンクリストでも成り立つ．またコードから直ちに導かれる（プログラム12.4と練習問題12.19参照）．■

逐次挿入によって整列した表を作ることは，6.2節の挿入整列と本質的に同じである．表を作るための総実行時間は2乗的であるので，この方法は大きな表には使えない．小さな表上で膨大な数の *search* が実行されるならば，項目を整列しておく価値はある．そうすると，性質12.3 と 12.4 から，不成功探索の速さが2倍となる．同じキーを表の中に保持するのでなければ，表を整列しておくための余分なコストは思ったほど大変ではない．というのは，挿入は不成功探索の後でのみ生じ，挿入時間は探索時間に比例するからである．一方，同じキーを表の中に

重複して保持する時は，整列していない表を使った一定時間の *insert* の実現を使うことができる．挿入回数が膨大で，探索が比較的少ない応用では，整列していない表が選ばれる．

これらの違い以上に，通常のトレードオフがある．リンクによるリストではリンクのための記憶領域が使われる．配列による実現では，表のサイズの最大値を前もって知る必要があったり，表がなし崩し的に大きくなることに対応しなければならない（14.5節参照）．また，12.9節で述べるように，リンクによるリストを用いた実現は柔軟性があり，一級記号表 ADT の *join* や *delete* など他の操作を効率よく実現できる．

表12.1は，これらの結果と本章や13章と14章で述べる他のアルゴリズムとをまとめて示している．12.4節では2分探索を考察する．それは探索時間を $\lg N$ に下げるので，（挿入が比較的少ない時）静的な表に対して広く使われている．

12.5節から12.9節では，2分探索木を考察する．それは，探索と挿入を $\lg N$ に比例する時間（ただし平均でだけ）でできるようにする柔軟性をもつ．13章では，赤黒木とランダム化2分探索木を考察する．

表12.1 記号表での挿入と探索のコスト

この表の要素は，記号表中の項目の個数 N と記号表のサイズ M（N と異なっている時）の関数（定数倍の範囲内で）として計算時間を表わしている．挿入では，同じキーをもつ項目があるかどうかを気にせずに挿入する．初等的な方法（上の5行）は，ある操作に対しては一定時間で，他の操作に対しては線形時間である．より進んだ方法は，ほとんどあるいはすべての操作に対して対数時間あるいは一定時間の性能を保証する．選択の列の $N \lg N$ は項目を整列するコストである．整列していない項目に対する線形時間の選択は理論的には可能であるが，実用的ではない（7.8節参照）．星印は，ほとんど起こりそうもない最悪の場合を示す．

	最悪の場合			平均の場合		
	挿入	探索	選択	挿入	成功探索	不成功探索
キー添字配列	1	1	M	1	1	1
整列した配列	N	N	1	$N/2$	$N/2$	$N/2$
整列したリンクリスト	N	N	N	$N/2$	$N/2$	$N/2$
整列していない配列	1	N	$N\lg N$	1	$N/2$	N
整列していないリンク	1	N	$N\lg N$	1	$N/2$	N
2分探索	N	$\lg N$	1	$N/2$	$\lg N$	$\lg N$
2分探索木	N	N	N	$\lg N$	$\lg N$	$\lg N$
赤黒木	$\lg N$	$\lg N$	$\lg N$	$\lg N$	$\lg N$	$\lg N$
ランダム化木	$N*$	$N*$	$N*$	$\lg N$	$\lg N$	$\lg N$
ハッシュ法	1	$N*$	$N\lg N$	1	1	1

逐次探索 §12.3

前者は対数性能を保証し，後者はかなり高い確率で対数的である．14章では，ハッシュ法を考察する．それは，平均として一定時間の探索と挿入を実現するが，sort や他のいくつかの操作の効率のよい実現はできない．15章では，10章の基数整列と同様の基数探索を考察する．16章では，外部記憶装置に格納されるファイルに適した方法を考察する．

練習問題

▷ **12.14** 整列した配列に基づく記号表（プログラム12.4）に delete 操作を加えよ．

▷ **12.15** リストに基づく記号表（プログラム12.5）と配列に基づく記号表（プログラム12.4）に対する STsearchinsert 関数を実現せよ．それらは与えられた項目と同じキーをもつ項目を探し，もしなければ挿入する．

12.16 リストに基づく記号表（プログラム12.5）に対する select 操作を実現せよ．

12.17 はじめ空な表にキー E A S Y Q U E S T I O N を挿入する時に必要となる比較回数を示せ．ただし整列しているかいないか，配列かリストか，の4つの初等的方法のそれぞれを用いた ADT を使用せよ．練習問題12.15と同じように，各キーに対して探索が実行され，探索が不成功の時には挿入が実行されるものとする．

12.18 プログラム12.1の記号表インタフェースに対する initialize, search, insert 操作を実現せよ．ただし，記号表には整列していない配列を用いる．あなたのプログラムは表12.1に示されている性能特性と一致しなければならない．

○ **12.19** プログラム12.1の記号表インタフェースに対する initialize, search, insert 操作を実現せよ．ただし，記号表には整列したリンクリストを用いる．あなたのプログラムは表12.1に示されている性能特性と一致しなければならない．

○ **12.20** リストに基づいた記号表の実現（プログラム12.5）を，クライアントの項目ハンドルをもつ一級記号表 ADT を提供するように変更せよ．そして delete と join 操作を追加せよ．

12.21 STinsert を使って記号表を一杯にし，操作 STselect と STdelete を使って記号表を空にする．この計算の性能を測定するドライバプログラムを書け．短いものから長いものまで様々な長さのランダムなキーの列に対して計測を繰り返し，実行ごとに所要時間を測り，平均実行時間を印字出力するか図にプロットせよ．

12.22 操作 STinsert を使って記号表を一杯にした後，操作 STsearch を使う．その時，表中の各項目は平均10回探索（成功）され，ほぼ同じ回数の不成功探索がなされるものとする．この計算の性能を測定するドライバプログラムを書け．短いものから長いものまで様々な長さのランダムなキーの列

に対して計測を繰り返し，実行ごとに所要時間を測り，平均実行時間を印字出力するか図にプロットせよ．

12.23 実際の応用で生じるかもしれない病的なデータの場合に，記号表インタフェースプログラム 12.1 中の関数を使うドライバプログラムを書け．簡単な例を挙げると，既に整列しているファイル，逆順に整列しているファイル，すべてのキーが同じであるファイル，そしてたった 2 つの異なる値のキーからなるファイルなどがある．

∘**12.24** 10^2 回の *insert* 操作，10^3 回の *search* 操作，そして 10^4 回の *select* 操作がランダムに混ぜられている時，記号表のどの実現を使うか．その根拠を述べよ．

∘**12.25** （実質上 5 つの練習問題）各操作とその使用頻度の組を変えたものを 5 通り作り，それらに対し練習問題 12.24 を行なえ．

12.26 **自己組織的**（self-organizing）**探索アルゴリズム**は，頻繁に呼び出される項目が探索の初めの方で見つかるように項目を再配置するアルゴリズムである．練習問題 12.18 に対するあなたのプログラムを，探索が成功した時に次のように振る舞うように修整せよ．見つかった項目をリストの先頭に移動し，空になった場所とリストの先頭の間にあるすべての項目を 1 つ右に移す．この手続きは，**MF 則**（move-to-front heuristic）とよばれる．

▷**12.27** *search* 操作を実行し，不成功の時は *insert* 操作を実行する．ただし，MF 則を使用する．はじめ空な表に，それぞれのキーがＥＡＳＹＱＵＥＳＴＩＯＮである項目に対して実行した後のキーの順番を示せ．

12.28 操作 STinsert を使って N 個の記号表を一杯にし，前もって与えられた確率分布に従って，$10N$ 回の成功探索を行なうドライバプログラムを書け．

12.29 練習問題 12.28 に対するあなたのプログラムの実行時間と練習問題 12.18 に対するあなたのプログラムの実行時間を比較せよ．ただし，$N = 10, 100, 1000$，i 番目に大きなキーの探索確率を $1/2^i (1 \leq i \leq N)$ とする．

12.30 i 番目に大きなキーの探索確率が $H_N/i (1 \leq i \leq N)$ である場合に対して練習問題 12.29 を行なえ．この分布は**ジップの法則**（Zipf's law）とよばれる．

12.31 練習問題 12.29 と 12.30 の確率分布に対して，MF 則と最適配置とを比較せよ．最適配置はキーを上昇順（期待される頻度の降順）に保つ．すなわち，練習問題 12.29 で，練習問題 12.18 に対するあなたのプログラムの代わりに，プログラム 12.4 を用いる．

12.4　2 分探索法

配列を用いた逐次探索では，"分割統治法"を適用した探索手続きを用いると，項目の大きな集合に対する探索時間を大幅に減らすことがで

2分探索法　　§12.4

きる（5.2節参照）．それは，項目の集合を2つの部分に分けて，探しているキーがどちらの部分に属しているかを判定し，キーが属する部分を調べるというものである．項目の集合を分割するよい方法の1つは，項目を整列し，整列した配列の添字を用いて調べるべき部分を指定するものである．この技法は，**2分探索法**（binary serach）とよばれる．プログラム12.6は，この方略を再帰的に実現したものである．プログラム2.2は，非再帰的な実現である．そのプログラムでは，プログラム12.6の再帰的関数が再帰呼出しで終了しているので，スタックは必要ない．

図12.1は，小さな表で2分探索を実行した時に次々と調べられる部分ファイルを示している．図12.2はもっと大きなファイルの例である．調べる部分は反復の各ステップで少なくとも半分になる．したがって，必要な反復の回数は小さい．

性質12.5　2分探索法では，成功あるいは不成功のどちらの場合でも，比較は $\lfloor \lg N \rfloor + 1$ 回以下でよい．

性質2.3参照．サイズ N の表での2分探索で実行される比較の最大回数は，N の2進表現の長さであることは興味深い．というのは，1ビ

プログラム12.6　2分探索（配列による記号表）

STsearchのこのプログラムは再帰的な2分探索手続きを使う．与えられたキーvが表中にあるかどうかを調べるには，まずそれを表の中央にある要素と比較する．vがそれより小さければvは表の前半部分にあり，一方，vの方が大きければ表の後半部分にある．

配列は整列されていなければならない．この関数はプログラム12.4のSTsearchと置き換えてもよい．それは挿入中に順序を動的に保つ．あるいは通常の整列ルーチンを使う construct 関数を含めてもよい．

```
Item search(int l, int r, Key v)
  { int m = (l+r)/2;
    if (l > r) return NULLitem;
    if eq(v, key(st[m])) return st[m];
    if (l == r) return NULLitem;
    if less(v, key(st[m]))
        return search(l, m-1, v);
    else return search(m+1, r, v);
  }
Item STsearch(Key v)
  { return search(0, N-1, v); }
```

```
A A A C E E E G H I L M N P R
            H I L M N P R
            H I L
                L
```

図12.1　2分探索

この例で，Lを探索する時はたった3回の繰返しである．まずキーLをファイルの中央のGと比較する．Lの方が大きいので次のステップではファイルの右半分が対象となる．次に，Lは右半分の中央にあるMより小さいので，3回目のステップではH，I，Lを含むサイズ3の部分ファイルが関係する．もう一度繰り返すと部分ファイルのサイズは1となり，Lが見つかって終了する．

図12.2 2分探索

2分探索では，200要素からなるファイル中のレコードを見つけるのに7回の反復だけでよい．部分ファイルの大きさは順に，200, 99, 49, 24, 11, 5, 2, 1である．それぞれ前のファイルの半分よりほんの少し小さい．

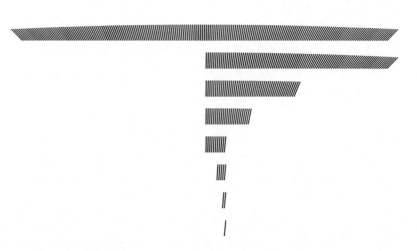

ット右へシフトすることは N の2進表現を $\lfloor N/2 \rfloor$ の2進表現に変換することであるからである（図2.6参照）．■

挿入整列でしたように表を整列しておくことは，実行時間を挿入回数の2次関数にする．しかし，探索回数が膨大ならば，このコストは許容あるいは無視さえできる．探索が始まる前にすべての項目（あるいはそれらの大部分）が手に入るような典型的な状況では，6章から10章の標準的な整列法のどれかに基づく construct 関数を使って表を整列する．そうした後では，表への更新を様々なやりかたで処理できる．例えば，プログラム12.4のように挿入中に整列したり（練習問題12.19），一括して整列したり，併合したりできる（練習問題8.1で述べたように）．表中のどの項目のキーよりも小さいキーをもつ項目を挿入する場合には，新しい項目の場所を作るためにすべての項目を1つずつ移動しなければならない．表の更新コストが高くなる可能性があるということが2分探索を使う時の最大の問題点である．一方，静的な表が前もって整列されていて，プログラム12.6のようなプログラムで高速なアクセスができるので，2分探索が最適であるような応用も非常に多くある．

新しい項目を動的に挿入する必要がある時は，リンク構造が必要となるように思われるが，一方向リストでは効率のよい実現はできない．というのは，2分探索の効率は，任意の部分配列の中央の要素を添字によってすばやくアクセスできるからであって，一方向リストで中央の要素をえるにはリストをたどるしかないからである．2分探索の効率とリンクリストの柔軟性を組み合わせるには，より複雑なデータ構造が必要である．それについてはすぐ後で調べる．

表の中に同じキーがある時は，与えられたキーと同じキーをもつ項目の個数を数えたり，それらをグループとして返す操作ができるように2分探索を拡張することができる．探索キーと同じキーをもつ項目は表の

中で連続したブロックをなす（表は整列されているので）．プログラム12.6での成功探索は，このかたまりの中のいずれかの場所で終了する．そのような項目のすべてを取り出す必要がある応用では，探索が終了した場所の両側を走査し，そのような項目が存在する範囲の両端の添字を返すコードを追加する．この場合，実行時間は，lg N と見つけられた項目の個数との和に比例する．キーが指定された区間に入るすべての項目を探すという，より一般的な**範囲探索**（range-search）問題の解決にも同様の仕組みが使用される．記号表の基本操作の集合のこのような拡張を第7部（本書の続巻）で考察する．

2分探索法で実行される比較の系列は，探索キーの値とNの値によって前もって決まる．比較の構造は，図12.3に示すように，2分木によって簡単に表わされる．この木は，マージソートで部分ファイルのサイズを記述するために8章で使った木と同様の木である（図8.3参照）．2分探索では，木の1つの道をたどり，マージソートでは，木のすべての道をたどる．この木は静的な木で陽に作られた木ではない．12.5節では，動的で陽に作られた2分木構造を使って探索を進めるアルゴリズムを調べる．

2分探索法に対する改良案としては，（機械的に，各ステップで中央の要素を用いるのではなく）探索キーがいま調べている区間の中のどこにあるかをより正確に推測するというものがある．これは電話番号簿で電話番号を調べるやりかたや辞書を調べるやりかたに似ている．例えば，アルファベットの初めのほうの文字で始まる名前を探す時には初めに近いところを探し，アルファベットの終りのほうの文字ではじまる場合には終りに近いところを探す．この方法は，**内挿探索**（interpolation search）とよばれ，プログラム12.6に簡単な修整を施すだけでよい．すなわち，式

```
m = (l+r)/2;
```

を

```
m = l+(v-key(a[l]))*(r-l)/(key(a[r])-key(a[l]));
```

で置き換えればよい．これでよいことは，

$$(l+r)/2 = l+(r-l)/2$$

であること，すなわち，区間の中央は左端の点に区間の半分の大きさを加えたところであることから導かれることに注意すればよい．

内挿探索では，1/2の代わりに，目的のキーがありそうな位置，具体的には $(v-k_l)/(k_r-k_l)$ を用いる．ここで，k_l, k_r はそれぞれkey(a[l]), key(a[r])である．ここでは，キーは数値でありその値が一様に分布することを仮定している．

ランダムに選ばれたキーからなるファイルでは，内挿探索の成功およ

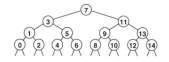

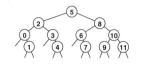

図12.3　2分探索における比較の系列

分割統治を表わすこれらの木は，2分探索において比較をする添字の系列を表わしている．そのパターンは，ファイル中のキーの値ではなくファイルのサイズのみに依存する．それらはマージソートやそれに類似したアルゴリズム（図5.6と8.3を参照）に対応した木とは少し異なっている．というのは根にある要素は部分木に含まれないからである．

上の図は，0から14に添字付けられた15個の要素からなるファイルがどのように探索されるかを示している．中央の要素（添字7）を調べ，探している要素がそれよりも小さければ左部分木，大きければ右部分木を（再帰的に）調べる．各探索は根から底への木の中の道に対応する．例えば，10と11の間の要素は系列7，11，9，10をたどる．ファイルのサイズが2のベキ乗−1でない時は，12個の要素からなる下図のように，パターンはそれほど規則的なものではない．

び不成功探索における比較回数は lg lg N +1 回より少ないことを示すことができる．証明はこの本の範囲をはるかに超えている．この関数は実用的には定数と見なされるぐらいにゆっくりと増加する関数である．例えば N が 10 億の時，lg lg N <5 である．このように，どの項目もわずか（平均）数回のアクセスで見つけることができ，2 分探索法に対してかなりの改善になっている．ランダムでなくより規則的に分布しているキーに対しては，内挿探索の性能はもっとよい．実際，12.2 節のキー添字探索はその極限的な場合である．

しかし，内挿探索は，キーの分布が区間上でほとんど一様であるという仮定に強く依存している．キーの分布が偏ることは実際上よくあるが，その時は内挿探索の性能はかなり悪くなる．またこの方法は余分な計算を必要とする．N が小さい時には，単純な 2 分探索法のコスト lg N と lg lg N はかなり近いので，内挿計算のための手間が引き合わない．大きなファイル，比較の手間が特にかかる応用，アクセスコストが非常に高い外部探索などでは，内挿探索の使用を考慮するべきである．

練習問題

▷ **12.32** 非再帰的な 2 分探索関数を実現せよ（プログラム 12.6 参照）．

12.33 N=17 と N=24 の場合について，図 12.3 に対応する木を描け．

▷ **12.34** サイズ N の記号表での 2 分探索が逐次探索より 10，100，1000 倍速くなる N 値の値を求めよ．解析によってその値を求め，実験的に確かめよ．

12.35 サイズ N の動的な記号表への挿入は挿入整列として実現され，探索には 2 分探索が使われるとする．探索が挿入の 1000 倍以上あるとした時，挿入に使われる時間の割合を推定せよ．ここで，$N = 10^3, 10^4, 10^5, 10^6$ とする．

12.36 2 分探索と遅延挿入を使って，*initialize, count, search, insert, sort* をサポートする記号表を実現せよ．ただし，次の方針に従う．主記号表に対しては大きな整列された配列を，最近に挿入された項目に対しては整列しない配列を保持する．STsearch が呼ばれた時，最近挿入された項目を整列し（もしあれば），それらを主表に併合し，その後に 2 分探索を用いる．

12.37 練習問題 12.36 に対するあなたのプログラムに遅延削除を追加せよ．

12.38 練習問題 12.36 に対するあなたのプログラムに対して練習問題 12.35 を行なえ．

○ **12.39** 与えられたキーと同じキーもつ項目の個数を返す関数で，2 分探索（プログラム 12.6）と同様な関数を実現せよ．

12.40 N が与えられた時，N 個のマクロ命令 compare(l, h) を生成するプログラムを書け．命令は，0 から N-1 の添字付けがされている．

i 番目の命令は，表の添字 i の要素の値と探索キーとを比較し，等しければ成功と報告し，小さければ l 番目の命令を実行し，大きければ h 番目の命令

を実行する（添字0は不成功探索のために取っておく）．この系列は，どの探索も，同じデータに対して2分探索がするであろう比較と同じ比較をするという性質をもたなければならない．

- **12.41** 練習問題12.40のマクロを拡張して，サイズ N の表での2分探索で，1探索当たりの機械語命令ができるだけ少ないマシンコードを生成するようにせよ．

12.42 1とNの間のiに対して，a[i]==10*iとする．$2k-1$ に対する不成功探索において内挿探索で調べられるテーブル中の場所はどれくらいか？

- **12.43** 大きさ N の記号表での内挿探索が，2分探索の1, 2, 10倍速くなるような N の値を見つけよ．キーはランダムとする．解析によって値を予測し，実験的に確かめよ．

12.5 2分探索木

挿入操作が高くつくという問題を克服するために，記号表実現の基礎として木構造を陽に使用する．この基礎になっているデータ構造によって，*search, insert, select, sort* 操作に対して高速な平均性能をもつアルゴリズムが開発できる．それは，多くの応用に対して選ぶべき方法であり，計算機科学における最も基本的なアルゴリズムと見なされている．

5章で木についてある程度述べたが，用語を復習しよう．節点からなるデータ構造を考える．節点は，他の節点あるいは（リンクをもたない）**外部節点**（external node）をさすリンクをもっている．木（根付き）では，すべての節点はその"親"とよばれる唯一の節点によって指されている．**2分木**（binary tree）は，さらに，どの節点も左と右のリンクをもつという性質を満たすものである．2つのリンクをもつ節点は**内部節点**（internal node）とよばれる．木を探索に用いる時は，各節点にキーをもつ項目をおく．外部節点へのリンクを**空リンク**（null link）とよぶ．内部節点上のキーの値が探索キーと比較され，探索の進行を決める．

定義12.2 **2分探索木**（binary search tree, BST）は，内部節点にキーがおかれた2分木で，節点におかれたキーより小さい（あるいは等しい）キーをもつ項目はすべてその節点の左部分木の中にあり，大きい（あるいは等しい）キーをもつ項目はすべて右部分木にあるという性質を満たすものである．

プログラム12.7は，BSTを使って，*search, insert, initialize, count* 操作を実現している．プログラムの最初で，BSTの節点を項目（とキ

ー）と左右のリンクをもつものとして定義している．即時対応の count 操作を実現するために，木の中の節点の個数を保持するための欄（フィールド）ももつ．左リンクは小さい（か等しい）キーをもつ BST をさし，右にリンクは大きい（か等しい）BST をさす．

この構造に対して，BST 中のキーを探す再帰的手続きが直ちに思い浮かぶ．木が空ならば，探索は不成功である．根にあるキーが探索キーと一致すれば，探索は成功である．そうでない時は，適当な部分木で（再帰的に）探索を行なう．プログラム 12.7 の関数 searchR は，このアルゴリズムを直接プログラムにしたものである．木を第 1 引数，キーを第 2 引数とする再帰的ルーチンを，木の根（局所変数であるリンク）と探索キーを引数にして呼び出す．現在調べている部分木以外には探索キーをもつ項目は存在しないということが各ステップで保証されている．2 分探索法において探索範囲が縮小されていったのと丁度同じように，調査中の部分木は前の部分木より常に小さくなる（理想的には約半分）．手続きは，探索キーをもつ項目が見つかった時（成功探索），あるいは調査中の部分木が空になった時（不成功探索）に停止する．

図 12.4 の上段の図は，探索の過程を示している．探索手続きは，根からはじめて，各節点でどちらかの子節点に対して手続きを再帰的に呼び出す．探索は 1 つの道を定める．成功探索では，その道は求めるキーを含む節点で終了する．不成功探索では，中段の図に示されるように，外部節点で終了する．

プログラム 12.7 は，NULL リンクを陽にもつのではなく，外部節点をさすダミー節点 z を使っている（z をさすリンクが空リンクである）．このように約束すると，木に対する込み入った処理の実現が簡単になる．BST を用いて一級記号表 ADT を実現する時に，ダミーの節点 head を用いてハンドルを提供することもできる．しかし，このプログラムでは，head は BST をさす単なるリンクである．最初は，head は z をさすように設定され，空な BST を表わす．

プログラム 12.7 の search 関数は，2 分探索と同じくらい簡単である．BST の本質的な特徴の 1 つは，insert が search と同じくらい容易に実現できることである．BST に新しい項目を挿入する再帰的な関数 insertR は，searchR を開発する時に用いたのと同じ論理から導かれる．木が空ならば，その項目を含む新しい節点を返す．探索キーが根にあるキーよりも小さい時は，項目を左部分木に挿入した結果の木をさすように左リンクを設定する．そうでない時は，項目を右部分木に挿入した結果の木をさすように右リンクを設定する．今考えている簡単な BST に対しては，再帰呼出しの後にリンクを設定し直す必要はないが（というのは，リンクが変更されるのは部分木が空の時だけなので），リ

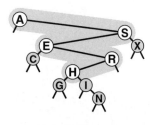

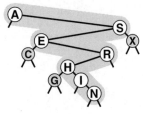

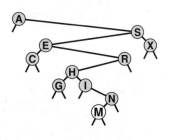

図 12.4　BST 探索と挿入

上段の木における H に対する成功探索は，（H は A より大きいので）根から右へ移動する．次に（H は S より小さいので）根の右部分木で左へ移動する．というように H に出会うまで木を下る．中段の木における M に対する不成功探索では（M は A より大きいので）根から右へ移動する．次に（M は S より小さいので）根の右部分木で左へ移動する．というように底の N の左で外部リンクに出会うまで木を下る．不成功の後に M を挿入するには，探索が終了したリンクを M へのリンク（底）に置き換えるだけでよい（下段の図）．

ンクの設定は，設定を避けるための検査と同じぐらい容易である．12.8節と13章で，これと同じ再帰的なスキームで自然に表現できるより高度な木構造を学ぶ．それらは，木を下っていく途中で部分木を変更するので，再帰的呼出しの後で，リンクを設定し直す．

図12.5と12.6は，はじめ空であった木にキーの列を挿入して作られ

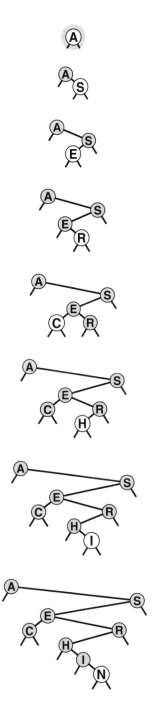

図12.5　BSTの生成

この系列は，はじめ空なBSTにキーの列ASERCHINを挿入した結果を示している．それぞれの挿入は，木の底での不成功探索に続いて行なわれる．

プログラム 12.7　BSTによる記号表

このプログラムのSTsearchとSTinsertは，コンパクトな再帰的関数searchRとinsertRを使う．それらはBSTの再帰的定義を直接的に反映している（本文参照）．リンクheadは木の根をさす．そして末尾節点(z)が空な木を表わすのに使われる．

```
#include <stdlib.h>
#include "Item.h"
typedef struct STnode* link;
struct STnode { Item item; link l, r; int N; };
static link head, z;
link NEW(Item item, link l, link r, int N)
  { link x = malloc(sizeof *x);
    x->item = item; x->l = l; x->r = r; x->N = N;
    return x;
  }
void STinit()
  { head = (z = NEW(NULLitem, 0, 0, 0)); }
int STcount() { return head->N; }
Item searchR(link h, Key v)
  { Key t = key(h->item);
    if (h == z) return NULLitem;
    if eq(v, t) return h->item;
    if less(v, t) return searchR(h->l, v);
            else return searchR(h->r, v);
  }
Item STsearch(Key v)
  { return searchR(head, v); }
link insertR(link h, Item item)
  { Key v = key(item), t = key(h->item);
    if (h == z) return NEW(item, z, z, 1);
    if less(v, t)
        h->l = insertR(h->l, item);
    else h->r = insertR(h->r, item);
    (h->N)++; return h;
  }
void STinsert(Item item)
  { head = insertR(head, item); }
```

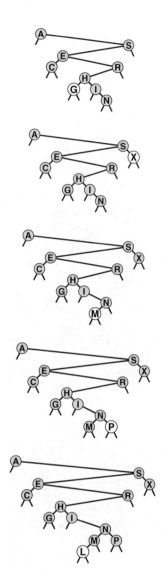

図12.6 BSTの生成（続き）

図12.5のBSTにさらにキー G X M P L を追加した時の経過を示す．

るBSTの例である．新しい節点は，木の底の空なリンクに付けられる．それ以外には木の構造は変わらない．どの節点も2つのリンクをもっているので，下の方よりも横の方に成長しがちである．

2分探索木を用いると，ほとんど手間をかけずに *sort* 関数がえられる．というのは，2分探索木は，それを適当な方法で見れば，ある1つの整列されたファイルとなっているので，2分探索木を作ることは，項目を整列することになる．図に示した木でキーを（その高さとかリンクを無視して）ページの左から右の方へ見ていくと，キーは順番に現われてくる．リンクをたどるだけであるが，2分探索木の定義から，直ちに整列がえられることがわかる．プログラム12.8の再帰的な sortR に示されているように，中央順走査がその仕事をする．BST 中の項目をキーの順に訪問するには，左部分木中の項目をキーの順に（再帰的に）訪問し，次に根を訪問し，そして右部分木中の項目をキーの順に（再帰的に）訪問する．この嘘のように簡単なプログラムは，古典的で重要な再帰的プログラムである．

BSTでの探索と挿入を考察する時には，非再帰的に考えることも有益である．非再帰的なプログラムでは，探索の過程は，根にあるキーと探索キーを比較し，探索キーが小さければ左部分木に移動し，大きければ右部分木に移動するというループからなっている．挿入は，不成功探索（空のリンクで終わる）と，空のリンクを新しい節点をさすポインタと置き換えることからなる．この過程は，木を下る道に沿ってリンクを陽に扱うことに対応する（図12.4参照）．プログラム12.9のように，現在の節点の親節点へのリンクを保持する必要がある．いつものとおりに，再帰版も非再帰版も本質的には同値であるが，両者の観点を理解す

プログラム12.8 BSTによる整列

BSTの中央順走査は項目をキーの順に訪問する．このプログラムでは visit はクライアントによって提供される関数で各項目を引数としてキーの順番に呼び出される．

```
void sortR(link h, void (*visit)(Item))
  {
    if (h == z) return;
    sortR(h->l, visit);
    visit(h->item);
    sortR(h->r, visit);
  }
void STsort(void (*visit)(Item))
  { sortR(head, visit); }
```

2分探索木　§12.5

プログラム 12.9　BST への挿入（非再帰的）

BST へ項目を挿入することは，それに対する不成功探索を実行し，探索が終了した空なリンクの代わりにその項目のための新しい節点を付けることと同値である．新しい節点を付けるには，木を下って行く時に x の親 p を保持する必要がある．木の底に達した時に p が新しい節点をさすようにする．

```
void STinsert(Item item)
  { Key v = key(item); link p = head, x = p;
    if (head == NULL)
      { head = NEW(item, NULL, NULL, 1); return; }
    while (x != NULL)
      {
        p = x; x->N++;
        x = less(v, key(x->item)) ? x->l : x->r;
      }
    x = NEW(item, NULL, NULL, 1);
    if (less(v, key(p->item))) p->l = x;
                          else p->r = x;
  }
```

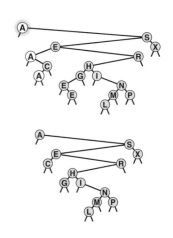

図 12.7　同じキーをもつ BST

同じ値のキーをもつレコードがあるとき（上の図），例えば，白ヌキの3つの A は木の中で分散しているように見える．同じ値のキーはすべてそのキーに対する根から外部節点への探索路上にあるので簡単に見つけられる．しかし"C の下にある A"というような紛らわしい表現を避けるために我々は相異なるキーだけを使うことにする（下の図）．

ることはアルゴリズムとデータ構造の理解を深める．

プログラム 12.7 の BST 関数は，同じキーをもつ項目を陽に調べることはしない．既に木に存在するキーと等しいキーをもつ新しい節点を挿入する時は，既に存在している節点の右に挿入する．このようにすることの副作用は，同じキーをもつ節点が一塊まりにならないことである（図 12.7 参照）．しかし，同じキーをもつすべての項目は，STsearch が終了した点から z に至るまで探索を続けるだけで見つけることができる．同じキーをもつ項目が複数ある場合の処理方法は，9.1 節でも述べたように，他にもいろいろとある．

BST は，クイックソートと双対的である．木の根が，クイックソートにおける分割要素に対応している（より大きいものは右側で，より小さいものは左側にある）．12.6 節では，このことが木の諸性質の解析とどのように関係するかを見る．

練習問題

▷ **12.44** はじめ空な木にキー E A S Y Q U T I O N をこの順で挿入した時の2分探索木を描け．

▷ **12.45** はじめ空な木にキー E A S Y Q U E S T I O N をこの順で挿入した時

の2分探索木を描け．

▷ 12.46 BSTを使って，はじめ空な表にキーＥＡＳＹＱＵＥＳＴＩＯＮをこの順で挿入するのに必要なキーの比較回数を与えよ．各キーに対して *search* が実行され，不成功の時はプログラム12.2と同様に挿入が行なわれるものとする．

○ 12.47 はじめ空な木にキーＡＳＥＲＨＩＮＧＣを挿入すると図12.6の一番上の木がえられる．同じ木を作るキーの挿入順を10通り与えよ．

12.48 2分探索木（プログラム12.7）に対して関数STsearchinsertを実現せよ．

▷ 12.49 BSTにおいて，与えられたキーと同じキーをもつ項目の個数を返す関数を書け．

12.50 2分探索木で，キーのアクセス頻度が前もって見積もられるとする．キーをアクセス頻度の昇順でキーを挿入すべきか，降順で挿入するべきか？あたなの答えについて説明せよ．

12.51 同じキーをもつ項目を，木の節点にぶら下がるリンクリストとしてもつようにプログラム12.7のBSTを修整せよ．*search* が（同じ探索キーをもつすべての項目に対して）*sort* のように働くようにインタフェースを変更せよ．

12.52 プログラム12.9の非再帰的な挿入手続きは，pのどのリンクを新しい節点と入れ替えるかを決めるために無駄な比較をしている．リンクへのポインタを使ってこの比較をしないプログラムを与えよ．

12.6 BSTの性能特性

2分木上でのアルゴリズムの実行時間は，木の形に大きく依存する．最良の場合には，木は完全に平衡して，根と各外部節点の間にほぼ $\lg N$ 個の節点が存在する．最悪の場合には，探索路上の節点が N 個になることもある．

探索時間はほぼ対数時間になることが期待される．最初に挿入される要素が根となるので，N 個のキーがランダムに挿入されるとすると，根の要素はキーを（平均的に）半分に分ける．部分木にもこの議論を用いると，探索時間はほぼ対数時間になることが導かれる．実際，同じキー集合に対して，2分探索法での比較構造を示すために与えた木と同じ木が作られることもありうる（練習問題12.55参照）．それはこのアルゴリズムにとって最良の場合であって，すべての探索が対数時間であることが保証される．入力列が完全にランダムな場合には，どのキーも同じ確率で根になりうるので，完全に平衡した木になることはごくまれであり，挿入のたびに，木を完全に平衡させるのは容易でない．それで

BST の性能特性 §12.6

も，キーがランダムに挿入されると，非常に偏った木になることもまれで，平均的には，木はうまい具合に平衡する．本節では，このことを量的に示す．

特に，5.5 節で述べた 2 分木の道長や高さは BST における探索コストと直接的に関係している．高さは，探索の最悪コストであり，内部道長は成功探索のコストと直接的に関係しており，外部道長は不成功探索のコストと直接的に関係している．

性質 12.6 N 個のランダムなキーから生成された 2 分探索木では，1 回の成功探索につき，平均約 $2 \ln N \approx 1.39 \lg N$ 回の比較を必要とする．

12.3 節でも議論したように，連続する eq と less 操作は 1 つの比較操作と見なす．ある節点で終わる成功探索に要する比較回数は，"根からその節点までの距離 +1" である．そのような距離をすべての節点に関して加えると，木の**内部道長** (internal path length) がえられる．したがって，求めるものは，木の平均内部道長 +1 としてえられる．それは，既に馴染んだ議論で解析できる．N 個の節点からなる 2 分探索木の平均内部道長を C_N とすると，漸化式

$$C_N = N - 1 + \frac{1}{N} \sum_{1 \leq k \leq N} (C_{k-1} + C_{N-k})$$

がえられる ($C_1 = 1$)．$N-1$ の項は，根が他の $N-1$ 個の節点の路長を 1 だけ増加させることによる．残りの項は，根のキー（最初に挿入された）が k 番目に大きいものである確率は等しく，その時，左右の部分木は大きさ $k-1$, $N-k$ のランダム木であることによる．この漸化式は，7 章のクイックソートに対する漸化式とほとんど同じで，同じやりかたで上記の結果を簡単に導くことができる．■

性質 12.7 N 個のランダムなキーから生成された 2 分探索木では，1 回の不成功探索あるいは挿入につき，平均約 $2 \ln N \approx 1.39 \lg N$ 回の比較を必要とする．

N 個の節点の木で，ランダムにキーを探すと，$N+1$ 個の外部節点で

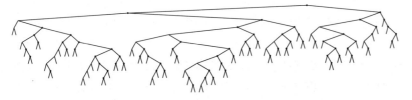

図 12.8 2 分探索木の例

はじめ空な木に約 200 個のランダムキーを挿入して作られたこの BST では，どの探索も 12 回以下の比較である．成功探索の平均コストは約 7 である．

不成功に終わる確率はどの外部節点でも等しい．このことと，外部道長と内部道長との差は丁度 $2N$ である（性質5.7を参照）ことから，上述のことが導かれる．BSTでは，挿入あるいは不成功探索での平均比較回数は，成功探索での平均比較回数より1多い．■

性質12.6はランダムなキーに対する探索コストが，BSTでは，2分探索よりも約39%高いことが期待されることを示している．しかし，性質12.7は，その余分なコストは充分価値があることを示している．というのは，ほぼ同じコストで，2分探索法にはない柔軟さで，新しいキーの挿入ができるからである．

図12.8は，キーのランダムな長い列から作られた大きな2分探索木である．短い道も，長い道もあるが，かなりよく平衡した木といえる．どの探索でも比較は12回より少なく，2分探索法の5.55回に対して，成功探索の平均比較回数は7.06である．

性質12.6と12.7は，平均性能であって，キーの挿入順がランダムであることに依存している．そうでない時には，このアルゴリズムの性能がかなり悪くなることがある．

性質12.8 N 個のキーからなる2分探索木での探索は，最悪の場合には，N 回の比較が必要となる．

図12.9と12.10は最悪の場合の2分探索木の2つの例である．これらの木では，一方向リスト上の逐次探索と変わらなくなる．■

したがって，BSTで実現した記号表のよい性能は，キーがランダムなキーに充分近くて，できる木には長いパスがそれほど多くないということに依存する．さらに，実際にこのような最悪の場合が起らないこともない．それは，標準のアルゴリズムを使って，はじめ空な木にキーを正順あるいは逆順に挿入した時に生じる．そのようなことにならないようにと陽に注意を払わないと，やってしまいそうなことである．13章では，この最悪の場合がほとんど生じないようにする技法とそれを完璧に除去する技法を調べる．それは，木を最適な場合の木のようにし，すべての道の長さを対数的にする．

これまで述べてきた記号表の実現のうち，ほかのものはどれも，膨大な数のランダムなキーを挿入してから各キーを探索するような仕事には使えない．12.2節から12.4節で述べた方法はどれも，このような仕事の場合，計算時間が2乗になってしまう．また，2分木中の節点への平均距離は，木の節点数の対数に比例することを解析が示している．すぐ

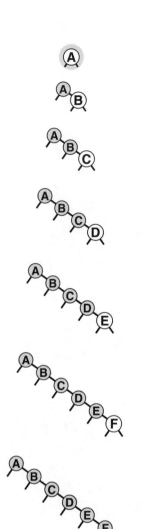

図12.9 最悪の場合の2分探索木

BSTにキーが昇順に挿入されると，一方向リストと同じ形に縮退する．その結果，木の生成は2乗時間，探索は線形時間となる．

間接的2分探索木 §12.7

にわかるように，このことによって，探索，挿入そして他の ADT 操作が混ざっている場合も効率よく処理する柔軟性がえられる．

練習問題

▷ **12.53** 与えられた BST における探索での最大比較回数（木の高さ）を計算する再帰的プログラムを書け．

▷ **12.54** 与えられた BST における成功探索で必要な平均比較回数（木の内部道長を N で割ったもの）を計算する再帰的プログラムを書け．

12.55 はじめ空な BST にキー集合 E A S Y Q U E S T I O N を挿入して作られる木が，2分探索と同値となる入力系列を与えよ．ここで，同値とは，BST 中の任意のキーに対する探索でなされる比較の系列が，同じキーの集合に対する2分探索でなされる比較の系列と同一であるということを意味する．

○ **12.56** はじめ空な BST にキー集合を挿入して，2分探索と同値な木を生成するプログラムを書け，同値の意味は練習問題 12.55 に述べたものである．

12.57 はじめ空な木に $N(2 \leq N \leq 5)$ 個のキーを挿入した時にえられる木で構造的に異なっている木をすべて描け．

● **12.58** 練習問題 12.57 のそれぞれの木が，はじめ空な木に N 個の相異なる要素を挿入した結果である確率を求めよ．

● **12.59** N 個の節点をもつ2分木で高さが N であるものはいくつあるか？はじめ空な木に N 個の異なるキーを挿入した時，高さが N となる挿入の仕方は何通りか？

○ **12.60** 任意の2分木において，外部道長と内部道長の差は $2N$ であることを帰納法を用いて示せ（性質5.7参照）．

12.61 はじめ空な木に N 個のキーを挿入してえられる2分探索木での比較回数の平均と標準偏差を，成功探索と不成功探索について実験的に調べよ．ただし，$N = 10^3, 10^4, 10^5, 10^6$ とする．

12.62 はじめ空な木に N 個のキーを挿入して t 個の BST を生成し，木の高さの最大値（t 個の木において成功探索で必要となる最大比較回数）を計算するプログラムを書け，ただし，$N = 10^3, 10^4, 10^5, 10^6$，$t = 10, 100, 1000$ とする．

12.7 間接的2分探索木

多くの応用では，項目を移動せずに，項目を見つけやすくする探索構造がほしくなる．例えば，キーをもつ項目の配列がある時，あるキーと合致する項目の添字を与える探索ルーチンが必要である場合，あるいは，与えられた添字の項目を探索構造中からは削除しても，他の目的のためにそれを配列中に残しておくような場合などがあろう．9.6節で

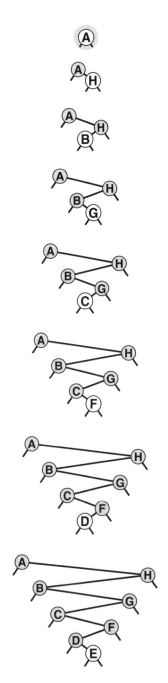

図 12.10 最悪な2分探索木のもう1つの例

この例のように縮退した BST となるキーの挿入順は他にも多くある．しかし，キーがランダムな順に挿入された BST はよくバランスする．

は，優先順位キューで，クライアントの配列中のデータを間接的に参照する索引項目を使うことの利点について述べた．記号表の場合は，同じ考えがよく知られている**索引**（index）を導く．それは項目の集合の外の探索構造で，与えられたキーをもつ項目へのすばやい呼出しを提供する．16章では，項目あるいは索引までもが外部記憶中にある場合を考える．この節ではしばらくの間，項目も索引も内部記憶中にある場合について考える．

9.6節で間接的ヒープを用意した時とまさに同じやりかたで，索引を作るように2分探索木を修整することができる．配列の添字をBSTの項目として使用し，keyマクロを通して項目からキーが取り出せるようにすればよい．例えば，

```
#define key(A) realkey(a[A]).
```

とする．このやりかたを拡張して，3章でリンクリストに対して行なったように，並列配列を使用することもできる．キー，左リンク，右リンクのためにそれぞれ1つずつ合計3つの配列を使う．リンクは配列の添字（整数）で，

```
x = x->l
```

のようなリンクによる参照は，

```
x = l[x].
```

のような配列への参照となる．このやりかたは，メモリの動的割当てのためのコストを避けることができる．項目は，探索関数とは無関係に配列におかれる．そして，木のリンクを保持するために各項目に2つの整数を前もって割り当てる．すべての項目を探索構造中におく時は，少なくともこの量のメモリが必要である．リンクのためのメモリは必ずしも使用されるわけではないが，割当てのための時間的オーバヘッドなしに探索するためにある．このやりかたのもう1つの重要な特徴は，木の操作のコードを全く変更しないで，別の配列（各節点に関する追加情報）を追加することができることである．ある項目への添字が探索ルーチンによって返されると，その添字を使って適当な配列へアクセスすることによって，その項目に関するすべての情報を直ちに参照することができる．

このように2分探索木を実現して，大きな項目配列を探索しやすくする方が適切な応用も多い．というのは，ADTの内部表現中にキーをコピーするという余分な手間が省けるし，記憶領域の割付け機構mallocのオーバヘッドも省けるからである．メモリが貴重で，記号表が目に見えて大きくなったり小さくなったりする時に，特に表の最大サイズが前もって予測できない時には，配列を使うのは適当でない．サイズが正確に予測できないと項目配列中で使用されないリンクが無駄な空間となる

こともある．

索引付けの重要な応用の1つは，テキスト文字列でのキーワード探索である（図12.11参照）．プログラム12.10はそのような応用の一例である．それは，外部ファイルからテキスト文字列を読み込む．テキスト文字列の各場所によって，そこからはじまり文字列の最後まで続く文字列キーを定義するものと見なして，プログラム6.11の文字列-項目型の定義と同じように文字列ポインタを使って，すべての文字列キーを記号表に挿入して索引を作る．それから，標準入力から問合せの文字列を読み込み，テキスト中で問合せ文字列が見つかった場所を出力する（あるいはnot foundを出力する）．

BSTを生成するのに使われる文字列キーの長さは任意であるが，それへのポインタだけをもち，ある文字列が他の文字列よりlessであるかの判定に必要な文字だけを調べる．どの文字列も等しくはない（長さはすべて異なっている）が，eqを2つの文字列の一方が他方の接頭辞

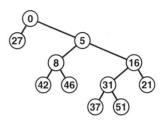

```
 0 call me ishmael some...
 5 me ishmael some year...
 8 ishmael some years a...
16 some years ago never...
21 years ago never mind...
27 ago never mind how l...
31 never mind how long...
37 mind how long precis...
42 how long precisely h...
46 long precisely havin...
51 precisely having lit...
   ...
```

図12.11 テキスト文字列への索引付け

文字列の索引付けの例．テキスト中の各語からはじまるものを文字列キーと定義する．BSTを生成し，文字列の添字でキーを呼び出す．キーは原則的には任意の長さを取りうるが，実際には，先頭のほんの少しの文字列が調べられるのが普通である．例えば，句never mindがテキスト中にあるかどうかを見るには，根でcall…（文字列添字は0）と比較し，根の右の子節点（文字列添字は5）でme…と比較する．次に，その節点の右の子節点（文字列添字は16）でsome…と比較し，その節点の左子節点（文字列添字は31）でnever mindを見つける．

プログラム12.10　テキスト文字列への索引付けの例

このプログラムでは，Item.hでkeyTypeとitemTypeをchar*として定義し，文字列キーに対してlessとeqをstrcmpを使って定義する（本文参照）．#include文（と<string.h>）は，プログラム12.2と同様に省略されている．主プログラムは，指定されたファイルからテキスト文字列を読み込み，記号表を使って，テキスト文字列の各文字からはじまるものとして定義される文字列から索引を作る．標準入力から問合せの文字列を読み込み，テキスト中で問合せ文字列が見つかった場所を出力する（あるいはnot foundを出力）．記号表をBSTで実現すると，巨大な文字列に対しても探索が速い．

```c
#define null(A) (eq(key(A), key(NULLitem)))
static char text[maxN];
main(int argc, char *argv[])
  { int i, t, N = 0; char query[maxQ]; char *v;
    FILE *corpus = fopen(*++argv, "r");
    while ((t = getc(corpus)) != EOF)
      if (N < maxN-1) text[N++] = t; else break;
    text[N] = '\0';
    STinit(maxN);
    for (i = 0; i < N; i++) STinsert(&text[i]);
    while (gets(query) != NULL)
      if (!null(v = STsearch(query)))
          printf("%11d %s\n", v-text, query);
      else printf("(not found) %s\n", query);
  }
```

の時2つは等しいと見なすと修正すれば，記号表を使って与えられた問合せ文字列がテキスト中にあるかを調べることができる．ただ単にSTsearchを呼び出せばよい．プログラム12.10は，標準入力から問合せの系列を読み込み，STsearchを使って各問合せがテキスト中にあるかを決定し，問合せが最初に出現した場所を出力する．記号表をBSTで実現すれば，性質12.6から，探索がおよそ$2N \ln N$の比較であることが期待される．例えば，一度索引を作ってしまえば，約100万文字からなるテキスト（例えば小説Moby Dick）中の任意の句を約30回の文字列比較で見つけることができる．この応用は，添字付けと同じである．というのは，Cの文字列ポインタは，文字列配列への添字と同じであるからである．pがtext[i]をさしているとすると，2つのポインタの差p-textはiである．

実際の応用において索引を作る時に考えなければならない問題が他にもたくさんある．文字列キーの特有の性質を利用してアルゴリズムの高

表 12.2　記号表の実験

この表は，記号表を生成する時間と，各キーに対する探索時間とを相対的に示している．BSTは探索と挿入が速い．他の方法はどれも2つ作業のどちらかに対して2乗時間が必要である．2分探索は，一般にBST探索より少し速いが，表が前もって整列されていなければ巨大なファイルに対しては使えない．BSTの標準的な実現では，木の各節点ごとにメモリが割り当てられる．一方，添字を用いる実現では，木全体に対して前もってメモリが割り当てられ（それは生成のスピードを上げる），ポインタの代わりに配列の添字が使われる（それは探索のスピードを落とす）．

N	生成					成功探索				
	A	L	B	T	T*	A	L	B	T	T*
1250	1	5	6	1	0	6	13	0	1	1
2500	0	21	24	2	1	27	52	1	1	1
5000	0	87	101	4	3	111	211	2	2	3
12500		645	732	12	9	709	1398	7	8	9
25000		2551	2917	24	20	2859	5881		15	21
50000				61	50				38	48
100000				154	122				104	122
200000				321	275				200	272

説明：
- A　整列していない配列（練習問題12.18）
- L　整列しているリンクリスト（練習問題12.19）
- B　2分探索（プログラム12.6）
- T　標準の2分探索木（プログラム12.7）
- T*　配列を用いた2分探索木（練習問題12.64）

速化ができる．文字列探索に対するより凝った方法や文字列キーに対して有用な機能をもつ索引を準備するための方法は第6部（本書の続巻）の主要な話題である．

表12.2は，解析的に調べてきたことを支持する実験結果を示している．また，ランダムキーからなる動的な記号表に対してBSTが有用であることも示している．

練習問題

12.63 プログラム12.7のBSTを，記憶割当てでなく，項目の添字配列を使うように修整せよ．あなたのプログラムを通常の実現と比較せよ．そのとき練習問題12.21か12.22のドライバを使え．

12.64 プログラム12.7のBSTを，並行配列を使ってクライアント項目ハンドルをもつ一級記号表ADTをサポートするように修整せよ．通常の実現とあなたのプログラムと性能を比較せよ．そのとき練習問題12.21か12.22のどちらかのドライバを使え．

12.65 BSTを表わす次のアイデアを使って，プログラム12.7のBSTを修整せよ．キーをもつ項目の配列とリンク（項目毎に1つ）の配列を木の節点に保持する．BSTの左リンクは節点中の配列の次の位置への移動に対応し，右リンクは他の節点への移動に対応する．

○**12.66** プログラム12.10の索引構成部での文字比較の回数が，文字列の長さの2乗になるようなテキスト文字列の例を挙げよ．

12.67 プログラム12.10の文字列索引の実現を修整して，語の端から始まるキーのみを用いて索引を作るようにせよ（図12.11参照）．（例えば小説Moby Dickの場合，この変更は索引のサイズを5倍以上削減する．）

○**12.68** プログラム12.10で，文字列ポインタの配列上の2分探索を用いるものを実現せよ．練習問題12.36で述べた実現を用いよ．

12.69 N文字からなるランダムなテキスト列に対する索引を作るための実行時間を，練習問題12.68のあなたのプログラムとプログラム12.10とで比較せよ．ただし，$N = 10^3, 10^4, 10^5, 10^6$とし，各索引に対して1000回の成功探索を行なえ．

12.8 根への挿入

BSTの標準的な実現では，すべての新しい節点の挿入は木の底で行なわれ，ある外部節点と交換される．このようにしなければならないというわけではない．単に自然な再帰的な挿入アルゴリズムの結果である．この節では他の挿入法を考える．新しい項目は根に挿入される．最も新しく挿入された節点は木の"トップ"にある．このようにして作られる木には面白い性質がある．この方法を考える主な理由は，それが

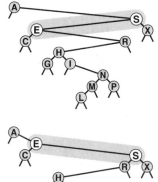

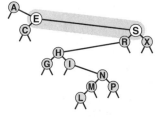

図12.12 BSTにおける右回転

上図のBSTのSで右回転を行なった結果（下図）を示している．Sを含む節点は下に移動し，回転前に左の子節点であった節点の右子節点となる．

Sの左リンクから新しい根Eへのリンクを取得し，Eの右リンクをSの左リンクにコピーして，Eの右リンクがSをさすようにし，AからSへのリンクがEをさすようにして回転が完了する．

回転の結果，Eとその左部分木は1レベル上り，Sとその右部分木は1レベル下がる．

13章で述べる改良されたBSTアルゴリズムにおいて本質的な役割を果たすからである．

挿入される項目のキーが根にあるキーより大きいとする．まず新しい項目を新しい根におく．そして古い根を左部分木とし，古い根の右部分木を右部分木とする．しかし，右の部分木には新しい根のキーより小さいキーがあるかもしれないので，挿入を完成させるにはさらに作業が必要である．同様に，挿入される項目のキーが根のキーより小さくて根の左部分木中のどのキーよりも大きい時は新しい項目を根においた新しい木を作る．ただし，より大きいキーが左部分木中にある時は余分な作業が必要である．小さいキーをもつすべての節点を左部分木に移し，より大きいキーをもつすべての節点を右部分木に移すということは一般に複雑な変換のように思われる．というのは，移動される節点が挿入される節点への探索路に沿って散らばっているかもしれないからである．

幸い，この問題に対する簡単な再帰的解がある．それは木に対する基本的変換である**回転**（rotation）に基づいている．本質的に，回転は根と根の子節点の1つとその役割を交換する．その時キーの間の順序関係を保存する．**右回転**（right rotation）には根と左の子節点が関係する（図12.12参照）．右回転は根を右側におく．本質的には根の左リンクを反転する．回転の前はそれは根から左の子へ向いている．回転後は左の子（新しい根）から古い根（新しい根の右の子）へ向いている．込み入った部分は，左の子の右リンクを古い根の左リンクへコピーすることである．このリンクは，回転に関係する2つの節点のあいだのキーをもつすべての節点をさす．最後に，古い根へのリンクは新しい根をさすように変更される．**左回転**（left rotation）は，上述の記述で"右"と"左"をすべて入れ換えたものである（図12.13参照）．

回転は，3つのリンクと2つの節点だけが関係する局所的な変更である．回転によって，BSTを探索に使えるようにしている順序関係を保って節点を移動することができる（プログラム12.11）．我々は木の平衡を保つために回転操作を使う．12.9節では，回転操作を使って delete, join とその他のADT操作を実現する．13章では，それらを使って，準最適な性能を保証する木を構成する．

回転操作を使うと，根への挿入を素直に再帰的に実現できる．新しい項目を適当な部分木に再帰的に挿入し（再帰操作が終了した時，それをその木の根におく），回転によってその根を全体の根にする．図12.14に例を示す．プログラム12.12はこの方法の直接的な実現である．このプログラムは，再帰の威力をよく示す例である．納得できない読者は練習問題12.73を解いてみるとよい．

図12.15と12.16は，根への挿入法を使って，はじめ空であった木に

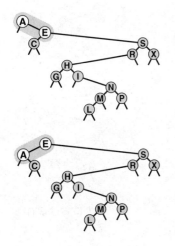

図12.13 BSTにおける左回転

上の図のBSTのAで左回転を行なった結果（下の図）を示している．Aを含む節点は下に移動し，回転前に右の子節点であった節点の左子節点となる．

Aの右リンクから新しい根EへのリンクをEの左リンクをAの右リンクにコピーして，Eの左リンクがAをさすようにし，AへのリンクをEさすようにして回転が完了する．

根への挿入 §12.8

> **プログラム 12.11 BST における回転**
>
> これらの双子のルーチンは BST に対する回転操作を行なう．右回転は古い根を新しい根（古い根の左子節点）の右部分木にする．左回転は古い根を新しい根（古い根の右子節点）の左部分木とする．節点にカウント欄（計数フィールド）を保持する実現（例えば 12.9 節で見るように *select* をサポートするため）の場合は，回転に関係する節点のカウント欄の交換も必要である（練習問題 12.72 参照）．
>
> ```
> link rotR(link h)
>   { link x = h->l; h->l = x->r; x->r = h;
>     return x; }
> link rotL(link h)
>   { link x = h->r; h->r = x->l; x->l = h;
>     return x; }
> ```

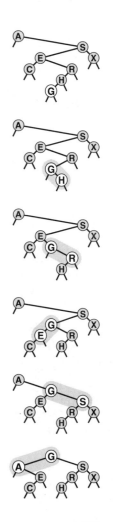

図 12.14 BST への挿入

挿入後に（再帰的に）回転を行なって，最上段の BST に G を挿入した時の経過．新しく挿入された G は根にある．この処理は，まず G を挿入し，その後で回転の列を実行して G を根へもって行くのと同値である．

キーを挿入していった時に BST が作られる様子を示している．キーの列がランダムならば，このようにして作られる BST は，通常の方法で作られる BST と同じ確率的性質をもつ．例えば，性質 12.6 と 12.7 は成り立つ．

実際，根への挿入法の利点の 1 つは最近挿入されたキーがトップにあることである．最近挿入されたキーに対する成功探索のコストは，標準の方法よりも低いことが期待される．この性質は重要である．というのは，多くの応用では，まさに *search*, *insert* が動的に混ざるからである．記号表が非常に多くの項目を含んでいるかもしれないが，探索の大部分が最近挿入されたものに対する参照ということもある．例えば商用のトランザクション処理では，アクティブなトランザクションは，先頭の近くにとどまり，失われた古いトランザクションを呼び出すことなく，すばやく処理される．根への挿入法は，これと似たような性質をデータ構造に与える．成功探索の時に見つけられた節点を根にもっていくように *search* 関数を変更すると，よく呼び出される節点を木の根の近くにおく自己組織的探索法がえられる（練習問題 12.26 参照）．13 章では，このアイデアを組織的に適用して高速な性能を保証する記号表を実現する．

この章でふれたいくつかの方法でもそうであるように，根への挿入法と標準の挿入法の実際の応用における性能について正確に述べることは難しい．性能は記号表の諸操作の混ざり具合に依存しており，混ざり具合を解析的に特徴づけることは難しい．アルゴリズムを解析できないからといって，最近挿入されたデータがよく捜されるということを知っている時に，根への挿入法を使うことを思いとどまることにはならない．

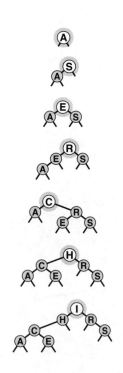

図12.15 根への挿入による BST の生成

この系列は，はじめ空な BST にキーの列 A S E R C H I を挿入した結果を示している．ただし，根への挿入法を用いる．各キーは根におかれ，正しい BST となるように探索路に沿ってリンクを変更する．

我々は正確な性能保証を常に探求している．13章ではこのような保証を与える BST を構成する方法に焦点を当てる．

練習問題

▷ **12.70** はじめ空な木にキー E A S Y Q U E S T I O N を挿入してえられる BST を描け．ただし，根への挿入を用いる．

12.71 はじめ空な木に根への挿入法を用いて挿入する時，必要な比較回数が最大となる10個のキー（A から J）の列を与えよ．比較回数を示せ．

12.72 回転の後に変更が必要となるカウント欄を適切に修正するようにプログラム 12.11 に必要なコードを追加せよ．

○ **12.73** 非再帰的な根への挿入関数を実現せよ（プログラム 12.12 参照）．

12.74 はじめ空な木に N 個のキーを挿入してえられた2分探索木に対して，後の方で挿入された $N/10$ 個のキーに対する N 回のランダム探索を実行し，比較回数の平均と標準偏差を，成功探索と不成功探索について実験的に調べよ．ただし，$N=10^3, 10^4, 10^5, 10^6$ とする．標準の挿入法と根への挿入法に対して実験し，その結果を比較せよ．

12.9 他の ADT 関数の BST による実現

12.5節で基本関数 *search*, *insert*, *sort* を2分探索木を用いて実現したが，それらはごく簡単であった．本節では，*select*, *join*, *delete* の実現法について考える．この内，*select* は，自然な再帰的実現法があるが，他のものは，実現しにくく，性能も問題になることがある．*select* 操作は重要である．というのは，多くの応用において，他の競合する構造よりも BST が選ばれる理由の1つは，*select* と *sort* を効率よくサポートできるからである．*delete* 操作を避けるために BST の使用を避けるプログラマもいる．本節では，これらの操作を結合し，12.8節の根への回転技法を用いるコンパクトな実現法を調べる．

一般に操作は木の中の道を下る操作を含む．したがって，ランダム BST ではコストが対数的であることを期待する．しかし，木に対していろいろな操作が実行されても，BST がランダムでありつづけることを当然と思うことはできない．この問題については本節の最後でまたふれる．

操作 *select* を実現するために，7.8節で述べたクイックソートに基づく選択法と同様な再帰的方法を用いる．ここでは，7.8節と同様に，添字はゼロから始まる．例えば，4番目に小さいキーをえるには $k=3$ とする．項目が配列上で整列しているとすれば，それは a[3] にあるだろ

うから．この約束に従ってインタフェースを設計するべきと考えるC
プログラマもいるだろうし，最小のものを0番目，次に小さいものを1
番目とよぶのは紛らわしいと思うプログラマもいるだろう．したがっ
て，この問題は，応用ごとに，それぞれのやりかたで解決してもらうこ
とにする．さて，BST中の k 番目のキーを見つけるには，左部分木中
の節点の個数を調べればよい．$k-1$ 個ならば，根にある項目を返せば
よい．k 個より多ければ，左部分木で k 番目のキーを（再帰的に）探
せばよい．そのどちらでもない時は，左部分木中のキーは $t\,(<k-1)$
個で，k 番目のキーは右部分木の中で $(k-t-1)$ 番目のキーである．プ
ログラム12.13はこの方法の直接的実現である．関数の実行は高々1回
の再帰呼出しで終了するので，非再帰版は直ちにえられる（練習問題
12.75参照）．

BSTの節点にカウント欄を含める第一の理由は *select* を実現するた
めである．そうすると *count* 操作を簡単に実現できる（根のカウント
欄の値を返す）．13章では他の利用法を見る．カウント欄をもつことの
欠点は，木の各節で余分なメモリを使うことと木を変形する関数はカウ
ント欄を更新しなければならないことである．*insert* と *search* が主要
な操作である応用ではカウント欄をもつ価値はないかもしれない．しか
し動的な記号表において *select* 操作をサポートすることが重要な時は，
それは小さな代償であろう．

この *select* 操作の実現法を *partition* 操作に変更することができる．
12.8節で根への挿入法で使ったのと全く同じ再帰的技法を使って，k

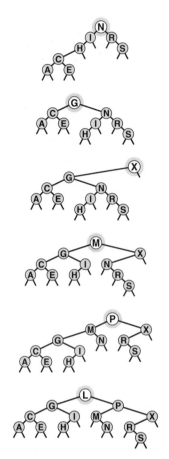

図 12.16　根への挿入による
　　　　　BSTの生成（続
　　　　　き）

図12.15のBSTにさらに
キーNGXMPLを追加した
時の経過を示す．

プログラム 12.12　BSTの根への挿入

プログラム12.11の回転関数を使うと，BSTの根に新しい節点を挿入
する再帰的関数が直ちにえられる．適当な部分木の根に新しい項目を挿
入し，適当な回転を行なってそれを木全体の根にもって行く．

```
link insertT(link h, Item item)
  { Key v = key(item);
    if (h == z) return NEW(item, z, z, 1);
    if (less(v, key(h->item)))
      { h->l = insertT(h->l, item); h = rotR(h); }
    else
      { h->r = insertT(h->r, item); h = rotL(h); }
    return h;
  }
void STinsert(Item item)
  { head = insertT(head, item); }
```

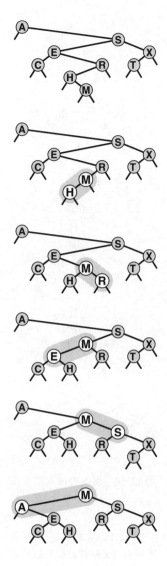

図 12.17　BST の分割

例の BST（上段の図）を中央値のキーで分割した結果（一番下の図）．根への挿入と同様の仕方で回転を（再帰的に）使う．

プログラム 12.13　BST を用いた選択

再帰的な関数 selectR は BST 中の k 番目のキーをもつ項目を探す．添字は 0 からはじまる．例えば最小のキーをもつ項目を探す時は $k=0$ とする．このコードでは，各節点は N 欄にその部分木のサイズを保持する．配列におけるクイックソートに基づくプログラム（プログラム 9.6）と比較せよ．

```
Item selectR(link h, int k)
  { int t;
    if (h == z) return NULLitem;
    t = (h->l == z) ? 0 : h->l->N;
    if (t > k) return selectR(h->l, k);
    if (t < k) return selectR(h->r, k-t-1);
    return h->item;
  }
Item STselect(int k)
  { return selectR(head, k); }
```

プログラム 12.14　BST の分割

再帰的呼出しの後に回転を付け加えると，プログラム 12.13 の選択関数は選択された項目を根におく関数になる．

```
link partR(link h, int k)
  { int t = h->l->N;
    if (t > k )
      { h->l = partR(h->l, k); h = rotR(h); }
    if (t < k )
      { h->r = partR(h->r, k-t-1); h = rotL(h); }
    return h;
  }
```

番目の要素が根にくるように木を変える．部分木の根に望む節点を（再帰的に）おけば，1 回の回転でその節点を全体の根にすることができる．プログラム 12.14 はこの方法を実現したものである．回転と同様に分割も ADT 操作ではない．というのは，それは特定の記号表の表現を変換する関数であり，クライアントに透明でなければならないからである．むしろ ADT 操作を実現したり，効率をよくしたりするために使われる外部ルーチンである．図 12.17 は図 12.14 と同様に，この処理が根から望みの節点への道を下っていき，回転を実行しながらさかのぼり，その節点を根へもっていくことと同値であることを示している．

他のADT関数のBSTによる実現 §12.9

与えられたキーをもつ節点をBSTから削除する時は，まずどの部分木にその節点があるかを調べる．ある場合には，その部分木の代わりに，それからその節点を（再帰的に）削除した結果の木をおく．削除される節点が根の場合は2つの部分木を1つにした木と置き換える．この結合を実行するやりかたはいくつかある．1つのやりかたを図12.18に示す．その実現はプログラム12.15に与えられている．2番目のBST中のキーはすべて1番目のBST中のすべてのキーより大きいことがわかっている場合，2つのBSTを結合するには，2番目の木に *partition* 操作を適用し，その木の最小の要素を根にもってくる．この時点では根の左部分木は空でなければならない（さもないと根にあるものより小さい要素があることになってしまう——矛盾）．そしてそのリンクを1番目の木へのリンクと置き換えて作業は終了する．図12.19は，例の木における削除の例を示している．それは起こりうるいくつかの場合を示している．

このやりかたは非対称的で，ある意味で特別なものである．なぜ，1番目の木の最大のキーでなくて，新しい木の根として2番目の木の最小

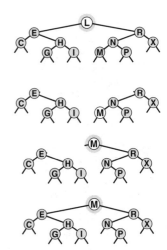

図12.18　BSTの根の削除

最上段のBSTの根を削除した結果（一番下の図）．まず，根を除去して，2つの部分木をえる（上から2番目の図）．右部分木を分割して右部分木中の最小のキーを根におく（上から3番目の図）．左リンクは空の部分木をさす．最後に，このリンクを初めの木の左部分木へのリンクと置き換える（一番下の図）．

プログラム12.15　与えられたキーをもつ節点の削除（BST）

このプログラムは，キー v をもつ節点で最初に出会う節点を削除する．下に向かって行きながら，削除される節点が根になるまで，適当な部分木に対して再帰的に呼び出される．それから，その節点をその節点の2つの部分木を結合した木と置き換える．右部分木中で最小のキーが根となり，その左リンクは左部分木をさす．

```
link joinLR(link a, link b)
  {
    if (b == z) return a;
    b = partR(b, 0); b->l = a;
    return b;
  }
link deleteR(link h, Key v)
  { link x; Key t = key(h->item);
    if (h == z) return z;
    if (less(v, t)) h->l = deleteR(h->l, v);
    if (less(t, v)) h->r = deleteR(h->r, v);
    if (eq(v, t))
      { x = h; h = joinLR(h->l, h->r); free(x); }
    return h;
  }
void STdelete(Key v)
  { head = deleteR(head, v); }
```

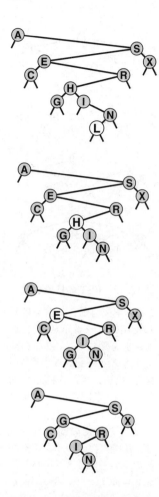

図12.19 BSTの節点の削除

一番上のBSTから，キーL，H，Eを持つ節点を削除した結果．Lは底にあるので，除去するだけでよい．Hは右の子節点Iと置き換えればよい（Iの左の子節点は空なので）．Eはその後続節点Gと置き換えられる．

のキーを使うのか？ すなわち，なぜ，削除する節点を，木の中央順走査で直前の節点ではなく，次の節点で置き換えるのか？ 他のやりかたも考えられる．例えば，削除される節点の左リンクが空ならば，右部分木中の最小キーをもつ節点を使うのではなく，右の子節点を新しい根とする．基本的な削除手続きに対する似たような修整法がいろいろと提案されている．不幸なことに，どれにも同じような欠点がある．たとえ削除前はランダムでも，削除後の木がランダムでない．さらに，ランダムな挿入・削除が非常に多数回行なわれるような状況下でプログラム12.15を使うと，木の平衡が少しくずれる（木の平均高さが $\sqrt{N}$ に比例する）ことが証明されている（練習問題12.81参照）．

削除のプログラムが探索のプログラムよりかなり複雑になってしまうということは，探索アルゴリズムではよくあることである．キーそのものはデータ構造にとって不可欠なものであるし，キーの削除は複雑な修復を必要とすることがある．もう1つの削除の方法は，**遅延削除**（lazy deletion）とよばれているもので，この方が適切なこともよくある．その場合，節点はデータ構造中に残したままにして，後の探索のために"削除された"という印をつけておく．プログラム12.7では，そのような節点に対するチェックをしない．"削除された"節点が多くなって，処理時間と記憶領域を空費することにならないようにする必要があるが，削除が少なければ，このコストは問題でないことがわかる．将来の挿入時に，その方が都合のよい時（例えば，木の底の節点に対して挿入する時）には，印が付いている節点を再利用することもできる．他のやりかたとしては，データ構造全体を周期的に再構成して"削除された"節点を除くというのもある．これらの考察は，挿入と削除を含むデータ構造すべてに対して当てはまる．記号表に特有のことではない．

BSTを用いた一級記号表ADTの実現のために，ハンドルを使う *delete* と *join* の実現を考察してこの章を終わる．ハンドルはリンクであると仮定し，パッケージ化の問題は論じないで，2つの基本的なアルゴリズムに集中する．

与えられたハンドル（リンク）をもつ節点を削除する関数を実現する際の第一の難関は，リンクリストに対する時のものと同じである．削除される節点をさしているポインタ（データ構造中の）を変更することである．この問題に対する解決策は少なくとも4つある．第一は，各節点に第三のリンクを追加して，親節点をさすようにすることである．このやりかたの問題点は，これまでに何度か指摘してきたように，余分なリンクを維持することが面倒なことである．第二は，項目中のキーを探索に使用し，一致するポインタを見つけたら停止することである．このやりかたには，節点の平均的位置が木の底に近いので，木の中を不必要に

他の ADT 関数の BST による実現 　　　§12.9 　　　471

動かなければならないという問題が生じる．第三は，削除する節点への
ポインタをさすポインタをハンドルとして使用することである．この方
法は，C では1つの解ではあるが，他の多くの言語では解とはならな
い．第四は，削除された節点に印を付けて，周期的にデータ構造を再構
築するという遅延削除である．

　一級記号表 ADT に対する操作で考察すべき最後の操作は *join* 操作
である．BST による実現では，このことは2つの木をマージすること
に等しい．どのようにして2つの BST を1つにするのか？　これを行
なう様々なアルゴリズムが登場するが，それぞれ問題点がある．例え
ば，第一の BST をたどりながら，その節点を第二の BST に挿入する．
(このアルゴリズムは1行で書ける．第二の BST への STinsert を第
一の BST に対する STsort の visit 手続きとして使用する．) 各挿入
が線形時間となりうるので，この解は線形時間とはならない．もう1つ
のアイデアは，2つの BST を走査して，項目を1つの配列に入れて，
マージする．そして，新しい BST を生成する．この操作は線形時間で
できるが，配列が大きくなる可能性がある．

　プログラム 12.16 は，*join* 操作のコンパクトで線形時間の再帰的な
プログラムである．まず，根への挿入を使って，第一の BST の根を第
二の BST に挿入する．この操作は，この根より小さいことがわかって
いるキーをもつ2つの部分木と，この根より大きいことがわかっている
キーをもつ2つの部分木を与える．そこで前の組を（再帰的に）結合し
て根の左部分木とし，後者の組を結合して根の右部分木とすればよい！
各節点は再帰的呼出しの際に高々1回根となりうるので総時間は線形で
ある．例を図 12.20 に示す．削除と同様に，この処理は非対称でバラン
スの悪い木になることがあるが，ランダム化によって簡単に解決でき
る．このことは 13 章で見る．

　操作 *join* に必要な比較回数は，最悪の場合，少なくとも線形である．
もしそうでないとすると，ボトムアップ型マージソートのようなやり方
で $N \lg N$ より少ない比較回数の整列アルゴリズムがえられることにな
る（練習問題 12.85 参照）．

　操作 *join* と *delete* に対する変換では，BST の節点のカウント欄を保
持するためのコードを含めなかったが，*select*（プログラム 12.13）を
サポートする応用に対しては必要である．この作業は概念的には簡単で
あるが注意が必要である．1つの系統的なやりかたは，節点のカウント
欄をその子節点のカウント欄の和より1大きい値にセットする小さなユ
ーティリティルーチンを作り，リンクが変更された節点に対してそのル
ーチンを呼び出す．特に，プログラム 12.11 の rotL と rotR の節点に
対して行なう．それでプログラム 12.12 とプログラム 12.14 の変換に対

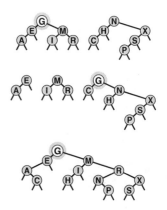

図 12.20　2 つの BST の結合

最上段の2つの BST を結
合した結果（一番下の図）．1
番目の木の根 G を，根への挿
入を用いて，2番目の木に挿
入する（2番目の図）．G より
小さいキーからなる2つの部
分木と，G より大きいキーか
らなる2つの部分木がえられ
る．2つの組を（再帰的に）
結合すると下の図の木がえら
れる．

しては充分である．というのは，回転だけで木を変換するからである．プログラム12.15のjoinLRとdeleteRおよびプログラム12.16のSTjoinに対しては，return文の直前で，返される節点に対して節点のカウント更新ルーチンを呼び出せばよい．

BSTに対する基本的な操作 *search*, *insert*, *sort* は実現が簡単で，操作の系列のランダムさがわずかでもうまく働くので，BSTは動的な記号表に対して広く使用されている．それは，この章の *select*, *delete*, *join* で見たように，また後に多くの例で見るように，他の操作をサポートする簡単な再帰的な解を与える．

その有用性にもかかわらず，BSTを実際に使う場合，2つの主な難点がある．その第一は，リンクのためにかなりの量のメモリが必要であることである．我々はしばしばリンクとレコードがほぼ同じサイズ（例えば1機械語）と見なす．その場合は，BSTでは割り当てられるメモリの3分の2をリンクに使い，3分の1をキーに使う．このことは，レコードが大きい応用ではそれほど重要ではないが，ポインタが大きい環境ではより重要である．メモリが貴重な時は，BSTを使うよりは14章の開番地法のどれかを選ぶ．

第二の欠点は木のバランスが悪くなり，性能劣化をきたす可能性がかなりあることである．13章では性能を保証するためのいくつかのやりかたを調べる．リンクのためのメモリが充分ならば，BSTを記号表

プログラム12.16　2つのBSTの結合

どちらかのBSTが空の時は，もう一方の木が結果の木となる．そうでない時は，1番目の木の根を新しい根として選び，2番目の木の根へ挿入する．それから，左部分木の組と右部分木の組とをそれぞれ（再帰的に）結合する．

```
link STjoin(link a, link b)
  {
    if (b == z) return a;
    if (a == z) return b;
    b = insertT(b, a->item);
    b->l = STjoin(a->l, b->l);
    b->r = STjoin(a->r, b->r);
    free(a);
    return b;
  }
```

ADTの実現の基礎に採用して，それらのアルゴリズムを使いたくなる．というのは，有用な多くのADT操作に対して速い性能を保証できるからである．

練習問題

▷ 12.75 非再帰的なBST *select* 関数を実現せよ（プログラム12.13参照）．

▷ 12.76 はじめ空な木に，ＥＡＳＹＱＵＴＩＯＮをキーとする項目を挿入した時にえられる木を描け．その後にＱを削除せよ．

▷ 12.77 はじめ空な木にＥＡＳＹをキーとする項目を挿入した時にえられる木を描け．もう1つのはじめ空な木に，キーＱＵＥＳＴＩＯＮをもつ項目を挿入せよ．その後2つの木を結合せよ．

12.78 非再帰的なBST *delete* 関数を実現せよ（プログラム12.15参照）．

12.79 BST（プログラム12.15）に対して，与えられたキーと同じキーをもつ節点をすべて削除する *delete* を実現せよ．

○ 12.80 クライアント項目ハンドルをもつ一級記号表ADTに対する *initialize, count, search, insert, delete, join, select, sort* 操作をサポートする記号表をBSTにより実現せよ．

12.81 ランダム挿入と削除を交互に繰り返す長い系列に対して，BSTの高さを求める実験を行なえ．ただし，$N=10, 100, 1000$ とし，各Nに対してN^2回の挿入削除を行なう．

12.82 削除した時に置き換える節点として先行節点か後続節点をランダムに選ぶSSTdeleteを実現せよ（プログラム12.15参照）．これに対して練習問題12.81で述べたのと同じ実験をせよ．

○ 12.83 根への挿入法のやりかたで（プログラム12.12），削除される節点を回転によって木の底に移動する再帰的な関数を使うSTdeleteを実現せよ．31個の節点をもつ完全木から根を削除した時にえられる木を描け．

○ 12.84 N節点のランダム木の根の部分木を結合してえられる木に，その根のある項目を再挿入するということを繰り返した時，BSTの高さがどのようになるかを実験せよ．$N=10, 100, 1000$とする．

○ 12.85 *join* 操作に基づくボトムアップ型マージソートを実現せよ．はじめにひとつの節点からなるN個の木にキーをおく．次に木を組にして2節点の木を$N/2$個作る．次に2節点の木を組にして4節点の木を$N/4$個作る，など．

12.86 新しい木の根として1番目の木の根を使うか2番目の木の根を使うかをランダムに決めるようなSTjoin（プログラム12.16参照）を実現せよ．

第13章　平　衡　木

　前章で述べた2分探索木のアルゴリズムは，広範囲の応用において非常にうまく働くが，最悪の場合の性能が悪いという問題がある．さらに重大なことには，利用者が注意していないとその悪い場合が実際に生じやすい．このことは，クイックソートの場合と同じように，困ったことに事実である．既に整列しているファイル，同じキーが数多くあるファイル，逆順になっているファイル，キーが大小交互に並んでいるファイル，あるいは，単純な構造をしている部分が大きいファイルは，BSTの生成の手間を2乗時間，探索の手間を線形時間にすることがある．

　理想的な場合には，図13.1の木のように完全に平衡した木を保持できる．この構造は2分探索に対応しており，すべての探索が $\lg N + 1$ より少ない比較回数で終了することを保証するが，動的な挿入と削除に対応することは高くつく．探索に対する性能保証は，すべての外部節点が同一あるいは1レベルだけ異なるレベルにあるような木に対して成り立つ．そのようなBSTは多くあるので，木をバランスさせる柔軟性がある．最適に近い木でもよいならば，さらに柔軟性が増す．例えば，高さが $2 \lg N$ より小さい木は非常に多くある．基準を緩めて，アルゴリズムがそのような木だけを作ることを保証できれば，最悪の場合の性能が悪くなることを防止することができる．このことは，動的なデータ構造の実用的な応用で欲しくなる．副次的利点として，よりよい平均性能もえられる．

　BSTのバランスをよりよくする1つの方法は，定期的に陽にバランスを取りなおすことである．実際，プログラム13.1で示した再帰的な方法を使うと，線形時間で，ほとんどのBSTのバランスを完全に取ることができる（練習問題13.4参照）．そのような再平衡化は，ランダムなキーに対する性能を改善するであろうが，動的な記号表において最悪の場合の性能が2乗の手間になることに対する保証は与えない．一方では，再平衡化と再平衡化の間に実行されるキーの挿入列に対する実行時間はキーの長さの2乗となりうるが，他方では，再平衡化操作は少なくとも木のサイズに関して線形時間かかるので，大きな木を頻繁に再平衡化したくない．このトレードオフがあるので，動的なBSTにおいて速さを保証するために全体を再平衡化することは難しい．これから考察す

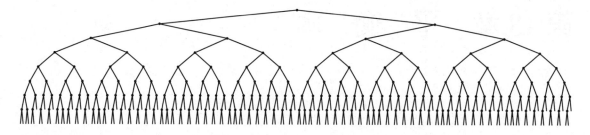

図13.1 完全に平衡したBST

このBSTの外部節点はすべて2つのレベルのうちのどちらかのレベルにある．探索における比較回数は，同じキー集合に対する2分探索での比較回数と同じである（レコードが整列した配列にあるとして）．平衡木のアルゴリズムの目的は，BSTをできるだけこの例のように平衡したものにすることである．しかも効率のよい動的な挿入，削除やその他のADT操作を提供することである．

るすべてのアルゴリズムは，木を走査しながら，インクリメンタルに局所的な操作を行い，全体として木全体のバランスを改善するが，プログラム13.1のようにすべての節点を走査する必要はない．

BSTに基づく記号表の性能を保証する問題は，性能保証というときには正確には何を意味するのかを検討するよい議論の場を与える．この問題に対する解答を調べるが，それらは，アルゴリズム設計において性能保証を与えるための3つの一般的方策，すなわち**ランダム化**（randomize），**均し**（amortize），**最適化**（optimize），それぞれの主要な例となっている．ここで，それぞれの方法を順に簡単に述べる．

ランダム化アルゴリズム（確率アルゴリズム）は，アルゴリズム自身の中にランダムな意思決定を導入し，最悪の場合の発生を劇的に減らす（どんな入力に対しても）．クイックソートで分割要素をランダムに選んだとき，このやりかたの例を見た．13.1節と13.5節でランダム化BSTとスキップリストを調べる．これは記号表ADTのすべての操作の効率のよい実現を与える簡単な方法である．これらのアルゴリズムは簡単で適応範囲が広いが，何十年もの間発見されなかった（参考文献参照）．これらのアルゴリズムの効率がよいことを証明する解析は初等的ではないが，アルゴリズムを理解し，実現し，そして実際に使うことは簡単である．

均し方策は，あとで多くの作業をすることを避けるために，あるときに余分な作業をして，1つの操作あたりの平均コスト（すべての操作のコストの総和を操作の回数で割ったもの）の上限保証を与える．13.2節ではスプレイ木を調べる．それはBSTの変種で，記号表に対する上で述べたような保証を与えるのに使える．この方法は"ならし"という概念の発展への1つの刺激となった（参考文献参照）．アルゴリズムは，12章で述べた根への挿入法の直接的な拡張である．しかし性能の上界を証明する解析は高度なものである．

最適化は，どの操作に対しても性能保証を与えるために手間をかける．この方策を取る種々の方法が開発されてきた．あるものは1960年代にさかのぼる．これらの方法は，木の構造的情報を保持する必要がある．そして多くの場合，プログラマはアルゴリズムが実現しにくいこと

평 衡 木　　　　第 13 章

> **プログラム 13.1　BST の平衡化**
>
> この再帰的関数は，プログラム 12.14 の分割関数 partR を使って，BST を完全に平衡させる．中央値を根において分割し，部分木に対しても同様に（再帰的に）する．
>
> ```
> link balanceR(link h)
>   {
>     if (h->N < 2) return h;
>     h = partR(h, h->N/2);
>     h->l = balanceR(h->l);
>     h->r = balanceR(h->r);
>     return h;
>   }
> ```

を知る．この章では 2 つの簡単な抽象化を調べる．それは実現を簡単にするだけでなく，コストの上界が最適に近いものを導く．

これらの 3 つの方策の 1 つを使って，速さが保証された記号表 ADT の実現を調べた後，性能特性の比較でこの章を終える．各アルゴリズムが保証する性能の違いによって示唆される相違は別にして，これらの方法はどれも，性能を保証するために（相対的に軽い）時間あるいは空間コストを払う．真に最適な平衡木 ADT を開発することは今でも研究目標である．この章で述べるアルゴリズムは，すべて重要なアルゴリズムであり，様々な応用に対する動的な記号表での探索と挿入（そして記号表 ADT のほかのいくつかの操作）の速いプログラムを提供する．

練習問題

○ **13.1** 節点にカウント欄をもたない BST に対して，それを能率よく再平衡化する関数を実現せよ．

13.2 プログラム 12.7 の標準の BST 挿入関数を，プログラム 13.1 を使って，記号表中のレコードの個数が 2 のベキ乗になるたびに木を再平衡化するように修整せよ．次の作業に対して，あなたのプログラムとプログラム 12.7 の実行時間を比較せよ．ただし，$N=10^3$, 10^4, 10^5, 10^6 とする．

　（i）N 個のランダムなキーから木を生成する．（ii）生成された木において N 個のランダムなキーの探索を行なう．

13.3 練習問題 13.2 のプログラムを使って，N 個のキーの増加列を挿入したとき実行される比較回数を推定せよ．

●● **13.4** 縮退した木は，プログラム 13.1 に対しては $N \log N$ に比例する実行

時間であることを示せ．プログラムが線形時間で走るように木に対する条件をできるだけ緩めよ．

13.5 節点の1つの部分木の節点数がその節点を根とする部分木の節点数の1/4より少ないような節点に出会ったら，中央値で分割するように，プログラム12.7の標準のBST挿入関数を修整せよ．次の作業に対して，あなたのプログラムとプログラム12.7の実行時間を比較せよ．

（i） N 個のランダムなキーから木を生成する．（ii） 生成された木において N 個のランダムなキーの探索を行なう．ただし，$N=10^3, 10^4, 10^5, 10^6$ とする．

13.6 練習問題13.5に対するあなたのプログラムを使って，N 個のキーの増加列を挿入した時に実行される比較回数を推定せよ．

● **13.7** 練習問題13.5のあなたのプログラムを，*delete* 関数の実行中に再平衡化するように拡張せよ．N 節点からなるランダム木において，ランダム挿入と削除が交互に現われる長い列が実行される時，木の高さが大きくなるかどうかを実験で調べよ．

13.1 ランダム化BST

2分探索木の平均コストを解析するために，レコードはランダムに挿入されると仮定した（12.6節参照）．この仮定の第一の結論は，BSTアルゴリズムでは木のどの節も根となる確率は等しいことである．そしてこの性質は部分木でも成り立つ．驚くべきことに，挿入順に関する仮定を使わずに，このような性質が成り立つようにアルゴリズムにランダム性を導入することができる．アイデアは簡単である．N 節点の木に新しい節点を挿入する時，新しい節点が根となる確率を $1/(N+1)$ となるようにする．その確率で根への挿入を使うかどうかをランダムに決定すればよい．使わない時は，根のキーよりレコードのキーが小さければ新しいレコードを左部分木に再帰的に挿入し，大きければ右部分木に再帰的に挿入する．プログラム13.2はこの方法を実現したものである．非再帰的に見れば，ランダム挿入は通常のキー探索を行ない，各段階で探索を続けるかあるいは中止して根への挿入をするかをランダムに決定することと同値である．したがって図13.2に示されるように新しい節点は探索路上のどこにも挿入されうる．通常のBSTアルゴリズムと根への挿入法との単純な確率的組合せは，確率的な意味で性能を保証する．

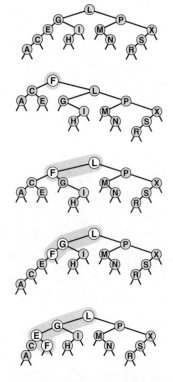

図13.2 ランダム化BSTへの挿入

ランダム化BST中に新たに挿入されるレコードに対する探索路上のどの場所も，最終的な挿入場所になりうる．それは探索中になされるランダムな決定に依存する．この図は，キーFをもつレコードの可能な最終位置のそれぞれを示している．

性質13.1 ランダム化BSTを生成することは，キーのランダム順列から標準のBSTを生成することと同値である．N レコードのランダム化

ランダム化BST　§13.1

> **プログラム13.2　ランダム化BSTでの挿入**
>
> この関数は，プログラム12.12の根への挿入を使うかあるいはプログラム12.7の通常の挿入法を使うかをランダムに決める．ランダムなBSTではどの節点も根となる確率は等しいので，サイズ N の木の根に確率 $1/(N+1)$ で新しい節を根におくことによってランダム木がえられる．
>
> ```
>   link insertR(link h, Item item)
>     { Key v = key(item), t = key(h->item);
>       if (h == z) return NEW(item, z, z, 1);
>       if (rand()< RAND_MAX/(h->N+1))
>         return insertT(h, item);
>       if less(v, t) h->l = insertR(h->l, item);
>              else h->r = insertR(h->r, item);
>       (h->N)++; return h;
>     }
>   void STinsert(Item item)
>     { head = insertR(head, item); }
> ```

BSTを生成するには，（挿入順に関係なく）約 $2N \ln N$ 回の比較を行なう．また探索には約 $2 \ln N$ 回の比較を行なう．

どの要素も根になる確率は等しく，この性質はどの部分木でも成り立つ．この性質の前半部分は作り方から成り立つが，根への挿入法が部分木のランダム性を保存することを示すには注意深い確率的議論が必要である（参考文献参照）．■

ランダム化BSTと通常のBSTの平均性能の間の差は微妙ではあるが，その差は本質的である．平均コストは同じである（比例定数はランダム化木のほうが少し大きい）が，通常の木の場合の結果は，"レコードはランダムな順に挿入される（どの挿入順も等しい確率で現われる）"という仮定に依存している．この仮定は多くの実際の応用では成り立たない．したがって，ランダム化アルゴリズムの重要性は，この仮定を取り除き，代わりに，乱数生成器のランダムさと確率法則に依存するようにできることである．キーが正順，あるいは逆順，あるいは"どんな順番に"挿入されても，BSTはランダムである．図13.3は，例のキー集合に対するランダム化木の生成を示している．アルゴリズムでの決定はランダムになされるので，えられる木の系列は実行毎に異なるかもしれない．図13.4は，昇順に並んでいるレコードの集合から生成されたランダム化木がランダムに並んだレコードから生成される通常のBST

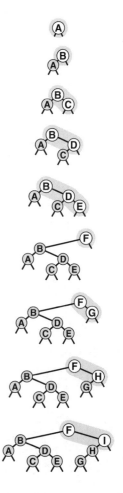

図13.3　ランダム化BSTの生成

ランダム化挿入を用いて，キーＡＢＣＤＥＦＧＨＩをはじめ空な木に挿入した時の経過を示す．下図の木は，同じキーをランダムに挿入した通常のBSTように見える．

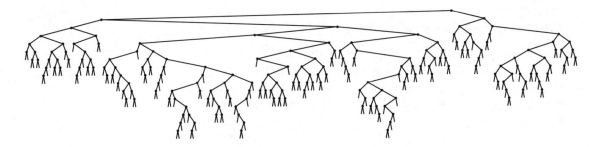

図 13.4 大きなランダム化 BST

この BST はランダム化挿入を用いて，はじめ空な木に約 200 個のキーを上昇順に挿入して作られた．この BST は，キーをランダムに挿入してできた木のように見える（図 12.8 参照）．

（図 12.8 参照）と同じ性質をもつように見えることを示している．

乱数生成器が決定のたびに運の悪い決定をする可能性があり，バランスが崩れた木になることがある．しかし，この可能性は解析できて，それがほとんど無視できるぐらいに小さいということを証明できる．

性質 13.2 ランダム化 BST の生成コストが平均の α 倍より大きい確率は $e^{-\alpha}$ より小さい．

この結果や同じような性質をもつ同様の結果は，Karp によって 1995 年に開発された確率的漸化式の一般解から導かれる（参考文献参照）．■

例えば 100,000 節点のランダム化 BST を生成するには，約 230 万回の比較をするが，2 300 万回以上の比較をする確率は 0.01% よりはるかに小さい．このような性能保証は，このサイズの実データを処理する実用上の要求を満たすには十分以上のものである．このような仕事に通常の BST を使った時は，このような保証はできない．例えば，データの中は多くの順序が存在する時に性能の問題に直面する．そのようなことはランダムなデータではありそうにないが，多くの理由から，実際のデータでは珍しいことではないであろう．

同様の議論から，性質 13.2 の結果と同様なことがクイックソートの実行時間に対しても成り立つ．しかしここでは，この性質はより重要である．というのは，"探索のコスト"が平均に近いということも意味するからである．木を生成するための余分なコストは気にせずに，探索操作に通常の BST を使うことができる．コストは木の形だけに依存し，平衡させるための余分なコストはいっさいいらない．この性質は，探索操作が他のどの操作よりもはるかに多い実際の応用では重要である．例えば，電話番号簿では，前の段落で述べた 100,000 節点の BST において何百万回という探索が行なわれるかもしれない．どの探索も平均コスト（約 23 回の比較）の小さな定数倍以内であることはほとんど確かである．実際には，かなり多くの探索で 100,000 回に近い比較が行なわれるという可能性を心配する必要はない．一方，通常の BST では心配し

ランダム化挿入の大きな欠点の1つは，各節点での乱数生成のコストである．高級なシステムに備わっている高品質な乱数生成器でも，ランダム化BSTが必要とするランダム性を満たす擬似乱数を生成するのは大変であろう．したがって，場合によっては，ランダム化BSTを生成するのは通常のBSTを生成するより遅いであろう（例えばレコードはランダムであるという仮定が成り立つような場合である）．クイックソートの場合と同じように，このコストを減らすことができる．完全にはランダムでないが，安価に生成できて，実際の応用でよくありそうなキーの挿入列に対してBSTが最悪となることを避けるのに十分なほどにランダムに近い乱数を使用すればよい（練習問題13.14参照）．

ランダム化BSTのもう1つの潜在的欠点は，各節点にその節点の部分木中の節点数を保持しなければならないことである．この欄のために必要となる余分な記憶領域は大きな木では負担になるかもしれない．一方，12.9節で述べたように，この欄は他の理由，例えば，*select*操作，あるいはデータ構造の完全性チェックなどから必要となるかもしれない．そのような場合には，ランダム化BSTは余分な記憶領域を必要とする訳ではないし，魅力的な選択肢である．

木のランダム性を保持するという基本方針は，ランダム性を保持する*delete, join*，あるいは他の記号表ADT操作の効率のよい実現を導く．

N節点の木とM節点の木を*join*する時は，12章の基本的方法を使う．ただし，結合された木の根は，N節点の木から$N/(M+N)$の確率で，M節点の木から$M/(M+N)$の確率で選ぶ．プログラム13.3はこのやりかたを実現したものである．

同様に，プログラム13.4に示すように，*delete*アルゴリズム中での決定をランダムなものに置き換える．これは，通常のBSTにおける削除では考えなかった1つの選択肢である．ランダムでないと平衡しない木になると思われる（練習問題13.21参照）．

性質13.3 ランダム化*insert, delete, join*操作の任意の系列で木を生成することは，木の中にあるキーのランダムな順列から通常のBSTを作ることと同値である．

性質13.1と同様に，このことを示すには注意深い確率論的議論が必要である（参考文献参照）．■

確率アルゴリズムに関する事柄を証明するには，確率論をよく理解していることが必要である．しかし，証明を理解することは，アルゴリズ

プログラム 13.3 ランダム化 BST の結合

このプログラムはプログラム 12.16 と同じ方法を使用している．ただし，結合された木の根としてどの節点を使用するかの決定は，任意にではなく，各節点が根になる確率が等しくなるような確率を用いて，ランダムに行なう．関数 fixN は，b->N を部分木中の対応する欄の値の和 +1 に更新する（空な木に対しては 0）．

```
link joinR(link a, link b)
  {
    if (a == z) return b;
    b = insertR(b, a->item);
    b->l = STjoin(a->l, b->l);
    b->r = STjoin(a->r, b->r);
    fixN(b); free(a);
    return b;
  }
link STjoin(link a, link b)
  {
    if (rand()/(RAND_MAX/(a->N+b->N)+1) < a->N)
        joinR(a, b);
    else joinR(b, a);
  }
```

プログラム 13.4 ランダム化 BST での削除

通常の BST に対する削除と同じ STdelete 関数（プログラム 12.15 参照）を使用する．ただし，関数 joinLR をここに示したものと取り換える．削除される節点を後続節点か先行節点のどちらの節点で入れ換えるかの決定は，任意にではなく，結果の木において各節点が根になる確率が等しくなるような確率を用いて，ランダムに行なう．節点の計数を正しく行なうために，removeR から戻る前に fixN（プログラム 13.3 参照）を呼び出す必要がある．

```
link joinLR(link a, link b)
  {
    if (a == z) return b;
    if (b == z) return a;
    if (rand()/(RAND_MAX/(a->N+b->N)+1) < a->N)
        { a->r = joinLR(a->r, b); return a; }
    else { b->l = joinLR(a, b->l); return b; }
  }
```

ランダム化BST　　　　　　　　　　　　　　§13.1　　　　　　　　　　　　　　483

ムを使用するプログラマにとって必ずしも必要なことではない．注意深いプログラマは，証明がどうであれ，性質13.3のような主張をチェックして（例えば，乱数生成器の品質やプログラムの諸性質を調べたり），これらの方法を確信をもって使用する．ランダム化BSTは，完全な記号表ADTで最適に近い性能が保証されるものを提供する最も簡単な方法であり，多くの実際の応用において有用である．

練習問題

▷ **13.8** はじめ空な木にキーＥＡＳＹＱＵＴＩＯＮをもつ項目を挿入した時にえられるランダム化BSTを描け．ランダム化関数は，木のサイズが奇数の時は根への挿入が選択されるような悪い関数とする．

13.9 次の実験を1000回実行するドライバプログラムを書け．プログラム13.2を使って，0から$N-1$のキーをもつ項目を，（この順で）はじめ空なランダム化BSTに挿入する．$N=10,100$とする．各Nに対して，各キーが確率$1/N$で根になるという仮説に対するχ^2統計量を出力せよ（練習問題14.5参照）．

○ **13.10** キーＦが図13.2の各場所におかれる確率を求めよ．

13.11 与えられた木において，探索経路上の節点のそれぞれに対して，ランダム化挿入が内部節点で終了する確率を計算するプログラムを書け．

13.12 与えられた木において，ランダム化挿入が外部節点で終了する確率を計算するプログラムを書け．

○ **13.13** プログラム13.2のランダム化挿入関数の非再帰版を実現せよ．

13.14 はじめ空な木にキーＥＡＳＹＱＵＴＩＯＮをもつ項目を挿入した時にえられるランダム化BSTを描け．ただし，プログラム13.2において，根への挿入に切り替えるかを決定するための rand() を含む式の代わりに，テスト (111 % h->N) == 3 を使う．

13.15 プログラム13.2において，根への挿入に切り替えるかを決定するための rand() を含む式の代わりに，テスト (111 % h->N) == 3 を使うものに対して練習問題13.9を行なえ．

13.16 キーＥＡＳＹＱＵＴＩＯＮを挿入したとき縮退した木となる（キーが順に並び，左リンクが空）ようなランダムな決定の系列を示せ．このような事象の起こる確率を示せ．

13.17 キーＥＡＳＹＱＵＴＩＯＮをもつどのBSTに対しても，はじめ空な木にキーをこの順に挿入する時にされるランダムな決定の系列で，その木を生成するものがあるか．あなたの回答を説明せよ．

13.18 はじめ空な木にN個のランダムなキーを挿入してえられるランダム化BSTにおける成功探索と不成功探索の平均比較回数と標準偏差を調べる実験を行なえ．$N=10^3, 10^4, 10^5, 10^6$とする．

▷ **13.19** プログラム13.4を使って，練習問題13.14の木からQを削除してえられるBSTを描け．根でaと結合するかどうかの決定には，テスト (lll % (a->N + b->N)) < a->N を使え．

13.20 はじめ空な木にキーＥＡＳＹをもつ項目を挿入してえられる木と，はじめ空な木にキーＱＵＥＳＴＩＯＮをもつ項目を挿入してえられる木を描け．さらに練習問題13.19で述べたテストを使ったプログラム13.3を用いて2つの木を結合せよ．

13.21 はじめ空な木にキーＥＡＳＹＱＵＴＩＯＮを挿入してえられる木を描け．さらにプログラム13.4を使ってＱを削除せよ．ただしランダム化関数は常に0を返す悪い関数とせよ．

13.22 N節点のランダム木に対して，ランダム挿入と削除を交互に長く繰り返した時のBSTの高さを求める実験を行なえ．ただし，$N=10$, 100, 1000とし，各Nに対してN^2回の挿入削除を行なう．

○ **13.23** 練習問題13.22の結果と，プログラム13.2と13.3を使ってN節点のランダム木の最大キーを削除して再挿入した時の結果を比較せよ．$N=10$, 100, 1000とし，各Nに対し挿入削除の組をN^2回実行する．

13.24 練習問題13.22のプログラムを調整して，項目の削除1回あたりのrand()の呼出しの平均回数を求めるようにせよ．

13.2 スプレイBST

12.8節の根への挿入法では，左右の回転を使って，新たに挿入された節点を根にするという第一の目的を達成した．本節では，回転がある意味で木を平衡させるように，根への挿入を修整する方法を調べる．

新しく挿入された節点を木のトップにもってくるように単純回転を（再帰的に）使う代わりに，節点を根の孫の位置から木のトップに移動する2つの回転を考える．まず最初に節点を根の子の位置に移動する回転を行なう．次にそれを根に移す回転を行なう．本質的に2つの場合がある．根から挿入される節点への2つのリンクが同じ方向かどうかの2つである．図13.5は向きが異なっている場合を示している．図13.6の左図は方向が同じ場合を示している．スプレイ木は，根から挿入される節点へのリンクが同じ方向の場合に，もう1つのやりかたがあるということに基づいている．それは図13.6の右側に示すように，単に根で回転を2回行なう．

スプレイ挿入（splay insertion）は新たに挿入された節点を根に移動する．その時，図13.5の変形（探索路上の孫節点への2つのリンクが異なった向きである時は通常の根への挿入を行なう）と図13.6の右の図（根から探索路上の孫節点へのリンクが同じ方向である時は根で2回

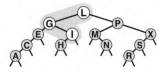
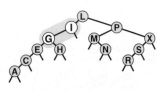
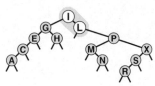
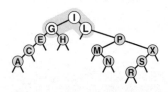

図13.5 BSTにおける2重回転（向きが異なっている場合）

この木（最上段の図）で，Gで左回転をし，続いてLで右回転をするとIが根へ移る（下の図）．これらの回転は，通常のBSTあるいはスプレイ木の根への挿入処理を終了させる．

スプレイ BST

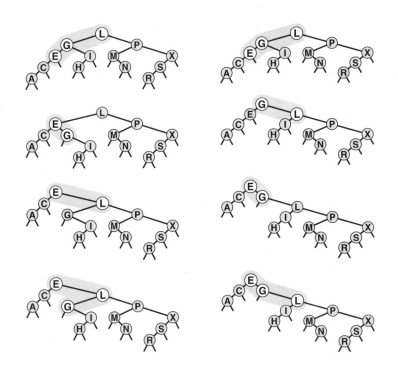

図 13.6 BST における 2 重回転（向きが同じ場合）

2 重回転に関係するリンクの向きが同じ場合には 2 つの選択肢がある．通常の根への挿入法では下の方の回転を最初に実行する（左図）．スプレイ挿入では上の方の回転を先に行なう（右図）．

の回転を行なう）が使われる．このようにして作られる BST はスプレイ木とよばれる．プログラム 13.5 はスプレイ挿入の再帰的実現である．図 13.7 は挿入の例である．図 13.8 は例の木に対する生成過程を示している．スプレイ挿入と通常の根への挿入との違いは取るに足らないように見えるかもしれないが，それは大変な違いである．スプレイ操作は，最悪の場合 2 乗の手間となるという通常の BST の第一の問題点を除く．

性質 13.4 はじめ空であった木に N 回挿入してスプレイ BST を作る時には $O(N \lg N)$ の比較を行なう．

この上界は，これより強い性質ですぐ後で調べる性質 13.5 から導かれる．∎

O 記法での定数は 3 である．例えば，スプレイ挿入を使って，5 百万回より少ない比較で 100,000 節点の BST を生成できる．この結果は，えられる探索木がよく平衡しているということを保証しないし，また個々の操作が効率的であるということも保証しない．しかし，総計算時間が保証されているということは重要である．そして実際に観察される計算時間はそれより低いようである．

BST にスプレイ挿入で節点を挿入すると，その節点を根にもってく

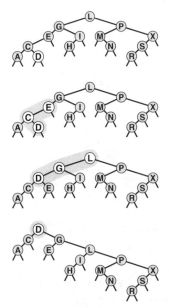

図 13.7 スプレイ挿入

この図は，上段の例の木にキー D をもつレコードを挿入した結果（最下段の図）を示している．根へのスプレイ挿入を使っている．この場合，左-右の 2 重回転に続いて（根から）右-右の 2 重回転が行なわれる．

るだけでなく，探索路上の他の節点も根に近くなる．正確には，探索路上の節点と根からの距離を半分にする．この性質は，探索中にスプレイ変形を実行するように search 操作を実現した時にも成り立つ．長くなるパスもあるが，そのようなパス上の節点をアクセスしなければ問題はない．もし長いパス上の節点をアクセスした時は，アクセス後に長さが

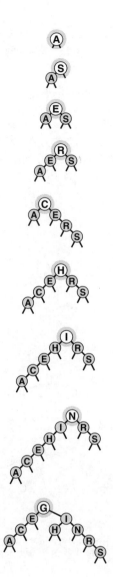

図13.8 スプレイ木の生成

スプレイ挿入を用いて，はじめ空な木にそれぞれのキーがASERCHINGXであるレコードを挿入した時の経過を示す．

プログラム 13.5　BSTへのスプレイ挿入

この関数は，プログラム 12.12 の根への挿入アルゴリズムと，次の一点のみが異なっている．探索路が左-左あるいは右-右と進む時は，下からではなく，上からの2回の回転で，節点は根へと移される（図 13.6 参照）．プログラムは，根からの探索路の2ステップに対して4つの可能性をチェックし，適当な回転を実行する．

左-左：根で右回転を2回行なう．
左-右：左の子節で左回転を行ない，根で右回転を行なう．
右-右：根で左回転を2回行なう．
右-左：右の子節で右回転を行ない，根で左回転を行なう．

簡単のために，h->l の代わりに hl，h->r->l の代わりに hrl，などのように使う．

```
link splay(link h, Item item)
  { Key v = key(item);
    if (h == z) return NEW(item, z, z, 1);
    if (less(v, key(h->item)))
      {
        if (hl == z) return NEW(item, z, h, h->N+1);
        if (less(v, key(hl->item)))
          { hll = splay(hll, item); h = rotR(h); }
        else
          { hlr = splay(hlr, item); hl = rotL(hl); }
        return rotR(h);
      }
    else
      {
        if (hr == z) return NEW(item, h, z, h->N+1);
        if (less(key(hr->item), v))
          { hrr = splay(hrr, item); h = rotL(h); }
        else
          { hrl = splay(hrl, item); hr = rotR(hr); }
        return rotL(h);
      }
  }
void STinsert(Item item)
  { head = splay(head, item); }
```

スプレイ BST   §13.2   487

半分になる．したがって，どのパスもコストを高くすることはない．

性質 13.5 N 節点のスプレイ木に対する長さ M の挿入あるいは探索操作の列に対して必要な比較回数は，$O((N+M)\lg(N+M))$ である．

Sleator と Tarjan（1985年）による証明は，アルゴリズムの均し解析の古典的な例である（参考文献参照）．第8部（本書の続巻）で詳しく調べる．■

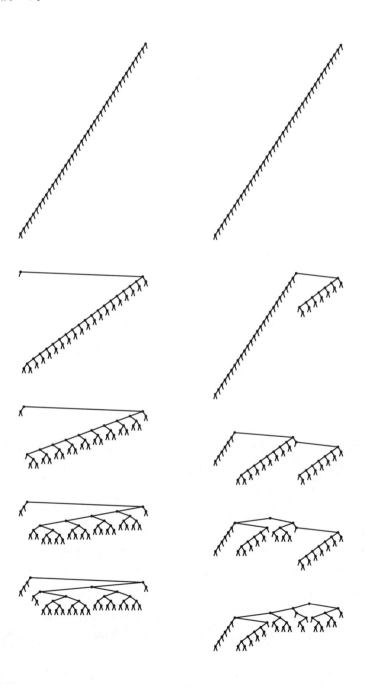

図 13.9 最悪の場合のスプレイ木の探索による平衡化

スプレイ挿入を使って，はじめ空な木にキーを整列した順に挿入すると，挿入1回当たりの手間は一定であるが，上段の左右の図に示されているように，できる木は平衡していない．左の列は，最小，2番目，3番目と4番目に小さいキーを（スプレイ操作を使って）探索した結果を示す．各探索では探索キー（と他のほとんどのキー）への道の長さは半分となる．右側の列は同じ最悪の木からはじめて成功探索をランダムに行なった結果を示している．各探索で探索キー（と他のほとんどのキー）への道の長さは半分となる．全体として，少数の探索が木の平衡状態をかなり改善する．

性質13.5は均し性能保証の1つである．各操作の効率を個々に保証するのではなく，実行されるすべての操作の**平均コスト**（average cost）がよいことを保証している．この平均は確率的平均ではない．総コストが低いということをいっているのである．多くの応用ではこの種の保証で十分であるが，そうでないものもある．例えば，スプレイ木を使ったとき各操作の応答時間を保証することはできない．というのは，ある操作は線形時間がかかるかもしれないからである．ある操作が線形時間ならば，他の操作はずっと速いということが保証される．しかし，そのことは，待たされる利用者にとっては何の慰めにもならない．

性質13.5で与えられる上界は，すべての操作の総コストに対する最悪の場合の上界である．最悪の場合の上界は，よくあることであるが，実際のコストよりはるかに大きい．スプレイ操作は，最近アクセスされた要素を木の根に近づける．このやりかたは，アクセスパターンが一様でない応用，特に，アクセスされるレコードの集合が小さい（その集合がゆっくり変化する場合でも）応用では魅力的である．

図13.9は，平衡した木におけるスプレイ回転操作の有効性を示す2つの例である．これらの図では，縮退した木（キーの順に挿入されて作られたもの）が少数回の探索操作で比較的よい平衡状態になっている．

同じ値のキーが許される時は，与えられた節点のキーと同じキーをもつレコードはその節点のどちらの側にも落ちうる（練習問題13.38参照）．このことは，探索操作を続けても，与えられたキーをもつすべてのレコードを見つけることができないことを意味する（通常の2分探索木ではできる）．12章で議論したように，同じキーをもつレコードを両側の部分木で調べるか，あるいは他の方法を使うかしなければならない．

練習問題

▷ **13.25** スプレイ挿入を用いて，はじめ空な木にキーＥＡＳＹＱＵＴＩＯＮをもつ項目を挿入した時にえられる木を描け．

▷ **13.26** 2重回転で何個のリンクを変更しなければならないか？ プログラム13.5の2重回転のそれぞれに対して実際何回変更されるか？

13.27 プログラム13.5に，スプレイ操作を使った *search* を追加せよ．

○ **13.28** プログラム13.5のスプレイ挿入関数の非再帰版を実現せよ．

13.29 練習問題12.28に対するあなたのドライバプログラムを使って，自己組織的探索構造としてのスプレイ木の有効性を検討せよ．練習問題12.29と12.30で定義された質問分布に対して，通常のBSTと比較せよ．

○ **13.30** スプレイ挿入を用いて，はじめ空な木に N 個のキーを挿入した時に

えられる BST で構造的に異なるものをすべて描け．ただし，$2 \leq N \leq 7$ とする．

● **13.31** 練習問題 13.30 の各木に対して，N 個の相異なる要素をはじめ空な木に挿入した結果である確率を求めよ．

○ **13.32** はじめ空な木に N 個のキーを挿入してえられる 2 分探索木の平均比較回数と標準偏差を成功探索と不成功探索について実験的に調べよ．ただし，$N=10^3, 10^4, 10^5, 10^6$ とする．探索を実行する必要はない．ただ，木を生成して木の路長を計算すればよい．スプレイ木はランダム BST より平衡しているか，していないか，それとも同じ程度か？

13.33 練習問題 13.32 に対するプログラムを拡張して，生成された各木においてスプレイ操作を用いた探索（それらの多くは不成功であろう）を N 回行なうようにせよ．スプレイ操作が不成功探索 1 回当たりの平均比較回数にどのような影響を与えるか？

13.34 練習問題 13.32 と 13.33 に対するプログラムを調整して，単に比較回数を数えるだけでなく実行時間を測定するようにせよ．そして同じ実験を実行せよ．実行結果から導びかれる結論に違いがあれば，それを説明せよ．

13.35 少なくとも 100 万文字の実世界でのテキストから索引を構成する作業に対して，スプレイ木と標準の BST を比較せよ．索引を作るための時間と木の平均路長を測定せよ．

13.36 N 個のランダムキーを挿入して作られるスプレイ木において，成功探索での平均比較回数を実験的に測定せよ．

13.37 ランダム化 BST に対して，通常の根への挿入の代わりにスプレイ挿入を用いるアイデアを検証する実験を行なえ．

▷ **13.38** はじめ空な木に，それぞれのキーが 0000000000001 である項目をこの順で挿入した時えられるスプレイ木を描け．

13.3 トップダウン 2-3-4 木

ランダム化 BST とスプレイ木による性能保証にもかかわらず，どちらの木でも特殊な探索が線形時間となる可能性がまだある．したがって，どちらも平衡木に対する基本的な疑問に対する回答を与えてくれない．その疑問とは，どの *insert* 操作も *search* 操作も木のサイズの対数時間であるような BST が存在するか？ という疑問である．本節と 13.4 節で，この問題に肯定的な答を与える BST として，BST の抽象的一般化とその抽象的表現を考える．

最悪の場合を避けるためには，2 分探索木に柔軟性をもたせる必要がある．そのために，木の各節点が複数個のキーをもつことができるようにする．具体的には，2 個のキーをもつことができる 3-節点と 3 個のキーをもつことができる 4-節点を考える．3-節点は 3 つのリンクをもつ．

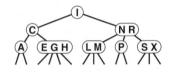

図 13.10 2-3-4 木

図 13.10 は，キー A S R C H I N G E X M P L をもつ 2-3-4 木である．根にあるキーを使って，行くべき部分木へのリンクを見つける．これを再帰的に続ける．例えば，この木で P を探すと，P は I より大きいので根から出ている右のリンクをたどる．P は N と R の間にあるので，根の右子節の中央のリンクをたどり，P を含む 2-節点で探索は終わる．

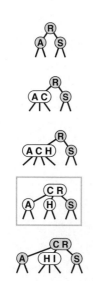

図 13.11 2-3-4 木への挿入

2-3-4 木の節点が 2-節点のみの場合は、BST と同じである（最上段の図）。

Cの探索が終了した 2-節点を 3-節点に変えてCを挿入する（2段目の図）。同様に、Hの探索が終了した 3-節点を 4-節点に変えてHを挿入する（3段目の図）。Iを挿入する時は、探索が終了した節点が 4-節点なので、さらに作業が必要である。はじめに、探索が終了した 4-節点を 2 つの 2-節点に分割し、"真中のキー"を親節点に渡す。渡された節点は 3-節点となる（4段目の図）。これで、底にIを入れる場所がある 2-3-4 木ができる。探索が終了する 2-節点にIを挿入する。その節点は 3-節点になる（最下段の図）。

1つは 2 個のキーより小さいすべてのキーへのリンク、1つは 2 個のキーの間にあるすべてのキーへのリンク、もう 1 つは 2 個のキーより大きいすべてのキーへのリンクである。同様に、4-節点は 4 つのリンクをもつ。それぞれ 3 個のキーで決まる 4 つの区間へのリンクである。通常の 2 分探索木の節点は 1 個のキーと 2 つのリンクをもつので、2-節点とよぶことができる。以下では、これらの拡張された節点に対する基本操作を定義し、それらを実現するよい方法について調べる。さしあたっては、それらの節点を適当に処理できることにして、それらの節点からどのようにして木を構成するかを見ることにする。

定義 13.1 2-3-4 木（2-3-4 search tree）は、空か 3 種類の節点からなる木である。2-節点（2-node）は 1 個のキーと、それより小さいキーをもつ木への左リンクとそれより大きいキーをもつ木への右リンクをもつ。3-節点（3-node）は 2 つのキーと、2 個のキーより小さいすべてのキーをもつ木への左リンク、2 個のキーの間にあるすべてのキーへの中央のリンク、2 個のキーより大きいすべてのキーをもつ木への右リンクをもつ。4-節点（4-node）は 3 個のキーと 4 つのリンクをもつ。それぞれ 3 個のキーで決まる 4 つの区間へのリンクである。

定義 13.2 平衡 2-3-4 木（balanced 2-3-4 search tree）は、根から外部節点への距離がすべて等しい 2-3-4 木である。

この章では、2-3-4 木で平衡 2-3-4 木をさすことにする（他の文脈ではより一般的なものをさす）。図 13.10 は、2-3-4 木の例である。このような木における探索アルゴリズムは、2 分探索木に対する探索アルゴリズムの一般化である。キーが木にあるかどうかを決定するには、根にあるキーと比較する。そのどれかと一致すれば、探索は成功であり、そうでなければ、探索キーを含む集合に対応する部分木へのリンクをたどり、その木で再帰的に探索する。

2-節点、3-節点、4-節点を表わす方法と適切なリンクを見つけるための仕組みを作る方法はいくつもある。それらについては、13.4 節で議論することにする。そこでは、ある非常に便利なやりかたを述べる。

新しいキーを 2-3-4 木に挿入する時は、BST と同様に、探索が不成功となった後にそのキーを追加する。その木の平衡が崩れるかもしれない。2-3-4 木が重要である第一の理由は、どんな場合でも平衡を保ったまま挿入ができることである。例えば、探索が終了した節点が 2-節点の時にどうするべきかはすぐわかる。その節点を 3-節点にするだけでよい。同様に、3-節点で終わる時も単に 4-節点にすればよい。4-節点

に新しいキーを挿入する時はどうすればよいか？ はじめに4-節点を2つの2-節点に分割し，それらのキーのうちの1つを親節点へ渡す．こうすることによって新しいキーを入れる場所ができる．

では4-節点を分割する時，その親もまた4-節点であるような場合はどうか？ 1つのやりかたはその親節点も分割することであるが，祖父もまた4-節点で，その親も4-節点…ということもありうるので，根の方まで木をさかのぼって分割をしなければならないこともある．より簡単な方法は，木を下に向かって調べていく途中で4-節点に出合ったら2分割し，探索路が4-節点で終わらないようにするものである．

特に，図13.12に示すように，2-節点から4-節点へ進む時には，2-節点を3-節点に変え，4-節点の代わりに2つの2-節点を子節点とする．3-節点から4-節点へ進む時には，3-節点を4-節点に変え，4-節点の代わりに2つの2-節点を子節点とする．キーとポインタの動かし方からわかるように，この"分割操作"はうまくいく．

2-節点が2つでリンク数は4-節点と同じ4つなので，分割される節点より下（あるいは上）はまったく変更しないでよい．3-節点を4-節点に変えるには，キーを追加するだけではだめで，新しいポインタも必要となる（この場合，ポインタは"分割操作"によって用意される）．重要なことは，これらの変換がまったく"局所的"であるということである．図13.12に示した部分以外は，調べる必要も変更する必要もない．どちらの変換も1つのキーを4-節点から親節点へ渡し，適当にリンクを付け替える．

これらの変換を行なうことによって，木の各節点を通過する時に4-節点に出合うことはなくなるので，親節点が4-節点かどうかを気にする必要はない．特に木の底では，新しいキーを挿入して，2-節点を3-節点，あるいは3-節点を4-節点に変換するだけでよい．実際には，挿入を木の底の仮想的な4-節点の分割として取り扱うと都合がよい．その分割は，新たに挿入されるキーを親の方へ渡す．

木の根が4-節点になった時には，前の例で行なった最初の分割のように，それを3つの2-節点からなる三角形に分割する．このやりかたは，次の挿入が分割を引き起こすまで待つという別のやりかたよりも少し簡単であることがわかる．というのは根の親のことを気にする必要がないからである．根の分割（そしてこの操作のみ）が木を1レベル"高く"する．

図13.13は，いつものキーの集合に対する2-3-4木の生成過程を示している．上から下へと成長する標準のBSTとは異なって，この木は下から上へと成長する．上から下へ向かっていく途中で4-節点が分割されるので，この木は**トップダウン2-3-4木**（top-down 2-3-4 tree）と

図13.12 2-3-4木の4-節点の分割

4-節点の子節点でない4-節点は，2つの2-節点に分割し，中央のレコードを親節点に渡す．2-節点から4-節点へと進む時（上段左）には，2-節点を3-節点に変え，2つの2-節点をその子節点とする（上段右）．3-節点から4-節点へ進む時（下段左）には，3-節点を4-節点に変え，2つの2-節点をその子節点とする（下段右）．

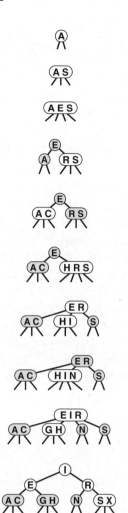

図 13.13　2-3-4 木の生成

この図は，はじめ空な 2-3-4 木に，キーASERCHINGXをもつレコードを挿入して得られる 2-3-4 木の生成過程を示している．探索路上の 4-節点を分割し，底に新しい項目を入れる場所を作る．

よばれる．木をたどりながらほんの少しの局所的な変形をするだけで，ほとんど完全に平衡した木を生成するので，このアルゴリズムは重要である．

性質 13.6　N 個の節点をもつ 2-3-4 木における探索は，$\lg N + 1$ 個以下の節点を訪問する．

根から外部節点への距離はすべて等しい．上記の変換は，根が分割されない限り，各節点と根との間の距離に影響を与えない．根の分割は，根とすべての節点との間の距離を 1 増加させる．すべての節点が 2-節点の時は，木は一杯になっている 2 分木と同じなので，この性質が成り立つ．もし 3-節点や 4-節点があれば，木の高さは，（変化するとしても）それより小さくなるだけである．■

性質 13.7　N 個の節点をもつ 2-3-4 木への挿入において，節点の分割は，最悪の場合でも，$\lg N + 1$ よりも少ない．また，平均としては 1 回未満のようである．

挿入点への道の上の節点がすべて 4-節点の場合が最悪の場合で，それらの節点はすべて分割される．しかし，N 個の要素のランダム順列から生成される木では，このような最悪の場合は生じにくいだけではなく，4-節点はそう多くないので，必要な分割は平均として少ないと思われる．図 13.14 の大きな木では，4-節点のうち，底のレベルでないものはそのうちの 2 つだけである．2-3-4 木の性能に関する解析結果は今だに十分えられていないが，実験結果は，あきらかに，分割がいつもごく少数回であることを示している．最悪の場合は $\lg N$ であるが，実際にそうなることはない．■

以上の説明だけでも，2-3-4 木を用いて，最悪の場合にもよい性能をもつ探索アルゴリズムを作れることがわかる．しかし，実際に実現するにはまだまだしなければならないことがある．2-節点，3-節点，4-節点をそれぞれ相異なるデータ型で表わして，それらに対する変換アルゴリズムを書くことはできるが，そのような直接的表現は，必要な操作のほとんどにとって非常に都合が悪い．（2 つの変換のうちの簡単な方でも実現しようとしてみれば，そのことはわかる．）スプレイ木と同様に，節点のデータ構造が複雑であることによって生じるオーバーヘッドのために，そのアルゴリズムが通常の 2 分探索木よりも遅くなることもある．平衡をとることの第一の目的は，最悪の場合に対する"保証"を与

図13.14 大きな2-3-4木

はじめ空な木に200回挿入を行なった結果の2-3-4木を示す．探索路の長さはすべて6以下である．

えることである．その保証のためのオーバーヘッドは小さくしたいし，アルゴリズムを実行するたびに，その保証のために余分なコストを支払わないようにしたい．幸いなことに，13.4節で見るように，通常の2分探索木よりほんの少しの余分なコストをかけるだけで，統一的なやりかたで変換可能な2-節点，3-節点，4-節点の比較的簡単な表現法がある．

我々が与えたプログラムは，2-3-4木の平衡を保つ1つのやりかたに過ぎない．目的を達成する方法は他にもいくつかある．

例えば，下から平衡を取ることもできる．はじめに，探索を行なって，挿入されるレコードが入るべき底にある節点を見つける．その節点が2-節点あるいは3-節点ならば，前と同様に，それを3-節点あるいは4-節点にすればよい．それが4-節点ならば，前と同様にそれを分割し（底にできる2-節点の1つに新しいレコードを入れる），親節点が2-節点あるいは3-節点ならば，中央のレコードを親節点に渡す．親節点も4-節点ならば，それを分割し（底から渡されたレコードを分割でできた2-節点の適当な方に挿入する），その親節点が2-節点あるいは3-節点ならば，中央のレコードをその親に渡す．祖父もまた4-節点ならば，同様にして，4-節点を分割しながら，2-節点あるいは3-節点に出会うまで探索路をさかのぼる．

2-節点あるいは3-節点だけ（4-節点はない）木では，この種の底からの再平衡化ができる．このやりかたはアルゴリズム実行中に節点の分割が多くなるが，考えるべき場合がより少ないので，コードは簡単である．もう1つのやりかたでは，4-節点を分割しようとする時に4-節点でない兄弟節点を探して，節点の分割回数を減らすようにする．

これらの方法の実現はすべて，13.4節で見るように，同じ基本的な再帰的仕組みをもつ．16章では，一般化について述べる．トップダウン挿入が他の方法よりよい第一の点は，1回のトップダウンのパスで必要な平衡を取ることができることである．

練習問題

▷ **13.39** はじめ空な木に，それぞれのキーがＥＡＳＹＱＵＴＩＯＮである項目を挿入した時にえられる平衡2-3-4木を描け．ただし，トップダウン挿入法を用いる．

▷ 13.40 はじめ空な木に，それぞれのキーがＥＡＳＹＱＵＴＩＯＮである項目を挿入した時にえられる平衡2-3-4木を描け．ただし，ボトムアップ挿入法を用いる．

○ 13.41 N 個の節点をもつ平衡2-3-4木の高さの最小値と最大値は何か？

○ 13.42 N 個のキーをもつ平衡2-3-4木の高さの最小値と最大値は何か？

○ 13.43 N 個のキーをもつ平衡2-3-4木で，構造が異なるものをすべて描け．ただし，$2 \leq N \leq 12$ とせよ．

● 13.44 練習問題13.43の各木に対して，はじめ空な木に N 個の相異なるランダム要素を挿入した結果である確率を求めよ．

13.45 練習問題13.43の各 N に対して，"同型"である木の個数を示す表を作れ．同型とは，ある節点の部分木を交換することによって2つの木が互いに変換できることを意味する．

▷ 13.46 平衡2-3-4-5-6木における探索と挿入のアルゴリズムを記述せよ．

▷ 13.47 はじめ空な木に，それぞれのキーがＥＡＳＹＱＵＴＩＯＮである項目を挿入した時えられる非平衡2-3-4木を描け．ただし，次の方法を用いる．探索が2-節点あるいは3-節点で終了した時は，平衡したアルゴリズムと同じように，それを3-節点あるいは4-節点に変更する．4-節点で終わった時は4-節点の適当なリンクを新しい2-節点と置き換える．

13.4 赤黒木

前節で述べたトップダウン2-3-4木への挿入アルゴリズムはわかりやすいが，いろいろな場合分けが生じるので，そのままインプリメントするのは面倒である．3種類の節点があること，節点中のキーのそれぞれとの比較をすること，異なる種類の節点の間でリンクと他の情報をコピーしなければならないことなど，など．本節では2-3-4木の簡単な抽象表現を考察する．それによって，最悪の場合の性能が準最適であることを保証する記号表のアルゴリズムが自然に実現できる．

基本的アイデアは，通常の2分木（すなわち2-節点のみ）で2-3-4木を表現し，3-節点と4-節点を表わすために各節点にたった1ビットを加えるというものである．2種類のリンクを考える．"赤い"リンクは小さな2分木を結合する．"黒い"リンクは2-3-4木同士を結合する．図13.15に示すように，表現は簡単である．3つの2-節点を2つの赤リンクで結合したもので4-節点を表わし，2つの2-節点を赤リンクで結合したもので3-節点を表わす（赤リンクは太線で示されている）．3-節点の場合は，リンクの向きは右，左どちらもありうるので，3-節点は2通りに表わされる．

どの木でも，各節点は1つのリンクによってさされているので，節点

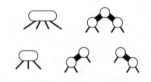

図13.15 赤黒木の3-節点と4-節点

2種類のリンクを使うと3-節点と4-節点を効率よく表現できる．節点内部の接続に赤いリンク（図では太い線）を使い，2-3-4木のリンクには黒いリンク（図では細い線）を使う．4-節点（上の左）は赤いリンクで結合した3つの2-節点からなる平衡した部分木で表わされる（上の右）．どちらも3つのキーと4つの黒いリンクをもつ．3-節点（下の左）は赤いリンクで結合された（右側あるいは左側）2つの2-節点で表わされる（下の右）．2つのキーと3つの黒いリンクをもつ．

に色をつけることは，その節点をさしているリンクに色をつけることと同値である．そこで，節点に，その節点をさしているリンクの色情報を保持する1ビットを追加する．このように表わされた2-3-4木を**赤黒木**（red-black tree）とよぶ．

3-節点の"ゆがみ"（非対称性）は，以下で述べるアルゴリズムによって動的に決まる．1つの2-3-4木に対応する赤黒木はいくつもある．3-節点のゆがみを1方向だけに限定することもできるが，特にそのようにする理由もない．図13.16は，赤黒木の例である．赤リンクを取り除いて，その赤リンクで結合されている節点を一緒にすると，図13.10の2-3-4木がえられる．

赤黒木には2つの本質的な性質がある．（i）通常の2分探索木に対する手続き*search*が修整なしで使える．（ii）2-3-4木に直接的に対応しているので，その対応を保つことによって平衡2-3-4木のアルゴリズムを実現できる．通常のBSTの簡単な探索手続きと2-3-4木の平衡を保つ簡単な挿入手続きとを最大限に活用できる．

探索手続きは色の欄をまったく調べない．したがって，この平衡化手続きが探索手続きに対して"オーバーヘッド"となることはない．古典的な応用では，各キーの挿入は一度だけで，探索は何度も行なわれるので，最終的には，比較的少しのコストで探索時間が改善される．というのは，木が平衡しており，探索中には平衡化の手間は必要ないからである．さらに，挿入時のオーバーヘッドは小さい．4-節点にであった時のみ余分な作業が必要となるが，常に4-節点をなくするようにしているので，4-節点の数は多くない．挿入手続きの内側のループは，木を下にたどるコード（通常のBSTの探索あるいは探索・挿入操作に対するのと同じ）で，テスト（節点が赤い子節点を2つもっていれば，それは4-節点の一部である）がたった1つ増えるだけである．このオーバーヘッドの低さが赤黒木の効率のよさの第一の理由である．

4-節点に出会った時に実行しなければならない2つの変換の赤黒木による表現を考えよう．4-節点が2-節点の子節点である場合には，それらを変換して2つの2-節点が3-節点の子節点となるようにしなければならない．4-節点が3-節点の子節点である場合には，それらを変換して4-節点に2つの2-節点が繋がっているようにしなければならない．木の底で新しいキーが追加される時には，それを仮想的な4-節点の分割と見なして，親に渡される中央のキーが探索が終了した底の節点（トップダウン処理によって2-節点あるいは3-節点であることが保証されている）に挿入されると見なす．4-節点が2-節点の子節点である場合は，必要な変換は簡単である．4-節点が3-節点と"正しい"向きに繋がっている時は同じ変換でうまくいく（図13.17の最初の2つの場合）．

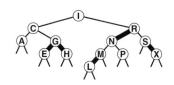

図13.16 赤黒木

この図はキーＡＳＲＣＨＩＮＧＥＸＭＰＬをもつ赤黒木である．探索は通常の2分探索木の探索でできる．根から外部節点への道はどれも黒リンクを3つもっている．赤リンクで結合されている節点を一緒にすると，図13.10の2-3-4木がえられる．

図 13.17 赤黒木の 4-節点の分割

赤黒木では，親が 4-節点でない 4-節点の分割操作を実現するのに，4-節点を構成している 3 つの節点の色を変え，必要ならば 1 回か 2 回の回転を行なう．親節点が 2-節点の場合（上段の図）あるいは都合のよい向きの 3-節点の場合（2 段目の図），回転は必要ない．4-節点が 3-節点の中央のリンクにある時は（下段の図），2 重回転が必要である．そうでない時は単回転でよい（3 段目の図）．

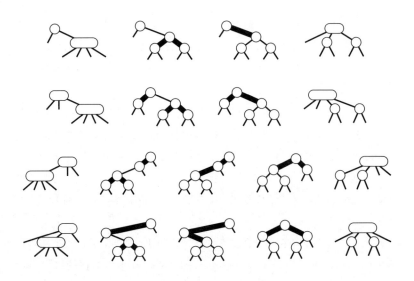

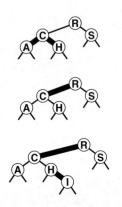

図 13.18 赤黒木への挿入

最上段の赤黒木にキー I をもつレコードを挿入した結果（下段の図）．この場合，挿入は次のようになる．色替えを伴う 4-節点の分割を C で実行し（中段の図），次の底に新しい節点を追加し（3 段目の図），H を含む 2-節点を 3-節点にする．

図 13.17 の下の 2 つの場合に示すように，4-節点が 3-節点の子節点である場合には，あと 2 つの場合がある（実際には，3-節点の向きに関してこれらと鏡映関係にあるものがあるので，4 つある）．これらの場合には，4-節点をただ分割すると，赤リンクが並ぶので，できた木は我々の約束事に合致した 2-3-4 木ではない．この状況はそれほど困ったことではない．というのは，3 つの節点を結んでいる赤リンクが同一の節点から出るように木を変形すればよいからである．

幸い，これまで使用してきた回転操作がまさに我々のしなければならないものである．まず，残りの 2 つのうちの簡単な方を考える．すなわち図 13.17 の 3 番目の場合，3-節点の子である 4-節点が分割されて，2 つの赤リンクが同じ向きとなる場合である．なお，3-節点の向きがもう一つの向きならばこのようなことは生じない．それで 3-節点の向きを変えれば，この場合は図 13.17 の第 2 の場合に帰着する．これは，4-節点の素直な分割ですむ．3-節点の向きを変えることは，単純な回転と 2 つの節点の色替えを行なえればよい．

最後に，3-節点に付いている 4-節点を分割した時に 2 つの赤いリンクの向きが異なる場合は，回転によってリンクの向きを同じにし，上述のように処理すればよい．この変形は，13.2 節のスプレイ木で使用された左-右の 2 重回転と右-左の 2 重回転と同じ変形である．ただし，色を正しく保つための余分な作業が少しある．図 13.18 と 13.19 は，赤黒木における挿入操作の例である．

プログラム 13.6 は赤黒木に対する *insert* の実現で，図 13.17 にまとめられている変形を実行する．再帰的に実現すると，木を下がる時に（再帰呼出しの前）4-節点の色替えを実行し，次に木をさかのぼる時に（再帰呼出しの後）回転を実行するようにできる．このプログラムは，

赤黒木　§13.4

プログラム 13.6　赤黒木への挿入

STnode の節点に，色を表わす 1 ビットの欄 red を追加する（したがって NEW も拡張する）．その節点が赤ならば red 欄の値を 1，黒ならば 0 とする．空な木は番兵節点 z（黒い節点で，それ自身へのリンクをもつ）のリンクで表わされる．

木を下へ下がっていく時に（再帰呼出しの前），4-節点を調べ 3 つの節点すべてで色替えをして分割する．底に到達した時，挿入されるレコードのために赤の新しい節点を生成し，それへのポインタを返す．

木をさかのぼる時（再帰呼出しの後）は，下りていったリンクの代わりに，値として返ってきたリンクを設定し，回転が必要かチェックする．探索路に同じ向きの赤いリンクが 2 つ並べば，上から単回転を行ない，色替えをして正しい 4-節点にする．2 つの赤いリンクの向きが異なっていれば，下から単回転を行ない，他の場合に帰着させる．

```
link RBinsert(link h, Item item, int sw)
  { Key v = key(item);
    if (h == z) return NEW(item, z, z, 1, 1);
    if ((hl->red) && (hr->red))
      { h->red = 1; hl->red = 0; hr->red = 0; }
    if (less(v, key(h->item)))
      {
        hl = RBinsert(hl, item, 0);
        if (h->red && hl->red && sw) h = rotR(h);
        if (hl->red && hll->red)
          { h = rotR(h); h->red = 0; hr->red = 1; }
      }
    else
      {
        hr = RBinsert(hr, item, 1);
        if (h->red && hr->red && !sw) h = rotL(h);
        if (hr->red && hrr->red)
          { h = rotL(h); h->red = 0; hl->red = 1; }
      }
    fixN(h); return h;
  }
void STinsert(Item item)
  { head = RBinsert(head, item, 0); head->red = 0; }
```

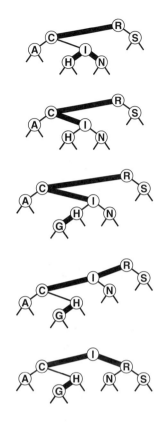

図 13.19　赤黒木への挿入（回転あり）

最上段の赤黒木に，キー G をもつレコードを挿入した結果を示す（最下段の図）．この場合，挿入は次のようになる．色替えを伴う 4-節点の分割を I で実行し（2 段目の図），次に底に新しい節点を追加し（3 段目の図），（再帰呼出しの後で探索路上の節点に戻る時）C で左回転，R で右回転を実行すると 4-節点の分割が完了する．

それを実現するために開発した 2 段階の抽象化を使わないと，理解しにくいであろう．図 13.17 の回転を実現する巧妙な再帰的プログラムを調べ，次に，プログラムが，2-3-4 木に対する高水準のアルゴリズム——木を下がる時に 4-節点を分割し，木の底で探索が終了する時に 2-節点あるいは 3-節点に新しいレコードを挿入する——を実現していること

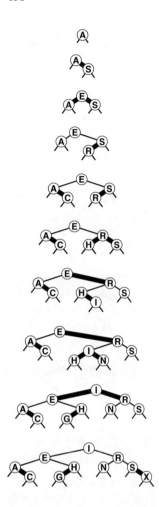

図 13.20 赤黒木の生成

はじめ空な赤黒木に，それぞれのキーがＡＳＥＲＣＨＩＮＧＸであるレコードを挿入した時の経過を示す．

を調べる．

図13.20（図13.13をより詳しくしたものと見なせる）は，プログラム13.6が，いつものキーの集合を挿入した時，平衡2-3-4木である赤黒木をどのように構成するかを示している．図13.21には，これまで使用してきた大きな例から作られた木を示す．この木では，ランダムなキーに対する探索で訪問される平均節点数はたった5.81である．同じキー集合に対して12章で作られた木では7.00，最良の完全平衡木では5.74である．わずか数回の回転を行なうだけで，同じキー集合に対して作られたどの木よりもはるかによく平衡した木がえられる．プログラム13.6は，2分木を用いた大変効率のよい，比較的簡単な挿入アルゴリズムであり，すべての探索と挿入が対数時間であることを保証する．これは，このような性質をもつ数少ないアルゴリズムの1つであり，処理されるキーの性質が正確に特徴づけられないような汎用ライブラリなどで用いるとよい．

性質 13.8 N 個のランダムなキーから作られた赤黒木における探索で実行される比較の回数は，$2\lg N + 2$ より少ない．

赤黒木で回転が必要となるのは対応する2-3-4木において4-節点と3-節点が繋がっている時の"分割"だけである．したがって，性質13.2から本性質が導かれる．最悪の場合は，挿入する節点への道が3-節点と4-節点が交互になっている場合である．■

さらに，プログラム13.6は平衡をとるためのオーバーヘッドをほとんど引き起こさない．そして作られる木はほとんど最適である．したがって，汎用の高速な探索法であると考えたくなる．

性質 13.9 N 個のランダムなキーから作られた赤黒木における探索では，平均で，およそ $1.002\lg N$ 回の比較が実行される．

1.002という数値は，シミュレーションとある程度の解析によって確かめられており（参考文献参照），赤黒木が実用上最適であると見なしてもよいほど十分に小さい．しかし，赤黒木が本当に漸近的に最適であるかどうかはまだ未解決である．定数は1であるか？ ■

再帰的なプログラム13.6は，再帰呼出しの前にある作業をして，再帰呼出しの後にもある作業をするので，探索路を下る時もさかのぼる時も木が変更される．したがって，1パスのトップダウンで平衡をとるこ

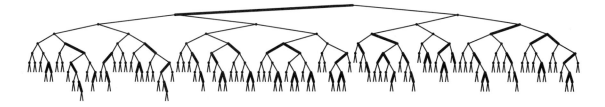

図 13.21 大きな赤黒木

はじめ空な木に約 200 のキーをランダムに挿入して作られた赤黒木．不成功探索における比較回数はすべて 6 と 12 の間である．

とはできない．再帰呼出しの深さは低いことが保証されているので，このことは，ほとんどの応用において問題でない．同一の木を呼び出す複数の独立なプロセスが発生するような応用に対しては，どのような時にも，ある一定数の節点に対してだけ実際に操作が行なわれるような非再帰的なプログラムが必要かもしれない（練習問題 13.66 参照）．

木が他の情報をもつような応用では，回転操作は高くつく，おそらく回転操作に関係する部分木のすべての節点にある情報を更新することになるかもしれない．そのような応用に対しては，ボトムアップ 2-3-4 木を用いて赤黒木を実現すれば，高々 1 回の回転で挿入ができる．それについては 13.3 節の最後で述べた．そのような木への挿入は，探索路に沿って 4-節点の分割を引き起こす．その時，色替えは生じるが，赤黒木では回転を含まない．探索路を上に向かっていく時に 2-節点あるいは 3-節点に最初に出会った時に，単回転か 2 重回転が起こる（図 13.17 のどれかの場合，練習問題 13.59 参照）．

同じ値をもつキーが木の中にある場合は，スプレイ木の時と同じように，与えられた節点と同じキーをもつレコードは，その節点のどちらの側にも落ちることができなければならない．そうでないとすると，同じキーの挿入が長く続いた場合に木の平衡がくずれてしまう．このことは，与えられたキーをもつすべての節点を見つけるためには，そのためのコードを用意しなければならないことを意味する．

13.3 節の終わりで述べたように，赤黒木によって 2-3-4 木を実現する考え方は，いろいろと提案されてきた平衡 2 分木の実現法に共通するものである（参考文献参照）．これまでに見てきたように，木を平衡させているのはまさに"回転"操作である．木に対するここでの見方は，回転すべき時点を決定しやすくするようなものであった．木に対して別の見方をすれば，別のアルゴリズムがえられる．そのうちのいくつかについて簡単に触れよう．

最も古くて最もよく知られている平衡木は，1962 年に Adel'son-Vel'skii と Landis によって提案された**高さ平衡木**（height-balanced tree, **AVL木**）である．この木は，各節点において，その左部分木の高さと右部分木の高さが高々 1 しか違わないという性質をもつ木である．挿入によって，ある節点の 1 つの部分木の高さが 1 増え，この条件

が破れるかもしれない．しかし，どの場合でも単回転か2重回転によって回復できる．この観察に基づくアルゴリズムは，ボトムアップで2-3-4木の平衡を回復する方法と似ている．すなわち，アルゴリズムの基本は，再帰的探索を行なった後，たどってきた道を根へ向かって戻りながら平衡条件をチェックし，必要ならば単回転あるいは2重回転を用いて各節点の高さを調節する（練習問題13.61参照）．また，どの回転を実行するかを決定するためには，各節点の高さがその兄弟節の高さより小さいか，等しいか，大きいかを知らなければならない．この情報をそのままコード化すると，2ビット必要となるが，赤黒木を用いて余分なメモリを使わずにうまく実現することもできる（練習問題13.62と13.65参照）．ボトムアップの2-3-4木では，4-節点は何の働きもしないので2-節点と3-節点だけを使って本質的に同じやりかたで平衡木を作ることができる．そのようにして作られる木は **2-3木**（2-3 tree）とよばれ，1970年にHopcroftによって提案された．2-3木は，便利なトップダウン挿入アルゴリズムを作るのに柔軟性がまったく足りない．ここでも，赤黒木を用いると実現が簡単になるが，ボトムアップの2-3木がボトムアップの2-3-4木よりも特によい点はない．というのは，やはり単回転と2重回転が必要であるからである．ボトムアップの2-3-4木は，少しよい平衡を保ち，挿入1回につき回転が高々1回であるという長所がある．

　16章では2-3-4木の拡張版の1つとして，平衡木の中で最も重要なB木について学ぶ．**B木**（B-tree）は，各節点がもちうるキーの個数 M を大きくすることができるし，非常に大きなファイルを用いる応用において広く使用されている．

　赤黒木を2-3-4木を使って定義してきたが，これを直接定義することも興味深い．

定義 13.3 **赤黒木**（red-black BST）は，2分探索木であり，各節点は赤か黒の色がつけられている．そして，外部節点と根とを結ぶどの道の上でも，赤い節点が2つ続くことはない．

定義 13.4 **平衡赤黒木**（balanced red-black BST）は，根から外部節点への道がすべて同じ個数の黒リンクをもつ赤黒木である．

　平衡木のアルゴリズムを開発するもう1つのやりかたは，2-3-4木の概念をまったく使わずに，回転を使って，平衡赤黒木を定義する性質を保持する挿入アルゴリズムを定式化することである．例えば，ボトムアップのアルゴリズムを使うことは，探索路の底に赤リンクをもつ新しい

赤黒木 §13.4

節点をつけ，探索路を上昇しながら回転と色替えを行ない，図13.17の各場合のように，道の上に赤いリンクが2つ続いていればそれを解消するということに対応している．実行する基本操作はプログラム13.6のものと同じであり，そのボトムアップ部分に対応するものである．ただし，微妙な差がある．3-節点の向きはどちらもあるので，操作の順序がいろいろありうるし，様々な回転をうまく使うこともできる．

まとめると次のようになる．赤黒木を2-3-4木によって実現すると，例えば，1億個のレコードからなるファイル中のキーは，約20個のキーと比較するだけで見つけることができる．最悪の場合には40回以下の比較が必要となる．さらに1回の比較に必要なオーバーヘッドが非常に小さいので，たとえ膨大なファイルでも，非常に速い探索が保証される．

練習問題

▷ **13.48** はじめ空な木に，それぞれのキーが E A S Y Q U T I O N である項目を挿入した時にえられる赤黒木を描け．ただし，トップダウン挿入を使う．

▷ **13.49** はじめ空な木に，それぞれのキーが E A S Y Q U T I O N である項目を挿入した時にえられる赤黒木を描け．ただし，ボトムアップ挿入を使う．

○ **13.50** 文字 A から K を順番に挿入してえられる赤黒木を描け．一般にキーを昇順に挿入したとき何が生じるかを述べよ．

13.51 図13.16の赤黒木を生成する挿入列を与えよ．

13.52 32節点のランダム赤黒木を2つ生成せよ．それらを手書きかプログラムで描け．それらを同じキーから作られる（非平衡）BSTと比較せよ．

13.53 t 個の節点をもつ 2-3-4 木に対応する赤黒木で，異なるものは何個あるか？

○ **13.54** N 個のキーをもつ赤黒木で構造が異なるものをすべて描け．ただし，$2 \leq N \leq 12$ とせよ．

● **13.55** 練習問題13.43の各木に対して，はじめ空な木に N 個の相異なるランダム要素を挿入した結果である確率を求めよ．

13.56 練習問題13.54の各 N に対して同型である，すなわち節点の部分木を交換することによって互いに変換される，木の個数を示す表を作れ．

●● **13.57** 赤黒木において，最悪の場合，根から外部節点への道のほとんどすべて長さが $2 \lg N$ であることを示せ．

13.58 N 節点の赤黒木に対する挿入に必要な回転は，最悪の場合何回か？

○ **13.59** ボトムアップの平衡 2-3-4 木を基礎のデータ構造とする記号表に対する *initialize*, *search*, *insert* を実現せよ．赤黒木表現とプログラム13.6と同じ再帰的な方法を使え．ヒント：あなたのコードはプログラム13.6と同様のものになるであろうが，操作は異なる順番に実行されるはずである．

13.60 ボトムアップの平衡2-3木を基礎のデータ構造とする記号表に対する *initialize, search insert* を実現せよ．赤黒木表現とプログラム13.6と同じ再帰的な方法を使え．

13.61 高さ平衡（AVL）木を基礎のデータ構造とする記号表に対する *initialize, search, insert* を実現せよ．赤黒木表現とプログラム13.6と同じ再帰的な方法を使え．

●**13.62** 練習問題13.61のプログラムを修整して，平衡状態を表すのに1節点当たり1ビットの赤黒木を使って表わすようにせよ．

●**13.63** 3-節点が常に右に傾くような赤黒木を用いて，平衡2-3-4木を実現せよ．注意：この変更によって *insert* に対する内側のループからビット検査の1つを除去することができる．

●**13.64** プログラム13.6は4-節点の平衡を保つために回転を行なう．4-節点を表わすのに2つの赤いリンクで結合した3つの節点（平衡してもしなくてもよい）を用いる赤黒木によって，平衡2-3-4木を実現せよ．

○**13.65** 色ビットのために余分なメモリを使わないで，赤黒木に対する *initialize, search, insert* を実現せよ．次のトリックを使用せよ．節点を赤にする時は，その節点の2つのリンクを入れ替える．節点が赤かどうかを検査する時は，左の子が右の子より大きいかを検査する．ポインタのスワップに対応するために比較操作を修整しなければならない．このトリックは，ビット比較をおそらくもっと高くつくキー比較と入れ替えるが，必要ならば，節点中のビットを除けることを示している．

●**13.66** 平衡2-3-4木への（1回のトップダウンパスでの）挿入に対応する赤黒木の非再帰的な *insert* 関数を実現せよ（プログラム13.6参照）．ヒント：それぞれ現在の節点の曽祖父，祖父，父をさすリンクを使え．それらのリンクは2重回転で必要となる．

13.67 与えられた赤黒木中の黒節点の割合を計算するプログラムを書け．はじめ空な木に N 個のランダムなキーを挿入して，あなたのプログラムをテストせよ．$N=10^3, 10^4, 10^5, 10^6$ とせよ．

13.68 与えられた2-3-4木の3-節点と4-節点の中にある項目の割合を計算するプログラムを書け．はじめ空な木に N 個のランダムなキーを挿入して，あなたのプログラムをテストせよ．$N=10^3, 10^4, 10^5, 10^6$ とせよ．

▷**13.69** 色用に節点当たり1ビットで2-，3-，4-節点を表わすことでがきる．2分木で5-，6-，7-，8-節点を表わすのに何ビット必要か？

13.70 はじめ空な木に N 個のランダムなキーを挿入してえられる赤黒木での比較回数の平均と標準偏差を，成功探索と不成功探索について，実験的に調べよ．ただし，$N=10^3, 10^4, 10^5, 10^6$ とする．

13.71 練習問題13.70に対するあなたのプログラムを修整して，木を生成する時の分割と回転の回数を計算するようにせよ．結果を検討せよ．

13.72 練習問題12.28に対するあなたのドライバプログラムを使って，自己

組織的探索としてのスプレイ木と，最悪の場合を保証する赤黒木と，標準のBSTとを比較せよ．練習問題12.29と12.30で定義された質問分布を用いよ．

- **13.73** 赤黒木に対する *search* 関数を実現せよ．木を下って行く時に回転と色替えを実行して，探索路の底にある節点が2-節点とならないことを保証せよ．

- **13.74** 練習問題 13.73 に対するあなたの解を使って，赤黒木に対する *delete* 関数を実現せよ．削除するキーを見つけ，探索路の底にある3-節点，4-節点への探索を続け，そして直後のキーを底から移動して削除するキーと置き換える．

13.5 スキップリスト

この節では，記号表の操作の速い実現を開発するための方法を考える．それは一見これまで考えてきた木による方法とは完全に異なっているように見えるが，実際は密接に関連している．それはランダム化されたデータ構造に基づいている．そして記号表 ADT に対するすべての基本操作に対してほぼ最適な性能を与える．基礎になるデータ構造は**スキップリスト** (skip list) とよばれ，1990年に Pugh によって開発された（参考文献参照）．それは，探索中にリストの大きな部分を一度にスキップするために，余分なリンクを使う．

図 13.22 はスキップリストの簡単な例である．整列したリンクリスト上で3節点毎にリスト中の3つの節点をスキップするためのリンクがある．それらのリンクは探索のスピードアップのために使われる．一番上のリストを走査して，探索キーを見つけるか，それよりより小さいキーをもつ節点で探索キーより大きいキーをもつ節点へのリンクをもつ節点を見つける．そして，1つ下の段で2つの間の節点を調べる．この方法は探索を3倍速くする．というのは，リスト上の k 番目の節点に対する成功探索では約 $k/3$ 個の節点を調べるだけであるから．

このやりかたを繰り返す．余分なリンクをもつ節点をより速く走査するためにもう1つの余分なリンクを用意する，などなど．また，このやりかたをリンク毎にスキップする節点数を変化させて一般化することもできる．

定義 13.5 スキップリストは整列したリンクリストで，各節点はいくつかのリンクをもっている．節点の i 番目のリンクは，i より少ないリ

図13.22 2-レベルのリンクリスト

リストの3つめ毎に2番目のリンクがあるので，1番目のリンクをたどって行くよりも約3倍の速さでリストをスキップできる．例えば，先頭から丁度5つのリンク2番目のリンクで，C, G, L, N, そして1番目のリンクでNからPをたどれば13番目のPをえる．

図13.23 スキップリストでの探索と挿入

図13.22の構造にもっとレベルを加え，リンクがスキップする節点の数も変動するようにすると一般のスキップリストの例がえられる．キーを探す時は一番上のレベルからはじめる．探索キーより大きいキーに出会うたびに下のレベルに下りる．上の図でレベル3からはじめてLを探す．最初のリンクをたどりGで1つ下がってレベル2に行く（空リンクを番兵へのリンクと見なす）．SはLより大きいのでレベル1へ下がる．そしてHへ渡る．MはLより大きいのでレベル0へ下がる．そしてIに至る．3つのリンクをもつ節点Lを挿入する時は，それを，3つのリスト中で，探索中にそれより大きいキーへのリンクを見つけた場所にリンクする．

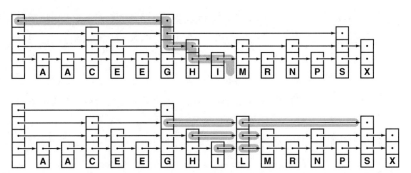

プログラム 13.7 スキップリストでの探索

このコードは，kが0の時は，一方向リストに対する探索プログラム12.4と同じである．一般のkの時は，レベルkのリストで次の節点のキーが探索キーより小さければ次の節点へ移動する．小さくなければ，k-1のレベルへ下りる．簡単のために，すべてのリストは番兵（maxKeyをもつNULLitemをもつ）zで終るとする．

```
Item searchR(link t, Key v, int k)
  { if (t == z) return NULLitem;
    if (eq(v, key(t->item))) return t->item;
    if (less(v, key(t->next[k]->item)))
      {
        if (k == 0) return NULLitem;
        return searchR(t, v, k-1);
      }
    return searchR(t->next[k], v, k);
  }
Item STsearch(Key v)
  { return searchR(head, v, lgN); }
```

ンクをもつ節点をスキップする一方向リストを作る．

図13.23はスキップリストの例である．探索と新しい節点の挿入の例を示している．探す時は，一番上のリストで，探索キーを見つけるか，それより小さいキーをもつ節点で，より大きいキーをもつ節点へのリンクをもつ節点を見つける．そして上から2番目のリストに移る．この手続きは探索キーが見つかるか，一番下のレベルで不成功に終わるまで繰り返す．挿入する時はまず探索を行なう．新しい節点が少なくともk個のリンクをもつならば，レベルkからレベル$k-1$に移動する時に新しい節点へのリンクをつける．

節点の内部表現は簡単である．一方向リストのリンクをリンクの配列と節点中のリンクの個数を示す整数に置き換える．スキップリストで最

スキップリスト　§13.5

もやっかいなのはおそらく記憶管理であろう．すぐ後で，挿入を考察する時に，型宣言と新しい節点の割当てのためのコードを簡単に調べよう．さしあたって，スキップリストのレベル k 上の節点 t に続く節点は，t->next[k] によって呼び出せることを指摘するだけで十分である．プログラム 13.7 の再帰的な実現は，スキップリストでの探索が一方向リストの素直な一般化であるばかりでなく，2分探索や BST での探索にも似ていることを示している．現在調査中の節点が探索キーをもっているかどうかを調べる．もしもっていなければ，その節点のキーと探索キーとを比較する．もし大きければ再帰呼出しをし，小さければもう1つの別の再帰呼出しをする．

スキップリストに新しい節点を挿入する時に直面する第一の仕事は，その節点に何個のリンクをもたせるかを決めることである．すべての節点は少なくとも1つのリンクをもつ．図 13.22 からえられる洞察に従えば，パラメータ t に対して，t 節点毎の節点が少なくとも2つのリンク

プログラム 13.8　スキップリストの初期設定

スキップリストの節点は，リンクの配列を1つもつので，NEW は，その配列の記憶領域を割り当てて，すべてのリンクを番兵 z に設定する必要がある．定数 lgNmax は，リストで許される最大レベルである．小さなリストでは 5，大きなリストでは 30 に設定するのがよい．変数 N は，リスト中のレコード数を保持する．lgN は，レベル数である．空なリストは，lgNmax 個のリンクがすべて z に設定されたヘッドであり，N と lgN は 0 に設定されている．

```
typedef struct STnode* link;
struct STnode { Item item; link* next; int sz; };
static link head, z;
static int N, lgN;
link NEW(Item item, int k)
  { int i; link x = malloc(sizeof *x);
    x->next = malloc(k*sizeof(link));
    x->item = item; x->sz = k;
    for (i = 0; i < k; i++) x->next[i] = z;
    return x;
  }
void STinit(int max)
  {
    N = 0; lgN = 0;
    z = NEW(NULLitem, 0);
    head = NEW(NULLitem, lgNmax+1);
  }
```

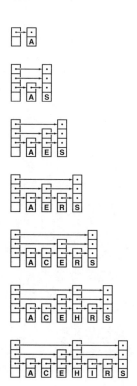

図 13.24 スキップリストの生成過程

この系列は，はじめ空なスキップリストにASERCHINGをキーとしてもつ項目を挿入した時の結果である．節点は確率$1/2^j$で$j+1$個のリンクをもつ．

をもつ時は，1つのレベルで一度にt個の節点をスキップすることができる．この議論を繰り返すと，t^j節点毎に節点が少なくとも$j+1$個のリンクをもつようにしたいという結論になる．

節点がこのような性質をもつようにするために，$1/t^j$の確率で$j+1$を返す関数を使ってランダム化する．jが与えられた時，$j+1$個のリンクをもつ新しい節点を生成し，図13.23のように，searchと同様の再帰的なやりかたで，スキップリストの中にその節点を入れる．レベルjに達した後，次のレベルに下るたびに，新しい節点へのリストをつける．その時，その節点のキーは探索キーより小さいことと，探索キー以上の節点への（レベルj上の）リンクが確定する．

スキップリストを初期設定する時は，リスト中で許す最大レベルをもつヘッドを作り，番兵キーをもつ末尾節点へのリンクをすべてのレベルでつける．プログラム 13.8 と 13.9 は，スキップリストの初期設定と挿

プログラム 13.9　スキップリストへの挿入

スキップリストに挿入する時は，新しく$j+1$個のリンクをもつ節点を確率$1/2^j$で生成し，プログラム 13.7 と全く同じように探索路をたどる．ただし，レベルj以下のレベルでは，下のレベルに下がる時には新しい節点へのリンクをつける．

```
int randX()
  { int i, j, t = rand();
    for (i = 1, j = 2; i < lgNmax; i++, j += j)
      if (t > RAND_MAX/j) break;
    if (i > lgN) lgN = i;
    return i;
  }
void insertR(link t, link x, int k)
  { Key v = key(x->item);
    if (less(v, key(t->next[k]->item)))
      {
        if (k < x->sz)
          { x->next[k] = t->next[k];
            t->next[k] = x; }
        if (k == 0) return;
        insertR(t, x, k-1); return;
      }
    insertR(t->next[k], x, k);
  }
void STinsert(Item item)
  { insertR(head, NEW(item, randX()), lgN); N++; }
```

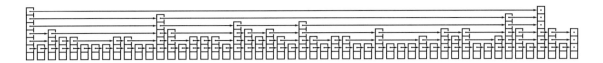

入のプログラムである．

図13.24は，いつものキー集合をランダムに挿入した時のスキップリストの生成過程を示している．図13.26は，同様のキー集合を上昇順に挿入した時のスキップリストを示す．ランダム化BSTと同様にスキップリストの確率的性質は，キーの挿入順序には依存しない．

図13.25 大きなスキップリスト

このスキップリストは，はじめ空なリストに約50個のキーをランダム挿入して作られた．どの節点も8個以下のリンクをたどることでアクセスできる．

性質13.10 パラメータtのランダム化スキップリストにおける探索と挿入は，平均約$(t \log_t N)/2 = (t/(2 \lg t)) \lg N$回の比較が実行される．

スキップリストは約$\log_t N$レベルをもつことが期待される．というのは，$\log_t N$は$t^j = N$を満たす最小のjより大きいからである．各レベルで，前のレベルでスキップされた節点が約tであることが期待される．次のレベルに下る前にそれらの約半分（平均して）を調べなければならない．図13.25の例から明らかなように，レベル数は少ない，しかしこのことを示す正確な解析は初等的なものではない（参考文献参照）．■

性質13.11 スキップリストは，平均$(t/(t-1))N$個のリンクをもつ．

一番下にはN個のリンクがある．次のレベルにはN/t個のリンクがある．その次のレベルにはN/t^2個のリンクがある，等々．リスト全体では，約
$$N(1 + 1/t + 1/t^2 + 1/t^3 + \cdots) = N/(1 - 1/t)$$
個のリンクがある．■

適当なtの値を選ぶことは，時間と空間のトレードオフの問題になる．$t=2$の時は，スキップリストは平均約$\lg N$回の比較と$2N$個のリンクを必要とする．これはBSTの最良の場合に匹敵する性能である．大きなtに対しては探索と挿入の時間は長くなるが，リンクのための余分なメモリは少なくなる．性質13.10の式を微分すると，$t=e$が探索に必要な比較回数の期待値を最小にすることがわかる．次の表はNレコードの表を生成するのに必要な比較回数$N \lg N$の係数の値を示している．

t	2	e	3	4	8	16
$\lg t$	1.00	1.44	1.58	2.00	3.00	4.00
$t/\lg t$	2.00	1.88	1.89	2.00	2.67	4.00

もし，比較すること，リンクをたどること，再帰的に下に移動すること，のコストがかなり違っているならば，もっと精密な計算をすることができる（練習問題13.83参照）．

探索の時間が対数時間なので，メモリの制約がきつければ，t を増やすことによって，空間のオーバーヘッドを一方向リストのそれよりもそれほど多くならないようにすることができる．実行時間の正確な見積りは，リンクをたどるコストと次のレベルに移動するための再帰呼出しのコストの評価に依存する．この種の時間と空間のトレードオフについては16章で再び取り上げる．そこでは巨大なファイルの索引の問題を調べる．

記号表の他の関数を実現するのは簡単である．例えばプログラム13.10 は delete 関数の実現である．それはプログラムの 13.9 の insert で使った再帰的なスキームを使っている．節点を削除する時は，各レベルでその節点をリストからはずし（insert でリンクした場所），一番下のリストからそれを除去した後にその節点を解放する（挿入する時にはリストをたどる前に節点を生成する）．join を実現する時はリストを合

図 13.26 キーの上昇順に挿入した時のスキップリストの生成過程

はじめ空なスキップリストにキーＡＣＥＧＨＩＬＭＮをもつ項目をこの順で挿入した時の結果を示す．リストの確率的な性質は挿入順によらない．

プログラム 13.10　スキップリストでの削除

与えられたキーをもつ節点をスキップリストから削除する時は，その節点へのリンクがある各レベルでそれへのリンクをはずす．一番下のレベルに達したらその節点を解放する．

```
void deleteR(link t, Key v, int k)
  { link x = t->next[k];
    if (!less(key(x->item), v))
      {
        if (eq(v, key(x->item)))
          { t->next[k] = x->next[k]; }
        if (k == 0) { free(x); return; }
        deleteR(t, v, k-1); return;
      }
    deleteR(t->next[k], v, k);
  }
void STdelete(Key v)
  { deleteR(head, v, lgN); N--; }
```

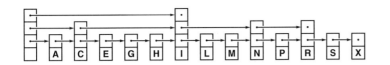

図13.27 2-3-4木のスキップリストによる表現

このスキップリストは，図13.10の2-3-4木の1つの表現である．一般に，スキップリストは，節点が1つ以上のリンクをもつ平衡したマルチウェイ木に対応する（キーをもたず，リンクが1つだけの1-節点も許す）．木に対応したスキップリストを作る時は，木の節点の高さに等しい個数のリンクをリストの節点に与え，節点を水平にリンクで結ぶ．スキップリストに対応する木を作る時は，スキップされる節点をひとまとめにして，再帰的にそれらを次のレベルの節点にリンクする．

併する（練習問題13.78参照）．*select* を実現するには，各節点に一番上のレベルのリンクでスキップされる節点の個数を与える欄を追加する（練習問題13.77参照）．

リンクリストをすばやく走査するためのシステマティックなやりかたとして，スキップリストを概念化することはやさしいが，基礎になっている構造は平衡木のもう1つの表現に過ぎないということを理解することも重要である．例えば図13.27は，図13.10の平衡2-3-4木のスキップリストによる表現であることを示している．13.3節の平衡2-3-4木アルゴリズムを13.4節の赤黒木でなく，スキップリストを使って実現することができる．えられるコードはこれまで考えてきたプログラムよりいくらか複雑である（練習問題13.80参照）．16章でスキップリストと平衡木の関係を再び取り上げる．

図13.22の理想的なスキップリストは，2分探索のための整列した配列と同じように，新しい節点を挿入した時に，維持するのが困難な柔軟性のない構造である．というのは，挿入は，挿入した後にすべての節点ですべてのリンクの変更を引き起こすからである．構造を柔軟にするひとつのやりかたは，各リンクが下のレベルのリンクの1つ，2つ，3つをスキップするようにリストを作ることである．このやりかたは図13.27に示されているように2-3-4木に対応している．この節で議論したランダム化アルゴリズムは，構造を柔軟にするもう1つの有効な方法である．16章で他のやりかたについて考える．

練習問題

13.75 はじめ空なリストに，キーEASYQUTIONをこの順で挿入してえられるスキップリストを描け．randXは，系列1,3,1,1,2,2,1,4,1,1を返すとする．

▷ **13.76** はじめ空なリストにキーAEINOQSTUYをこの順で挿入してえられるスキップリストを描け．randXは練習問題13.75と同じ値を返す．

13.77 スキップリストに基づいた記号表に対する *select* 操作を実現せよ．

● **13.78** スキップリストに基づいた記号表に対する *join* 操作を実現せよ．

▷ **13.79** プログラム13.7とプログラム13.9で与えた *search* と *insert* を，番兵の代わりにNULLでリストが終わるように修整せよ．

○ **13.80** 平衡した2-3-4木抽象を用いた記号表に対する *initialize, search,*

insert をスキップリストによって実現せよ．

○**13.81** プログラム 13.9 の randX() を修整して，一般のパラメータ t に対して，確率 $1/t^j$ で $j+1$ 個のリンクをもつ節点を発生するようにせよ．

○**13.82** プログラム 13.9 を修整して，パラメータ $t = 2$ に対して randX 中の for ループを除くように修整せよ．ただし，randX 中の関数 randX() は，ビット毎にランダムであると仮定する．ヒント：数 t の 2 進表現の最後の j ビットは，確率 $1/2^j$ でどの j ビットの値も取るものとする．

13.83 リンクをたどるコストが比較のコストの α 倍で，1 レベル下がる再帰のコストが比較の β 倍である時，探索コストを最小にする t を選べ．

○**13.84** プログラム 13.7 から 13.10 で使ったポインタ配列へのポインタの代わりに，節点にポインタそれ自身をもつスキップリストを実現せよ．ヒント：STnode の最後にその配列をおく．

13.6 性能特性

　特定な応用に対して，ランダム化 BST，スプレイ木，赤黒木，スキップリストのどれを選べばよいか？　これらのアルゴリズムの性能保証に関する異なる性質について焦点を当ててきた．時間と空間は常に第一の関心事であるが，他の多くの要因についても考える必要がある．この節では実現上の問題点，実験的研究，実行時間の推定，必要記憶容量について簡単に議論する．

　木を基礎にするアルゴリズムはすべて回転に依存している．探索路に沿っての回転の実現は，ほとんどの平衡木アルゴリズムの本質的構成要素である．探索路上の節点へのポインタを再帰スタック上の局所変数に暗黙のうちに保存する再帰的な実現を使ってきた．しかし，どのアルゴリズムにも，木をトップダウンで 1 回走査する時に，一定数の節点に対して操作を行ない，各節点で一定数のリンク操作を行なう非再帰的な実現がある．

　ランダム化 BST は，木を基礎にした 3 つのアルゴリズムのなかで最も実現しやすい．まず第一に必要なことは，乱数生成器に対する信頼性とランダムビットの生成にあまり時間をかけないことである．スプレイ木は，もう少し複雑であるが，通常の根への挿入アルゴリズムの直接的拡張である．赤黒木では，色のためのビットをチェックしたり操作したりするために，さらにもう少しのコードが必要となる．他の 2 つに対して赤黒木が優れている点は，デバックのための一貫性検査と常に速い探索を保証することに色ビットが使えることである．スプレイ木を調べても，それを生成しているコードがすべて適正な変形を行なっているかどうかを知ることはできない．バグは性能上の問題を引き起こす（それだ

表 13.1 平衡木の比較実験

この表は，N 個の 32 ビットの整数のランダムな列から BST を生成するため時間と探索するための時間を，様々な N に対して，相対的に表わしたものである．これらの値は，巨大な表に対しても，どの方法もよい性能をもつが，赤黒木が他の方法よりもかなり速いことを示している．スプレイ木とスキップリスト以外は，すべて通常の BST 探索を用いている．スプレイ木では，探索時にスプレイ操作を行なってよくアクセスされるキーを根の近くにもってくる．スキップリストは，基礎となっているデータ構造は異なっているが，本質的には同じアルゴリズムを使っている．

N	生成						不成功探索					
	B	T	R	S	C	L	B	T	R	S	C	L
1250	0	1	3	2	1	2	1	1	0	0	0	2
2500	2	4	6	3	1	4	1	1	1	2	1	3
5000	4	7	14	8	5	10	3	3	3	3	2	7
12500	11	23	43	24	16	28	10	9	9	9	7	18
25000	27	51	101	50	32	57	19	19	26	21	16	43
50000	63	114	220	117	74	133	48	49	60	46	36	98
100000	159	277	447	282	177	310	118	106	132	112	84	229
200000	347	521	996	636	411	670	235	234	294	247	193	523

説明：
- B 標準の BST（プログラム 12.7）
- T 根への挿入による BST（プログラム 12.12）
- R ランダム化 BST（プログラム 13.2）
- S スプレイ木（練習問題 13.33 とプログラム 13.5）
- C 赤黒木（プログラム 13.6）
- L スキップリスト（プログラム 13.7 と 13.9）

け！）かもしれない．同様に，ランダム化 BST やスキップリストの乱数生成器のバグは，それとは気づかれない性能上の問題を引き起こすこともある．

スキップリストは，実現が容易で，記号表の操作を目一杯用意しなければならない時に，特に魅力的である．というのは，*search, insert, delete, join, select, sort* のすべてに対して，定式化が容易な実現法があるからである．スキップリストでは，探索のための内側のループは木の場合より長い（ポインタ配列への添字の計算またはレベルを 1 つ下りる時の再帰呼出しを余分に含む）．したがって，探索と挿入の時間も長い．スキップリストでは，プログラマは乱数生成器に翻弄される——ランダムな振舞いをするプログラムをデバックすることは困難である．リンクの個数がランダムである節点を扱うのは，特にやっかいであると思うプログラマもいる．

表13.1は，本章で述べた4つの方法と12章のBSTの初等的プログラムの性能に関する実験データである．使用したキーは32ビットの整数である．この表からは，13.2, 13.4, 13.5節の解析結果から期待されたことが確認される．ランダムなキーに対して，赤黒木は他のものよりずっと速い．赤黒木では，道の長さはランダム化BSTやスプレイ木よりも35パーセント短く，内側ループでの仕事も少ない．ランダム化BSTとスキップリストは，1回の挿入につき新しい乱数を少なくとも1つ生成しなければならない．スプレイ木は，挿入や探索ごとに各節で1回の回転を引き起こす．それに対して，赤黒木では，挿入中に各節点で2ビットの値をチェックすることと，時々回転を行なう必要があるというオーバーヘッドがある．一様でないアクセスに対しては，スプレイ木は道がより短いかもしれないが，それも，おそらく極端な場合を除いて，探索と挿入の両方で各節点での回転が内側のループで生じるということで，相殺されるかもしれない．

　スプレイ木は平衡に関する情報のための記憶領域を必要としないが，赤黒木は1ビット余分にいる．ランダム化BSTは計数のためのカウント欄が1つつく．多くの応用では，カウント欄は他の理由から保持されるので，ランダム化BSTでは，余分なコストでないかもしれない．実際，スプレイ木，赤黒木，スキップリストを使う時，この欄を追加する必要があるかもしれない．必要ならば，色のビットを除くことによって，赤黒木の空間効率をスプレイ木と同じにすることもできる（練習問題13.65参照）．最近の応用では，記憶容量がかつてほど重要でないが，それでも注意深いプログラマは，無駄遣いに注意を払っている．例えば，小さなカウント欄や節点の1ビットの色の欄にも1語全体32ビットを使うシステムもあるかもしれないし，パックをほどくのにかなり余分な時間を必要とするような欄のパックをするシステムもあるかもしれない，ということを認識している必要がある．記憶領域の制約が厳しいならば，大きなtのスキップリストを使えば，リンクのための領域を半分近く減らすことができる．その場合，探索が遅くなる（といっても対数時間であるが）という犠牲を払う．木を基礎にする方法を，節点1つにつき1つのリンクで実現するプログラム技法もある（練習問題13.65参照）．

　まとめると，本章で述べた方法はすべて，通常の応用でよい性能を示す．高性能の記号表を実現しようとしている人にとって，それぞれの方法にはそれぞれの長所がある．スプレイ木は，自己組織的探索法としてよい性能をもっている．特に，少数のキーがよく参照されるような時はそうである．ランダム化BSTは，より速くて，記号表のすべての関数を実現しやすいであろう．スキップリストは，わかりやすく，他の方法

よりも少ない記憶量で対数時間の探索を実現する．赤黒木は，記号表をライブラリとして実現するのに使いたくなる．それは，最悪の場合の性能の上限を保証するし，ランダムなデータに対して最も速い探索と挿入アルゴリズムを与える．

応用における特別な使い方以上に，記号表 ADT の効率のよいプログラムを開発する問題に対するこの一揃いの解は重要である．それはアルゴリズム設計に対する基本的な取組み方を例示している．それらの取組み方は他の問題の解決を考える時に役に立つ．簡単で最適なアルゴリズムに対する不断の探求の中で，ここで述べたような有用で最適に近いアルゴリズムにしばしば出会う．さらに，ソートで見たように，比較に基づいたこのようなアルゴリズムは話のほんの入り口である．より低いレベルの抽象化に移ると，そこではキーの一部分を処理することができるし，14,15 章で見るように，本章で述べたものよりずっと速いプログラムを開発できる．

練習問題

13.85 クライアントハンドルをもつ一級 ADT に対する *initialize, count, search, insert, delete, join, select, sort* 操作を提供する記号表をランダム化 BST を用いて開発せよ（練習問題 12.4 と 12.5 参照）．

13.86 クライアントハンドルをもつ一級 ADT に対する *initialize, count, search, insert, delete, join, select, sort* 操作を提供する記号表をスキップリストを用いて開発せよ（練習問題 12.4 と 12.5 参照）．

第14章　ハッシュ法

　これまで考えてきた探索アルゴリズムは，比較操作に基づいたものであった．重要な例外は，12.2節で述べたキー添字探索法である．それは，キー i をもつレコードを表（テーブル）の i 番目の位置に格納し，キーの値から直ちにレコードを参照できる．キー添字探索は，キーの値を比較に用いるのではなく，配列の添字として使用するので，キーが，表の添字の範囲内で相異なる整数であるということに依存している．本章では，ハッシュ法を考える．ハッシュ法は，キー添字探索法を一般化して，キーに関するこのような偶然の幸運を前提としない，より一般のの探索問題に適用できるようにしたものである．それは，レコード中のキーと探索キーを比較しながら辞書の中を進む比較に基づく方法とは，完全に異なったものとなる．キーに対して算術演算を施して表の**アドレス**（**番地**，address）に変換し，表を直接参照する方法である．

　ハッシュ法を使用する探索アルゴリズムは，2つの部分からなる．第一の部分は，キーを表の番地に変換する**ハッシュ関数**（hash function）の計算である．相異なるキーは相異なる番地に写像されるのが理想的であるが，2つ以上のキーが同じ番地に写像されることもしばしばある．ハッシュ探索の第二の部分は，そのようなキーを扱うための**衝突の処理**（collision-resolution）である．本章で調べる衝突処理法の1つに，リンクリストによるものがある．それは，探索キーの個数が前もってわからないような非常に動的な状況に適している．他の2つの衝突処理法は，大きさが固定された配列中に格納したレコードの高速検索を実現する．これらの方法を改善して表の大きさが前もって予測できないような場合にも使えるようにする方法も学ぶ．

　ハッシュ法は，**時間と空間のかね合い**（time-space tradeoff）の問題のよい例である．記憶領域に何の制限もなければ，キー添字探索法のように，単にキーを記憶番地として使用するだけで，たった1回の参照で探索ができる．しかし，キーが長い時には，必要な記憶容量が法外なものになるので，このように理想的なことはそうはない．一方，もし時間に制限がなければ，逐次探索を用いて最小の記憶容量で探索ができる．ハッシュ法は，記憶容量も時間も適当に用いて，この両極端の場合の間のバランスをとる方法である．特に，ハッシュ表の大きさを調整す

るだけで，コードを書き換えたり他のアルゴリズムを使ったりせずに，望みのバランスを取ることができる．

ハッシュ法は，いろいろなアルゴリズムがかなり深く研究されており，非常に広く使用されているという意味で，計算機科学における"古典的"問題である．ゆるい条件の下では，表のサイズによらず，一定時間で $search$ と $insert$ ができる記号表を用意できると期待することは法外なことではないことがわかる．

この期待は，記号表のどの実現にとっても理論的に最適なものである．しかし，ハッシュ法は万能薬ではない．主な理由は2つある．第一は，実行時間がキーの長さに依存することである．それは，キーが長い実際の応用では負担となることがある．第二は，ハッシュ法は，$select$ や $sort$ などの他の操作に対して効率がよくないことである．本章では，これらのことや他のことについて詳しく調べる．

14.1 ハッシュ関数

まずはじめに取り上げるべき問題は，キーを表の番地に変換するハッシュ関数の計算である．この算術計算は通常実現は簡単であるが，様々な微妙な落とし穴を避けるように注意しなければならない．表中に格納できるレコードの個数が M の時は，キー（通常は整数か短い文字列）を区間 $[0, M-1]$ 中の整数に変換する関数が必要である．理想的なハッシュ関数は，計算が簡単で，"ランダムな"関数に近いもの，すなわち，各入力に対して，どの出力も同じ程度に起こりうるものである．

ハッシュ関数は，キーの型に依存する．正確に述べると，使用されるキーの型ごとに異なるハッシュ関数が必要となる．通常は，効率のために，陽に型変換する代わりに機械語でのキーの2進表示を整数と見なして算術計算に使う．ハッシュ法は，高級言語の出現以前に，初期の計算機上にあった．ある値を，ある時は文字列と見なし，次には整数と見なすということは普通に行なわれていた．特定の計算機上のキーの表現に依存するプログラムを書くのが難しい高級言語もある．そのようなプログラムは，その性質上，計算機に依存するので，新しい計算機や他の計算機に移植するのが困難である．ハッシュ関数は，一般に，キーを整数に変換する処理に依存する．したがって，ハッシュ法を実現する時には，計算機の独立性と効率性を同時に達成することは，しばしば困難である．通常は，整数や浮動小数点数のキーはたった1回の機械操作でハッシュできるが，文字列キーや複合したキーでは，より多くの配慮と効率に対する注意が必要である．

おそらく，最も簡単な状況は，キーがある固定された範囲内の浮動小

ハッシュ関数 §14.1

数点数である場合である．例えば，キーが0より大きく，1より小さければ，それをM倍して，最も近い整数に丸めれば，0と$M-1$の間のアドレスがえられる．例が図14.1にある．ある定まったtとsに対して，キーがsより大きく，tより小さければ，キーからsを引いて，$t-s$で割り算をすれば，キーは0と1の間になる．それをM倍すれば，アドレスがえられる．

キーがwビットの整数ならば，2^wで割り算をすれば0と1の間の浮動小数点数がえられるので，前の段落と同じようにM倍すればよい．浮動小数点演算が高くついて，数がオーバーフローを起こすほど大きくないならば，整数演算で同じ結果をえることができる．キーをM倍して，2^wで割るためにwビット右にシフトする（あるいは，乗算がオーバーフローを起こすなら，シフトしてから乗算を行なう）．そのような関数は，キーが一様に分布していない限り，ハッシュ法には向いていない．というのは，ハッシュ値がキーの先頭のほうのビットだけで決まるからである．

wビットの整数に対するより簡単でより効率のよい方法は，実はハッシュ法でおそらく最も普通に用いられている方法であるが，Mを素数に選び，任意のキーkに対して，kをMで割った余り，すなわち，$h(k)=k \bmod M$を計算する方法である．このような関数は**除算剰余ハッシュ関数**（modular）とよばれる．これは，計算が容易で（Cではk % M），キーをかなりよくばらまく有効な方法である．図14.2は，小さな例である．

浮動小数点数にも除算剰余法は使える．キーの範囲が小さければ，それらを0と1の間に変換し，2^w倍して，wビットの整数を作り，除算剰余関数を使う．他のやりかたとしては，キーの2進表示（もし使えるならば）を除算剰余関数の被演算項として使用する方法もある．

キーを構成しているビットが取りだせるならば，除算剰余法はいつでも使える．それらが，機械語の整数でも，機械語1語にパックされた文字列でも，あるいはどのようなものであってもよい．機械語1語にパックされたランダムな文字列は，いくつかのビットが符号化のために使用されているので，ランダムな整数キーとまったく同じという訳ではない．しかし，どちらも（1語に納まるように符号化されたどのタイプのキーも）小さな表へのランダムな添字に見えるようにすることができる．

図14.3は，除算剰余ハッシュ関数に対して，表のサイズMを素数にする第一の理由を示している．この例では，7ビット符号の文字データに対して，キーを128を基数とする数（キーの各文字を各桁の数値）と見なしている．語nowは，数1816567に対応する．これは，n, o, w

.513870656	51
.175725579	17
.308633685	30
.534531713	53
.947630227	94
.171727657	17
.702230930	70
.226416826	22
.494766086	49
.124698631	12
.083895385	8
.389629811	38
.277230144	27
.368053228	36
.983458996	98
.535386205	53
.765678883	76
.646473587	64
.767143786	76
.780236185	78
.822962105	82
.151921138	15
.625476837	62
.314676344	31
.346903890	34

図14.1　浮動小数点数キーに対する乗算法

0と1の間の浮動小数点数を97倍して，サイズ97の表の添字に変換する．この例では，17, 53, 76の3ケ所で衝突が発生している．キーの上位のビットがハッシュ値を決めていて，下位のビットは効いていない．計算上での各ビットの働きにこのようなアンバランスが生じないようにすることがハッシュ関数設計の目的である．

の ASCII 符号はそれぞれ $156_8 = 110, 157_8 = 111, 167_8 = 119$ なので，
$$110 \cdot 128^2 + 111 \cdot 128^1 + 119 \cdot 128^0$$
として表わすことができる．さて，まずいことに $M = 64$ を選んだとしよう．64（あるいは 128）の倍数を加えても x mod 64 の値は変わらないので，どのキーのハッシュ関数値もキーの最後の 6 ビットの値となってしまう．確かに，よいハッシュ関数というのはキーのすべてのビットを利用するべきである．特に文字からなるキーに対してはそうである．M が 2 のベキ乗の因子をもつ時にも同様なことが生じる．そのようなことを確実に避ける最も簡単な方法は，M を素数にとることである．

表のサイズを素数にとるということを除けば，除算剰余法を実現するのはごく簡単である．応用によっては，既知の小さな素数でよいこともある．あるいは，欲しい表の大きさに近い素数を既知の素数のリストの中から探すこともできる．例えば，$2^t - 1$ の形の数は，$t = 2, 3, 5, 7, 13, 17, 19, 31$ に対しては素数である（$t < 31$ ではこれだけ）．これらは，有名な**メルセンヌ数**（Mersenne primes）である．あるサイズの表を動的に割り当てるには，そのサイズに近い素数を計算する必要がある．この計算は簡単ではない（賢いやりかたがあるが，それは本書の続巻で扱かう）．そのため，実際には，前もって計算された表を使うというのが普通のやりかたである（図 14.4 参照）．表のサイズを素数にする理由は，除算剰余法を使うということだけではない．もう 1 つの理由については 14.4 節で考察する．

整数キーに対する別のやりかたは，乗算と合同計算を組み合わせるものである．キーに 0 と 1 の間の定数 a を掛けて M の剰余を計算する．すなわち，関数 $h(k) = \lfloor k\,a \rfloor \bmod M$ を使うことである．a, M とキーの実質的基数との間には相互作用があり，それが厄介な振舞いを引き起こすかもしれない．しかし，実際の応用では，適当な値を使っても問題はないようである．a としてよく使われる値は $\phi = 0.618033\cdots$（**黄金比**，golden raito）である．このテーマに関しては，他にもいろいろと，特に，シフトやマスキングなどの効率のよい機械語命令を使って実現されるハッシュ関数が研究されている（参考文献参照）．

記号表を使用する多くの応用では，キーは数値でなく，必ずしも短くなく，時には大変長い，英数字である．

averylongkey

のような場合の計算はどうなるか？ 7 ビット ASCII コードでは，このキーは 84 ビットの数
$$97 \cdot 128^{11} + 118 \cdot 128^{10} + 101 \cdot 128^9 + 114 \cdot 128^8 + 121 \cdot 128^7$$
$$+ 108 \cdot 128^6 + 111 \cdot 128^5 + 110 \cdot 128^4 + 103 \cdot 128^3$$
$$+ 107 \cdot 128^2 + 101 \cdot 128^1 + 121 \cdot 128^0$$

16838	57	38	6
5758	35	58	58
10113	25	13	50
17515	55	15	24
31051	11	51	90
5627	1	27	77
23010	21	10	20
7419	47	19	85
16212	13	12	19
4086	12	86	25
2749	33	49	98
12767	60	67	90
9084	63	84	14
12060	32	60	53
32225	21	25	16
17543	83	43	42
25089	63	89	5
21183	37	83	91
25137	14	37	35
25566	55	66	0
26966	0	66	65
4978	31	78	76
20495	28	95	66
10311	29	11	72
11367	18	67	25

図 14.2 整数キーに対する除算剰余ハッシュ関数

右側の 3 列は，左の 16-ビットのキーに対する次のハッシュ関数の値を示す．

v % 97（左）

v % 100（中央）

(int) (a*v) % 100（右）

ただし，a = .61803 とする．

表のサイズは，それぞれ 97, 100, 100 である．値はランダムのように見える（キーがランダムなので）．ただ，中央の関数（v % 100）は，キーの右の 2 桁だけを使っているので，ランダムでないキーに対しては，性能が悪くなりやすい．

に対応し，ほとんどの計算機の通常の算術演算に対しては大きすぎる．さらに，もっと長いキーも扱えなくてはならない．

長いキーに対して除算剰余関数を使う場合は，キーを部分毎に変換する．mod 関数の性質と**ホーナー法**（Horner's Method）を利用する（4.9 節参照）ことができる．この方法は，キーに対応する数の別の表わし方に基づいている．我々の例では，次のように表現される．

$$(((((((((((97 \cdot 128 + 118) \cdot 128 + 101) \cdot 128 + 114) \cdot 128 + 121) \cdot 128 \\ + 108) \cdot 128 + 111) \cdot 128 + 110) \cdot 128 + 103) \cdot 128 \\ + 107) \cdot 128 + 101) \cdot 128 + 121.$$

すなわち，文字列に対応した 10 進数を次のように計算する．左から右へ進みながら，足し込まれた数を 128 倍して，次の文字の符号化された値を足すということを，繰り返すことで計算できることがわかる．長いキーに対しては，この計算は，最終的には，計算機で表現できる数より大きな数になることがある．しかし，我々はその数に関心があるのではなく，欲しいのはその数を M で割った剰余（それは小さい）である．計算中常に，M の倍数を取り除くことができるので，累積された大きな数を保持することなしに，欲しい結果がえられる．乗算と加算を実行する度に M の剰余を保持するだけでよい．大きな数を計算して，割り算をした時と同じ結果がえられる（練習問題 14.10）．このことから大きな数に対するハッシュ関数を計算する方法が導かれる（プログラム 14.1 参照）．このプログラムは最後に一工夫している．基数 128 の代わりに素数 127 を使っている．その理由は次の段落で論じる．

ホーナー法を使った除算剰余法とほぼ同じコスト（キー中の各文字に対して 1 つか 2 つの算術演算）でハッシュ関数を計算する方法は多くあ

プログラム 14.1　文字列キーに対するハッシュ関数

文字列キーに対するこのハッシュ関数のプログラムは，キーの 1 文字ごとに 1 回の乗算と 1 回の加算を含む．定数 127 を 128 に取り替えると，キーの ASCII 表現に対応する数を割った時の剰余を，ホーナー法を使って，簡単に計算できる．素数 127 にすると，表のサイズが 2 のベキ乗あるいは 2 の倍数の時に生じる面倒なことを避けることができる．

```
int hash(char *v, int M)
  { int h = 0, a = 127;
    for (; *v != '\0'; v++)
      h = (a*h + *v) % M;
    return h;
  }
```

```
now 6733767 1816567 55 29
for 6333762 1685490 50 20
tip 7232360 1914096 48  1
ilk 6473153 1734251 43 18
dim 6232355 1651949 45 21
tag 7230347 1913063 39 22
jot 6533764 1751028 52 24
sob 7173742 1898466 34 26
nob 6733742 1816546 34  8
sky 7172771 1897977 57  2
hut 6435364 1719028 52 16
ace 6070745 1602021 37  3
bet 6131364 1618676 52 11
men 6671356 1798894 46 26
egg 6271747 1668071 39 23
few 6331367 1684215 55 16
jay 6530371 1749241 57  4
owl 6775754 1833964 44  4
joy 6533771 1751033 57 29
rap 7130360 1880304 48 30
gig 6372347 1701095 39  1
wee 7371345 1962725 37 22
was 7370363 1962227 51 20
cab 6170342 1634530 34 24
wad 7370344 1962212 36  5
```

図 14.3　符号化された文字に対する除算剰余ハッシュ関数

各行は，3 文字からなる語と，その語の ASCII 符号を 21 ビットの数と見なした時の 8 進表示，16 進表示，表のサイズ 64 と 31 に対する除算剰余関数の値を示している．表のサイズ 64 では，望ましくない結果となっている．というのは，この場合，キーの右端の方のビットだけがハッシュ値に寄与するが，自然言語の単語は一様には分布していないからである．例えば，y で終了している語の，ハッシュ値はすべて 57 である．対照的に，表のサイズが素数 31 の場合は，サイズが半分以下の表でも衝突がより少なくなっている．

n	δ_n	$2^n - \delta_n$
8	5	251
9	3	509
10	3	1021
11	9	2039
12	3	4093
13	1	8191
14	3	16381
15	19	32749
16	15	65521
17	1	131071
18	5	262139
19	1	524287
20	3	1048573
21	9	2097143
22	3	4194301
23	15	8388593
24	3	16777213
25	39	33554393
26	5	67108859
27	39	134217689
28	57	268435399
29	3	536870909
30	35	1073741789
31	1	2147483647

図 14.4　ハッシュ表のための素数表

$2^n (8 \leq n \leq 32)$ より小さい素数で最大の素数の表．この表は，ハッシュ表のサイズが素数の場合に，表を動的に割り当てる時に使用される．守備範囲内の与えられた正の数に対して，その値の2倍以内の素数をえるためにこの表を使用する．

る．ランダムなキーに対しては，それらの方法はほとんど差がないが，実際のキーはほとんどランダムでない．実際のキーを効率よくランダムに見えるようにしてみることは，ハッシュ法に対するランダム化アルゴリズムを考えるきっかけとなる．どのようなキーに対しても，ランダムな添字を生成するハッシュ関数が欲しい．除算剰余法の定義に文字通りこだわる必要はないので，ランダム化は難しくない．キーのすべてのビットを使って M より小さい整数を生成したいだけである．プログラム 14.1 はそのようにする1つの方法を示している．文字列の ASCII 表現に対応する整数を定義する時に使われている2のべキ乗の代わりに，素数を基数として使う．図 14.5 は，この変更によって，典型的な文字列キーに対して貧弱なばらつきが避けられることを示している．プログラム 14.1 で生成されるハッシュ値は，表のサイズが 127 の倍数である表に対して，理論的には，悪いことが起りうる（それらの影響は実際は極く小さいであろう）．掛ける値をランダムに選ぶことによってランダム化アルゴリズムを作ることができる．さらに有効なやりかたに，係数としてランダムな値を用い，キーの各桁に対して異なるランダムな値を使うやりかたがある．このやりかたは**普遍ハッシュ法**（ユニバーサルハッシュ法，universal hashing）とよばれるランダム化アルゴリズムを与える．

理論的に理想の普遍ハッシュ関数は，2つの異なるキーの間の衝突の確率が丁度 $1/M$ となるような関数である．プログラム 14.1 の a として，ある任意の固定された値でなく，異なるランダムな値の列を使うと，除算剰余法が普遍ハッシュ関数になることを証明できる．キーの文字の各位置に対して異なる乱数をもつ配列でこのアイデアを実現することができる．プログラム 14.2 は，実用上うまく働くより簡単なもう一

プログラム 14.2　普遍ハッシュ関数（文字列キー）

このプログラムはプログラム 14.1 と同じ計算をする．ただし，相異なるキーが衝突する確率が $1/M$ である理想的なものに近づけるために，固定した係数の代わりに擬似乱数を係数として使用する．ここでは，インタフェースが少し簡単になるので，前もって計算しておいた乱数の配列を使う代わりに係数を生成する．

```
int hashU(char *v, int M)
  { int h, a = 31415, b = 27183;
    for (h = 0; *v != '\0'; v++, a = a*b % (M-1))
       h = (a*h + *v) % M;
    return h;
  }
```

つのやりかたを示している．係数として簡単な擬似乱数の系列を使う．

まとめると，記号表抽象型の実現に対してハッシュ法を使うには，まずはじめに，抽象型インタフェースが，キーを（表のサイズ）M より小さい非負の整数に写像する hash 操作を含むようにすることである．直接的な実現

```
#define hash(v, M) (((v-s)/(t-s))* M)
```

は，値が s と t の間の浮動小数点数キーに対して働く．整数キーに対しては，

```
#define hash(v, M) (v % M).
```

を使うことができる．M が素数でない時は，

```
#define hash(v, M)  ((int) (.616161 * (float) v) % M)
```

あるいは同じような整数計算，例えば

```
#define hash(v, M)  (16161 * (unsigned) v) % M)
```

は，キーを十分散らばすであろう．文字列キーに対するプログラム 14.1 を含めて，これらの関数はすべて，何年もの間プログラマにとってよく役立ってきた伝統的なものである．プログラム 14.2 の普遍ハッシュ法は，文字列キーに対する別個の改良であって，少しの余分なコストでランダムなハッシュ値を与える．整数キーに対しては同様なランダム法をうまく作ることができる（練習問題 14.1 参照）．

普遍ハッシュ法は，応用によっては，より簡単な方法よりずっと遅いということがありうる．というのは，キーの各文字毎に実行される2つの算術演算が，長いキーに対しては，あまりにも時間を食うかもしれないので．この欠点に対応するために，キーをより大きな単位で処理するのもよい．実際，初等的な除算剰余法と同じように，機械語1語に入る最大部分を使ってもよい．以前に詳しく述べたように，この種の操作が困難であったり，あるいは強く型付けられた高級言語では特別な抜け道が必要であったりする．しかし，適当なデータ型のフォーマット変換（キャスト）を使えば，C では全く余分な作業が必要でないし，高くつくものではない．これらの要因は，多くの場合に考慮すべき大事なものである．ハッシュ関数の計算が内側のループにあるとすれば，ハッシュ関数のスピードを上げることによって計算全体のスピードアップができる．

これらの方法を支持する証拠にもかかわらず，これらを実現する時には注意が必要である．理由は2つある．第一は，キーの様々に異なる機械語表現上で型変換する時と算術関数を使う時に，バグを避けるように注意を払わなければならない．これらの操作は，エラーのもととして悪名高い．特にプログラムが古いマシンから1語のビット長が異なるマシンあるいは精度が異なるマシンに変換される時には注意が必要である．

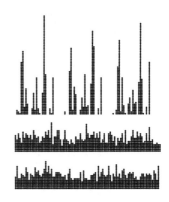

図 14.5 文字列に対するハッシュ関数

この図は，英単語の集合（メルヴィルの小説 Moby Dick の最初の相異なる 1000 語）に対して，プログラム 14.1 を用いたときの散らばり具合を示している．ただし，
$M = 96, a = 128$（上段）
$M = 97, a = 128$（中段）
$M = 96, a = 127$（下段）
とする．上段の散らばり具合が悪いのは，文字の使用頻度が一様でないことと，表のサイズと乗数とが共通因数 32 をもっていることとが相まって，文字の使用頻度が一様でないことを保存した結果である．残りの2つは，表のサイズと乗数とが互いに素なので，ランダムのように見える．

第二は，ハッシュ関数の計算は，多くの応用では内側のループに入ることが多く，その実行時間が全実行時間を支配することである．そのような場合，確実に効率のよいマシンコードになっているということは重要である．そのような操作は，効率の悪さの原因として悪名高い．例えば，簡単な除算剰余法と最初に 0.61616 を掛けるバージョンとの間の実行時間の差は，遅いハードウェアあるいは浮動小数点操作がソフトウェアによるマシン上では驚くべき差になる．最も速い方法は，多くのマシンでは，M を2のベキ乗にして，ハッシュ関数

```
#define hash(v, M) (v & (M-1)).
```

を使うことである．この関数はキーの下位のビットしか使わないが，ビット毎の論理積 & 操作は，整数の割り算より十分に速く，貧弱なキー分布から生じる悪影響を相殺する．

ハッシュ法を実現する時に生じる典型的なバグは，ハッシュ関数が常に同じ値を返すことである．おそらく意図した型変換が適切に行なわれなかったためである．そのようなバグは**性能バグ**（performance bug）とよばれる．というのは，そのようなハッシュ関数を使ったプログラムは，正しく走るが極端に遅いことがあるからである（それはハッシュ値がよく散らばっている時にのみ効率がよいように設計されている）．1行で書かれるこれらの関数は非常に簡単にテストできるので，記号表を実現する際にいつも使うようなキーの集まりに対してそれらがどれくらいうまく働いているかをチェックするのが賢明である．

ハッシュ関数がランダムな値を生成するという仮説を検定するために，χ^2 統計量を使うことができる（練習問題14.5参照）．しかしこの要請はおそらく厳密過ぎる．実際には，確かにランダムでなくても，各値を同じ回数生成するような（χ^2 統計量が0となる）ハッシュ関数でもよいであろう．それでも，χ^2 統計量が大きい時は疑うべきである．実際上は，値が十分散らばっていて，どの値も支配的でないことを検査するのでおそらく十分である（練習問題14.15参照）．同じ精神で，普遍ハッシュ法に基づいた記号表の実現で技術的に十分検討されたものは，ハッシュ値の分布が悪くなっていないかどうかを時々チェックするであろう．確率の低い事象が発生していること，あるいはハッシュ関数に虫があることがクライアントに知らされることもあろう．この種のチェックを実用的なランダム化アルゴリズムに加えることは賢明であろう．

練習問題

▷ **14.1** 10章の digit 抽象を使って機械語1語をバイトの列として扱い，機械

ハッシュ関数　　　　　　　　　　　　　　　　　　§14.1

語のビットとして表わされているキーに対するランダム化ハッシュ関数を実現せよ．

14.2 あなたのプログラミング環境では，4バイトのキーを32ビットの整数に変換するのに実行時のオーバーヘッドがあるかどうかを調べよ．

○**14.3** 4バイトを一度にロードして，32ビットに対してまとめて算術演算をするというアイデアに基づいて，文字列キーに対するハッシュ関数を開発せよ．この関数の計算時間とプログラム14.1の計算時間を，4, 8, 16, 32ビットのキーに対して比較せよ．

14.4 ハッシュ関数 a*x % M が，図14.2のキーに対して相異なる値を与える（衝突がない）ような a, M の値を見つけるプログラムを書け．ただし，M はできるだけ小さくする．それは，**完全ハッシュ関数**（perfect hash function）の一例である．

○**14.5** サイズ M のハッシュ表中の N 個のキーのハッシュ値に対する χ^2 統計量を計算するプログラムを書け．この統計量は式

$$\chi^2 = \frac{M}{N} \sum_{0 \le i < M} \left(f_i - \frac{N}{M}\right)^2$$

で定義される．ただし，f_i はハッシュ値 i をもつキーの個数である．ハッシュ値がランダムならば，$N > cM$ に対して，この統計量は，確率 $1 - 1/c$ で $M \pm \sqrt{M}$ である．

14.6 練習問題14.5のあなたのプログラムを使って，ハッシュ関数 618033*x % 10000 を，10^6 より小さい正の整数のランダムなキーに対して評価せよ．

14.7 練習問題14.5のあなたのプログラムを使って，あなたのシステム上の大きなファイル，例えば辞書など，から採った相異なる文字列キーに対してプログラム14.1のハッシュ関数を評価せよ．

●**14.8** キーは t ビットの整数とする．素数 M の除算剰余ハッシュ関数に対して，次のことを示せ．キーの各ビットに対して，そのビットだけが異なる2つのキーで異なるハッシュ値をもつものが存在する．

14.9 整数キーに対する除算剰余関数を (a*x) % M で実現するというアイデアについて考察せよ．ただし，a は任意の固定した素数である．このようにすると，素数でない M を用いてもよいくらいにビットを混ぜ合わせることになるか？

14.10 等式 $(((ax) \bmod M) + b) \bmod M = (ax + b) \bmod M$ を証明せよ．ただし，a, b, x, M はすべて非負整数とする．

▷**14.11** 練習問題14.7で，例えば本のようなテキストファイルからとった単語を使うと，χ^2 統計量はよくないであろう．その理由を説明せよ．

14.12 練習問題14.6のあなたのプログラムを使って，サイズが100から200の間のすべての表に対して，ハッシュ関数 97*x % M を評価せよ．ただし，10^6 より小さい正の整数のランダムなキーを 10^3 個用いる．

14.13 練習問題14.6のあなたのプログラムを使って，サイズが100から

200 の間のすべての表に対して，ハッシュ関数 97*x % M を評価せよ．ただし，10^2 と 10^3 の間のランダムな正整数をキーとして用いる．

14.14 練習問題 14.6 のあなたのプログラムを使って，サイズが 100 から 200 の間のすべての表に対して，ハッシュ関数 100*x % M を評価せよ．ただし，10^6 より小さいランダムな正整数のキーを 10^3 個用いる．

14.15 同じハッシュ値を $3N/M$ 回より多く発生するハッシュ関数は棄却するというより簡単な基準を用いて，練習問題 14.12 と 14.14 を行なえ．

14.2 分離連鎖法

14.1 節で述べたハッシュ関数はキーを表の番地に変換した．ハッシュ法の 2 番目の構成要素は，2 つのキーが同一の番地にハッシュされた場合をどう扱うかを決めるものである．最も素直な方法は，表の各番地に対して，リンクによるリストを用意して，そこにハッシュされたキー

プログラム 14.3 分離連鎖法

この記号表は，プログラム 12.5 のリンクリストによる記号表の中の STinit, STsearch, STinsert, STdelete 関数をここで与えたものと入れ替え，リンク head をリンクの配列 heads と入れ替えたものに基づいて実現したものである．プログラム 12.5 と同様に再帰的なリスト探索と削除を用いる．ただし，M 個のリストをもち，各リストの head を heads におく．ハッシュ関数を使ってどれかのリストを選ぶ．STinit 関数は，どのリストもほぼ 5 個の項目をもつように M を定める．したがって，その他の操作のためにはほんの数回の探査でよい．

```
static link *heads, z;
static int N, M;
void STinit(int max)
  { int i;
    N = 0; M = max/5;
    heads = malloc(M*sizeof(link));
    z = NEW(NULLitem, NULL);
    for (i = 0; i < M; i++) heads[i] = z;
  }
Item STsearch(Key v)
  { return searchR(heads[hash(v, M)], v); }
void STinsert(Item item)
  { int i = hash(key(item), M);
    heads[i] = NEW(item, heads[i]); N++; }
void STdelete(Item item)
  { int i = hash(key(item), M);
    heads[i] = deleteR(heads[i], item); }
```

分離連鎖法　　　　　　　　　　　§14.2　　　　　　　　　　　　525

をもつレコードを保持するものである．これから，直ちに，初等的なリストの探索法（12章参照）の一般化ができる．それは，プログラム14.3のように，1つのリストを保持するのではなく，M個のリストを保持する．

衝突するレコード同士が"一緒に繋がれ"て1つのリストを作るので，この方法は伝統的に**分離連鎖法**（separate chaining）とよばれている．図14.6はその一例である．初等的な逐次探索と同じように，リストを整列しておくこともできるし，整列しておかなくてもよい．12.3節での議論と同じような基本的なトレードオフが成り立つ．しかし，分離連鎖法の場合は，（リストが短いので）時間の節約はそれほど重要ではなく，（多くのリストをもつので）使用領域の方がより重要である．

整列したリストへの挿入を簡単にするためにヘッド（ダミー節点）を使うかもしれないが，各リストに対するM個のヘッドを使いたくないかもしれない．実は，リストの先頭の節点を表においてリストへのM個のリンクまで除いてしまうこともできる（練習問題14.20参照）．

不成功探索に対しては，ハッシュ関数がキーを十分にかき混ぜて，M個のリストのどれもが等しい確率で探索されるものと仮定してよい．すると，12.3節で学んだ性能特性が各リストに当てはまる．

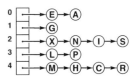

図 14.6　分離連鎖法

分離連鎖法（整列していないリスト）を用いて，キーA S E R C H I N G X M P Lをはじめ空なハッシュ表に順次挿入した結果を示す．ただし，ハッシュ値は上段のハッシュ値を用いる．Aはリスト0に行き，Sはリスト2に行き，Eはリスト0に行く（挿入の平間を一定にするためにリストの先頭に挿入する）．そして，Rはリスト4へ行く，などなど．

性質14.1　分離連鎖法は，逐次探索における比較回数を（平均として）$1/M$に減らす．ただし，M個のリストのための記憶領域を余分に使う．

リストの平均長はN/Mである．12章で述べたように，成功探索は平均としてリストの中央で終了する．不成功探索は，リストが整列していなければリストの終わりまで進み，リストが整列していればリストの中央で終了する．■

分離連鎖法では，ほとんどの場合整列していないリストが使われる．実現が容易で効率がよいからである．

操作 *insert* の時間は一定で，*search* の時間はN/Mに比例する．膨大な回数の不成功探索が予想される時は，*insert* が遅くなるという犠牲を払って，リストを整列して不成功探索を2倍速くすることができる．

既に述べたように，レコードがリストの間でどのように分布しようとも，リストの平均長はN/Mなので，性質14.1は自明である．例えば，すべてのレコードが先頭のリストに入るとしよう．その時，リストの平均長は$(N+0+0+\cdots+0)/M = N/M$である．実際の場でハッシュ法が有用である真の理由は，どのリストも約N/M個のレコードをもつ確率が極めて高いということである．

性質14.2 M 個のリストと N 個のキーをもつ分離連鎖法では，各リスト中のキーの個数が N/M の定数倍以内である確率は1に非常に近い．

確率論の基礎を知っている読者のために，この解析について簡単に触れる．初等的議論で，与えられたリストが k 個のレコードをもつ確率は，

$$\binom{N}{k}\left(\frac{1}{M}\right)^k\left(1-\frac{1}{M}\right)^{N-k}$$

で与えられる．N 個のレコードから k 個を選ぶ．この k 個のレコードはそれぞれ確率 $1/M$ で与えられたリストにハッシュされる．残りの $N-k$ 個のレコードのそれぞれが与えられたリストにハッシュされない確率は $1-(1/M)$ である．$\alpha = N/M$ とすると上式は，

$$\binom{N}{k}\left(\frac{\alpha}{N}\right)^k\left(1-\frac{\alpha}{N}\right)^{N-k}$$

のように書ける．これは，古典的なポアソン近似を用いると，

$$\frac{\alpha^k e^{-\alpha}}{k!}$$

より小さい．このことから，リストが $t\alpha$ 個より多くのレコードをもつ確率は，

$$\left(\frac{\alpha e}{t}\right)^t e^{-\alpha}$$

より小さいことが導かれる．この確率は，パラメータの現実的な値の範囲では，非常に小さい．例えば，リストの平均長が20とすると，40より多くのレコードをもつリストにハッシュされる確率は $(20e/2)^2 e^{-20} \approx 0.0000016$ より小さい．■

上記の解析は，古典的な**占有問題**（occupancy problem）の一例である．それは，N 個のボールを M 個の壺のどれか1つに投げ入れる時，壺に入っているボールの分布を考える問題である．これらの問題に対する古典的数学の解析は，ハッシュアルゴリズムの研究に関連する多くの興味深い事実を教えてくれる．例えば，ポアソン近似によれば，空なリストの個数は約 $e^{-\alpha}$ である．もっと面白い結果は，最初の衝突が発生するまでに挿入される項目の平均個数は約 $\sqrt{\pi M/2} \approx 1.25\sqrt{M}$ である．この結果は古典的な**誕生日問題**（birthday problem）の解である．それによれば，例えば，$M=365$ の時は，誕生日が同じ人を二人見つけるためにチェックする人の数の平均はおよそ24である．もう1つの古典的な結果によれば，各リストが少なくとも1つの項目をもつようになる

分離連鎖法 §14.2

までに挿入する項目の平均個数は約 MH_M である．この結果は，古典的**クーポン収集問題**（coupon collector problem）の解である．例えば，32 チームのそれぞれ 40 名のプレーヤ（総数 $M = 1280$）に対して，すべてのプレーヤのベースボールカードを獲得するためには 9898 枚のベースボールカードを集めることになるだろう．

これらの研究結果は，ハッシュ法の性質で解析されているものの見本である．実際，それらによれば，ハッシュ関数がランダムに近い値を生成するならば安心して分離連鎖法を使うことができる（参考文献参照）．

分離連鎖法を実現する時には，通常，M は，連続した大きな記憶領域を空なリンクで空費しないように十分小さく，一方，リストに対して逐次探索が最も効率のよい方法となるように十分大きくする．リストの代わりに 2 分探索木を使うなどの"折衷"法は，その手間をかけるだけの価値はないであろう．大雑把にいって，それぞれのリストがだいたい 5 から 10 個のキーを含むように，予想されるキーの個数の約 1/5 か 1/10 かを M に選ぶとよい．分離連鎖法の長所の 1 つは，M の選択が重要でないことである．キーの個数が予想より多い時には，より大きいサイズを選んだ時より探索時間が少し長くなり，キーの数が予想より少ない時には，記憶領域が少し無駄になるが，探索は非常に速い．記憶領域が十分な時は，探索時間が一定になるように十分大きな M を選ぶことができる．記憶資源が乏しい時でも，できる範囲内で M を大きく選べば，M 倍の性能の改善がはかれる．

前の段落でのコメントは探索時間についても当てはまる．実際上は，主に 2 つの理由から整列されていないリストが分離連鎖法では使われる．第一に，既に述べたように *insert* は非常に早い．ハッシュ関数を計算し，節点のための記憶領域を割り当て，適当なリストの先頭にその節点をリンクする．多くの応用では記憶割当てのステップは必要でない（というのは，記号表に挿入される項目が利用可能なリンク欄をもつ既に存在しているレコードかもしれないので）．そしてあとは *insert* のための 3 つか 4 つの機械語命令が残る．プログラム 14.3 で，整列していないリストを使用することの第二の重要な利点は，リストがすべてスタックとして機能し，もっとも最近に挿入された項目を簡単に削除できるということである．その項目はリストの先頭にある（練習問題 14.21 参照）．この操作は，例えばコンパイラ中でスコープ（有効範囲）が入れ子になっている記号表を実現する時に重要である．

これまでと同じように，同じ値をもつキーの扱いを暗黙のうちにクライアントに任せている．プログラム 12.10 のようなクライアントは，*insert* の前に同じキーがあるかどうかをチェックするために *search* を行なって，表の中に同じキーがないことを保証する．クライアントによ

っては，表の中に同じキーをおいたままにして，このような $search$ のコストを避け，高速な $insert$ を実現するかもしれない．

一般に，$sort$ や $select$ ADT を実現しなければならないような応用でハッシュ法を使うのは適当でない．しかし，$search$, $insert$, $delete$ 操作が非常に多く，最後に，項目をキーの順に一度だけ出力する記号表を使用するような典型的な場合にもハッシュ表はしばしば使われる．コンパイラの記号表は，そのような応用の1つである．プログラム 12.10 のような，同じものを除去するプログラムはもう1つの例である．整列していないリストを使った分離連鎖法においてこの状況に対応するには，6章から10章で述べた整列法の1つを使わなければならないかもしれない．整列したリストによる実現では，リストマージソートを使えば，$N \lg M$ に比例する時間で整列することができる．

練習問題

▷ **14.16** 分離連鎖法を用いて，空な表に N 個のキーを挿入する時，最悪の場合どのくらい手間がかかるか？（ⅰ）整列していないリストを用いた時，（ⅱ）整列したリストを用いた時．

▷ **14.17** 分離連鎖法（$M = 5$ で，整列していないリスト）を用いて，キー E A S Y Q U T I O N をはじめ空なハッシュ表にこの順で挿入した時の表を示せ．アルファベットの k 番目の文字を配列の添字に変換するハッシュ関数には $11k \bmod M$ を用いよ．

▷ **14.18** 練習問題 14.17 に答えよ．ただし整列したリストを使う．あなたの答えは項目を挿入する順序に依存するか？

○ **14.19** 分離連鎖法を使って，サイズが $N/100$ の表にランダムな整数を N 個挿入するプログラムを書け．そしてリストの長さの最大値と最小値を求めよ．ただし，$N = 10^3$, 10^4, 10^5, 10^6 とする．

14.20 プログラム 14.3 を修整して，記号表を STnodes の配列として表わして，ヘッドのリンクを除け（表の各要素はリストの先頭の節点となる）．

14.21 各項目に整数欄をもたせて，その項目が挿入された時に表中にある項目数を保持するようにプログラム 14.3 を修整せよ．その欄が与えられた整数 N より大きいすべての項目を削除する関数を実現せよ．

14.22 プログラム 14.3 の STsearch を修整して，STsort と同じやりかたで，与えられたキーと等しいキーをもつすべての項目を訪問するようにせよ．

14.23 整列したリストを用いた分離連鎖法を使って（表のサイズは 97），クライアントのハンドルをサポートする一級記号表 ADT で $initialize$, $count$, $search$, $insert$, $delete$, $join$, $select$, $sort$ 操作ができる記号表を実現せよ（練習問題 12.4 と 12.5 参照）．

14.3 線形探査法

ハッシュ表におかれる要素の個数が前もって予測できて，余裕をもってすべてのキーを保持できるだけ十分に連続した記憶領域が使えるならば，ハッシュ表でリンクを用いる価値はおそらくないであろう．N個の項目をサイズ $M(>N)$ の表に格納し，衝突処理のために表の空き領域を使う方法がいくつか考案されている．そのような方法は**開番地法**（open addressing）とよばれる．

最も簡単な開番地法は，**線形探査法**（linear probing）とよばれている．衝突が生じた時（ハッシュ番地が探索キーとは異なるキーによって既に使われている時）は，表中の次の場所を探る．そのようなチェック（与えられた番地に探索キーと同じキーをもつ項目があるかないかを決定する）は，**探査**（probe）とよばれる．線形探査法は，3通りの探査結果で特徴づけられる．与えられた番地に探索キーと同じキーをもつ項目があれば，探索は成功裏に終了し，そこが空ならば，探索は不成功に終わる．それ以外の時は（そこに探索キーと同じキーをもつ項目がなければ），次の場所（表の最後に達した時は，先頭に戻る）を探査する．探索キーあるいは空きの場所が見つかるまで次の場所を調べる．不成功探索の後に，探索キーをもつレコードを挿入する時は，探索が終了した空きの場所にレコードをおく．プログラム14.4は，この方法を使った記号表ADTの実現である．線形探査法を用いて，いつものキー集合に対するハッシュ表を構成する過程を図14.7に示す．

分離連鎖法と同じように，開番地法の性能は比 $\alpha = N/M$ に依存するが，その解釈は異なる．分離連鎖法では，α はリスト当たりの平均項目数で，一般に1より大きい．開番地法では α は占有されている場所の割合である．それは1より小さくなければならない．α はしばしばハッシュ法の**占有率**（load factor）とよばれる．

疎な表（小さな α）では，ほとんどの探索は，わずか数回の探査で空きの場所を見つけることができると期待される．一杯に近い表（α は1に近い）では，探索には非常に多くの探査が必要となるだろう．表が完全に一杯の時は，無限ループに陥ることさえある．通常，線形探査法を使う時は，探索時間が長くなることを避けるために，表が一杯に近くなることを許してはいけない．すなわち，空いている記憶領域をリンクに使うのではなく，表のために使って探査系列を短くする．線形探査法での表のサイズは，$M > N$ でなければならないので，分離連鎖法の場合より大きい．しかし，リンクを使わないので，必要な記憶量全体はおそらく少ないであろう．記憶領域の比較は14.5節で詳しく行う．ここでは，線形探査法の実行時間を α の関数として解析する．

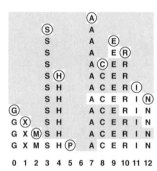

図14.7 線形探査法

線形探査法を用いて，キーASERCHINGXMPをはじめ空なサイズ13のハッシュ表に順次挿入した時の経過を示す．ただし，ハッシュ値は上段のハッシュ値を用いる．

Aは場所7に行き，Sは場所3に行き，Eは場所9に行く．そして，Rは場所9で衝突した後場所10に行く，などなど．探査の系列が表の右端になった時は，表の左端に続く．最後のPを挿入する時は，8にハッシュするがそこで衝突が発生し，8から12そして0から5に至るまで衝突が発生している．最終的に5に挿入される．探査されなかった場所には影がつけられている．

プログラム 14.4　線形探査法

　記号表のこの実現では，予想される項目の最大数の2倍のサイズの表を用いる．表は NULLitem に初期設定される．表は項目そのものを保持する．項目が大きい時には，項目の型を項目へのリンクに変更するとよい．

　新しい項目を挿入する時は，表の1つの場所にハッシュし，マクロ null を使ってその場所が空かどうかを調べながら，右側（表の後の方）に走査して空の場所を見つける．与えられたキーをもつ項目を探す時は，キーのハッシュ番地へ行き，合致するものを探して走査する．空な場所に出会ったら終了する．

　STinit 関数は，表の占有率が半分より小さくなるように M を定める．ハッシュ関数が十分ランダムに近い値を生成すれば，他の操作はほんの少しの探査ですむ．

```
#include <stdlib.h>
#include "Item.h"
#define null(A) (key(st[A]) == key(NULLitem))
static int N, M;
static Item *st;
void STinit(int max)
  { int i;
    N = 0; M = 2*max;
    st = malloc(M*sizeof(Item));
    for (i = 0; i < M; i++) st[i] = NULLitem;
  }
int STcount() { return N; }
void STinsert(Item item)
  { Key v = key(item);
    int i = hash(v, M);
    while (!null(i)) i = (i+1) % M;
    st[i] = item; N++;
  }
Item STsearch(Key v)
  { int i = hash(v, M);
    while (!null(i))
      if eq(v, key(st[i])) return st[i];
      else i = (i+1) % M;
    return NULLitem;
  }
```

　線形探査法の平均コストは，項目が挿入されていく時，占有されている場所が連続しているグループ（**クラスタ**（cluster）とよばれる）のできかたに依存する．表が半分埋まっている（$M = 2N$）2つの極端な場合を考える．添字が偶数の場所は空で，奇数の場所は占有されている最

良の場合．表の前半が空で，後半が占有されている最悪の場合．どちらの場合も，占有率は，$N/(2N) = 1/2$ である．しかし，最良の場合は，不成功探索での平均探査回数は1（すべての探索は少なくても1回の探査を行なう）プラス

$$(0 + 1 + 0 + 1 + \cdots)/(2N) = 1/2$$

である．最悪の場合は1プラス

$$(N + (N-1) + (N-2) + \cdots + 1)/(2N) \approx N/4$$

である．

この議論を一般化すると，成功探索での平均探査回数は，クラスタの長さの2乗に比例することがわかる．表の各位置からはじまる不成功探索のコストを計算して総和を M で割ることによって平均を計算する．すべての不成功探索は，少なくとも1回の探査を行なうので2回目以降の探査回数を数える．クラスタの長さが t ならば，

$$(t + (t-1) + \cdots + 2 + 1)/M = t(t+1)/(2M)$$

が全体に対するそのクラスタの寄与を与える．クラスタの長さの和は N なのでこのコストをすべてのセルに対して足し合わせると，不成功探索の総平均コストは，$1 + (N/2M) +$ クラスタの長さの2乗の和を，$2M$ で割ったものであることがわかる．表が与えられた時に，その表での不成功探索の平均コストはすぐに計算できる（練習問題14.28参照）．しかし，クラスタは複雑な動的な過程（線形探査アルゴリズム）によって形成されるので，解析的に特徴づけることは難しい．

性質14.3 線形探査法で衝突の処理を行なう場合には，サイズ M の表が $N = \alpha M$ 個のキーを含む時の探索に必要な平均探査回数は，成功探索，不成功探索それぞれでおよそ

$$\frac{1}{2}\left(1 + \frac{1}{1-\alpha}\right), \quad \frac{1}{2}\left(1 + \frac{1}{(1-\alpha)^2}\right)$$

である．

結果の形は比較的簡単であるが，線形探査法の正確な解析は難しい課題である．1962年にKnuthがそれを成し遂げたことは，アルゴリズム解析における画期的なできごとであった（参考文献参照）．■

α が1に近づくと，これらの推定の精度が落ちるが，そのような場合にはそれらの推定は必要がない．というのは，いずれにせよ一杯に近い表で線形探査法を使うべきではないからである．小さな α に対してはこれらの式は十分正確である．次の表は，線形探査法での成功探索と不成功探索の探査回数の期待値である．

占有率 (α)	1/2	2/3	3/4	9/10
成功探索	1.5	2.0	3.0	5.5
不成功探索	2.5	5.0	8.5	55.5

不成功探索は成功探索より常にコストがかかる．占有率が半分以下の表ではどちらの場合も平均わずか数回の探査でよい．

分離連鎖法の時と同じように，同じキーをもつ項目を表中に許すかどうかの選択はクライアントに任せる．そのような項目は必ずしも連続した場所に現われるわけではない．同じキーをもつ項目同士の間に同じハッシュ値をもつほかの項目が現われることがある．

まさに表の作られ方から，線形探査法で作られた表中のキーはランダムに並んでいる．*sort* と *select* の ADT 操作は，6 章から 10 章で述べた方法のどれかを使って初めからやらなければならない．したがって，線形探査法はこれらの操作がしばしば実行される応用には適さない．

線形探査法で作られた表からキーをどのように削除するか？　そのキーを除去するだけではいけない．というのは，それまでに挿入された項目の中には，いま削除しようとしている項目を挿入する時に通過していったものがあるかも知れないからである．そのような項目に対する探索は，レコードの削除によって残される穴で途中終了してしまう．この問

プログラム 14.5　線形探査法での削除

与えられたキーをもつ項目を削除する時は，そのような項目を探索してそれを MULLitem で置き換える．その後，いま空になった場所の右側にある項目がもともとはその場所あるいはそれより左側にハッシュされていたかもしれないという可能性に正しく対応しなければならない．そのような項目に対する探索が空になった場所で終了してしまうかもしれない．したがって，削除された項目とその右側にある項目で同じクラスタに属するすべての項目を再挿入する．表の占有率は 1/2 より小さいので，再挿入される項目は，平均として少ない．

```
void STdelete(Item item)
  { int j, i = hash(key(item), M); Item v;
    while (!null(i))
      if eq(key(item), key(st[i])) break;
      else i = (i+1) % M;
    if (null(i)) return;
    st[i] = NULLitem; N--;
    for (j = i+1; !null(j); j = (j+1) % M, N--)
      { v = st[j]; st[j] = NULLitem; STinsert(v); }
  }
```

題を解決する1つの方法は，この問題を起こす可能性のあるすべての項目——削除される項目とその右側にある占有されていない最初の場所との間にある項目——を再ハッシュすることである．図14.8はこの処理の一例である．プログラム14.5はその実現である．疎な表では，この修復処理に必要な再ハッシュ操作は高々数回である．削除を実現するもう1つの方法は，探索に対してはその場所が使用されていることを示し，挿入に対しては空の場所であることを示す番兵キーを，削除されるキーの代りに置くことである（練習問題14.33参照）．

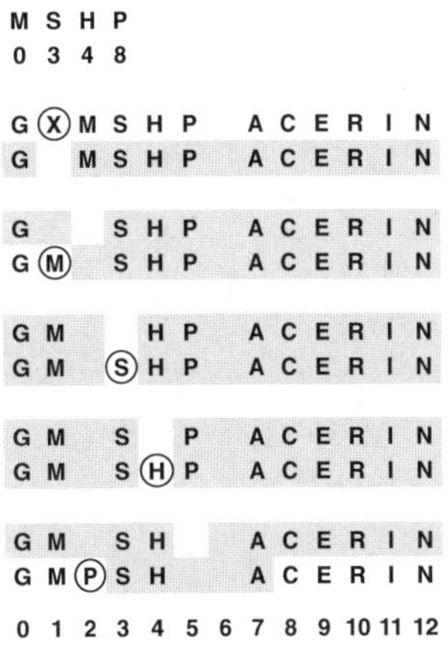

練習問題

▷ **14.24** 線形探査法を使って，はじめ空な表に N 個のキーを挿入する時に，最悪の場合どれだけかかるか？

▷ **14.25** 線形探査法を用いて，サイズ $M=16$ の空な表にキーＥＡＳＹＱＵＴＩＯＮをこの順で挿入した結果えられるハッシュ表の内容を示せ．（ハッシュ関数としては，$11k \bmod M$ を用いよ．ただし，k はアルファベットの k 番目の文字である．）

14.26 $M=10$ として練習問題14.25を行なえ．

○ **14.27** 線形探査法を用いて，サイズ 10^5 の表に 10^6 より小さいランダムな非負整数を 10^5 個挿入し，連続する 10^3 個の挿入ごとにそれに実行された探査の総回数をプロットするプログラムを書け．

14.28 線形探査法を用いて，サイズ N の表に $N/2$ 個のランダムな整数を挿入し，できた表での不成功探索の平均コストをクラスタの長さから計算するプログラムを書け．ただし，$N=10^3, 10^4, 10^5, 10^6$ とする．

14.29 線形探査法を用いて，サイズ N の表に $N/2$ 個のランダムな整数を挿入し，できた表での成功探索の平均コストをクラスタの長さから計算するプログラムを書け．ただし，$N=10^3, 10^4, 10^5, 10^6$ とする．

● **14.30** プログラム14.4と14.5を使って，サイズ $2N$ の表中に N 個のキーがある表に対してランダムに挿入と削除を交互に長く繰り返した時に，成功探索と不成功探索の平均コストが変化するかどうかを調べる実験を行なえ．ただし，$N=10, 100, 1000$ とし，各 N に対して挿入と削除を N^2 回行なう．

14.4 2重ハッシュ法

線形探査法は（もちろんどのハッシュ法でも）正しく働く．というのは，あるキーを探す時，ハッシュ番地が同じとなるすべてのキーを調べることが保証されているからである（特にキーが表の中にある時はそのキーそのものを調べる）．よくないことに，開番地法では，他のキーも

図14.8 線形探査法での削除

図14.7の表からＸを削除した時の経過を示す．2行目はＸを取り除いたばかりの結果で，最終状態としては受け入れられない．というのは，Ｘを取って空になった場所によって，ＭとＰに対するハッシュ位置への道が遮断されてしまうからである．したがって，Ｍ，Ｓ，Ｈ，Ｐ（同じクラスタ内でＸより右側にあったキー）をこの順で再挿入する．ただし，上段に与えられているハッシュ値と線形探査法を使う．ＭはＸのあとを埋め，ＳとＨは衝突無しで表にハッシュされる．Ｐは，場所2になって終了する．

調べる．特に表が一杯になりはじめるとそうである．図14.7の例では，Nを探索すると，ハッシュ値が同じでないC，E，R，Iも調べる．さらに悪いことに，あるハッシュ値をもつキーを挿入すると，他のハッシュ値をもつキーに対する探索時間が劇的に増加することがある．例えば図14.7では，Mの挿入は，場所7〜12と0〜1に対する探索時間を非常に増加させる．この現象は，クラスタの生成過程と関係があるので，**クラスタ化**（clustering）とよばれる．表が一杯に近くなると，この現象によって，線形探査法の実行が非常に遅くなる．

幸い，クラスタの問題を実質的に解決する簡単な方法がある．それは**2重ハッシュ法**（double hashing）である．基本的な考え方は線形探査法と同じであるが，違いは，衝突発生箇所の後に続く要素を1つ1つ調べる代わりに，もう1つのハッシュ関数で一定の増分を求め，それを使って探査系列を決めるということだけである．プログラム14.6はその実現である．

2番目のハッシュ関数は注意して選ばなければならない．そうしないとプログラムがまったく働かないことがある．第一に，明らかに2番目

プログラム14.6　2重ハッシュ法

2重ハッシュ法は，衝突後に使う探索位置への増分を決めるために2つ目のハッシュ関数を使用する．この点を除けば，線形探査法と同じである．増分はゼロになってはいけない．そして，表のサイズと増分は互いに素であるべきである．線形探査法でのSTdelete関数は（プログラム14.5参照），2重ハッシュ法ではうまく働かない．というのは，どのキーもいくつもの異なる探査列の上にあるかもしれないからである．

```
void STinsert(Item item)
  { Key v = key(item);
    int i = hash(v, M);
    int k = hashtwo(v, M);
    while (!null(i)) i = (i+k) % M;
    st[i] = item; N++;
  }
Item STsearch(Key v)
  { int i = hash(v, M);
    int k = hashtwo(v, M);
    while (!null(i))
      if eq(v, key(st[i])) return st[i];
      else i = (i+k) % M;
    return NULLitem;
  }
```

のハッシュ関数の値が0になる場合を除かなければならない．そうなると，衝突が発生した時に無限ループに入ってしまうからである．第二に，表のサイズと第2のハッシュ値が互いに素であるようにすることが重要である．そうでないとすると，非常に短い探査系列ができたりする（表のサイズが第2のハッシュ値の2倍の場合を考えてみよ）．このことは，Mを素数にとり，第2のハッシュ関数がMより小さい値を取るようにすれば，簡単に実現できる．実際には，表のサイズが小さくない時は，

```
#define hashtwo(v)   ((v % 97)+1)
```

のような簡単なハッシュ関数で多くの場合十分である．また，実際には，この簡単化のために生じる効率の低下はそれほどでなく，まして深刻ではない．表が巨大で疎な場合は，どの探索でも探査はわずか数回なので，表のサイズそのものが素数である必要もない．（このような手抜きをする場合，長い探索をチェックして打ち切り，無限ループにならないようにしたくなるかも知れない（練習問題14.38参照））．

図14.9は2重ハッシュ法で小さな表を作った時の経過を示している．図14.10は，2重ハッシュ法では，線形探査法よりクラスタがずっと少ない（したがってずっと短い）ことを示している．

性質 14.4 2重ハッシュ法で衝突の処理を行なう場合には，サイズ M の表が $N = \alpha M$ 個のキーを含む時の探索に必要な平均探査回数は，成功探索，不成功探索それぞれで

$$\frac{1}{\alpha}\ln\left(\frac{1}{1-\alpha}\right), \quad \frac{1}{1-\alpha}$$

である．

これらの式は，GuibasとSzemerediによってなされた高度な数学的解析によってえられたものである（参考文献参照）．証明は，2重ハッシュ法がより複雑な**ランダムハッシュ法**（random hashing）とほとんど同値であることを示すことに基づいている．ランダムハッシュ法は，キーに依存して探査する場所の列を決めるが，どの探査も各場所を等確率で選ぶ．このアルゴリズムは，多くの理由から，2重ハッシュ法の1つの近似に過ぎないといえる．例えば，2重ハッシュ法では，表のどの場所も一度だけ調べることを保証するために苦心しているが，ランダムハッシュ法は，表の同じ場所を2度以上調べるかもしれない．それでも，疎な表では，2つの方法での衝突の確率は似ている．次の点はどちらも興味深い．すなわち，2重ハッシュ法は実現が簡単であり，一方，ランダムハッシュ法は解析が簡単である．

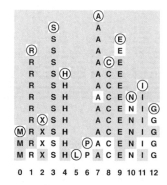

図 14.9　2重ハッシュ法

2重ハッシュ法を用いて，キーＡＳＥＲＣＨＩＮＧＸＭＰＬをはじめ空なハッシュ表に順次挿入した時の経過を示す．ただし，2つのハッシュ関数のハッシュ値はキーの下のハッシュ値を用いる（上が第一の関数の値，下が第二の関数の値）．図14.7と同様に，探査された場所には影がつけられていない．Aは場所7に行き，Sは場所3に行き，Eは場所9に行く．しかし，Rは場所9で衝突の後，第2のハッシュ関数の値5に従って，場所1へ行く．同様に，Pが挿入された時は，8で衝突するので，第2のハッシュ関数の値4を増分として用いると，8，12，3，7，11，2で衝突を繰り返し，最終的に6に挿入される．

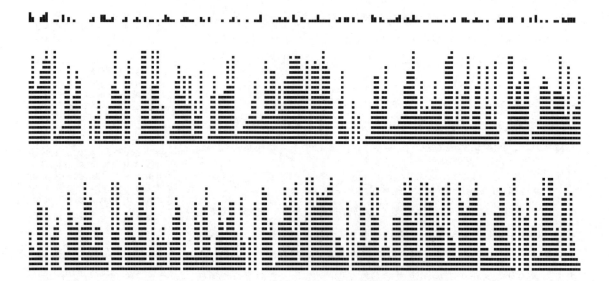

図 14.10　クラスタ化

これらの図は，上段に図示されている分布のキーを，線形探査法（中段）と2重ハッシュ法を用いてハッシュ表に挿入した時のレコードの位置を示す．各行は，レコードを10個挿入した時の結果示す．表が一杯になるにつれて，レコードが塊まって空な場所で区切られた列ができる．クラスタ中のキーに対する探索の平均コストはクラスタの長さに比例するので，長いクラスタは望ましくない．線形探査法では，クラスタが長くなればなるほど，ますます長くなりやすくなり，表が一杯になるにしたがって，少数の長いクラスタが支配的になる．2重ハッシュ法では，この影響はずっと目だたなくて，クラスタは比較的短いままである．

ランダムハッシュ法での不成功探索の平均コストは，

$$1 + \frac{N}{M} + \left(\frac{N}{M}\right)^2 + \left(\frac{N}{M}\right)^3 + \cdots = \frac{1}{1-(N/M)} = \frac{1}{1-\alpha}$$

で与えられる．左辺は，不成功探索で k 回より多くの探査を行なう確率（$k=0,1,2,\cdots$ に対して）の和である．（これは初等的確率論から平均に等しいことが導かれる．）探索は常に探査を1回行なう．そして2回目の探査が必要となる確率は N/M，3回目の探査の確率は $(N/M)^2$，などなど．N 個のキーの表における成功探索の平均コストに対する次の近似式を計算する時にも，この式が使える．

$$\frac{1}{N}\left(1 + \frac{1}{1-(1/M)} + \frac{1}{1-(2/M)} + \cdots + \frac{1}{1-((N-1)/M)}\right).$$

表中の各キーは等しい確率で探される．キーを探すコストは，そのキーを挿入するコストと同じである．j 番目のキーを挿入するコストは，$j-1$ 個のキーの表での不成功探索のコストである．したがって，この式はそれらのコストの平均である．ここで，分母分子に M を掛けてこの和を簡単にすると，

$$\frac{1}{N}\left(1 + \frac{M}{M-1} + \frac{M}{M-2} + \cdots + \frac{M}{M-N+1}\right)$$

となる．さらに整理すると，$H_M \approx \ln M$ であるので，

$$\frac{M}{N}(H_M - H_{M-N}) \approx \frac{1}{\alpha}\ln\left(\frac{1}{1-\alpha}\right)$$

がえられる．■

2重ハッシュ法の性能と理想的なランダムハッシュ法の性能の間の関係（Guibas と Szemeredi によって証明された）は，正確には，実用的なサイズの表に関係のない漸近的な結果である．しかも，この結果は，

ハッシュ関数がランダムな値を返すという仮定に基づいている．それにもかかわらず，たとえ式 (v % 97)+1 のように計算が簡単な第 2 のハッシュ関数を使った場合でも，性質 14.5 の漸近的な式は，実際の 2 重ハッシュの性能を正確に予測する．線形探査法に対する式と同じように，これらの式の値は，α が 1 に近づくと，無限大に近づくが，近づき方はもっとゆっくりである．

図 14.11 は，線形探査法と 2 重ハッシュ法との対比をよく示している．疎な表に対しては，2 重ハッシュ法も線形探査法も似たような性能であるが，線形探査法の方が 2 重ハッシュ法よりも少ない数のキーで性能低下が起こる．次の表は，2 重ハッシュ法における成功探索と不成功探索の探査回数の期待値をまとめたものである．

不成功探索は成功探索より常に多くのコストがかかる．どちらの場合も，占有率 90% の表でも平均してわずか数回の探査でよい．

占有率（α）	1/2	2/3	3/4	9/10
成功探索	1.4	1.6	1.8	2.6
不成功探索	1.5	2.0	3.0	5.5

このことを他の観点から見ると，2 重ハッシュ法は，より小さな表で線形探査法と同じ平均探索時間を実現できることを意味する．

性質 14.5 線形探査法では占有率を $1 - 1/\sqrt{2t}$ より小さく，2 重ハッシュ法では $1 - 1/t$ より小さく保つと，平均探索コストを t 回より少ない探査にすることができる．

性質 14.3 と 14.4 の不成功探索に対する式を t に等しいとおいて，α に関して解けばよい．■

例えば，1 回の探索での平均探査回数が 10 より小さいということを保証するためには，線形探査法の時は少なくとも表の 22% を空にしておかなければならない．2 重ハッシュ法の時は 10% だけ空にしておけばよい．処理する項目が 10^5 個ならば，不成功探索が 10 回より少ない探査でできるには，あと 10^4 個の項目が追加できる記憶領域が必要である．一方，分離連鎖法では 10^5 より多くのリンクが必要であり，BST ではその 2 倍必要である．

削除操作を実現するためのプログラム 14.5 の方法（削除する項目を含む探索路をもつキーを再ハッシュする）は，2 重ハッシュ法ではうまく行かない．というのは，削除されるキーがいくつもの異なった探査列に含まれ，表全体のキーに関係するからである．したがって，12.3 節

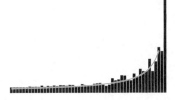

図 14.11 開番地法のコスト

線形探査法（上段）と 2 重ハッシュ法（下段）を用いて，はじめ空なサイズ 1000 のハッシュ表にキーを挿入した時のコストを示す．各縦棒は，20 個のキーを挿入するコストである．灰色の曲線は，理論的解析によって予測されたコストである（性質 14.3 と 14.4 参照）．

の最後で考察した他の方法を用いなければならない．すなわち，探索に対してはその場所が使用されていることを示し，挿入に対しては空の場所であることを示す番兵を，削除される項目の代わりにおく．

線形探査法と同じように，2重ハッシュ法は $sort$ や $select$ 操作も含む記号表 ADT を実現するために用いるのは適当でない．

練習問題

▷ **14.31** 2重ハッシュ法を用いて，サイズ $M = 16$ の空な表にキー E A S Y Q U T I O N をこの順で挿入した結果えられるハッシュ表の内容を示せ．ハッシュ関数には $11\,k \bmod M$ と第2のハッシュ関数 $(k \bmod 3) + 1$ を用いよ．(キー k はアルファベットの k 番目の文字である．)

▷ **14.32** $M = 10$ として，練習問題 14.31 を行なえ．

14.33 番兵項目を使って，2重ハッシュ法に対する削除を実現せよ．

14.34 練習問題 14.27 に対するあなたの解を修整して，2重ハッシュ法を使うようにせよ．

14.35 練習問題 14.28 に対するあなたの解を修整して，2重ハッシュ法を使うようにせよ．

14.36 練習問題 14.29 に対するあなたの解を修整して，2重ハッシュ法を使うようにせよ．

○ **14.37** ランダムハッシュ法に近いアルゴリズムを実現せよ．ただし，組込みの乱数発生器への種としてキーを使う（プログラム 14.2 のように）．

14.38 サイズ 10^6 の表が半分使用されていて，使用されている場所はランダムであるとする．100 で割り切れる添字をもつすべての場所が使用される確率を推定せよ．

▷ **14.39** あなたが書いた 2重ハッシュ法のプログラムの中に虫があって，片方のあるいは両方のハッシュ関数が常に（0 ではない）同じ値を返すとしよう．次の場合に何が生じるか述べよ．(ⅰ) 第一の関数が誤っている時，(ⅱ) 第二の関数が誤っている時，(ⅲ) 両方とも誤っている時．

14.5 動的ハッシュ法

ハッシュ表中のキーの数が増加するに従って，探索性能が低下する．分離連鎖法の場合は，探索時間は徐々に増加する．表中のキーが倍になると探索時間も倍になる．線形探査法や 2重ハッシュ法のような開番地法では，疎な表に対して，同じことが成り立つが，表が一杯になるに従ってコストは劇的に増加する．さらに悪いことに，キーをそれ以上挿入できなくなる．この状況は探索木とは対照的である．探索木は成長に対して自然に対応する．例えば赤黒木では，木の節点が 2 倍になった時，

動的ハッシュ法 §14.5

```
A S E R C H I N G X M P L
1 3
5 7 1 2
13 7 1 10 7 8 5 6
13 23 1 10 7 8 21 22 27 24 9 16 28
```

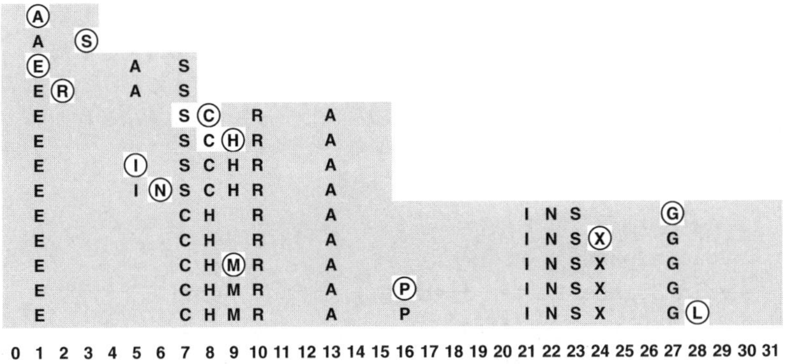

図14.12 動的ハッシュ表の拡張

線形探査法を用いて，キー ASERCHINGXMPL をはじめ空な動的ハッシュ表に順次挿入した時の経過を示す．ただし，上段に示されているハッシュ値を使う．キーの下の4行は，表のサイズが4, 8, 16, 32の時のハッシュ値である．衝突の処理には線形探査法を使う．表を拡大する時は2倍にする．表のサイズは4からはじめる．Eの挿入に対して表を2倍の8にし，Cに対して2倍の16にし，Gに対して2倍の32にする．表を2倍にする時，すべてのキーを再ハッシュして，再挿入する．どの挿入も疎な表への挿入になる（再挿入する時，占有率は1/4より小さく，そのほかの時の占有率は1/4から1/2の間である）ので，衝突はほんの少しである．

探索コストがほんの少し（1回の比較）だけ増加する．

ハッシュ表の成長を実現する1つのやりかたは，表が一杯になりはじめた時に表のサイズを2倍にすることである．表を2倍にすることは，表中のすべてのものを再挿入しなければならないので，高くつくが，その操作はたまにしか実行されない．プログラム14.7は線形探査法の表を2倍にするプログラムである．例を図14.12に示す．同じ解決策が2重ハッシュ法でもうまくいく．そして，この基本アイデアは分離連鎖法にも適応できる（練習問題14.46参照）．表が半分以上一杯になるたびに表のサイズを2倍に拡張する．1回目の拡張の後，表の占有率は常に4分の1と2分の1の間である．したがって，探索コストは平均して3回の探査より少ない．さらに，表を再構成する操作は高くつくが，それほど頻繁には生じないので，そのコストは表を作る全コストのほんの一部でしかない．

このことは，別の言い方をすると，挿入1回当たりの平均コストは4回の探査より少ないということである．この主張は，各挿入操作が平均して4回の探査より少ないということと同じではない．実際，表を2倍にするような挿入は多数の探査を必要とすることがわかる．この議論は**均し解析**（amortized analysis）の簡単な例である．このアルゴリズムでは，個々の各操作が速いということは保証できないが，操作1回当たりの平均コストが少ないということは保証できる．

総コストは低いが，挿入に対する性能は一定しない．ほとんどの操作はかなり速いが，稀に，ある操作は表を作るそれまでの全コストと同じくらいの時間を必要とする．表が千から百万へと大きくなる間に，この性能低下は約10回発生する．この種の振舞いは，多くの応用では許容されるが，絶対的な性能保証が望ましいとか必要とされる場合には適当

> **プログラム 14.7 動的ハッシュ表への挿入（線形探査法）**
>
> 　線形探査法（プログラム 14.4 参照）に対する STinsert のこのプログラムは，表の半分が埋まるたびに表のサイズを 2 倍にすることによって，任意の個数の項目を扱う．2 倍にする時は，新しい表のための記憶領域を割り当て，すべてのキーを再ハッシュし，古い表のための記憶領域を開放する必要がある．関数 init は，STinit を変更してここだけで使うものである．初期設定 STinit は，表のサイズ M を 4 あるいはそれより大きい値からはじめるように変更できる．同じやりかたが 2 重ハッシュ法や分離連鎖法でも使える．
>
> ```
> void expand();
> void STinsert(Item item)
>   { Key v = key(item);
>     int i = hash(v, M);
>     while (!null(i)) i = (i+1) % M;
>     st[i] = item;
>     if (N++ >= M/2) expand();
>   }
> void expand()
>   { int i; Item *t = st;
>     init(M+M);
>     for (i = 0; i < M/2; i++)
>       if (key(t[i]) != key(NULLitem))
>         STinsert(t[i]);
>     free(t);
>   }
> ```

ではない．例えば，銀行や航空会社が，百万トランザクションにつき 10 件のトランザクションで顧客を待たせることによる損害を受け入れるとしても，大きな金融取引や航空管制のオンラインシステムなどの応用では，長い待ち時間は，破滅的なことになるであろう．

　操作 *delete* ADT を用意する時には，表中の項目が少なくなるにつれて，表を半分に縮めることは価値があるかもしれない（練習問題 14.44 参照）．ただし 1 つの条件がある．縮める時の閾値と拡大する時の閾値とは別にするべきである．そうしないと，非常に大きな表に対しても，少数の挿入と削除の操作が，表を 2 倍にしたり半分にしたりすることを連続して引き起こすかもしれない．

性質 14.6 探索，挿入，削除の長さ t の操作列は，t に比例する時間で実行される．記憶容量は表中のキーの個数の定数倍以内である．

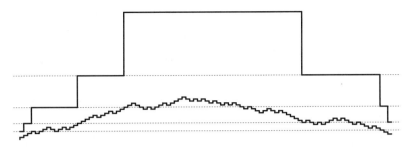

図 14.13 動的ハッシュ法

この図は，動的ハッシュ表にキーを挿入したり，削除したりした時の，表中にあるキーの個数(下)と表のサイズ(上)を示している．挿入によって表の半分が埋まる時には表のサイズを2倍にし，削除によって占有率が1/8になる時は表のサイズを半分にする．表のサイズは4に初期設定され，常に2のベキ乗である(図の点線は，2のベキ乗のラインである)．表中のキーの個数を表わす線が，ある点線と交わった後にそれとは異なる点線と初めて交わる時に，表サイズが変化する．表の占有率は常に1/8と1/2の間である．

操作 insert によって，表中のキーの個数が表のサイズの半分になる時に，表を2倍に成長させる線形探査法を使う．また，delete 操作によって表中のキーの個数が表のサイズの8分の1になる時に，表のサイズを半分にする．どちらの場合も，表をサイズ N の表に作り直すと，表は $N/4$ 個のキーをもつ．したがって，表を再び倍にする(サイズ $2N$ の表への $N/2$ 個のキーの再挿入によって)までに $N/4$ 回の insert 操作を実行しなければならない．表を再び半分にする(サイズ $N/2$ の表への $N/8$ 個のキーへの再挿入によって)までに，$N/8$ 回の delete 操作を実行しなければならない．どちらの場合も，再挿入されるキーの個数は，再構成が実行されるようになるまでに実行される操作回数の2倍以内である．したがって全コストは線形である．さらに，表の8分の1から4分の1は常に使用されている(図14.13参照)．したがって，各操作における探査の平均回数は，性質14.3より，3回より少ない．■

この方法は，使用パターンが予測できない汎用ライブラリに対する記号表の実現に使うとよい．それはすべてのサイズの表を適切に扱うことができる．主な欠点は，再ハッシュのコストと，表を拡張したり縮小したりする時の記憶割当てのコストである．探索が主である典型的な場合では，表が疎であることを保証することは高性能に通じる．16章では，再ハッシュをしない方法で，巨大な外部探索表に適したもう1つの方法を考察する．

練習問題

▷ **14.40** 線形探査法を用いて，初期サイズ $M=16$ の空な表にキーEASYQUTIONをこの順で挿入した結果えられるハッシュ表の内容を示せ．ただし，占有率が1/2になったら表のサイズを2倍にする．ハッシュ関数としては，$11k \bmod M$ を用いよ．ただし，k はアルファベットの k 番目の文字である．

14.41 占有率が1/2の時に，表のサイズを(2倍でなく)3倍にする方が効率がよいか？

14.42 占有率が 1/2 の時に表のサイズを 2 倍にするより，占有率が 1/3 の時に表のサイズを 3 倍にする方が効率がよいか？

14.43 占有率が（1/2 でなく）3/4 の時に，表のサイズを 2 倍にする方が効率がよいか？

14.44 プログラム 14.4 のように項目を削除する *delete* 関数をプログラム 14.7 に追加せよ．ただし，削除によって表の 7/8 が空になる時は，表のサイズを半分に縮小する．

○**14.45** プログラム 14.7 の分離連鎖法版を実現せよ．ただし，リストの平均長が 10 になるたびに，表のサイズを 10 倍にする．

14.46 プログラム 14.7 と練習問題 14.44 に対するあなたのプログラムを修整して，遅延削除を用いた 2 重ハッシュ法を使うようにせよ（練習問題 14.33 参照）．あなたのプログラムが，表を拡張するか縮小するかを決める時に，空きの場所の個数だけでなく，ダミーの項目の個数も考慮に入れていることを確かめよ．

14.6　ま　と　め

特定の応用に対する最適なハッシュ法の選択は，各方法を調べた時にも述べたように，多くの様々な要因に依存する．どの方法も，*search* と *insert* 関数を定数時間にすることができるし，広い範囲の応用で有用である．主要な 3 つの方法（線形探査法，2 重ハッシュ法，分離連鎖法）は，概略，次のように特徴づけることができる．線形探査法は 3 つのうちで最も速い（表を疎に保てるほどに，十分な記憶領域が使えるとして）．2 重ハッシュ法は記憶領域の利用効率が最もよい（ただし，第 2 のハッシュ関数を計算するための時間が必要である）．分離連鎖法は，最も実現しやすい（よい記憶割当て機能が使えるとして）．表 14.1 は，各アルゴリズムの性能に関する実験的データとコメントである．

線形探査法と 2 重ハッシュ法の間の選択は，主にハッシュ関数の計算コストと表の占有率に依存する．疎な表（小さな α）では，どちらの方法もほんの少しの探査でよいが，2 重ハッシュ法は 2 つのハッシュ関数を計算しなければならないので，長いキーでより多くの時間がかかる．このことは図 14.11 からもわかる．

線形探査法と 2 重ハッシュ法を分離連鎖法と比較することはもう少し複雑である．というのは，使用する記憶領域量を正確に勘定しなければならないからである．分離連鎖法ではリンクのために余分な記憶領域を使う．開番地法では，探査系列を終了させるために暗黙のうちに余分な記憶領域を表の中で使う．次の具体例がその状況をよく説明する．分離連鎖法で作られた M 個のリストのハッシュ表があるとする．リストの

表 14.1 ハッシュ法の比較実験

この表は，32 ビットの N 個の整数のランダムな列から記号表を生成するため時間と探索するための時間を相対的に表わしたものである．これらの値は，ハッシュが容易なキーに対しては，ハッシュ法が木構造による探索よりもかなり速いことを示している．ハッシュ法の中では，疎な表に対して，2 重ハッシュ法が分離連鎖法と線形探査法より遅い（第二のハッシュ関数を計算するコストのため）が，表が一杯になってくると線形探査法よりずっと速い．また，メモリをほんの少し余分に使うだけで速い探索がえられるのは，この中ではこれだけである．線形探査法とメモリを 2 倍に拡張するやりかたとで作られる動的ハッシュ表は，記憶割当てと再ハッシュのために他のハッシュ表よりももっとコストがかかるが，探索は間違いなく最も速い．探索が圧倒的に多く，前もってキーの個数が予測できない時には，選ぶべき方法である．

N	生成					不成功探索				
	R	H	P	D	P*	R	H	P	D	P*
1250	1	0	5	3	0	1	1	0	1	0
2500	3	1	3	4	2	1	1	0	0	0
5000	6	1	4	4	3	2	1	0	1	0
12500	14	6	5	5	5	6	1	2	2	1
25000	34	9	7	8	11	16	5	3	4	3
50000	74	18	11	12	22	36	15	8	8	8
100000	182	35	21	23	47	84	45	23	21	15
150000		54	40	36	138		99	89	52	21
160000		58	43	44	147		115	133	66	23
170000		68	55	45	136		121	226	85	25
180000		65	61	50	152		133	449	125	27
190000		79	106	59	155		144	2194	261	30
200000	407	84			159	186	156			33

説明：
- R 赤黒木（プログラム 12.7 と 13.6）
- H 分離連鎖法（プログラム 14.3．表のサイズは 20000）
- P 線形探査法（プログラム 14.4．表のサイズは 200000）
- D 2 重ハッシュ法（プログラム 14.6．表のサイズは 200000）
- P* 2 倍に拡張する線形探査法（プログラム 14.7）

平均長は 4 で，項目とリンクはそれぞれ機械語 1 語を使うとする．項目とリンクが同じ量の記憶領域を使うという仮定は，多くの場合で認められる．というのは，大きな項目は項目へのリンクに置き換えられるからである．これらの仮定の下では，$9M$ 語の記憶量を使用して（$4M$ は項目に，$5M$ はリンクに）探査 2 回の探索時間を実現している．サイズ $9M$ の表で項目が $4M$ の線形探査法では，成功探索に対して $(1 + 1/(1$

$-4/9))/2 = 1.4$ 回の探査が必要である．これは，同じ記憶量を使った分離連鎖法より 30 パーセント速い．

サイズ $6M$ の表で項目が $4M$ 個の線形探索法では，成功探索は（平均として）2 回の探査が必要である．同じ時間を使う分離連鎖法よりも使用記憶量は 33 パーセント少ない．さらに，プログラム 14.7 のような動的な方法を使って，表を疎に保ったまま表を成長させることができる．

前段落の議論は，性能がよいからといって，開番地法より分離連鎖法を選ぶということが，必ずしも正しくないということを示している．しかし，他の多くの理由から，実際には M を固定した分離連鎖法がよく選ばれる．たとえば，実現しやすい（特に *delete* は）．記号表や他の ADT が使用するために前もって割り当てられているリンク欄をもつ項目に対しては，余分なメモリがほとんど必要ない．表中の項目数の増加とともに性能は低下するが，その低下はゆっくりで，低下しても逐次探索より M 倍速いので，応用に害を与えることはない．

他にも多くのハッシュ法が開発され，それぞれ特別の状況下で利用されている．詳細には立ち入らないが，特別に工夫されたハッシュ法の性質を示すために，3 つの例を簡単に考察しよう．

一つは，2 重ハッシュ法での挿入中にいくつかの項目を移動して，成功探索をより効率的にする方法である．実際，Brent は，表が一杯の時でも成功探索の平均所要時間をある定数でおさえることができる方法を開発した．そのような方法は，成功探索が多い応用に対して有効であろう．

もう 1 つは，**順序ハッシュ法**（ordered hashing）とよばれているもので，ハッシュ表内での順序を利用して，線形探査法での不成功探索のコストを成功探索のコストに近いくらいにまで減らす．普通の線形探査法では，空な場所か，探索キーと同じキーをもつレコードが見つかった時に探索を終了する．順序ハッシュ法では，探索キーと同じかそれより大きいキーを見つけた時に探索を停止する（ハッシュ表はこれがうまく働くように構成されていなければならない．参考文献参照）．表に順序を導入することによる改善は，分離連鎖法に順序を導入することでえられる改善と同程度である．この方法は，不成功探索が頻繁に生じるような応用に対して有用である．

不成功探索が速くて成功探索が遅い記号表は，**例外辞書**（exception dictionary）を実現するのに使える．例えば，テキスト処理システムは，普通，分かち書きのアルゴリズムをもっている．そのアルゴリズムは，ほとんどの語をうまく処理するが，（"bizarre" のような）奇妙な語に対する処理がうまくいかない．膨大な文書の中のほんの少しの語だ

けが例外辞書の中にあり，その時，ほとんどすべての探索が不成功になる．

これらの例は，ハッシュ法に対してなされてきた数多くのアルゴリズム改良のうちのたった数例にすぎない．これらの改良の多くは興味深く，重要な応用もある．しかし，条件が難しくて，性能と計算量との兼ね合いを注意深く考慮した時以外は，早まってより高度な方法を使用しないように，いつものように注意を喚起しておく．というのは，分離連鎖法，線形探査法や2重ハッシュ法は，簡単で，効率的で，ほとんどの応用で，十分満足できるからである．

例外辞書を実現する問題は，最も頻繁に実行される操作（この場合は"不成功探索"）に対して最適化を計るためにアルゴリズムを作り直すような応用の一例である．例えば，1000項目からなる例外辞書があって，それを百万回引いてそのほとんどが不成功に終わるとする．このようなことは，項目が奇妙な英単語あるいは32ビットのランダムな整数ならば，発生するかもしれない．1つのやりかたは，すべての例外語を，例えば，15ビットのハッシュ値（表のサイズは2^{16}位）にハッシュすることである．1000個の例外語は表の1/64を占める．百万回の探索のほとんどは，最初の探査で空な場所を見つけて，すぐに不成功に終わる．

表が32ビットの語を含む場合は，表を**ビット例外表**（bit-exception table）に変換して作り，20ビットのハッシュ値を使えばもっとうまくやれる．不成功探索ならば（ほとんどがそうであるが），1ビットの検査で探索は終了する．成功探索は，もう少し小さい表でもう一度検査する必要がある．例外語は，表の1/1000を占める．探索作業は，不成功探索が圧倒的に多い．この作業は，それぞれに直接添字がついた百万ビットに対するビットテストによって実行できる．この解決法は，ハッシュ関数がキーを表わす短い"証明書"を生成するという基本的なアイデアを活用している．それは，記号表の実現以外の応用において有用で本質的な概念である．

ハッシュ法は，多くの応用における記号表の実現法として，12, 13章で述べた2分木に基づくデータ構造よりよく使用されている．というのは，キーが通常のデータ型であるとか，あるいは十分簡単でよいハッシュ関数を作れるものであれば，ハッシュ法はかなり簡単で，探索時間が最適（定数時間）であるからである．2分木構造がハッシュ法よりよい点は，より簡単な抽象インタフェースに基づいている（ハッシュ関数を設計する必要がない）こと，動的である（挿入回数に関する情報を前もって必要としない）こと，最悪の場合の性能を保証してくれる（たとえ最良のハッシュ法でもすべてが同じ場所にハッシュされることがある）こと，多くの操作ができる（最も重要なのは *sort* と *select* である）

ことである．これらのことが重要でない場合には，選ぶべき探索法は，まちがいなくハッシュ法である．ただし，もう一つ重要な但し書きがある．すなわち，キーが長い文字列の時は，データ構造中に文字列を組み込んで，ハッシュ法より速い探索法を実現することができる．そのような構造は 15 章の主題である．

練習問題

▷ **14.47** 百万個の整数キーに対して，3 つの方法（分離連鎖法，線形探査法，2 重ハッシュ法）のそれぞれでなされる不成功探索での比較回数が，BST での不成功探索の比較回数と，平均として，同じになるような表のサイズを計算せよ．ただし，ハッシュ関数の計算を 1 回の比較と見なす．

▷ **14.48** 百万個の整数キーの成功探索に対して，3 つの方法（分離連鎖法，線形探査法，2 重ハッシュ法）のそれぞれでなされる平均比較回数を計算せよ．ただし，3 百万語分の記憶領域（BST ならばそうなる）が使えるものとする．

14.49 本文中で述べたように，不成功探索が速い記号表 ADT を実現せよ．ただし，2 番目の検査には分離連鎖法を用いよ．

第15章　基数探索

探索の各ステップでキー全体を比較するのではなく，一度に探索キーのある小さな部分を調べながら探索を進める方法がある．**基数探索法**（radix-search method）とよばれるこれらの方法は，10章で述べた基数整列法とまったく同じように働く．これらの方法は，探索キーの一部分の参照が容易な時に有用で，様々な探索問題に対して効率のよい解を与えることができる．

10章で用いたものと同じ抽象モデルを用いる．状況に応じて，**キー**（key）が**ワード**（語，word，固定長のバイト列）であったり，**文字列**（string，可変長のバイト列）であったりする．語であるキーを R 進の数と見なして，その数の桁ごとに処理をする．R（**基数**，radix）の値はいろいろである．Cの文字列を特殊な記号で終わる可変長の数と見ることもできるので，固定長のキーあるいは可変長のキーに対しても，"キーの i 番目の桁を抽出する"という抽象操作を我々のすべてのアルゴリズムの基礎にすることができる（i 桁より短いキーの場合に対する取り決めも含めて）．

基数探索法の主な長所は，平衡木のように複雑なことをしなくても最悪の場合にもほどほどの性能があること，可変長のキーの取扱いが容易であること，探索構造の中にキーの一部を保存して記憶領域を節約できるものがあること，2分探索木やハッシュ法にも劣らないデータの高速呼出しができることなどである．欠点は，方法によっては，空間効率が非常に悪いこと，また，基数整列法と同じように，キーの各バイトに対する効率のよい参照ができない時には性能が落ちることなどである．

まず初めに，一度に1ビットずつ調べながら2分木上を動いていく探索法のいくつかを調べる．前の方法に内在する問題点を次の方法が解決するというようにして，順番にいくつかの方法を調べていき，広範囲の応用に対して有用な方法に到達する．

次に，R 進木への一般化を検討する．再び，順番にいくつかの方法を調べていき，基本的な記号表の実現と多くの拡張ができる柔軟で効率のよい方法に到達する．

基数探索法では，通常，キーの最も上位の桁から調べる．多くのものは，MSD基数整列法と直接的に対応している．BSTに基づく探索法

がクイックソートと対応しているのと同じである．特に，10章の"線形時間整列法"と類似のもので，それと同じ原理に基づいた**一定時間探索法**を調べる．

本章の最後で，基数探索法を用いて大きな文字列に対する索引を構成するという応用を考察する．我々の考える方法は，その応用に対して自然な解を与え，第6部（本書の続巻）で述べるより進んだ文字列処理を考えるための基礎を提供する．

15.1　離散探索木

最も簡単な基数探索法は**離散探索木**（DST, digital search tree）である．アルゴリズムは，木の分岐をキー同士の比較結果ではなくキーの各ビットの値に従って行なうという点以外は，2分探索木とまったく同じである．最初のレベルでは先頭のビットが使用される．第二レベルでは先頭から2番目のビットが使用されるというように，外部節点に達するまで続く．プログラム15.1は search プログラムである．プログラム insert も同様なものである．キー比較に less を使う代わりに，キーの各ビットを参照する関数 digit が使えるものと仮定する．このコードは，2分探索木に対するコード（プログラム12.7）とまったく同じであ

プログラム 15.1　2進離散探索木

DST を用いて記号表を実現するには，標準の BST（プログラム12.7参照）の search と insert を，ここに示す search のように修正する．キー全体を比較するのではなく，キーの（先頭の）1ビットの検査に基づいて右に行くか左に行くかを決める．再帰呼出しの3番目の引数は，木を下った時に検査するべきビット位置を右に移すためのものである．10.1節で述べたように，ビットを検査するために操作 digit を使用する．同じ変更が insert に対してもなされる．それ以外は，プログラム12.7のコードがすべて使える．

```
Item searchR(link h, Key v, int w)
  { Key t = key(h->item);
    if (h == z) return NULLitem;
    if eq(v, t) return h->item;
    if (digit(v, w) == 0)
        return searchR(h->l, v, w+1);
    else return searchR(h->r, v, w+1);
  }
Item STsearch(Key v)
  { return searchR(head, v, 0); }
```

るが，後で見るように，性能特性はかなり異なる．

基数整列法では，同じ値のキーの扱いには特別な注意が必要であることを見た（10章）．同じことが基数探索法でもいえる．一般に，本章では記号表中に現われるキーはすべて相異なるものと仮定する．そのようにしても一般性は失われない．同じキーをもつレコードを許す応用に対しては，12章で述べた方法のどれかを使えばよい．これから考察するいくつかのデータ構造ではキーの値が本質的な要素なので，キーの値が異なる場合に焦点を絞ることが重要である．

図 15.1 は，本章の他の図でも使用する 1 文字からなるキーの 2 進表現である．図 15.2 は，DST への挿入の例である．図 15.3 は，はじめ空であった木に対する挿入経過を示している．

キーのビットが探索と挿入を制御する．BST を特徴づけている順序に関する性質を DST はもたないことに注意．すなわち，与えられた節点の左側の節点が与えられた節点にあるキーより小さいキーをもつということ，あるいは，右の節点がより大きなキーをもつということ（相異なるキーをもつ BST では成り立つ）は必ずしも成り立たない．与えられた節点の左側にあるキーは，右側にあるキーより小さいということは成り立つ．与えられた節点がレベル k にあれば，その節点の左右の部分木にあるすべてのキーの先頭の k ビットは一致し，左側のキーの次のビットは 0 で，右側のキーの次のビットは 1 である．しかし，その節点にあるキーはその節点の部分木中の最小値，最大値あるいは部分木中あるキーの間の任意の値をとりうる．

DST は，各キーがキーのビット（左から右の順に）によって特定される道の上のどこかにあるという性質によって特徴づけられる．この性質によって，プログラム 15.1 の search と insert が正しく働く．

キーが w ビットの固定長の語であるとする．キーが相異なるという要請は $N \leq 2^w$ ということを意味し，通常 N は 2^w より十分小さいと仮定する．そうでない時は，キー添字探索（12.2節参照）を使うとよいであろう．実際の問題の多くはこの範疇に入る．例えば，32 ビットのキーをもつレコードが 10^5 個以下（おそらく，10^6 ではなく），あるいは任意個の 64 ビットのキーに対しては DST が適当である．離散探索木は可変長キーに対してもうまく働く．その場合については，他のものと一緒に 15.2 節で詳しく述べる．

キーの個数が多くて，キーの長さがキーの個数に対して相対的に短ければ，基数探索法で作られる木の最悪の場合は，2 分探索木の最悪の場合よりずっとよい．離散探索木の最長路の長さは，多くの応用では比較的小さい（例えば，キーがランダムなビットから構成されていれば）．特に，最長路の長さは間違いなく最長のキーの長さ以下である．さら

```
A 00001
S 10011
E 00101
R 10010
C 00011
H 01000
I 01001
N 01110
G 00111
X 11000
M 01101
P 10000
L 01100
```

図 15.1　1 文字からなるキーの 2 進表現

10 章と同じように，アルファベットの i 番目の文字を数値 i の 5 ビットの 2 進表現で表わした 5-ビット表現を使う．本章の図で使用するいくつかのキーを示す．各ビットは左から右へ 0 から 4 というように番号づけられているものとする．

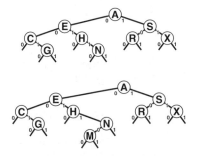

図 15.2　離散探索木と挿入

この離散探索木（上図）での M = 01101 に対する不成功探索では，根では左リンクをたどり（キーの 2 進表現の先頭のビットは 0 なので），次に（次のビットは 1 なので）右に行き，さらに右，左と進んで，N の空な左リンクで終了する．M を挿入するには（下図），BST での挿入と同じように，探索が終了した空のリンクを新しい節点へのリンクと置き換える．

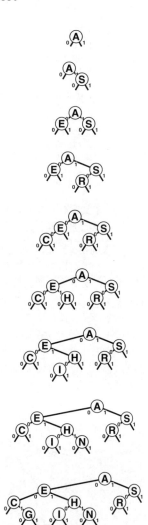

図15.3 離散探索木の生成

はじめ空な離散探索木に，キー A S E R C H I N G を挿入した時の経過を示す．

に，キーが固定長の時は，探索時間はキーの長さで抑えられる．図15.4は，このことを示している．

性質 15.1 ランダムなキー N 個から作られた離散探索木での探索と挿入は，平均約 $\lg N$ 回の比較を行ない，最悪の場合約 $2 \lg N$ 回の比較を行なう．比較回数は探索キーのビット長を超えることはない．

次節のより自然な問題に対する議論と同じ議論で，ランダムキーに対する上述の平均の場合と最悪の場合の結果を示すことができるので，この証明は練習問題とする（練習問題15.29参照）．それは，ランダムキーのまだ調べていない次のビットが 0 ではじまるのと 1 ではじまるのが同じ程度ならば，どの節点でも，キーの半分がその節点の片側に落ちるはずであるという簡単な直感に基づいている．木を下るたびにキービットの位置を 1 つ上げるので離散探索木での探索では探索キーのビット長より多くの比較はない．w ビットの語で，キーの数がキーの可能な総数 2^w よりはるかに少ないという典型的な状況に対しては，路長は $\lg N$ に近い．したがって，ランダムキーの場合は，比較回数はキーのビット数よりはるかに少ない．■

図15.5は，ランダムな 7 ビットキーから作られた大きな離散探索木を示しているが，この木はほぼ完全に平衡している．DST は，実現上の手間をほんの少しかけるだけで，巨大な問題に対しても最適に近い性能を提供するので，多くの実際問題で使いたくなる．例えば，たとえ数百万のキーがあったとしても，32 ビット（あるいは 8 ビットの文字 4 つ）のキーから作られた離散探索木では比較は 32 回より少ないことが保証される．64 ビット（あるいは 8 ビットの文字 8 つ）のキーから作られた離散探索木では比較は 64 回より少ないことが保証される．大きな N に対して，これらの保証は赤黒木による保証と同程度であるが，標準の BST（N^2 に比例する性能だけを保証する）に対して要求される実現上の手間と同じ手間で実現できる．このことから，キーのビットが効率よくアクセスできるならば，記号表の *search* と *insert* を実際に実現する時に，平衡木の代わりに離散探索木を使いたくなる．

練習問題

▷ **15.1** はじめ空な木に，キー E A S Y Q U T I O N をこの順で挿入した時の DST を描け．ただし，図15.1の符号を使う．

15.2 完全に平衡した DST でかつ BST でもある木を与えるようなキー A B

ＣＤＥＦＧの挿入列を与えよ．

15.3 完全に平衡したDSTで，どの節点もその部分木のすべてのキーより小さなキーをもつという性質をもつ木を与えるキーＡＢＣＤＥＦＧの挿入列を与えよ．

▷ **15.4** はじめ空な木に，キー01010011，00000111，00100001，01010001，11101100，00100001，10010101，01001010をこの順で挿入した時のDSTを描け．

15.5 BSTの場合と同じやりかたで，同じキーをもつレコードをDSTに保持できるか？ あなたの答について説明せよ．

15.6 はじめ空な木にN個のランダムな32ビットのキーを挿入してえられるDSTの高さと内部道長を，同じキー集合から作られる標準の2分探索木と赤黒木（13章）の高さと内部道長と比較する実験をせよ．ただし，$N = 10^3, 10^4, 10^5, 10^6$ とする．

○ **15.7** N個の相異なるwビットのキーをもつDSTの最悪の場合の内部道長を完全に特徴づけよ．

● **15.8** DSTに基づく記号表に対する *delete* 操作を実現せよ．

● **15.9** DSTに基づく記号表に対する *select* 操作を実現せよ．

○ **15.10** 与えられたキーの集合から作られるDSTの高さを，DSTを構成することなく，線形時間で計算する方法を述べよ．

15.2 トライ

本節では，DSTと同様に，キーのビットを使って探索を進める探索木を考える．それは，キーの順序を保ち，BSTと同様に sort や他の記号表の関数の再帰的実現を与える．そのアイデアは，木の節点にキーをおかないで，キーをすべて木の底，葉におくというものである．えられるデータ構造は多くの有用な性質をもち，いくつかの効率のよい探索アルゴリズムの基礎として働く．それは，1959年に de la Briandais によって最初に発見され，検索 re*trie*val に使えるということから，Fredkin によって，"*trie*" と名付けられた．皮肉なことに，会話では "*tree*" と区別するために，この語は普通 "try-ee" あるいは単に "try" と発音される．これまでの用語法との一貫性の点では，"2分探索トライ"を使うべきであるが，トライという語は広く使われており，そのように了解されている．本節では基礎となる2進の場合を考え，15.3節では1つの重要な変種を，15.4と15.5節では多進の場合とその変種を考える．

トライは，固定長，可変長のビット列のキーに対しても使える．議論を簡単にするために，どの探索キーも他の探索キーの接頭辞でないと仮定する．例えば，キーが固定長で相異なっていればこの条件は満たされる．

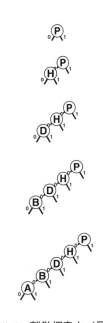

図15.4 離散探索木（最悪の場合）

はじめ空な離散探索木にキー P = 10000, H = 01000, D = 00100, B = 00010, A = 00001 を挿入した時の経過を示す．木は縮退して見えるが，道の長さはキーの2進表現の長さ以下である．00000以外は，どの5ビットキーもこの木の高さをこれ以上増加させない．

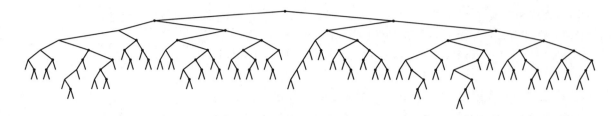

図 15.5 離散探索木

約 200 個のランダムキーを挿入して作られたこの離散探索木は，12 章の対応する木と同じくらい平衡している．

トライではキーは 2 分木の葉におかれる．5.4 節では，葉は子節点をもたない節点で，空な子節点と見なした外部節点とは区別したことを思い出してほしい（5.4 節参照）．2 分木では，葉は左右のリンクが共に空であるような内部節点である．キーを内部節点ではなく葉におくことによって，15.1 節の DST と同じように，キーのビットを探索を進めるのに使うことができる．その時，現在調べているビットが 0 であるすべてのキーは左部分木に落ち，1 であるすべてのキーは右部分木に落ちるという基本的な不変性は各節点で保たれる．

定義 15.1 トライ（trie）は，キーが葉におかれている 2 分木で，次のように再帰的に定義される．空なキー集合に対するトライは，1 つの空なリンクである．ただ 1 つのキーに対するトライは，そのキーを含む 1 つの葉である．2 個以上のキーに対するトライは，先頭ビットが 0 であるすべてのキーに対するトライをさす左リンクと，先頭ビットが 1 であるすべてのキーに対するトライをさす右リンクをもつ内部節点である．ただし，部分木を構成する時には，先頭のビットを除く．

各キーは，キーの先頭からのビットパターンで表される道の上の葉に格納される．逆に，各葉は，根から葉に至る道によって決まるビット列ではじまるキーだけをもつ．葉でない節点の空リンクは，トライ中のどのキーにも現われない先頭からのビットパターンに対応する．したがって，トライでキーを探す時は，DST でしたように，そのビットに従って木を下り，内部節点ではキー比較を行なわない．キーの左端とトライの根からはじめる．調べているビットが 0 ならば左のリンク，1 ならば右のリンクをたどり，キー上では 1 ビット右へ移動する．探索が空なリンクで終了すれば，探索は不成功である．探索が葉で終了する時は，その葉がトライ中で探索キーと等しいかもしれない唯一のキーを含んでいるので，1 回のキー比較で完了する．プログラム 15.2 はこの処理のプログラムである．

キーをトライに挿入する時は，いつものように，まず探索を実行する．探索が空なリンクで終了した時は，いつものように，そのリンクを新しい葉へのリンクで置き換え，探索キーをその葉に入れる．葉で終了

プログラム 15.2　トライでの探索

この関数は，DST に対するプログラム 15.1 と同じように，木を下る時の分岐の制御にキーのビットを使う．3 つの場合がある．葉 (2 つのリンクが空) に達した時は，それは，木の中でキー v をもつレコードを含むかもしれない唯一の節点である．そこで，その節点が実際に v を含んでいる（成功探索）か，あるいは先頭のビットが v と一致するキーを含んでいる（不成功探索）かを調べる．探索が空のリンクに達した時は，親節点のもう一方のリンクは空ではない．したがって，対応するビットが探索キーとは異なる他のキーがあり，探索は不成功となる．このコードは，キーは相異なっていることと，どのキーも他のキーの接頭辞ではないこと（キーの長さが異なっている時）を仮定している．葉でない節点では item 欄は使用されない．

```
Item searchR(link h, Key v, int w)
  {
    if (h == z) return NULLitem;
    if ((h->l == z) && (h->r == z))
      return eq(v,key(h->item)) ? h->item : NULLitem;
    if (digit(v, w) == 0)
        return searchR(h->l, v, w+1);
    else return searchR(h->r, v, w+1);
  }
Item STsearch(Key v)
  { return searchR(head, v, 0); }
```

した時は，トライを下に下りつづける．探索キーと葉にあるキーとの間でビットが一致する時は内部節点を追加し，初めて異なるビットが現われた時，その位置に対応する内部節点の子供の葉にそれぞれのキーをおいて終了する．図 15.6 は，トライでの探索と挿入の例である．図 15.7 は，はじめ空な木にキーを挿入してトライを生成する過程を示している．プログラム 15.3 は，挿入アルゴリズムを完全に実現したものである．

葉の空なリンクにはアクセスしないし，葉でない節点には項目を格納しないので，C では，union を使って節点を 2 つの型のどちらかであると定義すると，記憶量を節約できる（練習問題 15.20 参照）．ここでは，BST，DST や他の 2 分木構造で使ってきた節点の型のみを使うという簡単なやりかたをとる．内部節点は空のキーで表わし，葉は空なリンクで表わす（もし必要ならば，この簡略化による無駄な空間を再利用できるということを承知の上で）．15.3 節では，多種類の節点を避けるためのアルゴリズム上の改善をみる．16 章では union を使った実現例を見る．

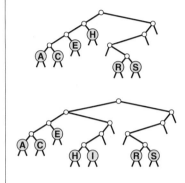

図 15.6　トライでの探索と挿入

トライでは，キーは葉 (2 つのリンクが共に空) におかれる．葉でない節点の空なリンクは，トライの中のキーにはないパターンに対応している．

このトライでのキー H = 01000 に対する成功探索（上図）は，根で左に進み（キーの 2 進表現の最初のビットは 0 なので），次に右に進み（次のビットは 1 なので），そこで H を見つける．それは，木の中のキーで 01 ではじまる唯一のキーである．このトライの中には 101 あるいは 11 ではじまるキーはない．これらのビットパターンは，葉でない節点の空なリンクに導く．

I を挿入する時は（下図），葉でない節点を 3 つ加える．1 つは 01 に対応し，011 に対応する空なリンクをもつ．もう 1 つは 010 に対応し，0101 に対応する空なリンクをもつ．最後の 1 つは 0100 に対応し，左には H = 01000 をもつ葉を，右には I = 01001 をもつ葉をもつ．

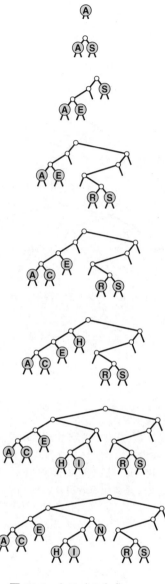

図 15.7 トライの生成

はじめ空なトライにキーA S E R C H I Nを挿入した時の経過を示す.

プログラム 15.3 トライでの挿入

新しい節点をトライに挿入する時は，いつものように探索を行ない，不成功探索で生じる 2 つの場合を見分ける．不成功となったのが葉でなければ，いつものように，不成功であることを示したリンクを新しい節点へのリンクと置き換える．葉で不成功となった時は，split 関数を使って，探索キーと見つかったキーとの間でビットが一致するビット位置ごとに新しい内部節点を 1 つ生成し，キーの間でビットが異なる場所で最も左の場所に対応する 1 つの内部節点を生成して終了する．split の中の switch 文は，2 ビットを調べて可能な 4 つの場合を分けている．2 つのビットが同じ時（$00_2=0$ あるいは $11_2=3$ の場合）は，分割を続ける．異なっている時（$01_2=1$ あるいは $10_2=2$ の場合）は，分割を終了する．

```
void STinit()
  { head = (z = NEW(NULLitem, 0, 0, 0)); }
link split(link p, link q, int w)
  { link t = NEW(NULLitem, z, z, 2);
    switch(digit(p->item, w)*2 + digit(q->item, w))
      {
        case 0: t->l = split(p, q, w+1); break;
        case 1: t->l = p; t->r = q; break;
        case 2: t->r = p; t->l = q; break;
        case 3: t->r = split(p, q, w+1); break;
      }
    return t;
  }
link insertR(link h, Item item, int w)
  { Key v = key(item);
    if (h == z) return NEW(item, z, z, 1);
    if ((h->l == z) && (h->r == z))
      { return split(NEW(item, z, z, 1), h, w); }
    if (digit(v, w) == 0)
        h->l = insertR(h->l, item, w+1);
    else h->r = insertR(h->r, item, w+1);
    return h;
  }
void STinsert(Item item)
  { head = insertR(head, item, 0); }
```

ここで，トライの基本的性質のいくつかについて考察する．それらの性質は，定義やこれらの例から明らかである．

性質 15.2 トライの構造はキーの挿入順序に依存せず，与えられた相異なるキーの集合に対して一意に定まる．

この基本的事実は，部分木に関する帰納法で証明できるが，トライの独特な特徴である．これまでに考察してきたすべての木構造では，生成される木は，キーの集合とキーを挿入する順序の両方に依存する．■

トライの左部分木は先頭ビットが 0 であるすべてのキーを含み，右部分木は先頭ビットが 1 であるすべてのキーを含む．この性質から基数整列法と直接に対応することがわかる．すなわち，2進トライでの探索は，2進クイックソートとまったく同じようにファイルを分割する (10.2 節参照)．この対応は，(キーが少し異なっていることに注意して) 図 10.4 の 2 進クイックソートの分割ダイアグラムと図 15.6 のトライとを比較すると明らかである．それは，12 章で指摘した 2 分木による探索とクイックソートとの間の対応と同様のものである．

特に，DST とは違って，トライはキーを整列しているという性質をもつので，*sort* と *select* 操作を直接的なやりかたで実現できる (練習問題 15.17，15.18 参照)．さらに，トライは DST と同じぐらいよく平衡している．

性質 15.3 N 個のランダムな (相異なる) ビット列から作られたトライでは，1 回の探索で平均約 $\lg N$ 回のビット比較を行なう．最悪の場合のビット比較回数は，探索キーのビット長で抑えられる．

各キーは相異なる，あるいはより一般的に，どのキーも他のキーの接頭辞ではないとしているので，トライを解析するにあたっては注意が必要である．この仮定を入れた 1 つの簡単なモデルは，キーがランダムな (無限の) ビット列であるとすることである――トライを作るのに必要なだけビットを使う．

平均の場合の結果は，次の確率論的な議論から導かれる．ランダムトライ中の N 個のキーのそれぞれが，ランダムな探索キーと先頭の t ビットの少なくとも 1 つで異なる確率は

$$\left(1 - \frac{1}{2^t}\right)^N$$

である．1 からこれを引くと，トライの中のキーの 1 つが，先頭の t ビットすべてで探索キーと一致する確率がえられる．いいかえると，

$$1 - \left(1 - \frac{1}{2^t}\right)^N$$

は，探索に t 回より多くのビット比較が必要な確率である．初等的な確率的解析から，確率変数が t より大きい確率を $t \geq 0$ に対して和をとるとその確率変数の平均がえられることがわかる．したがって，平均探索

コストは
$$\sum_{t \geq 0} \left(1 - \left(1 - \frac{1}{2^t}\right)^N\right)$$
となる．初等的な近似式 $(1 - 1/x)^x \sim e^{-1}$ から探索コストが近似的に
$$\sum_{t \geq 0} (1 - e^{-N/2^t})$$
であることがわかる．

2^t が N より十分小さいほぼ $\lg N$ 個の被加算項の値はかなり 1 に近く，2^t が N より十分大きいすべての被加算項の値はかなり 0 に近い．$2^t \approx N$ である少数の被加算項は 0 と 1 の間の値である．したがって，総和はほぼ $\lg N$ となる．より正確な推定値を求めるには，かなり高度な数学が必要である（参考文献参照）．この解析では，w は十分大きくて，探索中にビットが足りなくなるようなことはないと仮定しているが，現実の w の値を考慮するとコストはより少なくなるであろう．

最悪の場合には，かなりの数のビットが等しいような 2 つのキーがあるかもしれないが，その事象の確率は限りなく 0 に近い．性質 15.3 で述べた最悪の場合の結果が成立しない確率は，指数関数的に小さくなる（練習問題 15.28 参照）．■

上で述べたように，最悪の場合の結果は，アルゴリズムから直ちに導かれる．平均の場合の結果は，本書の範囲を超える数学的解析を必要とする．その結果によると，調べられるビットが 0 であることも 1 であることも同程度であって，トライの各節点でキーが約半分ずつそれぞれ左右の部分木に落ちるであろうというかなり単純な直観の正しいことがわかる．

トライを解析するもう 1 つのやりかたは，BST を解析する時に使った方法である（性質 12.6 参照）．k 個のキーがビット 0 で始まり $N - k$ 個のキーが 1 ではじまる確率は $\binom{N}{k}/2^N$ なので，外部道長は，漸化式
$$C_N = N + \frac{1}{2^N} \sum_k \left(\binom{N}{k}(C_k + C_{N-k})\right)$$
で与えられる．この漸化式は 7.2 節で解いたクイックソートの漸化式と似ているが，解くのははるかに難しい．特筆するべきことに，解は性質 15.3 で導いた平均探索コストを表わす式のちょうど N 倍である（練習問題 15.25 参照）．漸化式そのものを調べると，なぜトライが BST よりよいバランスをもつかがわかる．分割が中央近くで起こる確率は他の場所で起こる確率よりもはるかに高い．したがって，漸化式は，クイックソートの漸化式（近似解は $2N \ln N$）よりマージソートの漸化式（近

似解は $N \lg N)$ により似ている.

トライの厄介な性質で，これまで見てきた他の種類の木とトライとを区別する性質は，多くのビットが共通するキーがある場合に生じる**一方向分岐**（one-way branch）である．例えば，最後のビットだけが異なるキーがあると，図 15.8 にあるように，木の中のキーの個数に関係なく，キーの長さと同じ長さの道が必要となる．この場合内部節点の個数はキーの個数より多少多い．

性質 15.4 w ビットのランダムなキー N 個から作られるトライは，平均 $N/\ln 2 \approx 1.44 N$ 個の節点をもつ．

性質 15.3 の議論を少し変えると，N 個のキーをもつトライの節点の平均個数に対する式

$$\sum_{t \geq 0} \left(2^t \left(1 - \left(1 - \frac{1}{2^t} \right)^N \right) - N \left(1 - \frac{1}{2^t} \right)^{N-1} \right)$$

がえられる（練習問題 15.26 参照）．この和の近似値を導く数学的解析は，多くの項の寄与が 0 でも 1 でもないので，性質 15.3 の議論よりはるかに難しい（参考文献参照）．■

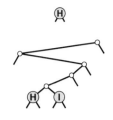

図 15.8 2 進トライ（最悪の場合）

はじめ空なトライにキー H = 01000 と I = 01001 を挿入した時の経過を示す．DST と同様に（図 15.4 参照），道長はキーの 2 進表現の長さで抑えられる．しかし，この例でも示されているように，たった 2 つのキーでも道長が上限の長さになりうる．

このことは，実験的には簡単に確かめられる．例えば，図 15.9 は大きいトライを示している．それは，同じキー集合で作られる BST や DST より 44% 多く節点をもつが，よく平衡しており，最適に近い探索コストである．初めは，余分な節点が平均探索コストをかなり引き上げると思うかもしれないが，そうではない．例えば，平衡したトライでは，節点数を 2 倍にしても平均探索コストの増加はたった 1 である．

プログラム 15.2 と 15.3 では実現上の都合から，キーは固定長で相異なっていると仮定し，キーが実際に区別されることと，プログラムが一度に 1 ビットを処理できて，キーのビットが不足することがないことを確実にする．プログラム 15.2 と 15.3 の解析の都合上，キーは任意の長さのビットをもつことと，キーは，ごく小さな（指数的に減少する）確率を除いて，実際に区別ができることを暗黙に仮定する．これらの仮定の直接的な副産物は，プログラムも解析もキーが可変長のビット列の場合に適用できることである．ただし，いくつかの注意がある．

プログラムをそのままで可変長キーに使う時には，キーは相異なっているという条件を，どのキーも他のキーの接頭辞ではないという条件に緩める必要がある．この条件は，15.5 節で見るように，応用によっては自動的に満たされる．あるいは，内部節点に情報を保持してそのようなキーを扱うこともできる．というのは，処理しなければならないかも

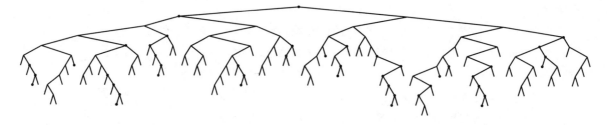

図15.9 トライ

約200個のランダムなキーを挿入して作られたこのトライは，よく平衡している．しかし，一方向分岐のために，そうでない場合に必要な節点数より44%節点が多い．(空なリンクは図示していない．)

しれないどの接頭辞もトライの中のある内部節点に対応しているからである（練習問題15.30）．

ランダムなビットからなる十分長いキーに対しては，性質15.2と15.3の平均の場合に関する結果は成り立つ．最悪の場合でも，トライの高さはキーのビット長でおさえられる．キーが巨大で，ある程度一様ならば，このコストは高過ぎるかも知れない．そのようなことは，符号化された文字データで生じる．次の2節では，長いキーに対するトライのコストを減らす方法について論じる．木の道を短くする方法の1つは，一方向分岐を含む道を"短縮"して1つのリンクにするというものである．これを実現する優雅で効率のよいやりかたを15.3節で述べる．道を短くするもう1つの方法は，各節点でリンクを3つ以上使用することである．このやりかたは，15.4節のテーマである．

練習問題

▷ **15.11** はじめ空なトライに，キーＥＡＳＹＱＵＴＩＯＮをこの順で挿入した時のトライを描け．

15.12 プログラム15.3を使って，トライの中に同じキーがあるようなレコードを挿入した時，何が起こるか？

15.13 はじめ空なトライに，キー 01010011，00000111，00100001，01010001，11101100，00100001，10010101，01001010 をこの順で挿入した時のトライを描け．

15.14 はじめ空なトライに，N 個のランダムな32ビットのキーを挿入してえられるトライの高さ，節点数と内部道長を，同じキー集合から作られる標準の2分探索木と赤黒木（13章）の高さ，節点数と内部道長と比較する実験をせよ．ただし，$N=10^3, 10^4, 10^5, 10^6$ とする（練習問題15.16参照）．

15.15 N 個の相異なる w ビットのキーをもつトライの最悪の場合の内部道長を完全に特徴づけよ．

● **15.16** トライに基づく記号表に対する *delete* 操作を実現せよ．

○ **15.17** トライに基づく記号表に対する *select* 操作を実現せよ．

15.18 トライに基づく記号表に対する *sort* 操作を実現せよ．

▷ **15.19** トライ中のキーで，与えられた探索キーと初めの t ビットが同じであるすべてのキーを出力するプログラムを書け．

○ **15.20** C の union を使って，*search* と *insert* を実現せよ．ただし，リンクは含むが項目は含まない葉でない節点と，項目は含むがリンクは含まない葉をもつトライを用いよ．

15.21 プログラム 15.3 と 15.2 を修整して，探索キーをレジスタに保持して，トライで 1 レベル下がる時に次のビットをアクセスするために 1 ビットシフトするようにせよ．

15.22 プログラム 15.3 と 15.2 を修整して，2^r 個のトライの表をもち（r は定数），キーの最初の r ビットを使って表への添字を求め，アクセスされたトライ上でキーの残りの部分に対して通常のアルゴリズムを使うようにせよ．表のかなりの数の要素が空でなければ，このようにすると約 r ステップ節約できる．

15.23 N 個のランダムなキー（それらは互いに異なっていると仮定できるくらい十分長い）に対して，練習問題 15.22 の r の値として何を選ぶべきか？

15.24 与えられた相異なる固定長のキーの集合に対応するトライの節点の個数を，キーをソートしたリスト上で隣り合うキーを比較することによって，計算するプログラムを書け．

● **15.25** ランダムトライの外部道長に対する性質 15.3 のあとに示されたクイックソートと同様の漸化式の解は，式 $N \sum_{t \geq 0} (1-(1-2^{-t})^N)$ であることを帰納法によって示せ．

● **15.26** ランダムトライの節点の平均個数に対して与えられた性質 15.4 の式を導け．

● **15.27** N 個のキーのトライの節点の平均個数を，10^{-3} の精度まで正確に求めるプログラムを書け．ただし，$N=10^3, 10^4, 10^5, 10^6$ とする．

●● **15.28** N 個のランダムなビット列から作られるトライの高さはおよそ $2 \lg N$ であることを証明せよ．ヒント：誕生日問題を考えよ（性質 14.2 参照）．

● **15.29** ランダムなキーから作られる DST での平均探索コストは，漸近的に $\lg N$ であることを証明せよ（性質 15.1 と 15.2 参照）．

15.30 プログラム 15.2 と 15.3 を修整して，可変長のビット列を扱うようにせよ．ただし，同じ値のキーをもつレコードはデータ構造中におかない．bit(v, w) は w が v より長い時，値 NULLdigit を返すものとする．

15.31 トライを使って，w ビットの整数に対する存在表 ADT をサポートできるデータ構造を構築せよ．あなたのプログラムは *initialize*, *insert*, *search* 操作をサポートしなければならない．*search* と *insert* は整数の引数を取る．*search* は不成功探索に対して NULLkey を返し，成功探索に対しては与えられた引数を返す．

15.3 パトリシア

15.2節で述べたように，トライに基づく探索法には2つの厄介な欠点がある．第一に，"一方向分岐"は余計な節点を作ることになるし，不必要に思える．第二に，2種類の節点があることはコードをいくらか複雑にする．1968年に，Morrisonはこれらの問題を両方とも解決する方法を発見し，パトリシア（Patricia, "Practical Algorithm To Retrieve Information Code In Alphanumeric"）と名づけた．Morrisonは，15.5節で見るような種類の"文字列への索引"への応用との関連のなかで，彼のアルゴリズムを開発した．それは，記号表の実現としても同じく有効である．パトリシアは，DSTのように，N個のキーに対する探索が丁度N個の節点の木でできるし，トライのように，約$\lg N$回のビット比較とキー全体の比較が1探索当たりたった1回でよい．また，他のADT操作にも対応できる．さらに，これらの性能特性はキーの長さによらない．データ構造は可変長のキーに適している．

通常のトライからはじめて，一方向分岐を簡単な仕組みで避ける．それは，各節点に添字をもたせ，その節点から出る道を決めるために検査するビットを示すようにすることである．そうして，部分木中のすべてのキーが同じ値のビットをもつような節点でのビット比較を省略して，意味のある決定がなされるビットへ直接飛ぶ．さらに，もう1つの簡単な仕組みで外部節点をなくすことができる．内部節点にデータを格納し，外部節点へのリンクの代わりに，正しい内部節点へのリンクで木の上の方へ戻るリンクを用いる．これらの2つの変更によって，トライをキーと2つのリンク（と添字のための欄）をもつ節点からなる2分木で表現することができる．それを**パトリシアトライ**（patricia trie）とよぶ．パトリシアトライでは，DSTと同様に，キーを節点に格納し，探索キーのビットにしたがって木をたどる．しかし，パトリシアは，木を下りていく途中では，節点中のキーを探索のために使用しない．キーは，探索が木の底に達した時に参照するためにおかれているだけである．

前段落からから示唆されるように，まず標準のトライとパトリシアトライが同じ抽象トライ構造の異なった表現であるということに注目すると，アルゴリズムの仕組みをより理解しやすい．例えば，図15.10のトライと図15.11上段のトライはパトリシアトライでの探索と挿入を示しているが，図15.6のトライと同じ抽象構造を示している．パトリシアトライに対する探索と挿入アルゴリズムは，抽象トライデータ構造のある具体的表現を使い，構築し，そして維持する．それは15.2節で述べた探索と挿入アルゴリズムとは異なるが，基礎にあるトライ抽象は同じ

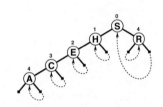

図15.10 パトリシア探索

このパトリシア（上図）におけるR = 10010に対する成功探索は，右に進み（第0ビットは1なので），次に左に進み（第4ビットが0なので），R（木の中のキーで1***0ではじまる唯一のキー）に至る．木を下る時は，節点の上の数字に示されているビット（キーの）だけを調べる．木の上の方をさすリンクに初めて出会った時に，探索キーと上向きのリンクで指されている節点のキーとを比較する．そのキーは，木の中のキーで探索キーと同じである可能性のある唯一のキーである．

I = 01001に対する不成功探索では，根で左に進み（第0ビットは0なので），次に（上向き）のリンクをたどり（第1ビットは1なので），H（トライの中のキーで01ではじまる唯一のキー）がIと一致しないことがわかる．

パトリシア　　　　　　　　　　　　　　§15.3

である.
　プログラム 15.4 は，パトリシアトライでの探索アルゴリズムの実現である．トライの探索とは 3 つの点で異なっている．空なリンクを陽にもたない．次のビットではなく，指定されたビットを検査する．上向きのリンクがさす場所で探索キーとのキー比較をして終了する．各節点のビット添字は，(定義により) 木を下って行く時には増加していくので，リンクが上向きかどうかのテストは容易である．この木の上での探索は，根からはじめて，各節点で探索キーのどのビットを調べるかを示す**ビット添字**（ビット位置指示用添字）を用いながら木を下に向かって進む．調べたビットが 1 ならば右へ，0 ならば左へ進む．木を下って行く時には，節点中のキーは決して調べない．最後には，上向きのリンクに出合う．上向きのリンクは，探索の結果そのリンクが選ばれるようなビットをもつキーで木の中にある唯一のキーをさす．このようにして，最初に出合う上向きのリンクがさしている節点にあるキーが探索キーと等しければ，探索は成功で，そうでなければ不成功である．
　図 15.10 は，パトリシアトライでの探索を示している．空なリンクで終わるトライでの不成功探索に対して，対応するパトリシアトライでの探索の経過は，通常のトライの経過とは少々異なる．下に向かっていく時，一方向分岐に対応するビットは全く検査されない．トライの葉で終了する探索に対しては，対応するパトリシアトライは，トライ探索と同

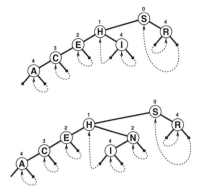

図 15.11　パトリシアトライへの挿入

　図 15.10 のパトリシアに I を挿入する時は，H = 01000 と I = 01001 が第 4 ビットでのみ異なっているので，ビット添字が 4 の新しい節点を追加する（上図）．以後の探索でその新しい節点に至った時は，第 4 ビットが 0 ならば H（左リンク）を調べ，1 ならば I（右リンク）を調べる．

　N = 01110 を挿入する時は（下図），N を H と I とから区別するビットは第 2 ビットなので，H と I の間に新しい節点を追加してそのビット添字を 2 とする．

プログラム 15.4　パトリシアトライでの探索

　再帰的関数 searchR は，キー v をもつレコードを含みうる唯一の節点を返す．探索を制御するのにトライのビットを使いながら，木を下る．出会う節点ごとに bit 欄で指定される 1 ビットだけを調べる．木の外部リンク（それは上方をさす）に出会った時に探索は終了する．探索関数 STsearch は，searchR を呼び出し，その節点のキーを調べて，探索が成功か不成功かを判定する．

```
Item searchR(link h, Key v, int w)
  {
    if (h->bit <= w) return h->item;
    if (digit(v, h->bit) == 0)
        return searchR(h->l, v, h->bit);
    else return searchR(h->r, v, h->bit);
  }
Item STsearch(Key v)
  { Item t = searchR(head->l, v, -1);
    return eq(v, key(t)) ? t : NULLitem;
  }
```

じキーと比較して探索を終了する．ただし，トライの一方向分岐に対応するビットは調べない．

パトリシアに対する挿入のプログラムは，トライでの挿入で生じる2つの場合を反映している．それは図15.11に示されている．いつものように，不成功探索から新しい節点の場所に関する情報がえられる．トライの場合は，不成功探索はリンクが空であるか，葉でキーが一致しない時に生じる．パトリシアトライの場合は，探索中に一方向分岐に対応するビットを飛び越しているので，どちらの種類の挿入かを決めるための作業が必要である．パトリシアトライでの探索は，常にキー比較で終了し，そのキーは必要な情報をもっている．探索キーと探索が終了した節点のキーとの間で相異なるビットで最も左にあるビットの位置がわかる．次に，そのビット位置と探索路上の節点中のビット位置とを比較しながら，再び木を探索する．探索キーと見つかったキーとを区別するビット位置より高いビット位置を指定する節点に出会った時は，パトリシアトライ探索中に，あるビットを飛び越したことがわかる．そのビットは対応するトライ探索では空なリンクに導く．したがって，そのビットを検査するための節点を新たに追加する．探索キーと見つかったキーとを区別するビット位置より高いビット位置を指定する節点に出会わない時は，パトリシアトライ探索は，葉で終了するトライに対応する．探索が終了したところのキーと探索キーを区別するための新しい節点を追加する．常に，丁度1つの節点を追加する．その節点はキーを区別するビットで最も左のビットを参照する．通常のトライでは，そのビットに達するまでに一方向分岐の節点をいくつか追加することになるかもしれない．新しい節点は，区別のためのビット添字だけでなく，新しい項目も格納する．図15.12は，パトリシアの生成の初期の段階を示している．

プログラム15.5は，パトリシアトライの挿入アルゴリズムの実現である．前の段落で述べたことと，現在のビット添字より大きなビット添字をもつ節点へのリンクを外部節点へのリンクと見なすということから，直ちに，パトリシアのコードが導かれる．挿入のコードは，リンクのこの性質を調べるだけで，キーやリンクをあちこちに移動したりしない．パトリシアトライ中の上向きのリンクは，初めは奇妙に見えるかもしれないが，各節点が挿入される時どのリンクを使うかを決めることは，驚くほど簡単である．最終的には，2つではなく1種類の節点を使うということはコードをかなり簡単にする．

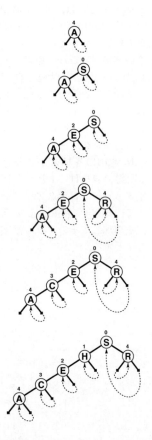

図15.12　パトリシアトライの生成

はじめ空なトライに，キーASERCHを挿入した時の経過を示す．図15.11は，一番下の木に，IとNを順次挿入した結果の木である．

作り方から，ビット添字がkである節点より下にある外部節点は，すべて同じkビットをもつ（そうでないとすると，それらを区別するためにkより小さいビット添字をもつ節点を生成しただろう）．したがって，ビットが飛び越された節点の間に適当に内部節点を作り，上向き

パトリシア   §15.3   563

プログラム 15.5　パトリシアトライへの挿入

　プログラム 15.4 の関数 searchR は, 挿入されるキーと区別しなければならない唯一のキーを返す. そのキーと探索キーの間で異なるビットで最も左のビットの位置を求め, 再帰関数 insertR を使って木をくだり, その場所に v を含む新しい節点を挿入する.

　関数 insertR では, 図 15.11 で説明した 2 つの場合がある. 新しい節点は, 内部リンク (探索キーと発見されたキーとが, 探索中にスキップされたビット位置で異なっている時) であるか, あるいは外部リンク (探索キーと発見されたキーを区別するビットが, 発見されたキーとパトリシアトライのほかのすべてのキーとを区別する必要がない時) である.

```
void STinit()
  { head = NEW(NULLitem, 0, 0, -1);
    head->l = head; head->r = head; }
link insertR(link h, Item item, int w, link p)
  { link x; Key v = key(item);
    if ((h->bit >= w) || (h->bit <= p->bit))
      {
        x = NEW(item, 0, 0, w);
        x->l = digit(v, x->bit) ? h : x;
        x->r = digit(v, x->bit) ? x : h;
        return x;
      }
    if (digit(v, h->bit) == 0)
        h->l = insertR(h->l, item, w, h);
    else h->r = insertR(h->r, item, w, h);
    return h;
  }
void STinsert(Item item)
  { int i;
    Key v = key(item);
    Key t = key(searchR(head->l, v, -1));
    if (v == t) return;
    for (i = 0; digit(v, i) == digit(t, i); i++) ;
    head->l = insertR(head->l, item, i, head);
  }
```

のリンクを外部節点へのリンクに置き換えれば, パトリシアトライを通常のトライに変換することができる (練習問題 15.47 参照). しかし, 内部節点に対するキーの割当てはキーの挿入順に依存するので, パトリシアトライに対しては, 性質 15.2 が完全には成り立たない. 木の構造はキーの挿入順に依存しないが, 上向きリンクとキー配置は挿入順に依存する.

パトリシアトライが，基礎となっている通常のトライを表現しているという事実からの重要な結論の1つは，プログラム15.6に示されているように，再帰的な中央順走査で節点をキーの順にたどることができるということである．それには，外部節点だけを訪問すればよい．外部節点であるかどうかは，ビット添字が非増加であるかどうかを調べればわかる．

プログラム15.6　パトリシアトライによる整列

この再帰的手続きは，パトリシアトライのレコードをキーの順に訪問する．レコードは（仮想的な）外部節点あると見なす．節点のビット添字が親節点のビット添字より大きくない時は，その節点は外部節点である．これ以外は，このプログラムは通常の中央順走査である．

```
void sortR(link h, void (*visit)(Item), int w)
  {
     if (h->bit <= w) { visit(h->item); return; }
     sortR(h->l, visit, h->bit);
     sortR(h->r, visit, h->bit);
  }
void STsort(void (*visit)(Item))
  { sortR(head->l, visit, -1); }
```

パトリシアは，基数探索法の精髄である．キー同士を区別するビットを同定し，（余計な節点を用いずに）それらをデータ構造の中に組み込む．それによって，どの探索キーに対しても木の中のキーでそれと等しい可能性のある唯一のキーへ速く行くことができる．明らかに，パトリシアで使われている手法と同じ手法をトライに用いて一方向分岐を除くことはできる．しかし，それは節点の種類が多いという問題点を悪化させるだけである．図15.9のトライのキーと同じキーに対するパトリシアを図15.13に示す．パトリシアは，節点が44%も少ないだけでなく，完全に近いバランスがとれている．

性質15.5　ランダムなビット列のキー N 個から作られるパトリシアにおける探索や挿入は，1回の探索当たり平均約 $\lg N$ 回のビット比較を行ない，最悪の場合は約 $2\lg N$ 回のビット比較を行なう．ビット比較回数は，キーの長さ以下である．

パトリシアトライの道は，対応するトライの道より長くないので，この性質は性質15.3から直ちに導かれる．平均の場合の正確な解析は難

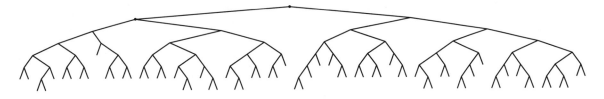

図15.13 パトリシアトライの例

約200個のランダムキーを挿入して作られたこのパトリシアは，図15.9のトライから一方向分岐を除去したものと同じである．えられた木はほぼ完全に平衡している．

表15.1 トライの比較実験

この表は，32ビットの整数のランダムな列から記号表を生成するための時間と探索するための時間を相対的に表わしたものである．これらの値から，基数探索法は，ランダムビットからなるキーに対しても，平衡木と同程度の性能であることがわかる．キーが長くて必ずしもランダムでない時(表15.2参照)，あるいはキーのビットのアクセスを効率よくするように注意を払った時には(練習問題15.2参照)，性能の差がより顕著である．

	生成				成功探索			
N	B	D	T	P	B	D	T	P
1250	1	1	1	1	0	1	1	0
2500	2	2	4	3	1	1	2	1
5000	4	5	7	7	3	2	3	2
12500	18	15	20	18	8	7	9	7
25000	40	36	44	41	20	17	20	17
50000	81	80	99	90	43	41	47	36
100000	176	167	269	242	103	85	101	92
200000	411	360	544	448	228	179	211	182

説明：
- B 赤黒木（プログラム12.7と13.6）
- D DST（プログラム15.1）
- T トライ（プログラム15.2と15.3）
- P パトリシアトライ（プログラム15.4と15.5）

かしい．パトリシアは，平均として通常のトライより比較が1回少ない（参考文献参照）．■

表15.1のデータは，DST，標準の2進トライ，パトリシアトライは，キーが整数の時，同程度の性能をもつ（そして，13章の平衡木より短いか同程度の探索時間である）こと，そして，たとえキーが短いビット列であっても，既に述べた様々な直接的なトレードオフを考慮に入れながら，記号表の実現法として考慮するべきであるという結論を実験的に支持している．

性質15.5で与えられた探索コストがキーの長さとともに大きくなる

ことはないことに注意．一方，標準のトライでの探索コストは，通常，キーの長さに依存する．与えられた2つのキーの間で異なる最初のビットの位置はキーのずっと後の方になることもありうる．考察してきた比較に基づく探索法もすべてキーの長さに依存する．もし2つのキーが一番右のビットでのみ異なっていれば，それらを比較するにはその長さに比例する時間が必要である．さらに，ハッシュ法は，キーの長さに比例する時間，ハッシュ関数を計算する時間，が"常"に必要である．しかし，パトリシアは問題のビットを直ちに取り出し，通常，必要な検査は $\lg N$ 個より少ない．このことから，パトリシア（あるいは一方向分岐を除去したトライ）は，探索キーが長い時には，選ぶべき探索法である．

例えば，8ビットのバイトデータを効率よく呼び出せる計算機で，1000ビット長のキー数百万個の中で探索しなければならないとしよう．パトリシアならば，探索キーの約20バイトを参照し，125バイト長の等号比較を1回実行する．一方，ハッシュ法では，ハッシュ関数を計算するために探索キー全体125バイトを参照し，何回かの等号比較を実行する．比較に基づく方法ではキー全体の比較が20から30回必要となる．キー比較では，特に探索の初めの方では，ほんの数バイトの比較だけでよいが，後半ではより多くのバイト比較が必要である．キーが長い場合の探索に対する様々な方法の性能比較を15.5節で再び考察する．

実際，パトリシアの場合は，探索キーの長さに制限をつける必要はない．パトリシアは，潜在的に巨大な可変長キーを扱う応用においては特に有効である．このことを15.5節で見る．パトリシアの場合，一般に，N 個のレコードに対する1回の探索に必要なビット検査は，たとえ巨大なキーでも，ほぼ $\lg N$ に比例することが期待できる．

練習問題

15.32 プログラム15.5を使った時，既にトライの中にあるキーと同じキーをもつレコードを挿入すると，何が生じるか？

▷ **15.33** はじめ空なパトリシアに，キーＥＡＳＹＱＵＴＩＯＮをこの順で挿入した時のパトリシアを描け．

▷ **15.34** はじめ空なパトリシアに，キー01010011, 00000111, 00100001, 01010001, 11101100, 00100001, 10010101, 01001010 をこの順で挿入した時のパトリシアを描け．

○ **15.35** はじめ空なパトリシアに，キー01001010, 10010101, 00100001, 11101100, 01010001, 00100001, 00000111, 01010011 をこの順で挿入した時のパトリシアを描け．

15.36 はじめ空なパトリシアに N 個のランダムな 32 ビットのキーを挿入してえられるパトリシアの高さと内部道長を，同じキー集合から作られる標準の 2 分探索木と赤黒木（13 章）の高さ，節点数と内部道長と比較する実験をせよ．ただし，$N=10^3,\ 10^4,\ 10^5,\ 10^6$ とする（練習問題 15.6 と 15.14 参照）．

15.37 N 個の相異なる w ビットのキーをもつパトリシアの最悪の場合の内部道長を完全に特徴づけよ．

▷ **15.38** パトリシアに基づく記号表に対する *select* 操作を実現せよ．

● **15.39** パトリシアに基づく記号表に対する *delete* 操作を実現せよ．

● **15.40** パトリシアに基づく記号表に対する *join* 操作を実現せよ．

○ **15.41** パトリシア中のキーで，与えられた探索キーと初めの t ビットが同じであるすべてのキーを出力するプログラムを書け．

15.42 標準のトライ探索と挿入（プログラム 15.2 と 15.3）を修整して，パトリシアトライの時と同じやりかたで一方向分岐を除去せよ．練習問題 15.20 を試みた人はそのプログラムからはじめよ．

15.43 パトリシアの探索と挿入（プログラム 15.4 と 15.5）を修整して，練習問題 15.22 で述べたように 2^r 個のパトリシアの表をもつようにせよ．

15.44 パトリシアトライの中の各キーは，それぞれの探索路上にあり，したがって *search* 操作で木を下る途中か，探索路の終端にあることを示せ．

15.45 パトリシア探索（プログラム 15.4）を修整して，成功探索の性能を改善するために，木を下る途中でキー比較をするようにせよ．この変更の有効性を評価する実験を行なえ（練習問題 15.44 参照）．

15.46 パトリシアを使って，w ビットの整数に対する存在表 ADT をサポートできるデータ構造を構築せよ（練習問題 15.31 参照）．

● **15.47** 同じキー集合に対するパトリシアトライと通常のトライを相互に変換するプログラムを書け．

15.4 マルチウェイ基数探索法

基数整列法の場合には，一度に多くのビットを考えることによってかなりスピードを改善できることがわかった．基数探索法でも同じことが成り立つ．一度に r ビットを調べることにより，探索速度を r 倍にできる．しかし，このアイデアを適用するにあたっては，基数整列法の場合よりも注意深くしなければならない落し穴がある．一度に r ビットを考えるということは，節点が $R=2^r$ 個のリンクをもつということになるので，使用されない無駄な空間がかなりの量になるという問題が生じる．

15.2 節の（2 進）トライでは，キーのビットに対応する節点は 2 つのリンクをもつ．1 つはキーのビットが 0 の場合に対するもので，もう 1

図15.14　10進数に対するR進トライ

このトライは，集合

　.396465048
　.353336658
　.318693642
　.015583409
　.159369371
　.691004885
　.899854354
　.159072306
　.604144269
　.269971047
　.538069659

の数値を区別するトライである（図14.1参照）．各節点は10個のリンクをもつ（各数字に1つ）．根では，リンク0は1桁目が0のキー（1つのみ）に対するトライをさす．リンク1は1桁目が1のキー（2つ）に対するトライをさす．等々．1桁目が4, 7, 8, 9である数値はないので，対応するリンクは空である．1桁目が0,2，あるいは5である数値はそれぞれ1つなので，それらを含む葉が1つある．残りの部分は，調べる桁を右に移しながら，再帰的に構成する．

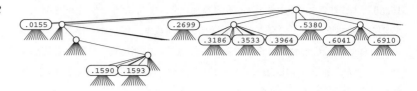

つはキーのビットが1の場合に対するものである．キーの各桁がとりうる値それぞれに対応したR個のリンクをもつR進トライへ（Rウェイトライ）の一般化は適切なものである．キーは，葉（すべてのリンクが空の節点）に格納される．R進トライで探索する時は，根とキーの最左端の桁からはじめ，キーの各桁の値に従って木を下る．桁の値がiならばi番目のリンクを下る（次の桁に移動する）．葉に到達した時，その葉は，たどってきた道に対応する先頭の桁値をもつ唯一のキーを含む．そこで，そのキーと探索キーを比較すると探索が成功か不成功かわかる．空なリンクに到達した時は，探索は不成功である．というのは，そのリンクは，そのトライの中のキーにはない先頭の桁値のパターンに対応しているからである．図15.14は，10進数の集合の例を表わしている．10章で議論したように，実際によく現れる数値は，比較的少数の節点のトライで識別される．より一般的な型のキーに対するこれと同じ結果が，多くの効率よい探索アルゴリズムの基礎となっている．

節点の型がいくつかある記号表を実現する前に，まず，**存在表**（existence-table）の問題に集中することからはじめる．そこでは，キーだけ（レコードや付随する情報をもたない）をもち，データ構造中にキーを挿入する*insert*と，データ構造を探索して与えられたキーが既に挿入されているかを判定する*search*アルゴリズムを開発する．より一般的な記号表を実現するのに使用してきたものと同じインタフェースを使用するために，KeyとItemは同じであると仮定し，探索が不成功の時はNULLitemを返し，成功の時は探索キーを返すという取り決めに従う．この取り決めは，コードを簡単にし，考えているマルチウエイトライの構造を明らかに浮き彫りにする．15.5節では，文字列索引を含めて，より一般的な記号表について論じる．

定義15.2　キーの集合に対する**存在表トライ**（existence trie）は，次のように再帰的に定義される．空集合に対するトライは，空のリンクである．空でない集合に対するトライはキーの桁のとりうる各値に対応するトライへのリンクをもつ内部節点である．各部分木は，キーから先頭の桁を除去したキーに対するトライである．

簡単にするために，この定義ではどのキーも他のキーの接頭辞ではな

マルチウェイ基数探索法　§15.4

いと仮定している．通常は，キーは相異なっていて，かつ固定長であるか終端文字があるというように条件を強くする．この定義の要点は，トライの中にどんな情報も保持せずに，存在表トライを用いて存在表を実現できるということである．情報はすべてトライ構造の中に暗黙のうちに与えられている．各節点は，$R+1$個のリンク（文字のそれぞれの値に対して1つと終端文字 NULLdigit に1つ）をもち，他の情報はもたない．探索には，キーの桁の値を使ってトライを下る．キーの桁が尽きるのと同時に NULLdigit へのリンクに達した時は，探索は成功である．そうでない時は探索は不成功である．新しいキーを挿入するには，空なリンクに至るまで探索し，残っているキーの各文字に対して節点を追加する．図 15.15 は，26 進のトライの例である．プログラム 15.7 は，基本的な（多進の）存在表トライの探索と挿入手続きの実現である．

キーが固定長で相異なっている時は，終端文字へのリンクは無しですますことができ，キー長に達した時，探索を終了できる（練習問題 15.54 参照）．固定長キーに対する MSD 整列を記述するのにトライを用いた時に，この種のトライの例を既に見た（図 10.10 参照）．

ある意味では，トライ構造のこの純粋に抽象的な表現は最適である．というのは，それは，キーの長さに比例する時間と，最悪の場合，キーの総文字数に比例する記憶量で search 操作を実現できるからである．しかし，使用される総記憶量は各文字に対してほぼ R リンクとなるかもしれないので，実現の改善を試みる．2 進のトライで見たように，純粋なトライ構造を，基礎になっている抽象構造（そのキー集合のよく定義された表現である）の特定な表現であると見なし，同じ抽象構造のほかの表現でよりよい性能をもたらすかもしれないものを考えることは価値がある

定義 15.3 **マルチウェイトライ**（multiway trie）は，多進木で，その各葉にキーがあり，次のように再帰的に定義される．キーの空集合に対するトライは，空なリンクである．1つだけのキーに対するトライは，そのキーを含む1つの葉である．2個以上のキーの集合に対するトライは，1つの内部節点で，それは桁の各値に対応するキーの集合に対するトライ（部分木）へのリンクをもつ．ただし，部分木を構成する時は先頭の桁は除去されたものとする．

データ構造中のキーは，相異なっており，どのキーも他のキーの接頭辞ではないことを仮定している．標準のマルチウェイトライでの探索は，キーの桁の値に従って木を下る．3 つの場合が生じる．空なリンク

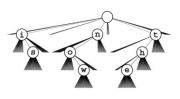
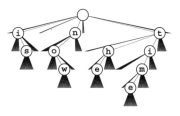
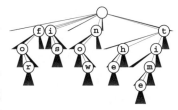

図 15.15 R 進の存在表トライでの探索と挿入

単語 now, is, the に対する 26 進トライ（上図）は，9 個の節点（各文字に 1 つずつと根）をもつ．図では，節点にラベルが付けられているが，データ構造中では，ラベルを陽に使用しない．というのは，節点のラベルは親節のリンクの配列中でのリンクの位置からわかる．

キー time を挿入する時は，既にある節点 t から分岐し，i, m, e のための新しい節点を追加する（中段の図）．キー for を追加する時は，根から分岐して，f, o, r のための節点を追加する．

> **プログラム 15.7　存在表トライの探索と挿入**
>
> マルチウェイトライに対する *search* と *insert* のこのプログラムは，キーと項目が同一である（そして，10.1 節で議論したように，digit は定義されている）と仮定している．キーをトライの構造中に暗黙に格納している．各節点は，トライの次のレベルへの R 個のポインタをもつ．キーの t 桁目の値が i の時は，レベル t で i 番目のリンクをたどる．引数として与えられたキーが存在する時は，そのキーを返し，そうでない時は，NULLitem を返す．
>
> ```
> typedef struct STnode *link;
> struct STnode { link next[R]; };
> static link head;
> void STinit() { head = NULL; }
> link NEW()
>   { int i;
>     link x = malloc(sizeof *x);
>     for (i = 0; i < R; i++) x->next[i] = NULL;
>     return x;
>   }
> Item searchR(link h, Key v, int w)
>   { int i = digit(v, w);
>     if (h == NULL) return NULLitem;
>     if (i == NULLdigit) return v;
>     return searchR(h->next[i], v, w+1);
>   }
> Item STsearch(Key v)
>   { return searchR(head, v, 0); }
> link insertR(link h, Item item, int w)
>   { Key v = key(item);
>     int i = digit(v, w);
>     if (h == NULL) h = NEW();
>     if (i == NULLdigit) return h;
>     h->next[i] = insertR(h->next[i], v, w+1);
>     return h;
>   }
> void STinsert(Item item)
>   { head = insertR(head, item, 0); }
> ```

に達した時は，探索は不成功である．探索キーを含む葉に達した時は，探索は成功である．異なるキーをもつ葉に達した時は，探索は不成功である．葉はすべて R 個の空なリンクをもつので，15.2 節で述べたように，葉と葉でない節点を別々に表わす方が適当である．そのような実現については 16 章で考察することにして，本章では別の実現法を考える．

どちらにしても，15.3節の解析的結果は，標準のマルチウェイトライの性能特性についても一般化される．

性質15.6 N個のランダムなバイト列から作られた標準のR進トライ（Rウェイトライ）における探索と挿入では，平均$\log_R N$のバイト比較が必要である．そのようなトライのリンクの個数は，約$RN/\ln R$である．探索や挿入でのバイト比較の回数は，探索キーのバイト長以下である．

これらは，性質15.3と15.4の一般化である．それらの証明中の2をRに置き換えることによって証明できる．しかし，前にも述べたように，これらの正確な解析にはかなり高度な数学が必要である．■

性質15.6で述べられている性能特性は，時間と空間との兼ね合いの極端な一例である．一方では，利用されない空のリンクがかなりある．根に近い少数の節点だけがリンクのうちのかなりの数を使用する．他方では，木の高さは小さい．例えば，代表的な値$R=256$をとり，64ビットのランダムキーがN個あるとしよう．性質15.6によれば，探索は$(\lg N)/8$（高々8）回の文字比較と$47N$個より少ないリンクを使用する．もし，空間が十分使えるならば，この方法によって，非常に効率のよいものがえられる．この例に対して，$R=65536$とすると探索コストを4文字の比較にまでカットできるが，5900個以上のリンクが必要になる．

15.5節で標準のマルチウェイトライに戻ることにして，この節の残りでは，プログラム15.7で作られるトライの他の表現について考察する．それは，図15.16に示されている**3分探索トライ**（ternary search trie, TST）である．TSTの各節点は，1つの文字と3つのリンクをもっている．リンクはそれぞれ，現在調べている桁の値がその節点の文字より小さい，等しい，大きいキーに対応している．このようにすることは，トライの節点を，その節点の空でないリンクに対応する文字をキー集合とする2分探索木として実現することと同値である．プログラム15.7の標準の存在表トライでは，トライの節点は$R+1$個のリンクで表わされ，空でないリンクによって表わされている文字はその添字で推定される．対応する存在表TSTは，空でないリンクに対応する文字はすべて陽に節点に現われる．中央のリンクをたどる時のみ，キーに対応する文字が見つかる．

存在表TSTに対する探索アルゴリズムは非常に簡単なのでほとんど

図 15.16 存在表トライの構造

これらの図は，16 個の単語 call me ishmael some years ago never mind how long precisely having little or no money に対する存在表トライの 3 つの異なる表現を示している．26 進の存在表トライ（上段の図），空なリンクを除去した抽象トライ（中段の図），TST による表現（下段の図）．26 進のトライはリンクが多すぎるが，TST による表現は，抽象トライの効率よい表現になっている．

上の 2 つのトライでは，どのキーもほかのキーの接頭辞ではないと仮定している．例えば，キー not を追加すると，キー no が失われる．この問題を解決するために，TST の底に示されているように，キーの最後に終端文字を追加することもできる．

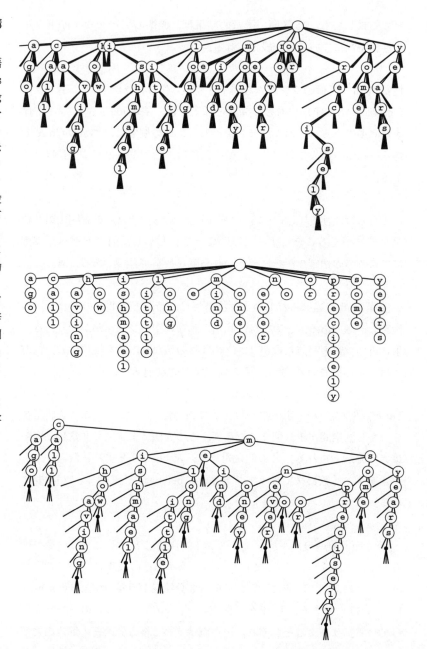

そのまま書き下せる．挿入アルゴリズムはもう少し難しいが，存在表トライの挿入を直接的に反映している．探索は，まず，キーの第一の文字と根の文字と比較し，第一の文字が小さければ，左のリンクをたどり，大きければ右のリンクをたどる．等しければ，中央のリンクをたどり，キーの次の文字へ移動する．それぞれの場合で，アルゴリズムを再帰的に適用する．空なリンクに出会うか，あるいは NULLdigit に出会う前に探索キーの最後に至った時は，探索は不成功に終わる．中央のリンクをたどって，文字が NULLdigit である節点に至った時は探索は成

功裡に終了する．新しいキーを挿入する時は，探索を行い，トライで行なったのと全く同様に，キーの末尾の文字のための新しい節点を追加する．プログラム 15.8 は，これらのアルゴリズムの実現の詳細を与えている．図 15.17 は，図 15.15 のトライに対応する TST である．

探索木と整列アルゴリズムとの間の対応を続けると，BST とクイッ

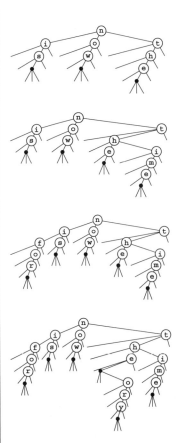

図 15.17 存在表 TST

存在表 TST は各文字ごとに節点をもつが，節点は，26ではなく，3 つの子節点しかもたない．上の 3 つの木は，図 15.15 の挿入例に対応する木である．ただし，各キーに終端文字が追加されている．したがって，どのキーも他のキーの接頭辞ではないという制限をはずすことができるので，例えば，キー theory を挿入することができる（下の図）．

プログラム 15.8 存在表 TST での探索と挿入

このコードは，プログラム 15.7 と同じ抽象トライアルゴリズムを実現している．各節点は，1 つの桁値と 3 つのリンクをもつ．それぞれのリンクは，次の桁の値が探索キーの対応する桁の値より小さい，等しい，大きい，キーに対応する．

```
typedef struct STnode* link;
struct STnode { int d; link l, m, r; };
static link head;
void STinit() { head = NULL; }
link NEW(int d)
  { link x = malloc(sizeof *x);
    x->d = d; x->l = NULL; x->m = NULL; x->r = NULL;
    return x;
  }
Item searchR(link h, Key v, int w)
  { int i = digit(v, w);
    if (h == NULL) return NULLitem;
    if (i == NULLdigit) return v;
    if (i < h->d) return searchR(h->l, v, w);
    if (i == h->d) return searchR(h->m, v, w+1);
    if (i > h->d) return searchR(h->r, v, w);
  }
Item STsearch( Key v)
  { return searchR(head, v, 0); }
link insertR(link h, Item item, int w)
  { Key v = key(item);
    int i = digit(v, w);
    if (h == NULL) h = NEW(i);
    if (i == NULLdigit) return h;
    if (i < h->d) h->l = insertR(h->l, v, w);
    if (i == h->d) h->m = insertR(h->m, v, w+1);
    if (i > h->d) h->r = insertR(h->r, v, w);
    return h;
  }
void STinsert(Key key)
  { head = insertR(head, key, 0); }
```

クソート，トライと2進クイックソート，M進トライとMウェイ基数ソートとの対応と全く同じ仕方で，TSTは3分岐基数ソートと対応することがわかる．3分岐基数ソートの再帰呼出しの構造を示している図10.13は，そのキー集合に対する1つのTSTである．トライにおける空なリンクの問題は，基数ソートにおける空なビンの問題に対応する．3つに分岐することによって両方の問題に対する有効な解がえられる．

パトリシアで行なったように，キーを，それらを区別をできる場所にある葉におくことと，内部節点の間の一方向分岐を除去することによって，TSTでの空間利用効率をよりよくすることができる．この節の終わりで，前者の変更に基づく実現を調べる．

性質 15.7 完全なTSTにおける探索あるいは挿入は，キーの長さに比例する時間がかかる．リンクの個数は，すべてのキーの中の文字の個数の高々3倍である．

最悪の場合は，キーの各文字が，一杯なR節点に対応していて，そのR節点が平衡していなくて，一方向リストのようにのびている場合である．この最悪の場合は，ランダム木ではほとんど起こりそうもない．より典型的には，最初のレベル（根はR個の異なるバイトの値の上のBSTのように振る舞うので）とおそらく他の少しのレベル（共通の接頭辞をもつキーがあってその接頭辞に続く文字上に異なるバイトがR個まであれば）では，$\ln R$あるいはそれより少ない回数のバイト比較がなされ，ほとんどの文字に対してほんの少しのバイト比較がなされる（トライのほとんどの節点では空でないリンクはまばらなので）だけであることが期待される．不成功探索では，バイト比較は少しで，トライの上の方の空なリンクで終了するであろう．

実際のメモリ使用量は，一般に，1文字当たり3つのリンクという上限より少ない．というのは，木の上の方のレベルではキーは節点を共有するからである．キーがランダムでもなく，突飛な最悪の作られ方をしたものでもない実際の状況では，TSTは最も有用である．平均の場合の正確な解析は見合わせる．■

TSTを使用することの第一の利点は，TSTは実際の応用においてよく現われる探索キーの不規則性に優雅に適応することである．2つの主要な効果がある．第一は，実際の応用におけるキーは，大きな文字集合からのものであって，特定の文字が非常によく使われる．例えば，文字列のある特定の集合が，利用可能な文字のうちのほんの一部分だけしか使用しないことがある．TSTを使うと，128あるいは256文字の符号

を，128 あるいは 256 の分岐をもつ節点による過大なコストを心配することなく，また，どの文字集合が関係しているかを決める必要もなく，使うことができる．ローマ字以外の文字は数千ある．TST は，そのような文字からなっている文字列キーに対して特に適している．第二に，実際の応用ではキーが構造化されたフォーマットをもつことがしばしばある．それは，応用ごとに異なる．キーのある部分では文字だけを使い，また他の部分では数字だけを使い，区切り記号として特殊な文字を使ったりする（練習問題 15.71 参照）．例えば，図 15.18 は，オンラインライブラリデータベースからのライブラリコールの番号を示している．そのようなキーに対しては，トライの節点のあるものは TST の 1-分岐節点として表わされ（すべてのキーが値として区切り記号をもつ場所に対して），あるものは 10 節点の BST として表わされ（すべてのキーが値として数字をもつ場所に対して），その他のものは 26 節点の BST として表わされる（すべてのキーが値として文字をもつ場所に対して）．この構造は，キーに対する特別な解析をしないでも，自動的に生成される．

TST による探索が他のアルゴリズムより実用上優れている第二の点は，たとえキーが長い時でも，不成功探索の効率が非常によい可能性が高いことである．しばしば，ほんの少しのバイト比較（と少しのポインタのキャッシュ）だけで不成功探索が終了する．15.3 節で述べたように，N キーのハッシュ表での不成功探索は，キーの長さに比例する時間（ハッシュ関数の計算）が必要で，探索木では少なくとも $\lg N$ 回のキー比較が必要ある．パトリシアでも，ランダム探索での不成功探索は $\lg N$ 回のビット比較が必要である．

表 15.2 に示した実験結果は，前の 2 つの段落で観察したことを支持している．

TST が魅力的である第三番目の理由は，TST は，これまで考察してきた記号表の操作より一般的な操作を提供することである．例えば，プログラム 15.9 は，探索キーの中に特に値を指定しない文字を許し，データ構造中にあるキーで探索キーと指定された桁の値が一致するものをすべて印字出力する．図 15.19 に一例を示す．明らかに，このプログラムを少し修整すれば，ただ印字出力するだけでなく，*sort* に対して行なったやりかたで，一致するすべてのキーを訪問するようにすることができる（練習問題 15.57 参照）．

同様ないくつかの他の作業も TST で容易に扱える．例えば，データ構造中のキーで探索キーと高々 1 桁で異なっているものをすべて訪問することができる（練習問題 15.58 参照）．この種の操作は，他の記号表の実現では高くつくか実現できない．これらや文字列探索で完全一致を

```
LDS___361_H_4
LDS___485_N_4_H_317
LDS___625_D_73_1986
LJN___679_N_48_1985
LQP___425_M_56_1991
LTK___6015_P_63_1988
LVM___455_M_67_1974
WAFR_____5054____33
WKG_____6875
WLSOC_____2542____30
WPHIL_____4060____2___55
WPHYS_____39____1____30
WROM_____5350____65____5
WUS_____10706____7___10
WUS_____12692____4___27
```

図 15.18 文字列キーの例（ライブラリコール番号）

オンラインライブラリデータベースから取られたこれらのキーは，応用での文字列キーに現われる様々な構造を例示している．文字のうちのあるものはランダムな文字としてモデル化するのが適当で，またあるものはランダムな数字としてモデル化するのが適当で，そして他のものは固定した値または構造をもっている．

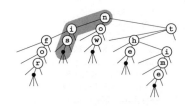

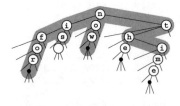

図 15.19 TST に基づく部分一致探索

TST にあるキーでパターン i* に一致するすべてのキーを見つけるには（上図），最初の文字に対する BST で i を探索する．この例では，2 つの一方向分岐をたどって，is（パターンに一致する唯一の単語）が見つかる．*o* のようによりゆるい条件のパターン（下図）に対しては，最初の文字に対する BST ではすべての節点を訪問するが，二番目の文字に対しては o に対応する節点を訪問し，最終的には for と now を見つける．

表 15.2 文字列キーの探索実験

この表は，図 15.18 のライブラリコール番号のような文字列キーをもつ記号表を生成するための時間と探索するための時間を相対的に表わしたものである．これらの値から，TST は，生成するのに少し余分に手間がかかるが，文字列での不成功探索に対して最も速いことがわかる．主な理由は，探索でキーの文字すべてを調べる必要がないことである．

	生成				不成功探索			
N	B	H	T	T*	B	H	T	T*
1250	4	4	5	5	2	2	2	1
2500	8	7	10	9	5	5	3	2
5000	19	16	21	20	10	8	6	4
12500	48	48	54	97	29	27	15	14
25000	118	99	188	156	67	59	36	30
50000	230	191	333	255	137	113	70	65

説明：
- **B** 標準の BST（プログラム 12.7）
- **H** 分離連鎖法（$M=N/5$）（プログラム 14.3）
- **T** TST（プログラム 15.8）
- **T*** TST（根で R^2-分岐，プログラム 15.10 と 15.11）

求めない多くのほかの問題については，第 6 部（本書の続巻）で詳しく考察する．

パトリシアは，同じ利点をいくつかもっている．パトリシアより TST の方がよい実用上の主な利点は，TST はキーのビットでなくバイトをアクセスすることである．この差が 1 つの利点である理由の 1 つは，バイトをアクセスするための機械語命令が多くの計算機にあることと，C では文字列中のバイトを直接アクセスできることである．もう 1 つの理由は，応用によっては（例えば，前段落で述べた部分一致探索），データ構造中でバイトを扱うことがデータそれ自身のバイト指向を自然に反映するということである（18 章（本書の続巻）で見るように，ビットアクセスをうまく使うと部分一致探索をスピードアップできるが）．

TST の一方向分岐を取り除くには，一方向分岐のほとんどがキーの末尾の方で生じることと，標準のマルチウェイトライを使って，トライの中でキーが区別できる最も高いレベルにある葉にレコードをおけば，一方向分岐は生じないことに注意をする．パトリシアと同じやりかたでバイト添字をもつこともできるが（練習問題 15.64 参照），簡単のために，その変更は行なわない．多分岐と TST 表現の組合せ自体が多くの応用で非常に有効であるが，キーが長い幅で一致する確率が高いような

マルチウェイ基数探索法 §15.4

> **プログラム 15.9 TST での部分一致探索**
>
> データ構造中の文字列で，いくつかの文字が指定されていない（星印で示されている）探索文字列と一致するすべての文字列を印字出力するこのプログラムに示されているように，複数の再帰的呼出しを注意深く使用すると，TST 構造中で"近いもの"を見つけることができる．ここでは，探索 ADT 関数を実現しているのでもないし，抽象項目も使用しないので，C の文字列処理の基本要素を陽に使用する．
>
> ```
>     char word[maxW];
>     void matchR(link h, char *v, int i)
>       {
>         if (h == z) return;
>         if ((*v == '\0') && (h->d == '\0'))
>           { word[i] = h->d; printf("%s ", word); }
>         if ((*v == '*') || (*v == h->d))
>           { word[i] = h->d; matchR(h->m, v+1, i+1); }
>         if ((*v == '*') || (*v < h->d))
>           matchR(h->l, v, i);
>         if ((*v == '*') || (*v > h->d))
>           matchR(h->r, v, i);
>       }
>     void STmatch(char *v)
>       { matchR(head, v, 0); }
> ```

時は，パトリシア風の一方向分岐の短縮はさらに性能を増す（練習問題 15.71 参照）．

TST に基づく探索法に対するもう１つの容易な改善は，根でいくつもに分岐する大きな節点を陽に使うことである．最も簡単なやりかたは，R 個の TST（キーの最初の文字の可能な値それぞれに１つ）の表をもつことである．R が大きくない時は，キーの先頭の２文字（サイズ R^2 の表）を使うことになるかもしれない．この方法が有効となるには，キーの先頭の方の桁の値がよく分布していなければならない．えられる折衷の探索アルゴリズムは，電話帳で名前を探す時の探し方に対応している．第１のステップはいくつもに分かれる決定「さて，それは"A"ではじまるな」で，次には，おそらく２分決定「それは"Andrews"の前で，"Aitken"の後である」が続き，次に逐次探索が続く「"Algonquin"，…ない，"Algor"ではじまるものはないので，"Algorithms"はリスト中にない！」

プログラム 15.10 と 15.11 は，TST に基づく記号表の *search* と *insert* 操作の実現である．それらは根で R 分岐を使い，キーを葉に保持する（したがって，一度キーが区別されれば一方向分岐はない）．こ

プログラム 15.10 記号表 ADT に対する TST 挿入

　TST を用いたこの *insert* の実現は，プログラム 15.3 を一般化したもので，レコードを葉に保持する．探索が葉で終了する時は，見つかったキーと探索キーとを区別するために内部節点を生成する．根に R 分岐を導入することによってプログラム 15.8 を改善している，すなわち，単一のポインタ head の代わりに R リンクの配列 heads を使い，キーの第 1 桁を添字とする．R 個のヘッドリンクすべてを NULL に初期設定する（コードは示していない）．

```
#define internal(A) ((A->d) != NULLdigit)
link NEWx(link h, int d)
  { link x = malloc(sizeof *x);
    x->item = NULLitem; x->d = d;
    x->l = NULL; x->m = h; x->r = NULL;
    return x;
  }
link split(link p, link q, int w)
  { int pd = digit(p->item, w),
        qd = digit(q->item, w);
    link t = NEW(NULLitem, qd);
    if (pd < qd) { t->m = q; t->l = NEWx(p, pd); }
    if (pd == qd) { t->m = split(p, q, w+1); }
    if (pd > qd) { t->m = q; t->r = NEWx(p, pd); }
    return t;
  }
link insertR(link h, Item item, int w)
  { Key v = key(item);
    int i = digit(v, w);
    if (h == NULL)
      return NEWx(NEW(item, NULLdigit), i);
    if (!internal(h))
      return split(NEW(item, NULLdigit), h, w);
    if (i < h->d) h->l = insertR(h->l, v, w);
    if (i == h->d) h->m = insertR(h->m, v, w+1);
    if (i > h->d) h->r = insertR(h->r, v, w);
    return h;
  }
void STinsert(Key key)
  { int i = digit(key, 0);
    heads[i] = insertR(heads[i], key, 1);
  }
```

れらのプログラムは，文字列キー探索に利用できるものの中では最も速いようである．基礎になっている TST は，多くの他の操作を提供でき

マルチウェイ基数探索法 §15.4

> **プログラム 15.11 記号表 ADT に対する TST 探索**
>
> プログラム 15.10 で作られた TST に対するこの *search* のプログラムは，素直なマルチウェイトライ探索と同様であるが，1 節点当たり R 個のリンクではなく 3 リンクだけを使う．木を下る時はキーの各桁の値を使い，空なリンクで終わるか（不成功探索），あるいは探索キーと同じキーをもつ葉（成功探索）または同じでないキーをもつ葉（不成功探索）で終了する．
>
> ```
> Item searchR(link h, Key v, int w)
>   { int i = digit(v, w);
>     if (h == NULL) return NULLitem;
>     if (internal(h))
>       {
>         if (i < h->d) return searchR(h->l, v, w);
>         if (i == h->d) return searchR(h->m, v, w+1);
>         if (i > h->d) return searchR(h->r, v, w);
>       }
>     if eq(v, key(h->item)) return h->item;
>     return NULLitem;
>   }
> Item STsearch(Key v)
>   { return searchR(heads[digit(v, 0)], v, 1); }
> ```

る．

巨大に成長する記号表では，分岐数を表のサイズに適応させたい．16 章では，任意の大きさのファイルに対して，マルチウェイ基数探索法の長所を生かすようにマルチウェイトライを成長させる系統的な方法を調べる．

性質 15.8 項目を葉にもち（底では一方向分岐はない），根では R^t の分岐をする TST での探索あるいは挿入は，ランダムなバイト文字列である N 個のキーに対して，およそ $\ln N - t \ln R$ のバイトアクセスが必要である．必要なリンクの個数は，R^t（根の分）と N に小さな定数を掛けたものとの和である．

これらの粗い推定は，性質 15.6 から直ちに導かれる．時間のコストに対しては，探索路上のある一定数の節点（上の方の少数の）以外はすべて R 文字の上のランダム BST のように振る舞うと仮定する．したがって，時間コストは $\ln R$ 倍されるだけである．空間コストに対しては，はじめの数レベルの節点には R 個の文字値が埋まっていて，底の

レベルの節点はある一定数だけの文字値をもつと仮定している． ■

例えば，ランダムなバイト列のキーが10億個あって，$R=256$ としてサイズ $R^2=65536$ の表を根で使用すると，典型的な探索では，約 $\ln 10^9 - 2\ln 256 \approx 20.7 - 11.1 = 9.6$ のバイト比較が必要となる．根で表を使うことによって，探索コストは半分になる．もし本当にランダムなキーならば，14.6節で述べたやりかたで，キーの先頭の方のバイトを使うより直接的なアルゴリズムと存在表を使うことによって，この性能を実現できる．TSTを使うと，キーがよりランダムでない時に，同様の性能をえることができる．

ランダムキーに対して，根で多分岐を用いない TST と標準の BST とを比較することは有益である．性質15.8は，標準の BST が約 $\ln N$ のキー比較を必要とするのに対して，TST は $\ln N$ のバイト比較が必要であるといっている．BSTの根では，キー比較は1バイトだけの比較で終了する．しかし，木の底では，キー比較を完了するのにいくつかのバイト比較が必要ないなるかもしれない．この性能差は深刻なものではない．文字列キーに対して BST より TST が選ばれる理由は，TSTが速い不成功探索を提供すること，根で直接に多分岐に対応すること，そして（最も重要であるが），ランダムでないバイト列のキーにうまく対応し，どの探索も TST 中のキーの長さより長く掛かることはないことである．

根で R 分岐することが有効でない応用もある．例えば，ライブラリコール番号の例のキーはすべて L か W ではじまっている．他の応用では，根でより多くの分岐を必要とするかもしれない．例えば，既に注意したように，キーがランダムな整数ならば，できるだけ大きな表を使いたくなる．この種の特定の応用に依存するものを利用して最高の性能を引き出すように調整することができるが，そのような特定な応用への依存性を気にすることなく，何の調整もせずによい性能を提供するということが TST の最も魅力的な特徴の1つであるということを忘れてはならない．

おそらく，トライや葉にレコードをおく TST の最も重要な性質は，その性能特性がキーの長さから独立であるということである．したがって，任意の長さのキーに使うことができる．15.5節では，この種の特に有効な応用を調べる．

練習問題

▷ **15.48** はじめ空なトライに，単語 now is the time for all good people to come to the aid of their party を挿入した時にえられる存在表トライを描け．ただし，27分岐を使用する．

▷ 15.49 はじめ空な TST に，単語 now is the time for all good people to come to the aid of their party を挿入した時にえられる存在表 TST を描け．

▷ 15.50 はじめ空なトライに，キー 01010011, 00000111, 00100001, 01010001, 11101100, 00100001, 10010101, 01001010 を挿入した時にえられる 4 進トライを描け．ただし，1 バイト 2 ビットとする．

▷ 15.51 はじめ空な TST に，キー 01010011, 00000111, 00100001, 01010001, 11101100, 00100001, 10010101, 01001010 を挿入した時にえられる TST を描け．ただし，1 バイト 2 ビットとする．

▷ 15.52 はじめ空な TST に，キー 01010011, 00000111, 00100001, 01010001, 11101100, 00100001, 10010101, 01001010 を挿入した時にえられる TST を描け．ただし，1 バイト 4 ビットとする．

○ 15.53 はじめ空な TST に，図 15.18 のライブラリコール番号キーを挿入した時にえられる TST を描け．

○ 15.54 マルチウェイトライの探索と挿入プログラム（プログラム 15.7）を修整して，キーが（固定長）w ビットの単語である（キーの終わりを示すものは必要ない）という仮定のもとで動くようにせよ．

○ 15.55 TST 探索と挿入プログラム（プログラム 15.8）を修整して，キーが（固定長）w ビットの単語である（キーの終わりを示すものは必要ない）という仮定のもとで動くようにせよ．

15.56 ランダムな整数から作られた 8 進（1 バイト 3 ビット）トライと，ランダムな整数から作られた 4 進（1 バイト 2 ビット）トライと，同じキーから作られた 2 進トライとの間で，所要計算時間と記憶量を比較する実験をせよ（練習問題 15.14 参照）．

15.57 ソートと同じやりかたで，探索キーと一致するすべての節点を訪問するように，プログラム 15.9 を修整せよ．

15.58 与えられた整数 k に対して，探索キーと高々 k 個所で異なる TST 中のキーをすべて印字出力する関数を書け．

● 15.59 N 個の相異なる w ビットのキーをもつ R 進トライの最悪の場合の内部道長の完全な特徴づけを与えよ．

● 15.60 マルチウェイトライに対して *sort*, *delete*, *select*, *join* 操作を実現せよ．

● 15.61 TST に対して *sort*, *delete*, *select*, *join* 操作を実現せよ．

▷ 15.62 R 進のトライ中のキーで，与えられた探索キーとはじめの t ビットが一致するキーをすべて印字出力するプログラムを書け．

● 15.63 マルチウェイトライの探索と挿入プログラム（プログラム 15.7）を修整して，パトリシアトライに対して行なったやりかたで，一方向分岐を除

去するようにせよ．

● **15.64** TST の探索と挿入プログラム（プログラム 15.8）を修整して，パトリシアトライに対して行なったやりかたで，一方向分岐を除去するようにせよ．

15.65 TST の内部節点を表す BST を平衡させるプログラムを書け（すべての外部節点が 2 つのレベルのどちらかにあるようにせよ）．

15.66 TST に対する *insert* で，すべての内部節点を平衡木として維持するものを書け（練習問題 15.65 参照）．

▷ **15.67** N 個の相異なる w ビットのキーをもつ TST の最悪の場合の内部道長の完全な特徴づけを与えよ．

15.68 ランダムな 80 バイトの文字列キーを生成するプログラムを書け（練習問題 10.19 参照）．このプログラムでキーを生成し，*search* と *insert*（不成功探索の時）を使って，N 個のランダムなキーをもつ 256 進トライを生成せよ．ただし，$N=10^3$, 10^4, 10^5, 10^6 とする．あなたのプログラムを，各トライを生成するのに要する総時間とトライの総節点数も印字出力するようにせよ．

15.69 練習問題 15.68 を TST に対して行なえ．その性能をトライと比較せよ．

15.70 ランダムな 80 バイトの列をかき混ぜて，キーを生成するプログラムを書け（練習問題 10.21 参照）．このプログラムでキーを生成し，*search* と *insert*（不成功探索の時）を使って，N 個のランダムなキーをもつ 256 進トライを生成せよ．ただし，$N=10^3$, 10^4, 10^5, 10^6 とする．その性能とランダムな場合（練習問題 15.68 参照）の性能とを比較せよ．

○ **15.71** 4 つのフィールドからなる 30 バイトの文字列のキーで，ランダムなものを生成するプログラムを書け．ここで，4 つのフィールドは，1 番目は 4 バイトで，与えられた 10 個の文字列の 1 つ，2 番目は 10 バイトで，与えられた 50 個の文字列の 1 つ，3 番目は 1 バイトで，与えられた 2 つの値の 1 つ，4 番目は 15 バイトで，長さが 4 から 15（どの長さも等確率）の左詰めの文字列でランダムなもの 1 つである（練習問題 15.23 参照）．

このプログラムでキーを生成し，*search* と *insert*（不成功探索の時）を使って，N 個のランダムなキーをもつ 256 進トライを生成せよ．ただし，$N=10^3$, 10^4, 10^5, 10^6 とする．あなたのプログラムを，各トライを生成するのに要する総時間とトライの総節点数も印字出力するようにせよ．その性能をランダムな場合（練習問題 15.68 参照）と比較せよ．

15.72 練習問題 15.71 を TST に対して行なえ．その性能をトライの場合と比較せよ．

15.73 マルチウェイの離散探索木を使って，バイト列のキーに対する *search* と *insert* を実現せよ．

▷ **15.74** はじめ空な DST に，単語 now is the time for all good people to

come to the aid of their party を挿入した時にえられる 27 進の DST（練習問題 15.73 参照）を描け．
- **15.75** リンクリストを使ってトライの節点を表現して（TST に対して BST を用いたのとは対照的に），マルチウェイトライの探索と挿入を実現せよ．整列したリストと整列していないリストのどちらが効率がよいかを決める実験をせよ．また，あなたのプログラムと TST に基づくプログラムと比較せよ．

15.5 テキスト-文字列-索引アルゴリズム

12.7 節では**文字列索引**（string index）を構成する処理を考えた．与えられた文字列キーが巨大なテキスト中にあるかどうかを決定するために，文字列へのポインタをもつ 2 分探索木を使った．この節では，マルチウェイトライを使ったより精巧なアルゴリズムを調べるが，同じ出発点からはじめる．テキストの各ポジションを文字列キーの先頭と見なす．文字列キーはそこからテキストの終わりまで続く．そして，文字列ポインタを使ってこれらのキーの記号表を作る．キーはすべて異なっており（例えば長さが異なっている），その大部分は非常に長い．探索の目的は，与えられた探索キーが索引中のキーのどれかの接頭辞であるかどうかを決定することである．それは探索キーがテキスト文字列中の何処かに現われるかどうかを見ることと同値である．

テキスト文字列への文字列ポインタによって定義されるキーから作られる探索木は**サフィックス木**（suffix tree）とよばれる．可変長のキーを許すどんなアルゴリズムも使えるだろう．実行時間は，キーの長さによらず（キーの末尾で一方向分岐をするトライを除いて），キーの間を区別するのに必要な桁数にのみ依存するので，トライを基礎とする方法は特に適している．この性質は，例えばハッシュ法とは全く対照的である．それらの実行時間はキーの長さによるので，この問題にそのまま適用することはできない．

図 15.20 は，BST，パトリシア，TST（葉つき）で作られる文字列索引の例を示している．これらの索引は，単語の先頭からはじまるキーだけを使っている．各文字からはじまるキーを使った索引はもっと完全な索引を与えるであろうが，かなりより多くの記憶領域を使うであろう．

厳密にいうと，たとえランダムな文字列のテキストでも，対応する索引中のキーのランダムな集合を与えない（キーは独立ではないから）．しかし，実際の索引でランダムなテキストを使うことは稀であり，この解析上の条件が食い違っているからといって，基数法によって速い索引が実現できるという利点を活用しないということにはならない．これ

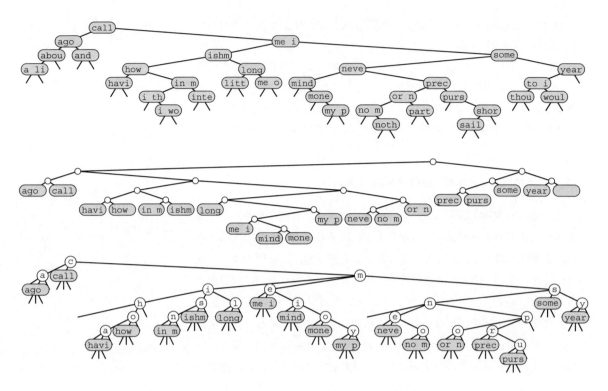

図 15.20 テキスト文字列の索引

これらの図は，テキスト call me ishmael some years ago never mind how long precisely…から，BST（上段の図），パトリシア（中段の図），TST（下段の図）を使って作られたテキスト文字列索引を示している．文字列ポインタをもつ節点は，ポインタによって参照されている場所の最初の4文字で表わされている．

らのアルゴリズムのどれかを使って文字列索引を作る時の詳しい性能特性を論ずるのは控える．文字列キーの汎用記号表に関して議論したのと同様の多くのトレードオフが，文字列索引問題に対してもある．

標準的なテキストに対しては，実現しやすいので（プログラム12.10参照），通常のBSTが最初に選ばれる実現法であろう．標準的な応用に対しては，この解はよい性能を与えるであろう．キーが相互に関連している（特に，各文字からはじまるキーに対する文字列索引を作る時）ことの副産物の1つは，アンバランスなBSTは突飛な場合にしか生じないので，BSTにおける最悪の場合は巨大なテキストではたいした問題ではないということである．

パトリシアはもともと文字列索引のために設計された．プログラム15.4と15.5を使うには，文字列ポインタと整数 i が与えられたとき文字列の i 番目のビットを返すプログラムbitを用意する必要があるだけである（練習問題15.81）．実際，テキスト文字列の索引を実現するパトリシアトライの高さは対数的である．さらにパトリシアトライはキーのすべてのバイトを調べる必要がないので速い成功探索も実現する．

TSTはパトリシアの性能上の利点のいくつかを提供し，実現しやすく，現代の計算機では普通にある組込みのバイト単位のアクセス操作を活用できる．また，プログラム15.9のように，完全一致探索より複雑な探索問題を解決する簡単な実現にも適用しやすい．

TSTを使って文字列索引を構成する時は，データ構造中のキーの終端を処理するコードを除去する必要がある．というのは，どの文字列も他の文字列の接頭辞ではないことは保証されているし，文字列をその終わりまで比較することはないからである．この修整は，item型のインタフェースでのeqの定義の変更を含む．テキスト文字列のある場所からはじめて，(短い) 探索キーを (長い) テキスト文字列に対して比較するので，12.7節で行なったように，2つの文字列の一方が他方の接頭辞ならば，2つは等しいと見なす．3番目の好ましい変更は，各節点に，文字ではなくて，文字列ポインタを保持し，木の各節点がテキスト文字列の1つの場所 (根からその節点への道の上の枝で，節点の中央から出ている枝上の文字で定義される文字列がテキストの中ではじめて出現する場所) を参照する．このような変更を実現することは興味深く，有益な練習問題で，柔軟で効率のよいテキスト文字列索引の実現につながる (練習問題15.80).

　これまで述べてきたすべての利点にもかかわらず，テキスト索引付けの典型的な応用に対してBST，パトリシア，TSTの使用を考える時，見過ごしてしまう重要な事実がある．テキスト自体は通常固定されていて，サポートすることが一般化している動的なinsert操作は必要ないということである．すなわち，通常は，一度索引を作れば，それを膨大な回数の探索に使用し，変更することはない．したがって，BST，パトリシア，TSTなどの動的なデータ構造はまったく必要ない．このような状況に対してふさわしい基本アルゴリズムは，文字列ポインタを用いた**2分探索**である (12.4節参照)．索引は文字列ポインタの集合である．索引の生成は文字列ポインタの整列である．動的なデータ構造でなく2分探索を使うことの第一の利点は，メモリの節約である．2分探索を用いてテキスト文字列のN箇所に索引付けするには，丁度N個の文字列ポインタが必要である．それに対して，木に基づく方法を用いてテキスト文字列のN箇所に索引付けするには，丁度$3N$個のポインタ (テキストへの文字列ポインタが1つ，2つのリンク) が必要である．

　通常，テキスト索引は巨大なので，対数時間の探索が保証されることと，木に基づく方法の3分の1のメモリしか使わないということから，2分探索が選ばれる．しかし，もしメモリ空間が十分使えるならば，多くの応用に対してTSTがより速い探索法となるだろう．というのは，TSTは，引き返すことなくキーを読み通すが，2分探索はそうではないからである．

　巨大なテキストに対して，探索をほんの少数回だけ実行する時は，完全な索引を構築することは適切ではない．第5部 (本書の続巻) では，前処理を一切せずに，与えられたテキスト中に与えられた探索キーがあ

るかないかをすばやく決定するような**文字列探索**（string-search）問題を考える．また，巨大なテキストに対して，前処理をしないものと完全な索引を作るものという両極端の間にある多くの文字列探索問題を考察する．

練習問題

▷ **15.76** 単語 now is the time for all good people to come to the aid of their party からテキスト文字列索引を生成した時にえられる26進のDSTを描け．

▷ **15.77** 単語 now is the time for all good people to come to the aid of their party からテキスト文字列索引を生成した時にえられる26進のトライを描け．

▷ **15.78** 単語 now is the time for all good people to come to the aid of their party からテキスト文字列索引を生成した時にえられる26進のTSTを，図15.20のスタイルで描け．

▷ **15.79** 単語 now is the time for all good people to come to the aid of their party からテキスト文字列索引を生成した時にえられる26進のTSTを描け．ただし，TSTは各節点に文字列ポインタをもつ．本文で述べたプログラムを使え．

○ **15.80** TSTの探索と挿入のプログラム15.10と15.11を修整して，TSTに基づく文字列索引を提供するようにせよ．

○ **15.81** パトリシアがCの文字列キー（すなわち，文字配列）をビット列であるかのように処理できるインタフェースを実現せよ．

○ **15.82** 単語 now is the time for all good people to come to the aid of their party からテキスト文字列索引を生成した時にえられるパトリシアを描け．ただし，アルファベットの i 番目の文字を i の5ビットの2進表現で表わしたものを使う．

15.83 TSTの基礎となっている基本原理と同じ原理（文字列でなく文字を比較する）を用いて2分探索法を改良するというアイデアが有効でない理由を説明せよ．

15.84 あなたのシステム上の大きな（少なくとも 10^6 バイト）ファイルを見つけ，そのファイルから，標準のBST，パトリシア，TSTを使って索引を構築した時，それぞれの木の高さと内部道長を比較せよ．

15.85 32文字のアルファベットからランダムに選んだ N 個の文字からなるテキスト文字列から，標準のBST，パトリシア，TSTを使って索引を構築した時，それぞれの木の高さと内部道長を比較する実験をせよ．ただし，$N=10^3$，10^4，10^5，10^6 とする．

○ **15.86** 巨大なテキスト文字列の中で繰り返される列で最も長いものを求める

プログラムを書け．

○ **15.87** 巨大なテキスト文字列の中で最も頻繁に現われる 10 文字の列を求めるプログラムを書け．

● **15.88** 索引付けられたテキストの中での引き数の出現回数を返す操作と，*sort* と同じやりかたで，探索キーと一致したテキストの位置をすべて訪問する探索操作をサポートする文字列索引を構成せよ．

○ **15.89** N 文字のテキスト文字列で，TST に基づく文字列索引の性能が極端に悪くなるようなものを示せ．同じ文字列に対して BST による索引を構築するコストを推定せよ．

15.90 N ビットの列に対する索引を構築する．ビット位置は 16 の倍数とする．1,2,4,8,16 のうちのどのバイトサイズが，TST による索引を構成するための時間を最も少なくするかを決める実験をせよ．ただし，$N=10^3$，10^4，10^5，10^6 とする．

第16章 外部探索

　非常に大きなファイルから項目を探し出すのに適した探索アルゴリズムは，実用上きわめて重要である．探索は，大きなデータファイルに対する基本的操作であり，計算機システムで使用される資源のかなりの割合を確実に消費する．世界中に広がるネットワークの出現によって，仕事に関係しそうな情報をほとんどすべて集めることができるようになった．我々の問題は，それを効率よく探すことである．本章では，我々が想像しうるサイズの記号表での効率のよい探索の基礎となる基礎的な機構を論じる．

　第11章と同じように，本章で考えるアルゴリズムは，数多くの異なる種類のハードウェア環境やソフトウェア環境と関係がある．その結果，これまで考えてきたCプログラムよりも抽象的なレベルで，アルゴリズムを考えることが多くなる．しかし，考えるアルゴリズムは馴染みの探索アルゴリズムを直接的に一般化したもので，多くの場合に役に立つCプログラムとしてうまく表現できる．11章とは異なったやりかたで進めよう．我々は，特定の実現法を詳しく調べ，本質的な性能特性を考察し，そして，基礎になっているアルゴリズムが，実際の場で生じそうな状況で役に立つようにするやり方をいろいろと検討する．文字通りにとれば，本章のタイトルは誤っている．というのは，12章から15章で考察した記号表の他のプログラムと交互に交換できるCプログラムとしてアルゴリズムを表わしているからである．そういう訳で，それらは決して"外部的"ではない．しかし，それらは簡単な抽象モデルに基づいて作られており，モデルは，特定の外部装置に対して探索法をどのように構築するかについて正確な仕様を与える．

　詳しい抽象モデルは，ソートの時ほどは有用でない．関連するコストは多くの重要な応用で非常に小さい．ディスクのようにデータの任意のブロックを高速に参照できる外部装置上の大きなディスクファイルでの探索法を主に扱う．順呼出し（順次アクセス）だけが許されるテープのような装置（11章で考察したモデル）では，探索は，項目が見つかるまで先頭から読むというつまらない（そして遅い）方法となる．ディスクのような装置では，もっとうまくやれる．驚くべきことに，これから学ぶ方法は，10億あるいは1兆のレコードを含む記号表上でわずか

3～4回のディスク呼出しで search と insert ができる．ブロックサイズや，新しいブロックを参照するコストとブロック内のレコードを参照するコストの比などのシステムパラメータは，システムの性能に影響するが，これらの方法はこれらのパラメータの値に比較的鈍感である（実際に生じるであろう値の範囲内で）．さらに，これらの方法を特定の応用の場に適応するようにするための最も重要なステップは簡単である．

探索は，ディスク装置に対する基本的操作である．ファイルは，通常，情報の呼出しをできるだけ効率よくするために，特定の装置の特性を生かすように構成されている．すなわち，大量の情報を格納するために使用する装置は，search が効率よく実現できるように作られていると仮定してもよい．本章では，ディスク装置で提供される基本的操作より少し抽象度の高いレベルでアルゴリズムを考える．それは，insert や動的記号表の他の操作を支援することができる．これらの方法は，2分探索木やハッシュ法が直接的な2分探索や逐次探索に対してもつ利点と同様の利点をもつ．

多くの計算機環境では，巨大な**仮想記憶**（virtual memory）を直接的に取り扱うことができ，データに対するプログラムの要求を処理する効率のよい方法を見つけることをシステムに任せることができる．我々が考えるアルゴリズムは，そのような環境上での記号表の実現問題に対する効率のよい解でもありうる．

計算機によって処理される情報の非常に大きな集まりは，**データベース**（database）とよばれる．データベースの構築，維持と利用の方法についてかなりの研究がなされている．その多くは，抽象モデルの開発と search 操作を実現するものであった．その際の基準は，これまで考察してきた単一のキーに基づく単純な項目探索よりはるかに複雑な基準である．データベースでは，探索は，おそらく複数のキーを含む部分一致に基づいて行なわれ，多くのレコードを返す．第5部と第6部（本書の続巻）で，この種の方法についてふれる．一般的な探索要求は非常に複雑なので，各レコードが条件を満たしているかどうかを調べながらデータベース全体を順々に探索するというのが普通のやり方である．それでも，巨大なファイルの中で特定の基準に合致するデータの一部分に対する高速な探索は，どのデータベースシステムでも最も重要な性能である．現在の多くのデータベースは，本章で述べるような機構の上に構築されている．

16.1 ゲームのルール

第11章と同様に，データに対する順呼出しのコストは，順呼出しで

ないものより遥かに安いものと仮定する．本章のモデルでは，記号表を実現するために使用する記憶装置は，**ページ**（page，ディスク装置によって効率よく呼び出される連続した情報の区画）単位に分割されているものと考える．各ページは多くのレコードを保持する．我々の目標は，数ページ読み込むだけでどのレコードも参照できるように，レコードの集まり全体をページ単位で組織化することである．ページを読み込む入出力時間が，特定のレコードを呼び出すのに必要な処理時間やそのページに関係する計算に必要な処理時間の大部分を占めるものと仮定する．このモデルは多くの点で簡略化しすぎているが，実際の外部記憶装置の特徴はもっており，基本的な方法を考察するためには十分である．

定義16.1 **ページ**はデータの連続するブロックである．**探査**（probe）は，ページに対する最初の参照である．

我々は，探査が少しですむ記号表の実現に関心がある．ページサイズと探査に必要な時間と，その後に続く，ブロック内で項目を呼び出すのに必要な時間との比について特別な仮定をおかないようにする．これらの値は100あるいは1000のオーダーと見込む．これらの値に対してアルゴリズムはそれほど敏感ではないので，これ以上正確である必要はない．

このモデルは，例えば，ファイルシステムと直接的に関係する．ファイルは一意な識別子をもつブロックからなっている．ファイルシステムの目的は識別子に基づいた効率のよいアクセス，挿入，削除を提供することである．ひとつのブロックにいくつかの項目が入り，ブロック内での項目の処理のコストは，ブロックを呼び込むコストに比べて無視できる．

このモデルは仮想記憶システムとも関係がある．そこでは，膨大な量のメモリを直接参照する．そして，最もよく使う情報を高速の記憶装置（内部記憶装置）に保持し，たまに使う情報を低速の記憶装置（ディスクなど）に保持することをシステムに任せる．多くの計算システムは凝ったページ機構をもっている．それは，すばやくアクセスできる**キャッシュ**に最近使用されたページを保持することによって仮想記憶を実現している．ページシステムは我々が考えてきたものと同じ抽象に基づいている．すなわち，ディスクをブロックに分割し，ブロックを最初に呼び出すコストはブロック内のデータを呼び出すコストよりはるかに大きいと仮定する．

ページという抽象概念は，一般に，ファイルシステムのブロックあるいは仮想記憶システムのページに正確に対応している．簡単のために，

通常，アルゴリズムを考える時にはこの対応を仮定する．特定の応用では，システムあるいは応用上の理由から，ブロックが複数のページをもつかもしれないし，あるいは1ページに複数のブロックをもつかもしれない．そのような細かいことがアルゴリズムの有効性を損なうことはないので，抽象レベルで作業をすることの有用性を強調したい．

我々は，ページ，ページへの参照，キーをもつ項目を扱う．巨大なデータベースにおいて最も重要な問題はデータに対する**索引**（インデックス，index）を維持することである．すなわち，12.7節で簡単に論じたように，記号表を構成する項目はある一定の形式で何処かに格納されていると仮定し，キーと項目への参照をもつデータ構造で，与えられた項目への参照をすばやく出来るものを構築することが我々の仕事である．例えば，電話会社が巨大なデータベースに顧客情報をもっているとする．データベースは，いくつかの索引をもち，毎月の請求書，日々のトランザクション，周期的な勧誘，等々に対して異なったキーを使う．巨大なデータ集合に対しては，索引は決定的に重要である．一般に，基本データのコピーは作らない．というのは，余分な空間をもつ余裕がないかもしれないというだけではなく，複数のコピーをもった時にデータの完全性を保つということに付随する問題を避けたいからである．

したがって，一般に，各項目は実際のデータへの"参照"であると仮定する．それは，ページアドレスあるいは，データベースへのより複雑なインタフェースかもしれない．簡単のために，データ構造中には項目のコピーをもたずに，キーのコピーを保持する．これは，しばしば実際的なやりかたである．また，アルゴリズムの記述を簡単にするために，項目とページ参照に対する抽象インタフェースを使用する代わりに，ポインタを使用するだけというのもある．したがって，我々のプログラムは仮想記憶環境でもそのまま使えるが，ポインタとポインタアクセスをより複雑な機構に変換して，それらを真の外部探索法にしなければならない．

我々は，2つの主要なパラメータ（ブロックサイズと相対的アクセス時間）の広範囲な値に対して，完全に動的な記号表での *search*, *insert* と他の操作を1操作当たりわずか数回の探査でできるアルゴリズムを考察する．膨大な数の操作を実行する典型的な場合，注意深いチューニングが有効かもしれない．例えば，探索コストを3回の探査から2回の探査に減らすことができれば，システム性能を50%改善できる！ しかし，ここではそのようなチューニングは考察しない．その有効性はシステムと応用に強く依存している．

昔の計算機では，外部記憶装置は，大きくて遅いだけでなく，多くの情報を保持できない複雑な機械であった．したがって，その限界を克服

索引順アクセス法　　　　　　　　　§16.2　　　　　　　　　　　　　593

することが重要であった．プログラミングに関する昔話には，回転するディスクやドラムからデータをさっと取り出したり，データにアクセスするために必要な物理的動きを最小にするようにタイミングを完全に合わせるというような外部ファイルアクセスプログラムの話が数限りなくある．また同時に，昔話は，そのような試みに対する見事な失敗談に満ちている．ちょっとした計算ミスが，素直な実現よりもはるかに処理を遅くしてしまったとか．それに対して，現在の記憶装置は，小さくて非常に速いだけでなく，膨大な量の情報を保持する．したがって，一般に，そのような問題を論じる必要はない．実際，現在のプログラミング環境では，特定の物理装置の性質に依存することを避ける傾向がある．一般に，我々のプログラムが様々な計算機（将来開発されるものも含めて）上で有効であるということの方が，特定の装置において最高の性能を達成することより重要である．

　寿命の長いデータベースに対しては，データの完全性を維持して柔軟で信頼性の高いアクセスを提供するという一般的な目標の周辺に，多くの重要な実現上の問題がある．ここでは，そのような問題は論じない．そのような応用に対しては，我々の考えている方法が，最終的によい性能を保証するアルゴリズムの基礎であると見なし，システム設計における出発点とする．

16.2　索引順アクセス法

　索引を作る直接的なやりかたは，キーと項目への参照をもつ配列をキーの順に整列しておき，2分探索（12.4節）を使って探索を実現することである．この方法は，N 個の項目に対して，$\lg N$ 回の探査を必要とする．我々の基本的モデルから，この簡単な方法に対する2つの修整を思いつく．第一に，索引それ自身が巨大なので，一般に，1ページに納めることはできない．ページへの参照を通じてのみページを呼び出すことができるので，代わりに，内部節点にキーとページへのポインタをもつ完全にバランスした2分木を陽に作ることができる．キーと項目へのポインタは外部節点におく．第二に，表の要素を M 個呼び出すコストも2個を呼び出すコストも同じであるので，節点当たりのコストを2分木とほぼ同じコストで M 進木を使うことができる．この改良は探査回数を約 $\log_M N$ 回に減らす．10章と15章で見たように，実用的にはこの量を定数と見なすことができる．例えば，M が1000で N が1兆以下ならば，$\log_M N$ は5より小さい．

　図 16.1 はキーの集合の例である．図 16.2 はこれらのキーに対する木構造の例を示している．我々の例を扱いやすくしておくために，比較的

```
706  111000110
176  001111110
601  110000001
153  001101011
513  101001011
773  111111011
742  111100010
373  011111011
524  101010100
766  111110110
275  010111101
737  111011111
574  101111100
434  100011100
641  110100001
207  010000111
001  000000001
277  010111111
061  000110001
736  111011110
526  101010110
562  101110010
017  000001111
107  001000111
147  001100111
```

図 16.1　8進のキーの2進表現

　本章で使用するキー（左）は3桁の8進数で，9ビットの2進数と見ることもある．

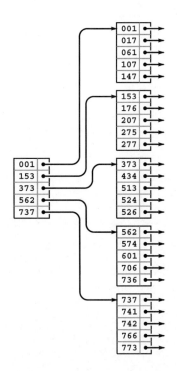

図16.2 索引順ファイルの構造

順索引では，キーを順番にページ一杯に保持し（右），各ページ中の最小のキーをさす索引をもつ（左）．キーを追加する時は，データ構造を再構築する必要がある．

小さい M と N の値を使っているが，それでも，大きな M に対する木が平坦になりそうであることを示している．

図16.2の木は，これまで考察してきた多くの他のデータ構造と類似の索引の抽象的な表現で，装置に依存しない．さらに，低いレベルのディスク呼出しソフトウェアでは見られるかもしれない，装置に"依存する"索引からそれほどかけ離れていないということに注意されたい．例えば，ある初期のシステムは，2-レベルのスキームを使った．下のレベルはある特定のディスク装置のページ上の項目に対応し，もう一つのレベルは各装置への主索引（マスターインデックス，master index）に対応していた．そのようなシステムでは，主索引は主記憶中におかれ，項目を呼び出すのに2回のディスク呼出しが必要であった．1つは索引を読み込むためで，1つは項目を含むページを読み込むためである．ディスク容量が増加するにつれて，索引のサイズも増大して，索引を格納するためにいくつかのページが必要となる．結局は，図16.2に示すような階層的なスキームとなる．典型的な低レベルのシステムハードウェアとソフトウェアで抽象表現を直接的に実現できるということをしっかりと承知したうえで，我々は抽象表現上で作業を続ける．

現代のシステムの多くは，巨大なファイルをディスクページの系列として構成するために，同様の木構造を使用する．そのような木は，キーを含まないが，ファイルを順に呼び出すというよく使われる操作を効率よく提供することができる．また，各節点がその木のサイズを保持すれば，ファイル中の k 番目の項目を含むページを見つける操作も効率よく提供できる．

歴史的には，キーの順編成と索引による呼出しを結合しているので，図16.2に示されている索引方式は**索引順アクセス**（indexed sequential access）とよばれる．これは，データベースに対する変更があまりないような応用で用いられる方法である．索引自身を**ディレクトリ**（directory）とよぶことがある．索引順アクセス法の問題点は，ディレクトリの修正が高くつくということである．例えば，1つのキーを追加した時に，データベース全体を再構成しなければならないことがあり，キーの多くは新しい場所におかれ，索引ページも新しい値となる．この欠点に対処し，穏やかな成長を計るために，初期のシステムはディスク上にオーバフローページを用意し，ページの中にオーバフロー用の領域を用意した．そのような技法は，結局のところ動的な状況ではそれほど有効ではなかった（練習問題16.3参照）．16.3節と16.4節で考察する方法は，このようなその場しのぎの仕組みに代わる体系的で効率のよい仕組みを与える．

性質 16.1 索引順アクセスファイル上の探索では，一定回数のディスク呼出しが実行される．挿入では，ファイル全体の再構成を必要とすることがある．

ここ（と本章を通じて）では，"定数"の意味をゆるくして，大きな M に対して $\log_M N$ に比例する量を意味するものとする．議論してきたように，実際のファイルに対してはこのようにしても問題ない．図 16.3 に例を示す．128 ビットの探索キーを使うとして（途方もなく大きい 2^{128} 個を特定できる），1000 進木を使うと，与えられたキーをもつ項目を 13 回の探査で見つけることができる．■

この種の索引を探索し生成するプログラムについては考えない．というのは，それらは 16.3 節で考察するより一般的な仕組みの特別な場合であるからである（練習問題 16.17 とプログラム 16.2 を参照）．

10^5	辞書の単語数
10^6	小説 *Moby Dick* の単語数
10^9	社会保障番号
10^{12}	世界中の電話番号
10^{15}	これまでに生まれた人数
10^{20}	Coney Island の浜の砂粒の数
10^{25}	これまでに生産されたメモリのビット数
10^{79}	宇宙の電子の数

図 16.3 データセットのサイズ

これらの大まかな上限は，実用的な目的には，10^{30} より多くの項目をもつ記号表はないと安心して仮定できることを示している．非現実的なほどに巨大なデータベースでも，1000 分岐を使えば，与えられたキーをもつ項目を 10 回より少ない探査で見つけることができる．宇宙の各電子の情報を格納する方法を何とかして見つけた場合でも，1000 分岐を使えば，27 回より少ない探査でどの項目も呼び出せる．

練習問題

▷ **16.1** $\log_M N$ の値を表にせよ．ただし，$M=10, 100, 1000$，$N=10^3, 10^4, 10^5, 10^6$ とする．

▷ **16.2** キー 516, 177, 143, 632, 572, 161, 774, 470, 411, 706, 461, 612, 761, 474, 774, 635, 343, 461, 351, 430, 664, 127, 345, 171, 357 に対する索引順ファイルを描け．ただし，$M=5, 6$ とする．

○ **16.3** N 項目の索引順ファイルを構築する．ページ容量は M であるが，各ページに拡張のために k 個の空き場所をとっておく．探索に必要な探査回数を表わす式を，N, M, k の関数として与えよ．その式を使って，$k=M/10$ の時に必要な探査回数を求めよ．ただし，$M=10, 100, 1000$，$N=10^3, 10^4, 10^5, 10^6$ とする．

○ **16.4** 探査のコストを約 α 単位時間，ページの中で項目を探すコストを βM 単位時間とする．索引順ファイルでの探索コストを最小にする M の値を求めよ．ただし，$\alpha/\beta=10, 100, 1000$，$N=10^3, 10^4, 10^5, 10^6$ とする．

16.3 B 木

動的な状況に対して有効な探索構造を作るために，マルチウェイ木を用いる．ただし，どの節点も"丁度" M 個のキーをもたなければならないという制約をゆるめる．代わりに，どの節点も"高々" M 個の要素をもち，1 ページに収まるものとする．そして，それより少ないことも許す．節点に十分な数の要素をもたせて，探索路を短く保つために必

図16.4　4-5-6-7-8木

この図は，2-3-4木を一般化したもので，4から8個のリンク（それぞれ，3から7個のキーに対応する）をもつ節点で構成された木を示している．2-3-4木と同様に，8-節点に出会った時，トップダウンあるいはボトムアップアルゴリズムを使って，それを分割して木の高さを一定に保つ．例えば，この木にもう1つの J を挿入するには，最初の8-節点を2つの4-節点に分割し，M を根に挿入して6-節点に変える．根を分割する時は，2-節点である新しい根を生成するしかない．したがって，根は，節点は少なくとも4つのリンクをもつという制約から免れている．

要な分岐をもつようにする．すべての節点は，根を除いて，"少なくとも"（例えば）$M/2$ 個の要素をもつ．根は少なくとも1つの要素（2つのリンク）をもつものとする．根を例外とする理由は，生成アルゴリズムを詳しく考察する時に明らかになる．そのような木は，BayerとMcCreightによって **B木**（B-tree）と名づけられた．彼らは外部探索用に**マルチウェイ平衡木**を用いた最初（1970年）の人達である．多くの人は，"B木"という語をBayerとMcCreightが提案したアルゴリズムによって構成されるデータ構造そのものをさすのに使っているが，ここではそれを"外部探索のための平衡木"をさす総称的な用語として使う．

我々はB-木の実現を既に見ている．すなわち，定義13.1と13.2から，各節点が高々4つのリンクと少なくとも2つのリンクをもつ4次のB木は，13章の平衡した2-3-4木に他ならないことがわかる．実際，その基礎にある抽象は直接的に一般化される．13.4節のトップダウン2-3-4木の実現を一般化して，B木を実現することができる．しかしながら，16.1節で述べた外部探索と内部探索の様々な相違点から，実現上の決定も様々に異なる．本節では次の実現を考える．

- 2-3-4木を節点数が $M/2$ と M の間の木に一般化する．
- 多分岐の節点を項目とリンクの配列で表わす．
- 項目を含む探索構造の代わりに索引を作る．
- 底からの分割を行なう．
- 索引と項目を分離する．

最後の2つの性質は本質的ではないが，多くの場合に便利なのでB木の実現ではよく見られる．

図16.4は，抽象4-5-6-7-8木を示している．それは13.3節で考えた2-3-4木の直接的な一般化で，4-節点は3つのキーと4つのリンクをもち，5-節点は4つのキーと5つのリンクをもつ，等々．リンクはキーの間の区間に対応する．探索は根からはじめる．ある節点から次の節点へ進むには，現在の節点の中で探索キーが含まれる区間を見つけ，それに対応するリンクに従って次の節点へ行く．訪問した節点のどれかで探索キーを見つけた時は，探索は成功裡に終了する．発見できずに木の底に到達したら，探索は不成功に終わる．トップダウン2-3-4木の場合と同じように，木を下って行く途中にある"満員"の節点を"分割"すれば，探索後に新しいキーを木の底に挿入することができる．根が8-節

点ならば，分割して 2-節点とその子節点として 2 つの 4-節点を付ける．
k-節点から 8-節点へ進む時には常に，k-節点を $(k+1)$-節点にして，その下に 2 つの 4-節点を付ける．2 等分するために，M は偶数とする．このようにすることによって，木の底に到達した時には新しいキーを入れる余裕のあることが保証される．

　もう 1 つの方法として，13.3 節で 2-3-4 木に関して述べたように，底から分割する方法がある．新しいキーを探索し，底の節点（8-節点でない時は）に挿入する．8-節点の時は，それを 2 つの 4-節点に分割して，中央のキーと 2 つの新しい節点へのリンクを親節点へ挿入する．これを 8-節点でない先祖に会うまで木をさかのぼる．

　4 を $M/2$ に，8 を M に変えると，前の 2 つの段落中の記述は，$M/2$-$\cdots$-M 木（任意の正の偶数 M に対して，2 でさえも）に対する探索と挿入の記述になる（練習問題 16.9 参照）．

定義 16.2　M 次の **B 木**は，空か k-節点からなる木である．**k-節点** (k-node) は $k-1$ 個のキーをもち，それらのキーで区切られる k 個の区間のそれぞれを表わす部分木への k 個のリンクをもつ．B 木は次の構造的性質をもつ．根では，k は 2 と M の間でなければならない．他の節点では $M/2$ と M の間でなければならない．空な木へのリンクはすべて根から同じ距離になければならない．

　B 木のアルゴリズムはこの抽象に基づいて作られている．13 章と同じように，このような木に対する具体的な表現を選ぶ上で多くの自由度がある．例えば，拡張した赤黒木を使うことができる（練習問題 13.69 参照）．外部探索に対して，もっと素直な整列した配列を使い，M-節点がページを埋めるほど十分大きい M をとる．性質 16.1 の後で述べたように，分岐数は少なくても $M/2$ で，任意の探索あるいは挿入に対する探査回数が実質的に定数となる．

　今述べた方法を実現する代わりに，16.1 節で考察した標準の索引を一般化した変種を考える．項目への参照をもつキーを木の底にある**外部ページ** (external page) に保持し，ページへの参照をもつキーのコピーを**内部ページ** (internal page) に保持する．新しい項目を底に挿入する．その時，基本の $M/2$-$\cdots$-M 木抽象を用いる．ページが M 個の要素をもつ時，そのページをそれぞれ $M/2$ 個の要素をもつ 2 つのページに分割し，新しいページへの参照を親節点に挿入する．根を分割する時は，2 つの子節点をもつ新しい根を作る．したがって，木の高さは 1 増加する．

　図 16.5 から 16.7 は，はじめ空な木に，図 16.1 のキーを（与えられ

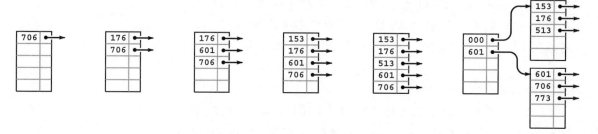

図16.5 B木の生成（1）

この例は，はじめ空なB木に対する6回の挿入を示している．ページは5つのキーとリンクをもち，キーは3桁の8進数（9ビットの数）である．ページの中のキーは整列している．6番目の挿入では，それぞれ3つのキーをもつ2つの外部節点への分割と，索引として働く内部節点が生じる．第一のポインタは，000以上601未満のすべてのキーを含むページをさし，2番目のポインタは，601以上のすべてのキーを含むページをさす．

た順に）挿入して作られたB木を示している．ただし，$M=5$ である．挿入することは，ページに項目をただ追加するということを意味するが，最終的にえられた木構造を調べて生成中に生じた重要な事象を割り出すことができる．7つの外部ページがあるので，外部節点の分割が6回あったはずである．木の高さが3なので，木の根は2回分割されたはずである．これらの事象については図の注釈に説明がある．

プログラム16.1は，節点の型の定義とB木の初期設定のコードを与えている．それは，13章と15章で調べたいくつかの探索木の実現と同様のものである．追加された主な工夫は，少し異なっている外部節点と

プログラム16.1　B木の定義と初期設定

B木の各節点は，配列と配列中のアクティブな要素の個数の計数を含む．内部節点では，配列要素はキーと節点へのリンクである．外部節点では，配列要素はキーと項目である．Cのunionを使えばこれらの仕様を1つの宣言中に書くことができる．

新しい節点は空に（計数欄を0に）初期設定し，配列要素0に番兵キーをおく．空なB木は空な節点へのリンクである．また，木の中の項目数と木の高さを追跡記録するための変数をもつ（どちらも0に初期設定される）．

```
typedef struct STnode* link;
typedef struct
  { Key key; union { link next; Item item; } ref; }
entry;
struct STnode { entry b[M]; int m; };
static link head;
static int H, N;
link NEW()
  { link x = malloc(sizeof *x);
    x->m = 0;
    return x;
  }
void STinit(int maxN)
  { head = NEW(); H = 0; N = 0; }
```

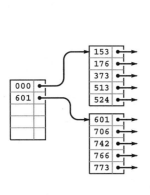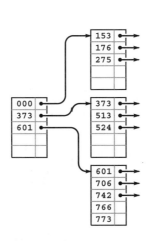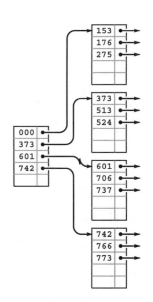

図 16.6　B木の生成（2）

図16.5の右端のB木に4つのキー 742, 373, 524, 766 を挿入すると，どちらの外部節点も一杯になる（左の図）．次に 275 を挿入すると，第一ページが分割され，新しいページへのリンク（その最小のキー 373 も一緒に）が索引へ送られる（中央の図）．さらに 737 が挿入されると，一番下のページが分割され，新しいページへのリンクが索引へ送られる（右の図）．

内部節点を同じ構造（と同じ型のリンク）で定義するためにCのunionを使うことである．各節点は，キーとリンク（内部節点）あるいはキーと項目（外部節点）の配列と，アクティブな節点の個数を示す計数欄とからなっている．

プログラム 16.2　B木での探索

B木の *search* の実現は，いつものように，再帰的関数に基づいている．内部節点（正の高さ）を走査して，探索キーより大きい最初のキーを見つける．1つ前のリンクを使って参照される部分木を再帰的に呼び出す．外部節点（高さ0）を走査して，探索キーと等しいキーをもつ項目があるかどうかを調べる．

```
Item searchR(link h, Key v, int H)
  { int j;
    if (H == 0)
      for (j = 0; j < h->m; j++)
        if (eq(v, h->b[j].key))
          return h->b[j].ref.item;
    if (H != 0)
      for (j = 0; j < h->m; j++)
        if ((j+1 == h->m) || less(v, h->b[j+1].key))
          return searchR(h->b[j].ref.next, v, H-1);
    return NULLitem;
  }
Item STsearch(Key v)
  { return searchR(head, v, H); }
```

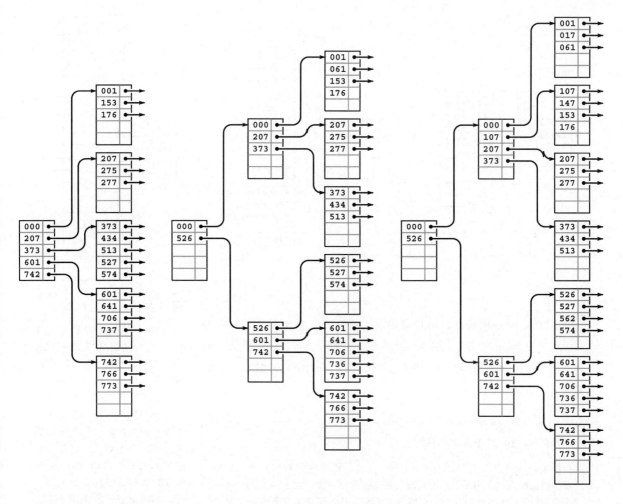

図 16.7　B木の生成（3）

例を続ける．図 16.6 の右端の B 木に 13 個のキー 574, 434, 641, 207, 001, 277, 061, 736, 526, 562, 017, 107, 147 を挿入する．277（左の図）と 526（中央の図）と 107（右の図）を挿入した時に分割が起きる．526 の挿入による分割は，索引ページの分割も引き起こし，木の高さを 1 増やす．

これらの定義と今考察した木の例から，プログラム 16.2 の *search* のコードが直ちにえられる．外部節点では，探索キーと一致するキーを探して節点の配列を走査し，成功すれば，それに付随している項目を返し，そうでなければ空の項目を返す．内部節点では，節点の配列を走査して探索キーを含んでいる可能性のある唯一の部分木を見つける．

プログラム 16.3 は B 木に対する *insert* の実現である．13 章と 15 章のいくつかの探索木の実現に使った再帰的な方法を使う．再帰的呼出しの"後に"，節点を分割するかどうかを調べるので，ボトムアップの実現となっている．したがって，節点の最初の分割は，外部節点で生じる．split は分割された節点の親へ新しいリンクを渡す．さらに，再び分割して，その親へリンクを渡す，等々が，必要かもしれない．もしかすると，木の根にまでずっとさかのぼる（根が分割される時に，2 つの子節点をもつ新しい節点を生成する）．対照的に，プログラム 13.6 の 2-3-4 木のプログラムは，再帰呼出しの"前に"，節点を分割するかどうかを調べ，木を下りながら分割を行なう．B 木に対するトップダウ

プログラム 16.3 B木での挿入

挿入整列と同様に，挿入する新しい項目より大きい項目を右側に1つずつ移動して，挿入する．挿入によって節点が溢れる時は，split を呼び出してその節点を半分ずつに分割し，新しい節点へのリンクを返す．1つ上のレベルで，このリンクが親（内部節点）で同様の挿入を引き起こし，それがまた分割されるかもしれない．場合によっては，挿入が根にまでさかのぼる．

```
link insertR(link h, Item item, int H)
  { int i, j; Key v = key(item); entry x; link t, u;
    x.key = v; x.ref.item = item;
    if (H == 0)
      for (j = 0; j < h->m; j++)
        if (less(v, h->b[j].key)) break;
    if (H != 0)
      for (j = 0; j < h->m; j++)
        if ((j+1 == h->m) || less(v, h->b[j+1].key))
          {
            t = h->b[j++].ref.next;
            u = insertR(t, item, H-1);
            if (u == NULL) return NULL;
            x.key = u->b[0].key; x.ref.next = u;
            break;
          }
    for (i =(h->m)++; i > j; i--)
      h->b[i] = h->b[i-1];
    h->b[j] = x;
    if (h->m < M) return NULL; else return split(h);
  }
void STinsert(Item item)
  { link t, u = insertR(head, item, H);
    if (u == NULL) return;
    t = NEW(); t->m = 2;
    t->b[0].key = head->b[0].key;
    t->b[0].ref.next = head;
    t->b[1].key =  u->b[0].key;
    t->b[1].ref.next = u;
    head = t; H++;
  }
```

ンの方法も使える（練習問題 16.10 参照）．B木の多くの応用では，木はかなり低いので，トップダウンとボトムアップの違いは重要ではない．

節点分割のコードはプログラム 16.4 に与えられている．そのコード

> **プログラム 16.4　B木の節点の分割**
>
> 　B木の節点を分割するには，新しい節点を生成し，大きい方の半分のキーを新しい節点に移動し，両方の節点の中央に番兵キーをおき，カウント欄を調節する．このコードは，M は偶数で，各節点は，分割を引き起こす項目のための余分な場所を使用するものと仮定する．すなわち，節点中のキーの最大個数は M-1 で，節点中のキーが M 個になった時，それぞれ M/2 個のキーをもつ2つの節点に分割する．
>
> ```
> link split(link h)
>   { int j; link t = NEW();
>     for (j = 0; j < M/2; j++)
>       t->b[j] = h->b[M/2+j];
>     h->m = M/2; t->m = M/2;
>     return t;
>   }
> ```

では変数 M は偶数とし，節点には $M-1$ 個の項目を許す．この方針によって，節点を分割する"前に"その節点に M 番目という項目を挿入することができ，コストにそれほど影響を与えずにコードをかなり簡単にすることができる（練習問題 16.20 と 16.21 参照）．簡単のために，この節の後半の解析的結果では，節点当たり M 項目という上限を使うが，実際の差は小さい．トップダウンの実現では，この技法を採る必要はないだろう．というのは，各節点に新しいキーを挿入する場所が常にあるということが保証されていることによる便利さが自動的にえられるからである．

性質 16.2　N 個のレコードをもつ M 次のB木では，探索と挿入は $\log_M N$ と $\log_{M/2} N$ の間の回数の探査を実行する．この値は実用的には定数と見なしてよい．

　この性質は次のことから導かれる．B木の内部（根と葉以外の内部節点）は $M/2$ から M までの個数の子節点をもつ．というのは，内部節点は M 個の子節点をもつ節点が分割される時に生成され，それより下の節点が分割された時にそのサイズが大きくなるからである．最良の場合は，これらの節点が次数 M の完全木となる時で，最悪の場合はこれらの節点が次数 $M/2$ の完全木となる時であることから，性質で述べた上界が直ちに導かれる（性質 16.1 参照）．■

　M が 1000 の時，1億2500万以下の N に対しては，木の高さは 3 よ

り小さい．典型的な場合では，根を内部メモリにおくことによってコストを2回のディスク呼出しに減らすことができる．ディスク探索の実現では，膨大な数の探索を含む応用を始める前に，このステップを陽に実行することもある．キャッシュを伴う仮想記憶では，根は高速記憶の中にほぼ間違いなくあるであろう．というのは，それは最もよく呼び出されるからである．

巨大なファイルに対しては，探索と挿入が2回未満のディスク呼出しでできることを保証する探索を実現することはほとんど期待できない．B木はこの理想を実現できるので広く使われている．この速さと柔軟性の代償は節点内の無駄な空間である．それは巨大なファイルでは欠点となるかもしれない．

性質 16.3 N 個のランダムな項目から構成される M 次の B 木は，期待値として約 $1.44\,N/M$ 個のページをもつ．

Yao は，本書の程度を超える数学的解析を使って，この事実を1978年に証明した（参考文献参照）．それは，木の成長を記述する簡単な確率的モデルの解析に基づいている．はじめの $M/2$ 個の項目が挿入された後には，任意の時点において，i 個の項目をもつ外部ページは t_i 個ある（$M/2 \leq i \leq M$，$M/2\,t_{M/2} + \cdots + M\,t_M = N$）．項目間の各区間ではランダムキーを受け入れる確率は等しいので，i 個の項目をもつページが探される確率は it_i/N である．特に，$i<M$ の時は，これは i 項目をもつ外部ページの個数が1減少して，$(i+1)$ 個の項目をもつ外部ページの個数が1増加する確率である．$i=M$ の時は，M 項目の外部ページの個数が1減少し，$M/2$ 項目の外部ページの個数が2増加する確率である．このような確率過程はマルコフチェインとよばれる．Yao の結果はこのチェインの漸近的性質の解析に基づいている．■

確率過程をシミュレートするプログラムを書くことによって性質 16.3 を確かめることができる（練習問題 16.11，図 16.8，図 16.9 を参照）．もちろん，ランダム B 木を構成してその構造的性質を測定することもできる．確率的なシミュレーションは，数学的解析や完全なインプリメンテーションよりも簡単にできるし，アルゴリズムの変種を比較したり，研究したりするのに使える重要な道具である（例えば，練習問題 16.16 参照）．

記号表の他の操作の実現は，これまでに調べてきた木に基づくいくつかの実現に対するものと同様であり，練習問題とする（練習問題 16.22

図 16.8 大きな B 木の成長

このシミュレーションでは，はじめ空な B 木にランダムなキーをもつ項目を挿入する．ページは 9 つのキーとリンクを保持できる．各線分は，外部節点を示し，その長さは，その節点中の項目の個数に比例している．ほとんどの挿入は，一杯でない外部節点に至り，節点のサイズを 1 増やす．挿入が一杯な外部節点に至った時は，節点は半分のサイズの 2 つの節点に分割される．

から 16.25 参照）．特に，*select* と *sort* の実現は簡単であるが，例によって，*delete* をきちんと実現することは困難な作業かもしれない．*insert* と同様に，ほとんどの *delete* 操作は単に外部ページから項目を除去してカウント数を減らすだけであるが，$M/2$ 個の項目しかない節点から項目を除去しなければならない時はどうするか？ 自然なやりかたは，兄弟節から空間を埋めるための項目を探すことである（場合によ

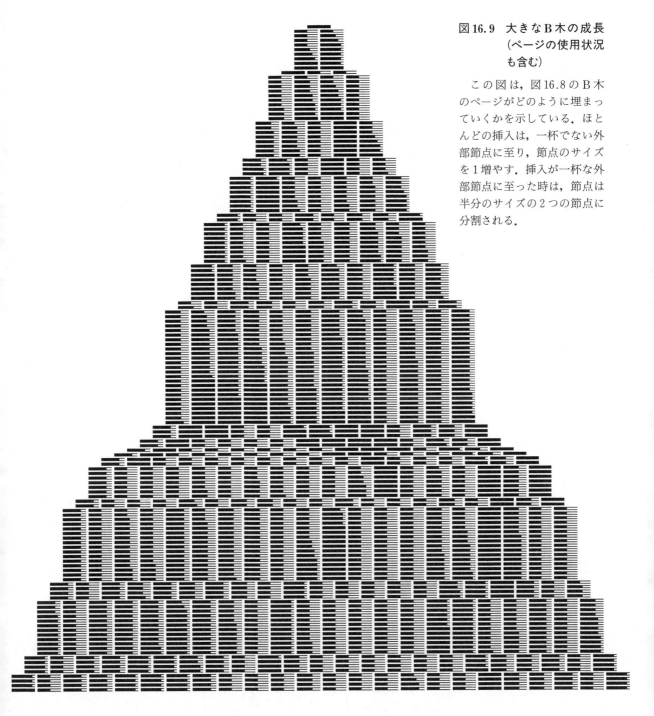

**図16.9 大きなB木の成長
(ページの使用状況
も含む)**

この図は，図16.8のB木
のページがどのように埋まっ
ていくかを示している．ほと
んどの挿入は，一杯でない外
部節点に至り，節点のサイズ
を1増やす．挿入が一杯な外
部節点に至った時は，節点は
半分のサイズの2つの節点に
分割される．

っては節点の個数を1つ減らす)が，節点の間で移動する項目のキーを
決めなければならないので，実現は複雑になる．実際には，通常，その
外部節点を，大きな性能低下を受けずに，不足しているままにしておく
というもっと簡単なやりかたをとることができる(練習問題16.25参
照)．

B木の基本的な抽象に対する多くの変種が直ちに浮かぶ．変種の1つ

のクラスは，内部節点にできるだけ多くのページ参照を詰め込み，分岐数を増やし，木を浅くすることによって時間を節約するものである．これまでに述べたように，このような変更の効果は，現代のシステムでは少ない．というのは，普通のパラメータの値で search と insert を2回の探査で実現できるからである．この性能を改善することはほとんどできないであろう．もう1つのクラスは，分割する前に兄弟節と結合することによってメモリ利用効率を改善するものである．練習問題16.13から16.16は，そのような方法に関係している．それは，ランダムなキーに対して，余分に使用される記憶量を，44%から23%に減少させる．いつものように，様々な変種の間から適切なものを選ぶことは，応用の性質に依存する．B木が使える様々な状況が与えられたとしても，我々はそのような問題について詳しく考察することはしない．また，実現の細部を考察することもできないであろう．考慮に入れるべき装置とシステムに依存する事項があまりにも多くある．やはり，そのような実現に深入りすることは危険なことであり，特に，基本的なアルゴリズムがよく働いている時は，我々はそのような壊れやすく移植不能なコードを避ける．

練習問題

▷ 16.5 はじめ空な木に，キーＥＡＳＹＱＵＥＳＴＩＯＮＷＩＴＨＰＬＥＮＴＹＯＦＫＥＹＳをこの順に挿入してできる 3-4-5-6 木を描け．

◦ 16.6 はじめ空な木に，キー 516, 177, 143, 632, 572, 161, 774, 470, 411, 706, 461, 612, 761, 474, 774, 635, 343, 461, 351, 430, 664, 127, 345, 171, 357 をこの順に挿入した時の経過を示すために，図 16.5 から 16.7 に対応する図を描け．ただし，$M=5$ とする．

◦ 16.7 はじめ空な木に，練習問題 16.28 のキーをその順に挿入した時にえられる B 木の高さを，$M>2$ の各値に対して示せ．

16.8 はじめ空な木に，同じキーが 16 個挿入された時の B 木を描け．ただし，$M=4$ とする．

● 16.9 はじめ空な木に，キーＥＡＳＹＱＵＥＳＴＩＯＮをこの順に挿入した時にえられる 1-2 木を示せ．1-2 木が，平衡木としては実用的意味がない理由を示せ．

● 16.10 プログラム 16.3 の B 木の挿入プログラムを修整して，2-3-4 木の挿入プログラム（プログラム 13.6）と同様のやりかたで，木を下る時に分割するようにせよ．

● 16.11 はじめ空な木に，N 個をランダムに挿入して作られる M 次の B 木の外部ページの平均個数を計算するプログラムを書け．ただし，性質 16.1 の後

B木　§16.3

で述べた確率過程を使用する．$M=10$, 100, 1000, $N=10^3$, 10^4, 10^5, 10^6 としてプログラムを実行せよ．

○**16.12** 3レベルの木で，内部記憶に a 個のリンクを保持し，内部節点を表わすページに b と $2b$ の間の個数のリンクを保持し，外部節点を表わすページに c と $2c$ の間の個数のリンクを保持するものとする．そのような木に保持できる項目の最大数を，a, b, c の関数として与えよ．

○**16.13** B木に対する発見的方法である**兄弟の分割**（**B*木**），すなわち，節点の要素が M 個になって分割する時，その節点を兄弟節と結合する方法，を考察する．兄弟節が k 個の要素をもち，$k < M-1$ ならば，兄弟節と一杯な節点それぞれに $(M+k)/2$ 個の項目を割り当てなおす．そうでなければ，新しい節点を生成して，3つの節点それぞれにおよそ $2M/3$ 個の要素を割り当てる．また，根が約 $4M/3$ 個の項目を保持するまで成長することを許し，上限に達した時に，分割して，2つの要素をもつ新しい根を生成する．N 要素の M 次の B*木における探索あるいは挿入での探査回数の上界を与えよ．あなたの与えた上界と B木に対する上界とを比較せよ（性質16.2参照）．ただし，$M=10$, 100, 1000, $N=10^3$, 10^4, 10^5, 10^6 とする．

●**16.14** B*木の *insert* を実現せよ（兄弟の分割に基づいて）．

●**16.15** 兄弟の分割に対して，図16.8のような図を示せ．

●**16.16** 確率的シミュレーション（練習問題16.11参照）を実行して，兄弟の分割を使った時に使用される平均ページ数を求めよ．ただし，はじめ空な木にランダムに挿入して M 次の B*木を作る．また，$M=10$, 100, 1000, $N=10^3$, 10^4, 10^5, 10^6 とする．

●**16.17** M と $2M$ の間の個数の項目を（整列して）含むページへのポインタの配列からはじめて，ボトムアップでB木の索引を構成するプログラムを書け．

●**16.18** 本文中で考察したB木の挿入アルゴリズム（プログラム16.3参照）で，図16.2のような，すべてのページが一杯である索引を作ることができるか？ あなたの答を説明せよ．

16.19 多くの異なる計算機が同一の索引にアクセスして，いくつかのプログラムがほぼ同時に同じB木に新しい節点を挿入しようとしているとする．このような状況で，ボトムアップのB木の代わりにトップダウンのB木を使用する方を選ぶ理由を説明せよ．各プログラムは，それが読み込んだ節点で後で変更するかもしれない節点を他のプログラムが変更するのを遅らせることができる（そしてそうする）ものとする．

●**16.20** プログラム16.1から16.3のB木のプログラムを修整して，節点に M 個の項目を許すようにせよ．

▷**16.21** $\log_{999} N$ と $\log_{1000} N$ との差を表にせよ．ただし，$N=10^3$, 10^4, 10^5, 10^6 とする．

▷**16.22** B木に基づく記号表に対する *sort* を実現せよ．

○16.23 B木に基づく記号表に対する *select* を実現せよ．

●●16.24 B木に基づく記号表に対する *delete* を実現せよ．

○16.25 B木に基づく記号表に対する *delete* を実現せよ．ただし，指示された項目を外部節点から（おそらくページ中の項目数が $M/2$ より下回るのを許して）削除するが，削除された項目がページ中で最小であったのでキーの値を調節するという場合を除いて，変更が木の上の方へ波及しない簡単な方法を使用する．

●16.26 プログラム16.2と16.3を，節点内で2分探索（プログラム12.6参照）を使用するように修整せよ．はじめ空な記号表にランダムなキーをもつ N 個の項目を挿入して記号表を作るための時間を最小にする M を求めよ．ただし，$N=10^3$, 10^4, 10^5, 10^6 とする．また，赤黒木の場合に要する時間（プログラム13.6参照）と比較せよ．

16.4 拡張可能ハッシュ法

B木の代わりに使えるものとして，基数探索アルゴリズムを外部探索に適用できるように拡張したものが，1978年にFagin, Nievergelt, Pippenger, Strongによって開発された．**拡張可能ハッシュ法**（extendible hashing）とよばれるこの方法は，典型的な応用の場合，1回の探索に必要なディスク呼出しは1, 2回である．挿入に必要なディスク呼出しも（ほとんどいつも）1, 2回である．

拡張可能ハッシュ法は，ハッシュ法，マルチウエイトライ，順呼出し法を組み合わせている．14章のハッシュ法と同様に，拡張可能ハッシュ法はランダム化アルゴリズムである．最初のステップはキーを整数に変換するハッシュ関数を定義することである（14.1節参照）．この節では，簡単のために，キーは固定長のランダムなビット列であるとする．15章のマルチウエイアルゴリズムと同様に，拡張可能ハッシュはキーの先頭の方のビットを使ってテーブルへの添字を求める．表のサイズは2のベキ乗である．B木アルゴリズムと同様に，拡張可能ハッシュは項目をページ上に格納する．ページが一杯になると2つに分割される．索引順アクセスと同様に，探索キーが一致する項目を含むページを見つけるための索引をもつ．これらのよく知られた特徴を1つのアルゴリズムに合わせることによって，拡張可能ハッシュ法は探索アルゴリズムの研究の最後の話題にふさわしいものとなる．

利用可能なページ数を2のベキ乗，例えば 2^d とする．2^d 個の異なるページを参照するディレクトリをもち，ディレクトリへの索引付けにキーの d ビットのパターンを使う．図16.10に示すように，初めの d（以下の）ビットパターンではじまるすべてのキーを同じページにもつ．

拡張可能ハッシュ法　　　§16.4　　　609

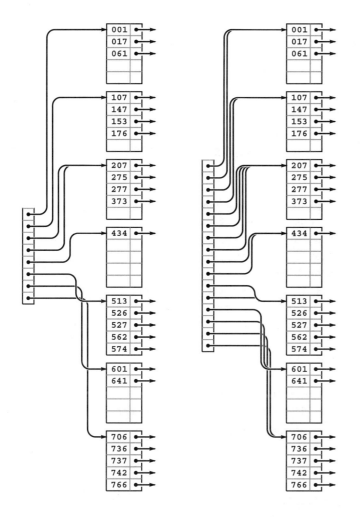

図16.10　ページ索引のディレクトリ

8個の要素をもつディレクトリは，はじめの3ビットが一致するすべてのレコードを同じページに格納することによって，40個のキーまで格納できる．ディレクトリにあるポインタでページを呼び出すことができる（左の図）．ディレクトリ要素0は000で始まるすべてのキーを含むページへのポインタをもつ．ディレクトリ要素1は001で始まるすべてのキーを含むページへのポインタをもつ．ディレクトリ要素2は010で始まるすべてのキーを含むページへのポインタをもつ．等々．一杯になっていないページがいくつかあれば，いくつかのディレクトリポインタが1つの同じページをさすようにして必要なページを減らすことができる．この例では（左の図），373は2ではじまるキーと同じページにある．そのページは，はじめの2ビットが01であるキーをもつ項目を含むページとして定義される．

ディレクトリサイズを2倍にし，各ポインタの写しを作ると，探索キーのはじめの4ビットで索引付けできる構造をえる（右の図）．例えば，最後のページは，はじめの3ビットが111であるキーをもつ項目を含むページとして定義され，探索キーの最初の4ビットが1110か1111ならばこのディレクトリを通して呼出される．この大きい方のディレクトリは，表の成長に対応できる．

B木と同じように，ページ中の項目は整列しておき，与えられた探索キーをもつ項目に対応するページに到達した時，逐次探索を行なう．

図16.10は，拡張可能ハッシュ法の背後にある2つの基本的概念を示している．第一に，2^d個のページを必ずしも保持する必要はない．すなわち，異なる先頭のdビットをもつキーを同一のページに一緒にすることによって，すばやく探索する能力を保ったまま，複数のディレクトリ要素が同じページを参照するようにすることができる．と同時に，キーの先頭のビットを使ってディレクトリへの索引付けをすることによって，与えられたキーを含むページを見つけることができる．第二に，ディレクトリのサイズを倍にして，表の容量を増やすことができる．

特に，拡張可能ハッシュ法に用いるデータ構造は，B木に用いるものよりもはるかに簡単である．それは，M個の項目まで含むページと2^d個のページへのポインタのディレクトリからなる（プログラム16.5参照）．ディレクトリの場所xにあるポインタは，先頭のdビットの値がxである項目をすべて含むページを参照する．dを十分大きく取って，

プログラム 16.5 拡張可能ハッシュ法の定義と初期設定

拡張可能ハッシュ表は，M 個までの項目を含むページ（B木の外部節点と同様）への参照のディレクトリである．各ページは，ページ上の項目の個数（m）と，項目のキーの間で同一であることがわかっている先頭のビット数を示す整数 k をもつ．いつものように，N は表にある項目数を示す．変数 d は，ディレクトリへの索引に使用するビット数を示す．D は，ディレクトリの要素数を示す．したがって，$D=2^d$ である．はじめディレクトリサイズは 1 に初期設定され，表は空なページをさす．

```
typedef struct STnode* link;
struct STnode { Item b[M]; int m; int k; };
static link *dir;
static int d, D, N;
link NEW()
  { link x = malloc(sizeof *x);
    x->m = 0;  x->k = 0;
    return x;
  }
void STinit(int maxN)
  {
    d = 0; N = 0; D = 1;
    dir = malloc(D*(sizeof *dir));
    dir[0] = NEW();
  }
```

プログラム 16.6 拡張可能ハッシュ法の探索

拡張可能ハッシュ表での探索は，キーの先頭の方のビットを使ってディレクトリへの索引を求め，特定されたページ上で探索キーと同一のキーをもつ項目を探して逐次探索を行なうだけである．満たすべき条件は，ディレクトリの各要素がページをさし，そのページは，記号表の項目で，指定されたビットで始まるものをすべて含むということが保証されることである．

```
Item search(link h, Key v)
  { int j;
    for (j = 0; j < h->m; j++)
      if (eq(v, key(h->b[j])))
        return h->b[j];
    return NULLitem;
  }
Item STsearch(Key v)
  { return search(dir[bits(v, 0, d)], v); }
```

どのページも M 個以下の項目となるように表は作られる．*search* の実現は簡単である．キーの先頭の d ビットを使ってディレクトリへの索引をえて，キーが一致する項目を含むページへアクセスし，そのページ上で逐次探索を行なう（プログラム 16.6 参照）．

操作 *insert* をサポートするにはデータ構造を少し複雑にする必要があるが，その本質的な特徴の1つは，探索アルゴリズムを少しも修整せずにうまく働くとういうことである．*insert* をサポートするには，次の問題を解決する必要がある．

- ページに属する項目の数がページ容量を超えた時どうするか？
- どのディレクトリサイズを用いるか？

例えば，図 16.10 の例では，溢れるページがあるので $d=2$ は使えないし，あまりにも多くのページが空となるので $d=5$ は使わないであろう．いつものように，我々は，例えば，*search* と *insert* が混ざった操作列を実行するにつれて構造がゆっくりと成長するような，記号表 ADT に対する *insert* 操作に最も関心がある．この観点をとると，第一の問題は次のようになる：

- 一杯になっているページに項目を *insert* する時どうするか？

例えば，図 16.10 の例で，5 あるいは 7 で始まるキーは，対応するページが一杯なので，挿入できない．

定義16.3 d 次の**拡張可能ハッシュ表**（extendible hash table）は，キーをもつ項目を M 個まで含むページへの参照を 2^d 個もつディレクトリである．各ページの中の項目は，はじめの k ビットが同じで，ディレクトリは，その k ビットで特定される場所からはじめて，そのページへのポインタを $2^{(d-k)}$ 個もつ．

どのキーにも現われない d ビットのパターンがあるかもしれない．空なページへのポインタを用意する自然なやりかたもあるが，定義 16.3 では，対応するディレクトリ要素については特に指定していない．それについてはすぐ後で検討することにする．

表が成長する時にこれらの性質を維持するために，2つの基本的操作を使用する．すなわち，一杯のページからいくつかのキーを他のページに分配する**ページ分割**（page split）と，ディレクトリのサイズを2倍にして d を1増やす**ディレクトリ分割**（directory split）である．具体的には，ページが一杯になった時，それを2つのページに分割し，キーの間で異なるビットで最左端のビットを使って新しいページに行く項目を決める．ページが分割された時，必要ならばディレクトリを2倍にして，ディレクトリのポインタを適当に調節する．

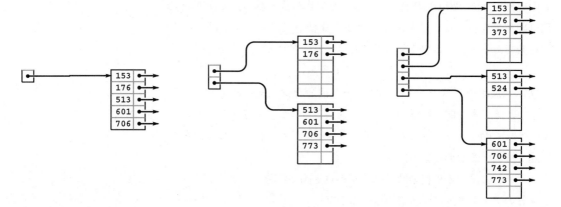

図 16.11　拡張可能ハッシュ表の生成（1）

B木の場合のように，拡張可能ハッシュ表へのはじめの5つの挿入は，1つのページへ入る（左の図）．773を挿入する時，ページを2つに分割する（1つは0ではじまるすべてのキーをもち，もう1つは1ではじまるすべてのキーをもつ）．それぞれのページに1つのポインタを保持するためにディレクトリサイズを2倍にする（中央の図）．742を下のページに挿入して（ビット1ではじまるので），373を上のページに挿入する（ビット0ではじまるので）．524を収容するために下のページを分割する必要がある．この分割に対して，10ではじまるキーをもつすべての項目を1つのページにおき，11ではじまるキーをもつすべての項目をもう1つのページにおき，これらのページへのポインタを収容するためにディレクトリを再び2倍にする（右の図）．ディレクトリにはビット0ではじまるキーをもつ項目を含むページへのポインタが2つある．1つは00ではじまるキーに対するもので，もう1つは01ではじまるキーに対するものである．

いつもの通り，アルゴリズムを理解する最良の方法は，はじめ空な表にキーの集合を挿入しながら，その操作をなぞることである．アルゴリズムが扱うべき状況のそれぞれが，処理過程の早い時期に，簡単な形で現われ，そして，アルゴリズムの基礎を成す原理を理解するに至る．図16.11から16.13は，本章で使用してきた25個の8進のキー集合の例に対する拡張可能ハッシュ表の生成過程を示している．B木でもそうであったように，挿入のほとんどは何事もなく，ただキーをページに追加するだけである．1つのページからはじめて，8ページで終わっているので，挿入のうちページ分割が7回生じたことが推測できる．サイズ1のディレクトリからはじめて，サイズ16のディレクトリに終わったので，ディレクトリ分割が4回生じたことが推測できる．

性質 16.4　キー集合から作られる拡張可能ハッシュ表は，キーの値にのみに依存し，キーの挿入順には依存しない．

キー集合に対応するトライを考え（性質15.2参照），内部節点にその部分木中の項目数をラベルとしてつける．内部節点は，そのラベルがMより小さくてその親のラベルがM以上の時そしてその時のみ，拡張ハッシュ表のページに対応する．その節点より下にある項目はすべてそのページに行く．節点がレベルkにあれば，それは，トライの道から通常のやりかたで導かれるkビットのパターンに対応する．拡張可能ハッシュ表のディレクトリ要素でそのkビットパターンをもつものはすべて，対応するページへのポインタをもつ．ディレクトリのサイズは，ページに対応するすべての内部節点のなかで最も深い節点のレベルによって決まる．したがって，トライを，項目が挿入される順序に関係のない拡張可能ハッシュ表に変換することができる．この性質は性質15.2の帰結として成り立つ．■

拡張可能ハッシュ法 §16.4 613

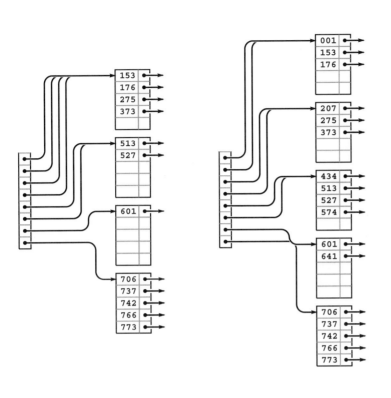

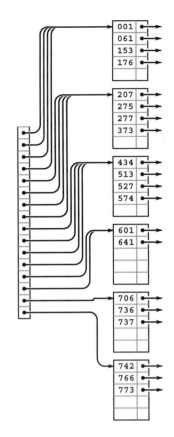

図16.12 拡張可能ハッシュ表の生成（2）

図16.11の右端の表に、ページを分割せずに、キー766と275を挿入する。次に、737を挿入した時、下のページが分割される。下のページへのリンクは1つしかないので、ディレクトリの分割が起こる（左の図）。次に、574, 434, 641, 207, 277を挿入し、001の挿入でページ分割が生じる（中央の図）。次に736を挿入した時、下のページ分割とディレクトリ分割が生じる（右の図）。

プログラム16.7は、拡張可能ハッシュ表の *insert* 操作の実現である。探索と同様に、はじめに、ディレクトリへの1回の参照で、探索キーを含んでいる可能性のあるページを呼び出す。それから、B木の外部節点で行なったように、新しい項目をそこに挿入する（プログラム16.2参照）。この挿入で M 項目になったら、やはりB木と同様に、分割関数を呼び出すが、この場合分割関数はもっと複雑である。各ページは、ページ上のすべてのキーで同一であることがわかっている先頭のビット数 k を保持している。0からはじめて左から番号付けをしているので、k は、項目を分割するために調べるビット位置を特定する。

したがって、ページを分割する時は、新しいページを生成し、調べるビットが0である項目を古いページにおき、1である項目を新しいページにおき、両方のページのビットカウントを $k+1$ とする。ここで、すべてのキーの k ビットが同じとなる場合がありうる。その時は節点は一杯のままである。その場合は、単に次のビットを調べ、どちらのページも少なくとも1つの項目をもつようになるまで続ける。同じキーが M 個ある場合を除けば、最後には終了する。そのような場合については、すぐ後で議論する。

B木と同様に、挿入の後にページの分割ができるようにするために各ページに溢れる項目のための場所をとり、コードを簡単にする。この場

プログラム 16.7　拡張可能ハッシュ法での挿入

　拡張可能ハッシュ表に項目を挿入するには，探索を行ない，特定されたページに挿入する．挿入でオーバーフローが発生した時には，ページを分割する．一般的な機構は B 木と同じであるが，適当なページを見つけてページを分割する方法は異なる．

　split 関数は新しい節点（ページ）を生成し，各項目のキーの第 k ビット（左から数えて）を調べ，それが 0 ならば，その項目は古い節点に留まり，1 ならば，新しい節点に行く．分割後，両方の節点の"同一であることがわかっているはじめのビット"欄に値 $k+1$ を割り当てる．この処理の結果，どちらの節点も少なくとも 1 つのキーをもつようになるまで分割を繰り返す．最後に，新しい節点へのポインタをディレクトリに挿入する．

```
link split(link h)
  { int j; link t = NEW();
    while (h->m == 0 || h->m == M)
      {
         h->m = 0; t->m = 0;
         for (j = 0; j < M; j++)
           if (bits(h->b[j], h->k, 1) == 0)
               h->b[(h->m)++] = h->b[j];
           else t->b[(t->m)++] = h->b[j];
         t->k = ++(h->k);
      }
    insertDIR(t, t->k);
  }
void insert(link h, Item item)
  { int i, j; Key v = key(item);
    for (j = 0; j < h->m; j++)
      if (less(v, key(h->b[j]))) break;
    for (i = (h->m)++; i > j; i--)
      h->b[i] = h->b[i-1];
    h->b[j] = item;
    if (h->m == M) split(h);
  }
void STinsert(Item item)
  { insert(dir[bits(key(item), 0, d)], item); }
```

合も，この技法は，実際的な効果はほとんどない．解析ではその影響を無視する．

　新しいページを生成する時は，それへのポインタをディレクトリに入れなければならない．この挿入のコードはプログラム 16.8 に与えられている．最も簡単な場合は，挿入前は，分割するページを丁度 2 つのポ

拡張可能ハッシュ法　　　　　　　§16.4　　　　　　　　615

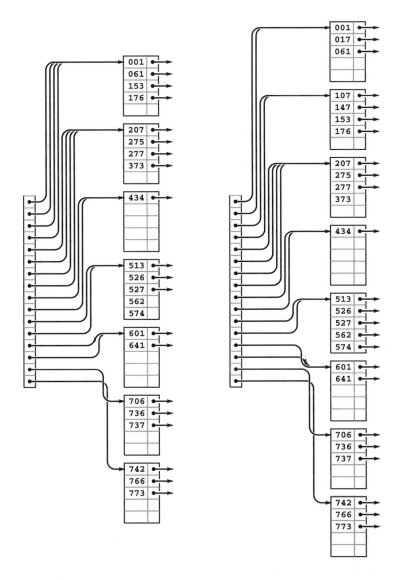

図 16.13　拡張可能ハッシュ表の生成（3）

図 16.11 と 16.12 に続けて，図 16.12 の右端の表に 5 つのキー 526, 562, 017, 107, 147 を挿入する．562（左図）と 107（右図）を挿入した時にページの分割が生じる．

インタがさしている場合である．その場合は，2 番目のポインタが新しいページを参照するようにするだけでよい．新しいページのキーを区別するのに必要なビット数 k が，ディレクトリにアクセスするのに必要なビット数 d より大きいならば，新しい要素を収容するためにディレクトリのサイズを大きくしなければならない．最後に，ディレクトリのポインタを適当に更新する．

同じキーをもつ項目が M 個より多ければ，表は溢れ，プログラム 16.7 のコードは，それらのキーを区別しようとして，無限ループに落ちる．関連する問題は，等しいビットがあまりにも長いと，ディレクトリが不必要に大きくなることである．この状況は，同じキーの数が多い，あるいはビットが同じである位置が長く広がっているようなファイルに対する MSD 基数整列で過大な時間が必要となることと同種のもの

> **プログラム 16.8 拡張可能ハッシュ法のディレクトリの挿入**
>
> この一見簡単なコードは，拡張可能ハッシュ法の処理の心臓部である．はじめの k ビットが一致する項目を含む節点（ページ）へのリンク t が与えられている．それをディレクトリに取り入れる．d と k が等しい最も簡単な場合は，t を d[x] におくだけでよい．ただし，x は t->b[0]（そして，そのページ上のほかの項目）のはじめの d ビットの値である．k が d より大きい時は，d と k が等しくなるまでディレクトリのサイズを 2 倍にすることを繰り返す．k が d より小さい時は，2 つ以上のポインタを設定する必要がある．最初の for ループは，設定する必要があるポインタの個数 $2^{(d-k)}$ を計算し，2 番目の for ループがその仕事をする．
>
> ```
> void insertDIR(link t, int k)
>   { int i, m, x = bits(t->b[0], 0, k);
>     while (d < k)
>       { link *old = dir;
>         d += 1; D += D;
>         dir = malloc(D*(sizeof *dir));
>         for (i = 0; i < D; i++) dir[i] = old[i/2];
>         if (d < k) dir(bits(x, 0, d) ^ 1) = NEW();
>       }
>     for (m = 1; k < d; k++) m *= 2;
>     for (i = 0; i < m; i++) dir[x*m+i] = t;
>   }
> ```

である．これらの問題を回避するために，ハッシュ関数によって提供されるランダム化を用いる（練習問題 16.43 参照）．たとえハッシュ法の場合でも，同じキーは同じハッシュ値を取るので，同じキーが多く存在する時はかなりの手間がかかってしまう．そのようなキーはディレクトリを不自然に大きくする．同じキーが葉ページ 1 つ分以上ある時は，アルゴリズムは完全に破綻する．したがって，このコードを使用する前に，このような状況が生じないようにするための検査を追加することが必要である（練習問題 16.35 参照）．

性能に関する主要なパラメータは，使用されるページの個数（B 木と同様）とディレクトリのサイズである．このアルゴリズムに対するランダム化は，ハッシュ関数によって与えられ，平均の場合の性能に関する結果は，相異なる N 個の挿入の任意の列に対しても当てはまる．

性質 16.5 1 ページに M 個の項目が入るとする．拡張可能ハッシュ法では，N 項目のファイルに対して，平均的に約 $1.44(N/M)$ ページが必要となる．ディレクトリには，期待値として約 $3.92(N^{1/M})(N/M)$ 個の要素が登録される．

この（かなり深い）結果は，前章で簡単に触れたトライの解析の拡張
である（参考文献参照）．定数の厳密な値は，ページ数に関しては $\lg e$
$= 1/\ln 2$，ディレクトリサイズに関しては $e \lg e = e/\ln 2$ である．これ
らの量の正確な値は，平均値の周りで振動する．この現象は驚くべきこ
とではない．というのは，例えば，ディレクトリのサイズは2のベキ乗
でなければならないからである（この事実は結果をみれば説明がつくは
ずである）．∎

ディレクトリサイズの成長率は，N に関して線形より早い，特に小
さな M に対してはそうである．しかし，実用の範囲の N と M に対し
ては，$N^{1/M}$ は非常に1に近いので，実際は，ディレクトリが約4
(N/M) 個の要素をもつと期待される．

ディレクトリは1つのポインタ配列であると考えてきた．ディレクト
リを主記憶中に保持するか，あるいは大きすぎる時は，同じ索引機構を
使用して，ディレクトリページがある場所を示す根を主記憶に保持す
る．もう1つの方法として，例えば，はじめの10ビットで第1レベル
の索引付けをし，残りのビットで第2レベルの索引付けをするというよ
うに，もう1つレベルを追加することもできる（練習問題16.36参照）．

B木の場合と同様に，記号表の他の操作の実現は練習問題とする（練
習問題16.38と16.41参照）．これもB木の場合と同様に，*delete* を正
しく実現するのは難しい問題であるが，項目数が不足しているページを
許すことは，多くの実用の場で有効な代案である．

練習問題

▷ **16.27** 図16.10でサイズ32のディレクトリを使った時，空なページはいく
つになるか？

16.28 はじめ空な木に，キー 562,221,240,771,274,233,401,273,201 をこ
の順に挿入した時の過程を，図16.11から16.13に対応する図を描いて示せ．
ただし，$M=5$ とする．

○ **16.29** はじめ空な木に，キー 562,221,240,771,274,233,401,273,201 をこ
の順に挿入した時の過程を，図16.11から16.13に対応する図を描いて示せ．
ただし，$M=5$ とする．

○ **16.30** 整列されている項目の配列が与えられているとする．その項目の集合
に対応する拡張可能ハッシュ表のディレクトリサイズをどのように決めるか
を述べよ．

● **16.31** 整列されている項目の配列から拡張可能ハッシュ表を構成するプログ
ラムを書け．ただし，項目を2回走査する．すなわち，一度はディレクトリ

のサイズを決めるため，もう一度は項目をページに割り当て，ディレクトリに書き込むためである．

○**16.32** ディレクトリサイズが16で，8つのポインタが1つのページをさすような拡張可能ハッシュ表となるキーの集合を与えよ．

●●**16.33** 図16.8と同様な図を拡張可能ハッシュ法に対して作成せよ．

●**16.34** はじめ空な表に，N回のランダム挿入によって作られる拡張可能ハッシュ表の外部ページの平均個数と平均ディレクトリサイズを計算するプログラムを書け．ただし，ページ容量はMである．$M=10, 100, 1000, N=10^3, 10^4, 10^5, 10^6$に対して，空な空間の割合（%）を計算せよ．

16.35 プログラム16.7に適当な検査を追加して，あまりにも多くの同じキー，あるいは，はじめのビットがあまりにも長く一致するキーが表に挿入されてもうまく動くようにせよ．

●**16.36** プログラム16.5から16.8の拡張可能ハッシュ法のプログラムを修整して，ディレクトリ要素1つ当たりのポインタがM未満の，2レベルのディレクトリを使うようにせよ．ディレクトリが1レベルから2レベルに最初に成長する時に，何をするべきかに特に注意を払え．

●**16.37** プログラム16.5の拡張可能ハッシュ法の実現を修整して，M項目のページがデータ構造中に存在できるようにせよ．

○**16.38** 拡張可能ハッシュ表に対する*sort*操作を実現せよ．

○**16.39** 拡張可能ハッシュ表に対する*select*操作を実現せよ．

●●**16.40** 拡張可能ハッシュ表に対する*delete*操作を実現せよ．

○**16.41** 練習問題16.25で指示された方法を使って，拡張可能ハッシュ表に対する*delete*操作を実現せよ．

●●**16.42** ディレクトリを分割する時にページも分割して，ディレクトリのポインタが唯一のページをさすような拡張可能ハッシュ法を開発せよ．あなたのプログラムと標準のプログラムの性能を比較する実験を開発せよ．

○**16.43** はじめのdビットが同じであるような数がM個より多くなるまでに生成する乱数の個数の期待値を求める実験を行なえ．ただし，$M=10, 100, 1000, N=10^3, 10^4, 10^5, 10^6$とする．

●**16.44** 分離連鎖法（プログラム14.3）を修整して，サイズ$2M$のハッシュ表を使って，項目をサイズ$2M$のページ中に保持するようにせよ．すなわち，あるページが一杯になった時，それを新しい空なページにリンクし，ハッシュ表の要素がページのリンクリストをさすようにする．ランダムなキーをもつN個の項目の表を構成した後の探索に要する平均探査回数を実験的に求めよ．ただし，$M=10, 100, 1000, N=10^3, 10^4, 10^5, 10^6$とする．

○**16.45** 2重ハッシュ法（プログラム14.3）を修整して，サイズ$2M$のページを使うようにせよ．ただし，一杯なページへのアクセスを"衝突"と見なす．ランダムなキーをもつN個の項目の表を構成した後の探索に要する平均探査回数を実験的に求めよ．ただし，表の初期サイズは$3N/2M$とし，$M=10,$

100, 1000, $N = 10^3$, 10^4, 10^5, 10^6 とする．

○**16.46** クライアント項目ハンドルをもつ一級記号表 ADT に対して *insert*, *count*, *search*, *insert*, *delete*, *join*, *select*, *sort* を提供する拡張可能ハッシュ法を使った記号表を実現せよ（練習問題 12.4 と 12.5 参照）．

16.5 ま と め

　本章で論じた方法の最も重要な応用は，外部記憶上に維持されている，例えばディスクファイル，巨大なデータベースの索引を構築することである．これまで議論してきた基礎となるアルゴリズムは強力であるが，B木や拡張可能ハッシュ法に基づいてファイルシステムを開発することは複雑な仕事である．第一に，本節のCプログラムをそのまま使用することができない．それらは，ディスクファイルを読み込んだり参照したりするように修整しなければならない．第二に，アルゴリズムのパラメータ（例えば，ページやディレクトリのサイズ）を適切に調整して，使用している特定のハードウェアの特性に正しく合わせなければならない．第三に，信頼性と，誤り検出と訂正に注意を払わなければならない．例えば，データ構造が矛盾のない状態にあることをチェックできなければならないし，突然出現するかもしれない多くの誤りをどのように修正するかを考えなければならない．この種のシステムに関する考察は，重要であるが，本書の範囲を超えている．

　一方，仮想記憶を使えるプログラミングシステムならば，巨大な表に対して実行される記号表操作が膨大な状況では，ここで考察したCのプログラムを直接使用することができる．大雑把にいうと，ページを呼び出すたびに，システムはそのページをキャッシュにおき，そのページへの参照は効率よく処理される．キャッシュにないページを参照すると，システムはそのページを外部記憶から読み込まなければならないので，キャッシュミスをこれまで使ってきた探査のコストとほぼ同値なものと見なすことができる．

　B木では，どの探索も挿入も根を参照するので，根は常にキャッシュにある．そうでないと，十分大きな M に対して，通常の探索と挿入は，高々2回のキャッシュミスを伴う．キャッシュが大きい時は，探索で呼び出される最初のページ（根の子節点）が既にキャッシュにある可能性が十分ある．したがって，探索当たりの平均コストは，2回の探査よりかなり少ないであろう．

　拡張可能ハッシュ法では，ディレクトリ全体がキャッシュにあることはありそうもないので，ディレクトリの呼出しとページの呼出しが共にキャッシュミスを起こす（これが最悪の場合である）ことも予想され

る．すなわち，巨大な表での探索は，2回の探査が必要となる．1つはディレクトリの適当な場所を呼び出すため，1つは適当なページを呼び出すためである．

これらのアルゴリズムは，探索法に関する我々の議論を締め括るのにふさわしい話題である．というのは，それらを有効に使用するためには，2分探索，BST，平衡木，ハッシュ法，トライなどの12章から15章で学んだ基本的探索アルゴリズムの基本的性質を理解する必要があるからである．グループとして，これらのアルゴリズムは，広い範囲の様々な状況における記号表の実現問題に対する解答を与える．それらは，アルゴリズムの力を示す顕著な例である．

練習問題

16.47 16.3節のB木のプログラム（プログラム16.1から16.3）を修整して，ページの参照にADTを使用するようにせよ．

16.48 16.4節の拡張可能ハッシュ法のプログラム（プログラム16.5から16.8）を修整して，ページの参照にADTを使用するようにせよ．

16.49 最も最近にアクセスされたT個のページをメモリ中に保持する（したがって，探査回数には数えない）ような典型的なキャッシュシステムで，B木におけるS回のランダム探索に対する平均探査回数（1回当たり）を推定せよ．SはTよりずっと大きいものとする．

16.50 練習問題16.49で述べたキャッシュモデルに対して，拡張可能ハッシュ表での探索に要する平均探査回数を推定せよ．

∘**16.51** あなたのシステムが仮想記憶を提供しているならば，巨大な記号表におけるランダム探索に対して，B木の性能と2分探索の性能を比較する実験を設計して実行せよ．

16.52 膨大な数の項目に対する *construct* と，その後に続く膨大な回数の *insert* と *delete_the_maximum* 操作に対応する優先順位キューADTを実現せよ（9章参照）．

16.53 B木のスキップリスト表現に基づいた外部記号表ADTを開発せよ（練習問題13.80参照）．

●**16.54** あなたのシステムが仮想記憶を提供しているならば，巨大な記号表でのランダム探索操作を提供するB木のプログラムに対して，探索時間が最も速くなるMの値を求める実験をせよ．（そのような実験をする前に，システムの基本的特性を学ぶ価値があるかもしれない．それは手間がかかるかもしれない．）

●●**16.55** 16.3節のB木のプログラム（プログラム16.1から16.3）を修整して，表が外部記憶にある環境で動くようにせよ．逐次的でないファイル呼出しが許されるならば，表全体を1つの（巨大な）ファイル上におき，データ

まとめ

構造中のポインタの代わりにファイル内でのオフセットを使う．外部装置のページに直接アクセスできるならば，データ構造中のポインタの代わりにページのアドレスを使用する．どちらも使えるならば，巨大な記号表の実現にもっともふさわしいと決めた方法を選べ．

●● **16.56** 16.4節の拡張可能ハッシュ法のプログラム（プログラム16.5から16.8）を修整して，表が外部記憶にある環境で動くようにせよ．ディレクトリとページをファイルに割り当てるためにあなたが選んだやりかたの選択理由を説明せよ（練習問題16.55参照）．

第4部の参考文献

この分野の主要な参考文献は，Knuth の本，Baeza-Yates と Gonnet の本，Mehlhorn の本，Cormen, Leiserson, Rivest の本である．これまで学んだアルゴリズムのほとんどがこれらの本で非常に詳しく扱われており，数学的解析と実際の使用に際しての注意も与えられている．Knuth は古典的方法を扱っている．他の本は最新の方法と文献を与えている．これらの4つの本と Sedgewick と Flajolet の本は，"本書の程度を超える" といった解析のほとんどすべてについて述べている．

13章の材料は，Roura と Martinez の1996年の論文，Sleator と Tarjan の1985年の論文，Guibas と Sedgewick の1978年の論文からとった．これらの論文の日付からわかるように，平衡木は，進行中の研究テーマである．上記の本には，赤黒木やそれに類した構造に関する諸性質の詳しい証明とより最新の参考文献がある．

15章でのトライの扱い方は古典的である（Cのプログラムがある文献はほとんど見当たらないが）．TST の材料は，Bentley と Sedgewick の1997年の論文からとった．

Bayer と McCreight の1972年の論文はB木を導入した．16章で述べた拡張可能ハッシュ法は，Fagin, Nievergelt, Pippenger, Strong の1979年の論文からとった．拡張可能ハッシュ法に関する解析的結果は1983年に Flajolet によって導かれた．これらの論文は，外部探索法についてさらに知りたい人にとっては必読のものである．ここで述べた方法の実際上での応用は，データベースシステムという枠内で生じる．例えば，Date の本は，この分野への入門書である．

R. Baeza-Yates and G. H. Gonnet, *Handbook of Algorithms and Data Structures*, second edition, Addison-Wesley, Reading, MA, 1984.

J. L. Bentley and R. Sedgewick, "Sorting and searching strings," Eighth Symposium on Discrete Algorithms, New Orleans, January, 1997.

R. Bayer and E. M. McCreight, "Organization and maintenance of large ordered indexes," *Acta Informatica* 1, 1972.

T. H. Cormen, C. E. Leiserson, and R. L. Rivest, *Introduction to Algorithms*, MIT Press, 1990.

C. J. Date, *An Introduction to Database Systems*, sixth edition, Addison-Wesley, Reading, MA, 1995.

R. Fagin, J. Nievergelt, N. Pippenger, and H. R. Strong, "Extendible hashing—a fast access method for dynamic files," *ACM Transactions on Database Systems* **4**, 1979.

P. Flajolet, "On the performance analysis of extendible hashing and trie search," *Acta Informatica* **20**, 1983.

L. Guibas and R. Sedgewick, "A dichromatic framework for balanced trees," in *19th Annual Symposium on Foundations of Computer Science*, IEEE, 1978. Also in *A Decade of Progress 1970–1980*, Xerox PARC, Palo Alto, CA.

D. E. Knuth, *The Art of Computer Programming. Volume 3: Sorting and Searching*, second edition, Addison-Wesley, Reading, MA, 1997.

K. Mehlhorn, *Data Structures and Algorithms 1: Sorting and Searching*, Springer-Verlag, Berlin, 1984.

S. Roura and C. Martinez, "Randomization of search trees by subtree size," Fourth European Symposium on Algorithms, Barcelona, September, 1996.

R. Sedgewick and P. Flajolet, *An Introduction to the Analysis of Algorithms*, Addison-Wesley, Reading, MA, 1996.

D. Sleator and R. E. Tarjan, "Self-adjusting binary search trees," *Journal of the ACM* **32**, 1985.

訳者あとがき

ロバート・セジウィックの「アルゴリズム」は，標準的な教科書として，すでに確固たる定評をかちえており，数多くの類書の中で，世界的にみてもたぶん最もよく読まれているものであろう．本書は，原書「Algorithms in C」の第3版（第1部から第4部まで）の翻訳である．ご覧のように「基礎」，「データ構造」，「整列」，「探索」を扱っている．この「アルゴリズム」シリーズの際立った特徴，すなわち，直感的でわかりやすい説明，アルゴリズムの振舞いを示す数多くの見事な図，簡潔で具体的なコード，最新の研究成果に基づく実用的アルゴリズムの選択，難解な理論的結果のほどよい説明，といった点が本書にも受け継がれている．

原書の第1版は，1996年に3分冊として翻訳出版した．幸いこの3分冊は，多くの情報関係の専門学科などで入門的教科書に採用され，またアルゴリズムの自習書として広い支持をえてきた．本書（第3版）は，扱う話題という点でみると，3分冊（第1版）のうち，第1分冊全部と第2分冊の約3分1に対応する．しかし本書は，著しく厚くなっており，第1版のこの部分が併せて約320頁であるのに対して，約620頁になっている．これにより，第1版で説明がもう一息ほしいという部分が充実し，多くの話題が新たに取り上げられ，特に，最近10年の研究成果が数多く取り入れられている．それで，本書の読者層は，先の3分冊よりもっと広くなるものと予想される．たとえば，情報関係の大学院学生の自習書，現場の技術者の参照用の本として，一層役立つものと期待できる．もちろん3分冊の方は，相対的にみて，技術的細部への深入りをさけ，豊富な話題を手短かに説明しており，さらに，大部分の内容が現在にも通用するので，それはそれで，本書とは別の存在価値があり続けると思う．

訳者の苦労の一端を付け加えさせてほしい．本書のように大部の専門書では，どうしても誤りが避けられないが，原書は，増刷のたびに修正を続けている．本訳書では，原書に依然残っていた誤りを見つけ，文字通り数え切れないほどの多くの修正をした．もちろん，当然のことであるが，気がつかずに残った誤りもあろうし，もしかしたら別の誤りが混入した部分もあるかもしれない．しかし，本訳書は，全体として原書よ

りも正確になり，この点ではるかに良くなったものと信じる．

　最後に，訳者とその関係者は，非常に多くの時間と知恵をそそぎ，やっとここに出版できたことでほっとしている．3分冊の旧版と同様に，本書が読者の方々に受け入れられて，お役に立てば，大変うれしく思います．

訳者を代表して
野下浩平

索　引

あ　行

赤いリンク　494
赤黒木　495
後入れ先出し　121
アドレス　515
アルゴリズム　3,4
アルゴリズム解析　5,25
安定　234,276,308,383
1次元リスト　81
1のベキ乗根　152
一方向分岐　557
一方向リスト　81
一級 ADT　150,269
一級データ型　149
一定　33
一定時間探索法　548
一般化キュー　119,142
一般木　201
一般フィボナッチ数　416
インターリーブ　406
インタフェース　67,114,134,255
インプリメンテーション　67,114,134,255
インライン化　288
内側のループ　233,238,275,368
打ち切り　285
枝　107,197
エラトステネスのふるい　74
演算　63
オイラー定数　38
黄金比　38,518
大きな O　39
置換え選択　414
オペレータオーバローディング　150
親　197,451
オランダ国旗問題　292
オンラインアルゴリズム　17

か　行

ガーベジコレクション　95
階乗　38
階乗関数　170
回転　464
開番地法　529
外部記憶装置　408
外部整列　231,396,408
外部節点　198,204,451
外部探索　589
外部道長　205
外部ページ　597
カウント欄　467
拡張可能ハッシュ表　611
拡張可能ハッシュ法　608
確率アルゴリズム　287,476,481
掛け算　163
加重高速合併アルゴリズム　14,136
仮想記憶　417,590
数える　119
片方向リスト　81
合併　8,326,359,431
合併-発見アルゴリズム　9,10,110,119,219
可搬性　63
カプセル化　91,135
空のビン　375
空リンク　81,451
関数　62
間接整列　234,345
間接的な参照　71
完全逆シャッフル　397
完全シャッフル　395,397,406
完全2分木　206,208,332
完全ハッシュ関数　523
木　12,62,169,195,197,201
　——の走査　170,208
　——の同型性問題　202
キー　230,429,547
キー添字計数法　269,270,374
キー添字探索　436,515,549
記憶技法　190
記憶領域の割付け　76,81
奇偶整列ネットワーク　403
奇偶マージソート　395
記号表　143,429

記号表 ADT　　333, 432
記号表抽象　　431
基数　　363, 547
基数交換法　　368
基数整列法　　363, 386, 549
基数探索法　　547
木抽象　　203
逆順数　　244
キュー　　137
キュー ADT　　138, 320, 324
兄弟　　197
行優先順序　　103
行列　　103
極大木　　8
極大森　　219
均衡3ウェイ併合　　410
均衡マルチウェイ併合　　410, 412
クイックソート　　273, 275, 316, 391, 455
空リンク　　81
クーポン収集問題　　527
クライアント　　67, 114, 255
クライアントプログラム　　68, 134
クラスタ　　530, 534
グラフ　　8, 107, 197, 202
　　――の走査　　218
黒いリンク　　494
計算量　　54
下界　　54
結合統治　　185
結合統治木　　208
限界　　54
子　　197
語　　365, 547
コイン投げ　　77
交換　　233, 244
後行順走査　　209
高次元の配列　　103
構造体　　62, 69
高速合併アルゴリズム　　11, 13
高速発見アルゴリズム　　10
後置記法　　124, 209
項目　　230, 429
項目データ型　　257
コピー　　119, 325, 431

さ 行

最悪の場合　　32, 53, 243
再帰　　80, 169, 174

再帰アルゴリズム　　170
再帰関係　　44
再帰関数　　170
再帰降下型パーサ　　174
再帰呼出し　　288, 322
最近接探索　　435
最近接点　　78
サイクル　　264
最小値　　326
最善　　54
最大値　　325
最適　　55
最適化　　476
先入れ先出し　　137
索引　　460, 590
索引順アクセス法　　594
削除　　119, 121, 138, 216, 431
サフィックス木　　583
3-節点　　490
3乗　　34
サンプルソート　　291
3分木　　201
3分岐基数クイックソート　　379, 380, 392
3分岐クイックソート　　293, 392
3分探索トライ　　571
3要素の中央値　　288
シェーカー整列法　　244
シェルソート　　229, 247
磁気テープ　　409
自己組織的探索アルゴリズム　　446
自己組織的探索法　　465
辞書　　429
辞書式順序　　98
指数時間　　189
指数的　　34
自然対数　　36
自然マージソート　　321
実験　　27
　　――による解析　　27
実現　　4, 26, 67, 114
ジップの法則　　446
自動メモリ割付け　　156
シャッフル　　397
自由木　　197, 202
自由リスト　　95
集合　　119
終端点　　198
終端文字　　98

索　引

修復　333	線形未満　390
重複したキー　291	先行順走査　209
終了条件　169	選択　296, 341, 431
縮退　277, 368	選択整列法　229, 236
主パラメータ　33	選択法　236
主要項　34, 40	全短縮法　16
順位キュー　325	前置記法　124
順位キュー ADT　327, 336, 345, 346	占有問題　526
循環構造　80	占有率　529
循環リスト　81, 320	疎　105, 108
順次アクセス　302, 409, 589	走査　87, 208, 218, 409
順序がない木　202	挿入　119, 121, 138, 216, 325, 431
順序木　196, 198, 201	挿入整列法　229, 237
順序ハッシュ法　544	挿入法　232, 237
順呼出し　589	増分の三角形　251
順列　261	増分列　247
仕様　123	双方向キュー　143
上界　54	双方向リスト　93
消去　326, 431	添字整列　261, 351
昇進　336	添字配列　260
衝突の処理　515	添字ヒープ　351
初期設定　431	添字ヒープトーナメント　353
初期配布　410	添字要素　148
除算剰余ハッシュ関数　517	ソート　229
ジョセファス問題　83	即時　329, 438
初等的整列法　241, 245	素数　74
推移的　6	その場　234, 264, 304
数学的解析　30	祖父母　197
数式処理　161	存在表　438, 568
スキップリスト　503	存在表トライ　568
スターリングの公式　38	
スタック　121, 281	た　行
スタック ADT　122	対数的　33
スプレイ BST　484	高さ　205
スプレイ木　484, 486	高さ平衡木　499, 502
正規近似　77	多項式　161
成功探索　443	多項式 ADT　161
整数　63	足し算　163
性能バグ　101, 522	多重キークイックソート　382
整列　229, 431	多重リスト　105
整列-併合　410	多段階併合法　414
整列ネットワーク　395, 401	多分岐の併合　410
節点　107, 197	ダミー節点　81, 88
0-1 原理　399	ダミーのラン　417
漸化式　43, 279	探査　529, 591
漸近表現　40	探索　429, 431
線形　15, 33	探索キー　429
線形探査法　529, 530	短縮　558

短縮法　16, 137
単純な道　202
誕生日問題　526
小さい部分ファイル　285
遅延　329, 450, 470
力まかせの方法　110
逐次探索法　47, 440
中央値　289, 296
中央順走査　209
抽象操作　8, 28
抽象データ型　61, 113, 114, 255, 327, 351, 431
中置記法　124, 217
頂点　107, 197
調和数　38
直接基数整列法　384
直接的な参照　71
直線プログラム　397
ディレクトリ　196, 594
ディレクトリ分割　611
デク　143
データ型　61, 62, 63, 255
データ構造　4, 61, 69, 72
データ操作　61
データベース　588
適応型　233
天井関数　37
道長　205
動的計画法　169, 188, 194
動的な記憶領域割付け　95
動的ハッシュ法　541
同値関係抽象データ型　135
トーナメント　214
トップダウン　319, 335, 398
トップダウン 2-3-4 木　491
トップダウン型マージソート　306
トップダウン動的計画法　190
トライ　376, 552
トラバース　87

な行

内挿探索　449
内部整列　231
内部節点　198, 204, 451
内部道長　205, 457
内部ページ　597
ナップサック問題　190
ならし（均し）　476, 487, 539
2-3-4 木　490

2-3 木　499
2-節点　490
2 ウェイ併合　302
2 項木　355
2 項キュー　327, 353, 355
2 項係数　162
2 項分布　38
2 重ハッシュ法　534, 535
2 乗　34
2 進クイックソート　368, 370
2 進数の加算　357
2 進数表現　314
2 進対数　36
2 進トライ　371
2 進離散探索木　548
2 分木　196, 198, 199, 204, 451
2 分木 ADT　200
2 分探索木　216, 430, 451
2 分探索法　47, 179, 216, 447, 585
2 分トライ　371
根　12, 197, 202
　　——の分割　491
　　——への挿入　463, 464
根付き木　196, 197, 202

は行

葉　198
バーチャルメモリ　417
廃棄　119, 156, 326
倍長整数　257
バイト　365
バイトニック　305
配列　10, 61, 69, 73
　　——の配列　62
配列整列　232
配列データ型　256
バケツ　372
パス　409
バタフライネットワーク　405
発見　8
ハッシュ関数　515, 516
ハッシュ法　515
パトリシア　560
パトリシア探索　560
ハノイの塔　179, 180
幅優先探索　222
バブル整列法　229, 240
バブル法　240

範囲探索　　435, 449
半交換　　242
半短縮法　　16
半短縮法付き加重高速合併法　　16
番地　　71, 515
パンチカード　　383
ハンドル　　154, 346
番兵　　276, 288, 440
番兵キー　　238
ヒープ　　327, 332
ヒープ化　　333
ヒープ順　　332
ヒープソート　　301, 339, 392
比較　　233, 244, 278, 308
比較回数　　298, 336
比較器　　396, 401
比較交換　　233, 395
比較交換器　　401
非終端点　　198
非順序木　　202
非順序森　　202
左回転　　464
左の子　　198
左ヒープ順　　355
左部分木　　199
ビット　　365
ビット添字　　561
非適応型　　233, 397
比例　　42
ビン　　372
フィボナッチ木　　208
フィボナッチ数　　38, 188, 417
フィンガー探索　　435
フォルダ　　196
深さ優先探索　　170, 218
複合構造　　62, 104
複製　　119, 326
複素数　　150, 257
複素数 ADT　　155
不成功探索　　443
プッシュ　　121, 132
プッシュダウンスタック　　121
浮動小数点数　　63, 257
部分一致探索　　576
部分木　　197
普遍ハッシュ法　　520
フラクタル　　185
フリーリスト　　95

プログラム　　4
プロセッサ間通信　　420
ブロック整列法　　421
分割　　274, 276, 604
分割操作　　491
分割統治　　163, 169, 177, 306, 446
分割統治木　　208, 307, 308
分割の木　　283
分割要素　　274
分離連鎖法　　525
平均の場合　　32, 53, 242
併合　　301, 303, 319
平衡赤黒木　　500
平衡化　　477
平衡木　　511
併合整列法　　301
平衡 2-3-4 木　　490
並列計算　　402, 420
並列ステップ　　403, 421
並列整列　　396
並列的整列-併合　　419
閉路　　202
ページ　　591
ページ分割　　611
ベキ乗ヒープ　　355
ベクトル　　103, 257, 294
ヘッダーファイル　　67
ヘッド　　88
ベルヌーイ試行　　77
辺　　107, 197
ポアソン近似　　38, 526
ポインタ　　62, 71, 104
ポインタ整列　　260, 345
ホーナー法　　163, 519
ポーランド記法　　124
保証　　15, 48, 53
補助配列のコピー　　310
ポップ　　121, 132
ボトムアップ　　184, 320, 334, 340, 403
ボトムアップ型マージソート　　312, 317
ボトムアップ動的計画法　　189
ボトムアップ 2-3-4 木　　500
ポリフェーズ法　　414

ま 行

マージソート　　301, 392
末尾　　90
末尾再帰　　176, 282

マルチウェイ基数探索　567
マルチウェイトライ　376,569
マルチウェイ併合　302,410
マルチウェイ平衡木　596
右回転　464
右の子　198
右部分木　199
道　14,197
密　108
無向グラフ　107
メモ技法　190
メモリリーク　156
メルセンヌ数　518
メルヴィル　521
文字　63
文字列　61,97,259,294,365,547
文字列キー　520
文字列索引　583
文字列抽象　98
森　14,197,201

や 行

約　41
ユークリッドの互除法　172
優先順位キュー　143,325
床関数　37
予測　48,53
4-節点　490

ら 行

ラディックスソート　363
ラン　412,414
乱数　256
ランダム化アルゴリズム　54,142,476,479
ランダムキュー　142
ランダムハッシュ法　535
離散探索木　548
リスト　72
リスト処理　86
リストマージソート　319,320
両方向リスト　93
リンク　80
　——によるリスト　61,80
　——によるリストの配列　62
隣接行列　107
隣接リスト　107
例外辞書　544
例外表　545

レコード　230,429
レベル　205
レベル順　313
レベル順走査　212
連結　202
連結成分　9
連結性問題　6,119
連想記憶　430
連続ビン技法　377

わ 行

輪　264
ワード　365,547

欧 字

Adel'son-Vel'skii　499
ADT　61,113,114,255,327,350,431
Aho　57
Ajtai　405
AKSネットワーク　405
Appel　225
AVL木　499
Baeza-Yates　57,225,424,622
Batcher　395,403
Batcher奇偶整列ネットワーク　404
Batcher奇偶併合　398
Batcher奇偶併合ネットワーク　402
Batcher奇偶マージソート　396,404
Bayer　596,622
Bentley　57,292,424,622
Bose-Nelson問題　405
Brent　544
Bostic　424
Brown　424
BST　451,467,548
B木　500,596
Cormen　57,622
C標準ライブラリ　259,261,274
de la Briandais　551
Dijkstra　292
DST　548
Fagin　608,622
FIFO　119,138,212
Flajolet　57,225,622
Floyd　342,344
Fredkin　551
Fredman　424
Gonnet　57,225,424,622

索　引

Graham　57
Guibas　535, 536, 622
h-整列　247
Hanson　225
Hildebrandt　424
Hoare　273, 296, 424
Hopcroft　57, 500
Isbitz　424
k-節点　597
Kernighan　57, 225
Knuth　57, 249, 387, 417, 424, 531, 622
　　——の増分列　248
Koch スター　185
Komlos　405
Landis　499
Leiserson　57, 622
LIFO　121, 212
LSD 基数整列法　383
Lukasiewicz　124
M 分木　196, 198, 200
Martinez　622
McCreight　596, 622
McIlroy　292, 424
Mehlhorn　622
MF 則　446
Moby Dick　28, 295, 344, 392, 521
Morrison　560
MSD 基数整列法　372

Nievergelt　608, 622
O 記法　39
O 近似　41
O 項　40
Patashnik　57
Pippenger　608, 622
PostScript　125, 225, 246
Pratt の増分列　251
Pugh　503
Ritchie　57, 225
Rivest　57, 424, 622
Roura　622
Sedgewick　57, 225, 424, 622
Shell の増分列　249
Sleator　424, 487, 622
Standish　225
Strong　608, 622
Summit　225
Szemeredi　405, 535, 536
Tarjan　55, 57, 424, 487, 622
TST　571
Ullman　57
union-find　9
van Leeuwen　57
Vuillemin　355, 424

その他

χ^2 統計量　522

訳者略歴

野下 浩平 (のした こうへい)
1966年 東京大学工学部計数工学科卒業
電気通信大学名誉教授　工学博士

星　　 守 (ほし まもる)
1967年 東京大学工学部計数工学科卒業
電気通信大学名誉教授　工学博士

佐藤　 創 (さとう はじめ)
1967年 東京大学工学部計数工学科卒業
元専修大学ネットワーク情報学部教授　博士（工学）

田口　 東 (たぐち あずま)
1974年 東京大学工学部計数工学科卒業
現　職　中央大学理工学部情報工学科教授　工学博士

セジウィック：
アルゴリズムC　第1～4部

Ⓒ 2018　Kohei Noshita, Mamoru Hoshi,
Hajime Sato, Azuma Taguchi
Printed in Japan

2018年 2月28日　初版1刷発行

原著者　　R. セジウィック
翻訳者　　野　下　浩　平
　　　　　星　　　　　守
　　　　　佐　藤　　　創
　　　　　田　口　　　東
発行者　　小　山　　　透
発行所　　株式会社 近代科学社

〒162-0843　東京都新宿区市谷田町2-7-15
電話 03-3260-6161　振替 00160-5-7625
http://www.kindaikagaku.co.jp/

三美印刷　　　　　ISBN 978-4-7649-0560-3
定価はカバーに表示してあります．

世界標準MIT教科書
アルゴリズムイントロダクション 第3版 総合版

■著者
T.コルメン, C.ライザーソン, R.リベスト, C.シュタイン

■訳者
浅野 哲夫, 岩野 和生, 梅尾 博司,
山下 雅史, 和田 幸一

■B5判・上製・1120頁

■定価14,000円＋税

　原著は，計算機科学の基礎分野で世界的に著名な4人の専門家がMITでの教育用に著した計算機アルゴリズム論の包括的テキストであり，本書は，その第3版の完訳総合版である．

　単にアルゴリズムをわかりやすく解説するだけでなく，最終的なアルゴリズム設計に至るまでに，どのような概念が必要で，それがどのように解析に裏打ちされているのかを科学的に詳述している．

　さらに各節末には練習問題（全957題）が，また章末にも多様なレベルの問題が多数配置されており（全158題），学部や大学院の講義用教科書として，また技術系専門家のハンドブックあるいはアルゴリズム大事典としても活用できる．

■主要目次
I 基礎 / II ソートと順序統計量 / III データ構造
IV 高度な設計と解析の手法 / V 高度なデータ構造 / VI グラフアルゴリズム
VII 精選トピックス / 付録 数学的基礎 / 索引（和（英）‐英（和））

幾何的な折りアルゴリズム
リンケージ，折り紙，多面体

著者：エリック・D・ドメイン & ジョセフ・オルーク
訳者：上原 隆平

分野で随一の原著
『Geometric Folding Algorithms
-Linkages,Origami,Polyhedra-』
をカラーで忠実に再現！

数学的な関心の高まりだけではなく，ロボティクスやバイオ，物質材料分野などの応用面からも注目されている「折り」と「展開」に関する幾何学的考察を，数学的視点とともにアルゴリズムやコンピュータサイエンスの側面からも総括的に扱い，詳説する。全ページカラー。

B5判・536頁・定価16,000円＋税

主要目次

第Ⅰ部 リンケージ
1 問題の分類と例
2 上界と下界
3 平面のリンケージのメカニズム
4 剛性の基礎
5 チェーンの再配置
6 チェーンの絡み
7 チェーン相互の絡み
8 関節に制約のある動き
9 タンパク質の折り

第Ⅱ部 折り紙
10 はじめに
11 折り紙の基礎
12 単純な展開図
13 一般の展開図
14 地図折り問題
15 輪郭とギフトラッピング
16 木構造法
17 一刀切り問題
18 多面体の折りたたみ
19 幾何的な構成可能性
20 剛性をもつ折り紙と曲線折り

第Ⅲ部 多面体
21 はじめに
22 多面体の辺展開
23 多面体の再構成
24 最短経路と測地線
25 多角形から折る多面体
26 高次元

アルゴリズムの最新教科書

浅野 孝夫 著

アルゴリズムの基礎とデータ構造
数理とCプログラム

A5判・240頁・定価 2,700円＋税

主要目次
1. アルゴリズムの基礎概念
2. 根付き木と再帰法
3. ソーティング
4. 基本データ構造1：配列とヒープ
5. 基本データ構造2：配列とリスト
6. 基本データ構造3：配列と二分探索木
7. 高速データ構造：配列と二色木
8. 基本データ構造4：配列とハッシング
9. 基本データ構造5：
　　配列と集合ユニオン・ファインド森
10. データ構造の応用1：凸包
11. データ構造の応用2：交差線分対列挙
12. データ構造の応用3：最小全点木

グラフ・ネットワークアルゴリズムの基礎
数理とCプログラム

A5判・248頁・定価 2,700円＋税

主要目次
1. グラフ表現のデータ構造
2. グラフ探索のアルゴリズム
3. 有向グラフの強連結成分分解
4. トポロジカルソートと最長パス
5. オイラーグラフと一筆書き
6. 二部グラフの最大マッチング
7. 最短パス
8. 全点間の最短パス問題
9. 最小全点木
10. 最大フローと最小カット
11. ディニッツの最大フローアルゴリズム
12. 需要付きフローと下界付きフロー
13. 最小費用フロー問題
14. フロー問題の線形計画問題定式化